河南省教育统计年鉴

2019

河南省教育厅 编

河南大学出版社
HENAN UNIVERSITY PRESS
·郑州·

图书在版编目（CIP）数据

河南省教育统计年鉴.2019 / 河南省教育厅编. —郑州：河南大学出版社，2020.9
ISBN 978-7-5649-4455-1

Ⅰ.①河… Ⅱ.①河… Ⅲ.①教育统计-统计资料-河南-2019-年鉴
Ⅳ.①G527.61-54

中国版本图书馆CIP数据核字(2020)第166692号

责任编辑　郑　鑫　姜　畅
责任校对　李亚涛
封面设计　郭　灿

出版发行	河南大学出版社
	地址：郑州市郑东新区商务外环中华大厦2401号　邮编：450046
	电话：0371-86059750（编辑部）
	0371-86059701（营销部）　　网址：hupress.henu.edu.cn
排　　版	济源佳彩印务传媒设计有限公司
印　　刷	济源佳彩印务传媒设计有限公司
版　　次	2020年9月第1版
印　　次	2020年9月第1次印刷
开　　本	890*1240mm　1/16
印　　张	55
字　　数	1030千字
定　　价	180.00元

（本书如有印装质量问题，请与印刷厂联系调换）

《河南省教育统计年鉴》编纂委员会

主　　任：郑邦山

副 主 任：刁玉华　李莉华　刘昭阳　毛　杰

　　　　　陈垠亭　张传广　高治军　李金川

　　　　　何秀敏　吕　冰　朱自锋　刘　刚

主　　审：杨　冰　王　磊

主　　编：张　琳

参编人员：吴　江　李辰光　撒学治　姚　庚

说 明

一、《河南省教育统计年鉴(2019)》是一部全面反映全省教育事业发展情况的资料性年刊,由省教育厅发展规划处根据全省教育事业统计年报及其他相关资料整理汇编而成的。河南省教育信息中心承担了数据的计算机处理汇总工作。

二、本书详细地反映了2019年全省各级各类教育事业发展的规模、速度、结构、比例等方面的基本情况。全书共分七部分:一、综合部分;二、高等教育;三、中等职业教育;四、基础教育;五、各省辖市直管县教育基本情况;六、各县(市)区教育基本情况;七、全国及各省区市教育基本情况。

三、书中所用的"-"号表示该数字实际中不存在;"…"号表示数字不详;加"( )"号的数字表示按规定不计入相应合计数中;学校名称前标注"○"号者,表示按统计规定该学校不计算校数。凡未注明计算单位的表格、栏目,计算单位一律为"人"。凡未注明年份的均为2019年数据。

为便于使用,书中第五部分即各省辖市直管县教育基本情况均把10个省直管县有关数据进行单列。

四、本书是各有关部门研究教育改革和发展的必备资料工具书,是教育界各机关、学校指导部门制定教育计划,指导教育改革必不可少的依据。

二〇二〇年九月

目 录

2019年河南省教育事业发展统计公报 ································· （1）

一、综合部分

各级各类教育基本情况 ··· （6）
各级各类教育基本指标变化情况 ··· （8）
各级各类民办教育基本情况 ·· （10）
各级各类教育中女性基本情况 ··· （11）
2007－2019年各级各类教育基本指标变化情况 ······················ （12）

二、高等教育

高等教育学校（机构）数 ··· （21）
高等教育学校（机构）学生数（总计） ···································· （22）
高等教育学校（机构）学生数（普通高等学校） ······················ （23）
高等教育学校（机构）学生数（成人高等学校） ······················ （24）
高等教育学校（机构）学生数（科研机构） ····························· （25）
普通专科分形式、分举办者学生数 ·· （26）
普通专科分学科学生数 ··· （28）
普通本科分形式、分学科学生数 ·· （30）
普通本科、专科学生数（普通高等学校分类型、性质类别） ····· （32）
成人专科分形式、分学科学生数 ·· （34）
成人本科分形式、分学科学生数 ·· （36）
成人本科、专科分举办者、成人高等学校分类型学生数 ········· （38）
网络专科分学科学生数（普通高等学校） ······························ （40）
网络本科分学科学生数（普通高等学校） ······························ （41）
分部门、分计划研究生数（总计） ·· （42）
分部门、分计划研究生数（普通高等学校） ···························· （44）
分部门、分计划研究生数（科研机构） ··································· （46）
分学科研究生数（总计） ··· （48）

分学科研究生数(普通高等学校) ……… (50)
分学科研究生数(科研机构) ……… (52)
分学位类型、分学科研究生数(总计) ……… (54)
分学位类型、分学科研究生数(普通高等学校) ……… (56)
分学位类型、分学科研究生数(科研机构) ……… (58)
在校生年龄情况(总计) ……… (60)
在校生年龄情况(普通高等学校) ……… (62)
在校生年龄情况(成人高等学校) ……… (64)
在校生年龄情况(科研机构) ……… (66)
招生、在校生来源情况(总计) ……… (68)
招生、在校生来源情况(普通高等学校) ……… (70)
招生、在校生来源情况(成人高等学校) ……… (72)
招生、在校生来源情况(科研机构) ……… (74)
学生休退学的主要原因(总计) ……… (76)
学生休退学的主要原因(普通高等学校) ……… (77)
学生休退学的主要原因(成人高等学校) ……… (77)
学生变动情况(总计) ……… (78)
学生变动情况(普通高等学校) ……… (78)
学生变动情况(成人高等学校) ……… (80)
学生变动情况(科研机构) ……… (80)
在校生中其他情况(总计) ……… (82)
在校生中其他情况(普通高等学校) ……… (82)
在校生中其他情况(成人高等学校) ……… (83)
在校生中其他情况(科研机构) ……… (83)
在职人员攻读硕士学位分学科学生数 ……… (84)
在职人员攻读硕士学位分学位学生数 ……… (85)
其他学生情况(总计) ……… (86)
其他学生情况(普通高等学校) ……… (88)
其他学生情况(成人高等学校) ……… (90)
外国留学生情况(普通高等学校) ……… (92)
教职工情况(总计) ……… (92)
教职工情况(普通高等学校) ……… (94)

教职工情况(成人高等学校) ……………………………………………………………………… (96)
教职工情况中另有其他人员 ……………………………………………………………………… (98)
专任教师、聘请校外教师岗位分类情况(总计) ………………………………………………… (98)
专任教师、聘请校外教师岗位分类情况(普通高等学校) …………………………………… (100)
专任教师、聘请校外教师岗位分类情况(成人高等学校) …………………………………… (100)
专任教师、聘请校外教师学历(位)情况(总计) ……………………………………………… (102)
专任教师、聘请校外教师学历(位)情况(普通高等学校) …………………………………… (104)
专任教师、聘请校外教师学历(位)情况(成人高等学校) …………………………………… (106)
专任教师年龄情况(总计) ……………………………………………………………………… (108)
专任教师年龄情况(普通高等学校) …………………………………………………………… (110)
专任教师年龄情况(成人高等学校) …………………………………………………………… (112)
分学科专任教师数(总计) ……………………………………………………………………… (114)
分学科专任教师数(普通高等学校) …………………………………………………………… (114)
分学科专任教师数(成人高等学校) …………………………………………………………… (115)
专任教师变动情况 ……………………………………………………………………………… (116)
专任教师分专业技术职务培训情况(总计) …………………………………………………… (116)
专任教师分专业技术职务培训情况(普通高等学校) ………………………………………… (118)
专任教师分专业技术职务培训情况(成人高等学校) ………………………………………… (118)
研究生指导教师情况(总计) …………………………………………………………………… (120)
研究生指导教师情况(普通高等学校) ………………………………………………………… (120)
研究生指导教师情况(科研机构) ……………………………………………………………… (121)
教职工中其他情况 ……………………………………………………………………………… (121)
校舍情况(总计) ………………………………………………………………………………… (122)
校舍情况(普通高等学校) ……………………………………………………………………… (124)
校舍情况(成人高等学校) ……………………………………………………………………… (124)
资产情况 ………………………………………………………………………………………… (126)
信息化建设情况 ………………………………………………………………………………… (126)
民办的其他高等教育机构学生、教师情况 …………………………………………………… (128)
民办的其他高等教育机构办学条件情况 ……………………………………………………… (128)

三、中等职业教育

中等职业学校机构数 …………………………………………………………………………… (132)

中等职业学校(机构)各类学生数及女生数	(132)
中等职业学校分办学类型及举办者的中职学生及教职工情况	(134)
中职学生分科类情况(总计)	(136)
中职学生分科类情况(普通中专学生)	(137)
中职学生分科类情况(成人中专学生)	(138)
中职学生分科类情况(职业高中学生)	(139)
中职在校生分年龄情况	(140)
招生、在校生来源情况	(141)
中职学生变动情况	(142)
在校生中其他情况	(142)
培训学生情况(总计)	(144)
培训学生情况(普通中专学校)	(144)
培训学生情况(成人中专学校)	(146)
培训学生情况(职业高中学校)	(146)
培训学生情况(其他机构)	(148)
培训学生情况(附设中职班)	(148)
教职工情况(总计)	(150)
教职工情况(普通中专学校)	(150)
教职工情况(成人中专学校)	(152)
教职工情况(职业高中学校)	(152)
教职工情况(其他机构)	(154)
专任教师、聘请校外教师岗位分类情况	(154)
专任教师、聘请校外教师学历情况	(158)
专任教师分年龄情况	(160)
分科专任教师情况(总计)	(162)
分科专任教师情况(普通中专学校)	(163)
分科专任教师情况(成人中专学校)	(164)
分科专任教师情况(职业高中学校)	(165)
分科专任教师情况(其他机构)	(166)
专任教师变动情况	(168)
教职工中其他情况	(168)
专任教师接受培训情况	(170)

校舍情况（总计） …… （172）
校舍情况（普通中专学校） …… （172）
校舍情况（成人中专学校） …… （174）
校舍情况（职业高中学校） …… （174）
校舍情况（其他机构） …… （176）
资产情况 …… （178）
信息化建设情况 …… （180）
附设中职班情况 …… （180）
成人职业技术培训学生及教职工情况 …… （182）
成人职业技术培训资产情况 …… （184）

四、基础教育

基础教育校（园）数 …… （187）
基础教育校（园）数（分城乡、分办别） …… （188）
基础教育班数 …… （190）
学前教育班数 …… （191）
小学班数 …… （192）
小学班额情况 …… （193）
中学班数 …… （194）
中学班额情况 …… （195）
特殊教育班数 …… （196）
基础教育学生数 …… （198）
学前教育幼儿数（总计） …… （200）
学前教育幼儿数（幼儿园） …… （202）
学前教育幼儿数（附设幼儿班） …… （204）
学前教育分年龄幼儿数（总计） …… （206）
学前教育分年龄幼儿数（城区） …… （210）
学前教育分年龄幼儿数（镇区） …… （214）
学前教育分年龄幼儿数（乡村） …… （218）
学前教育分年龄幼儿数（幼儿园） …… （222）
学前教育分年龄幼儿数（附设幼儿班） …… （226）
小学学龄人口入学及在校学生情况（总计） …… （230）

小学学龄人口入学及在校学生情况（城区） …………………………………………………………（230）

小学学龄人口入学及在校学生情况（镇区） …………………………………………………………（232）

小学学龄人口入学及在校学生情况（乡村） …………………………………………………………（232）

小学分办别、分城乡学生情况 …………………………………………………………………………（234）

小学进城务工人员随迁子女、农村留守儿童分城乡、分办别学生情况 ……………………………（236）

初级中学学龄人口入学及在校学生情况（总计） ……………………………………………………（240）

初级中学学龄人口入学及在校学生情况（城区） ……………………………………………………（240）

初级中学学龄人口入学及在校学生情况（镇区） ……………………………………………………（242）

初级中学学龄人口入学及在校学生情况（乡村） ……………………………………………………（242）

初中分办别、分城乡学生情况 …………………………………………………………………………（244）

初中进城务工人员随迁子女、农村留守儿童分城乡、分办别学生情况 ……………………………（246）

普通高中分年龄在校生情况（总计） …………………………………………………………………（250）

普通高中分年龄在校生情况（城区） …………………………………………………………………（250）

普通高中分年龄在校生情况（镇区） …………………………………………………………………（251）

普通高中分年龄在校生情况（乡村） …………………………………………………………………（251）

普通高中分办别、分城乡学生情况 ……………………………………………………………………（252）

特殊教育学生数（总计） ………………………………………………………………………………（254）

特殊教育学生数（城区） ………………………………………………………………………………（258）

特殊教育学生数（镇区） ………………………………………………………………………………（262）

特殊教育学生数（乡村） ………………………………………………………………………………（266）

中小学校学生体质健康情况 ……………………………………………………………………………（270）

中小学、特殊教育学生变动情况 ………………………………………………………………………（272）

在校生中死亡的主要原因（总计） ……………………………………………………………………（276）

在校生中死亡的主要原因（城区） ……………………………………………………………………（276）

在校生中死亡的主要原因（镇区） ……………………………………………………………………（278）

在校生中死亡的主要原因（乡村） ……………………………………………………………………（278）

中小学、特殊教育学生退学的主要原因 ………………………………………………………………（280）

在校生中其他情况及外国籍学生情况 …………………………………………………………………（280）

基础教育学校教职工数 …………………………………………………………………………………（282）

幼儿园教职工数 …………………………………………………………………………………………（283）

小学学校教职工数（小学、教学点） …………………………………………………………………（284）

中学学校教职工数（初级中学、九年一贯制学校、职业初中、完全中学、高级中学、十二年一贯制学校） ··· (285)

特殊教育学校教职工数 ··· (286)

基础教育专任教师数 ··· (287)

幼儿园园长、专任教师学历、职务情况 ··· (288)

幼儿园园长、专任教师年龄情况 ··· (288)

中小学专任教师专业技术职务、年龄结构情况（总计） ·································· (290)

中小学专任教师专业技术职务、年龄结构情况（城区） ·································· (291)

中小学专任教师专业技术职务、年龄结构情况（镇区） ·································· (292)

中小学专任教师专业技术职务、年龄结构情况（乡村） ·································· (293)

小学分课程专任教师学历情况（总计） ·· (294)

小学分课程专任教师学历情况（城区） ·· (294)

小学分课程专任教师学历情况（镇区） ·· (296)

小学分课程专任教师学历情况（乡村） ·· (296)

中学分课程专任教师学历情况（总计） ·· (298)

中学分课程专任教师学历情况（城区） ·· (300)

中学分课程专任教师学历情况（镇区） ·· (302)

中学分课程专任教师学历情况（乡村） ·· (304)

中小学县级及以上骨干教师情况 ··· (306)

特殊教育专任教师学历、职务情况 ·· (306)

中小学、特殊教育专任教师变动情况 ·· (308)

教职工其他情况 ·· (312)

专任教师其他情况 ·· (314)

专任教师接受培训情况（总计） ·· (316)

专任教师接受培训情况（城区） ·· (318)

专任教师接受培训情况（镇区） ·· (320)

专任教师接受培训情况（乡村） ·· (322)

基础教育学校办学条件（总计） ·· (324)

基础教育学校办学条件（城区） ·· (324)

基础教育学校办学条件（镇区） ·· (326)

基础教育学校办学条件（乡村） ·· (326)

幼儿园校舍情况 ·· (328)

小学学校校舍情况(小学、教学点) …………………………………………………………… (330)
中学学校校舍情况(初级中学、九年一贯制学校、职业初中、完全中学、高级中学、十二年一贯制学校) ………………………………………………………………………………… (334)
初中学校校舍情况(初级中学、九年一贯制学校) ………………………………………………… (338)
普通高中学校校舍情况(完全中学、高级中学、十二年一贯制学校) ………………………… (342)
特殊教育学校校舍情况 ……………………………………………………………………………… (346)
幼儿园、特殊教育学校占地面积及其他办学条件……………………………………………… (348)
小学学校占地面积及其他办学条件(小学、教学点) …………………………………………… (348)
中学学校占地面积及其他办学条件(初级中学、九年一贯制学校、完全中学、高级中学、十二年一贯制学校) ………………………………………………………………………………… (350)
小学学校办学条件 …………………………………………………………………………………… (352)
中学学校办学条件(初级中学、九年一贯制学校、完全中学、高级中学、十二年一贯制学校)……………………………………………………………………………………………………… (352)
基础教育学校卫生、通电情况(总计) …………………………………………………………… (354)
基础教育学校卫生、通电情况(城区) …………………………………………………………… (354)
基础教育学校卫生、通电情况(镇区) …………………………………………………………… (356)
基础教育学校卫生、通电情况(乡村) …………………………………………………………… (356)
小学学校信息化建设情况(小学、教学点) ………………………………………………………… (358)
中学学校信息化建设情况(初级中学、九年一贯制学校、完全中学、高级中学、十二年一贯制学校) ………………………………………………………………………………………… (360)
附设班情况 …………………………………………………………………………………………… (362)
成人中、小学基本情况…………………………………………………………………………… (362)

五、各省辖市直管县教育基本情况

小学基本情况(总计) ………………………………………………………………………………… (366)
小学基本情况(城区) ………………………………………………………………………………… (368)
小学基本情况(镇区) ………………………………………………………………………………… (370)
小学基本情况(乡村) ………………………………………………………………………………… (372)
初中基本情况(总计) ………………………………………………………………………………… (374)
初中基本情况(城区) ………………………………………………………………………………… (376)
初中基本情况(镇区) ………………………………………………………………………………… (378)
初中基本情况(乡村) ………………………………………………………………………………… (380)

— 8 —

普通高中基本情况(总计) …………………………………………………………………… (382)

普通高中基本情况(城区) …………………………………………………………………… (384)

普通高中基本情况(镇区) …………………………………………………………………… (386)

普通高中基本情况(乡村) …………………………………………………………………… (388)

学前教育基本情况(总计) …………………………………………………………………… (390)

学前教育基本情况(城区) …………………………………………………………………… (392)

学前教育基本情况(镇区) …………………………………………………………………… (394)

学前教育基本情况(乡村) …………………………………………………………………… (396)

特殊教育基本情况 …………………………………………………………………………… (398)

义务教育阶段学校基本情况表 ……………………………………………………………… (400)

义务教育阶段在校生分年级情况(总计) …………………………………………………… (404)

义务教育阶段在校生分年级情况(城区) …………………………………………………… (406)

义务教育阶段在校生分年级情况(镇区) …………………………………………………… (408)

义务教育阶段在校生分年级情况(乡村) …………………………………………………… (410)

义务教育阶段在校生分年级情况(其中:女) ………………………………………………… (412)

义务教育阶段在校生分年级情况(其中:男) ………………………………………………… (414)

中小学在校生、专任教师分学校类型和学生类型情况 …………………………………… (416)

小学班额及构成情况(总计) ………………………………………………………………… (418)

小学班额及构成情况(城区) ………………………………………………………………… (420)

小学班额及构成情况(镇区) ………………………………………………………………… (422)

小学班额及构成情况(乡村) ………………………………………………………………… (424)

初中班额及构成情况(总计) ………………………………………………………………… (426)

初中班额及构成情况(城区) ………………………………………………………………… (428)

初中班额及构成情况(镇区) ………………………………………………………………… (430)

初中班额及构成情况(乡村) ………………………………………………………………… (432)

普通高中班额及构成情况 …………………………………………………………………… (434)

中小学在校生中随迁子女和农村留守儿童情况 …………………………………………… (436)

小学和初中专任教师职称及构成情况 ……………………………………………………… (438)

普通高中和幼儿园专任教师职称及构成情况 ……………………………………………… (440)

小学和初中专任教师学历及构成情况 ……………………………………………………… (442)

普通高中和幼儿园专任教师学历及构成情况 ……………………………………………… (444)

小学专任教师年龄及构成情况 ……………………………………………………………… (446)

初中专任教师年龄及构成情况 …………………………………………………………………………… (448)

普通高中专任教师年龄及构成情况 ………………………………………………………………………… (450)

幼儿园专任教师年龄及构成情况 …………………………………………………………………………… (452)

小学专任教师分课程情况 …………………………………………………………………………………… (454)

初中专任教师分课程情况 …………………………………………………………………………………… (456)

普通高中专任教师分课程情况 ……………………………………………………………………………… (458)

小学占地面积及其他办学条件 ……………………………………………………………………………… (460)

初中占地面积及其他办学条件 ……………………………………………………………………………… (462)

普通高中占地面积及其他办学条件 ………………………………………………………………………… (464)

幼儿园占地面积、校舍建筑面积及其他办学条件 ………………………………………………………… (466)

特殊教育占地面积、校舍建筑面积及其他办学条件 ……………………………………………………… (470)

小学校舍建筑面积 …………………………………………………………………………………………… (474)

初中校舍建筑面积 …………………………………………………………………………………………… (478)

普通高中校舍建筑面积 ……………………………………………………………………………………… (482)

小学学校办学条件达标及配套设施情况 …………………………………………………………………… (486)

初中学校办学条件达标及配套设施情况 …………………………………………………………………… (490)

普通高中学校办学条件达标及配套设施情况 ……………………………………………………………… (494)

小学学校信息化建设情况 …………………………………………………………………………………… (498)

初中学校信息化建设情况 …………………………………………………………………………………… (500)

普通高中学校信息化建设情况 ……………………………………………………………………………… (502)

小学净入学率 ………………………………………………………………………………………………… (504)

初中净入学率 ………………………………………………………………………………………………… (506)

小学毛入学率 ………………………………………………………………………………………………… (508)

初中毛入学率 ………………………………………………………………………………………………… (510)

小学毕业生升学率 …………………………………………………………………………………………… (512)

初中毕业生升学率 …………………………………………………………………………………………… (514)

中初等教育校均规模 ………………………………………………………………………………………… (516)

中初等教育平均班额 ………………………………………………………………………………………… (518)

中初等教育平均每一教职工负担学生数情况 ……………………………………………………………… (520)

中初等教育生师比情况 ……………………………………………………………………………………… (522)

中初等教育生均学校占地面积 ……………………………………………………………………………… (524)

中初等教育生均校舍建筑面积 ……………………………………………………………………………… (526)

中初等教育生均固定资产总值 …………………………………………………………… (528)

中初等教育生均教学仪器设备值 ………………………………………………………… (530)

中初等教育生均图书 ……………………………………………………………………… (532)

中初等教育危房比例情况 ………………………………………………………………… (534)

小学其他生均办学条件及相关比例情况 ………………………………………………… (536)

初中其他生均办学条件及相关比例情况 ………………………………………………… (538)

普通高中其他生均办学条件及相关比例情况 …………………………………………… (540)

中初等教育每万人口在校生数 …………………………………………………………… (542)

高中阶段教育在校生和招生结构情况 …………………………………………………… (544)

中等职业教育基本情况(总计) …………………………………………………………… (546)

中等职业教育基本情况(普通中专学校) ………………………………………………… (548)

中等职业教育基本情况(成人中专学校) ………………………………………………… (550)

中等职业教育基本情况(职业高中学校) ………………………………………………… (552)

中等职业教育学生数(总计) ……………………………………………………………… (554)

中等职业教育学生数(普通中专学生) …………………………………………………… (556)

中等职业教育学生数(成人中专学生) …………………………………………………… (558)

中等职业教育学生数(职业高中学生) …………………………………………………… (560)

中等职业教育在校生中其他情况 ………………………………………………………… (562)

中等职业教育专任教师专业技术职务、学历及构成情况 ……………………………… (564)

中等职业教育专任教师年龄及构成情况 ………………………………………………… (566)

中等职业教育分科专任教师情况 ………………………………………………………… (568)

中等职业教育专任教师授课和教职工、专任教师其他情况 …………………………… (570)

中等职业教育专任教师接受培训情况 …………………………………………………… (572)

中等职业学校占地面积及其他办学条件(总计:学校产权+非学校产权独立使用) ………… (574)

中等职业学校占地面积及其他办学条件(学校产权) …………………………………… (576)

中等职业学校占地面积及其他办学条件(非学校产权独立使用) ……………………… (578)

中等职业学校占地面积及其他办学条件(普通中专学校:学校产权+非学校产权独立使用)

………………………………………………………………………………………… (580)

中等职业学校占地面积及其他办学条件(成人中专学校:学校产权+非学校产权独立使用)

………………………………………………………………………………………… (582)

中等职业学校占地面积及其他办学条件(职业高中学校:学校产权+非学校产权独立使用)

………………………………………………………………………………………… (584)

中等职业学校校舍建筑面积(总计:学校产权+非学校产权独立使用) ………………(586)
中等职业学校校舍建筑面积(学校产权) ……………………………………………(590)
中等职业学校校舍建筑面积(非学校产权独立使用) …………………………………(592)
中等职业学校校舍建筑面积(普通中专学校:学校产权+非学校产权独立使用) ……(594)
中等职业学校校舍建筑面积(成人中专学校:学校产权+非学校产权独立使用) ……(598)
中等职业学校校舍建筑面积(职业高中学校:学校产权+非学校产权独立使用) ……(602)
中等职业学校信息化建设情况(总计和普通中专学校) ………………………………(606)
中等职业学校信息化建设情况(成人中专和职业高中学校) …………………………(608)
中等职业教育其他基本情况 ……………………………………………………………(610)
职业技术培训学校(机构)基本情况 ……………………………………………………(612)
成人中小学基本情况 ……………………………………………………………………(614)
成人小学中扫盲班基本情况 ……………………………………………………………(616)
技工学校基本情况 ………………………………………………………………………(618)

六、各县(市)区教育基本情况

学前教育基本情况(总计) ………………………………………………………………(620)
学前教育基本情况(城区) ………………………………………………………………(628)
学前教育基本情况(镇区) ………………………………………………………………(636)
学前教育基本情况(乡村) ………………………………………………………………(644)
小学基本情况(总计) ……………………………………………………………………(652)
小学基本情况(城区) ……………………………………………………………………(660)
小学基本情况(镇区) ……………………………………………………………………(668)
小学基本情况(乡村) ……………………………………………………………………(676)
初中基本情况(总计) ……………………………………………………………………(684)
初中基本情况(城区) ……………………………………………………………………(692)
初中基本情况(镇区) ……………………………………………………………………(700)
初中基本情况(乡村) ……………………………………………………………………(708)
普通高中基本情况(总计) ………………………………………………………………(716)
普通高中基本情况(城区) ………………………………………………………………(724)
普通高中基本情况(镇区) ………………………………………………………………(732)
普通高中基本情况(乡村) ………………………………………………………………(740)
中小学在校生中随迁子女和农村留守儿童情况 ………………………………………(748)

中等职业教育基本情况 ……………………………………………………………………（756）

特殊教育基本情况 ………………………………………………………………………（764）

七、全国及各省区市教育基本情况

高等教育学校（机构）数 …………………………………………………………………（775）

高等学校（机构）研究生数 ………………………………………………………………（776）

高等教育普通本、专科学生数 ……………………………………………………………（778）

高等教育成人本、专科学生数 ……………………………………………………………（780）

高等教育网络本科、专科生学生数 ………………………………………………………（782）

在职人员攻读硕士学位学生数 …………………………………………………………（784）

高等教育学校（机构）教职工情况 ………………………………………………………（786）

专任教师学历、职称情况 …………………………………………………………………（788）

资产情况（学校产权） ……………………………………………………………………（790）

资产情况（非学校产权独立使用） ………………………………………………………（792）

校舍情况 ……………………………………………………………………………………（794）

普通高中校数、班数 ………………………………………………………………………（795）

普通高中学生数 …………………………………………………………………………（796）

普通中学教职工数 ………………………………………………………………………（797）

普通高中专任教师学历、职称情况 ………………………………………………………（798）

普通高中办学条件 ………………………………………………………………………（800）

中等职业学校（机构）数 …………………………………………………………………（806）

中等职业学校（机构）学生数 ……………………………………………………………（808）

中等职业学校（机构）教职工数 …………………………………………………………（810）

中等职业学校（机构）专任教师职称、学历情况 ………………………………………（812）

中等职业学校（机构）资产情况（学校产权） ……………………………………………（814）

中等职业学校（机构）资产情况（非学校产权中独立使用） ……………………………（816）

中等职业学校（机构）校舍情况 …………………………………………………………（818）

初中校数、班数 ……………………………………………………………………………（819）

初中学生数 ………………………………………………………………………………（820）

初中专任教师学历、职称情况 ……………………………………………………………（822）

初中办学条件 ……………………………………………………………………………（824）

小学校数、教学点数及班数 ………………………………………………………………（830）

小学学生数 …………………………………………………………………………（832）

小学教职工数 ………………………………………………………………………（834）

小学专任教师学历、职称情况 ……………………………………………………（836）

小学办学条件 ………………………………………………………………………（838）

工读学校基本情况 …………………………………………………………………（844）

特殊教育基本情况 …………………………………………………………………（846）

特殊教育学校教职工数 ……………………………………………………………（848）

特殊教育学校专任教师学历、职称情况 …………………………………………（850）

特殊教育学校办学条件 ……………………………………………………………（852）

幼儿园基本情况 ……………………………………………………………………（855）

幼儿园教职工数 ……………………………………………………………………（856）

幼儿园园长、专任教师学历、职称情况 …………………………………………（858）

幼儿园校舍及其他情况 ……………………………………………………………（860）

幼儿园办学条件 ……………………………………………………………………（862）

2019年河南省教育事业发展统计公报

2019年,全省教育系统以习近平新时代中国特色社会主义思想为指导,深入贯彻党的十九大和十九届二中、三中、四中全会精神,全面落实省委省政府决策部署和全省教育大会精神,加快推进教育现代化,办好人民满意的教育,为中原更加出彩、决胜全面建成小康社会贡献了教育力量。

一、综 合

全省共有各级各类学校(机构)5.34万所,教育人口2853.55万人,其中,在校生2677.10万人,教职工176.45万人。教育人口占总人口26.16%。

二、学前教育

全省共有幼儿园2.32万所,其中普惠性幼儿园1.37万所。入园幼儿125.34万人,在园幼儿430.87万人,普惠性幼儿园覆盖率65.26%,学前教育毛入园率89.50%。

幼儿园教职工39.07万人,其中,园长2.70万人,专任教师22.62万人。专任教师学历合格率97.43%,其中专科及以上学历占75.00%;专任教师中副高级及以上职称占0.42%。幼儿园占地8.12万亩,校舍建筑面积2818.99万平方米,图书2854.48万册。

三、义务教育

全省共有义务教育阶段学校2.27万所,在校生1480.96万人;教职工93.37万人,其中专任教师86.77万人。九年义务教育巩固率95.45%。

小学1.81万所,另有教学点1.37万个。毕业生158.13万人,招生173.76万人,在校生1012.48万人。共有28.00万个班,其中,大班2.00万个,占总班数7.14%,超大班0.30万个,占总班数1.09%。小学学校教职工53.94万人,其中专任教师51.04万人。专任教师学历合格率100.00%,具有专科及以上学历占96.69%;专任教师中副高级及以上职称占4.12%。

生师比17.9:1。另有,代课教师2.90万人,兼任教师0.16万人。

普通初中4603所,其中九年一贯制学校1117所。毕业生141.19万人,招生157.87万人,在校生468.48万人。共有9.47万个班,其中,大班1.13万个,占总班数11.97%,超大班0.16万个,占总班数1.65%。普通初中学校教职工39.43万人,其中专任教师35.74万人。专任教师学历合格率99.62%,具有本科及以上学历占81.14%;专任教师中副高级及以上职称占16.63%。生师比14.3:1。另有,代课教师0.84万人,兼任教师0.15万人。

义务教育阶段随迁子女在校生84.47万人,占义务教育阶段在校生总数5.70%,其中,小学59.27万人,初中25.20万人。进城务工人员随迁子女67.38万人,占义务教育阶段在校生总数4.55%,其中,小学47.74万人,初中19.64万人。

义务教育阶段农村留守儿童在校生187.79万人,占义务教育阶段在校生总数12.68%,其中,小学128.66万人,初中59.13万人。

小学和普通初中学校占地分别为33.13万亩和20.07万亩,校舍建筑面积分别为7254.75万平方米和5834.18万平方米,图书分别为20186.29万册和13774.85万册,教学仪器设备资产值分别为853860.19万元和622862.72万元。

四、高中阶段教育

全省高中阶段教育学校1558所,招生127.92万人,在校生353.75万人。高中阶段毛入学率91.62%。

普通高中889所,其中十二年一贯制学校119所。毕业生67.99万人,招生74.98万人,在校生215.88万人。共有3.83万个班,其中,大班1.64万个,占总班数42.79%,超大班0.51万个,占总班数13.28%。普通高中学校教职工18.57万人,其中专任教师16.30万人。专任教师学历合格率98.18%,研究生学历占10.58%;专任教师中副高级及以上职称占21.23%。生师比15.6:1。普通高中学校占地10.42万亩,校舍建筑面积3542.71万平方米,图书3829.15万册,教学仪器设备资产值353777.58万元。

中等职业学校669所,其中技工学校95所。毕业生42.94万人,招生52.94万人,在校生137.87万人。中等职业教育招生数和在校生数分别占高中阶段教育的41.38%和38.97%。教职工7.13万人,其中专任教师4.77万人。学校产权占地4.39万亩(不含技校,下同),校舍建筑面积1475.71万平方米,图书2075.17万册,教学、实习仪器设备资产值374784.62万元。

五、特殊教育

全省特殊教育学校150所,共招收各种形式特殊教育学生1.05万人,在校生5.48万人。教职工0.45万人,其中专任教师0.42万人。占地1907.24亩,校舍建筑面积62.32万平方米,图书54.56万册。

六、高等教育

全省研究生培养机构27处;普通高等学校141所(含5所独立学院),其中,本科院校57所(其中公办38所),高职高专院校84所(其中,公办63所,中外合作办学1所)。独立设置成人高等学校10所。

博士学位授权普通高等学校9所,硕士学位授权普通高等学校19所;博士学位授权一级学科87个,博士专业学位授权点5个;硕士学位授权一级学科334个,硕士专业学位授权点223个。

省级优势特色学科建设工程一期建设学科35个,其中,优势学科10个,特色学科(群)25个;拥有第九批重点学科410个,其中,一级学科288个,二级学科122个。

依托高校建设国家"2011协同创新中心"6个(含省部共建协同创新中心5个),国家大学科技园2个,国家重点实验室(培育基地)6个,国家工程(技术)研究中心6个,国家国际联合研究中心7个,国家(地方联合)工程实验室11个,教育部重点实验室12个,教育部工程研究中心7个,教育部人文社科重点研究基地2个(含省部共建)。

全省高等教育毛入学率49.28%。

研究生毕业16107人(其中,博士研究生335人),招生20962人(其中,博士研究生937人),在学研究生55395人(其中,博士研究生3271人)。

普通本专科毕业生59.34万人,本专科分别为27.67万人和31.67万人,本专科之比为4.7:5.3;招生78.89万人,本专科分别为33.77万人和45.12万人,本专科之比为4.3:5.7;在校生231.97万人,本专科分别为119.72万人和112.25万人,本专科之比为5.2:4.8。普通高等学校校均规模16449人,其中,本科院校25227人,高职(专科)院校10493人。

普通高等学校教职工16.21万人,其中专任教师12.40万人。生师比18.7:1。专任教师中副高级及以上专业技术职务4.11万人(其中,正高级0.97万人),占总数33.13%;专任教师中硕士研究生及以上学历6.99万人(其中,博士研究生1.99万人),占总数56.38%;硕士及以上学位8.47万人(其中,博士学位2.05万人),占总数68.36%。

普通高等学校学校产权(下同)占地17.89万亩;校舍建筑面积6294.80万平方米,其中,教学行政用房面积3220.25万平方米,学生宿舍1605.63万平方米;图书18373.46万册;教学用计算机61.29万台;固定资产总值10092344.63万元,其中教学、科研仪器设备值2759185.08万元。

成人本专科毕业生12.42万人,招生21.28万人,在校生42.03万人。成人高等学校教职工895人,其中专任教师570人。专任教师中副高级及以上专业技术职务207人,占总数36.32%;硕士研究生及以上学历178人,占总数31.23%;硕士及以上学位244人,占总数42.81%。

七、成人培训与扫盲教育

全省职业技术培训机构4602所,结业学生98.75万人次,注册学生98.27万人次;教职工11883人,其中专任教师7001人。成人中学101所,结业人数6.19万人次,注册学生5.50万人次,教职工765人,其中专任教师712人。成人小学864所,结业生13.7万人次,注册学生12.43万人次;教职工1631人,其中专任教师1204人。

八、民办教育

全省各级各类民办学校21429所,在校生总数709.75万人,比上年增加34.85万人,教职工总数59.12万人。其中,民办幼儿园18061所,在园幼儿297.85万人;民办小学1894所,在校生177.89万人;民办普通初中887所,在校生98.79万人;民办普通高中336所,在校生46.42万人;民办中等职业学校157所,在校生28.80万人;民办普通高等学校39所,其中,本科19所,专科20所;普通本专科在校生59.47万人(其中,本科34.55万人),占全省普通本专科在校生总数25.64%。

一、综合部分

各级各类教育基本情况(一)

	学校数(所、处)	学生数				教职工数	
		毕业生数	招生数	在校生数	预计毕业生数	计	其中:专任教师
总　　计	53388	7733774	6906515	26770997	4897854	1764467	1443067
一、高等教育	209	797088	1053040	2930360	847193	164222	125330
(一)研究生	8	16107	20962	55395	18244	248	248
1.高等学校	(19)	16054	20889	55204	18172	(17264)	(17264)
2.科研机构	8	53	73	191	72	248	248
(二)普通本专科教育	141	593363	788900	2319653	650451	162050	123977
1.普通高等学校	141	593235	788773	2319376	650335	162050	123977
本科院校	57	367166	424621	1437956	393924	102357	77089
其中:独立学院	5	23716	29134	95100	25572	5754	4744
专科院校	84	226069	364152	881420	256411	59693	46888
其中:高等职业学校	73	196110	321963	771995	224856	48435	40606
2.成人高校普通专科班	(1)	128	127	277	116		
(三)成人本专科教育	10	124199	212846	420347	178498	895	570
1.职工高校	8	2750	2283	4312	2010	495	319
2.教育学院	1	35		10	10		
3.广播电视大学	1	12	12	18	6	236	151
4.其他机构	(4)					164	100
5.普通高等学校成人班	(83)	121402	210551	416007	176472		
(四)网络本专科		41176	30332	126932			
(五)在职人员攻读硕士学位				3008			
(六)民办的其他高教机构	50	22243		5025		1029	535
二、中等职业教育	669	429437	529371	1378687	335370	71311	47710
(一)普通中等专业学校	145	118371	148477	413921	132290	19427	15044
(二)成人中等专业学校	159	43873	54167	127574	32132	11081	7983
(三)职业高中	270	135241	171565	435529	126021	27243	23683
(四)其他机构	(21)	1570	3945	6449	3252	1244	1000
(五)附设中职班	(102)	44820	42708	127164	41675		
(六)技工学校	95	85562	108509	268050		12316	
三、基础教育	46943	5320814	5324104	21299913	3715291	1514655	1261110
(一)普通中学	5492	2091721	2328471	6843555	2173513	580081	520379
1.普通高中	889	679853	749785	2158790	690503	185744	163013
完全中学	169	93844	103994	301723	96269	37084	32170
高级中学	601	555713	593153	1726852	558680	124005	111954
十二年一贯制学校	119	24639	45965	110623	28771	24655	18889
附设普通高中班	(27)	5657	6673	19592	6783		

各级各类教育基本情况（二）

	学校数（所、处）	学　生　数				教职工数	
		毕业生数	招生数	在校生数	预计毕业生数	计	其中：专任教师
2.普通初中	4603	1411868	1578686	4684765	1483010	394337	357366
其中:随班就读特教生		754	2230	6895			
送教上门特教生		39	287	724			
初级中学	3486	1107894	1189613	3581873	1149609	275316	260952
九年一贯制学校	1117	203629	278044	775599	231172	119021	96414
附设普通初中班	(19)	4083	2379	8467	2898		
完全中学(初中部)		67008	67967	203807	64866		
十二年一贯制(初中部)		29254	40683	115019	34465		
(二)小　　学	18117	1581313	1737602	10124818	1541778	539350	510350
其中:随班就读特教生		793	3037	21319			
送教上门特教生		105	420	3288			
1.小　　学	18117	1288632	1409340	8275324	1251740	467382	439936
2.小学教学点	(13726)	56744	160167	685787	48399	71968	70414
3.附设小学班	(365)	45386	2851	59395	37610		
4.九年一贯制(小学部)		173184	149943	1002541	185383		
5.十二年一贯制(小学部)		17367	15301	101771	18646		
(三)幼儿教育	23181	1646408	1253449	4308701		390652	226163
1.幼　儿　园	23181	1330190	1048917	3804617		390652	226163
2.附设幼儿班	(13344)	316218	204532	504084			
(四)特殊教育	150	1316	4498	22623		4505	4158
1.特殊教育学校	150	1316	4498	22615		4505	4158
2.附设特教班	(1)			8			
(五)工读学校	3	56	84	216		67	60
四、成人技术培训学校	4602	987540		982688		11883	7001
(一)职工技术培训学校	72	46994		41821		1592	1261
(二)农民技术培训学校	4074	870111		857058		6671	4090
(三)其他培训机构	456	70435		83809		3620	1650
五、成人中小学	965	198895		179349		2396	1916
(一)成人中学	101	61912		55012		765	712
1.职工中学	8	13658		12713		17	12
2.农民中学	93	48254		42299		748	700
(二)成人小学	864	136983		124337		1631	1204
1.职工小学	24	16439		12845		24	
2.农民小学	840	120544		111492		1607	1204
其中:扫盲班	20			2846		78	73

注：技工学校暂用2018年数据。

各级各类教育基

	学校数(所、处)			毕业生数			招 生 数	
	上年	本年	本年比上年增减	上年	本年	本年比上年增减	上年	本年
一、研究生教育	27	27		13556	16107	2551	20043	20962
二、普通高等教育	140	141	1	559882	593363	33481	708677	778724
其中：民　　办	39	39		124768	133563	8795	179728	221220
（一）本　　科	57	57		359855	367166	7311	413327	423125
（二）专　　科	83	84	1	199956	226069	26113	295259	355472
三、普通中等专业学校	154	145	-9	114120	118371	4251	138282	148477
四、普通中学	5371	5492	121	1997081	2091721	94640	2325175	2328471
（一）普通初中	4519	4603	84	1336283	1411868	75585	1598631	1578686
（二）普通高中	852	889	37	660798	679853	19055	726544	749785
五、职业高中	289	270	-19	72513	70773	-1740	83250	85004
六、小　　学	18622	18117	-505	1607018	1581313	-25705	1735639	1737602
七、幼儿教育	22128	23181	1053	1681964	1646408	-35556	1405686	1253449
八、特殊教育	149	150	1	1326	1316	-10	4700	4498
九、成人高等教育	10	10		122966	124199	1233	181660	212846
十、成人中专	163	159	-4	33628	43873	10245	53770	54167
十一、成人技培学校	5223	4602	-621	1309561	987540	-322021		
十二、成人中学	60	101	41	90223	61912	-28311		
十三、成人小学	1043	864	-179	220677	136983	-83694		

本指标变化情况

	在校生数			教职工数			其中:专任教师		
本年比上年增减	上年	本年	本年比上年增减	上年	本年	本年比上年增减	上年	本年	本年比上年增减
919	50999	55395	4396	15343	17512	2169	15343	17512	2169
70047	2140780	2309477	168697	153690	162050	8360	115353	123977	8624
41492	510495	594736	84241	35982	39984	4002	27205	31005	3800
9798	1388293	1436460	48167	97792	102357	4565	72604	77089	4485
60213	752209	872740	120531	55898	59693	3795	42749	46888	4139
10195	392314	413921	21607	19704	19427	-277	14803	15044	241
3296	6619362	6843555	224193	545867	580081	34214	492380	520379	27999
-19945	4518810	4684765	165955	371424	394337	22913	339038	357366	18328
23241	2100552	2158790	58238	174443	185744	11301	153342	163013	9671
1754	229208	228567	-641	28355	27243	-1112	24301	23683	-618
1963	9945951	10124818	178867	529250	539350	10100	500204	510350	10146
-152237	4379892	4308701	-71191	367742	390652	22910	214494	226163	11669
-202	18915	22623	3708	4383	4505	122	3997	4158	161
31186	338626	420347	81721	901	895	-6	568	570	2
397	131982	127574	-4408	10690	11081	391	8115	7983	-132
	1158378	982688	-175690	12218	11883	-335	6231	7001	770
	89902	55012	-34890	378	765	387	289	712	423
	209924	124337	-85587	2289	1631	-658	1584	1204	-380

各级各类民办教育基本情况

	学校数（所）	学生数			教职工数	
		毕业生数	招生数	在校生数	计	其中：专任教师
总　　计	21429	1977705	1919492	7097481	591217	385153
一、民办高等教育	89	155806	221220	599761	41013	31540
（一）普通高校	39	133563	221220	594736	39984	31005
（二）民办的其他高等教育机构	50	22243		5025	1029	535
二、民办中等教育机构	1380	488761	639107	1740044	160710	121298
（一）高中阶段教育	493	204136	299721	752176	64878	50423
其中:民办普通高中	336	124712	177834	464171	54017	42682
民办中等职业学校	157	79424	121887	288005	10861	7741
（二）初中阶段教育	887	284625	339386	987868	95832	70875
其中:民办普通初中	887	284625	339386	987868	95832	70875
三、民办普通小学	1894	295368	263043	1778879	72758	54206
四、民办幼儿园	18061	1037765	796044	2978511	316673	178065
五、特殊教育	5	5	78	286	63	44

注:民办普通高校学生数含郑州西亚斯学院学生。

各级各类教育中女性基本情况

	学　生　数				教职工数	
	毕业生数	招生数	在校生数	预　计 毕业生数	计	其　中： 专任教师
总　　计	3059664	3239866	11986342	2336110	1230166	1027382
一、研究生教育	9519	12624	32813	9530	30	30
二、普通本专科教育	321671	401504	1227146	342939	81776	64324
三、成人本专科教育	76888	136280	269407	109550	477	337
四、普通中等专业学生	116878	127703	365688	109892	10120	8335
五、成人中等专业学生	16570	18945	32969	10343	5606	4333
六、职业高中	30921	34933	95939	29379	14149	12913
七、普通高中	345690	376263	1091719	353703	107483	96841
八、普通初中	638534	715757	2120991	669319	256535	238609
九、小　　学	720375	812428	4684355	701455	389539	374747
十、幼儿教育	781577	599382	2045317		361214	223811
十一、特殊教育	1041	4047	19998		3237	3102

2007-2019年各级各类教育

指标名称	单位	2007年	2008年	2009年	2010年	2011年
一、研究生						
1.校　　数	处	23	23	23	23	23
2.毕业生	人	5429	6643	6939	7750	8856
3.招　　生	人	7957	8507	9918	10704	10891
4.在 校 生	人	21667	23551	26431	29021	30908
5.毕业班学生	人	6712	7238	8154	9450	10913
6.专任教师	人	5731	6254	7169	7491	7367
二、普通高等学校						
1.校　　数	所	92	94	99	107	117
其中:本　科	所	31	33	43	45	47
其中:民　办	所	21	22	23	28	33
2.毕 业 生	万人	26.72	30.25	33.41	38.25	43.30
其中:本　科	万人	9.72	11.48	12.77	13.76	15.40
3.招　　生	万人	35.52	44.51	45.74	47.83	47.14
其中:本　科	万人	14.41	16.74	18.38	21.13	22.65
4.在 校 生	万人	109.52	125.02	136.88	145.67	150.01
其中:本　科	万人	50.70	56.58	61.61	68.72	75.88
5.预计毕业生	万人	30.12	33.82	38.48	42.78	43.68
其中:本　科	万人	11.50	13.08	13.86	15.50	17.03
6.教 职 工	万人	8.82	9.59	10.36	11.04	11.71
其中:专任教师	万人	5.88	6.49	7.15	7.75	8.20
副高以上所占比例	%	32.58	33.11	32.98	33.00	33.86
研究生以上学历所占比例	%	36.21	39.92	41.43	43.65	46.14
7.占地面积	万平方米	7914.11	8722.48	8952.88	9352.04	9837.98
8.校舍建筑面积	万平方米	3527.19	3715.12	3980.81	4237.21	4688.79
其中:教学及辅助用房	万平方米	1690.50	1707.07	1820.80	1923.07	2143.53
学生公寓	万平方米	913.22	996.40	1048.04	1080.91	1213.16
学生食堂	万平方米	142.90	146.44	153.61	162.59	180.91
9.一般图书	万册	8093.61	9099.18	10050.64	11038.59	11921.80
10.固定资产总值	万元	3444975.06	3700987.66	4046669.85	4606275.68	5475394.03
其中:教学、科研仪器设备值	万元	620539.12	706825.05	774679.16	865786.55	953317.33
三、成人高等学校						
1.校　　数	所	23	20	18	15	14
2.毕 业 生	万人	9.20	8.20	8.19	12.33	11.51
其中:本　科	万人	2.64	2.66	3.17	4.74	4.46
3.招　　生	万人	9.28	11.01	10.13	10.72	11.94
其中:本　科	万人	3.77	4.22	3.67	4.22	5.23
4.在 校 生	万人	24.94	26.88	27.78	25.89	25.65
其中:本　科	万人	9.30	10.57	10.71	10.25	11.04
5.预计毕业生数	万人	8.00	7.39	10.11	11.22	10.09

基本指标变化情况（一）

2012年	2013年	2014年	2015年	2016年	2017年	2018年	2019年	2019比2018年增减情况（+、-）	2019年比2018年增减比例（%）
26	27	27	27	27	27	27	27		
10331	10660	11172	10607	11954	12933	13556	16107	2551.00	18.82
11683	12185	12805	13561	14206	18352	20043	20962	919.00	4.59
31965	33317	34760	37559	39525	44830	50999	55395	4396.00	8.62
11813	10773	11114	12501	13386	14084	16454	18244	1790.00	10.88
8893	9738	10269	11324	11638	13242	15343	17512	2169.00	14.14
120	127	129	129	129	134	140	141	1	0.71
47	50	52	52	55	55	57	57		
34	35	37	37	37	37	39	39		
43.53	45.02	44.53	46.58	48.30	50.41	55.99	59.34	3.35	5.98
16.78	18.42	20.89	22.27	24.28	25.38	26.20	27.67	1.47	5.61
49.82	50.84	51.43	55.92	60.60	63.57	70.87	78.89	8.02	11.32
24.92	25.94	25.76	26.72	28.72	29.78	32.97	33.77	0.80	2.43
155.90	161.83	167.97	176.69	187.48	200.47	214.08	231.97	17.89	8.36
83.71	91.02	95.52	99.55	103.42	107.71	114.08	119.72	5.64	4.94
44.76	44.70	47.17	49.56	51.50	57.06	60.68	65.05	4.37	7.20
18.68	20.96	22.59	24.87	25.94	26.76	28.33	30.84	2.51	8.86
12.02	12.52	13.00	13.34	13.88	14.58	15.37	16.21	0.84	5.47
8.60	9.09	9.51	9.80	10.27	10.84	11.54	12.40	0.86	7.45
34.15	35.04	34.98	34.56	34.54	34.03	33.63	33.13	-0.50	-1.49
47.97	49.63	51.21	52.81	53.46	54.89	55.76	56.38	0.62	1.11
10231.61	10612.45	10840.65	10946.46	10837.53	11079.40	11575.85	11925.44	349.59	3.02
5010.89	5395.75	5467.39	5705.10	5663.93	5920.64	6162.42	6294.80	132.38	2.15
2298.50	2454.65	2503.20	2599.23	2536.56	2696.81	2812.28	2879.18	66.90	2.38
1288.22	1362.16	1404.72	1448.32	1414.80	1514.24	1552.88	1605.63	52.75	3.40
189.24	208.33	218.42	220.95	216.17	221.11	227.02	237.68	10.66	4.70
12506.98	13343.50	14092.05	14818.68	15740.95	16444.31	17561.66	18373.46	811.80	4.62
6202397.36	6393432.27	7003997.57	7778844.16	8440264.35	9244774	11029914.29	10992334.63	-37579.66	-0.34
1088421.78	1223079.49	1405624.31	1645904.47	1921751.50	2190288	2480697.59	2759185.08	278487.49	11.23
14	13	12	12	11	11	10	10		
10.39	10.59	13.77	14.54	15.65	15.92	12.30	12.42	0.12	0.97
4.07	4.27	5.20	5.61	6.49	6.77	6.09	6.43	0.34	5.60
14.87	15.41	16.51	15.20	11.78	12.50	18.17	21.28	3.11	17.14
5.48	6.31	7.01	6.21	5.86	6.36	9.39	11.15	1.76	18.75
29.81	33.64	35.89	35.91	31.55	28.22	33.86	42.03	8.17	24.14
12.30	13.93	15.59	15.94	15.19	15.16	18.46	22.77	4.31	23.34
10.86	13.61	15.37	16.25	15.70	12.47	12.70	17.85	5.15	40.55

2007－2019年各级各类教育

指 标 名 称	单位	2007年	2008年	2009年	2010年	2011年
其中:本　　科	万人	2.59	2.88	3.30	4.19	3.82
6.教 职 工	万人	0.84	0.59	0.54	0.46	0.43
其中:专任教师	万人	0.55	0.38	0.36	0.31	0.29
副高以上所占比例	%	28.08	31.54	31.30	30.80	30.80
7.占地面积	万平方米	730.48	562.78	325.79	288.55	269.13
8.校舍建筑面积	万平方米	344.33	299.36	161.74	160.27	159.62
其中:教学及辅助用房	万平方米	171.67	135.87	71.93	74.14	75.88
学生公寓	万平方米	79.74	82.31	40.69	35.10	35.53
学生食堂	万平方米	16.13	15.38	7.17	6.26	5.79
9.一般图书	万册	672.91	645.46	432.32	374.52	407.69
10.固定资产总值	万元	226778.37	202073.51	99933.85	128241.27	114039.70
其中:教学、科研仪器设备值	万元	50101.90	45386.95	29912.68	28368.81	26826.02
四、高中阶段教育						
1.校　　数	所	2036	2081	2048	1955	1753
2.招　　生	万人	136.08	136.06	137.61	135.32	132.65
3.在 校 生	万人	368.96	379.01	389.11	381.47	374.23
4.高中阶段毛入学率	%	67.70	80.30	88.84	89.08	90.00
五、中等职业教育						
1.校　　数	所	1116	1173	1180	1130	961
2.毕 业 生	万人		45.79	52.91	59.24	60.40
3.招　　生	万人	65.51	67.64	73.11	72.47	68.02
4.在 校 生	万人	156.34	171.75	187.91	189.31	184.72
5.招生数占高中阶段教育的比例	%	48.14	49.71	53.13	53.56	51.28
6.在校生数占高中阶段教育的比例	%	42.38	45.32	48.29	49.63	49.36
六、基础教育						
(一)小　　学						
1.校　　数	所	30677	30214	29420	28603	27793
2.毕 业 生	万人	160.19	168.90	165.75	165.35	167.61
3.招　　生	万人	183.22	186.92	184.51	187.76	193.44
4.在 校 生	万人	1018.71	1036.60	1052.02	1070.53	1092.90
5.教 职 工	万人	51.00	51.22	51.58	51.82	50.47
6.专任教师	万人	48.30	48.53	48.91	49.04	47.97
7.专任教师学历合格率	%	99.36	99.54	99.58	99.64	99.98
8.入 学 率	%	99.94	99.91	99.92	99.94	99.91
其中:女	%	99.85	99.93	99.91	99.94	99.96
9.升 学 率	%	100.00	97.77	96.94	96.05	96.43
其中:女	%	101.36	99.55	98.03	97.46	97.92
(二)普通初中						
1.校　　数	所	4944	4810	4703	4616	4596

基本指标变化情况(二)

2012年	2013年	2014年	2015年	2016年	2017年	2018年	2019年	2019比2018年增减情况（+、-）	2019年比2018年增减比例（%）
4.28	4.97	5.97	6.74	6.51	6.09	6.49	8.98	2.49	38.39
0.43	0.34	0.28	0.29	0.23	0.15	0.09	0.09		-0.67
0.29	0.22	0.19	0.20	0.16	0.11	0.06	0.06		0.35
29.81	31.14	33.53	31.88	28.56	28.17	33.80	36.32	2.52	7.44
269.14	219.93	197.20	140.40	72.80	66.40	54.23	54.23		
157.68	120.47	94.17	94.31	67.96	57.02	34.90	34.90		
77.72	56.76	47.79	47.95	35.23	36.62	18.22	18.22		
33.48	27.63	19.22	19.54	10.88	8.82	5.56	5.56		
5.65	4.83	3.41	3.28	2.09	1.66	0.89	0.89		
433.48	349.51	297.63	296.54	203.06	138.56	81.47	82.25	0.78	0.96
118200.00	86511.36	79859.04	84987.96	49172.48	43472.76	36010.13	35658.49	-351.64	-0.98
26985.90	25743.78	20978.76	21914.55	16306.86	13480.90	10986.23	11692.59	706.36	6.43
1705	1675	1659	1645	1592	1602	1607	1558	-49	-3.05
129.87	119.17	113.88	115.87	117.32	123.84	122.69	127.92	5.23	4.26
366.50	336.42	327.13	325.79	327.85	338.72	346.69	353.75	7.06	2.04
90.00	90.20	90.30	90.30	90.40	90.61	91.23	91.62	0.39	0.43
920	899	885	875	800	789	755	669	-86	-11.39
59.99	59.64	50.69	47.28	42.37	40.80	39.94	42.94	3.00	7.51
63.30	53.06	49.39	47.89	47.79	52.87	50.03	52.94	2.91	5.82
173.87	147.19	137.58	131.48	128.25	133.23	136.63	137.87	1.24	0.91
48.74	44.53	43.37	41.33	40.73	42.69	40.77	41.39	0.62	1.51
47.44	43.75	42.06	40.36	39.11	39.33	39.41	38.97	-0.44	-1.11
27452	26086	25578	24673	22822	20372	18622	18117	-505	-2.71
170.44	164.48	140.81	140.55	144.16	150.31	160.70	158.13	-2.57	-1.60
190.97	181.06	159.44	169.30	173.16	172.38	173.56	173.76	0.20	0.12
1079.21	939.98	928.60	937.05	965.59	982.06	994.60	1012.48	17.88	1.80
50.49	49.94	49.67	50.20	50.23	51.77	52.93	53.94	1.01	1.90
47.95	47.42	46.99	47.21	47.42	48.86	50.02	51.04	1.01	2.03
99.98	99.99	99.99	100.00	99.99	99.99	100.00	100.00		
99.93	99.87	99.97	100.00	100.00	100.00	100.00	100.00		
99.93	99.88	99.99	100.00	100.00	100.00	99.99	100.00	0.01	0.01
92.79	92.80	98.36	98.35	99.98	99.42	99.47	99.83	0.36	0.37
94.47	94.50	94.52	98.84	99.98	99.44	99.63	99.36	-0.27	-0.27
4551	4550	4566	4565	4557	4515	4519	4603	84	1.86

2007－2019年各级各类教育

指 标 名 称	单位	2007年	2008年	2009年	2010年	2011年
2.毕业生	万人	189.11	183.67	163.18	154.92	155.45
3.招　生	万人	160.92	165.13	160.68	158.81	161.62
4.在校生	万人	507.20	484.20	474.25	469.40	467.98
5.教职工	万人	-	-	-	-	31.66
6.专任教师	万人	28.09	27.62	27.81	27.67	28.22
7.专任教师学历合格率	%	96.91	97.68	98.22	98.64	98.93
8.入学率	%	98.79	99.17	99.16	99.62	99.60
其中:女	%	98.86	99.23	99.27	99.65	99.45
(三)普通高中						
1.校　数	所	920	908	868	825	792
2.毕业生	万人	65.10	74.98	70.17	70.43	66.55
3.招　生	万人	70.57	68.42	64.50	62.85	64.63
4.在校生	万人	212.63	207.26	201.20	192.16	189.51
5.教职工	万人			-	-	13.85
6.专任教师	万人	9.79	10.27	10.49	10.43	10.43
7.专任教师学历合格率	%	88.67	90.80	93.98	94.99	95.47
(四)幼儿园						
1.校　数	所	4859	5617	6355	7698	10304
2.招　生	万人	120.47	116.30	114.11	111.96	175.56
3.在校生	万人	159.34	164.52	171.65	196.67	282.21
4.教职工	万人	6.94	7.86	8.92	11.06	15.10
5.专任教师	万人	4.50	5.14	5.83	7.20	9.36
6.学前三年毛入园率	%	46.00	48.23	50.89	52.80	55.50
(五)特殊教育						
1.校　数	所	121	120	121	120	127
2.毕业生	万人	0.20	0.17	0.21	0.23	0.17
3.招　生	万人	0.30	0.31	0.31	0.32	0.32
4.在校生	万人	2.17	2.07	2.11	2.19	1.95
5.教职工	万人	0.33	0.33	0.34	0.34	0.35
6.专任教师	万人	0.27	0.28	0.29	0.29	0.30
七、每万人口中各级教育平均在校学生数						
1.普通高等教育	人	112	126	138	146	144
2.普通中专	人	59	61	66	68	66
3.普通高中	人	217	210	203	193	182
4.普通初中	人	517	491	478	471	448
5.小　学	人	1037	1050	1061	1074	1047
6.幼儿园	人	162	167	173	197	270
八、九年义务教育巩固率	%	-	-	90.00	90.35	90.80
九、高等教育毛入学率	%	19.68	20.50	22.02	23.66	24.63

注:特殊教育学生数中均含义务教育阶段随班就读特教生;普通高等教育含在读研究生;成人高等教育学生数中含普通高等学校的成教生。

基本指标变化情况（三）

2012 年	2013 年	2014 年	2015 年	2016 年	2017 年	2018 年	2019 年	2019 比 2018 年增减情况（+、-）	2019 年比 2018 年增减比例（%）
149.80	140.34	114.66	123.62	129.50	132.29	133.63	141.19	7.56	5.66
158.16	137.71	138.40	138.23	144.13	149.45	159.86	157.87	-1.99	-1.25
453.79	385.05	399.36	404.81	415.83	429.16	451.88	468.48	16.60	3.67
31.61	31.65	32.34	33.15	33.21	34.91	37.14	39.43	2.29	6.18
28.24	28.57	28.35	28.59	28.64	31.76	33.90	35.74	1.84	5.42
98.88	99.05	99.20	99.31	99.47	99.60	99.69	99.62	-0.07	-0.07
99.70	99.14	99.96	99.95	99.98	99.99	100.00	99.99	-0.01	-0.01
99.70	99.29	99.96	99.95	99.99	99.99	100.00	99.99	-0.01	-0.01
785	776	774	770	792	813	852	889	37	4.34
63.98	63.13	60.28	61.05	63.31	63.14	66.08	67.99	1.91	2.88
66.57	66.11	64.49	67.98	69.53	70.97	72.65	74.98	2.33	3.21
192.63	189.23	189.55	194.31	199.60	205.49	210.06	215.88	5.82	2.77
14.28	14.33	14.73	15.07	15.55	16.49	17.44	18.57	1.13	6.50
10.73	12.26	11.08	11.40	11.79	14.45	15.33	16.30	0.97	6.34
96.53	96.50	96.34	97.11	97.09	97.56	98.23	98.18	-0.05	-0.05
12912	14485	15821	17481	18695	20613	22128	23181	1053	4.76
195.10	202.60	207.80	207.22	157.92	151.62	140.57	125.34	-15.23	-10.83
319.82	346.95	369.22	393.37	408.68	424.93	437.99	430.87	-7.12	-1.63
18.36	21.54	23.75	27.33	29.70	33.23	36.77	39.07	2.30	6.24
11.26	12.94	14.28	16.53	17.82	19.78	21.45	22.62	1.17	5.44
66.63	75.43	78.56	83.18	85.14	86.45	88.13	89.50	1.37	1.55
132	137	142	144	146	148	149	150	1	0.67
0.24	0.17	0.12	0.18	0.14	0.21	0.24	0.30	0.06	25.00
0.30	0.33	0.36	0.39	0.50	0.65	0.99	1.05	0.06	6.06
1.67	1.67	1.83	2.01	2.39	3.07	4.39	5.48	1.09	24.83
0.38	0.38	0.40	0.40	0.40	0.42	0.44	0.45	0.01	2.27
0.32	0.33	0.35	0.35	0.36	0.38	0.40	0.42	0.02	5.00
149	153	178	187	197	210	224	247	23.00	10.27
63	60	70	73	73	76	81	83	1.87	2.31
184	179	201	206	209	217	220	225	4.76	2.16
433	363	424	429	436	450	473	488	14.74	3.12
1029	887	987	993	1013	1030	1040	1054	14.12	1.36
305	327	392	417	429	446	458	449	-9.41	-2.06
91.20	92.00	93.00	94.00	94.05	94.26	94.62	95.45	0.83	0.88
27.22	30.10	34.00	36.49	38.80	41.78	45.60	49.28	3.68	8.07

二、高等教育

高等教育学校(机构)数

	合计	中央部门			地方				民办	中 外合作办
		计	教育部	其他部门	计	教育部门	其他部门	地方企业		
1. 研究生培养机构	**27**	**8**		**8**	**19**	**19**				
普通高等学校	19				19	19				
科研机构	8	8		8						
2. 普通高等学校	**141**	**1**		**1**	**100**	**78**	**21**	**1**	**39**	**1**
本科院校	57	1		1	37	35	2		19	
其中:独立学院	5								5	
专科院校	84				63	43	19	1	20	1
其中:高等职业学校	73				53	35	17	1	19	1
3. 成人高等学校	**10**				**10**	**4**	**3**	**3**		
4. 民办的其他高等教育机构	**50**								**50**	

高等教育学校(机构)学生数(总计)

	毕(结)业生数	授予学位数	招生数 计	其中:应届毕业生	其中:春季招生	其中:预科生转入	在校生数	预计毕业生数
1. 普通本科、专科生	**593363**	**273111**	**788900**	**683340**		**1172**	**2319653**	**650451**
专　　科	316697		451159	400543		7	1122468	342063
本　　科	276666	273111	337741	282797		1165	1197185	308388
2. 成人本科、专科生	**124199**	**4886**	**212846**				**420347**	**178498**
专　　科	59891		101336				192668	88681
本　　科	64308	4886	111510				227679	89817
3. 网络本科、专科生	**41176**	**1698**	**30332**		**15230**		**126932**	
专　　科	24508						61101	
本　　科	16668	1698	30332		15230		65831	
4. 研 究 生	**16107**	**16016**	**20962**	**12878**			**55395**	**18244**
硕　　士	15772	15689	20025	12511			52124	17145
博　　士	335	327	937	367			3271	1099
5. 在职人员攻读硕士学位		**1576**					**3008**	
6. 自考助学班								
7. 普通预科生							**897**	
8. 研究生课程进修班								
9. 进修及培训	**380877**							
10. 留 学 生	**1694**	**257**	**2751**		**554**		**5528**	

高等教育学校(机构)学生数(普通高等学校)

	毕(结)业生数	授予学位数	招生数 计	其中 应届毕业生	其中 春季招生	其中 预科生转入	在校生数	预计毕业生数
1. 普通本科、专科生	**593235**	**273111**	**788773**	**683213**		**1172**	**2319376**	**650335**
专科	316569		451032	400416		7	1122191	341947
本科	276666	273111	337741	282797		1165	1197185	308388
2. 成人本科、专科生	**121402**	**4886**	**210551**				**416007**	**176472**
专科	57098		99049				188336	86655
本科	64304	4886	111502				227671	89817
3. 网络本科、专科生	**41176**	**1698**	**30332**		**15230**		**126932**	
专科	24508						61101	
本科	16668	1698	30332		15230		65831	
4. 研究生	**16054**	**15964**	**20889**	**12832**			**55204**	**18172**
硕士	15722	15640	19955	12465			51944	17079
博士	332	324	934	367			3260	1093
5. 在职人员攻读硕士学位		**1576**					**3008**	
6. 自考助学班								
7. 普通预科生							**897**	
8. 研究生课程进修班								
9. 进修及培训	**364877**							
10. 留学生	**1694**	**257**	**2751**		**554**		**5528**	

高等教育学校(机构)学生数(成人高等学校)

	毕(结)业生数	授予学位数	招生数				在校生数	预计毕业生数
			计	其中				
				应届毕业生	春季招生	预科生转入		
1.普通本科、专科生	128		127	127			277	116
专　　科	128		127	127			277	116
本　　科								
2.成人本科、专科生	2797		2295				4340	2026
专　　科	2793		2287				4332	2026
本　　科	4		8				8	
3.网络本科、专科生								
专　　科								
本　　科								
4.研　究　生								
硕　　士								
博　　士								
5.在职人员攻读硕士学位								
6.自考助学班								
7.普通预科生								
8.研究生课程进修班								
9.进修及培训	16000							
10.留　学　生								

高等教育学校(机构)学生数(科研机构)

	毕(结)业生数	授予学位数	招生数 计	其中 应届毕业生	其中 春季招生	其中 预科生转入	在校生数	预计毕业生数
1. 普通本科、专科生								
专　科								
本　科								
2. 成人本科、专科生								
专　科								
本　科								
3. 网络本科、专科生								
专　科								
本　科								
4. 研 究 生	**53**	**52**	**73**	**46**			**191**	**72**
硕　士	50	49	70	46			180	66
博　士	3	3	3				11	6
5. 在职人员攻读硕士学位								
6. 自考助学班								
7. 普通预科生								
8. 研究生课程进修班								
9. 进修及培训								
10. 留 学 生								

普通专科分形式、

	合　　计				毕业生数
	毕业生数	招生数	在校生数	预计毕业生数	
总　　计	316697	451159	1122468	342063	316569
其中:女	163395	214755	558315	170360	163387
一、按形式分					
高中起点	271656	388050	987703	288881	271592
对口招收中职生	15919	21266	57233	17758	15919
五年制高职转入	29122	41843	77532	35424	29058
二、按举办者分					
1.中央部门	407	197	866	378	407
教育部					
其他部门	407	197	866	378	407
2.地　方	259345	340494	874820	274417	259217
教育部门	193078	252235	645152	202369	193078
其他部门	60581	81854	212006	66227	60581
地方企业	5686	6405	17662	5821	5558
3.民　办	56945	110270	246584	67268	56945
4.中外合作办		198	198		

分举办者学生数

普通高等学校			成人高等学校			
招生数	在校生数	预计毕业生数	毕业生数	招生数	在校生数	预计毕业生数
451032	**1122191**	**341947**	**128**	**127**	**277**	**116**
214746	558283	170349	8	9	32	11
388019	987579	288822	64	31	124	59
21266	57233	17758				
41747	77379	35367	64	96	153	57
197	866	378				
197	866	378				
340367	874543	274301	128	127	277	116
252235	645152	202369				
81854	212006	66227				
6278	17385	5705	128	127	277	116
110270	246584	67268				
198	198					

普 通 专 科 分

	合 计				毕业生数
	毕业生数	招生数	在校生数	预计毕业生数	
总　计	316697	451159	1122468	342063	316569
其中:女	163395	214755	558315	170360	163387
农林牧渔大类	3538	4844	12400	3476	3538
交通运输大类	2245	5268	11987	2822	2245
生化与药品大类	2753	2926	8373	2589	2753
资源开发与测绘大类	22687	31602	76877	22705	22687
材料与能源大类	1051	1242	3178	978	1051
土建大类	34848	47161	119006	37857	34738
水利大类	1329	1665	4302	1291	1329
制造大类	885	1404	2973	655	885
电子信息大类	4107	5245	13660	4533	4107
环保、气象与安全大类	14758	21617	53727	15764	14758
轻纺食品大类	39597	74867	170800	49521	39592
财经大类	52600	71414	183928	53048	52600
医药卫生大类	62049	78456	199106	63406	62042
旅游大类	10210	14163	36406	11241	10204
公共事业大类	15101	27064	66022	17618	15101
文化教育大类	2202	3308	9029	2690	2202
艺术设计传媒大类	39853	48168	126055	44536	39853
公安大类	5031	4279	13487	5139	5031
法律大类	1853	6466	11152	2194	1853
总计中:师范生	31578	36487	95370	34857	31578

学 科 学 生 数

普通高等学校				成 人 高 等 学 校			
招生数	在校生数	预计毕业生数	毕业生数	招生数	在校生数	预计毕业生数	
451032	1122191	341947	128	127	277	116	
214746	558283	170349	8	9	32	11	
4844	12400	3476					
5268	11987	2822					
2926	8373	2589					
31602	76877	22705					
1242	3178	978					
47077	118815	37768	110	84	191	89	
1665	4302	1291					
1404	2973	655					
5245	13660	4533					
21611	53710	15764		6	17		
74855	170778	49513	5	12	22	8	
71414	183928	53048					
78434	199067	63392	7	22	39	14	
14162	36400	11236	6	1	6	5	
27062	66020	17618		2	2		
3308	9029	2690					
48168	126055	44536					
4279	13487	5139					
6466	11152	2194					
36487	95370	34857					

普 通 本 科 分 形 式、

	合 计			
	毕业生数	招生数	在校生数	预 计 毕业生数
总　　计	**276666**	**337741**	**1197185**	**308388**
其中:女	158276	186749	668831	172579
一、按形式分				
高中起点	234536	283440	1078794	254289
专科起点	39285	50403	103781	50187
第二学士学位	110			
对口招收中职生	2735	3898	14610	3912
二、按学科分				
哲　　学	47	62	226	48
经济学	13628	16565	63141	16009
法　　学	9226	11341	41471	10728
教育学	12635	19086	58323	14287
文　　学	22638	27855	101676	25340
其中:外　语	11167	15179	54484	13077
历史学	1350	1595	5891	1339
理　　学	16904	18985	72104	17794
工　　学	86067	115278	401350	98918
农　　学	5908	7365	26273	7043
医　　学	20263	20371	85913	23891
管理学	57953	63609	218352	62513
艺术学	30047	33863	120699	30478
职业本科		1766	1766	
三、按举办者				
1.中央部门	830	1245	3970	772
教育部				
其他部门	830	1245	3970	772
2.地　　方	206708	225546	867244	225122
教育部门	205384	220983	852735	222613
其他部门	1324	4563	14509	2509
地方企业				
3.民　　办	69128	110950	325971	82494
4.中外合作办				
总计中:师范生	36327	39514	141374	36910

分 学 科 学 生 数

	其 中：普 通 高 等 学 校		
毕业生数	招生数	在校生数	预计毕业生数
276666	**337741**	**1197185**	**308388**
158276	186749	668831	172579
234536	283440	1078794	254289
39285	50403	103781	50187
110			
2735	3898	14610	3912
47	62	226	48
13628	16565	63141	16009
9226	11341	41471	10728
12635	19086	58323	14287
22638	27855	101676	25340
11167	15179	54484	13077
1350	1595	5891	1339
16904	18985	72104	17794
86067	115278	401350	98918
5908	7365	26273	7043
20263	20371	85913	23891
57953	63609	218352	62513
30047	33863	120699	30478
	1766	1766	
830	1245	3970	772
830	1245	3970	772
206708	225546	867244	225122
205384	220983	852735	222613
1324	4563	14509	2509
69128	110950	325971	82494
36327	39514	141374	36910

普通本科、专科

	学校数(所)		毕业生数		
	计	其中：中央	合计	专科	本科
总　　计	142	1	593363	316697	276666
一、普通高等学校	141	1	593235	316569	276666
1.按类型分					
本科院校	57	1	367166	90500	276666
其中:独立学院	5		23716	2370	21346
其中:职业本科	1		2212	2212	
专科院校	84		226069	226069	
其中:高等职业学校	73		196110	196110	
其他机构(不计校数)					
2.按性质类别分					
综合大学	10		79333	15805	63528
理工院校	70		268741	183611	85130
农业院校	5		25173	13727	11446
林业院校	1		1762	1762	
医药院校	13		38970	26698	12272
师范院校	14		80981	21134	59847
语文院校					
财经院校	20		84080	41791	42289
政法院校	4	1	7378	5224	2154
体育院校	1		1838	1838	
艺术院校	3		4979	4979	
民族院校					
3.按举办者分					
(1)中央部门	1	1	1237	407	830
教育部					
其他部门	1	1	1237	407	830
(2)地　　方	100		465925	259217	206708
教育部门	78		398462	193078	205384
其他部门	21		61905	60581	1324
地方企业	1		5558	5558	
(3)民　　办	39		126073	56945	69128
(4)中外合作办	1				
二、成人高等学校	1		128	128	

学 生 数（普通高等学校分类型、性质类别）

招生数			在校生数			预计毕业生数		
合计	专科	本科	合计	专科	本科	合计	专科	本科
788900	**451159**	**337741**	**2319653**	**1122468**	**1197185**	**650451**	**342063**	**308388**
788773	451032	337741	2319376	1122191	1197185	650335	341947	308388
424621	86880	337741	1437956	240771	1197185	393924	85536	308388
29134	4131	25003	95100	8752	86348	25572	2149	23423
5588	3822	1766	10797	9031	1766	1606	1606	
364152	364152		881420	881420		256411	256411	
321963	321963		771995	771995		224856	224856	
79393	15483	63910	300484	44641	255843	84928	15648	69280
391047	278486	112561	1062636	677576	385060	297737	199817	97920
33651	15681	17970	103765	43866	59899	27943	13983	13960
2831	2831		7422	7422		2275	2275	
55137	41997	13140	160936	105753	55183	43963	29530	14433
83067	21393	61674	289118	58724	230394	84657	22936	61721
127843	62000	65843	346428	145444	200984	92291	43442	48849
7385	4742	2643	24567	14745	9822	7775	5550	2225
1593	1593		3814	3814		1724	1724	
6826	6826		20206	20206		7042	7042	
1442	197	1245	4836	866	3970	1150	378	772
1442	197	1245	4836	866	3970	1150	378	772
565913	340367	225546	1741787	874543	867244	499423	274301	225122
473218	252235	220983	1497887	645152	852735	424982	202369	222613
86417	81854	4563	226515	212006	14509	68736	66227	2509
6278	6278		17385	17385		5705	5705	
221220	110270	110950	572555	246584	325971	149762	67268	82494
198	198		198	198				
127	**127**		**277**	**277**		**116**	**116**	

成人专科分形式、

	合计				毕业生数
	毕业生数	招生数	在校生数	预计毕业生数	
总　计	59891	101336	192668	88681	57098
其中:女	36604	64406	124616	56552	34742
一、按形式分					
（一）函　授	46340	84732	159560	74473	46305
高中起点	46338	84730	159556	74471	46303
专科第二学历	2	2	4	2	2
（二）业　余	10513	14326	28637	12034	10495
高中起点	9021	11838	25973	11862	9003
专科第二学历	1492	2488	2664	172	1492
（三）脱　产	3038	2278	4471	2174	298
高中起点	3038	2278	4471	2174	298
专科第二学历					
二、按学科分					
农林牧渔大类	620	1286	2130	844	620
交通运输大类	450	874	1424	550	450
生化与药品大类	652	408	1067	625	645
资源开发与测绘大类	4418	8526	15230	6704	4388
材料与能源大类	197	194	483	289	197
土建大类	3695	6320	12303	5964	3548
水利大类	61	155	384	229	61
制造大类					
电子信息大类	62	306	485	179	62
环保、气象与安全大类	2091	965	2732	1568	2091
轻纺食品大类	3374	6951	12626	5675	3066
财经大类	8411	9226	20025	8400	6288
医药卫生大类	16051	30527	55944	25417	15944
旅游大类	306	555	1011	456	306
公共事业大类	192	174	312	138	174
文化教育大类	6	6	6		6
艺术设计传媒大类	15598	26748	52658	25910	15570
公安大类	999	1209	2066	857	999
法律大类	2708	6906	11782	4876	2683
总计中：师　范　生	14445	24331	48691	24360	14417

分学科学生数

普通高等学校			成人高等学校			
招生数	在校生数	预计毕业生数	毕业生数	招生数	在校生数	预计毕业生数
99049	**188336**	**86655**	**2793**	**2287**	**4332**	**2026**
63140	122261	55469	1862	1266	2355	1083
84732	159550	74463	35		10	10
84730	159546	74461	35		10	10
2	4	2				
14317	28608	12014	18	9	29	20
11829	25944	11842	18	9	29	20
2488	2664	172				
	178	178	2740	2278	4293	1996
	178	178	2740	2278	4293	1996
1286	2130	844				
874	1418	544			6	6
331	893	528	7	77	174	97
8522	15202	6680	30	4	28	24
194	483	289				
6288	12074	5786	147	32	229	178
155	384	229				
306	485	179				
965	2732	1568				
6630	12007	5377	308	321	619	298
7388	16853	7066	2123	1838	3172	1334
30516	55850	25334	107	11	94	83
555	1011	456				
174	312	138	18			
6		6				
26748	52658	25910	28			
1209	2066	857				
6902	11772	4870	25	4	10	6
24331	48691	24360	28			

成人本科分形式、

	合计				
	毕业生数	招生数	在校生数	预计毕业生数	毕业生数
总计	**64308**	**111510**	**227679**	**89817**	**64304**
其中:女	40284	71874	144791	52998	40283
一、按形式分					
(一)函授	41214	82640	154926	64894	41214
高中起点	2755	5014	13995	1867	2755
专科起点	38459	77626	140931	63027	38459
(二)业余	23090	28862	72745	24923	23090
高中起点	1982	2352	10679	1896	1982
专科起点	21108	26510	62066	23027	21108
(三)脱产	4	8	8		
高中起点					
专科起点	4	8	8		
二、按学科分					
哲学					
经济学	890	1624	3087	1424	890
法学	2197	4453	8210	3299	2196
教育学	5404	13297	23248	9726	5404
文学	5241	8312	16312	7397	5241
其中:外语	1257	1767	3718	1930	1257
其中:艺术	61	102	191	89	61
历史学	2161	2997	6255	3258	2161
理学	12070	21107	43224	19332	12070
工学	841	865	2035	1104	841
农学	23477	34764	79728	25837	23477
医学	11545	23206	43991	17736	11542
管理学	421	783	1398	615	421
总计中:师范生	10830	22704	41677	18279	10830

分学科学生数

普通高等学校			成人高等学校			
招生数	在校生数	预计毕业生数	毕业生数	招生数	在校生数	预计毕业生数
111502	**227671**	**89817**	**4**	**8**	**8**	
71871	144788	52998	1	3	3	
82640	154926	64894				
5014	13995	1867				
77626	140931	63027				
28862	72745	24923				
2352	10679	1896				
26510	62066	23027				
			4	8	8	
			4	8	8	
1624	3087	1424				
4449	8206	3299	1	4	4	
13297	23248	9726				
8308	16308	7397		4	4	
1767	3718	1930				
102	191	89				
2997	6255	3258				
21107	43224	19332				
865	2035	1104				
34764	79728	25837				
23206	43991	17736	3			
783	1398	615				
22704	41677	18279				

成人本科、专科分举办者、

	学校数(所)		毕业生数		
	计	其中：中央	合计	专科	本科
总　　计	93		124199	59891	64308
一、按举办者分					
（一）普通高等学校	83		121402	57098	64304
1.中央部门					
教　育　部					
其他部门					
2.地　　方	66		114225	53907	60318
教育部门	57		112310	52448	59862
其他部门	8		1881	1425	456
地方企业	1		34	34	
3.民　　办	17		7177	3191	3986
4.中外合作办					
（二）成人高等学校	10		2797	2793	4
1.中央部门					
教　育　部					
其他部门					
2.地　　方	10		2797	2793	4
教育部门	4		329	325	4
其他部门	3		2345	2345	
地方企业	3		123	123	
3.民　　办					
4.中外合作办					
二、按类型分					
职工高等学校	8		2750	2750	
农民高等学校					
管理干部学院					
教育学院	1		35	35	
独立函授学院					
广播电视大学	1		12	8	4
其他机构	4				

成人高等学校分类型学生数

招生数			在校生数			预计毕业生数		
合计	专科	本科	合计	专科	本科	合计	专科	本科
212846	**101336**	**111510**	**420347**	**192668**	**227679**	**178498**	**88681**	**89817**
210551	99049	111502	416007	188336	227671	176472	86655	89817
191512	88637	102875	384478	171625	212853	165095	80573	84522
189808	87310	102498	380235	167985	212250	162914	78567	84347
1619	1242	377	4098	3495	603	2121	1946	175
85	85		145	145		60	60	
19039	10412	8627	31529	16711	14818	11377	6082	5295
2295	2287	8	4340	4332	8	2026	2026	
2295	2287	8	4340	4332	8	2026	2026	
406	398	8	755	747	8	349	349	
1878	1878		3458	3458		1580	1580	
11	11		127	127		97	97	
2283	2283		4312	4312		2010	2010	
			10	10		10	10	
12	4	8	18	10	8	6	6	

网络专科分学科学生数（普通高等学校）

	毕业生数	招生数	在校生数
总　　计	24508		61101
其中:女	11879		27603
农林牧渔大类			
交通运输大类			
生化与药品大类	503		1193
资源开发与测绘大类	3355		7597
材料与能源大类			
土建大类	1438		5364
水利大类			
制造大类			
电子信息大类			
环保、气象与安全大类			
轻纺食品大类	1571		6107
财经大类	2836		7266
医药卫生大类	9533		22714
旅游大类	242		964
公共事业大类	126		103
文化教育大类			
艺术设计传媒大类	1664		2820
公安大类	1242		1823
法律大类	1998		5150
总计中:师　范　生			

网络本科分学科学生数(普通高等学校)

	毕业生数	招生数	在校生数
总　　计	16668	30332	65831
其中:女	9642	8119	36222
哲　　学			
经 济 学	865	1076	2603
法　　学	981	1644	3309
教 育 学	606	1717	3158
文　　学	819	1228	2753
其中:外　语	174	350	725
历 史 学			
理　　学	205		177
工　　学	4311	10201	19431
农　　学			
医　　学	4701	5884	17574
管 理 学	4180	8582	16826
艺 术 学			
总计中:师 范 生			

分 部 门 、分 计 划

	学校(机构)数(所)	毕业生数			
		合计	硕士	博士	合计
总　计	**27**	**16107**	**15772**	**335**	**20962**
全 日 制		15216	14881	335	18558
其中:非 定 向		13954	13692	262	18043
定　向		1262	1189	73	515
非全日制		891	891		2404
其中:非 定 向		882	882		2206
定　向		9	9		198
一、中央部门办	**8**	**53**	**50**	**3**	**73**
全 日 制		53	50	3	73
非全日制					
1. 教 育 部					
全 日 制					
非全日制					
2. 其他部门		53	50	3	73
全 日 制		53	50	3	73
非全日制					
二、地方公办	**19**	**16054**	**15722**	**332**	**20889**
全 日 制		15163	14831	332	18485
非全日制		891	891		2404
1. 教育部门	19	16054	15722	332	20889
全 日 制		15163	14831	332	18485
非全日制		891	891		2404
2. 其他部门					
全 日 制					
非全日制					
3. 地方企业					
全 日 制					
非全日制					
三、民　办					
全 日 制					
非全日制					
四、中外合作办					
全 日 制					
非全日制					

研 究 生 数 (总计)

招 生 数		在校生数			预计毕业生数		
硕士	博士	合计	硕士	博士	合计	硕士	博士
20025	**937**	**55395**	**52124**	**3271**	**18244**	**17145**	**1099**
17621	937	48471	45205	3266	15767	14668	1099
17239	804	46587	43937	2650	14986	14199	787
382	133	1884	1268	616	781	469	312
2404		6924	6919	5	2477	2477	
2206		6148	6146	2	2130	2130	
198		776	773	3	347	347	
70	**3**	**191**	**180**	**11**	**72**	**66**	**6**
70	3	191	180	11	72	66	6
70	3	191	180	11	72	66	6
70	3	191	180	11	72	66	6
19955	934	55204	51944	3260	18172	17079	1093
17551	934	48280	45025	3255	15695	14602	1093
2404		6924	6919	5	2477	2477	
19955	934	55204	51944	3260	18172	17079	1093
17551	934	48280	45025	3255	15695	14602	1093
2404		6924	6919	5	2477	2477	

分　部　门、分　计　划

	学　校（机构）数(所)	在校生数			
		合计	硕士	博士	合计
总　计		**16054**	**15722**	**332**	**20889**
全日制		15163	14831	332	18485
其中:非定向		13914	13655	259	17995
定　向		1249	1176	73	490
非全日制		891	891		2404
其中:非定向		882	882		2206
定　向		9	9		198
一、中央部门办					
全日制					
非全日制					
1. 教育部					
全日制					
非全日制					
2. 其他部门					
全日制					
非全日制					
二、地方公办		**16054**	**15722**	**332**	**20889**
全日制		15163	14831	332	18485
非全日制		891	891		2404
1. 教育部门		16054	15722	332	20889
全日制		15163	14831	332	18485
非全日制		891	891		2404
2. 其他部门					
全日制					
非全日制					
3. 地方企业					
全日制					
非全日制					
三、民　办					
全日制					
非全日制					
四、中外合作办					
全日制					
非全日制					

研究生数（普通高等学校）

招生数		在校生数			预计毕业生数		
硕士	博士	合计	硕士	博士	合计	硕士	博士
19955	**934**	**55204**	**51944**	**3260**	**18172**	**17079**	**1093**
17551	934	48280	45025	3255	15695	14602	1093
17194	801	46453	43814	2639	14934	14153	781
357	133	1827	1211	616	761	449	312
2404		6924	6919	5	2477	2477	
2206		6148	6146	2	2130	2130	
198		776	773	3	347	347	
19955	**934**	**55204**	**51944**	**3260**	**18172**	**17079**	**1093**
17551	934	48280	45025	3255	15695	14602	1093
2404		6924	6919	5	2477	2477	
19955	**934**	**55204**	**51944**	**3260**	**18172**	**17079**	**1093**
17551	934	48280	45025	3255	15695	14602	1093
2404		6924	6919	5	2477	2477	

分 部 门、分 计 划

	学 校（机构）数(所)	毕 业 生 数			合计
		合计	硕士	博士	
总　　计	**8**	**53**	**50**	**3**	**73**
全 日 制		53	50	3	73
其中:非 定 向		40	37	3	48
定　　向		13	13		25
非全日制					
其中:非 定 向					
定　　向					
一、中央部门办	8	53	50	3	73
全 日 制		53	50	3	73
非全日制					
1.教 育 部					
全 日 制					
非全日制					
2.其他部门	8	53	50	3	73
全 日 制		53	50	3	73
非全日制					
二、地方公办					
全 日 制					
非全日制					
1.教育部门					
全 日 制					
非全日制					
2.其他部门					
全 日 制					
非全日制					
3.地方企业					
全 日 制					
非全日制					
三、民　　办					
全 日 制					
非全日制					
四、中外合作办					
全 日 制					
非全日制					

研 究 生 数（科研机构）

招 生 数		在校生数			预计毕业生数		
硕士	博士	合计	硕士	博士	合计	硕士	博士
70	**3**	**191**	**180**	**11**	**72**	**66**	**6**
70	3	191	180	11	72	66	6
45	3	134	123	11	52	46	6
25		57	57		20	20	
70	**3**	**191**	**180**	**11**	**72**	**66**	**6**
70	3	191	180	11	72	66	6
70	3	191	180	11	72	66	6
70	3	191	180	11	72	66	6

分 学 科 研

	毕业生数			招生数		
	合计	硕士	博士	合计	硕士	博士
总　　计	**16107**	**15772**	**335**	**20962**	**20025**	**937**
其中:女	9532	9377	155	12640	12162	478
哲　　学	146	146		85	85	
经 济 学	385	381	4	451	443	8
法　　学	1115	1098	17	1149	1107	42
教 育 学	1739	1735	4	2272	2251	21
文　　学	845	831	14	812	789	23
历 史 学	221	210	11	291	269	22
理　　学	1699	1595	104	1691	1488	203
工　　学	3681	3585	96	5588	5293	295
农　　学	936	897	39	1460	1385	75
医　　学	2432	2387	45	3692	3478	214
军 事 学						
管 理 学	2504	2503	1	2968	2936	32
艺 术 学	404	404		503	501	2
总计中:学术型学位	7985	7650	335	8361	7512	849
专业学位	8122	8122		12601	12513	88

究 生 数（总计）

在校生数			预计毕业生数		
合计	硕士	博士	合计	硕士	博士
55395	**52124**	**3271**	**18244**	**17145**	**1099**
32858	31213	1645	9544	9052	492
266	266		94	94	
1074	1045	29	462	452	10
3088	2939	149	1083	1023	60
5698	5646	52	2413	2401	12
2068	1981	87	803	774	29
860	749	111	254	213	41
4700	4028	672	1557	1338	219
14842	13751	1091	4468	4093	375
3497	3213	284	901	801	100
9695	9050	645	2719	2529	190
8209	8060	149	3100	3037	63
1398	1396	2	390	390	
24427	21286	3141	8336	7237	1099
30968	30838	130	9908	9908	

分 学 科 研

	毕业生数			招生数		
	合计	硕士	博士	合计	硕士	博士
总　　计	**16054**	**15722**	**332**	**20889**	**19955**	**934**
其中:女	9519	9364	155	12624	12146	478
哲　学	146	146		85	85	
经济学	385	381	4	451	443	8
法　学	1115	1098	17	1149	1107	42
教育学	1739	1735	4	2272	2251	21
文　学	845	831	14	812	789	23
历史学	221	210	11	291	269	22
理　学	1698	1594	104	1689	1486	203
工　学	3630	3537	93	5518	5226	292
农　学	936	897	39	1460	1385	75
医　学	2432	2387	45	3692	3478	214
军事学						
管理学	2503	2502	1	2967	2935	32
艺术学	404	404		503	501	2
总计中:学术型学位	7932	7600	332	8288	7442	846
专业学位	8122	8122		12601	12513	88

究　生　数（普通高等学校）

在　校　生　数			预计毕业生数		
合计	硕士	博士	合计	硕士	博士
55204	51944	3260	18172	17079	1093
32813	31169	1644	9530	9039	491
266	266		94	94	
1074	1045	29	462	452	10
3088	2939	149	1083	1023	60
5698	5646	52	2413	2401	12
2068	1981	87	803	774	29
860	749	111	254	213	41
4697	4025	672	1556	1337	219
14655	13575	1080	4397	4028	369
3497	3213	284	901	801	100
9695	9050	645	2719	2529	190
8208	8059	149	3100	3037	63
1398	1396	2	390	390	
24236	21106	3130	8264	7171	1093
30968	30838	130	9908	9908	

分 学 科 研

	毕业生数			招 生 数		
	合计	硕士	博士	合计	硕士	博士
总　　计	**53**	**50**	**3**	**73**	**70**	**3**
其中:女	13	13		16	16	
哲　学						
经济学						
法　学						
教育学						
文　学						
历史学						
理　学	1	1		2	2	
工　学	51	48	3	70	67	3
农　学						
医　学						
军事学						
管理学	1	1		1	1	
艺术学						
总计中:学术型学位	53	50	3	73	70	3
专业学位						

究 生 数（科研机构）

在 校 生 数			预计毕业生数		
合计	硕士	博士	合计	硕士	博士
191	**180**	**11**	**72**	**66**	**6**
45	44	1	14	13	1
3	3		1	1	
187	176	11	71	65	6
1	1				
191	180	11	72	66	6

分学位类型、

	毕业生数			招生数		
	合计	硕士	博士	合计	硕士	博士
总　　计	**16107**	**15772**	**335**	**20962**	**20025**	**937**
其中:女	9532	9377	155	12640	12162	478
一、学术型学位						
小　　计	**7985**	**7650**	**335**	**8361**	**7512**	**849**
哲　　学	146	146		85	85	
经 济 学	234	230	4	187	179	8
法　　学	872	855	17	692	650	42
教 育 学	320	316	4	291	280	11
文　　学	462	448	14	372	349	23
历 史 学	144	133	11	210	188	22
理　　学	1699	1595	104	1691	1488	203
工　　学	2017	1921	96	2212	1947	265
农　　学	375	336	39	482	407	75
医　　学	905	860	45	1225	1059	166
军 事 学						
管 理 学	681	680	1	790	758	32
艺 术 学	130	130		124	122	2
二、专业学位						
小　　计	**8122**	**8122**		**12601**	**12513**	**88**
哲　　学						
经 济 学	151	151		264	264	
法　　学	243	243		457	457	
教 育 学	1419	1419		1981	1971	10
文　　学	383	383		440	440	
历 史 学	77	77		81	81	
理　　学						
工　　学	1664	1664		3376	3346	30
农　　学	561	561		978	978	
医　　学	1527	1527		2467	2419	48
军 事 学						
管 理 学	1823	1823		2178	2178	
艺 术 学	274	274		379	379	

分学科研究生数(总计)

在校生数			预计毕业生数		
合计	硕士	博士	合计	硕士	博士
55395	**52124**	**3271**	**18244**	**17145**	**1099**
32858	31213	1645	9544	9052	492
24427	**21286**	**3141**	**8336**	**7237**	**1099**
266	266		94	94	
618	589	29	270	260	10
2036	1887	149	695	635	60
887	855	32	326	314	12
1141	1054	87	408	379	29
658	547	111	222	181	41
4700	4028	672	1557	1338	219
6539	5488	1051	2233	1858	375
1398	1114	284	449	349	100
3467	2892	575	1110	920	190
2370	2221	149	853	790	63
347	345	2	119	119	
30968	**30838**	**130**	**9908**	**9908**	
456	456		192	192	
1052	1052		388	388	
4811	4791	20	2087	2087	
927	927		395	395	
202	202		32	32	
8303	8263	40	2235	2235	
2099	2099		452	452	
6228	6158	70	1609	1609	
5839	5839		2247	2247	
1051	1051		271	271	

分 学 位 类 型、

	毕业生数			招 生 数		
	合计	硕士	博士	合计	硕士	博士
总　　计	16054	15722	332	20889	19955	934
其中:女	9519	9364	155	12624	12146	478
一、学术型学位						
小　　计	7932	7600	332	8288	7442	846
哲　　学	146	146		85	85	
经济学	234	230	4	187	179	8
法　　学	872	855	17	692	650	42
教育学	320	316	4	291	280	11
文　　学	462	448	14	372	349	23
历史学	144	133	11	210	188	22
理　　学	1698	1594	104	1689	1486	203
工　　学	1966	1873	93	2142	1880	262
农　　学	375	336	39	482	407	75
医　　学	905	860	45	1225	1059	166
军事学						
管理学	680	679	1	789	757	32
艺术学	130	130		124	122	2
二、专业学位						
小　　计	8122	8122		12601	12513	88
哲　　学						
经济学	151	151		264	264	
法　　学	243	243		457	457	
教育学	1419	1419		1981	1971	10
文　　学	383	383		440	440	
历史学	77	77		81	81	
理　　学						
工　　学	1664	1664		3376	3346	30
农　　学	561	561		978	978	
医　　学	1527	1527		2467	2419	48
军事学						
管理学	1823	1823		2178	2178	
艺术学	274	274		379	379	

分学科研究生数（普通高等学校）

在校生数			预计毕业生数		
合计	硕士	博士	合计	硕士	博士
55204	**51944**	**3260**	**18172**	**17079**	**1093**
32813	31169	1644	9530	9039	491
24236	21106	3130	8264	7171	1093
266	266		94	94	
618	589	29	270	260	10
2036	1887	149	695	635	60
887	855	32	326	314	12
1141	1054	87	408	379	29
658	547	111	222	181	41
4697	4025	672	1556	1337	219
6352	5312	1040	2162	1793	369
1398	1114	284	449	349	100
3467	2892	575	1110	920	190
2369	2220	149	853	790	63
347	345	2	119	119	
30968	30838	130	9908	9908	
456	456		192	192	
1052	1052		388	388	
4811	4791	20	2087	2087	
927	927		395	395	
202	202		32	32	
8303	8263	40	2235	2235	
2099	2099		452	452	
6228	6158	70	1609	1609	
5839	5839		2247	2247	
1051	1051		271	271	

分学位类型、

	毕业生数			招生数		
	合计	硕士	博士	合计	硕士	博士
总　　计	53	50	3	73	70	3
其中:女						
一、学术型学位	13	13		16	16	
小　　计	53	50	3	73	70	3
哲　　学						
经 济 学						
法　　学						
教 育 学						
文　　学						
历 史 学						
理　　学	1	1		2	2	
工　　学	51	48	3	70	67	3
农　　学						
医　　学						
军 事 学						
管 理 学	1	1		1	1	
艺 术 学						
二、专业学位						
小　　计						
哲　　学						
经 济 学						
法　　学						
教 育 学						
文　　学						
历 史 学						
理　　学						
工　　学						
农　　学						
医　　学						
军 事 学						
管 理 学						
艺 术 学						

分学科研究生数(科研机构)

在 校 生 数			预计毕业生数		
合计	硕士	博士	合计	硕士	博士
191	**180**	**11**	**72**	**66**	**6**
45	44	1	14	13	1
191	180	11	72	66	6
3	3		1	1	
187	176	11	71	65	6
1	1				

在 校 生

	合计	17岁及以下	18岁	19岁	20岁	21岁	22岁
总　计	**2922327**	**84541**	**394655**	**586913**	**540475**	**423701**	**233092**
其中:女	1593236	49439	209154	310106	287573	226855	125876
普通专科生	1122468	39681	215687	326373	278397	160223	56234
其中:女	558315	21443	109980	165502	140484	77700	26066
普通本科生	1197185	43523	172610	247536	244195	244118	148579
其中:女	668831	27309	95719	136812	136096	137479	82397
成人专科生	192668	695	2422	7840	11968	10238	8328
其中:女	124616	375	1545	5270	8154	6401	5082
成人本科生	227679	36	1124	1776	2774	4532	9163
其中:女	144791	18	588	944	1385	2894	6168
网络专科生	61101	606	2806	3339	2832	2697	2470
其中:女	27603	294	1316	1545	1261	1179	1083
网络本科生	65831		6	39	213	1011	3210
其中:女	36222		6	24	130	614	1866
硕　士　生	52124			10	96	882	5106
其中:女	31213			9	63	588	3212
博　士　生	3271						2
其中:女	1645						2

年　龄　情　况（总计）

23 岁	24 岁	25 岁	26 岁	27 岁	28 岁	29 岁	30 岁	3 1 岁 及以上
121034	**72004**	**48746**	**41923**	**39232**	**38373**	**46074**	**42145**	**209419**
67614	41963	28810	25069	23610	22954	27657	25686	120870
19280	7555	3331	2185	1620	1467	1805	1537	7093
8640	3222	1196	678	455	383	495	417	1654
63739	22717	6728	2142	802	249	130	47	70
35063	12571	3602	1129	413	126	64	22	29
7522	6744	6825	8212	9598	11008	14146	14246	72876
4457	4068	4170	5085	6130	6970	9228	9289	48392
14172	16488	15802	15577	15792	15701	18521	16740	79481
9769	11271	10816	10549	10409	10085	11756	10904	47235
2487	2546	2396	2600	2770	2838	3797	3442	23475
1092	1095	1004	1173	1248	1360	1804	1685	10464
4834	5469	4964	5013	4547	4471	5421	4574	22059
2949	3370	2961	2929	2584	2501	3018	2478	10792
8976	10386	8493	5888	3741	2264	1843	1246	3193
5633	6306	4935	3376	2197	1347	1101	728	1718
24	99	207	306	362	375	411	313	1172
11	60	126	150	174	182	191	163	586

在 校 生

	合计	17岁及以下	18岁	19岁	20岁	21岁	22岁
总　　计	2917519	84319	394464	586480	540021	423248	232814
其中:女	1590801	49289	209061	309901	287367	226712	125756
普通专科生	1122191	39642	215627	326310	278345	160180	56214
其中:女	558283	21437	109976	165497	140476	77693	26064
普通本科生	1197185	43523	172610	247536	244195	244118	148579
其中:女	668831	27309	95719	136812	136096	137479	82397
成人专科生	188336	512	2291	7470	11566	9835	8100
其中:女	122261	231	1456	5070	7956	6267	4970
成人本科生	227671	36	1124	1776	2774	4531	9161
其中:女	144788	18	588	944	1385	2894	6168
网络专科生	61101	606	2806	3339	2832	2697	2470
其中:女	27603	294	1316	1545	1261	1179	1083
网络本科生	65831		6	39	213	1011	3210
其中:女	36222		6	24	130	614	1866
硕士生	51944			10	96	876	5078
其中:女	31169			9	63	586	3206
博士生	3260						2
其中:女	1644						2

年　龄　情　况（普通高等学校）

23岁	24岁	25岁	26岁	27岁	28岁	29岁	30岁	31岁及以上
120794	**71675**	**48489**	**41657**	**38929**	**38054**	**45837**	**41958**	**208780**
67499	41787	28668	24899	23447	22833	27511	25616	120455
19280	7555	3331	2185	1620	1467	1805	1537	7093
8640	3222	1196	678	455	383	495	417	1654
63739	22717	6728	2142	802	249	130	47	70
35063	12571	3602	1129	413	126	64	22	29
7321	6462	6599	7963	9301	10690	13911	14060	72255
4353	3903	4037	4920	5968	6849	9082	9220	47979
14172	16488	15800	15577	15792	15701	18521	16740	79478
9769	11271	10814	10549	10409	10085	11756	10904	47234
2487	2546	2396	2600	2770	2838	3797	3442	23475
1092	1095	1004	1173	1248	1360	1804	1685	10464
4834	5469	4964	5013	4547	4471	5421	4574	22059
2949	3370	2961	2929	2584	2501	3018	2478	10792
8937	10339	8464	5872	3735	2264	1842	1246	3185
5622	6295	4928	3371	2196	1347	1101	728	1717
24	99	207	305	362	374	410	312	1165
11	60	126	150	174	182	191	162	586

在 校 生

	合计	17岁及以下	18岁	19岁	20岁	21岁	22岁
总　　计	**4617**	**222**	**191**	**433**	**454**	**447**	**250**
其中:女	2390	150	93	205	206	141	114
普通专科生	277	39	60	63	52	43	20
其中:女	32	6	4	5	8	7	2
普通本科生							
其中:女							
成人专科生	4332	183	131	370	402	403	228
其中:女	2355	144	89	200	198	134	112
成人本科生	8					1	2
其中:女	3						
网络专科生							
其中:女							
网络本科生							
其中:女							
硕　士　生							
其中:女							
博　士　生							
其中:女							

年　　龄　　情　　况（成人高等学校）

23岁	24岁	25岁	26岁	27岁	28岁	29岁	30岁	31岁及以上
201	**282**	**228**	**249**	**297**	**318**	**235**	**186**	**624**
104	165	135	165	162	121	146	69	414
201	282	226	249	297	318	235	186	621
104	165	133	165	162	121	146	69	413
		2						3
		2						1

— 65 —

在 校 生

	合计	17岁及以下	18岁	19岁	20岁	21岁	22岁
总　　计	**191**					**6**	**28**
其中:女	45					2	6
普通专科生							
其中:女							
普通本科生							
其中:女							
成人专科生							
其中:女							
成人本科生							
其中:女							
网络专科生							
其中:女							
网络本科生							
其中:女							
硕 士 生	180					6	28
其中:女	44					2	6
博 士 生	11						
其中:女	1						

年　龄　情　况（科研机构）

23岁	24岁	25岁	26岁	27岁	28岁	29岁	30岁	31岁及以上
39	**47**	**29**	**17**	**6**	**1**	**2**	**1**	**15**
11	11	7	5	1			1	1
39	47	29	16	6		1		8
11	11	7	5	1				1
			1		1	1	1	7
							1	

招 生、在 校 生

地 区	招 生 数			合计	普通专科生
	合计	普通专科生	普通本科生		
总　　计	788900	451159	337741	2922327	1122468
北 京 市	152	9	143	639	43
天 津 市	1144	40	1104	4367	73
河 北 省	5767	890	4877	32163	1959
山 西 省	3890	705	3185	22655	2655
内 蒙 古	1777	294	1483	10614	709
辽 宁 省	1391	90	1301	5646	268
吉 林 省	1460	141	1319	5865	301
黑 龙 江	1734	131	1603	7170	343
上 海 市	377		377	1345	13
江 苏 省	2429	39	2390	24850	160
浙 江 省	2136	165	1971	12637	421
安 徽 省	3891	518	3373	28056	1760
福 建 省	2402	72	2330	9402	192
江 西 省	2661	233	2428	20446	656
山 东 省	5354	1090	4264	25650	3241
河 南 省	727711	442489	285222	2603026	1094854
湖 北 省	1754	162	1592	7627	506
湖 南 省	2758	111	2647	14733	349
广 东 省	1338	95	1243	4978	292
广 　　西	1821	123	1698	7408	341
海 南 省	1402	105	1297	5682	288
重 庆 市	1114	120	994	4468	381
四 川 省	2250	638	1612	9259	2751
贵 州 省	2066	596	1470	9013	1856
云 南 省	1550	347	1203	8569	997
西 　　藏	154	25	129	826	60
陕 西 省	1868	232	1636	8105	758
甘 肃 省	2315	654	1661	10815	3015
青 海 省	1172	562	610	4253	1682
宁 　　夏	969	197	772	3985	747
新 　　疆	2046	286	1760	7974	797
港澳台侨	47		47	101	

来　源　情　况（总计）

在　校　生　数						
普通本科生	成人专科生	成人本科生	网络专科生	网络本科生	硕士研究生	博士研究生
1197185	**192668**	**227679**	**61101**	**65831**	**52124**	**3271**
543	1	2			46	4
4216	2	2			69	5
19131	97	112	6953	3104	753	54
12639	654	359	3094	2273	911	70
6838	6	19	846	1996	183	17
5183	9	14			151	21
5371	10	24			146	13
6598	16	31			163	19
1318					14	
9378	23	29	10113	4772	360	15
7915	17	342	2275	1512	152	3
13647	550	58	7049	4335	631	26
9107	9	7			85	2
9927	13	7	8744	889	202	8
17210	368	754	2095	822	1061	99
986817	**189051**	**224923**	**15414**	**44435**	**44764**	**2768**
6520	73	81			419	28
10698	614	211	2223	383	243	12
4228	47	9	59	232	107	4
6775	26	176			81	9
5306	5			31	50	2
3910	26	8			137	6
6145	38	23		21	265	16
6259	540	237			112	9
4761	6	4	1992	727	78	4
757					9	
6520	64	92	131	127	385	28
6988	380	71	20	31	295	15
2521	2	7			41	
3133	5	36			60	4
6727	16	41	93	141	150	9
99					1	1

招 生、在 校 生

地 区	招 生 数			合计	普通专科生
	合计	普通专科生	普通本科生		
总 计	788773	451032	337741	2917519	1122191
北 京 市	152	9	143	637	43
天 津 市	1144	40	1104	4364	73
河 北 省	5767	890	4877	32154	1959
山 西 省	3890	705	3185	22355	2655
内 蒙 古	1777	294	1483	10611	709
辽 宁 省	1391	90	1301	5641	268
吉 林 省	1460	141	1319	5862	301
黑 龙 江	1734	131	1603	7170	343
上 海 市	377		377	1345	13
江 苏 省	2429	39	2390	24837	160
浙 江 省	2136	165	1971	12636	421
安 徽 省	3891	518	3373	27568	1760
福 建 省	2402	72	2330	9400	192
江 西 省	2661	233	2428	20442	656
山 东 省	5354	1090	4264	25641	3241
河 南 省	**727584**	**442362**	**285222**	**2599866**	**1094577**
湖 北 省	1754	162	1592	7621	506
湖 南 省	2758	111	2647	14200	349
广 东 省	1338	95	1243	4941	292
广 西	1821	123	1698	7390	341
海 南 省	1402	105	1297	5677	288
重 庆 市	1114	120	994	4468	381
四 川 省	2250	638	1612	9252	2751
贵 州 省	2066	596	1470	9011	1856
云 南 省	1550	347	1203	8569	997
西 藏	154	25	129	826	60
陕 西 省	1868	232	1636	8058	758
甘 肃 省	2315	654	1661	10666	3015
青 海 省	1172	562	610	4253	1682
宁 夏	969	197	772	3983	747
新 疆	2046	286	1760	7974	797
港澳台侨	47		47	101	

来源情况（普通高等学校）

在校生数						
普通本科生	成人专科生	成人本科生	网络专科生	网络本科生	硕士研究生	博士研究生
1197185	**188336**	**227671**	**61101**	**65831**	**51944**	**3260**
543	1	2			44	4
4216	2	2			66	5
19131	97	112	6953	3104	746	52
12639	360	359	3094	2273	905	70
6838	6	19	846	1996	181	16
5183	9	14			146	21
5371	10	24			144	12
6598	16	31			163	19
1318					14	
9378	23	29	10113	4772	347	15
7915	17	342	2275	1512	151	3
13647	64	58	7049	4335	629	26
9107	7	7			85	2
9927	13	7	8744	889	198	8
17210	368	754	2095	822	1052	99
986817	**186269**	**224915**	**15414**	**44435**	**44677**	**2762**
6520	73	81			413	28
10698	86	211	2223	383	238	12
4228	10	9	59	232	107	4
6775	9	176			80	9
5306				31	50	2
3910	26	8			137	6
6145	35	23		21	261	16
6259	540	237			110	9
4761	6	4	1992	727	78	4
757					9	
6520	33	92	131	127	369	28
6988	233	71	20	31	293	15
2521	2	7			41	
3133	5	36			59	3
6727	16	41	93	141	150	9
99					1	1

招 生、在 校 生

地 区	招 生 数			合计	普通专科生
	合计	普通专科生	普通本科生		
总　　计	**127**	**127**		**4617**	**277**
北　京　市					
天　津　市					
河　北　省					
山　西　省				294	
内　蒙　古					
辽　宁　省					
吉　林　省					
黑　龙　江					
上　海　市					
江　苏　省					
浙　江　省					
安　徽　省				486	
福　建　省				2	
江　西　省					
山　东　省					
河　南　省	**127**	**127**		**3067**	**277**
湖　北　省					
湖　南　省				528	
广　东　省				37	
广　　　西				17	
海　南　省				5	
重　庆　市					
四　川　省				3	
贵　州　省					
云　南　省					
西　　　藏					
陕　西　省				31	
甘　肃　省				147	
青　海　省					
宁　　　夏					
新　　　疆					
港澳台侨					

来 源 情 况(成人高等学校)

在 校 生 数						
普 通 本科生	成 人 专科生	成 人 本科生	网 络 专科生	网 络 本科生	硕 士 研究生	博 士 研究生
	4332	**8**				
	294					
	486					
	2					
	2782	**8**				
	528					
	37					
	17					
	5					
	3					
	31					
	147					

招 生、在 校 生

地 区	招 生 数			在校生数	
	合计	普通专科生	普通本科生	合计	普通专科生
总　　计				**191**	
北 京 市				2	
天 津 市				3	
河 北 省				9	
山 西 省				6	
内 蒙 古				3	
辽 宁 省				5	
吉 林 省				3	
黑 龙 江					
上 海 市					
江 苏 省				13	
浙 江 省				1	
安 徽 省				2	
福 建 省					
江 西 省				4	
山 东 省				9	
河 南 省				**93**	
湖 北 省				6	
湖 南 省				5	
广 东 省					
广 西				1	
海 南 省					
重 庆 市					
四 川 省				4	
贵 州 省				2	
云 南 省					
西 藏					
陕 西 省				16	
甘 肃 省				2	
青 海 省					
宁 夏				2	
新 疆					
港澳台侨					

来　源　情　况（科研机构）

在校生数						
普通本科生	成人专科生	成人本科生	网络专科生	网络本科生	硕士研究生	博士研究生
					180	**11**
					2	
					3	
					7	2
					6	
					2	1
					5	
					2	1
					13	
					1	
					2	
					4	
					9	
					87	**6**
					6	
					5	
					1	
					4	
					2	
					16	
					2	
					1	1

学生休退学的主要原因（总计）

	合计	患病	停学实践（求职）	贫困	学习成绩不好	出国	其他
总　　计	19951	3193	4473	4	2521	394	9366
1.普通本科、专科生	17411	3112	3643	4	1747	386	8519
普通专科生	11735	1597	2823	3	1064	128	6120
普通本科生	5676	1515	820	1	683	258	2399
2.成人本科、专科生	1780	41	794		258	1	686
成人专科生	1102	37	474		187	1	403
成人本科生	678	4	320		71		283
3.网络本科、专科生	481				481		
网络专科生	247				247		
网络本科生	234				234		
4.研　究　生	279	40	36		35	7	161
硕　士　生	244	35	31		34	7	137
博　士　生	35	5	5		1		24

学生休退学的主要原因（普通高等学校）

	合计	患病	停学实践（求职）	贫困	学习成绩不好	出国	其他
总　　计	19915	3193	4467	4	2521	394	9336
1. 普通本科、专科生	17411	3112	3643	4	1747	386	8519
普通专科生	11735	1597	2823	3	1064	128	6120
普通本科生	5676	1515	820	1	683	258	2399
2. 成人本科、专科生	1745	41	788		258	1	657
成人专科生	1067	37	468		187	1	374
成人本科生	678	4	320		71		283
3. 网络本科、专科生	481				481		
网络专科生	247				247		
网络本科生	234				234		
4. 研 究 生	278	40	36		35	7	160
硕 士 生	244	35	31		34	7	137
博 士 生	34	5	5		1		23

学生休退学的主要原因（成人高等学校）

	合计	患病	停学实践（求职）	贫困	学习成绩不好	出国	其他
总　　计	35		6				29
1. 普通本科、专科生							
普通专科生							
普通本科生							
2. 成人本科、专科生	35		6				29
成人专科生	35		6				29
成人本科生							
3. 网络本科、专科生							
网络专科生							
网络本科生							
4. 研 究 生							
硕 士 生							
博 士 生							

学 生 变

	上学年初报表在校生数	增加学生数				
		合计	招生	复学	转入	其他
总　　计	2670027	1066294	1053040	8850	1147	3257
1．普通本科、专科生	2140780	800520	788900	8634	1138	1848
普通专科生	1000002	457751	451159	4842	1015	735
普通本科生	1140778	342769	337741	3792	123	1113
2．成人本科、专科生	338626	214389	212846	140		1403
成人专科生	154021	101951	101336	90		525
成人本科生	184605	112438	111510	50		878
3．网络本科、专科生	139622	30332	30332			
网络专科生	86229					
网络本科生	53393	30332	30332			
4．研　究　生	50999	21053	20962	76	9	6
硕　士　生	48250	20110	20025	70	9	6
博　士　生	2749	943	937	6		

学 生 变

	上学年初报表在校生数	增加学生数				
		合计	招生	复学	转入	其他
总　　计	2664604	1063799	1050545	8850	1147	3257
1．普通本科、专科生	2140502	800393	788773	8634	1138	1848
普通专科生	999724	457624	451032	4842	1015	735
普通本科生	1140778	342769	337741	3792	123	1113
2．成人本科、专科生	333653	212094	210551	140		1403
成人专科生	149053	99664	99049	90		525
成人本科生	184600	112430	111502	50		878
3．网络本科、专科生	139622	30332	30332			
网络专科生	86229					
网络本科生	53393	30332	30332			
4．研　究　生	50827	20980	20889	76	9	6
硕　士　生	48090	20040	19955	70	9	6
博　士　生	2737	940	934	6		

动情况（总计）

减少学生数									本学年初报表在校生数
合计	毕业	结业	休学	退学	开除	死亡	转出	其他	
813994	**774845**	**6381**	**10432**	**9519**	**133**	**103**	**1207**	**11374**	**2922327**
621647	593363	5690	9858	7553	133	99	1200	3751	2319653
335285	316697	3351	5928	5807	74	27	1094	2307	1122468
286362	276666	2339	3930	1746	59	72	106	1444	1197185
132668	124199	630	411	1369				6059	420347
63304	59891	353	368	734				1958	192668
69364	64308	277	43	635				4101	227679
43022	41176			481				1365	126932
25128	24508			247				373	61101
17894	16668			234				992	65831
16657	16107	61	163	116		4	7	199	55395
16236	15772	54	151	93		4	7	155	52124
421	335	7	12	23				44	3271

动情况（普通高等学校）

减少学生数									本学年初报表在校生数
合计	毕业	结业	休学	退学	开除	死亡	转出	其他	
810884	**771867**	**6381**	**10426**	**9489**	**133**	**103**	**1207**	**11278**	**2917519**
621519	593235	5690	9858	7553	133	99	1200	3751	2319376
335157	316569	3351	5928	5807	74	27	1094	2307	1122191
286362	276666	2339	3930	1746	59	72	106	1444	1197185
129740	121402	630	405	1340				5963	416007
60381	57098	353	362	705				1863	188336
69359	64304	277	43	635				4100	227671
43022	41176			481				1365	126932
25128	24508			247				373	61101
17894	16668			234				992	65831
16603	16054	61	163	115		4	7	199	55204
16186	15722	54	151	93		4	7	155	51944
417	332	7	12	22				44	3260

学　生　变

	上学年初报表在校生数	增加学生数				
		合计	招生	复学	转入	其他
总　　计	5251	2422	2422			
1. 普通本科、专科生	278	127	127			
普通专科生	278	127	127			
普通本科生						
2. 成人本科、专科生	4973	2295	2295			
成人专科生	4968	2287	2287			
成人本科生	5	8	8			
3. 网络本科、专科生						
网络专科生						
网络本科生						
4. 研　究　生						
硕　士　生						
博　士　生						

学　生　变

	上学年初报表在校生数	增加学生数				
		合计	招生	复学	转入	其他
总　　计	172	73	73			
1. 普通本科、专科生						
普通专科生						
普通本科生						
2. 成人本科、专科生						
成人专科生						
成人本科生						
3. 网络本科、专科生						
网络专科生						
网络本科生						
4. 研　究　生	172	73	73			
硕　士　生	160	70	70			
博　士　生	12	3	3			

动　　情　　况（成人高等学校）

减少学生数									本学年初报表在校生数
合计	毕业	结业	休学	退学	开除	死亡	转出	其他	
3056	**2925**		**6**	**29**				**96**	**4617**
128	128								277
128	128								277
2928	2797		6	29				96	4340
2923	2793		6	29				95	4332
5	4							1	8

动　　情　　况（科研机构）

减少学生数									本学年初报表在校生数
合计	毕业	结业	休学	退学	开除	死亡	转出	其他	
54	**53**			**1**					**191**
54	53			1					191
50	50								180
4	3			1					11

在校生中其他情况（总计）

	共产党员	共青团员	民主党派	华侨	港澳台	少数民族	残疾人
总　　计	119199	2056446	339	5	97	62837	3170
一、普通本科、专科生	80643	1941227		5	95	51460	3132
普通专科生	19447	867353				18510	1585
普通本科生	61196	1073874		5	95	32950	1547
二、成人本科、专科生	22293	78242	285			6705	33
成人专科生	7365	32618	118			2872	14
成人本科生	14928	45624	167			3833	19
三、网络本科、专科生	2461	4511	9			3400	
网络专科生	1068	2124	2			1736	
网络本科生	1393	2387	7			1664	
四、研　究　生	13802	32466	45		2	1272	5
硕士研究生	12371	31656	18		1	1157	4
博士研究生	1431	810	27		1	115	1

在校生中其他情况（普通高等学校）

	共产党员	共青团员	民主党派	华侨	港澳台	少数民族	残疾人
总　　计	118987	2054756	339	5	97	62727	3170
一、普通本科、专科生	80642	1941010		5	95	51454	3132
普通专科生	19446	867136				18504	1585
普通本科生	61196	1073874		5	95	32950	1547
二、成人本科、专科生	22129	76908	285			6607	33
成人专科生	7202	31286	118			2774	14
成人本科生	14927	45622	167			3833	19
三、网络本科、专科生	2461	4511	9			3400	
网络专科生	1068	2124	2			1736	
网络本科生	1393	2387	7			1664	
四、研　究　生	13755	32327	45		2	1266	5
硕士研究生	12331	31519	18		1	1152	4
博士研究生	1424	808	27		1	114	1

在校生中其他情况（成人高等学校）

	共产党员	共青团员	民主党派	华侨	港澳台	少数民族	残疾人
总　　计	**165**	**1551**				**104**	
一、普通本科、专科生	1	217				6	
普通专科生	1	217				6	
普通本科生							
二、成人本科、专科生	164	1334				98	
成人专科生	163	1332				98	
成人本科生	1	2					
三、网络本科、专科生							
网络专科生							
网络本科生							
四、研　究　生							
硕士研究生							
博士研究生							

在校生中其他情况（科研机构）

	共产党员	共青团员	民主党派	华侨	港澳台	少数民族	残疾人
总　　计	47	139				6	
一、普通本科、专科生							
普通专科生							
普通本科生							
二、成人本科、专科生							
成人专科生							
成人本科生							
三、网络本科、专科生							
网络专科生							
网络本科生							
四、研　究　生	47	139				6	
硕士研究生	40	137				5	
博士研究生	7	2				1	

在职人员攻读硕士学位分学科学生数

	授予学位数	招生数	在 校 生 数			
			合计	一年级	二年级	三年级及以上
总　　计	1576		3008			3008
其中:女	792		1009			1009
哲　学						
经济学						
法　学	80		44			44
教育学	295		338			338
文　学						
历史学						
理　学						
工　学	807		1685			1685
农　学	149		808			808
医　学	46		32			32
军事学						
管理学	199		101			101
艺术学						
总计中:学术型学位	2		34			34
专业学位	1574		2974			2974

注:在职人员攻读硕士学位分学科学生数仅指普通高等学校。

在职人员攻读硕士学位分学位学生数

	授予学位数	招生数	在校生数			
			合计	一年级	二年级	三年级及以上
总　　计	1576		3008			3008
其中:女	792		1009			1009
一、学术型学位	2		34			34
哲　　学						
经 济 学						
法　　学						
教 育 学						
文　　学						
历 史 学						
理　　学						
工　　学	1		4			4
农　　学	1		30			30
医　　学						
军 事 学						
管 理 学						
艺 术 学						
二、专业学位	1574		2974			2974
哲　　学						
经 济 学						
法　　学	80		44			44
教 育 学	295		338			338
文　　学						
历 史 学						
理　　学						
工　　学	806		1681			1681
农　　学	148		778			778
医　　学	46		32			32
军 事 学						
管 理 学	199		101			101
艺 术 学						

注:在职人员攻读硕士学位分学位学生数仅指普通高等学校。

其　　他　　学

	集中培训（班数）	培训时间(学时)				
		计	集中培训	远程培训	跟岗实践	计
自考助学班						
普通预科生						
研究生课程进修班						
进修及培训	2294	19610956	17640814	1583635	386507	380877
其中:资格证书培训		1145363	1132521		12842	34690
岗位证书培训		1771750	1771750			28007
一年以上		85368	85368			687
党政管理培训	141	1235722	664242	571480		22993
企业经营管理培训	110	4051635	4051124		511	7663
专业技术培训	966	6530184	5342521	1012155	175508	238748
其中:幼儿园教师	77	258364	226557	11246	20561	8052
中小学教师	528	2912939	2759616	85451	67872	68109
中职学校教师	32	332021	221021	46920	64080	12866
高等教育学校教师	70	237950	179330	40220	18400	3732
职业技能培训	531	3666204	3495844		170360	64305
其中:农村劳动者	106	462347	305683		156664	8809
进城务工人员	33	141596	141596			2419
其他培训	546	4127211	4087083		40128	47168
其中:学　　生	185	302417	294689		7728	9054
老 年 人	130	118706	118706			4014

生　　情　　况（总计）

结　业　生　数							注册学生数	
计			其中：女				计	其中：女
集中培训	远程培训	跟岗实践	计	集中培训	远程培训	跟岗实践		
							897	531
252074	117031	11772	143684	126690	12219	4775		
28511		6179	14454	12071		2383		
28007			13979	13979				
687			566	566			199	145
14441	8552		6469	2551	3918			
7589		74	2168	2142		26		
124784	108479	5485	80592	69314	8301	2977		
6816	510	726	6569	5623	348	598		
64336	2789	984	48029	46215	1158	656		
3282	9427	157	2319	1671	578	70		
3029	680	23	2064	1696	351	17		
59103		5202	26312	24816		1496		
8429		380	2966	2794		172		
2419			894	894				
46157		1011	28143	27867		276		
8088		966	3428	3152		276		
4014			3406	3406				

其　　他　　学

	集中培训（班数）	培训时间(学时)				
		计	集中培训	远程培训	跟岗实践	计
自考助学班						
普通预科生						
研究生课程进修班						
进修及培训	2202	18563600	17548654	628439	386507	364877
其中:资格证书培训		1130463	1117621		12842	33945
岗位证书培训		1766950	1766950			27767
一年以上		85368	85368			687
党政管理培训	138	669486	662802	6684		14563
企业经营管理培训	108	4050675	4050164		511	7603
专业技术培训	945	6100744	5303481	621755	175508	233308
其中:幼儿园教师	77	258364	226557	11246	20561	8052
中小学教师	528	2912939	2759616	85451	67872	68109
中职学校教师	32	332021	221021	46920	64080	12866
高等教育学校教师	70	237950	179330	40220	18400	3732
职业技能培训	489	3643384	3473024		170360	62545
其中:农村劳动者	103	460967	304303		156664	8690
进城务工人员	24	140516	140516			1874
其他培训	522	4099311	4059183		40128	46858
其中:学　　生	185	302417	294689		7728	9054
老 年 人	130	90806	90806			3704

生　　　情　　　况（普通高等学校）

结　业　生　数							注册学生数	
计				其中：女			计	其中：女
集中培训	远程培训	跟岗实践	计	集中培训	远程培训	跟岗实践		
							897	531
249294	103811	11772	136651	125567	6309	4775		
27766		6179	14443	12060		2383		
27767			13966	13966				
687			566	566			199	145
14351	212		2687	2519	168			
7529		74	2158	2132		26		
124224	103599	5485	78207	69089	6141	2977		
6816	510	726	6569	5623	348	598		
64336	2789	984	48029	46215	1158	656		
3282	9427	157	2319	1671	578	70		
3029	680	23	2064	1696	351	17		
57343		5202	25621	24125		1496		
8310		380	2865	2693		172		
1874			502	502				
45847		1011	27978	27702		276		
8088		966	3428	3152		276		
3704			3241	3241				

其　　他　　学

	集中培训（班数）	培训时间（学时）				
		计	集中培训	远程培训	跟岗实践	计
自考助学班						
普通预科生						
研究生课程进修班						
进修及培训	92	1047356	92160	955196		16000
其中：资格证书培训		14900	14900			745
岗位证书培训		4800	4800			240
一年以上						
党政管理培训	3	566236	1440	564796		8430
企业经营管理培训	2	960	960			60
专业技术培训	21	429440	39040	390400		5440
其中：幼儿园教师						
中小学教师						
中职学校教师						
高等教育学校教师						
职业技能培训	42	22820	22820			1760
其中：农村劳动者	3	1380	1380			119
进城务工人员	9	1080	1080			545
其他培训	24	27900	27900			310
其中：学　　生						
老 年 人		27900	27900			310

生　　情　　况（成人高等学校）

结业生数								注册学生数	
计				其中：女				计	其中：女
集中培训	远程培训	跟岗实践		计	集中培训	远程培训	跟岗实践		
2780	13220			7033	1123	5910			
745				11	11				
240				13	13				
90	8340			3782	32	3750			
60				10	10				
560	4880			2385	225	2160			
1760				691	691				
119				101	101				
545				392	392				
310				165	165				
310				165	165				

外　国　留

		毕(结)业生数	授予学位数	招　生　数	
				计	其中：春季招生
	总　计	1694	257	2751	554
	其中：女	768	136	1118	228
按学历分	小　计	333	257	1343	162
	专　科	10		62	8
	本　科	257	225	850	76
	硕士研究生	61	31	254	20
	博士研究生	5	1	177	58
	培　训	1361		1408	392
按大洲分	亚　洲	1077	238	1707	317
	非　洲	392	14	779	194
	欧　洲	131		182	16
	北美洲	68	4	49	20
	南美洲	23		25	1
	大洋洲	3	1	9	6
按经费来源分	国际组织资助				
	中国政府资助	816	22	1394	143
	本国政府资助	50		242	141
	学校间交换	51		39	15
	自　费	777	235	1076	255

教　职　工

	合计	教　职				
		计	校　本　部			
			专　任　教　师			
			计	正高级	副高级	中级
总　计	162945	157741	124547	9746	31538	50392
其中：女	82253	79151	64661	3493	14874	26934
普通高等学校	162050	156846	123977	9722	31355	50145
成人高等学校	895	895	570	24	183	247

学　　生　　情　　况（普通高等学校）

在校生数					
合　计	第一年	第二年	第三年	第四年	第五年及以上
5528	**2829**	**1258**	**707**	**340**	**394**
2217	1142	506	273	116	180
3908	**1414**	**1061**	**699**	**340**	**394**
118	54	43	21		
2894	915	727	550	315	387
594	268	201	108	12	5
302	177	90	20	13	2
1620	**1415**	**197**	**8**		
4007	1768	987	597	292	363
1156	797	215	92	31	21
233	181	41	6	4	1
80	49	7	8	12	4
36	25	7	3		1
16	9	1	1	1	4
2150	1411	443	239	36	21
242	242				
75	39	34	1	1	
3061	1137	781	467	303	373

情　　况（总计）

工数							
教职工					科研机构人员	校办企业职工	其他附设机构人员
初级	未定职级	行政人员	教辅人员	工勤人员			
22083	**10788**	**15665**	**9402**	**8127**	**514**	**596**	**4094**
13244	6116	6896	5370	2224	184	141	2777
21995	10760	15480	9304	8085	514	596	4094
88	28	185	98	42			

教　　职　　工

	教职					
	合计	校本部				
		计	专任教师			
			计	正高级	副高级	中级
总　计	**162050**	**156846**	**123977**	**9722**	**31355**	**50145**
其中:女	81776	78674	64324	3479	14763	26810
一、按类型分						
本科院校	102357	101050	77089	7913	21366	32364
其中:独立学院	5754	5754	4744	464	958	1681
其中:职业本科	790	790	630	65	134	202
专科院校	59693	55796	46888	1809	9989	17781
其中:高等职业学校	48435	48216	40606	1288	8417	15202
其他机构						
二、按性质类别分						
综合大学	25008	24483	17993	2119	5003	7081
理工院校	69637	69042	55538	3499	13719	22579
农业院校	6796	6644	5451	457	1307	2174
林业院校	416	416	343	6	63	94
医药院校	15512	11702	9217	887	2106	3432
师范院校	19206	19151	15600	1290	4024	7344
语文院校						
财经院校	21457	21390	16832	1330	4518	6296
政法院校	1901	1901	1205	59	301	538
体育院校	621	621	526	40	66	128
艺术院校	1496	1496	1272	35	248	479
民族院校						
三、按举办者分						
1. 中央部门	421	421	258	26	90	120
教 育 部						
其他部门	421	421	258	26	90	120
2. 地　　方	122778	117704	93614	7060	24470	41009
教育部门	108331	103308	81941	6657	21984	36185
其他部门	13513	13471	10923	377	2336	4492
地方企业	934	925	750	26	150	332
3. 民　　办	38839	38709	30097	2635	6794	9011
4. 中外合作办	12	12	8	1	1	5

情　况（普通高等学校）

工　　数					科研机构人员	校办企业职工	其他附设机构人员
教　职　工		行政人员	教辅人员	工勤人员			
初级	未定职级						
21995	**10760**	**15480**	**9304**	**8085**	**514**	**596**	**4094**
13176	6096	6815	5315	2220	184	141	2777
10106	5340	11308	7033	5620	492	441	374
1234	407	580	263	167			
132	97	85	29	46			
11889	5420	4172	2271	2465	22	155	3720
10660	5039	3497	2002	2111	22	155	42
2094	1696	2801	2070	1619	192	79	254
10710	5031	6169	3927	3408	183	348	64
1112	401	522	383	288	41	104	7
179	1	10	29	34			
2068	724	1207	684	594	78	14	3718
1857	1085	1820	990	741	20		35
3300	1388	2328	1041	1189		51	16
202	105	487	103	106			
165	127	49	21	25			
308	202	87	56	81			
15	7	104	18	41			
15	7	104	18	41			
14705	6370	11516	6942	5632	428	568	4078
11457	5658	10092	6246	5029	428	559	4036
3059	659	1374	650	524			42
189	53	50	46	79		9	
7274	4383	3858	2342	2412	86	28	16
1		2	2				

教　　职　　工

	教职					
	合计	校本部				
		计	专任教师			
			计	正高级	副高级	中级
总　计	**895**	**895**	**570**	**24**	**183**	**247**
其中:女	477	477	337	14	111	124
一、按类型分						
职工高等学校	495	495	319	9	122	168
农民高等学校						
管理干部学院						
教育学院						
独立函授学院						
广播电视大学	236	236	151	12	35	47
其他机构	164	164	100	3	26	32
二、按举办者分						
1. 中央部门						
教 育 部						
其他部门						
2. 地　　方	895	895	570	24	183	247
教育部门	333	333	212	14	52	70
其他部门	414	414	270	10	115	117
地方企业	148	148	88		16	60
3. 民　　办						
4. 中外合作办						

情　　况（成人高等学校）

工　　数					科研机构人员	校办企业职工	其他附设机构人员
教　职　工							
初级	未定职级	行政人员	教辅人员	工勤人员			
88	**28**	**185**	**98**	**42**			
68	20	81	55	4			
19	1	82	64	30			
35	22	57	23	5			
34	5	46	11	7			
88	28	185	98	42			
49	27	77	36	8			
27	1	71	46	27			
12		37	16	7			

教职工情况中

	普通高等学校				聘请校外教师（人次）
	聘请校外教师（人次）	离退休人员	附属中小学幼儿园教职工	集体所有制人员	
总　　计	30003	35257	923	96	2513
其中：女	12959	16214	664	38	1275
正高级	3674	3276	2		93
副高级	8339	8254	230		584
中　级	10697				1224
初　级	3914				529
未定职级	3379				83

专任教师、聘请校外

	专任教师中按授课内容分				聘请校外教师	
	合　计	公共课基础课	专业课		合　计	公共课基础课
			计	其中：双师型		
总　　计	119659	30689	88970	30977	32516	7028
其中：女	62095	16787	45308	15896	14234	3628
正高级	9460	1744	7716	2870	3767	592
副高级	30549	7212	23337	11229	8923	1806
中　级	48441	12350	36091	16878	11921	2514
初　级	21371	6273	15098		4443	1284
未定职级	9838	3110	6728		3462	832

另有其他人员

成人高等学校			民办的其他高等教育机构			
离退休人员	附属中小学幼儿园教职工	集体所有制人员	聘请校外教师（人次）	离退休人员	附属中小学幼儿园教职工	集体所有制人员
826			**414**			
367			123			
15			17			
129			46			
			68			
			24			
			259			

教师岗位分类情况（总计）

按授课内容分		专任教师中不任课人数				
专业课		合计	进修	科研	病休	其他
计	其中：双师型					
25488	**7443**	**4888**	**1817**	**716**	**207**	**2148**
10606	3237	2566	950	422	139	1055
3175	1010	286	93	71	15	107
7117	2697	989	490	151	38	310
9407	3736	1951	919	268	117	647
3159		712	204	50	31	427
2630		950	111	176	6	657

专任教师、聘请校外

	专任教师中按授课内容分				聘请校外教师	
	合计	公共课基础课	专业课		合计	公共课基础课
			计	其中：双师型		
总　　计	119102	30518	88584	30875	30003	5984
其中:女	61767	16677	45090	15844	12959	3041
正　高　级	9436	1739	7697	2867	3674	564
副　高　级	30368	7158	23210	11184	8339	1564
中　　级	48204	12270	35934	16824	10697	2023
初　　级	21283	6245	15038		3914	1035
未定职级	9811	3106	6705		3379	798

专任教师、聘请校外

	专任教师中按授课内容分				聘请校外教师	
	合计	公共课基础课	专业课		合计	公共课基础课
			计	其中：双师型		
总　　计	557	171	386	102	2513	1044
其中:女	328	110	218	52	1275	587
正　高　级	24	5	19	3	93	28
副　高　级	181	54	127	45	584	242
中　　级	237	80	157	54	1224	491
初　　级	88	28	60		529	249
未定职级	27	4	23		83	34

教师岗位分类情况（普通高等学校）

按授课内容分		专任教师中不任课人数				
专业课		合计	进修	科研	病休	其他
计	其中：双师型					
24019	**7019**	**4875**	**1815**	**716**	**205**	**2139**
9918	3019	2557	948	422	137	1050
3110	983	286	93	71	15	107
6775	2547	987	489	151	38	309
8674	3489	1941	918	268	115	640
2879		712	204	50	31	427
2581		949	111	176	6	656

教师岗位分类情况（成人高等学校）

按授课内容分		专任教师中不任课人数				
专业课		合计	进修	科研	病休	其他
计	其中：双师型					
1469	**424**	**13**	**2**		**2**	**9**
688	218	9	2		2	5
65	27					
342	150	2	1			1
733	247	10	1		2	7
280						
49		1				1

专任教师、聘请校外

	合 计			博士研究生		
	计	其中:获学位		计	其中:获学位	
		博士	硕士		博士	硕士
1. 专任教师	124547	20526	64464	19949	19857	9
其中:女	64661	7554	37084	7295	7293	1
正 高 级	9746	3656	2994	3420	3413	2
副 高 级	31538	6316	14460	6139	6107	4
中 级	50392	9364	27744	9177	9175	2
初 级	22083	45	13582	29	29	
未定职级	10788	1145	5684	1184	1133	1
2. 聘请校外教师	32516	2776	13672	2633	2592	28
其中:女	14234	756	6407	707	700	7
外籍教师	602	218	179	218	218	
其他高校教师	9978	1586	5415	1512	1503	4
正 高 级	3767	1072	1222	996	978	15
副 高 级	8923	1031	3518	968	954	8
中 级	11921	448	5705	440	435	3
初 级	4443	32	2075	32	32	
未定职级	3462	193	1152	197	193	2

教师学历（位）情况（总计）

硕士研究生			本　科			专科及以下		
计	其中:获学位		计	其中:获学位		计	其中:获学位	
	博士	硕士		博士	硕士		博士	硕士
50122	**487**	**48897**	**53011**	**179**	**15484**	**1465**	**3**	**74**
29625	185	29146	27088	76	7908	653		29
1812	145	1623	4471	95	1356	43	3	13
8823	146	8543	16359	63	5880	217		33
21408	175	20934	19359	14	6795	448		13
12525	15	12361	9109	1	1209	420		12
5554	6	5436	3713	6	244	337		3
12183	**144**	**11416**	**16491**	**40**	**2221**	**1209**		**7**
5790	42	5383	7350	14	1015	387		2
178		178	206		1			
4649	65	4496	3685	18	913	132		2
1068	80	968	1677	14	239	26		
2979	54	2810	4887	23	698	89		2
5013	10	4777	6015	3	920	453		5
1917		1822	2268		253	226		
1206		1039	1644		111	415		

专任教师、聘请校外

	合　　计			博士研究生		
	计	其中:获学位		计	其中:获学位	
		博士	硕士		博士	硕士
1.专任教师	**123977**	**20522**	**64224**	**19947**	**19855**	**9**
其中:女	64324	7552	36930	7294	7292	1
正　高　级	9722	3655	2987	3420	3413	2
副　高　级	31355	6313	14395	6137	6105	4
中　　级	50145	9364	27662	9177	9175	2
初　　级	21995	45	13523	29	29	
未定职级	10760	1145	5657	1184	1133	1
2.聘请校外教师	**30003**	**2768**	**13239**	**2626**	**2585**	**28**
其中:女	12959	755	6188	706	699	7
外籍教师	602	218	179	218	218	
其他高校教师	9941	1584	5407	1510	1501	4
正　高　级	3674	1070	1200	994	976	15
副　高　级	8339	1027	3423	964	950	8
中　　级	10697	446	5519	439	434	3
初　　级	3914	32	1976	32	32	
未定职级	3379	193	1121	197	193	2

教师学历(位)情况（普通高等学校）

硕士研究生			本　科			专科及以下		
计	其中:获学位		计	其中:获学位		计	其中:获学位	
	博士	硕士		博士	硕士		博士	硕士
49946	**486**	**48731**	**52631**	**178**	**15410**	**1453**	**3**	**74**
29507	185	29033	26873	75	7867	650		29
1808	145	1619	4451	94	1353	43	3	13
8792	145	8515	16211	63	5843	215		33
21353	175	20886	19174	14	6761	441		13
12466	15	12302	9083	1	1209	417		12
5527	6	5409	3712	6	244	337		3
11787	**144**	**11069**	**14496**	**39**	**2136**	**1094**		**6**
5603	42	5205	6295	14	975	355		1
178		178	206		1			
4639	65	4488	3660	18	913	132		2
1048	80	950	1606	14	235	26		
2883	54	2730	4403	23	683	89		2
4861	10	4643	4987	2	869	410		4
1820		1738	1900		238	162		
1175		1008	1600		111	407		

专任教师、聘请校外

	合　　计			博士研究生		
	计	其中:获学位		计	其中:获学位	
		博士	硕士		博士	硕士
1.专任教师	**570**	**4**	**240**	**2**	**2**	
其中:女	337	2	154	1	1	
正　高　级	24	1	7			
副　高　级	183	3	65	2	2	
中　　级	247		82			
初　　级	88		59			
未定职级	28		27			
2.聘请校外教师	**2513**	**8**	**433**	**7**	**7**	
其中:女	1275	1	219	1	1	
外籍教师						
其他高校教师	37	2	8	2	2	
正　高　级	93	2	22	2	2	
副　高　级	584	4	95	4	4	
中　　级	1224	2	186	1	1	
初　　级	529		99			
未定职级	83		31			

教师学历(位)情况(成人高等学校)

硕士研究生			本 科			专科及以下		
计	其中:获学位		计	其中:获学位		计	其中:获学位	
	博士	硕士		博士	硕士		博士	硕士
176	1	166	**380**	1	74	**12**		
118		113	215	1	41	3		
4		4	20	1	3			
31	1	28	148		37	2		
55		48	185		34	7		
59		59	26			3		
27		27	1					
396		347	**1995**	1	85	**115**		1
187		178	1055		40	32		1
10		8	25					
20		18	71		4			
96		80	484		15			
152		134	1028	1	51	43		1
97		84	368		15	64		
31		31	44			8		

专 任 教 师

		合 计	29岁及以下	30－34岁	35－39岁
总　　计		124547	19368	24695	27607
其中:女		64661	12002	14464	15083
获博士学位		20526	1047	4647	5369
硕士学位		64464	12732	14537	15994
按专业技术职务分	正高级	9746		7	168
	副高级	31538	4	611	5663
	中级	50392	3200	13307	18009
	初级	22083	9622	7954	2982
	未定职级	10788	6542	2816	785
按学历（学位）分	博士研究生	19949	1006	4583	5250
	其中:获博士学位	19857	1003	4578	5223
	硕士学位	9	1		
	硕士研究生	50122	11666	13032	11710
	其中:获博士学位	487	43	65	128
	硕士学位	48897	11487	12838	11447
	本　科	53011	6521	6968	10507
	其中:获博士学位	179	1	4	18
	硕士学位	15484	1244	1696	4529
	专科及以下	1465	175	112	140
	其中:获博士学位	3			
	硕士学位	74		3	18

年 龄 情 况（总计）

40-44岁	45-49岁	50-54岁	55-59岁	60-64岁	65岁及以上
18809	**12793**	**10234**	**7527**	**2576**	**938**
9200	5756	4432	2413	987	324
4094	2580	1540	1001	211	37
9991	5498	3304	1787	491	130
806	1714	2678	2725	1212	436
7860	6634	5308	3714	1289	455
9014	3821	1982	946	67	46
843	446	166	66	4	
286	178	100	76	4	1
4001	2476	1465	940	192	36
3978	2464	1451	935	192	33
2		2	4		
6900	3427	1747	1104	440	96
77	65	57	34	15	3
6692	3296	1633	1001	412	91
7745	6673	6735	5228	1874	760
38	51	32	30	4	1
3287	2189	1654	770	77	38
163	217	287	255	70	46
1			2		
10	13	15	12	2	1

专 任 教 师

		合 计	29岁及以下	30－34岁	35－39岁
总 计		123977	19326	24623	27549
其中:女		64324	11970	14408	15048
获博士学位		20522	1047	4647	5367
硕士学位		64224	12691	14482	15959
按专业技术职务分	正高级	9722		7	168
	副高级	31355	4	611	5655
	中级	50145	3199	13285	17971
	初级	21995	9606	7907	2970
	未定职级	10760	6517	2813	785
按学历（学位）分	博士研究生	19947	1006	4583	5249
	其中:获博士学位	19855	1003	4578	5222
	硕士学位	9	1		
	硕士研究生	49946	11625	12978	11687
	其中:获博士学位	486	43	65	127
	硕士学位	48731	11446	12784	11425
	本 科	52631	6520	6950	10473
	其中:获博士学位	178	1	4	18
	硕士学位	15410	1244	1695	4516
	专科及以下	1453	175	112	140
	其中:获博士学位	3			
	硕士学位	74		3	18

年 龄 情 况（普通高等学校）

40－44岁	45－49岁	50－54岁	55－59岁	60－64岁	65岁及以上
18743	**12707**	**10065**	**7450**	**2576**	**938**
9159	5703	4332	2393	987	324
4093	2579	1540	1001	211	37
9949	5472	3275	1775	491	130
806	1711	2666	2716	1212	436
7840	6596	5234	3671	1289	455
8972	3780	1903	922	67	46
839	442	162	65	4	
286	178	100	76	4	1
4000	2476	1465	940	192	36
3977	2464	1451	935	192	33
2		2	4		
6879	3416	1726	1099	440	96
77	65	57	34	15	3
6671	3285	1621	996	412	91
7701	6602	6593	5158	1874	760
38	50	32	30	4	1
3266	2174	1637	763	77	38
163	213	281	253	70	46
1			2		
10	13	15	12	2	1

专 任 教 师

		合 计	29岁及以下	30－34岁	35－39岁
总　　计		570	42	72	58
其中:女		337	32	56	35
获博士学位		4			2
硕士学位		240	41	55	35
按专业技术职务分	正高级	24			
	副高级	183			8
	中　级	247	1	22	38
	初　级	88	16	47	12
	未定职级	28	25	3	
按学历（学位）分	博士研究生	2			1
	其中:获博士学位	2			1
	硕士学位				
	硕士研究生	176	41	54	23
	其中:获博士学位	1			1
	硕士学位	166	41	54	22
	本　科	380	1	18	34
	其中:获博士学位	1			
	硕士学位	74		1	13
	专科及以下	12			
	其中:获博士学位				
	硕士学位				

年 龄 情 况（成人高等学校）

40-44岁	45-49岁	50-54岁	55-59岁	60-64岁	65岁及以上
66	**86**	**169**	**77**		
41	53	100	20		
1	1				
42	26	29	12		
	3	12	9		
20	38	74	43		
42	41	79	24		
4	4	4	1		
1					
1					
21	11	21	5		
21	11	12	5		
44	71	142	70		
	1				
21	15	17	7		
	4	6	2		

分学科专任教师数（总计）

	合计	正高级	副高级	中级	初级	未定职级
总　　计	124547	9746	31538	50392	22083	10788
其中：女	64661	3493	14874	26934	13244	6116
哲　　学	3581	322	940	1366	586	367
经济学	6930	529	1930	2626	1229	616
法　　学	5743	414	1437	2443	912	537
教育学	11368	710	2839	4312	2388	1119
其中：体　育	4901	322	1332	1937	875	435
文　　学	15488	920	3781	6741	2761	1285
其中：外　语	7412	323	1757	3453	1269	610
历史学	1700	175	476	720	177	152
理　　学	14482	1450	4063	6098	1824	1047
工　　学	31867	2535	8263	13198	5213	2658
其中：计算机	7372	371	1862	3364	1191	584
农　　学	3454	440	1034	1390	392	198
其中：林　学	680	93	198	266	93	30
医　　学	9598	1170	2543	3555	1741	589
管理学	10928	730	2446	3987	2643	1122
艺术学	9408	351	1786	3956	2217	1098

分学科专任教师数（普通高等学校）（一）

	合计	正高级	副高级	中级	初级	未定职级
总　　计	123977	9722	31355	50145	21995	10760
其中：女	64324	3479	14763	26810	13176	6096
哲　　学	3569	322	937	1358	585	367
经济学	6886	528	1915	2613	1221	609
法　　学	5735	414	1435	2439	910	537
教育学	11322	709	2827	4295	2375	1116
其中：体　育	4891	322	1325	1934	875	435
文　　学	15434	918	3769	6723	2747	1277
其中：外　语	7388	321	1752	3444	1263	608

分学科专任教师数（普通高等学校）（二）

	合计	正高级	副高级	中级	初级	未定职级
历 史 学	1698	175	476	718	177	152
理 学	14438	1445	4042	6084	1820	1047
工 学	31740	2532	8221	13137	5195	2655
其中:计算机	7343	371	1855	3352	1181	584
农 学	3450	439	1033	1389	391	198
其中:林　学	679	93	198	265	93	30
医 学	9414	1161	2478	3463	1724	588
管 理 学	10905	730	2444	3976	2638	1117
艺 术 学	9386	349	1778	3950	2212	1097

分学科专任教师数（成人高等学校）

	合计	正高级	副高级	中级	初级	未定职级
总　　计	570	24	183	247	88	28
其中:女	337	14	111	124	68	20
哲　学	12		3	8	1	
经济学	44	1	15	13	8	7
法　学	8		2	4	2	
教育学	46	1	12	17	13	3
其中:体　育	10		7	3		
文　学	54	2	12	18	14	8
其中:外　语	24	2	5	9	6	2
历 史 学	2			2		
理　学	44	5	21	14	4	
工　学	127	3	42	61	18	3
其中:计 算 机	29		7	12	10	
农　学	4	1	1	1	1	
其中:林　学	1			1		
医　学	184	9	65	92	17	1
管理学	23		2	11	5	5
艺 术 学	22	2	8	6	5	1

专 任 教 师

	上学年初报表专任教师数	增加教师数					
		合计	录用毕业生			外单位教师调入	
			计	其中:研究生		计	其中:高校调入
				计	本校毕业		
总　　计	115921	13276	6760	5736	78	3334	1209
其中:女	59138	7595	3801	3231	46	2005	687
一、普通高等学校	115353	13254	6755	5731	78	3332	1207
其中:女	58793	7587	3798	3228	46	2005	687
二、成人高等学校	568	22	5	5		2	2
其中:女	345	8	3	3			

专 任 教 师 分 专 业

	接受培训专任教师	合　　计		国			
		接受培训专任教师（人次）	培训时间（学时）	集中培训		远程培训	
				接受培训专任教师（人次）	培训时间（学时）	接受培训专任教师（人次）	培训时间（学时）
总　　计	59967	163628	6686859	125808	3028365	29920	1231406
其中:女	31347	94058	3528337	73149	1695516	16942	686068
正　高　级	3098	6226	227749	4630	75530	1296	60872
副　高　级	13564	27953	1424401	19840	529052	6556	286283
中　　级	25363	63956	3176171	46788	1286894	13364	562821
初　　级	12666	36244	1333422	27683	754014	6900	263496
未定职级	5276	29249	525116	26867	382875	1804	57934

变 动 情 况

校内外非教师调入		减 少 教 师 数						本学年初报表专任教师数
计	其中：本校调整	合计	自然减员	调出	校内变动	辞职	其他	
1937	**1245**	**4650**	**1001**	**361**	**1122**	**1409**	**757**	**124547**
1109	680	2072	417	139	529	669	318	64661
1922	1245	4630	994	361	1109	1409	757	123977
1104	680	2056	413	139	517	669	318	64324
15		**20**	**7**		**13**			**570**
5		16	4		12			337

技 术 职 务 培 训 情 况（总计）

内				国 （ 境 ） 外			
跟岗实践		集中培训		远程培训		跟岗实践	
接受培训专任教师（人次）	培训时间（学时）	接受培训专任教师（人次）	培训时间（学时）	接受培训专任教师（人次）	培训时间（学时）	接受培训专任教师（人次）	培训时间（学时）
6527	**1761321**	**1076**	**313108**	**26**	**3741**	**271**	**348918**
3332	838148	489	138015	14	2198	132	168392
123	54800	161	18897	3	223	13	17427
1080	348885	379	136384	6	663	92	123134
3158	977753	469	140051	17	2855	160	205797
1601	295957	54	17395			6	2560
565	83926	13	381				

专任教师分专业

	接受培训专任教师	合计		国 内			
		接受培训专任教师（人次）	培训时间（学时）	集中培训		远程培训	
				接受培训专任教师（人次）	培训时间（学时）	接受培训专任教师（人次）	培训时间（学时）
总　　计	59689	163276	6668267	125547	3016449	29897	1230576
其中:女	31175	93851	3518879	72989	1689200	16927	685632
正 高 级	3084	6212	227157	4616	74938	1296	60872
副 高 级	13474	27854	1418119	19756	524144	6547	286069
中　　级	25266	63822	3169219	46701	1283638	13356	562455
初　　级	12613	36163	1330064	27630	751902	6894	263246
未定职级	5252	29225	523708	26844	381827	1804	57934

专任教师分专业

	接受培训专任教师	合计		国 内			
		接受培训专任教师（人次）	培训时间（学时）	集中培训		远程培训	
				接受培训专任教师（人次）	培训时间（学时）	接受培训专任教师（人次）	培训时间（学时）
总　　计	278	352	18592	261	11916	23	830
其中:女	172	207	9458	160	6316	15	436
正 高 级	14	14	592	14	592		
副 高 级	90	99	6282	84	4908	9	214
中　　级	97	134	6952	87	3256	8	366
初　　级	53	81	3358	53	2112	6	250
未定职级	24	24	1408	23	1048		

技术职务培训情况（普通高等学校）

跟岗实践		国（境）外					
		集中培训		远程培训		跟岗实践	
接受培训专任教师（人次）	培训时间（学时）	接受培训专任教师（人次）	培训时间（学时）	接受培训专任教师（人次）	培训时间（学时）	接受培训专任教师（人次）	培训时间（学时）
6465	**1756891**	**1070**	**311692**	**26**	**3741**	**271**	**348918**
3302	835838	487	137619	14	2198	132	168392
123	54800	161	18897	3	223	13	17427
1075	347805	378	136304	6	663	92	123134
3122	975363	466	139111	17	2855	160	205797
1581	295357	52	16999			6	2560
564	83566	13	381				

技术职务培训情况（成人高等学校）

跟岗实践		国（境）外					
		集中培训		远程培训		跟岗实践	
接受培训专任教师（人次）	培训时间（学时）	接受培训专任教师（人次）	培训时间（学时）	接受培训专任教师（人次）	培训时间（学时）	接受培训专任教师（人次）	培训时间（学时）
62	**4430**	**6**	**1416**				
30	2310	2	396				
5	1080	1	80				
36	2390	3	940				
20	600	2	396				
1	360						

研究生指导教师情况（总计）

	合计	29岁及以下	30-34岁	35-39岁	40-44岁	45-49岁	50-54岁	55-59岁	60-64岁	65岁及以上
总　　计	17512	69	1199	2979	3505	2985	3074	2739	677	285
其中:女	5680	31	432	1088	1307	1036	891	678	165	52
一、按专业技术职务分										
正高级	7132	1	30	253	730	1304	2079	1981	528	226
副高级	8117	10	420	1927	2464	1546	924	670	113	43
中　级	2263	58	749	799	311	135	71	88	36	16
二、按指导关系分										
博士导师	451		3	12	37	38	84	118	74	85
其中:女	65		1	2	5	9	12	12	16	8
硕士导师	15736	69	1179	2865	3268	2707	2696	2289	505	158
其中:女	5360	31	428	1066	1251	967	826	618	136	37
博士、硕士导师	1325		17	102	200	240	294	332	98	42
其中:女	255		3	20	51	60	53	48	13	7

研究生指导教师情况（普通高等学校）

	合计	29岁及以下	30-34岁	35-39岁	40-44岁	45-49岁	50-54岁	55-59岁	60-64岁	65岁及以上
总　　计	17264	69	1195	2949	3464	2941	3014	2673	674	285
其中:女	5650	31	432	1083	1299	1029	885	674	165	52
一、按专业技术职务分										
正高级	6927	1	30	246	699	1264	2021	1915	525	226
副高级	8074	10	416	1904	2454	1542	922	670	113	43
中　级	2263	58	749	799	311	135	71	88	36	16
二、按指导关系分										
博士导师	451		3	12	37	38	84	118	74	85
其中:女	65		1	2	5	9	12	12	16	8
硕士导师	15504	69	1175	2835	3227	2664	2640	2234	502	158
其中:女	5331	31	428	1061	1243	960	821	614	136	37
博士、硕士导师	1309		17	102	200	239	290	321	98	42
其中:女	254		3	20	51	60	52	48	13	7

研究生指导教师情况（科研机构）

	合计	29岁及以下	30-34岁	35-39岁	40-44岁	45-49岁	50-54岁	55-59岁	60-64岁	65岁及以上
总　　计	248		4	30	41	44	60	66	3	
其中:女	30			5	8	7	6	4		
一、按专业技术职务分										
正　高　级	205			7	31	40	58	66	3	
副　高　级	43		4	23	10	4	2			
中　　级										
二、按指导关系分										
博士导师										
其中:女										
硕士导师	232		4	30	41	43	56	55	3	
其中:女	29			5	8	7	5	4		
博士、硕士导师	16					1	4	11		
其中:女	1						1			

教职工中其他情况

	共产党员	共青团员	民主党派	华侨	港澳台	少数民族
总　　计						
教　职　工	87288	7250	4887	29	22	3829
其中:女	42506	3971	2273	15	8	2058
专任教师	66220	5329	3668	22	11	2747
其中:女	33407	3075	1684	12	4	1570
一、普通高等学校						
教　职　工	86794	7217	4873	29	20	3823
其中:女	42271	3952	2266	15	7	2055
专任教师	65919	5320	3658	22	11	2743
其中:女	33239	3070	1680	12	4	1567
二、成人高等学校						
教　职　工	494	33	14		2	6
其中:女	235	19	7		1	3
专任教师	301	9	10			4
其中:女	168	5	4			3

校　　舍

	学校产权校舍建筑面积			
	计	其中		
		危房	当年新增	被外单位借用
总　计	**63297053.03**	**40287.00**	**1532109.27**	**70796.22**
一、教学科研及辅助用房	**28974040.93**	**7578.00**	**841308.42**	**28818.70**
教　室	11617224.95	5683.00	266822.28	10445.00
图书馆	3492533.41		78910.29	2934.00
实验室、实习场所	10796613.57	1895.00	380429.13	11079.70
专用科研用房	966327.72		2246.97	
体育馆	1595487.77		105967.21	4360.00
会　堂	505853.51		6932.54	
二、行政办公用房	**3441315.32**	**2800.00**	**56262.76**	**15103.00**
三、生活用房	**21453233.94**	**25159.00**	**620084.78**	**26874.52**
学生宿舍(公寓)	16111956.51	9905.00	444340.09	25122.52
学生食堂	2385762.24	3369.00	75413.40	1195.00
教工宿舍(公寓)	1798054.06	9868.00	92520.15	
教工食堂	77546.27		336.44	
生活福利及附属用房	1079914.86	2017.00	7474.70	557.00
四、教工住宅	**9006807.98**	**4750.00**		
五、其他用房	**421654.86**		**14453.31**	

情 况（总计）

单位：平方米

正在施工校舍建筑面积	非学校产权校舍建筑面积		
	合 计	独立使用	共同使用
3584915.89	**10819216.53**	**8479361.84**	**2339854.69**
1632713.26	**5700214.32**	**4203257.45**	**1496956.87**
434781.61	1822186.51	1457118.98	365067.53
192403.93	668253.88	556274.53	111979.35
568535.72	2792466.79	1875340.23	917126.56
170259.54	54408.98	49635.98	4773.00
225994.62	215410.46	164331.30	51079.16
40737.84	147487.70	100556.43	46931.27
75052.87	**759827.23**	**599335.28**	**160491.95**
978321.95	**4288235.88**	**3625865.22**	**662370.66**
343845.39	3401401.25	2930449.87	470951.38
77348.63	408134.72	322202.72	85932.00
525074.68	237385.25	198783.23	38602.02
	16243.47	7646.00	8597.47
32053.25	225071.19	166783.40	58287.79
771319.47			
127508.34	**70939.10**	**50903.89**	**20035.21**

校 舍

	学校产权校舍建筑面积			
	计	其 中		
		危 房	当年新增	被外单位借用
总　　计	62948038.58	40287.00	1532109.27	70796.22
一、教学科研及辅助用房	28791830.88	7578.00	841308.42	28818.70
教　　室	11542544.66	5683.00	266822.28	10445.00
图 书 馆	3487383.71		78910.29	2934.00
实验室、实习场所	10719730.67	1895.00	380429.13	11079.70
专用科研用房	965501.57		2246.97	
体 育 馆	1573999.28		105967.21	4360.00
会　　堂	502670.99		6932.54	
二、行政办公用房	3410702.48	2800.00	56262.76	15103.00
三、生活用房	21371701.99	25159.00	620084.78	26874.52
学生宿舍(公寓)	16056325.38	9905.00	444340.09	25122.52
学生食堂	2376816.09	3369.00	75413.40	1195.00
教工宿舍(公寓)	1797363.73	9868.00	92520.15	
教工食堂	76856.27		336.44	
生活福利及附属用房	1064340.52	2017.00	7474.70	557.00
四、教工住宅	8965178.98	4750.00		
五、其他用房	408624.25		14453.31	

校 舍

	学校产权校舍建筑面积			
	计	其 中		
		危 房	当年新增	被外单位借用
总　　计	349014.45			
一、教学科研及辅助用房	182210.05			
教　　室	74680.29			
图 书 馆	5149.70			
实验室、实习场所	76882.90			
专用科研用房	826.15			
体 育 馆	21488.49			
会　　堂	3182.52			
二、行政办公用房	30612.84			
三、生活用房	81531.95			
学生宿舍(公寓)	55631.13			
学生食堂	8946.15			
教工宿舍(公寓)	690.33			
教工食堂	690.00			
生活福利及附属用房	15574.34			
四、教工住宅	41629.00			
五、其他用房	13030.61			

情　　况（普通高等学校）

单位：平方米

正在施工校舍建筑面积	非学校产权校舍建筑面积		
	合　计	独立使用	共同使用
3584915.89	**9061571.37**	**8105738.64**	**955832.73**
1632713.26	4747577.80	3968970.65	778607.15
434781.61	1365008.14	1282961.98	82046.16
192403.93	564364.57	544482.73	19881.84
568535.72	2517374.82	1848255.23	669119.59
170259.54	45949.98	45949.98	
225994.62	161897.86	154338.30	7559.56
40737.84	92982.43	92982.43	
75052.87	595763.61	557222.28	38541.33
978321.95	3666880.71	3528641.82	138238.89
343845.39	2972374.40	2869432.47	102941.93
77348.63	326699.72	305967.72	20732.00
525074.68	191433.23	184733.23	6700.00
	6134.00	6134.00	
32053.25	170239.36	162374.40	7864.96
771319.47			
127508.34	51349.25	50903.89	445.36

情　　况（成人高等学校）

单位：平方米

正在施工校舍建筑面积	非学校产权校舍建筑面积		
	合　计	独立使用	共同使用
	1757645.16	**373623.20**	**1384021.96**
	952636.52	234286.80	718349.72
	457178.37	174157.00	283021.37
	103889.31	11791.80	92097.51
	275091.97	27085.00	248006.97
	8459.00	3686.00	4773.00
	53512.60	9993.00	43519.60
	54505.27	7574.00	46931.27
	164063.62	42113.00	121950.62
	621355.17	97223.40	524131.77
	429026.85	61017.40	368009.45
	81435.00	16235.00	65200.00
	45952.02	14050.00	31902.02
	10109.47	1512.00	8597.47
	54831.83	4409.00	50422.83
	19589.85		19589.85

资　　产

	占地面积(平方米)			图书(万册)		计算机数	
	计	其　中		计	其　中：当年新增	计	其中:教
		绿化用地面　积	运动场地面　积				计
总　计							
学校产权	119796645	35373955	9081156	18455.71	1248.98	748564	616929
非学校产权中独立使用	14256501	2243136	681639	753.72	178.18	29281	24768
一、普通高等学校							
学校产权	119254351	35270659	9031683	18373.46	1248.18	741507	612904
非学校产权中独立使用	13692281	2099481	638052	540.17	178.18	19676	17077
二、成人高等学校							
学校产权	542294	103296	49472	82.25	0.80	7057	4025
非学校产权中独立使用	564220	143655	43587	213.55		9605	7691

信　　息　　化

	网络信息点数(个)		上　网课程数(门)	电子邮件系　统用户数(个)	管理信息系统数据总　量(GB)
	计	其　中：无线接入			
总　计	**1517103**	**343413**	**31940**	**738616**	**2499627.17**
普通高等学校	1507841	342797	30840	738162	2392923.17
成人高等学校	9262	616	1100	454	106704.00

情　　况

（台）		教室（间）		固定资产总值（万元）				
学用计算机		计	其中：网络多媒体教室	计	其中：教学、科研仪器设备资产值		其中：信息化设备资产值	
其中：平板电脑					计	当年新增	计	其中：软件
8797		51815	29067	11027993.12	2770877.67	363854.96	842967.60	183196.62
984		8065	2882	1025325.82	69977.61	10801.62		
8594		51204	28805	10992334.63	2759185.08	363147.57	838422.25	182775.55
379		6792	2407	952941.78	50690.98	10801.62		
203		611	262	35658.49	11692.59	707.39	4545.35	421.08
605		1273	475	72384.04	19286.63			

建　设　情　况

数　字　资　源　量				信息化培训人次（人次）	信息化工作人员数
电子图书（册）	电子期刊（册）	学位论文（册）	音视频（小时）		
130419972	28085942	361177347	5239021.81	76925	2696
128711905	27775447	353136428	5183484.81	76181	2641
1708067	310495	8040919	55537.00	744	55

民办的其他高等教育

	自考助学班		进修
	结业生数	注册学生数	结业生数
总　计			237
其中:女			965977

民办的其他高等教育

	占地面积（平方米）	图书（万册）	计算机数(台)			教室(间)	
			计	其中:教学用计算机		计	其中：网络多媒体教室
				计	其中：平板电脑		
一、学校产权	139684	78.73	2594	2173	71	283	40
二、非学校产权	766303	18.36	1106	750	181	799	340
独立使用	571990	9.89	1003	695	177	524	255
共同使用	194313	8.46	103	55	4	275	85

机构学生、教师情况

及 培 训 学 生	教职工	专任教师	聘请校外
注册学生数			教 师
	1029	535	414
	554	316	123

机构办学条件情况

固定资产总值(万元)		校舍建筑面积(平方米)			数 字 资 源 量			
计	教学、科研仪器设备资产值	计	其 中		电子图书(册)	电子期刊(册)	学位论文(册)	音视频(小时)
			教学科研及辅助用 房	行政办公用 房				
13807.45	5752.38	175345	91539	8215	125994	6781	377	4798
20278.94	2471.66	331607	176540	19460				
18156.01	2384.72	289917	141560	16650				
2122.93	86.95	41690	34980	2810				

三、中等职业教育

中 等 职 业

	合　计	中央部门		
			计	
一、中等职业学校	574	1	416	
其中:调整后中等职业学校				
中等技术学校	137	1	113	
中等师范学校	8		8	
成人中等专业学校	159		108	
职业高中学校	270		187	
二、其他机构(不计校数)	21		21	
三、附设中职班	102		73	

注:本表数据不含技工学校,下同。

中等职业学校(机构)

		毕(结)业生数		招　生　数			其中: 五年制高职中职段
		计	其中: 获得职业资格证书	计	其中:应届毕业		
					计	其中: 初中毕业生	
总计	一、中职学生计	343875	219728	420862	379187	370098	40550
	其中:中职全日制学生	310348	209723	391560	376266	367496	40550
	中职非全日制学生	33527	10005	29302	2921	2602	
	1.调整后中职学生						
	其中:全日制学生						
	非全日制学生						
	2.普通中专学生	231604	143400	290185	277820	270644	40550
	3.成人中专学生	41498	15867	45673	18190	17717	
	其中:全日制学生	7971	5862	16371	15269	15115	
	非全日制学生	33527	10005	29302	2921	2602	
	4.职业高中学生	70773	60461	85004	83177	81737	
	二、培训学生	360634					
	三、外国留学生						
其中:女	一、中职学生计	164369	101841	181581	159188	156035	18057
	其中:中职全日制学生	149493	97566	164491	157525	154585	18057
	中职非全日制学生	14876	4275	17090	1663	1450	
	1.调整后中职学生						
	其中:全日制学生						
	非全日制学生						
	2.普通中专学生	116878	69697	127703	121538	118825	18057
	3.成人中专学生	16570	5592	18945	3399	3126	
	其中:全日制学生	1694	1317	1855	1736	1676	
	非全日制学生	14876	4275	17090	1663	1450	
	4.职业高中学生	30921	26552	34933	34251	34084	
	二、培训学生	216659					
	三、外国留学生						

学 校 机 构 数

单位:所

地　　　　方			民　办	中　外
教育部门	其他部门	地方企业		合作办
333	**81**	**2**	**157**	
61	51	1	23	
7	1			
99	8	1	51	
166	21		83	
17	4			
52	18	3	29	

各类学生数及女生数

在　校　生　数					预计毕业生数	
合计	一年级	二年级	三年级	四年级及以上	计	其中:五年制高职中职段
1110637	**420863**	**359113**	**327322**	**3339**	**335370**	**37596**
1060236	391561	349439	315897	3339	320638	37596
50401	29302	9674	11425		14732	
795994	290186	263755	239826	2227	241105	37596
86076	45673	21109	19294		23883	
35675	16371	11435	7869		9151	
50401	29302	9674	11425		14732	
228567	85004	74249	68202	1112	70382	
494596	**181581**	**159791**	**151981**	**1243**	**149614**	**16616**
467069	164491	155941	145394	1243	140832	16616
27527	17090	3850	6587		8782	
365688	127703	122719	114453	813	109892	16616
32969	18945	5841	8183		10343	
5442	1855	1991	1596		1561	
27527	17090	3850	6587		8782	
95939	34933	31231	29345	430	29379	

中等职业学校分办学类型及

		学 生 数					
		合 计			其中:全日制			其
		毕业生数	招生数	在校生数	毕业生数	招生数	在校生数	毕业生数
总 计		**343875**	**420862**	**1110637**	**310348**	**391560**	**1060236**	**33527**
其中:女		164369	181581	494596	149493	164491	467069	14876
按办学类型分	普通中专学校	118371	148477	413921	116655	137325	389919	1716
	成人中专学校	43873	54167	127574	29688	46453	115097	14185
	职业高中学校	135241	171565	435529	118080	163209	423687	17161
	其他机构	1570	3945	6449	1105	1865	4369	465
	附设中职班	44820	42708	127164	44820	42708	127164	
按举办者分	1.中央部门(机构)	227	457	1025	227	457	1025	
	2.地 方	264224	298518	821607	240769	273436	777041	23455
	教育部门	199042	226220	609665	179962	210496	581787	19080
	其他部门	63556	71288	207861	59181	61930	191173	4375
	地方企业	1626	1010	4081	1626	1010	4081	
	3.民 办	79424	121887	288005	69352	117667	282170	10072
	4.中外合作办							

举办者的中职学生及教职工情况

中:非全日制		教职工数							聘请校外教师
		计	其中:专任教师						
招生数	在校生数		计	正高级	副高级	中级	初级	未定职级	
29302	**50401**	**58995**	**47710**	**117**	**9760**	**19290**	**13024**	**5519**	**8542**
17090	27527	30605	26203	50	4495	10316	8019	3323	4041
11152	24002	19427	15044	72	3557	5909	3808	1698	2666
7714	12477	11081	7983	21	1427	3093	1695	1747	4084
8356	11842	27243	23683	24	4574	9882	7265	1938	1712
2080	2080	1244	1000		202	406	256	136	80
		69	47		18	10	13	6	
25082	44566	48065	39922	85	9141	17046	11562	2088	7355
15724	27878	36987	32330	39	7502	13814	9536	1439	2785
9358	16688	11040	7578	46	1633	3225	2025	649	4570
		38	14		6	7	1		
4220	5835	10861	7741	32	601	2234	1449	3425	1187

中职学生分科类情况（总计）

	毕业生数		招生数			在校生数	预计毕业生数
	计	其中：获得职业资格证书	计	其中：应届毕业生			
				计	其中：初中毕业		
总　计	343875	219728	420862	379187	370098	1110637	335370
其中:女	164369	101841	181581	159188	156035	494596	149614
农林牧渔类	28819	21435	32150	20743	20531	79285	21496
资源环境类	4161	3826	1010	902	902	5112	1639
能源与新能源类	346	320	582	576	576	1470	440
土木水利类	13229	8119	17304	16613	16008	43793	13055
加工制造类	24661	17707	29663	28369	27963	81367	24502
石油化工类	501	440	282	281	281	1135	389
轻纺食品类	3356	823	1464	1429	1404	5188	2011
交通运输类	43004	29794	47437	46330	45423	130794	41033
信息技术类	56126	34184	85270	77531	74593	206960	58040
医药卫生类	28200	12760	24415	22824	22745	77066	29087
休闲保健类	3480	2568	5630	5187	4983	13340	3464
财经商贸类	40252	25093	47244	43646	42875	129813	40603
旅游服务类	11647	8609	20003	19242	18927	46770	13507
文化艺术类	27376	15454	34705	33934	33105	97597	29506
体育与健身	7352	5214	15157	14246	14090	33335	6969
教育类	49535	32441	49464	45569	44052	140693	46651
司法服务类	95		1	1	1	315	314
公共管理与服务类	1104	739	8780	1463	1398	15105	2226
其　他	631	202	301	301	241	1499	438

中职学生分科类情况(普通中专学生)

	毕业生数		招生数			在校生数	预计毕业生数
	计	其中：获得职业资格证书	计	其中:应届毕业生 计	其中：初中毕业		
总计	**231604**	**143400**	**290185**	**277820**	**270644**	**795994**	**241105**
其中:女	116878	69697	127703	121538	118825	365688	109892
农林牧渔类	12603	10117	12902	12596	12516	39336	12760
资源环境类	3780	3476	1010	902	902	3136	876
能源与新能源类	282	256	361	355	355	809	220
土木水利类	7798	4938	13164	12632	12210	33535	9274
加工制造类	15789	10664	20667	20063	19806	57259	17674
石油化工类	112	74	176	175	175	551	130
轻纺食品类	1011	708	944	909	884	4403	1883
交通运输类	33727	23664	38319	37344	36517	106682	33413
信息技术类	33401	19971	57832	56137	53900	142969	38259
医药卫生类	26194	10896	22435	20893	20867	67891	24541
休闲保健类	2411	1531	4205	3805	3644	10141	2479
财经商贸类	27086	15978	34036	32134	31499	93348	28070
旅游服务类	6484	4514	11796	11555	11422	27868	7187
文化艺术类	17531	9352	25652	24969	24302	72137	21248
体育与健身	2582	1654	5219	5141	4985	12499	2873
教育类	39471	25057	39763	36787	35362	115965	38088
司法服务类	73		1	1	1	315	314
公共管理与服务类	638	348	1402	1121	1056	5833	1378
其他	631	202	301	301	241	1317	438

中职学生分科类情况（成人中专学生）

	毕业生数		招 生 数			在校生数	预 计毕业生数
	计	其 中：获得职业资格证书	计	其中：应届毕业生			
				计	其 中：初中毕业		
总 计	7971	5862	16371	15269	15115	35675	9151
其中:女	1694	1317	1855	1736	1676	5442	1561
农林牧渔类	76	28	400	400	400	1136	236
资源环境类							
能源与新能源类	17	17					
土木水利类	580	338	848	848	824	1967	943
加工制造类	348	348	140	140	127	609	269
石油化工类							
轻纺食品类							
交通运输类	25	25	608	608	592	1718	216
信息技术类	1364	772	2367	2147	2064	3992	1473
医药卫生类	89	71	223	174	171	473	93
休闲保健类							
财经商贸类	238	238	217	217	217	1283	377
旅游服务类	29	29	2195	2195	2195	3447	1133
文化艺术类	338	66	110	110	95	1018	404
体育与健身	4045	3145	8798	7965	7965	17999	3248
教 育 类	799	785	465	465	465	2033	759
司法服务类							
公共管理与服务类	23						
其 他							

中职学生分科类情况（职业高中学生）

	毕业生数		招生数			在校生数	预计毕业生数
	计	其中：获得职业资格证书	计	其中：应届毕业生			
				计	其中：初中毕业		
总　　计	70773	60461	85004	83177	81737	228567	70382
其中:女	30921	26552	34933	34251	34084	95939	29379
农林牧渔类	6626	5940	7695	7642	7591	19506	4824
资源环境类	381	350				117	77
能源与新能源类	47	47	221	221	221	661	220
土木水利类	3405	2803	3220	3097	2938	7820	2519
加工制造类	6869	6189	8315	7965	7829	22838	6439
石油化工类	389	366	106	106	106	584	259
轻纺食品类	135	109	520	520	520	785	128
交通运输类	6774	6099	8499	8367	8303	22311	7332
信息技术类	14977	12114	19196	18860	18390	51849	15880
医药卫生类	1917	1793	1757	1757	1707	5434	2137
休闲保健类	834	802	1382	1382	1339	3156	942
财经商贸类	9994	8465	10356	10217	10081	29898	10233
旅游服务类	4268	3826	5795	5446	5264	15238	4978
文化艺术类	7249	5930	8594	8506	8359	22733	6863
体育与健身	563	413	1140	1140	1140	2837	848
教　育　类	5880	4824	7816	7609	7607	20523	5868
司法服务类	22						
公共管理与服务类	443	391	392	342	342	2273	835
其　　他						4	

中职在校生分年龄情况

	合计	14岁及以下	15岁	16岁	17岁	18岁	19岁	20岁	21岁	22岁及以上
总 计	**1110637**	**13474**	**225213**	**305702**	**278095**	**144935**	**50134**	**17882**	**12566**	**62636**
其中:中职全日制学生	1060236	13459	224984	305317	277403	143887	49179	16645	7907	21455
中职非全日制学生	50401	15	229	385	692	1048	955	1237	4659	41181
1.调整后中职学生										
其中:全日制学生										
非全日制学生										
2.普通中专学生	795994	11807	162904	226982	205986	113151	38830	12390	5836	18108
3.成人中专学生	86076	239	8483	11391	9681	5198	2302	1944	5080	41758
其中:全日制学生	35675	224	8254	11006	8989	4150	1347	707	421	577
非全日制学生	50401	15	229	385	692	1048	955	1237	4659	41181
4.职业高中学生	228567	1428	53826	67329	62428	26586	9002	3548	1650	2770
其中:女	**494596**	**6968**	**100026**	**134542**	**121015**	**61870**	**22273**	**7893**	**5932**	**34077**
其中:全日制学生	467069	6961	99958	134417	120816	61446	21858	7387	3171	11055
非全日制学生	27527	7	68	125	199	424	415	506	2761	23022
1.调整后中职学生										
其中:全日制学生										
非全日制学生										
2.普通中专学生	365688	6210	75688	104517	93546	50326	18107	5431	2554	9309
3.成人中专学生	32969	34	1187	1751	1727	1143	574	578	2850	23125
其中:全日制学生	5442	27	1119	1626	1528	719	159	72	89	103
非全日制学生	27527	7	68	125	199	424	415	506	2761	23022
4.职业高中学生	95939	724	23151	28274	25742	10401	3592	1884	528	1643

招生、在校生来源情况

地区	招生数 合计	普通中专	成人中专	成人中专非全日制	职业高中	在校生数 合计	普通中专	成人中专	成人中专非全日制	职业高中
总　　计	420862			290185	16371	29302	85004	1110637		
北 京 市	46			2	44			110		
天 津 市	68			8	59		1	128		
河 北 省	611			219	388		4	1439		
山 西 省	560			347	210		3	1431		
内 蒙 古	59			8	44		7	154		
辽 宁 省	144			13	129		2	305		
吉 林 省	113			17	96			246		
黑 龙 江	109			17	92			261		
上 海 市	66			3	63			129		
江 苏 省	317			30	281		6	998		
浙 江 省	188			25	162		1	775		
安 徽 省	800			224	545		31	1761		
福 建 省	164			12	149		3	309		
江 西 省	539			19	518		2	1261		
山 东 省	1786			781	994		11	3852		
河 南 省	409634			287872	9044	29302	83416	1083637		
湖 北 省	2419			225	721		1473	5937		
湖 南 省	817			30	782		5	1604		
广 东 省	165			15	148		2	461		
广 　 西	85			2	83			247		
海 南 省	42			1	41			91		
重 庆 市	492			13	478		1	1113		
四 川 省	653			108	532		13	1539		
贵 州 省	282			44	234		4	824		
云 南 省	128			11	116		1	339		
西 　 藏	39			1	38			155		
陕 西 省	252			69	173		10	620		
甘 肃 省	125			47	75		3	411		
青 海 省	47			5	42			169		
宁 　 夏	43			4	39			135		
新 　 疆	68			13	51		4	194		
港 澳 台	1						1	2		

中　职　学　生

	上学年初报表在校生数	增加学生数					
		计	招生	复学	转入	其他	计
总　计	**1101602**	**445885**	**420862**	**1815**	**22605**	**603**	**436850**
普通中专学生	777154	306876	290185	254	15923	514	288036
成人中专学生	95240	48236	45673		2563		57400
其中:全日制学生	36618	16897	16371		526		17840
非全日制学生	58622	31339	29302		2037		39560
职业高中学生	229208	90773	85004	1561	4119	89	91414
其中:女	**505325**	**193006**	**181581**	**706**	**10471**	**248**	**203735**
普通中专学生	373089	136179	127703	113	8137	226	143580
成人中专学生	33172	19912	18945		967		20115
其中:全日制学生	5455	2127	1855		272		2140
非全日制学生	27717	17785	17090		695		17975
职业高中学生	99064	36915	34933	593	1367	22	40040

在　校　生　中

	共产党员	共青团员	华侨	港澳台
总　计	**943**	**427439**		**2**
其中:女	388	197658		
普通中专学生	123	305196		1
成人中专学生		9720		
成人中专非全日制学生	820	8486		
职业高中学生		104037		1

变 动 情 况

减少学生数								本学年初报表在校生数
毕业	结业	休学	退学	开除	死亡	转出	其他	
343875	**2917**	**5139**	**37336**	**595**	**9**	**42498**	**4481**	**1110637**
231604	736	1076	24572	345	8	25219	4476	795994
41498	1605	3971	9091	156		1079		86076
7971	1605	365	6878	156		865		35675
33527		3606	2213			214		50401
70773	576	92	3673	94	1	16200	5	228567
164369	**593**	**2216**	**14589**	**106**	**3**	**19094**	**2765**	**494596**
116878	314	486	10796	79	2	12264	2761	365688
16570		1711	1732			102		32969
1694			424			22		5442
14876		1711	1308			80		27527
30921	279	19	2061	27	1	6728	4	95939

其 他 情 况

少数民族	残疾人	五年制高职中职段学生			
		合计	一年级	二年级	三年级
7373	**1127**	**118311**	**40550**	**40165**	**37596**
2701	447	53345	18057	18672	16616
6098	575	118311	40550	40165	37596
601	150				
30					
644	402				

培 训 学

	集中培训（班数）	培训时间(学时)				
		计	集中培训	远程培训	跟岗实践	计
总　　　计	3377	17820087	12917319	4434750	468018	360634
其中:少数民族		28615	28615			372
资格证书培训		1197429	1140845	35834	20750	37901
岗位证书培训		3357531	2200503	1134394	22634	68561
党政管理培训	87	73605	70355	3250		11079
企业经营管理培训	86	98675	95424	2306	945	5172
专业技术培训	2211	13659834	9273359	4242704	143771	252242
其中:幼儿园教师	187	682900	573411	80380	29109	15015
中小学教师	1481	8670171	6353635	2208600	107936	201877
中职学校教师	92	289026	259166	23224	6636	19721
高等教育学校教师	1	5010	5010			167
职业技能培训	732	2232662	2034307	11588	186767	58909
其中:农村劳动者	415	1054069	964553	744	88772	31556
进城务工人员	91	246413	208845	7634	29934	7485
其他培训	261	1755311	1443874	174902	136535	33232
其中:学　　生	246	1749678	1440953	172250	136475	31278
老　年　人						

培 训 学

	集中培训（班数）	培训时间(学时)				
		计	集中培训	远程培训	跟岗实践	计
总　　　计	280	991586	966693	16636	8257	41260
其中:少数民族		2100	2100			51
资格证书培训		136309	129469		6840	4927
岗位证书培训		45178	45178			3634
党政管理培训	2	21216	21166	50		447
企业经营管理培训	27	86729	86412	302	15	2802
专业技术培训	35	98321	80817	10664	6840	18072
其中:幼儿园教师	14	41377	34537		6840	1807
中小学教师	9	17138	17138			3168
中职学校教师	6	27940	17276	10664		10917
高等教育学校教师						
职业技能培训	143	426068	422240	2968	860	12619
其中:农村劳动者	57	182127	182127			3824
进城务工人员	4	25494	25494			851
其他培训	73	359252	356058	2652	542	7320
其中:学　　生	70	354782	354240		542	6469
老　年　人						

生 情 况（总计）

单位：人次

结 业 生 数							
计				其 中 ： 女			
集中培训	远程培训	跟岗实践	计	集中培训	远程培训	跟岗实践
285584	**66531**	**8519**	**216659**	**171291**	**42025**	**3343**
372			214	214		
36558	1017	326	17548	17040	373	135
50574	16859	1128	45809	31450	13772	587
7879	3200		2911	1951	960	
4979	133	60	1522	1490	16	16
192125	58323	1794	173942	133664	39388	890
12571	1705	739	13146	10857	1558	731
156665	44197	1015	141208	110254	30809	145
8760	10921	40	10441	4886	5541	14
167			97	97		
53519	2025	3365	23534	21728	280	1526
28835	730	1991	12409	11270	80	1059
5895	553	1037	2873	2328	200	345
27082	2850	3300	14750	12458	1381	911
25570	2408	3300	14151	11859	1381	911

生 情 况（普通中专学校）

单位：人次

结 业 生 数							
计				其 中 ： 女			
集中培训	远程培训	跟岗实践	计	集中培训	远程培训	跟岗实践
29335	**11753**	**172**	**20844**	**15440**	**5334**	**70**
51			21	21		
4870		57	2647	2590		57
3634			644	644		
447			212	212		
2729	73		801	801		
7519	10496	57	9736	4345	5334	57
1750		57	1741	1684		57
3168			1940	1940		
421	10496		5536	202	5334	
11829	742	48	5820	5807		13
3824			2016	2016		
851			419	419		
6811	442	67	4275	4275		
6402		67	4070	4070		

培 训 学

	集中培训（班数）	培训时间（学时）				
		计	集中培训	远程培训	跟岗实践	计
总　　计	1770	11577262	7985012	3485920	106330	153432
其中：少数民族		26455	26455			261
资格证书培训		277952	259992	6000	11960	17825
岗位证书培训		1940096	1014996	925100		18044
党政管理培训	68	22300	22300			2169
企业经营管理培训	20	2240	2240			560
专业技术培训	1569	11119106	7527581	3485200	106325	141432
其中：幼儿园教师	127	526124	496335	26280	3509	8581
中小学教师	1174	6437100	4813844	1520440	102816	119170
中职学校教师	44	191440	183460	7980		5997
高等教育学校教师						
职业技能培训	66	117596	117596			2873
其中：农村劳动者	34	13592	13592			1332
进城务工人员	6	7424	7424			58
其他培训	47	316020	315295	720	5	6398
其中：学　　生	46	316020	315295	720	5	6398
老 年 人						

培 训 学

	集中培训（班数）	培训时间（学时）				
		计	集中培训	远程培训	跟岗实践	计
总　　计	867	2646590	2121085	182234	343271	73238
其中：少数民族		21	21			21
资格证书培训		761713	729929	29834	1950	13623
岗位证书培训		741147	584239	134274	22634	13050
党政管理培训	10	12777	12777			1722
企业经营管理培训	39	9706	6772	2004	930	1810
专业技术培训	202	188685	168159	80	20446	11198
其中：幼儿园教师	30	21020	2300		18720	1109
中小学教师	46	93100	93100			1745
中职学校教师	37	38146	36430	80	1636	2746
高等教育学校教师						
职业技能培训	475	1360428	1165901	8620	185907	39881
其中：农村劳动者	312	820510	730994	744	88772	25874
进城务工人员	70	89415	51847	7634	29934	6231
其他培训	141	1074994	767476	171530	135988	18627
其中：学　　生	130	1074528	767070	171530	135928	18221
老 年 人						

生 情 况（成人中专学校）

单位：人次

结 业 生 数						
计			其 中 ：女			
集中培训	远程培训	跟岗实践	计	集中培训	远程培训	跟岗实践
123536	**28923**	**973**	**105925**	**84786**	**20946**	**193**
261			167	167		
17646	120	59	9464	9446		18
12869	5175		13563	9231	4332	
2169			258	258		
560			45	45		
111845	28619	968	102453	81522	20743	188
8003	525	53	7268	6757	458	53
92011	26244	915	86176	67408	18633	135
5647	350		3641	3469	172	
2873			1304	1304		
1332			1123	1123		
58			58	58		
6089	304	5	1865	1657	203	5
6089	304	5	1865	1657	203	5

生 情 况（职业高中学校）

单位：人次

结 业 生 数						
计			其 中 ：女			
集中培训	远程培训	跟岗实践	计	集中培训	远程培训	跟岗实践
62472	**3512**	**7254**	**29324**	**24750**	**1509**	**3065**
21			2	2		
12516	897	210	4621	4188	373	60
10676	1246	1128	5284	3932	765	587
1722			444	444		
1690	60	60	676	644	16	16
10484	65	649	6397	5732	35	630
485		624	936	320		616
1745			1034	1034		
2656	65	25	1264	1215	35	14
35281	1283	3317	13518	11725	280	1513
23153	730	1991	8851	7712	80	1059
4641	553	1037	2304	1759	200	345
13295	2104	3228	8289	6205	1178	906
12889	2104	3228	8209	6125	1178	906

培 训 学

	集中培训（班数）	培训时间(学时)				
		计	集中培训	远程培训	跟岗实践	计
总　　计	404	2258167	1498047	749960	10160	88489
其中:少数民族		39	39			39
资格证书培训		845	845			845
岗位证书培训		631110	556090	75020		33833
党政管理培训	2	6400	3200	3200		6400
企业经营管理培训						
专业技术培训	402	2240522	1483602	746760	10160	81100
其中:幼儿园教师	16	94379	40239	54100	40	3518
中小学教师	250	2114643	1421363	688160	5120	77521
中职学校教师	5	31500	22000	4500	5000	61
高等教育学校教师						
职业技能培训		6200	6200			102
其中:农村劳动者						
进城务工人员		6200	6200			62
其他培训		5045	5045			887
其中:学　　生		4348	4348			190
老 年 人						

培 训 学

	集中培训（班数）	培训时间(学时)				
		计	集中培训	远程培训	跟岗实践	计
总　　计	56	346482	346482			4215
其中:少数民族						
资格证书培训		20610	20610			681
岗位证书培训						
党政管理培训	5	10912	10912			341
企业经营管理培训						
专业技术培训	3	13200	13200			440
其中:幼儿园教师						
中小学教师	2	8190	8190			273
中职学校教师						
高等教育学校教师	1	5010	5010			167
职业技能培训	48	322370	322370			3434
其中:农村劳动者	12	37840	37840			526
进城务工人员	11	117880	117880			283
其他培训						
其中:学　　生						
老 年 人						

生 情 况（其他机构）

单位：人次

结 业 生 数						
计			其 中 ： 女			
集中培训	远程培训	跟岗实践	计	集中培训	远程培训	跟岗实践
66026	**22343**	**120**	**57337**	**43086**	**14236**	**15**
39			24	24		
845			321	321		
23395	10438		26318	17643	8675	
3200	3200		1920	960	960	
61837	19143	120	55096	41805	13276	15
2333	1180	5	3201	2096	1100	5
59468	17953	100	51895	39709	12176	10
36	10	15				
102						
62						
887			321	321		
190			7	7		

生 情 况（附设中职班）

单位：人次

结 业 生 数						
计			其 中 ： 女			
集中培训	远程培训	跟岗实践	计	集中培训	远程培训	跟岗实践
4215			**3229**	**3229**		
681			495	495		
341			77	77		
440			260	260		
273			163	163		
167			97	97		
3434			2892	2892		
526			419	419		
283			92	92		

教　　职　　工

		教职			
		合　计	校本部教		
			计	专任教师	行政人员
总　　计		**58995**	**58463**	**47710**	**4356**
其中:女		30605	30320	26203	1603
正高级		160	160	117	40
副高级		11107	11107	9760	921
中　级		21588	21578	19290	1161
初　级		14725	14675	13024	654
未定职级		11415	10943	5519	1580
总计中:聘任制	小　　计	**12896**	**12896**	**10694**	**952**
	其中:女	7173	7173	6218	400
	正高级	23	23	18	4
	副高级	2144	2144	1979	131
	中　级	4371	4371	4035	172
	初　级	3390	3390	3054	148
	未定职级	2968	2968	1608	497

教　　职　　工

		教职			
		合　计	校本部教		
			计	专任教师	行政人员
总　　计		**19427**	**19013**	**15044**	**1829**
其中:女		10120	9900	8335	738
正高级		100	100	72	25
副高级		4017	4017	3557	340
中　级		6791	6781	5909	463
初　级		4503	4453	3808	292
未定职级		4016	3662	1698	709
总计中:聘任制	小　　计	**2440**	**2440**	**1957**	**257**
	其中:女	1364	1364	1144	108
	正高级	8	8	6	1
	副高级	454	454	425	25
	中　级	818	818	737	47
	初　级	777	777	616	78
	未定职级	383	383	173	106

情　　况（总计）

工　　数		校办企业	其他附设	聘请校外
职　工		职　　工	机构人员	教　师
教辅人员	工勤人员			
3359	**3038**	**397**	**135**	**8542**
1634	880	198	87	4041
3				264
404	22			1851
1056	71		10	3783
966	31		50	1221
930	2914	397	75	1423
859	**391**			
408	147			
1				
32	2			
156	8			
180	8			
490	373			

情　　况（普通中专学校）

工　　数		校办企业	其他附设	聘请校外
职　工		职　　工	机构人员	教　师
教辅人员	工勤人员			
976	**1164**	**332**	**82**	**2666**
547	280	172	48	1414
3				16
108	12			482
376	33		10	1053
337	16		50	627
152	1103	332	22	488
165	**61**			
101	11			
1				
4				
34				
83				
43	61			

教　　职　　工

		教　　职			
		合　计	校　本　部　教		
			计	专任教师	行政人员
总　　计		**11081**	**11055**	**7983**	**1070**
其中:女		5606	5589	4333	421
正高级		26	26	21	5
副高级		1724	1724	1427	173
中　级		3634	3634	3093	251
初　级		2129	2129	1695	125
未定职级		3568	3542	1747	516
总计中:聘任制	**小　　计**	**2895**	**2895**	**1984**	**377**
	其中:女	1558	1558	1172	177
	正高级	8	8	5	3
	副高级	354	354	329	17
	中　级	728	728	635	42
	初　级	437	437	373	25
	未定职级	1368	1368	642	290

教　　职　　工

		教　　职			
		合　计	校　本　部　教		
			计	专任教师	行政人员
总　　计		**27243**	**27151**	**23683**	**1365**
其中:女		14149	14101	12913	410
正高级		33	33	24	9
副高级		5131	5131	4574	385
中　级		10709	10709	9882	428
初　级		7798	7798	7265	223
未定职级		3572	3480	1938	320
总计中:聘任制	**小　　计**	**7051**	**7051**	**6350**	**279**
	其中:女	3898	3898	3604	98
	正高级	7	7	7	
	副高级	1288	1288	1179	87
	中　级	2703	2703	2555	80
	初　级	2039	2039	1937	41
	未定职级	1014	1014	672	71

情 况（成人中专学校）

工 数		校办企业职工	其他附设机构人员	聘请校外教师
职 工				
教辅人员	工勤人员			
1158	**844**		26	4084
534	301		17	1652
				246
123	1			1181
288	2			2175
307	2			252
440	839		26	230
396	**138**			
153	56			
8				
49	2			
37	2			
302	134			

情 况（职业高中学校）

工 数		校办企业职工	其他附设机构人员	聘请校外教师
职 工				
教辅人员	工勤人员			
1118	**985**	65	27	1712
491	287	26	22	930
				2
163	9			156
369	30			518
298	12			339
288	934	65	27	697
235	**187**			
118	78			
20	2			
62	6			
55	6			
98	173			

教 职 工

		合 计	教 职		
			校 本 部 教		
			计	专任教师	行政人员
	总　计	1244	1244	1000	92
	其中:女	730	730	622	34
	正高级	1	1		1
	副高级	235	235	202	23
	中　级	454	454	406	19
	初　级	295	295	256	14
	未定职级	259	259	136	35
总计中: 聘任制	小　计	510	510	403	39
	其中:女	353	353	298	17
	正高级				
	副高级	48	48	46	2
	中　级	122	122	108	3
	初　级	137	137	128	4
	未定职级	203	203	121	30

专任教师、聘请校外

	本学年授课专任教师			
	合 计	文化 基础课	专业课、实习指导课	
			计	其中: 双师型
总　计	47456	21458	25998	11629
其中:女	26089	12500	13589	6009
正高级	115	35	80	55
副高级	9714	4908	4806	2730
中　级	19179	8601	10578	5454
初　级	12983	5686	7297	2885
未定职级	5465	2228	3237	505
其中:普通中专学校	14992	5557	9435	4329
其中:女	8313	3166	5147	2401
正高级	70	23	47	37
副高级	3548	1539	2009	1222
中　级	5886	2233	3653	1975
初　级	3795	1357	2438	941
未定职级	1693	405	1288	154

情　　况（其他机构）

工　　数		校办企业	其他附设	聘请校外
职　工				
教辅人员	工勤人员	职　工	机构人员	教　师
107	**45**			**80**
62	12			45
10				32
23	6			37
24	1			3
50	38			8
63	**5**			
36	2			
11				
5				
47	5			

教 师 岗 位 分 类 情 况（一）

本学年授课聘请校外教师				本学年不授课专任教师			
合　计	文化基础课	专业课、实习指导课		合　计	进　修	病　休	其他
		计	其中：双师型				
8542	**2556**	**5986**	**2100**	**254**	**42**	**39**	**173**
4041	1485	2556	942	114	12	26	76
264	87	177	50	2			2
1851	439	1412	589	46	3	12	31
3783	1035	2748	956	111	19	17	75
1221	451	770	313	41	12	6	23
1423	544	879	192	54	8	4	42
2666	**906**	**1760**	**750**	**52**	**6**	**20**	**26**
1414	567	847	404	22		13	9
16	4	12	4	2			2
482	131	351	212	9		6	3
1053	334	719	324	23		11	12
627	195	432	151	13	1	3	9
488	242	246	59	5	5		

专任教师、聘请校外

	本学年授课专任教师			
	合计	文化基础课	专业课、实习指导课	
			计	其中:双师型
其中:成人中专学校	**7978**	**4337**	**3641**	**1053**
其中:女	4331	2608	1723	486
正高级	21	5	16	7
副高级	1427	914	513	195
中级	3090	1727	1363	401
初级	1694	830	864	263
未定职级	1746	861	885	187
其中:职业高中学校	**23486**	**11023**	**12463**	**6077**
其中:女	12823	6401	6422	3004
正高级	24	7	17	11
副高级	4537	2324	2213	1284
中级	9797	4419	5378	3006
初级	7238	3350	3888	1626
未定职级	1890	923	967	150
其中:其他机构	**1000**	**541**	**459**	**170**
其中:女	622	325	297	118
正高级				
副高级	202	131	71	29
中级	406	222	184	72
初级	256	149	107	55
未定职级	136	39	97	14

教师岗位分类情况(二)

本学年授课聘请校外教师				本学年不授课专任教师			
合计	文化基础课	专业课、实习指导课		合计	进修	病休	其他
		计	其中：双师型				
4084	**1127**	**2957**	**911**	**5**		**1**	**4**
1652	571	1081	347	2		1	1
246	82	164	45				
1181	256	925	304				
2175	577	1598	452	3		1	2
252	115	137	70	1			1
230	97	133	40	1			1
1712	**481**	**1231**	**434**	**197**	**36**	**18**	**143**
930	319	611	188	90	12	12	66
2	1	1	1				
156	31	125	72	37	3	6	28
518	105	413	177	85	19	5	61
339	139	200	92	27	11	3	13
697	205	492	92	48	3	4	41
80	**42**	**38**	**5**				
45	28	17	3				
32	21	11	1				
37	19	18	3				
3	2	1					
8		8	1				

专任教师、聘请校外

	总 计				
	合计	博士研究生	硕士研究生	本科	专科
1. 专任教师	**47710**	**26**	**3823**	**39487**	**4316**
其中:女	26203	16	2432	21851	1885
实习指导课教师	1025		75	792	141
正 高 级	117	9	40	65	3
副 高 级	9760	9	774	8672	301
中 级	19290	6	1372	16252	1642
初 级	13024	2	1125	10586	1299
未定职级	5519		512	3912	1071
2. 聘请校外教师	**8542**	**4**	**929**	**6182**	**1413**
其中:女	4041	1	459	2962	615
实习指导课教师	459		90	225	142
外籍教师					
正 高 级	264	1	66	183	13
副 高 级	1851	3	258	1321	268
中 级	3783		360	2624	797
初 级	1221		157	954	108
未定职级	1423		88	1100	227

专任教师、聘请校外

	其中:成人中专学校							
	合计	博士研究生	硕士研究生	本科	专科	高中阶段及以下	合计	博士研究生
1. 专任教师	**7983**	**4**	**637**	**5620**	**1709**	**13**	**23683**	**3**
其中:女	4333	3	370	3226	733	1	12913	1
实习指导课教师	331		26	242	51	12	363	
正 高 级	21	1	7	10	3		24	1
副 高 级	1427	2	171	1138	115	1	4574	1
中 级	3093		230	2265	597	1	9882	1
初 级	1695	1	134	1157	403		7265	
未定职级	1747		95	1050	591	11	1938	
2. 聘请校外教师	**4084**	**2**	**339**	**2598**	**1145**		**1712**	
其中:女	1652		129	1017	506		930	
实习指导课教师	327		44	151	132		37	
外籍教师								
正 高 级	246	1	56	176	13		2	
副 高 级	1181	1	116	818	246		156	
中 级	2175		123	1294	758		518	
初 级	252		29	179	44		339	
未定职级	230		15	131	84		697	

教师学历情况(一)

	其中：普通中专学校					
高中阶段及以下	合计	博士研究生	硕士研究生	本科	专科	高中阶段及以下
58	**15044**	**19**	**1857**	**12362**	**781**	**25**
19	8335	12	1228	6743	338	14
17	296		16	263	13	4
	72	7	18	47		
4	3557	6	303	3188	57	3
18	5909	5	651	4903	338	12
12	3808	1	637	2936	226	8
24	1698		248	1288	160	2
14	**2666**	**2**	**438**	**2104**	**114**	**8**
4	1414	1	240	1122	49	2
2	70		33	36	1	
1	16		9	6		1
1	482	2	107	362	11	
2	1053		146	885	22	
2	627		118	482	25	2
8	488		58	369	56	5

教师学历情况(二)

其中:职业高中学校				其中：其他机构					
硕士研究生	本科	专科	高中阶段及以下	合计	博士研究生	硕士研究生	本科	专科	高中阶段及以下
1185	**20714**	**1762**	**19**	**1000**		**144**	**791**	**64**	**1**
712	11423	773	4	622		122	459	41	
33	262	67	1	35			25	10	
15	8								
290	4158	125		202		10	188	4	
450	8752	674	5	406		41	332	33	
309	6292	660	4	256		45	201	10	
121	1504	303	10	136		48	70	17	1
146	**1415**	**147**	**4**	**80**		**6**	**65**	**7**	**2**
87	785	57	1	45		3	38	3	1
12	23	2		25		1	15	7	2
1	1								
32	112	11	1	32		3	29		
88	414	15	1	37		3	31	2	1
10	290	39		3			3		
15	598	82	2	8			2	5	1

专任教师分年龄情况（一）

	合计	29岁及以下	30-34岁	35-39岁	40-44岁	45-49岁	50-54岁	55-59岁	60岁及以上
总　　计	47710	7710	8023	9692	7826	7474	5020	1903	62
其中：女	26203	4994	4877	5704	4390	3640	2301	283	14
正 高 级	117			1	9	27	39	31	10
副 高 级	9760		63	486	1685	3111	3079	1298	38
中　　级	19290	597	2386	5217	5135	3709	1717	522	7
初　　级	13024	3534	4314	3627	850	495	155	49	
未定职级	5519	3579	1260	361	147	132	30	3	7
其中：普通中专学校	15044	2289	2729	2896	2241	2234	1807	824	24
其中：女	8335	1512	1683	1725	1283	1095	865	167	5
正 高 级	72				4	17	22	24	5
副 高 级	3557		32	191	570	1019	1133	593	19
中　　级	5909	182	876	1768	1350	984	562	187	
初　　级	3808	1091	1379	833	249	170	66	20	
未定职级	1698	1016	442	104	68	44	24		

专任教师分年龄情况（二）

	合计	29岁及以下	30-34岁	35-39岁	40-44岁	45-49岁	50-54岁	55-59岁	60岁及以上
其中:成人中专学校	7983	1680	1387	1423	1139	1140	882	307	25
其中:女	4333	1005	729	855	679	588	432	36	9
正高级	21			1	2	4	8	3	3
副高级	1427		21	92	208	410	484	200	12
中级	3093	115	419	710	771	620	361	93	4
初级	1695	493	514	482	108	64	26	8	
未定职级	1747	1072	433	138	50	42	3	3	6
其中:职业高中学校	23683	3656	3700	5100	4289	3960	2238	727	13
其中:女	12913	2409	2304	2934	2336	1889	965	76	
正高级	24				3	6	9	4	2
副高级	4574		6	190	872	1619	1399	481	7
中级	9882	299	1049	2601	2904	2039	765	222	3
初级	7265	1919	2318	2208	485	253	62	20	
未定职级	1938	1438	327	101	25	43	3		1
其中:其他机构	1000	85	207	273	157	140	93	45	
其中:女	622	68	161	190	92	68	39	4	
正高级									
副高级	202		4	13	35	63	63	24	
中级	406	1	42	138	110	66	29	20	
初级	256	31	103	104	8	8	1	1	
未定职级	136	53	58	18	4	3			

分科专任教师情况（总计）

		合计	其中：女	正高级	副高级	中级	初级	未定职级
总　计		47710	26203	117	9760	19290	13024	5519
其中:女		26203		50	4495	10316	8019	3323
文化基础课		21558	12567	35	4921	8623	5703	2276
专业课	小　计	25127	13134	81	4701	10311	7044	2990
	农林牧渔类	2284	1037	11	569	1065	510	129
	资源环境类	97	19		15	35	29	18
	能源与新能源类	212	88		56	73	22	61
	土木水利类	699	284	2	131	242	201	123
	加工制造类	1842	711	6	376	818	475	167
	石油化工类	89	31		26	45	15	3
	轻纺食品类	453	217	4	114	210	93	32
	交通运输类	1620	722	7	202	466	442	503
	信息技术类	4079	2166	6	726	1790	1168	389
	医药卫生类	2013	1322	28	390	933	443	219
	休闲保健类	149	68		14	64	46	25
	财经商贸类	2080	1251	5	454	807	587	227
	旅游服务类	910	553	1	144	386	286	93
	文化艺术类	2936	1896	4	451	1168	992	321
	体育与健身	1387	431		195	519	386	287
	教育类	3271	1846	6	707	1295	1008	255
	司法服务类	151	78		10	67	63	11
	公共管理与服务类	364	184	1	40	141	111	71
	其他	491	230		81	187	167	56
实习指导课		1025	502	1	138	356	277	253

分科专任教师情况（普通中专学校）

		合计	其中：女	正高级	副高级	中级	初级	未定职级
总　　计		15044	8335	72	3557	5909	3808	1698
其中：女		8335		30	1729	3227	2383	966
文化基础课		5577	3179	23	1540	2245	1364	405
专业课	小　　计	9171	5015	49	1951	3545	2360	1266
	农林牧渔类	305	134	2	92	101	63	47
	资源环境类	42	12		10	22	8	2
	能源与新能源类	171	68		49	55	15	52
	土木水利类	329	129	2	77	91	84	75
	加工制造类	673	279	2	169	280	160	62
	石油化工类	57	17		17	32	6	2
	轻纺食品类	123	56	1	43	58	15	6
	交通运输类	593	268	5	88	121	107	272
	信息技术类	1372	763	6	263	552	371	180
	医药卫生类	1220	813	17	246	572	225	160
	休闲保健类	27	19		4	15	7	1
	财经商贸类	1042	651	5	277	392	272	96
	旅游服务类	253	171	1	46	120	67	19
	文化艺术类	1139	738	3	202	431	365	138
	体育与健身	484	180		90	219	153	22
	教育类	958	523	4	217	350	319	68
	司法服务类	75	35		7	27	35	6
	公共管理与服务类	169	103	1	17	54	52	45
	其他	139	56		37	53	36	13
实习指导课		296	141		66	119	84	27

分科专任教师情况（成人中专学校）

		合计	其中：女	正高级	副高级	中级	初级	未定职级
总　计		7983	4333	21	1427	3093	1695	1747
其中：女		4333		12	697	1704	978	942
文化基础课		4340	2610	5	914	1729	831	861
专业课	小　计	3312	1530	16	495	1296	801	704
	农林牧渔类	784	348	6	180	411	168	19
	资源环境类	13	1		3	3	2	5
	能源与新能源类	10	7		3	4	2	1
	土木水利类	49	15		11	12	10	16
	加工制造类	132	41		12	58	35	27
	石油化工类							
	轻纺食品类	5	3				3	2
	交通运输类	259	142		13	54	83	109
	信息技术类	236	121		23	114	70	29
	医药卫生类	174	124	7	42	63	36	26
	休闲保健类	32	7		1	6	13	12
	财经商贸类	119	54		19	38	24	38
	旅游服务类	47	20		2	15	11	19
	文化艺术类	262	148	1	19	87	92	63
	体育与健身	335	53		5	53	44	233
	教育类	670	379	2	152	315	144	57
	司法服务类	16	10		2	8	3	3
	公共管理与服务类	58	18		4	22	14	18
	其他	111	39		4	33	47	27
实习指导课		331	193		18	68	63	182

分科专任教师情况（职业高中学校）

		合计	其中：女	正高级	副高级	中级	初级	未定职级
总　　计		23683	12913	24	4574	9882	7265	1938
其中:女		12913		8	1980	5140	4476	1309
文化基础课		11100	6453	7	2336	4427	3359	971
专业课	小　　计	12220	6309	16	2191	5298	3778	937
	农林牧渔类	1194	555	3	296	553	279	63
	资源环境类	42	6		2	10	19	11
	能源与新能源类	30	13		3	14	5	8
	土木水利类	321	140		43	139	107	32
	加工制造类	1032	391	4	193	478	279	78
	石油化工类	32	14		9	13	9	1
	轻纺食品类	297	135	3	70	149	59	16
	交通运输类	737	294	2	100	287	246	102
	信息技术类	2405	1239		437	1095	706	167
	医药卫生类	619	385	4	102	298	182	33
	休闲保健类	90	42		9	43	26	12
	财经商贸类	858	492		154	363	268	73
	旅游服务类	594	348		95	248	206	45
	文化艺术类	1513	989		225	634	534	120
	体育与健身	566	198		100	246	188	32
	教　育　类	1457	838		295	532	512	118
	司法服务类	60	33		1	32	25	2
	公共管理与服务类	136	63		18	65	45	8
	其　　他	237	134		39	99	83	16
实习指导课		363	151	1	47	157	128	30

分 科 专 任

		合 计	其中：女	正高级
	总　计	1000	622	
	其中:女	622		
	文化基础课	541	325	
专业课	小　计	424	280	
	农林牧渔类	1		
	资源环境类			
	能源与新能源类	1		
	土木水利类			
	加工制造类	5		
	石油化工类			
	轻纺食品类	28	23	
	交通运输类	31	18	
	信息技术类	66	43	
	医药卫生类			
	休闲保健类			
	财经商贸类	61	54	
	旅游服务类	16	14	
	文化艺术类	22	21	
	体育与健身	2		
	教育类	186	106	
	司法服务类			
	公共管理与服务类	1		
	其　他	4	1	
	实习指导课	35	17	

教 师 情 况（其他机构）

副高级	中 级	初 级	未定职级
202	**406**	**256**	**136**
89	245	182	106
131	222	149	39
64	**172**	**105**	**83**
1			
1			
2	2	1	
1	3	16	8
1	4	6	20
3	29	21	13
4	14	23	20
1	3	2	10
5	16	1	
	1	1	
43	98	33	12
1			
1	2	1	
7	**12**	**2**	**14**

专　任　教　师

		上学年初报表专任教师数	增加教师数						
			合计	录用毕业生			调入	
				计	其中		计	其中：外校
					研究生	本科		
总　计	**合　计**	**48216**	**3450**	**1864**	**306**	**1294**	**1183**	**788**
	其中:女	26197	2101	1216	215	858	694	475
普通中专学校	合　计	15337	1355	806	152	534	400	346
	其中:女	8490	747	499	119	298	192	158
成人中专学校	合　计	8115	586	306	48	153	237	132
	其中:女	4392	326	165	17	114	141	85
职业高中学校	合　计	23767	1428	735	98	605	493	289
	其中:女	12711	982	540	74	446	330	216
其他机构	合　计	997	81	17	8	2	53	21
	其中:女	604	46	12	5		31	16

教　职　工　中

		共产党员	共青团员
总　计	**教 职 工**	**19244**	**2054**
	其中:女	8419	1169
	专任教师	**15188**	**1367**
	其中:女	7212	890
普通中专学校	教 职 工	7794	407
	其中:女	3735	221
	专任教师	5867	262
	其中:女	3147	168
成人中专学校	教 职 工	3509	856
	其中:女	1459	440
	专任教师	2576	481
	其中:女	1159	288
职业高中学校	教 职 工	7541	757
	其中:女	3043	487
	专任教师	6429	595
	其中:女	2760	414
其他机构	教 职 工	400	34
	其中:女	182	21
	专任教师	316	29
	其中:女	146	20

变 动 情 况

校内变动	其他	减少教师数						本学年初报表专任教师数
		合计	自然减员	调出	校内变动	辞职	其他	
347	56	**3956**	**404**	**1999**	**858**	**682**	13	**47710**
155	36	2095	194	1024	460	414	3	26203
149		1648	161	1083	317	84	3	15044
56		902	89	580	188	44	1	8335
43		718	75	102	183	358		7983
20		385	40	39	101	205		4333
144	56	1512	161	775	326	240	10	23683
76	36	780	64	394	155	165	2	12913
11		78	7	39	32			1000
3		28	1	11	16			622

其 他 情 况

民主党派	华侨	港澳台	少数民族
288			**361**
156			208
224			**254**
126			163
159			193
78			101
126			127
65			76
42			47
24			27
26			35
15			21
84			119
52			79
70			90
44			65
3			2
2			1
2			2
2			1

专 任 教 师 接

	接受培训专任教师	合 计		计		国 家 级	
		接受培训专任教师（人次）	培训时间（学时）				
总　　计	35587	90045	3207740	90036	3205208	2040	173240
其中:女	19427	48561	1699843	48559	1699403	1129	96590
集中培训		69697	2060452	69688	2057920	1179	103913
远程培训		17545	898785	17545	898785	829	61363
跟岗实践		2803	248503	2803	248503	32	7964
普通中专学校	9830	25714	900086	25712	899646	502	38565
其中:女	5379	13947	501802	13945	501362	311	19859
集中培训		21585	651199	21583	650759	338	32035
远程培训		3765	173846	3765	173846	153	3736
跟岗实践		364	75041	364	75041	11	2794

专 任 教 师 接

	接受培训专任教师	合 计		计		国 家 级	
		接受培训专任教师（人次）	培训时间（学时）				
成人中专学校	6190	21935	491272	21935	491272	743	50669
其中:女	3532	11979	259061	11979	259061	455	34566
集中培训		16488	278700	16488	278700	372	20612
远程培训		3906	145215	3906	145215	356	27157
跟岗实践		1541	67357	1541	67357	15	2900
职业高中学校	18963	40455	1729880	40448	1727788	624	68894
其中:女	10182	21628	897713	21628	897713	276	32921
集中培训		30000	1071637	29993	1069545	382	43130
远程培训		9614	568558	9614	568558	236	23494
跟岗实践		841	89685	841	89685	6	2270
其他机构	604	1941	86502	1941	86502	171	15112
其中:女	334	1007	41267	1007	41267	87	9244
集中培训		1624	58916	1624	58916	87	8136
远程培训		260	11166	260	11166	84	6976
跟岗实践		57	16420	57	16420		

受培训情况(一)

单位:人次

国	内							国(境)外	
省 级		地市级		县 级		校 级		接受培训专任教师(人次)	培训时间(学时)
12696	**1242214**	**13850**	**718816**	**10573**	**279890**	**50877**	**791048**	**9**	**2532**
6632	700981	6969	365847	5483	129829	28346	406156	2	440
6879	836061	6901	266600	7695	193145	47034	658201	9	2532
5326	291789	6633	431150	2676	84922	2081	29561		
491	114364	316	21066	202	1823	1762	103286		
3314	**387754**	**2772**	**188270**	**1722**	**40430**	**17402**	**244627**	**2**	**440**
1839	225128	1392	102970	855	20143	9548	133262	2	440
2190	305912	1063	65854	1046	25754	16946	221204	2	440
940	35610	1656	112916	672	14616	344	6968		
184	46232	53	9500	4	60	112	16455		

受培训情况(二)

单位:人次

国	内							国(境)外	
省 级		地市级		县 级		校 级		接受培训专任教师(人次)	培训时间(学时)
2176	**119048**	**2494**	**76064**	**3081**	**83920**	**13441**	**161571**		
1217	79974	1390	44502	1580	40082	7337	59937		
728	57568	1669	50059	2301	55089	11418	95372		
1410	61010	752	24999	630	27494	758	4555		
38	470	73	1006	150	1337	1265	61644		
6827	**707944**	**8488**	**451230**	**5487**	**124722**	**19022**	**374998**	**7**	**2092**
3390	375216	4137	216793	2947	65620	10878	207163		
3803	465623	4085	147535	4065	81484	17658	331773	7	2092
2806	191029	4219	293185	1374	42812	979	18038		
218	51292	184	10510	48	426	385	25187		
379	**27468**	**96**	**3252**	**283**	**30818**	**1012**	**9852**		
186	20663	50	1582	101	3984	583	5794		
158	6958	84	3152	283	30818	1012	9852		
170	4140	6	50						
51	16370	6	50						

校　　舍

	学校产权校舍建筑面积			
	计	其中		
		危　房	当年新增	被外单位借　用
总　　计	**14757118.86**	**31532.40**	**243347.80**	**116555.38**
一、教学及辅助用房	**6624068.75**	**14936.00**	**135536.39**	**63119.42**
教　　室	3177006.40	11176.00	43935.00	42723.05
图 书 馆	519830.70	1994.00	4974.00	1904.00
实验室、实习场所	2457594.74	1766.00	85907.39	13642.33
体 育 馆	272334.99			4607.00
会　　堂	197301.92		720.00	243.04
二、行政办公用房	**965318.94**	**2612.80**	**4466.00**	**1659.00**
三、生活用房	**5802723.80**	**12740.60**	**98573.41**	**51776.96**
学生宿舍(公寓)	4020237.59	12664.60	79644.71	27697.00
学生食堂	930105.62		14168.70	7836.00
教工宿舍(公寓)	479761.90		1000.00	7950.00
教工食堂	55622.67		20.00	200.00
生活福利及附属用房	316996.02	76.00	3740.00	8093.96
四、教工住宅	**844508.37**		**1000.00**	
五、其他用房	**520499.00**	**1243.00**	**3772.00**	

校　　舍

	学校产权校舍建筑面积			
	计	其中		
		危　房	当年新增	被外单位借　用
总　　计	**6274319.20**	**20163.00**	**157219.56**	**80862.37**
一、教学及辅助用房	**2814567.83**	**11458.00**	**78107.65**	**53683.37**
教　　室	1318935.16	7698.00	27939.00	33942.04
图 书 馆	228066.78	1994.00	4000.00	1792.00
实验室、实习场所	1022557.79	1766.00	45568.65	13442.33
体 育 馆	160842.27			4507.00
会　　堂	84165.83		600.00	
二、行政办公用房	**359987.05**		**1000.00**	**1259.00**
三、生活用房	**2295705.82**	**7505.00**	**76111.91**	**25920.00**
学生宿舍(公寓)	1658968.36	7429.00	63598.91	17597.00
学生食堂	353834.19		8657.00	3036.00
教工宿舍(公寓)	110045.11		1000.00	230.00
教工食堂	19451.75		20.00	200.00
生活福利及附属用房	153406.41	76.00	2836.00	4857.00
四、教工住宅	**535845.65**		**1000.00**	
五、其他用房	**268212.85**	**1200.00**	**1000.00**	

情　　况（总计）

单位：平方米

正在施工校舍建筑面积	非学校产权校舍建筑面积		
	合　计	独立使用	共同使用
700783.87	**2902276.20**	**1475683.64**	**1426592.56**
290523.80	**1449326.57**	**744989.72**	**704336.85**
130174.01	570575.41	330057.19	240518.22
31065.88	185824.09	72636.14	113187.95
93921.91	518226.31	263115.53	255110.78
32707.00	120505.67	41638.20	78867.47
2655.00	54195.09	37542.66	16652.43
25003.00	212159.10	88731.22	123427.88
289416.39	1201776.92	622930.09	578846.83
178700.70	805995.92	429635.90	376360.02
24282.25	226014.20	108091.68	117922.52
85933.44	125832.47	61605.98	64226.49
500.00	18573.15	8886.12	9687.03
	25361.18	14710.41	10650.77
60000.00			
35840.68	39013.61	19032.61	19981.00

情　　况（普通中专学校）

单位：平方米

正在施工校舍建筑面积	非学校产权校舍建筑面积		
	合　计	独立使用	共同使用
419154.83	**1230557.89**	**530986.00**	**699571.89**
207217.71	**623179.84**	**251051.80**	**372128.04**
74385.92	202339.51	101922.80	100416.71
30845.88	90781.00	37450.00	53331.00
72523.91	281438.29	95519.00	185919.29
27707.00	38681.04	6220.00	32461.04
1755.00	9940.00	9940.00	
10387.00	111271.07	34814.20	76456.87
165709.44	477005.13	231716.00	245289.13
69823.00	334429.99	150986.63	183443.36
14877.00	94819.61	47896.00	46923.61
80509.44	29011.01	23056.00	5955.01
500.00	6307.03	4170.00	2137.03
	12437.49	5607.37	6830.12
35840.68	19101.85	13404.00	5697.85

校 舍

	学校产权校舍建筑面积			
	计	其　　中		被外单位借用
		危房	当年新增	
总　　计	2033991.23		6626.00	4000.00
一、教学及辅助用房	855434.79		4566.00	1243.04
教　室	441530.73		3620.00	600.00
图书馆	49154.01		484.00	100.00
实验室、实习场所	307096.55		462.00	200.00
体育馆	24143.10			100.00
会　堂	33510.40			243.04
二、行政办公用房	132351.35		878.00	400.00
三、生活用房	919580.33		1182.00	2356.96
学生宿舍(公寓)	670473.30		1042.00	1100.00
学生食堂	123393.13		100.00	
教工宿舍(公寓)	78179.90			720.00
教工食堂	6048.79			
生活福利及附属用房	41485.21		40.00	536.96
四、教工住宅	84006.14			
五、其他用房	42618.62			

校 舍

	学校产权校舍建筑面积			
	计	其　　中		被外单位借用
		危房	当年新增	
总　　计	6194543.41	11369.40	79502.24	31693.01
一、教学及辅助用房	2867404.58	3478.00	52862.74	8193.01
教　室	1368653.84	3478.00	12376.00	8181.01
图书馆	237025.71		490.00	12.00
实验室、实习场所	1102568.77		39876.74	
体育馆	82999.62			
会　堂	76156.64		120.00	
二、行政办公用房	448276.93	2612.80	2588.00	
三、生活用房	2472365.18	5235.60	21279.50	23500.00
学生宿舍(公寓)	1632545.58	5235.60	15003.80	9000.00
学生食堂	422031.72		5411.70	4800.00
教工宿舍(公寓)	272293.55			7000.00
教工食堂	25853.93			
生活福利及附属用房	119640.40		864.00	2700.00
四、教工住宅	214637.98			
五、其他用房	191858.74	43.00	2772.00	

情 况（成人中专学校）

单位：平方米

正在施工校舍建筑面积	非学校产权校舍建筑面积		
	合 计	独立使用	共同使用
6000.00	**817827.76**	**498818.82**	**319008.94**
6000.00	**441707.73**	**257722.45**	**183985.28**
1000.00	222321.08	139765.17	82555.91
	54344.93	13523.84	40821.09
	108914.60	78162.58	30752.02
5000.00	30442.61	13898.20	16544.41
	25684.51	12372.66	13311.85
	39517.56	27641.53	11876.03
	332990.72	211427.23	121563.49
	221962.36	151881.10	70081.26
	56083.96	34066.74	22017.22
	44998.51	19758.50	25240.01
	3042.12	1892.12	1150.00
	6903.77	3828.77	3075.00
	3611.75	2027.61	1584.14

情 况（职业高中学校）

单位：平方米

正在施工校舍建筑面积	非学校产权校舍建筑面积		
	合 计	独立使用	共同使用
275629.04	**804739.46**	**445078.82**	**359660.64**
77306.09	**363275.79**	**235715.47**	**127560.32**
54788.09	129192.61	88169.22	41023.39
220.00	40066.16	21562.30	18503.86
21398.00	126314.42	89333.95	36980.47
	49132.02	21420.00	27712.02
900.00	18570.58	15230.00	3340.58
14616.00	54454.82	26075.49	28379.33
123706.95	371708.84	179686.86	192021.98
108877.70	238032.70	126668.17	111364.53
9405.25	70694.27	26128.94	44565.33
5424.00	48222.95	18791.48	29431.47
	9224.00	2824.00	6400.00
	5534.92	5274.27	260.65
60000.00			
	15300.01	3601.00	11699.01

校　　舍

	学校产权校舍建筑面积			
	计	其中		
		危房	当年新增	被外单位借用
总　　计	**254265.02**			
一、教学及辅助用房	**86661.55**			
教　　室	47886.67			
图 书 馆	5584.20			
实验室、实习场所	25371.63			
体 育 馆	4350.00			
会　　堂	3469.05			
二、行政办公用房	**24703.61**			
三、生活用房	**115072.47**			
学生宿舍(公寓)	58250.35			
学生食堂	30846.58			
教工宿舍(公寓)	19243.34			
教工食堂	4268.20			
生活福利及附属用房	2464.00			
四、教工住宅	**10018.60**			
五、其他用房	**17808.79**			

情 况（其他机构）

单位：平方米

正在施工校舍建筑面积	非学校产权校舍建筑面积		
	合　计	独立使用	共同使用
	49151.09	**800.00**	**48351.09**
	21163.21	**500.00**	**20663.21**
	16722.21	200.00	16522.21
	632.00	100.00	532.00
	1559.00	100.00	1459.00
	2250.00	100.00	2150.00
	6915.65	**200.00**	**6715.65**
	20072.23	**100.00**	**19972.23**
	11570.87	100.00	11470.87
	4416.36		4416.36
	3600.00		3600.00
	485.00		485.00
	1000.00		1000.00

资　产

		占地面积（平方米）			图书（册）	
		计	其　中		计	其　中：当年新增
			绿化用地面积	运动场地面积		
总计	学校产权	29267616.85	5920078.84	4116173.38	20751707	479270
	非学校产权	7010876.96	1286815.73	921414.32	2762294	160840
	1.独立使用	2937720.87	507968.60	424219.98	812145	42120
	2.共同使用	4073156.09	778847.13	497194.34	1950149	118720
普通中专学校	学校产权	11127005.04	2631605.84	1588202.17	8659772	188530
	非学校产权	2454034.94	756814.53	333522.46	1850796	117500
	1.独立使用	834644.60	247932.00	128275.00	427590	3000
	2.共同使用	1619390.34	508882.53	205247.46	1423206	114500
成人中专学校	学校产权	3414027.02	584038.34	497846.00	2969615	172481
	非学校产权	1981449.20	297503.53	218677.11	626374	39500
	1.独立使用	1014879.17	149777.46	131273.99	278438	36500
	2.共同使用	966570.03	147726.07	87403.12	347936	3000
职业高中学校	学校产权	14355707.79	2633764.16	1987705.41	8853303	115297
	非学校产权	2470651.62	213400.17	359048.15	144119	3040
	1.独立使用	1087397.10	110159.14	164170.99	106117	2620
	2.共同使用	1383254.52	103241.03	194877.16	38002	420
其他机构	学校产权	370877.00	70670.50	42419.80	269017	2962
	非学校产权	104741.20	19097.50	10166.60	141005	800
	1.独立使用	800.00	100.00	500.00		
	2.共同使用	103941.20	18997.50	9666.60	141005	800

情　　　　况

计算机数(台)			教室(间)		固定资产总值(万元)		
计	其中:教学用计算机		计	其中:网络多媒体教室	计	其中:教学、实习仪器设备资产值	
	计	其中:平板电脑				计	当年新增
204544	171194	9434	28550	13175	1797736.15	374784.62	45517.22
25207	18822	328	5931	2047	301640.31	42264.75	3512.73
8727	7523	111	3530	1143	99828.51	15159.38	1893.78
16480	11299	217	2401	904	201811.80	27105.37	1618.95
83081	68686	2584	11122	5162	816306.57	157162.92	16264.37
15909	11545	200	1681	742	132269.49	22384.49	1747.33
5158	4503		762	348	45249.60	5064.30	458.00
10751	7042	200	919	394	87019.89	17320.19	1289.33
28398	23501	1826	4280	1850	236647.99	36877.87	3858.71
5820	4201	105	2766	801	95906.53	12339.24	294.50
1531	1185	95	1835	482	21898.15	5651.41	115.00
4289	3016	10	931	319	74008.38	6687.83	179.50
87992	75077	4993	12773	6005	707188.60	173152.44	25000.78
2875	2505	23	1352	465	64366.29	6054.02	1357.90
2038	1835	16	929	311	32555.76	4383.67	1320.78
837	670	7	423	154	31810.53	1670.35	37.12
5073	3930	31	375	158	37592.99	7591.39	393.36
603	571		132	39	9098.00	1487.00	113.00
			4	2	125.00	60.00	
603	571		128	37	8973.00	1427.00	113.00

信 息 化

	网络信息点数(个)		上网课程数（门）
	计	其中：无线接入	
总　　计	124670	40354	3496
普通中专学校	61401	17142	1347
成人中专学校	12515	4994	393
职业高中学校	49609	17877	1692
其他机构	1145	341	64

附 设 中 职

	校数（所）	班数（个）	毕业生数	招生数
总　　计	101		44820	42708
幼 儿 园				
小　　学				
小　学				
小学教学点				
初　中	1		12	31
初级中学				
九年一贯制学校	1		12	31
职业初中				
高　中	2		890	
完全中学	1		727	
高级中学	1		163	
十二年一贯制学校				
工读学校				
普通高等学校	91		42900	41031
成人高等学校	3		938	1537
特殊教育学校	4		80	109
培养研究生的科研机构				
民办的其他高等教育机构				

建 设 情 况

数 字 资 源 量				接受过信息技术相关培训的专任教师（人次）	信息化工作人员数
电子图书（册）	电子期刊（册）	学位论文（册）	音视频（小时）		
5795302	**262885**	**907161**	**245516.13**	**17303**	**5130**
3068183	113843	200233	102827.33	5042	1631
1018174	16710	4129	74923.00	1773	591
1707756	132331	702799	60122.80	10216	2791
1189	1		7643.00	272	117

班 情 况

在校生数	专 任 教 师					
	合计	研究生毕业	本科毕业	专科毕业	高中阶段毕业	高中阶段毕业以下
127164	**7756**	**2564**	**4898**	**271**	**23**	
99	13		13			
99	13		13			
1502						
1502						
120557	7562	2537	4733	269	23	
4673	124	25	99			
333	57	2	53	2		

成人职业技术培训

	学校数（所）	教学班（点）（个）	培训时间（学时）
总　　计	4602	9332	16839715
一、职工技术培训学校(机构)	72	585	615781
教育部门办	39	334	455056
其他部门办	11	190	88486
民　　办	22	61	72239
中外合作办			
二、农村成人文化技术培训学校(机构)	4074	7360	13913956
教育部门办	4027	7284	13571485
其中:县　办	42	155	4956641
乡　办	564	3159	4961471
村　办	3421	3970	3653373
其他部门办	44	61	315796
民　　办	3	15	26675
中外合作办			
三、其他培训机构(含社会培训机构)	456	1387	2309978
教育部门办	14	137	241520
其他部门办	81	161	74511
民　　办	361	1089	1993947
中外合作办			
总计中:少数民族			41216
培训形式:资格证书培训			976494
岗位证书培训			2884090
培训对象:党政管理培训			14983
企业经营管理培训			950
专业技术培训			348985
其中:幼儿园教师			28654
中小学教师			278509
中职学校教师			5660
高等教育学校教师			
职业技能培训			14950326
其中:农村劳动者			8124337
进城务工人员			3042361
其他培训			1524471
其中:学　　生			1307974
老 年 人			111789

学生及教职工情况

单位：人次

结业生数		注册学生数		教职工数		聘请校外教　师
计	其中：女	计	其中：女	计	其　中　：专任教师	
987540	**431128**	**982688**	**419770**	**11883**	**7001**	**6690**
46994	**25815**	**41821**	**23292**	**1592**	**1261**	**361**
35037	20728	32341	18493	1100	886	236
8844	3495	6484	3242	256	212	85
3113	1592	2996	1557	236	163	40
870111	**365257**	**857058**	**352520**	**6671**	**4090**	**5237**
749160	353688	738113	341804	5996	3598	5177
65263	33444	65247	32938	635	154	69
350454	179881	357985	183989	2698	1647	2002
333443	140363	314881	124877	2663	1797	3106
119884	10993	118007	10310	509	462	60
1067	576	938	406	166	30	
70435	**40056**	**83809**	**43958**	**3620**	**1650**	**1092**
7555	5320	10245	5307	214	187	164
6808	2038	11738	4333	452	66	135
56072	32698	61826	34318	2954	1397	793
1815	996	1369	606	54	28	9
64005	30800					
175454	85388					
675	276					
38	14					
26633	15739					
1202	1175					
16302	10175					
251	100					
862437	359336					
573577	215271					
163576	73132					
97757	55763					
82900	44386					
14385	11122					

成人职业技术培训资产情况(一)

	占地面积（平方米）	教学行政用房建筑面积（平方米）	图书（册）	教学用计算机(台)		
				计	其中：教学用计算机	
					计	其中：平板电脑
总　　计	3740865.08	1516118.89	4322017	13636	12227	1678
职工技术培训学校(机构)	1408996.65	797872.87	685748	5264	4841	8
农村成人文化技术培训学校(机构)	1812079.81	532792.02	3445656	6217	5556	904
其他培训机构(含社会培训机构)	519788.62	185454.00	190613	2155	1830	766

成人职业技术培训资产情况(二)

	教室(间)		固定资产总值(万元)	
	计	其中：网络多媒体教室	计	其中：教学、实习仪器设备资产值
总　　计	8145	1371	92483.81	18437.46
职工技术培训学校(机构)	2324	678	38508.15	8327.52
农村成人文化技术培训学校(机构)	4322	464	32800.90	5473.14
其他培训机构(含社会培训机构)	1499	229	21174.75	4636.80

四、基础教育

基础教育校（园）数

单位：所

	合 计	城 区	镇 区	乡 村
总　计	46943	7855	16110	22978
幼儿园	23181	4755	8361	10065
义务教育	22720	2671	7187	12862
小　学	18117	1830	4937	11350
初　中	4603	841	2250	1512
初级中学	3486	571	1714	1201
九年一贯制学校	1117	270	536	311
职业初中				
高　中	889	363	480	46
完全中学	169	87	75	7
高级中学	601	234	333	34
十二年一贯制学校	119	42	72	5
特殊教育学校	150	63	82	5
工读学校	3	3		

基 础 教 育 校

	合计	城					
		计	教育部门	其他部门	地方企业	事业单位	部队
幼 儿 园	23181	4755	479	39	78	31	23
其中:少数民族幼儿园	42	16	6				
普惠性民办幼儿园	8253						
小　　学	18117	1830	1642	1			
其中:独立设置少数民族学校	140	29	29				
教学点数(个)	13726	219	218				
普通中学	5492	1204	861	6	1		
其中:独立设置少数民族学校	30	6	6				
初级中学	3486	571	517	3			
九年一贯制学校	1117	270	128	1	1		
职业初中							
完全中学	169	87	55	2			
高级中学	601	234	157				
十二年一贯制学校	119	42	4				
特殊教育	150	63	57	2			
盲人学校	1	1	1				
聋人学校	53	10	10				
弱智学校	24	18	17				
其他学校	72	34	29	2			

基 础 教 育 校

	镇　区						
	事业单位	部队	集体	民办		中外合作办	计
				计	其中:普惠性民办幼儿园		
幼 儿 园	2	1	45	6668	3204		10065
其中:少数民族幼儿园			2	11	5		10
普惠性民办幼儿园					2973		
小　　学				736			11350
其中:独立设置少数民族学校							58
教学点数(个)				1			11702
普通中学				669		1	1558
其中:独立设置少数民族学校							9
初级中学				124			1201
九年一贯制学校				370			311
职业初中							
完全中学				39			7
高级中学				68		1	34
十二年一贯制学校				68			5
特殊教育				1			5
盲人学校							
聋人学校							1
弱智学校							2
其他学校				1			2

（园） 数（分城乡、分办别）（一）

单位：所

区				镇区			
集体	民办 计	民办 其中：普惠性民办幼儿园	中外合作办	计	教育部门	其他部门	地方企业
32	**4073**	**1728**		**8361**	**1621**	**16**	**8**
	10	5		16	3		
		1722					
	187			**4937**	**4201**		
				53	53		
	1			1805	1804		
	335		**1**	**2730**	**2059**	**1**	
				15	15		
	51			1714	1589	1	
	140			536	166		
	30			75	36		
	76		1	333	264		
	38			72	4		
	4			**82**	**81**	**1**	
				42	42		
	1			4	4		
	3			36	35	1	

（园） 数（分城乡、分办别）（二）

单位：所

乡村								
教育部门	其他部门	地方企业	事业单位	部队	集体	民办 计	民办 其中：普惠性民办幼儿园	中外合作办
2684	**2**	**3**	**2**	**1**	**53**	**7320**	**3688**	
2						8	1	
							3558	
10378		**1**				**971**		
58								
11696						6		
1339						**219**		
9								
1172						29		
138						173		
3						4		
24						10		
2						3		
5								
1								
2								
2								

基础教育班数

单位:个

	合计	城区	镇区	乡村
总　　计	580378	126318	240867	213193
学前教育	165549	37904	61350	66295
义务教育	374733	73814	155245	145674
小　　学	280034	50454	102419	127161
小　　学	254985	43284	88912	122789
九年一贯制学校	22605	6416	11912	4277
十二年一贯制学校	2444	754	1595	95
初　　中	94699	23360	52826	18513
初级中学	72393	16043	40606	15744
九年一贯制学校	16052	4925	8603	2524
十二年一贯制学校	2355	711	1586	58
完全中学	3899	1681	2031	187
职业初中				
高　　中	38316	13884	23269	1163
完全中学	5659	2671	2779	209
高级中学	30448	10543	19147	758
十二年一贯制学校	2209	670	1343	196
特殊教育	1767	703	1003	61
工读学校	13	13		

学前教育班数

单位:个

	计	托班	小班	中班	大班
总　　计	**165549**	**8004**	**44926**	**48976**	**63643**
教育部门	49091	907	12847	13580	21757
其他部门	812	37	290	249	236
地方企业	941	91	283	265	302
事业单位	365	17	125	110	113
部　　队	175	11	58	48	58
集　　体	708	60	204	206	238
民　　办	113457	6881	31119	34518	40939
其中:普惠性民办幼儿园	54658	3208	14899	16661	19890
中外合作办					
城　　区	**37904**	**2591**	**10767**	**11100**	**13446**
教育部门	5891	155	1840	1794	2102
其他部门	678	27	247	209	195
地方企业	840	83	257	236	264
事业单位	345	17	118	105	105
部　　队	168	10	56	46	56
集　　体	223	15	68	66	74
民　　办	29759	2284	8181	8644	10650
其中:普惠性民办幼儿园	12619	887	3381	3652	4699
中外合作办					
镇　　区	**61350**	**3240**	**16720**	**18423**	**22967**
教育部门	15789	331	4281	4580	6597
其他部门	124	10	39	36	39
地方企业	66	7	18	19	22
事业单位	12		3	3	6
部　　队	3		1	1	1
集　　体	265	20	72	77	96
民　　办	45091	2872	12306	13707	16206
其中:普惠性民办幼儿园	21970	1373	5978	6703	7916
中外合作办					
乡　　村	**66295**	**2173**	**17439**	**19453**	**27230**
教育部门	27411	421	6726	7206	13058
其他部门	10		4	4	2
地方企业	35	1	8	10	16
事业单位	8		4	2	2
部　　队	4	1	1	1	1
集　　体	220	25	64	63	68
民　　办	38607	1725	10632	12167	14083
其中:普惠性民办幼儿园	20069	948	5540	6306	7275
中外合作办					

小 学 班 数

单位:个

<table>
<tr><th colspan="2"></th><th>合计</th><th>一年级</th><th>二年级</th><th>三年级</th><th>四年级</th><th>五年级</th><th>六年级</th><th>复式班</th></tr>
<tr><td colspan="2">总　　计</td><td>280034</td><td>52432</td><td>51069</td><td>48273</td><td>46038</td><td>43543</td><td>38545</td><td>134</td></tr>
<tr><td rowspan="5">其中</td><td>五 年 制</td><td>1712</td><td>365</td><td>373</td><td>315</td><td>304</td><td>347</td><td></td><td>8</td></tr>
<tr><td>九年一贯制学校</td><td>22605</td><td>3552</td><td>3577</td><td>3696</td><td>3820</td><td>3969</td><td>3991</td><td></td></tr>
<tr><td>十二年一贯制学校</td><td>2444</td><td>389</td><td>389</td><td>391</td><td>414</td><td>428</td><td>433</td><td></td></tr>
<tr><td>其他学校附设班</td><td>1447</td><td>78</td><td>86</td><td>89</td><td>112</td><td>213</td><td>869</td><td></td></tr>
<tr><td>独立设置少数民族学校</td><td>1826</td><td>310</td><td>306</td><td>304</td><td>312</td><td>306</td><td>288</td><td></td></tr>
<tr><td colspan="2">教育部门</td><td>236804</td><td>45569</td><td>44053</td><td>41018</td><td>38681</td><td>36103</td><td>31246</td><td>134</td></tr>
<tr><td colspan="2">其他部门</td><td>21</td><td>7</td><td>4</td><td>4</td><td>2</td><td>2</td><td>2</td><td></td></tr>
<tr><td colspan="2">地方企业</td><td>26</td><td>5</td><td>5</td><td>4</td><td>4</td><td>4</td><td>4</td><td></td></tr>
<tr><td colspan="2">民　　办</td><td>43183</td><td>6851</td><td>7007</td><td>7247</td><td>7351</td><td>7434</td><td>7293</td><td></td></tr>
<tr><td colspan="2">中外合作办</td><td></td><td></td><td></td><td></td><td></td><td></td><td></td><td></td></tr>
<tr><td colspan="2">城　　区</td><td>50454</td><td>9385</td><td>8903</td><td>8462</td><td>8305</td><td>8043</td><td>7356</td><td></td></tr>
<tr><td colspan="2">教育部门</td><td>42812</td><td>8098</td><td>7630</td><td>7214</td><td>7050</td><td>6763</td><td>6057</td><td></td></tr>
<tr><td colspan="2">其他部门</td><td>21</td><td>7</td><td>4</td><td>4</td><td>2</td><td>2</td><td>2</td><td></td></tr>
<tr><td colspan="2">地方企业</td><td>24</td><td>4</td><td>4</td><td>4</td><td>4</td><td>4</td><td>4</td><td></td></tr>
<tr><td colspan="2">民　　办</td><td>7597</td><td>1276</td><td>1265</td><td>1240</td><td>1249</td><td>1274</td><td>1293</td><td></td></tr>
<tr><td colspan="2">中外合作办</td><td></td><td></td><td></td><td></td><td></td><td></td><td></td><td></td></tr>
<tr><td colspan="2">镇　　区</td><td>102419</td><td>17728</td><td>17477</td><td>17237</td><td>17071</td><td>17006</td><td>15890</td><td>10</td></tr>
<tr><td colspan="2">教育部门</td><td>80146</td><td>14433</td><td>13990</td><td>13529</td><td>13221</td><td>13015</td><td>11948</td><td>10</td></tr>
<tr><td colspan="2">其他部门</td><td></td><td></td><td></td><td></td><td></td><td></td><td></td><td></td></tr>
<tr><td colspan="2">地方企业</td><td></td><td></td><td></td><td></td><td></td><td></td><td></td><td></td></tr>
<tr><td colspan="2">民　　办</td><td>22273</td><td>3295</td><td>3487</td><td>3708</td><td>3850</td><td>3991</td><td>3942</td><td></td></tr>
<tr><td colspan="2">中外合作办</td><td></td><td></td><td></td><td></td><td></td><td></td><td></td><td></td></tr>
<tr><td colspan="2">乡　　村</td><td>127161</td><td>25319</td><td>24689</td><td>22574</td><td>20662</td><td>18494</td><td>15299</td><td>124</td></tr>
<tr><td colspan="2">教育部门</td><td>113846</td><td>23038</td><td>22433</td><td>20275</td><td>18410</td><td>16325</td><td>13241</td><td>124</td></tr>
<tr><td colspan="2">其他部门</td><td></td><td></td><td></td><td></td><td></td><td></td><td></td><td></td></tr>
<tr><td colspan="2">地方企业</td><td>2</td><td>1</td><td>1</td><td></td><td></td><td></td><td></td><td></td></tr>
<tr><td colspan="2">民　　办</td><td>13313</td><td>2280</td><td>2255</td><td>2299</td><td>2252</td><td>2169</td><td>2058</td><td></td></tr>
<tr><td colspan="2">中外合作办</td><td></td><td></td><td></td><td></td><td></td><td></td><td></td><td></td></tr>
</table>

小 学 班 额 情 况

单位:个

		合计	一年级	二年级	三年级	四年级	五年级	六年级	复式班
总 计		280034	52432	51069	48273	46038	43543	38545	134
	25人及以下	73254	17335	15996	13222	10905	8772	6890	134
	26－30人	21131	3995	3786	3749	3592	3259	2750	
	31－35人	24104	4353	4298	4188	4083	3780	3402	
	36－40人	29539	5050	5049	5113	5054	4996	4277	
	41－45人	45013	7560	7408	7509	7503	7656	7377	
	46－50人	31937	5266	5262	5168	5285	5640	5316	
	51－55人	35050	6914	6179	5650	5704	5638	4965	
	56－60人	9203	1008	1619	1620	1830	1596	1530	
	61－65人	7756	870	1224	1434	1341	1496	1391	
	66人及以上	3047	81	248	620	741	710	647	
城区	25人及以下	2500	511	471	428	396	356	338	
	26－30人	1393	266	246	221	225	223	212	
	31－35人	2130	389	404	382	344	312	299	
	36－40人	3737	732	649	574	600	635	547	
	41－45人	7029	1307	1131	1214	1131	1136	1110	
	46－50人	8233	1469	1395	1337	1344	1330	1358	
	51－55人	14708	3555	2863	2281	2196	2160	1653	
	56－60人	3921	489	779	696	738	614	605	
	61－65人	4416	614	760	848	731	720	743	
	66人及以上	2387	53	205	481	600	557	491	
镇区	25人及以下	11473	2640	2431	2037	1693	1426	1236	10
	26－30人	5181	1039	905	866	833	822	716	
	31－35人	7492	1375	1317	1287	1249	1116	1148	
	36－40人	12501	2158	2100	2193	2053	2141	1856	
	41－45人	25363	4311	4173	4153	4236	4277	4213	
	46－50人	16602	2731	2733	2661	2744	2994	2739	
	51－55人	15992	2807	2677	2666	2696	2618	2528	
	56－60人	4366	427	699	749	917	803	771	
	61－65人	2949	225	407	505	540	698	574	
	66人及以上	500	15	35	120	110	111	109	
乡村	25人及以下	59281	14184	13094	10757	8816	6990	5316	124
	26－30人	14557	2690	2635	2662	2534	2214	1822	
	31－35人	14482	2589	2577	2519	2490	2352	1955	
	36－40人	13301	2160	2300	2346	2401	2220	1874	
	41－45人	12621	1942	2104	2142	2136	2243	2054	
	46－50人	7102	1066	1134	1170	1197	1316	1219	
	51－55人	4350	552	639	703	812	860	784	
	56－60人	916	92	141	175	175	179	154	
	61－65人	391	31	57	81	70	78	74	
	66人及以上	160	13	8	19	31	42	47	

中 学 班 数

单位:个

		合计	初中					高中			
			计	一年级	二年级	三年级	四年级	计	一年级	二年级	三年级
总 计		133015	94699	32411	32266	29752	270	38316	13762	12505	12049
其中	四年制初中	1217	1217	331	319	300	267				
	九年一贯制学校	16052	16052	5836	5362	4782	72				
	十二年一贯制学校	4564	2355	856	809	690		2209	917	709	583
	其他学校附设班	555	184	53	64	64	3	371	130	123	118
	独立设置少数民族学校	403	317	112	107	98		86	30	29	27
教育部门		104312	74709	25387	25466	23597	259	29603	10325	9697	9581
其他部门		53	49	14	17	18		4	4		
地方企业		12	12	4	4	4					
民 办		28619	19929	7006	6779	6133	11	8690	3422	2802	2466
中外合作办		19						19	11	6	2
城 区		37244	23360	8148	7858	7195	159	13884	4969	4500	4415
教育部门		28592	17978	6261	6024	5538	155	10614	3688	3462	3464
其他部门		50	46	13	16	17		4	4		
地方企业		12	12	4	4	4					
民 办		8579	5324	1870	1814	1636	4	3255	1270	1034	951
中外合作办		11						11	7	4	
镇 区		76095	52826	18045	18052	16641	88	23269	8289	7615	7365
教育部门		58192	40095	13587	13722	12702	84	18097	6258	5937	5902
其他部门		3	3	1	1	1					
地方企业											
民 办		17892	12728	4457	4329	3938	4	5164	2027	1676	1461
中外合作办		8						8	4	2	2
乡 村		19676	18513	6218	6356	5916	23	1163	504	390	269
教育部门		17528	16636	5539	5720	5357	20	892	379	298	215
其他部门											
地方企业											
民 办		2148	1877	679	636	559	3	271	125	92	54
中外合作办											

中 学 班 额 情 况

单位:个

		合计	初中					高中			
			计	一年级	二年级	三年级	四年级	计	一年级	二年级	三年级
总 计		133015	94699	32411	32266	29752	270	38316	13762	12505	12049
	25人及以下	1229	913	380	270	256	7	316	94	102	120
	26-30人	1515	1259	505	397	350	7	256	78	79	99
	31-35人	2893	2451	923	778	747	3	442	177	134	131
	36-40人	5951	5190	1919	1609	1649	13	761	331	187	243
	41-45人	13987	12140	4269	3906	3928	37	1847	655	649	543
	46-50人	36759	31235	10393	10773	10028	41	5524	2309	1683	1532
	51-55人	42948	30174	11536	10337	8265	36	12774	5839	3643	3292
	56-60人	10542	5251	1375	1888	1968	20	5291	1454	1902	1935
	61-65人	10541	4526	904	1820	1795	7	6015	1643	2167	2205
	66人及以上	6650	1560	207	488	766	99	5090	1182	1959	1949
城区	25人及以下	419	214	77	71	66		205	62	69	74
	26-30人	526	360	155	120	85		166	45	55	66
	31-35人	929	675	265	213	197		254	91	75	88
	36-40人	1634	1235	474	383	375	3	399	163	99	137
	41-45人	3149	2292	763	797	716	16	857	332	321	204
	46-50人	7272	4900	1751	1571	1571	7	2372	1016	733	623
	51-55人	13418	8918	3538	3091	2282	7	4500	1978	1237	1285
	56-60人	3594	1656	548	431	657	20	1938	530	656	752
	61-65人	4144	2329	484	963	875	7	1815	490	700	625
	66人及以上	2159	781	93	218	371	99	1378	262	555	561
镇区	25人及以下	410	317	138	91	86	2	93	25	32	36
	26-30人	505	425	176	121	125	3	80	33	19	28
	31-35人	1135	958	380	295	282	1	177	81	56	40
	36-40人	2521	2204	793	683	723	5	317	157	69	91
	41-45人	7203	6317	2283	1978	2037	19	886	268	296	322
	46-50人	22767	19904	6589	6907	6378	30	2863	1161	849	853
	51-55人	25061	17211	6542	5855	4786	28	7850	3632	2285	1933
	56-60人	6219	2968	693	1168	1107		3251	903	1195	1153
	61-65人	5954	1871	367	732	772		4083	1110	1438	1535
	66人及以上	4320	651	84	222	345		3669	919	1376	1374
乡村	25人及以下	400	382	165	108	104	5	18	7	1	10
	26-30人	484	474	174	156	140	4	10		5	5
	31-35人	829	818	278	270	268	2	11	5	3	3
	36-40人	1796	1751	652	543	551	5	45	11	19	15
	41-45人	3635	3531	1223	1131	1175	2	104	55	32	17
	46-50人	6720	6431	2053	2295	2079	4	289	132	101	56
	51-55人	4469	4045	1456	1391	1197	1	424	229	121	74
	56-60人	729	627	134	289	204		102	21	51	30
	61-65人	443	326	53	125	148		117	43	29	45
	66人及以上	171	128	30	48	50		43	1	28	14

特 殊 教

	合计	学前教育阶段	小 学 阶 段			
			一年级	二年级	三年级	四年级
总　　计	**1767**	**20**	**303**	**271**	**237**	**200**
视力残疾班	75	1	11	6	10	11
听力残疾班	496	6	46	43	49	52
言语残疾班	46	2	8	8	6	6
肢体残疾班	24		9	5	2	3
智力残疾班	1003	7	197	183	154	115
精神残疾班	7		3	1	1	
多重残疾班	116	4	29	25	15	13
特殊教育学校	**1766**	**20**	**303**	**271**	**237**	**199**
视力残疾班	75	1	11	6	10	11
听力残疾班	496	6	46	43	49	52
言语残疾班	46	2	8	8	6	6
肢体残疾班	24		9	5	2	3
智力残疾班	1002	7	197	183	154	114
精神残疾班	7		3	1	1	
多重残疾班	116	4	29	25	15	13
小学附设特教班	**1**					**1**
视力残疾班						
听力残疾班						
言语残疾班						
肢体残疾班						
智力残疾班	1					1
精神残疾班						
多重残疾班						
初中附设特教班						
视力残疾班						
听力残疾班						
言语残疾班						
肢体残疾班						
智力残疾班						
精神残疾班						
多重残疾班						
其他学校附设特教班						
视力残疾班						
听力残疾班						
言语残疾班						
肢体残疾班						
智力残疾班						
精神残疾班						
多重残疾班						

育 班 数

单位:个

		初 中 阶 段				高 中 阶 段		
五年级	六年级	一年级	二年级	三年级	四年级	一年级	二年级	三年级及以上
189	**150**	**146**	**129**	**102**	**3**	**7**	**7**	**3**
6	9	8	6	5		1	1	
70	53	55	59	45	3	6	6	3
4	3	4	3	2				
1	1	1	1	1				
101	75	71	55	45				
		2						
7	9	5	5	4				
189	**150**	**146**	**129**	**102**	**3**	**7**	**7**	**3**
6	9	8	6	5		1	1	
70	53	55	59	45	3	6	6	3
4	3	4	3	2				
1	1	1	1	1				
101	75	71	55	45				
		2						
7	9	5	5	4				

基 础 教 育

	毕 业 生 数				
	合计	城区	镇区	乡村	合计
总　　计	5320814	1292388	2561326	1467100	5324104
学前教育	1646408	327413	639369	679626	1253449
义务教育	2993181	722239	1494738	776204	3316288
小　　学	1581313	368712	695438	517163	1737602
小　　学	1390762	317736	588533	484493	1572358
九年一贯制学校	173184	46905	94960	31319	149943
十二年一贯制学校	17367	4071	11945	1351	15301
初　　中	1411868	353527	799300	259041	1578686
初级中学	1111977	252809	633895	225273	1191992
九年一贯制学校	203629	65457	107815	30357	278044
十二年一贯制学校	29254	7563	20673	1018	40683
完全中学	67008	27698	36917	2393	67967
职业初中					
高　　中	679853	241934	426700	11219	749785
完全中学	93844	41591	49393	2860	103994
高级中学	561370	192619	361378	7373	599826
十二年一贯制学校	24639	7724	15929	986	45965
特殊教育	1316	746	519	51	4498
工读学校	56	56			84

学 生 数

招　生　数			在　校　生　数			
城区	镇区	乡村	合计	城区	镇区	乡村
1427557	**2535903**	**1360644**	**21299913**	**5440114**	**9956345**	**5903454**
312342	**481433**	**459674**	**4308701**	**1016950**	**1704806**	**1586945**
852231	**1588766**	**875291**	**14809583**	**3662474**	**6891927**	**4255182**
444724	**702036**	**590842**	**10124818**	**2464486**	**4263678**	**3396654**
387451	618510	566397	9020506	2133505	3663135	3223866
51470	74484	23989	1002541	301208	532240	169093
5803	9042	456	101771	29773	68303	3695
407507	**886730**	**284449**	**4684765**	**1197988**	**2628249**	**858528**
281708	671030	239254	3590340	834986	2022252	733102
84767	153344	39933	775599	243336	420685	111578
12025	27694	964	115019	33187	79284	2548
29007	34662	4298	203807	86479	106028	11300
261466	**462747**	**25572**	**2158790**	**752969**	**1345374**	**60447**
46020	53865	4109	301723	133102	158097	10524
202186	380981	16659	1746444	589242	1117451	39751
13260	27901	4804	110623	30625	69826	10172
1434	2957	107	22623	7505	14238	880
84			216	216		

学前教育

	入园（班）人数				
	合计	托班	小班	中班	大班
总　　计	1253449	144002	830484	103379	175584
其中:女	599382	69187	397272	49125	83798
教育部门	429113	16698	270316	31468	110631
其他部门	9599	938	7440	714	507
地方企业	7926	2074	5344	317	191
事业单位	4191	479	3536	126	50
部　　队	1767	251	1370	106	40
集　　体	4809	904	3151	371	383
民　　办	796044	122658	539327	70277	63782
其中:普惠性民办幼儿园	381285	59506	263396	31430	26953
中外合作办					
城　　区	312342	43980	200397	32347	35618
教育部门	71600	3509	55759	4468	7864
其他部门	8028	644	6598	462	324
地方企业	7341	1916	4949	304	172
事业单位	4001	479	3376	101	45
部　　队	1699	242	1322	96	39
集　　体	2059	289	1482	128	160
民　　办	217614	36901	126911	26788	27014
其中:普惠性民办幼儿园	90724	14368	53539	11797	11020
中外合作办					
镇　　区	481433	61707	322830	40094	56802
教育部门	152230	6805	103524	11365	30536
其他部门	1450	294	721	252	183
地方企业	402	145	255	1	1
事业单位	105		75	25	5
部　　队	47		36	10	1
集　　体	1759	281	1073	213	192
民　　办	325440	54182	217146	28228	25884
其中:普惠性民办幼儿园	157014	27366	106984	12261	10403
中外合作办					
乡　　村	459674	38315	307257	30938	83164
教育部门	205283	6384	111033	15635	72231
其他部门	121		121		
地方企业	183	13	140	12	18
事业单位	85		85		
部　　队	21	9	12		
集　　体	991	334	596	30	31
民　　办	252990	31575	195270	15261	10884
其中:普惠性民办幼儿园	133547	17772	102873	7372	5530
中外合作办					

幼 儿 数（总计）

在 园 （ 班 ） 人 数						离 园（班）人 数
合计	其中：女	托班	小班	中班	大班	
4308701	**2045317**	**151267**	**1053306**	**1320784**	**1783344**	**1646408**
2045317		72178	501910	625991	845238	781577
1237715	590700	17066	296653	358023	565973	579577
28647	13646	956	9277	9125	9289	9092
28055	13287	2134	8020	8230	9671	8123
12776	6183	480	4076	3979	4241	4196
5093	2444	252	1612	1478	1751	1811
17904	8439	966	4873	5329	6736	5844
2978511	1410618	129413	728795	934620	1185683	1037765
1481591	702019	62414	358501	465592	595084	540301
1016950	**478017**	**46945**	**264133**	**309317**	**396555**	**327413**
202036	95583	3561	59295	63244	75936	71335
24037	11434	662	7943	7676	7756	7603
25526	12071	1976	7402	7471	8677	7441
12267	5952	480	3916	3837	4034	3903
4928	2370	243	1553	1430	1702	1750
6636	3112	299	1915	1978	2444	1941
741520	347495	39724	182109	223681	296006	233440
328634	153646	15338	77186	99481	136629	112680
1704806	**807038**	**64566**	**416672**	**524683**	**698885**	**639369**
473503	224680	6967	114756	139832	211948	210278
4295	2070	294	1213	1328	1460	1411
1755	833	145	457	536	617	444
332	149		75	89	168	256
98	43		36	31	31	61
6760	3191	330	1701	2042	2687	2329
1218063	576072	56830	298434	380825	481974	424590
610032	288793	28678	148371	190864	242119	220633
1586945	**760262**	**39756**	**372501**	**486784**	**687904**	**679626**
562176	270437	6538	122602	154947	278089	297964
315	142		121	121	73	78
774	383	13	161	223	377	238
177	82		85	53	39	37
67	31	9	23	17	18	
4508	2136	337	1257	1309	1605	1574
1018928	487051	32859	248252	330114	407703	379735
542925	259580	18398	132944	175247	216336	206988

学 前 教 育

	入园（班）人数				
	合计	托班	小班	中班	大班
总　计	**1048917**	**138326**	**743195**	**86318**	**81078**
其中:女	500580	66473	355192	40836	38079
教育部门	242052	12959	194852	15402	18839
其他部门	9599	938	7440	714	507
地方企业	7914	2074	5332	317	191
事业单位	4191	479	3536	126	50
部　队	1767	251	1370	106	40
集　体	4809	904	3151	371	383
民　办	778585	120721	527514	69282	61068
其中:普惠性民办幼儿园	381285	59506	263396	31430	26953
中外合作办					
城　区	**304739**	**43589**	**198056**	**31684**	**31410**
教育部门	64856	3263	53899	3873	3821
其他部门	8028	644	6598	462	324
地方企业	7341	1916	4949	304	172
事业单位	4001	479	3376	101	45
部　队	1699	242	1322	96	39
集　体	2059	289	1482	128	160
民　办	216755	36756	126430	26720	26849
其中:普惠性民办幼儿园	90724	14368	53539	11797	11020
中外合作办					
镇　区	**427562**	**59606**	**299767**	**35163**	**33026**
教育部门	108137	5760	86606	7088	8683
其他部门	1450	294	721	252	183
地方企业	402	145	255	1	1
事业单位	105		75	25	5
部　队	47		36	10	1
集　体	1759	281	1073	213	192
民　办	315662	53126	211001	27574	23961
其中:普惠性民办幼儿园	157014	27366	106984	12261	10403
中外合作办					
乡　村	**316616**	**35131**	**245372**	**19471**	**16642**
教育部门	69059	3936	54347	4441	6335
其他部门	121		121		
地方企业	171	13	128	12	18
事业单位	85		85		
部　队	21	9	12		
集　体	991	334	596	30	31
民　办	246168	30839	190083	14988	10258
其中:普惠性民办幼儿园	133547	17772	102873	7372	5530
中外合作办					

幼 儿 数（幼儿园）

在 园 （班） 人 数						离 园（班）人 数
合计	其中：女	托班	小班	中班	大班	
3804617	**1802751**	**145441**	**956780**	**1195073**	**1507323**	**1330190**
1802751		69412	455411	565538	712390	629682
795914	377712	13207	214526	251615	316566	291856
28647	13646	956	9277	9125	9289	9092
28036	13277	2134	8008	8230	9664	8123
12776	6183	480	4076	3979	4241	4196
5093	2444	252	1612	1478	1751	1811
17904	8439	966	4873	5329	6736	5844
2916247	1381050	127446	714408	915317	1159076	1009268
1481591	702019	62414	358501	465592	595084	540301
998667	**469216**	**46548**	**261294**	**305171**	**385654**	**316443**
186169	87937	3315	56992	59802	66060	61344
24037	11434	662	7943	7676	7756	7603
25526	12071	1976	7402	7471	8677	7441
12267	5952	480	3916	3837	4034	3903
4928	2370	243	1553	1430	1702	1750
6636	3112	299	1915	1978	2444	1941
739104	346340	39573	181573	222977	294981	232461
328634	153646	15338	77186	99481	136629	112680
1564090	**740031**	**62439**	**390574**	**488731**	**622346**	**552246**
365439	172996	5920	96316	113843	149360	138253
4295	2070	294	1213	1328	1460	1411
1755	833	145	457	536	617	444
332	149		75	89	168	256
98	43		36	31	31	61
6760	3191	330	1701	2042	2687	2329
1185411	560749	55750	290776	370862	468023	409492
610032	288793	28678	148371	190864	242119	220633
1241860	**593504**	**36454**	**304912**	**401171**	**499323**	**461501**
244306	116779	3972	61218	77970	101146	92259
315	142		121	121	73	78
755	373	13	149	223	370	238
177	82		85	53	39	37
67	31	9	23	17	18	
4508	2136	337	1257	1309	1605	1574
991732	473961	32123	242059	321478	396072	367315
542925	259580	18398	132944	175247	216336	206988

学 前 教 育

	入 园（班）人 数				
	合计	托班	小班	中班	大班
总　　计	**204532**	**5676**	**87289**	**17061**	**94506**
其中：女	98802	2714	42080	8289	45719
教育部门	187061	3739	75464	16066	91792
其他部门					
地方企业	12		12		
事业单位					
部　　队					
集　　体					
民　　办	17459	1937	11813	995	2714
其中:普惠性民办幼儿园					
中外合作办					
城　　区	**7603**	**391**	**2341**	**663**	**4208**
教育部门	6744	246	1860	595	4043
其他部门					
地方企业					
事业单位					
部　　队					
集　　体					
民　　办	859	145	481	68	165
其中:普惠性民办幼儿园					
中外合作办					
镇　　区	**53871**	**2101**	**23063**	**4931**	**23776**
教育部门	44093	1045	16918	4277	21853
其他部门					
地方企业					
事业单位					
部　　队					
集　　体					
民　　办	9778	1056	6145	654	1923
其中:普惠性民办幼儿园					
中外合作办					
乡　　村	**143058**	**3184**	**61885**	**11467**	**66522**
教育部门	136224	2448	56686	11194	65896
其他部门					
地方企业	12		12		
事业单位					
部　　队					
集　　体					
民　　办	6822	736	5187	273	626
其中:普惠性民办幼儿园					
中外合作办					

幼 儿 数（附设幼儿班）

在 园 （ 班 ） 人 数						离 园（班）人 数
合计	其中：女	托班	小班	中班	大班	
504084	**242566**	**5826**	**96526**	**125711**	**276021**	**316218**
242566		2766	46499	60453	132848	151895
441801	212988	3859	82127	106408	249407	287721
19	10		12		7	
62264	29568	1967	14387	19303	26607	28497
18283	**8801**	**397**	**2839**	**4146**	**10901**	**10970**
15867	7646	246	2303	3442	9876	9991
2416	1155	151	536	704	1025	979
140716	**67007**	**2127**	**26098**	**35952**	**76539**	**87123**
108064	51684	1047	18440	25989	62588	72025
32652	15323	1080	7658	9963	13951	15098
345085	**166758**	**3302**	**67589**	**85613**	**188581**	**218125**
317870	153658	2566	61384	76977	176943	205705
19	10		12		7	
27196	13090	736	6193	8636	11631	12420

学 前 教 育 分

	入园（班）人数				
	合计	托班	小班	中班	大班
总　　计	1253449	144002	830484	103379	175584
女	599382	69187	397272	49125	83798
少数民族	11084	1269	7330	1033	1452
总计中：残疾人	491	21	204	122	144
2岁及以下	136827	130643	6163	17	4
3岁	821527	13162	804374	2332	1659
4岁	122801	189	19447	97887	5278
5岁	166265	6	491	3104	162664
6岁及以上	6029	2	9	39	5979
教育部门	429113	16698	270316	31468	110631
2岁及以下	16494	14978	1506	6	4
3岁	264458	1688	260462	680	1628
4岁	42091	27	8133	29609	4322
5岁	103303	4	210	1168	101921
6岁及以上	2767	1	5	5	2756
其他部门	9599	938	7440	714	507
2岁及以下	930	906	24		
3岁	7332	32	7288	12	
4岁	783		98	654	31
5岁	489		30	33	426
6岁及以上	65			15	50
地方企业	7926	2074	5344	317	191
2岁及以下	2167	2072	95		
3岁	5220	2	5204	14	
4岁	352		45	301	6
5岁	179			2	177
6岁及以上	8				8
事业单位	4191	479	3536	126	50
2岁及以下	466	427	39		
3岁	3435	52	3370	13	
4岁	234		127	103	4
5岁	44			10	34

年龄幼儿数（总计）(一)

在园（班）人数						离园（班）人数
合计	其中：女	托班	小班	中班	大班	
4308701	**2045317**	**151267**	**1053306**	**1320784**	**1783344**	**1646408**
2045317		72178	501910	625991	845238	781577
33138	13740	1365	9087	10109	12577	11081
1182	322	28	262	364	528	204
143585	67497	136613	6940	25	7	
1048106	499696	14416	1011218	20455	2017	
1325099	628543	230	34365	1257003	33501	
1717850	817836	6	755	42912	1674177	383256
74061	31745	2	28	389	73642	1263152
1237715	**590700**	**17066**	**296653**	**358023**	**565973**	**579577**
16870	7964	15283	1573	7	7	
293349	140404	1749	284549	5200	1851	
364896	173749	29	10255	340791	13821	
542801	260357	4	260	11898	530639	152600
19799	8226	1	16	127	19655	426977
28647	**13646**	**956**	**9277**	**9125**	**9289**	**9092**
953	432	922	31			
9070	4344	34	8989	47		
9111	4367		227	8830	54	
9067	4309		30	233	8804	1573
446	194			15	431	7519
28055	**13287**	**2134**	**8020**	**8230**	**9671**	**8123**
2232	1108	2132	100			
8281	3874	2	7861	418		
8313	3898		59	7745	509	
9094	4348			67	9027	1293
135	59				135	6830
12776	**6183**	**480**	**4076**	**3979**	**4241**	**4196**
473	219	427	46			
4030	1994	53	3889	88		
4016	1963		140	3730	146	
3995	1892		1	161	3833	1390

学 前 教 育 分

	入园（班）人数				
	合计	托班	小班	中班	大班
6岁及以上	12				12
部　队	**1767**	**251**	**1370**	**106**	**40**
2岁及以下	221	192	29		
3岁	1371	59	1312		
4岁	128		29	98	1
5岁	44			8	36
6岁及以上	3				3
集　体	**4809**	**904**	**3151**	**371**	**383**
2岁及以下	865	864	1		
3岁	3139	40	3086	13	
4岁	419		64	355	
5岁	368			3	365
6岁及以上	18				18
民　办	**796044**	**122658**	**539327**	**70277**	**63782**
2岁及以下	115684	111204	4469	11	
3岁	536572	11289	523652	1600	31
4岁	78794	162	10951	66767	914
5岁	61838	2	251	1880	59705
6岁及以上	3156	1	4	19	3132
其中：普惠性民办幼儿园	381285	59506	263396	31430	26953
2岁及以下	56390	53965	2425		
3岁	261508	5415	255409	675	9
4岁	35853	123	5484	29843	403
5岁	26260	2	74	907	25277
6岁及以上	1274	1	4	5	1264
中外合作办					
2岁及以下					
3岁					
4岁					
5岁					
6岁及以上					

年龄幼儿数（总计）（二）

在园（班）人数						离园（班）人数
合计	其中：女	托班	小班	中班	大班	
262	115				262	2806
5093	**2444**	**252**	**1612**	**1478**	**1751**	**1811**
222	110	193	29			
1617	723	59	1538	20		
1489	727		45	1407	37	
1655	836			51	1604	99
110	48				110	1712
17904	**8439**	**966**	**4873**	**5329**	**6736**	**5844**
886	414	884	2			
4901	2358	82	4772	47		
5243	2454		99	5139	5	
6395	3029			143	6252	1031
479	184				479	4813
2978511	**1410618**	**129413**	**728795**	**934620**	**1185683**	**1037765**
121949	57250	116772	5159	18		
726858	345999	12437	699620	14635	166	
932031	441385	201	23540	889361	18929	
1144843	543065	2	464	30359	1114018	225270
52830	22919	1	12	247	52570	812495
1481591	**702019**	**62414**	**358501**	**465592**	**595084**	**540301**
59078	27398	56294	2784			
358096	170642	5966	343546	8564	20	
463973	220235	151	11937	441329	10556	
572722	271533	2	225	15595	556900	115249
27722	12211	1	9	104	27608	425052

学前教育分

	入园（班）人数				
	合计	托班	小班	中班	大班
总　　计	312342	43980	200397	32347	35618
女	148680	20962	95741	15304	16673
少数民族	5037	600	3294	539	604
总计中:残疾人	157	11	52	45	49
2岁及以下	41747	39965	1770	11	1
3岁	199925	3997	195076	837	15
4岁	34775	18	3540	30699	518
5岁	33848		11	793	33044
6岁及以上	2047			7	2040
教育部门	71600	3509	55759	4468	7864
2岁及以下	3331	3001	329		1
3岁	54791	508	54268	9	6
4岁	5604		1158	4348	98
5岁	7518		4	111	7403
6岁及以上	356				356
其他部门	8028	644	6598	462	324
2岁及以下	628	612	16		
3岁	6546	32	6513	1	
4岁	530		69	460	1
5岁	316			1	315
6岁及以上	8				8
地方企业	7341	1916	4949	304	172
2岁及以下	2009	1914	95		
3岁	4825	2	4809	14	
4岁	339		45	288	6
5岁	165			2	163
6岁及以上	3				3
事业单位	4001	479	3376	101	45
2岁及以下	466	427	39		
3岁	3275	52	3210	13	
4岁	209		127	78	4
5岁	39			10	29

年龄幼儿数(城区)(一)

在园(班)人数						离园(班)人数
合计	其中:女	托班	小班	中班	大班	
1016950	478017	46945	264133	309317	396555	327413
478017		22209	125251	145136	185421	154228
13419	5418	632	4043	4114	4630	3973
351	58	18	70	105	158	99
44524	20817	42468	2038	17	1	
264742	125393	4450	254869	5284	139	
309069	145332	27	7193	294468	7381	
377765	177936		33	9504	368228	57683
20850	8539			44	20806	269730
202036	95583	3561	59295	63244	75936	71335
3393	1571	3053	339		1	
58665	27904	508	57463	672	22	
62979	29738		1482	60456	1041	
73374	34937		11	2113	71250	14036
3625	1433			3	3622	57299
24037	11434	662	7943	7676	7756	7603
645	279	628	17			
7780	3715	34	7729	17		
7679	3688		197	7458	24	
7709	3661			201	7508	1310
224	91				224	6293
25526	12071	1976	7402	7471	8677	7441
2074	1034	1974	100			
7643	3561	2	7243	398		
7538	3518		59	7006	473	
8156	3907			67	8089	1194
115	51				115	6247
12267	5952	480	3916	3837	4034	3903
473	219	427	46			
3870	1915	53	3729	88		
3874	1895		140	3588	146	
3788	1808		1	161	3626	1275

学 前 教 育 分

	入 园 （班） 人 数				
	合计	托班	小班	中班	大班
6 岁及以上	12				12
部　队	**1699**	**242**	**1322**	**96**	**39**
2 岁及以下	212	183	29		
3 岁	1323	59	1264		
4 岁	118		29	88	1
5 岁	43			8	35
6 岁及以上	3				3
集　体	**2059**	**289**	**1482**	**128**	**160**
2 岁及以下	287	287			
3 岁	1465	2	1462	1	
4 岁	147		20	127	
5 岁	160				160
6 岁及以上					
民　办	**217614**	**36901**	**126911**	**26788**	**27014**
2 岁及以下	34814	33541	1262	11	
3 岁	127700	3342	123550	799	9
4 岁	27828	18	2092	25310	408
5 岁	25607		7	661	24939
6 岁及以上	1665			7	1658
其中：普惠性民办幼儿园	90724	14368	53539	11797	11020
2 岁及以下	13630	13147	483		
3 岁	53841	1218	52242	381	
4 岁	12172	3	811	11197	161
5 岁	10507		3	218	10286
6 岁及以上	574			1	573
中外合作办					
2 岁及以下					
3 岁					
4 岁					
5 岁					
6 岁及以上					

年 龄 幼 儿 数（城区）（二）

在 园 （班） 人 数						离园（班）人数
合计	其中：女	托班	小班	中班	大班	
262	115				262	2628
4928	**2370**	**243**	**1553**	**1430**	**1702**	**1750**
213	107	184	29			
1558	698	59	1479	20		
1441	707		45	1359	37	
1606	810			51	1555	99
110	48				110	1651
6636	**3112**	**299**	**1915**	**1978**	**2444**	**1941**
298	131	297	1			
1891	906	2	1887	2		
1958	914		27	1927	4	
2371	1122			49	2322	655
118	39				118	1286
741520	**347495**	**39724**	**182109**	**223681**	**296006**	**233440**
37428	17476	35905	1506	17		
183335	86694	3792	175339	4087	117	
223600	104872	27	5243	212674	5656	
280761	131691		21	6862	273878	39114
16396	6762			41	16355	194326
328634	**153646**	**15338**	**77186**	**99481**	**136629**	**112680**
14537	6677	13961	576			
77757	36613	1369	74451	1937		
99827	46734	8	2156	94967	2696	
129165	60546		3	2568	126594	19572
7348	3076			9	7339	93108

学 前 教 育 分

	入 园（班）人 数				
	合计	托班	小班	中班	大班
总　　计	**481433**	**61707**	**322830**	**40094**	**56802**
女	229440	29549	153703	19083	27105
少数民族	4511	467	3012	364	668
总计中:残疾人	261	5	108	69	79
2 岁及以下	59155	56366	2789		
3 岁	319233	5282	312981	726	244
4 岁	46074	56	6791	38095	1132
5 岁	54521	2	267	1254	52998
6 岁及以上	2450	1	2	19	2428
教育部门	**152230**	**6805**	**103524**	**11365**	**30536**
2 岁及以下	6855	6276	579		
3 岁	101824	516	100896	174	238
4 岁	13546	13	2017	10759	757
5 岁	28708		32	430	28246
6 岁及以上	1297			2	1295
其他部门	**1450**	**294**	**721**	**252**	**183**
2 岁及以下	302	294	8		
3 岁	673		662	11	
4 岁	245		21	194	30
5 岁	173		30	32	111
6 岁及以上	57			15	42
地方企业	**402**	**145**	**255**	**1**	**1**
2 岁及以下	145	145			
3 岁	255		255		
4 岁	1			1	
5 岁	1				1
6 岁及以上					
事业单位	**105**		**75**	**25**	**5**
2 岁及以下					
3 岁	75		75		
4 岁	25			25	
5 岁	5				5

年龄幼儿数（镇区）（一）

在园（班）人数						离园（班）人数
合计	其中：女	托班	小班	中班	大班	
1704806	**807038**	**64566**	**416672**	**524683**	**698885**	**639369**
807038		30673	198019	248229	330117	301504
14066	5908	506	3711	4270	5579	5097
544	195	5	134	177	228	71
61763	28737	58636	3127			
415138	197276	5839	400035	8995	269	
524060	248103	88	13116	498230	12626	
673818	319993	2	389	17313	656114	162681
30027	12929	1	5	145	29876	476688
473503	**224680**	**6967**	**114756**	**139832**	**211948**	**210278**
7009	3288	6406	603			
114246	54360	546	111362	2078	260	
140604	66592	15	2748	133668	4173	
203716	97263		42	4052	199622	59613
7928	3177		1	34	7893	150665
4295	**2070**	**294**	**1213**	**1328**	**1460**	**1411**
308	153	294	14			
1177	576		1147	30		
1303	626		22	1251	30	
1285	612		30	32	1223	254
222	103			15	207	1157
1755	**833**	**145**	**457**	**536**	**617**	**444**
145	69	145				
457	218		457			
536	256			536		
617	290				617	
						444
332	**149**		**75**	**89**	**168**	**256**
75	35		75			
89	47			89		
168	67				168	115

学 前 教 育 分

	入 园（班）人 数				
	合计	托班	小班	中班	大班
6岁及以上					
部　队	**47**		**36**	**10**	**1**
2岁及以下					
3岁	36		36		
4岁	10			10	
5岁	1				1
6岁及以上					
集　体	**1759**	**281**	**1073**	**213**	**192**
2岁及以下	246	245	1		
3岁	1075	36	1028	11	
4岁	243		44	199	
5岁	177			3	174
6岁及以上	18				18
民　办	**325440**	**54182**	**217146**	**28228**	**25884**
2岁及以下	51607	49406	2201		
3岁	215295	4730	210029	530	6
4岁	32004	43	4709	26907	345
5岁	25456	2	205	789	24460
6岁及以上	1078	1	2	2	1073
其中:普惠性民办幼儿园	**157014**	**27366**	**106984**	**12261**	**10403**
2岁及以下	26072	24703	1369		
3岁	106061	2620	103275	166	
4岁	14096	40	2281	11608	167
5岁	10327	2	57	485	9783
6岁及以上	458	1	2	2	453
中外合作办					
2岁及以下					
3岁					
4岁					
5岁					
6岁及以上					

年 龄 幼 儿 数(镇区)(二)

在 园 (班) 人 数						离 园(班)人 数
合计	其中：女	托班	小班	中班	大班	
						141
98	43		36	31	31	61
36	16		36			
31	11			31		
31	16				31	
						61
6760	3191	330	1701	2042	2687	2329
253	127	252	1			
1750	843	78	1628	44		
1980	942		72	1907	1	
2433	1141			91	2342	228
344	138				344	2101
1218063	576072	56830	298434	380825	481974	424590
54048	25100	51539	2509			
297397	141228	5215	285330	6843	9	
379517	179629	73	10274	360748	8422	
465568	220604	2	317	13138	452111	102471
21533	9511	1	4	96	21432	322119
610032	288793	28678	148371	190864	242119	220633
27281	12435	25718	1563			
148434	70717	2894	141265	4275		
189439	89939	63	5394	179167	4815	
232889	110277	2	146	7367	225374	50753
11989	5425	1	3	55	11930	169880

学 前 教 育 分

	入 园（班）人 数				
	合计	托班	小班	中班	大班
总　　计	459674	38315	307257	30938	83164
女	221262	18676	147828	14738	40020
少数民族	1536	202	1024	130	180
总计中:残疾人	73	5	44	8	16
2岁及以下	35925	34312	1604	6	3
3岁	302369	3883	296317	769	1400
4岁	41952	115	9116	29093	3628
5岁	77896	4	213	1057	76622
6岁及以上	1532	1	7	13	1511
教育部门	205283	6384	111033	15635	72231
2岁及以下	6308	5701	598	6	3
3岁	107843	664	105298	497	1384
4岁	22941	14	4958	14502	3467
5岁	67077	4	174	627	66272
6岁及以上	1114	1	5	3	1105
其他部门	121		121		
2岁及以下					
3岁	113		113		
4岁	8		8		
5岁					
6岁及以上					
地方企业	183	13	140	12	18
2岁及以下	13	13			
3岁	140		140		
4岁	12			12	
5岁	13				13
6岁及以上	5				5
事业单位	85		85		
2岁及以下					
3岁	85		85		
4岁					
5岁					

年 龄 幼 儿 数（乡村）（一）

在 园 （班） 人 数						离 园（班）人 数
合计	其中：女	托班	小班	中班	大班	
1586945	760262	39756	372501	486784	687904	679626
760262		19296	178640	232626	329700	325845
5653	2414	227	1333	1725	2368	2011
287	69	5	58	82	142	34
37298	17943	35509	1775	8	6	
368226	177027	4127	356314	6176	1609	
491970	235108	115	14056	464305	13494	
666267	319907	4	333	16095	649835	162892
23184	10277	1	23	200	22960	516734
562176	270437	6538	122602	154947	278089	297964
6468	3105	5824	631	7	6	
120438	58140	695	115724	2450	1569	
161313	77419	14	6025	146667	8607	
265711	128157	4	207	5733	259767	78951
8246	3616	1	15	90	8140	219013
315	142		121	121	73	78
113	53		113			
129	53		8	121		
73	36				73	9
						69
774	383	13	161	223	377	238
13	5	13				
181	95		161	20		
239	124			203	36	
321	151				321	99
20	8				20	139
177	82		85	53	39	37
85	44		85			
53	21			53		
39	17				39	

学 前 教 育 分

	入　园　（班）　人　数				
	合计	托班	小班	中班	大班
6岁及以上					
部　队	**21**	**9**	**12**		
2岁及以下	9	9			
3岁	12		12		
4岁					
5岁					
6岁及以上					
集　体	**991**	**334**	**596**	**30**	**31**
2岁及以下	332	332			
3岁	599	2	596	1	
4岁	29			29	
5岁	31				31
6岁及以上					
民　办	**252990**	**31575**	**195270**	**15261**	**10884**
2岁及以下	29263	28257	1006		
3岁	193577	3217	190073	271	16
4岁	18962	101	4150	14550	161
5岁	10775		39	430	10306
6岁及以上	413		2	10	401
其中:普惠性民办幼儿园	133547	17772	102873	7372	5530
2岁及以下	16688	16115	573		
3岁	101606	1577	99892	128	9
4岁	9585	80	2392	7038	75
5岁	5426		14	204	5208
6岁及以上	242		2	2	238
中外合作办					
2岁及以下					
3岁					
4岁					
5岁					
6岁及以上					

年 龄 幼 儿 数（乡村）（二）

在 园 （班） 人 数						离 园（班）人 数
合计	其中：女	托班	小班	中班	大班	
						37
67	**31**	**9**	**23**	**17**	**18**	
9	3	9				
23	9		23			
17	9			17		
18	10				18	
4508	**2136**	**337**	**1257**	**1309**	**1605**	**1574**
335	156	335				
1260	609	2	1257	1		
1305	598			1305		
1591	766			3	1588	148
17	7				17	1426
1018928	487051	32859	248252	330114	407703	379735
30473	14674	29328	1144	1		
246126	118077	3430	238951	3705	40	
328914	156884	101	8023	315939	4851	
398514	190770		126	10359	388029	83685
14901	6646		8	110	14783	296050
542925	259580	18398	132944	175247	216336	206988
17260	8286	16615	645			
131905	63312	1703	127830	2352	20	
174707	83562	80	4387	167195	3045	
210668	100710		76	5660	204932	44924
8385	3710		6	40	8339	162064

学 前 教 育 分

	入 园（班）人 数				
	合计	托班	小班	中班	大班
总　计	**1048917**	**138326**	**743195**	**86318**	**81078**
女	500580	66473	355192	40836	38079
少数民族	10201	1217	6995	970	1019
总计中:残疾人	442	19	180	111	132
2 岁及以下	131379	125525	5843	11	
3 岁	736225	12619	721704	1851	51
4 岁	98729	179	15323	82092	1135
5 岁	78740	2	318	2328	76092
6 岁及以上	3844	1	7	36	3800
教育部门	**242052**	**12959**	**194852**	**15402**	**18839**
2 岁及以下	12861	11663	1198		
3 岁	190883	1277	189367	212	27
4 岁	19281	19	4230	14764	268
5 岁	18341		54	424	17863
6 岁及以上	686		3	2	681
其他部门	**9599**	**938**	**7440**	**714**	**507**
2 岁及以下	930	906	24		
3 岁	7332	32	7288	12	
4 岁	783		98	654	31
5 岁	489		30	33	426
6 岁及以上	65			15	50
地方企业	**7914**	**2074**	**5332**	**317**	**191**
2 岁及以下	2167	2072	95		
3 岁	5208	2	5192	14	
4 岁	352		45	301	6
5 岁	179			2	177
6 岁及以上	8				8
事业单位	**4191**	**479**	**3536**	**126**	**50**
2 岁及以下	466	427	39		
3 岁	3435	52	3370	13	
4 岁	234		127	103	4
5 岁	44			10	34

年龄幼儿数（幼儿园）（一）

在园（班）人数						离园（班）人数
合计	其中：女	托班	小班	中班	大班	
3804617	**1802751**	**145441**	**956780**	**1195073**	**1507323**	**1330190**
1802751		69412	455411	565538	712390	629682
31129	12903	1313	8684	9621	11511	10062
1043	302	20	226	325	472	175
137990	64849	131399	6573	18		
953033	453888	13819	920161	18837	216	
1192213	564857	220	29494	1138239	24260	
1455897	691145	2	537	37707	1417651	288524
65484	28012	1	15	272	65196	1041666
795914	**377712**	**13207**	**214526**	**251615**	**316566**	**291856**
13121	6156	11878	1243			
212508	101386	1308	207446	3691	63	
251345	119137	21	5763	240654	4907	
306863	146181		71	7219	299573	69637
12077	4852		3	51	12023	222219
28647	**13646**	**956**	**9277**	**9125**	**9289**	**9092**
953	432	922	31			
9070	4344	34	8989	47		
9111	4367		227	8830	54	
9067	4309		30	233	8804	1573
446	194			15	431	7519
28036	**13277**	**2134**	**8008**	**8230**	**9664**	**8123**
2232	1108	2132	100			
8269	3867	2	7849	418		
8313	3898		59	7745	509	
9087	4345			67	9020	1293
135	59				135	6830
12776	**6183**	**480**	**4076**	**3979**	**4241**	**4196**
473	219	427	46			
4030	1994	53	3889	88		
4016	1963		140	3730	146	
3995	1892		1	161	3833	1390

学 前 教 育 分

	入 园（班）人 数				
	合计	托班	小班	中班	大班
6岁及以上	12				12
部　队	**1767**	**251**	**1370**	**106**	**40**
2岁及以下	221	192	29		
3岁	1371	59	1312		
4岁	128		29	98	1
5岁	44			8	36
6岁及以上	3				3
集　体	**4809**	**904**	**3151**	**371**	**383**
2岁及以下	865	864	1		
3岁	3139	40	3086	13	
4岁	419		64	355	
5岁	368			3	365
6岁及以上	18				18
民　办	**778585**	**120721**	**527514**	**69282**	**61068**
2岁及以下	113869	109401	4457	11	
3岁	524857	11157	512089	1587	24
4岁	77532	160	10730	65817	825
5岁	59275	2	234	1848	57191
6岁及以上	3052	1	4	19	3028
其中:普惠性民办幼儿园	**381285**	**59506**	**263396**	**31430**	**26953**
2岁及以下	56390	53965	2425		
3岁	261508	5415	255409	675	9
4岁	35853	123	5484	29843	403
5岁	26260	2	74	907	25277
6岁及以上	1274	1	4	5	1264
中外合作办					
2岁及以下					
3岁					
4岁					
5岁					
6岁及以上					

年 龄 幼 儿 数（幼儿园）（二）

在 园 （班） 人 数						离 园（班）人 数
合计	其中：女	托班	小班	中班	大班	
262	115				262	2806
5093	**2444**	**252**	**1612**	**1478**	**1751**	**1811**
222	110	193	29			
1617	723	59	1538	20		
1489	727		45	1407	37	
1655	836			51	1604	99
110	48				110	1712
17904	**8439**	**966**	**4873**	**5329**	**6736**	**5844**
886	414	884	2			
4901	2358	82	4772	47		
5243	2454		99	5139	5	
6395	3029			143	6252	1031
479	184				479	4813
2916247	**1381050**	**127446**	**714408**	**915317**	**1159076**	**1009268**
120103	56410	114963	5122	18		
712638	339216	12281	685678	14526	153	
912696	432311	199	23161	870734	18602	
1118835	530553	2	435	29833	1088565	213501
51975	22560	1	12	206	51756	795767
1481591	**702019**	**62414**	**358501**	**465592**	**595084**	**540301**
59078	27398	56294	2784			
358096	170642	5966	343546	8564	20	
463973	220235	151	11937	441329	10556	
572722	271533	2	225	15595	556900	115249
27722	12211	1	9	104	27608	425052

学 前 教 育 分

	入 园 （班） 人 数				
	合计	托班	小班	中班	大班
总　　计	204532	5676	87289	17061	94506
女	98802	2714	42080	8289	45719
少数民族	883	52	335	63	433
总计中:残疾人	49	2	24	11	12
2 岁及以下	5448	5118	320	6	4
3 岁	85302	543	82670	481	1608
4 岁	24072	10	4124	15795	4143
5 岁	87525	4	173	776	86572
6 岁及以上	2185	1	2	3	2179
教育部门	187061	3739	75464	16066	91792
2 岁及以下	3633	3315	308	6	4
3 岁	73575	411	71095	468	1601
4 岁	22810	8	3903	14845	4054
5 岁	84962	4	156	744	84058
6 岁及以上	2081	1	2	3	2075
其他部门					
2 岁及以下					
3 岁					
4 岁					
5 岁					
6 岁及以上					
地方企业	12		12		
2 岁及以下					
3 岁	12		12		
4 岁					
5 岁					
6 岁及以上					
事业单位					
2 岁及以下					
3 岁					
4 岁					
5 岁					

年 龄 幼 儿 数（附设幼儿班）（一）

在 园 （ 班 ） 人 数						离 园（班）人 数
合计	其中：女	托班	小班	中班	大班	
504084	**242566**	**5826**	**96526**	**125711**	**276021**	**316218**
242566		2766	46499	60453	132848	151895
2009	837	52	403	488	1066	1019
139	20	8	36	39	56	29
5595	2648	5214	367	7	7	
95073	45808	597	91057	1618	1801	
132886	63686	10	4871	118764	9241	
261953	126691	4	218	5205	256526	94732
8577	3733	1	13	117	8446	221486
441801	**212988**	**3859**	**82127**	**106408**	**249407**	**287721**
3749	1808	3405	330	7	7	
80841	39018	441	77103	1509	1788	
113551	54612	8	4492	100137	8914	
235938	114176	4	189	4679	231066	82963
7722	3374	1	13	76	7632	204758
19	**10**		**12**		**7**	
12	7		12			
7	3				7	

学 前 教 育 分

	入 园 （班） 人 数				
	合计	托班	小班	中班	大班
6岁及以上					
部　　队					
2岁及以下					
3岁					
4岁					
5岁					
6岁及以上					
集　　体					
2岁及以下					
3岁					
4岁					
5岁					
6岁及以上					
民　　办	**17459**	**1937**	**11813**	**995**	**2714**
2岁及以下	1815	1803	12		
3岁	11715	132	11563	13	7
4岁	1262	2	221	950	89
5岁	2563		17	32	2514
6岁及以上	104				104
其中：普惠性民办幼儿园					
2岁及以下					
3岁					
4岁					
5岁					
6岁及以上					
中外合作办					
2岁及以下					
3岁					
4岁					
5岁					
6岁及以上					

年龄幼儿数（附设幼儿班）（二）

在 园 （班） 人 数						离园（班）人数
合计	其中：女	托班	小班	中班	大班	
62264	**29568**	**1967**	**14387**	**19303**	**26607**	**28497**
1846	840	1809	37			
14220	6783	156	13942	109	13	
19335	9074	2	379	18627	327	
26008	12512		29	526	25453	11769
855	359			41	814	16728

小学学龄人口入学

	校内外学龄人口数		在校学龄人口数		招 生 数	
	计	其中：女	计	其中：女	计	其中：受过学前教育
总　　计	**9957671**	**4613816**	**9957633**	**4613816**	**1737602**	**1736831**
女	4613816		4613816		812428	812251
少数民族	107860	48117			19815	19804
总计中 寄 宿 生					154821	154742
重 读 生						
其中：女						
5 岁及以下						
6 岁	1563883	739183	1563883	739183	1562035	
7 岁	1745971	813177	1745971	813177	171667	
8 岁	1713361	795497	1713355	795497	3462	
9 岁	1718213	795077	1718213	795077	273	
10 岁	1690048	777744	1690016	777744	83	
11 岁	1526195	693138	1526195	693138	34	
12 岁					21	
13 岁					15	
14 岁					7	
15 岁及以上					5	

小学学龄人口入学

	校内外学龄人口数		在校学龄人口数		招 生 数	
	计	其中：女	计	其中：女	计	其中：受过学前教育
总　　计	**2417015**	**1099118**	**2417015**	**1099118**	**444724**	**444513**
女	1099118		1099118		204366	204309
少数民族	46068	20544			8959	8952
总计中 寄 宿 生					24927	24891
重 读 生						
其中：女						
5 岁及以下						
6 岁	382391	178558	382391	178558	382138	
7 岁	438961	200600	438961	200600	61830	
8 岁	414571	189474	414571	189474	675	
9 岁	416314	188947	416314	188947	53	
10 岁	399839	179564	399839	179564	9	
11 岁	364939	161975	364939	161975	5	
12 岁					9	
13 岁					3	
14 岁					1	
15 岁及以上					1	

及 在 校 学 生 情 况（总计）

在 校 生 数							
合计	其中：女	一年级	二年级	三年级	四年级	五年级	六年级
10124818	**4684355**	**1737614**	**1742698**	**1725172**	**1715409**	**1681715**	**1522210**
4684355		812438	812731	799698	792639	774114	692735
107860	48117	19815	19113	18229	17726	16815	16162
1852188	798893	154821	191622	273383	340034	407621	484707
24	14	12	2		5		5
14		10			2		2
1563883	739183	1562039	1824	20			
1745971	813177	171673	1570447	3711	139	1	
1713355	795497	3463	164387	1540338	4925	237	5
1718213	795077	273	5416	172687	1531720	7747	370
1690016	777744	84	418	7538	170104	1499838	12034
1528647	694224	34	110	631	7770	165175	1354927
153503	65183	21	47	151	549	7844	144891
9992	3801	15	21	53	124	718	9061
1125	426	7	23	33	60	126	876
113	43	5	5	10	18	29	46

及 在 校 学 生 情 况（城区）

在 校 生 数							
合计	其中：女	一年级	二年级	三年级	四年级	五年级	六年级
2464486	**1118600**	**444732**	**429606**	**416883**	**412715**	**398068**	**362482**
1118600		204373	198065	189781	187496	177964	160921
46068	20544	8959	8325	7645	7485	6879	6775
219333	82080	24927	28088	33952	38941	43830	49595
18	11	8	1		5		4
11		7			2		2
382391	178558	382142	245	4			
438961	200600	61834	375968	1111	48		
414571	189474	675	52596	359733	1527	40	
416314	188947	53	698	54718	358248	2485	112
399839	179564	9	73	1195	51449	343781	3332
366406	162588	5	14	87	1341	50612	314347
44421	18340	9	4	22	68	1045	43273
1437	487	3	3	8	16	84	1323
120	33	1	4	5	11	15	84
26	9	1	1		7	6	11

小学学龄人口入学

	校内外学龄人口数		在校学龄人口数		招生数	
	计	其中：女	计	其中：女	计	其中：受过学前教育
总　　计	**4186916**	**1909937**	**4186890**	**1909940**	**702036**	**701736**
女	1909937		1909940		324862	324810
少数民族	45018	20250			7838	7835
总计中　寄宿生					82069	82046
重读生						
其中:女						
5岁及以下						
6岁	636474	297297	636481	297300	635668	
7岁	704229	323597	704229	323597	64890	
8岁	705721	321961	705717	321961	1377	
9岁	721582	328088	721582	328088	69	
10岁	733178	331835	733149	331835	18	
11岁	685732	307159	685732	307159	5	
12岁					4	
13岁					4	
14岁					1	
15岁及以上						

小学学龄人口入学

	校内外学龄人口数		在校学龄人口数		招生数	
	计	其中：女	计	其中：女	计	其中：受过学前教育
总　　计	**3353740**	**1604761**	**3353728**	**1604758**	**590842**	**590582**
女	1604761		1604758		283200	283132
少数民族	16774	7323			3018	3017
总计中　寄宿生					47825	47805
重读生						
其中:女						
5岁及以下						
6岁	545018	263328	545011	263325	544229	
7岁	602781	288980	602781	288980	44947	
8岁	593069	284062	593067	284062	1410	
9岁	580317	278042	580317	278042	151	
10岁	557031	266345	557028	266345	56	
11岁	475524	224004	475524	224004	24	
12岁					8	
13岁					8	
14岁					5	
15岁及以上					4	

及在校学生情况（镇区）

在 校 生 数							
合计	其中：女	一年级	二年级	三年级	四年级	五年级	六年级
4263678	**1942327**	**702039**	**707070**	**713832**	**723019**	**731506**	**686212**
1942327		324864	324568	324844	327709	331734	308608
45018	20250	7838	7797	7578	7449	7320	7036
971784	418463	82069	99687	140223	176230	214769	258806
4	2	3	1				
2		2					
636481	297300	635668	807	6			
704229	323597	64892	637853	1438	45	1	
705717	321961	1378	65685	636791	1766	94	3
721582	328088	69	2563	71977	643764	3092	117
733149	331835	18	128	3346	73557	650698	5402
686637	307606	5	17	206	3613	73242	609554
70175	29739	4	9	42	215	3974	65931
5161	1990	4	3	15	42	348	4749
518	202	1	4	8	13	53	439
29	9		1	3	4	4	17

及在校学生情况（乡村）

在 校 生 数							
合计	其中：女	一年级	二年级	三年级	四年级	五年级	六年级
3396654	**1623428**	**590843**	**606022**	**594457**	**579675**	**552141**	**473516**
1623428		283201	290098	285073	277434	264416	223206
16774	7323	3018	2991	3006	2792	2616	2351
661071	298350	47825	63847	99208	124863	149022	176306
2	1	1					1
1		1					
545011	263325	544229	772	10			
602781	288980	44947	556626	1162	46		
593067	284062	1410	46106	543814	1632	103	2
580317	278042	151	2155	45992	529708	2170	141
557028	266345	57	217	2997	45098	505359	3300
475604	224030	24	79	338	2816	41321	431026
38907	17104	8	34	87	266	2825	35687
3394	1324	8	15	30	66	286	2989
487	191	5	15	20	36	58	353
58	25	4	3	7	7	19	18

小 学 分 办 别 、

		毕业生数	招生数		合计	其中：女
			计	其中：受过学前教育		
总　　计		**1581313**	**1737602**	**1736831**	**10124818**	**4684355**
	女	720375	812428	812251	4684355	
	少数民族	16253	19815	19804	107860	48117
总计中	五年制	17013	15515	15512	84495	38030
	九年一贯制学校	173184	149943	149886	1002541	424211
	十二年一贯制学校	17367	15301	15299	101771	40483
	附设小学班	45386	2851	2842	59395	28162
	复式班	115	310	310	962	442
	小学教学点	56744	160167	160090	685787	334818
	独立设置少数民族学校	12739	12199	12196	73280	34173
	随迁子女	70566	102691	102593	592671	263729
	其中：外省迁入	6956	9613	9586	55659	24597
	本省外县迁入	63610	93078	93007	537012	239132
	进城务工人员随迁子女	58549	81635	81564	477432	212929
	其中：外省迁入	5215	6861	6845	40626	18239
	本省外县迁入	53334	74774	74719	436806	194690
	农村留守儿童	153710	206200	206158	1286677	601342
	送教上门	105	420	370	3288	1040
	教育部门	1285679	1474132	1473548	8343979	3937130
	其他部门	77	272	272	877	415
	地方企业	189	155	155	1083	434
	民　办	295368	263043	262856	1778879	746376
	中外合作办					
城　　区		**368712**	**444724**	**444513**	**2464486**	**1118600**
	教育部门	317122	394700	394555	2148486	992897
	其他部门	77	272	272	877	415
	地方企业	189	149	149	1070	432
	民　办	51324	49603	49537	314053	124856
	中外合作办					
镇　　区		**695438**	**702036**	**701736**	**4263678**	**1942327**
	教育部门	529472	571872	571643	3311988	1544854
	其他部门					
	地方企业					
	民　办	165966	130164	130093	951690	397473
	中外合作办					
乡　　村		**517163**	**590842**	**590582**	**3396654**	**1623428**
	教育部门	439085	507560	507350	2883505	1399379
	其他部门					
	地方企业		6	6	13	2
	民　办	78078	83276	83226	513136	224047
	中外合作办					

分城乡学生情况

在校生数						预计
一年级	二年级	三年级	四年级	五年级	六年级	毕业生数
1737614	**1742698**	**1725172**	**1715409**	**1681715**	**1522210**	**1541778**
812438	812731	799698	792639	774114	692735	701455
19815	19113	18229	17726	16815	16162	16230
15515	16903	16256	16253	19568		19568
149943	155533	163766	172588	180750	179961	185383
15301	15515	16174	17588	18695	18498	18646
2851	3045	3119	4067	8727	37586	37610
310	343	140	100	52	17	17
160167	157678	132777	106627	80139	48399	48399
12199	12142	12241	12721	12318	11659	11735
102691	101598	102491	102310	98192	85389	90150
9613	9478	9515	9608	9163	8282	8510
93078	92120	92976	92702	89029	77107	81640
81635	81360	82979	82669	79917	68872	73360
6861	6906	6961	7038	6733	6127	6315
74774	74454	76018	75631	73184	62745	67045
206201	218488	226543	224593	216316	194536	194927
420	656	660	625	520	407	413
1474139	1462969	1426498	1405430	1364011	1210932	1229400
272	176	145	98	92	94	94
155	156	197	215	153	207	207
263048	279397	298332	309666	317459	310977	312077
444732	**429606**	**416883**	**412715**	**398068**	**362482**	**374121**
394703	378686	365559	359904	343286	306348	317677
272	176	145	98	92	94	94
149	149	197	215	153	207	207
49608	50595	50982	52498	54537	55833	56143
702039	**707070**	**713832**	**723019**	**731506**	**686212**	**692666**
571875	563808	555765	554266	554835	511439	517684
130164	143262	158067	168753	176671	174773	174982
590843	**606022**	**594457**	**579675**	**552141**	**473516**	**474991**
507561	520475	505174	491260	465890	393145	394039
6	7					
83276	85540	89283	88415	86251	80371	80952

小学进城务工人员随迁子女、农村

			毕业生数	招生数			
				计	其中：受过学前教育	合计	其中：女
总计		**随迁子女**	**70566**	**102691**	**102593**	**592671**	**263729**
		其中：外省迁入	**6956**	**9613**	**9586**	**55659**	**24597**
		本省外县迁入	**63610**	**93078**	**93007**	**537012**	**239132**
		进城务工人员随迁子女	**58549**	**81635**	**81564**	**477432**	**212929**
		其中：外省迁入	**5215**	**6861**	**6845**	**40626**	**18239**
		本省外县迁入	**53334**	**74774**	**74719**	**436806**	**194690**
		农村留守儿童	**153710**	**206200**	**206158**	**1286677**	**601342**
		送教上门	**105**	**420**	**370**	**3288**	**1040**
分城乡	城区	随迁子女	53355	69674	69642	416033	185909
		其中：外省迁入	5133	6217	6216	37081	16523
		本省外县迁入	48222	63457	63426	378952	169386
		进城务工人员随迁子女	47341	60130	60103	358947	160322
		其中：外省迁入	4117	4851	4850	29464	13279
		本省外县迁入	43224	55279	55253	329483	147043
		农村留守儿童	1636	1981	1980	14009	5915
		送教上门	27	44	35	402	140
	镇区	随迁子女	14574	26521	26463	147470	64346
		其中：外省迁入	1620	2740	2721	15651	6796
		本省外县迁入	12954	23781	23742	131819	57550
		进城务工人员随迁子女	11208	21505	21461	118485	52607
		其中：外省迁入	1098	2010	1995	11162	4960
		本省外县迁入	10110	19495	19466	107323	47647
		农村留守儿童	71523	72058	72043	511606	234552
		送教上门	30	98	92	755	218
	乡村	随迁子女	2637	6496	6488	29168	13474
		其中：外省迁入	203	656	649	2927	1278
		本省外县迁入	2434	5840	5839	26241	12196
		进城务工人员随迁子女					
		其中：外省迁入					
		本省外县迁入					
		农村留守儿童	80551	132161	132135	761062	360875
		送教上门	48	278	243	2131	682
分办别	教育部门	随迁子女	65355	95153	95102	544044	243376
		其中：外省迁入	6016	8430	8412	48332	21678
		本省外县迁入	59339	86723	86690	495712	221698
		进城务工人员随迁子女	55403	76696	76655	446530	200254

留守儿童分城乡、分办别学生情况(一)

在 校 生 数						预 计
一年级	二年级	三年级	四年级	五年级	六年级	毕业生数
102691	101598	102491	102310	98192	85389	90150
9613	9478	9515	9608	9163	8282	8510
93078	92120	92976	92702	89029	77107	81640
81635	81360	82979	82669	79917	68872	73360
6861	6906	6961	7038	6733	6127	6315
74774	74454	76018	75631	73184	62745	67045
206201	218488	226543	224593	216316	194536	194927
420	656	660	625	520	407	413
69674	70089	72387	72813	69854	61216	65126
6217	5997	6325	6586	6141	5815	6013
63457	64092	66062	66227	63713	55401	59113
60130	60163	62441	62638	60750	52825	56580
4851	4790	4987	5238	4943	4655	4822
55279	55373	57454	57400	55807	48170	51758
1982	2130	2485	2499	2482	2431	2431
44	65	86	80	66	61	61
26521	26116	25580	24897	24071	20285	21134
2740	2924	2713	2555	2618	2101	2129
23781	23192	22867	22342	21453	18184	19005
21505	21197	20538	20031	19167	16047	16780
2010	2116	1974	1800	1790	1472	1493
19495	19081	18564	18231	17377	14575	15287
72058	77239	86048	90447	93204	92610	92900
98	141	163	146	108	99	102
6496	5393	4524	4600	4267	3888	3890
656	557	477	467	404	366	368
5840	4836	4047	4133	3863	3522	3522
132161	139119	138010	131647	120630	99495	99596
278	450	411	399	346	247	250
95153	93787	94212	93835	89484	77573	82304
8430	8263	8318	8386	7791	7144	7369
86723	85524	85894	85449	81693	70429	74935
76696	76390	77525	77300	74380	64239	68703

小学进城务工人员随迁子女、农村

		毕业生数	招 生 数		合计	其中：女
			计	其中：受过学前教育		
分 办 别	教育部门 其中：外省迁入	4703	6113	6103	36167	16462
	本省外县迁入	50700	70583	70552	410363	183792
	农村留守儿童	106708	157900	157869	929689	442727
	送教上门	104	402	354	3218	1019
	其他部门 随迁子女	18	28	28	107	49
	其中：外省迁入	1	8	8	23	13
	本省外县迁入	17	20	20	84	36
	进城务工人员随迁子女	14	19	19	67	31
	其中：外省迁入		4	4	13	4
	本省外县迁入	14	15	15	54	27
	农村留守儿童				16	6
	送教上门					
	地方企业 随迁子女				1	
	其中：外省迁入					
	本省外县迁入				1	
	进城务工人员随迁子女				1	
	其中：外省迁入					
	本省外县迁入				1	
	农村留守儿童		1	1	2	
	送教上门					
	民办 随迁子女	5193	7510	7463	48519	20304
	其中：外省迁入	939	1175	1166	7304	2906
	本省外县迁入	4254	6335	6297	41215	17398
	进城务工人员随迁子女	3132	4920	4890	30834	12644
	其中：外省迁入	512	744	738	4446	1773
	本省外县迁入	2620	4176	4152	26388	10871
	农村留守儿童	47002	48299	48288	356970	158609
	送教上门	1	18	16	70	21
	中外合作办 随迁子女					
	其中：外省迁入					
	本省外县迁入					
	进城务工人员随迁子女					
	其中：外省迁入					
	本省外县迁入					
	农村留守儿童					
	送教上门					

留守儿童分城乡、分办别学生情况(二)

在校生数						预计毕业生数
一年级	二年级	三年级	四年级	五年级	六年级	
6113	6183	6220	6311	5923	5417	5605
70583	70207	71305	70989	68457	58822	63098
157900	165349	166053	159780	150519	130088	130423
402	645	648	615	509	399	405
28	17	16	15	16	15	15
8	3	3	1	3	5	5
20	14	13	14	13	10	10
19	13	11	6	11	7	7
4	2			2	5	5
15	11	11	6	9	2	2
	8	8				
	1					
	1					
	1					
	1					
1	1					
7510	7793	8263	8460	8692	7801	7831
1175	1212	1194	1221	1369	1133	1136
6335	6581	7069	7239	7323	6668	6695
4920	4956	5443	5363	5526	4626	4650
744	721	741	727	808	705	705
4176	4235	4702	4636	4718	3921	3945
48300	53130	60482	64813	65797	64448	64504
18	11	12	10	11	8	8

初级中学学龄人口入学

		校内外学龄人口数		在校学龄人口数	
		计	其中：女	计	其中：女
总　　计		**4335737**	**1973963**	**4335514**	**1973844**
	女	1973963		1973844	
	少数民族	50907	22391		
总计中	寄宿生				
	重读生				
	其中:女				
	10岁及以下				
	11岁	12171	5209	12136	5193
	12岁	1329674	616009	1329674	616009
	13岁	1570351	713665	1570345	713664
	14岁	1423541	639080	1423359	638978
	15岁				
	16岁				
	17岁				
	18岁及以上				

初级中学学龄人口入学

		校内外学龄人口数		在校学龄人口数	
		计	其中：女	计	其中：女
总　　计		**1086122**	**486513**	**1086116**	**486512**
	女	486513		486512	
	少数民族	22363	9656		
总计中	寄宿生				
	重读生				
	其中:女				
	10岁及以下				
	11岁	7737	3195	7737	3195
	12岁	327563	150498	327563	150498
	13岁	393280	176107	393274	176106
	14岁	357542	156713	357542	156713
	15岁				
	16岁				
	17岁				
	18岁及以上				

及在校学生情况（总计）

招生数	在 校 生 数					
	合计	其中：女	一年级	二年级	三年级	四年级
1578686	**4684765**	**2120991**	**1578696**	**1606193**	**1484612**	**15264**
715757	2120991		715763	728325	670211	6692
17354	50877	22391	17354	17350	16063	110
1030763	3075462	1393921	1030764	1054397	986351	3950
	13	6	10	2	1	
	6		6			
358	468	304	358	91	19	
46396	50230	24451	46397	3408	425	
1260797	1329674	616009	1260801	64924	3943	6
246970	1570345	713664	246973	1258768	64054	550
21697	1423359	638978	21698	248154	1144108	9399
1982	274683	113732	1983	27881	240429	4390
423	31858	12244	423	2587	28049	799
56	4017	1555	56	371	3473	117
7	131	54	7	9	112	3

及在校学生情况（城区）

招生数	在 校 生 数					
	合计	其中：女	一年级	二年级	三年级	四年级
407507	**1197988**	**529694**	**407514**	**403830**	**376258**	**10386**
181090	529694		181094	179223	164914	4463
7551	22333	9656	7551	7522	7190	70
154536	452252	186991	154536	152378	144720	618
	9	4	7	2		
	4		4			
183	230	152	183	40	7	
16464	17980	8219	16465	1430	85	
307795	327563	150498	307798	18877	882	6
78332	393274	176106	78334	295730	18768	442
4327	357542	156713	4328	79497	267578	6139
336	92455	35230	336	7725	81197	3197
52	8133	2520	52	455	7098	528
14	760	237	14	72	603	71
4	51	19	4	4	40	3

初级中学学龄人口入学

		校内外学龄人口数		在校学龄人口数	
		计	其中：女	计	其中：女
总　　计		**2447954**	**1117039**	**2447737**	**1116921**
女		1117039		1116921	
少数民族		23379	10532		
总计中	寄　宿　生				
	重　读　生				
	其中：女				
	10 岁及以下				
	11 岁	3644	1687	3609	1671
	12 岁	757598	350566	757598	350566
	13 岁	887749	403757	887749	403757
	14 岁	798963	361029	798781	360927
	15 岁				
	16 岁				
	17 岁				
	18 岁及以上				

初级中学学龄人口入学

		校内外学龄人口数		在校学龄人口数	
		计	其中：女	计	其中：女
总　　计		**801661**	**370411**	**801661**	**370411**
女		370411		370411	
少数民族		5165	2203		
总计中	寄　宿　生				
	重　读　生				
	其中：女				
	10 岁及以下				
	11 岁	790	327	790	327
	12 岁	244513	114945	244513	114945
	13 岁	289322	133801	289322	133801
	14 岁	267036	121338	267036	121338
	15 岁				
	16 岁				
	17 岁				
	18 岁及以上				

及在校学生情况（镇区）

招生数	在 校 生 数					
	合计	其中：女	一年级	二年级	三年级	四年级
886730	**2628249**	**1195915**	**886732**	**904600**	**832851**	**4066**
403327	1195915		403328	411601	379100	1886
8048	23379	10532	8048	8016	7275	40
638199	1904510	871891	638200	654408	609226	2676
	2	1	2			
	1		1			
144	201	129	144	45	12	
23285	25044	12530	23285	1482	277	
718860	757598	350566	718861	36263	2474	
130060	887749	403757	130061	722100	35547	41
12806	798781	360927	12806	127895	655442	2638
1219	138890	59816	1219	15000	121582	1089
322	17574	7207	322	1592	15406	254
31	2374	965	31	219	2080	44
3	38	18	3	4	31	

及在校学生情况（乡村）

招生数	在 校 生 数					
	合计	其中：女	一年级	二年级	三年级	四年级
284449	**858528**	**395382**	**284450**	**297763**	**275503**	**812**
131340	395382		131341	137501	126197	343
1755	5165	2203	1755	1812	1598	
238028	718700	335039	238028	247611	232405	656
	2	1	1		1	
	1		1			
31	37	23	31	6		
6647	7206	3702	6647	496	63	
234142	244513	114945	234142	9784	587	
38578	289322	133801	38578	240938	9739	67
4564	267036	121338	4564	40762	221088	622
427	43338	18686	428	5156	37650	104
49	6151	2517	49	540	5545	17
11	883	353	11	80	790	2
	42	17		1	41	

初中分办别、分

		毕业生数	招生数	合　计
	总　　计	1411868	1578686	4684765
	女	638534	715757	2120991
	少数民族	15350	17354	50877
总 计 中	四　年　制	14813	17304	67045
	九年一贯制学校	203629	278044	775599
	十二年一贯制学校	29254	40683	115019
	完全中学	67008	67967	203807
	附设普通初中班	4083	2379	8467
	附设职业初中班			
	独立设置少数民族学校	4353	4764	13426
	随迁子女	62116	85379	252036
	其中:外省迁入	5175	7410	21565
	本省外县迁入	56941	77969	230471
	进城务工人员随迁子女	49568	66425	196408
	其中:外省迁入	3708	4807	14566
	本省外县迁入	45860	61618	181842
	农村留守儿童	154658	196777	591252
	送教上门	39	287	724
	教育部门	1126204	1238570	3694186
	其他部门	887	525	2115
	地方企业	152	205	596
	民　办	284625	339386	987868
	中外合作办			
城　　区		353527	407507	1197988
	教育部门	280722	318181	936083
	其他部门	796	499	1913
	地方企业	152	205	596
	民　办	71857	88622	259396
	中外合作办			
镇　　区		799300	886730	2628249
	教育部门	608015	666324	1985135
	其他部门	91	26	202
	地方企业			
	民　办	191194	220380	642912
	中外合作办			
乡　　村		259041	284449	858528
	教育部门	237467	254065	772968
	其他部门			
	地方企业			
	民　办	21574	30384	85560
	中外合作办			

城 乡 学 生 情 况

在　校　生　数					预　计
其中：女	一年级	二年级	三年级	四年级	毕业生数
2120991	**1578696**	**1606193**	**1484612**	**15264**	**1483010**
	715763	728325	670211	6692	669319
22391	17354	17350	16063	110	16060
29877	17304	17611	16866	15264	15264
320310	278044	261651	231998	3906	231172
47421	40683	39871	34465		34465
90425	67967	70040	65030	770	64866
3391	2379	3074	2882	132	2898
6085	4764	4545	4117		4117
111168	85379	85276	77228	4153	76618
9042	7410	7191	6835	129	6806
102126	77969	78085	70393	4024	69812
87820	66425	65912	60475	3596	59968
6170	4807	4799	4839	121	4810
81650	61618	61113	55636	3475	55158
276223	196777	204726	189515	234	189505
253	287	246	191		191
1722714	1238580	1266577	1174360	14669	1172870
581	525	785	805		805
216	205	189	202		202
397480	339386	338642	309245	595	309133
529694	**407514**	**403830**	**376258**	**10386**	**375185**
433548	318188	314358	293435	10102	292368
536	499	706	708		708
216	205	189	202		202
95394	88622	88577	81913	284	81907
1195915	**886732**	**904600**	**832851**	**4066**	**832526**
926510	666326	683615	631297	3897	631052
45	26	79	97		97
269360	220380	220906	201457	169	201377
395382	**284450**	**297763**	**275503**	**812**	**275299**
362656	254066	268604	249628	670	249450
32726	30384	29159	25875	142	25849

初中进城务工人员随迁子女、农村

			毕业生数	招生数	合 计
总计		随迁子女	62116	85379	252036
		其中:外省迁入	5175	7410	21565
		本省外县迁入	56941	77969	230471
		进城务工人员随迁子女	49568	66425	196408
		其中:外省迁入	3708	4807	14566
		本省外县迁入	45860	61618	181842
		农村留守儿童	154658	196777	591252
		送教上门	39	287	724
分城乡	城区	随迁子女	45351	59146	176992
		其中:外省迁入	3820	4946	14918
		本省外县迁入	41531	54200	162074
		进城务工人员随迁子女	37696	49420	147649
		其中:外省迁入	2946	3488	10974
		本省外县迁入	34750	45932	136675
		农村留守儿童	2080	3171	8618
		送教上门	8	32	78
	镇区	随迁子女	15649	23474	67850
		其中:外省迁入	1271	2123	5818
		本省外县迁入	14378	21351	62032
		进城务工人员随迁子女	11638	16885	48383
		其中:外省迁入	751	1309	3560
		本省外县迁入	10887	15576	44823
		农村留守儿童	105146	133399	405367
		送教上门	20	146	371
	乡村	随迁子女	1116	2759	7194
		其中:外省迁入	84	341	829
		本省外县迁入	1032	2418	6365
		进城务工人员随迁子女	234	120	376
		其中:外省迁入	11	10	32
		本省外县迁入	223	110	344
		农村留守儿童	47432	60207	177267
		送教上门	11	109	275
分办别	教育部门	随迁子女	53431	73302	215156
		其中:外省迁入	4179	5706	16621
		本省外县迁入	49252	67596	198535
		进城务工人员随迁子女	43981	59028	173704

留守儿童分城乡、分办别学生情况(一)

在校生数					预计毕业生数
其中:女	一年级	二年级	三年级	四年级	
111168	**85379**	**85276**	**77228**	**4153**	**76618**
9042	**7410**	**7191**	**6835**	**129**	**6806**
102126	**77969**	**78085**	**70393**	**4024**	**69812**
87820	**66425**	**65912**	**60475**	**3596**	**59968**
6170	**4807**	**4799**	**4839**	**121**	**4810**
81650	**61618**	**61113**	**55636**	**3475**	**55158**
276223	**196777**	**204726**	**189515**	**234**	**189505**
253	**287**	**246**	**191**		**191**
78440	59146	59118	54990	3738	54468
6222	4946	4924	4933	115	4924
72218	54200	54194	50057	3623	49544
65961	49420	49164	45883	3182	45465
4654	3488	3615	3764	107	3755
61307	45932	45549	42119	3075	41710
3524	3171	2902	2545		2545
16	32	22	24		24
29618	23474	23425	20536	415	20448
2465	2123	1977	1704	14	1684
27153	21351	21448	18832	401	18764
21732	16885	16625	14459	414	14370
1506	1309	1175	1062	14	1042
20226	15576	15450	13397	400	13328
188365	133399	140758	131038	172	131030
132	146	122	103		103
3110	2759	2733	1702		1702
355	341	290	198		198
2755	2418	2443	1504		1504
127	120	123	133		133
10	10	9	13		13
117	110	114	120		120
84334	60207	61066	55932	62	55930
105	109	102	64		64
96788	73302	71970	65765	4119	65160
7274	5706	5537	5258	120	5223
89514	67596	66433	60507	3999	59937
78811	59028	57835	53264	3577	52761

初中进城务工人员随迁子女、农村

			毕业生数	招生数	合计
分 办 别	教育部门	其中:外省迁入	2944	3855	11494
		本省外县迁入	41037	55173	162210
		农村留守儿童	117640	145947	438965
		送教上门	39	285	717
	其他部门	随迁子女	108	102	357
		其中:外省迁入	4	5	31
		本省外县迁入	104	97	326
		进城务工人员随迁子女	108	3	243
		其中:外省迁入	4	3	25
		本省外县迁入	104		218
		农村留守儿童			
		送教上门			
	地方企业	随迁子女			1
		其中:外省迁入			
		本省外县迁入			1
		进城务工人员随迁子女			1
		其中:外省迁入			
		本省外县迁入			1
		农村留守儿童			
		送教上门			
	民办	随迁子女	8577	11975	36522
		其中:外省迁入	992	1699	4913
		本省外县迁入	7585	10276	31609
		进城务工人员随迁子女	5479	7394	22460
		其中:外省迁入	760	949	3047
		本省外县迁入	4719	6445	19413
		农村留守儿童	37018	50830	152287
		送教上门		2	7
	中外合作办	随迁子女			
		其中:外省迁入			
		本省外县迁入			
		进城务工人员随迁子女			
		其中:外省迁入			
		本省外县迁入			
		农村留守儿童			
		送教上门			

留守儿童分城乡、分办别学生情况(二)

在 校 生 数					预 计
其中：女	一年级	二年级	三年级	四年级	毕业生数
5038	3855	3699	3822	118	3792
73773	55173	54136	49442	3459	48969
210223	145947	152218	140575	225	140572
252	285	242	190		190
130	102	154	101		101
12	5	22	4		4
118	97	132	97		97
100	3	146	94		94
12	3	19	3		3
88		127	91		91
		1			
		1			
		1			
		1			
14250	11975	13151	11362	34	11357
1756	1699	1632	1573	9	1579
12494	10276	11519	9789	25	9778
8909	7394	7930	7117	19	7113
1120	949	1081	1014	3	1015
7789	6445	6849	6103	16	6098
66000	50830	52508	48940	9	48933
1	2	4	1		1

普通高中分年龄在校生情况（总计）

		招生数	在 校 生 数				
			合计	其中：女	一年级	二年级	三年级
总 计		749785	2158790	1091719	749822	718465	690503
其中	寄宿生	668573	1876790	951864	668574	623489	584727
	重读生		55	17	37	18	
	其中:女		17	12	5		
14岁及以下		36283	37058	21931	36283	654	121
15岁		477679	519439	269440	477680	40984	775
16岁		196814	673064	338271	196850	432065	44149
17岁		33018	642531	324461	33018	205585	403928
18岁		5304	235795	114262	5304	32405	198086
19岁		569	43319	19801	569	5898	36852
20岁		96	6669	3117	96	747	5826
21岁		20	863	409	20	115	728
22岁及以上		2	52	27	2	12	38

普通高中分年龄在校生情况（城区）

		招生数	在 校 生 数				
			合计	其中：女	一年级	二年级	三年级
总 计		261466	752969	382399	261466	248123	243380
其中	寄宿生	211850	585215	297759	211850	192721	180644
	重读生		13	2		13	
	其中:女		2			2	
14岁及以下		11672	11906	6988	11672	209	25
15岁		172312	183891	95904	172312	11393	186
16岁		67605	233053	118107	67605	153165	12283
17岁		8617	228851	116496	8617	72830	147404
18岁		1116	80888	38433	1116	9048	70724
19岁		109	12394	5599	109	1281	11004
20岁		28	1780	792	28	172	1580
21岁		5	183	72	5	23	155
22岁及以上		2	23	8	2	2	19

普通高中分年龄在校生情况(镇区)

		招生数	在 校 生 数				
			合计	其中：女	一年级	二年级	三年级
总　　计		462747	1345374	678547	462784	449649	432941
其中	寄宿生	431368	1231649	623563	431369	410268	390012
	重读生		42	15	37	5	
	其中：女		15		12	3	
14岁及以下		23208	23718	14047	23208	420	90
15岁		287882	316129	163466	287883	27674	572
16岁		123425	419908	210340	123461	265694	30753
17岁		23651	398934	200426	23651	128186	247097
18岁		4049	150795	73709	4049	22537	124209
19岁		450	30365	13913	450	4464	25451
20岁		68	4828	2299	68	573	4187
21岁		14	670	330	14	92	564
22岁及以上			27	17		9	18

普通高中分年龄在校生情况(乡村)

		招生数	在 校 生 数				
			合计	其中：女	一年级	二年级	三年级
总　　计		25572	60447	30773	25572	20693	14182
其中	寄宿生	25355	59926	30542	25355	20500	14071
	重读生						
	其中：女						
14岁及以下		1403	1434	896	1403	25	6
15岁		17485	19419	10070	17485	1917	17
16岁		5784	20103	9824	5784	13206	1113
17岁		750	14746	7539	750	4569	9427
18岁		139	4112	2120	139	820	3153
19岁		10	560	289	10	153	397
20岁			61	26		2	59
21岁		1	10	7	1		9
22岁及以上			2	2		1	1

普通高中分办别、

		毕业生数	招生数	合计
总 计		679853	749785	2158790
	女	345690	376263	1091719
	少数民族	9439	10036	28792
总计中	十二年一贯制学校	24639	45965	110623
	完全中学	93844	103994	301723
	附设普通高中班	5657	6673	19592
	独立设置少数民族学校	1169	1263	3561
	残 疾 人	289	469	1372
	随迁子女	6444	11405	31202
	其中:外省迁入	581	989	2779
	本省外县迁入	5863	10416	28423
	教育部门	554856	571451	1693850
	其他部门		220	220
	地方企业			
	民 办	124712	177834	464171
	中外合作办	285	280	549
城 区		241934	261466	752969
	教育部门	193420	197070	586403
	其他部门		220	220
	地方企业			
	民 办	48267	63977	165950
	中外合作办	247	199	396
镇 区		426700	462747	1345374
	教育部门	352016	354706	1059935
	其他部门			
	地方企业			
	民 办	74646	107960	285286
	中外合作办	38	81	153
乡 村		11219	25572	60447
	教育部门	9420	19675	47512
	其他部门			
	地方企业			
	民 办	1799	5897	12935
	中外合作办			

分城乡学生情况

在校生数				预计毕业生数
其中：女	一年级	二年级	三年级	
1091719	**749822**	**718465**	**690503**	**690503**
	376275	361741	353703	353703
13748	10036	9361	9395	9395
51147	46001	35851	28771	28771
149780	103995	101459	96269	96269
9259	6673	6136	6783	6783
1702	1263	1217	1081	1081
521	469	456	447	447
14840	11405	10853	8944	8944
1388	989	1014	776	776
13452	10416	9839	8168	8168
873108	571452	565736	556662	556662
56	220			
218329	177870	152492	133809	133809
226	280	237	32	32
382399	**261466**	**248123**	**243380**	**243380**
305148	197070	195129	194204	194204
56	220			
77031	63977	52797	49176	49176
164	199	197		
678547	**462784**	**449649**	**432941**	**432941**
543449	354707	354516	350712	350712
135036	107996	95093	82197	82197
62	81	40	32	32
30773	**25572**	**20693**	**14182**	**14182**
24511	19675	16091	11746	11746
6262	5897	4602	2436	2436

特　殊　教　育

	毕业生数	招生数	在				
			合计	其中：女	学前教育阶段	一年级	二年级
总　计	**3007**	**10472**	**54849**	**19998**	**214**	**7759**	**9204**
女	1041	4047	19998		80	3028	3193
少数民族	9	44	209	57	1	28	30
总计中 寄宿生		2107	14684	5016	60	1345	1645
总计中 特殊教育学校中:寄宿生		985	10237	3413	60	1210	1474
总计中 职业技术班	12	17	52				
总计中 送教上门	255	3125	12492	4452	73	2757	2826
视力残疾	241	497	3117	946	7	272	568
听力残疾	730	1103	8492	3216	49	764	1071
言语残疾	92	513	2589	909	17	414	447
肢体残疾	823	2466	13152	4732	15	1283	1530
智力残疾	999	5097	23989	8968	80	4351	4858
精神残疾	31	168	775	247	1	123	115
多重残疾	91	628	2735	980	45	552	615
特殊教育学校	**1316**	**4498**	**22615**	**8609**	**214**	**4301**	**4324**
视力残疾	108	132	671	226	7	97	62
听力残疾	515	404	4597	1880	49	312	395
言语残疾	10	147	708	278	17	171	129
肢体残疾	2	120	576	205	15	215	139
智力残疾	629	3343	14619	5508	80	3135	3228
精神残疾		26	64	17	1	31	14
多重残疾	52	326	1380	495	45	340	357
特殊教育学校中:送教上门	**111**	**2418**	**8480**	**3159**	**73**	**2337**	**2170**
视力残疾		25	47	24	1	15	7
听力残疾	7	44	127	46		32	27
言语残疾		102	381	151	12	124	78
肢体残疾	1	110	441	154	15	179	104
智力残疾	87	1940	6606	2453	42	1732	1722
精神残疾		22	28	10	1	17	1
多重残疾	16	175	850	321	2	238	231
小学附设特教班			**8**	**3**			
视力残疾							
听力残疾							
言语残疾							
肢体残疾							
智力残疾			8	3			
精神残疾							
多重残疾							
小学随班就读	**793**	**3037**	**21319**	**7656**		**3038**	**4224**
视力残疾	68	166	1709	487		166	484
听力残疾	102	435	2905	1021		435	646
言语残疾	46	211	1293	440		211	265
肢体残疾	316	947	7432	2751		947	1191

学 生 数 (总计) (一)

校 生 数										
小 学 阶 段				初中阶段				高中阶段		
三年级	四年级	五年级	六年级	一年级	二年级	三年级	四年级	一年级	二年级	三年级及以上
7830	**6816**	**6136**	**4970**	**4161**	**4168**	**3367**	33	82	77	32
2790	2474	2210	1809	1604	1505	1202	10	40	34	19
31	16	22	23	24	24	10				
1478	1461	1570	1482	1970	1932	1570	8	72	63	28
1295	1208	1209	1021	983	903	703	8	72	63	28
								17	20	15
2010	1452	1092	758	640	517	367				
477	385	306	291	243	294	251	1	7	15	
966	902	1124	899	847	959	714	28	75	62	32
342	383	306	238	156	173	113				
1624	1679	1580	1351	1294	1453	1342	1			
3871	3060	2489	1886	1422	1140	829	3			
121	93	96	82	57	53	34				
429	314	235	223	142	96	84				
3157	2441	2203	1674	1644	1391	1048	27	82	77	32
82	106	74	79	53	46	43		7	15	
408	367	650	541	600	589	490	27	75	62	32
90	100	74	56	33	26	12				
64	58	34	17	16	8	10				
2289	1680	1293	886	883	684	461				
6	2			7	1	2				
218	128	78	95	52	37	30				
1350	827	572	351	353	271	176				
4	7	3	2	2	2	4				
14	12	9	16	10	1	6				
48	44	30	24	15	4	2				
36	48	23	8	11	7	10				
1099	655	458	237	289	235	137				
1	2			3	1	2				
148	59	49	64	23	21	15				
		8								
		8								
4013	**3742**	**3413**	**2889**							
379	264	216	200							
523	511	452	338							
218	234	197	168							
1332	1403	1364	1195							

特 殊 教 育

	毕业生数	招生数	在校生数合计	其中：女	学前教育阶段	一年级	二年级
智力残疾	233	1036	6678	2522		1037	1376
精神残疾	14	80	472	142		80	87
多重残疾	14	162	830	293		162	175
小学送教上门	**105**	**420**	**3288**	**1040**		**420**	**656**
视力残疾	3	9	90	31		9	22
听力残疾	12	17	148	33		17	30
言语残疾	5	32	217	66		32	53
肢体残疾	43	121	1088	326		121	200
智力残疾	32	179	1318	444		179	254
精神残疾	3	12	105	36		12	14
多重残疾	7	50	322	104		50	83
初中附设特教班							
视力残疾							
听力残疾							
言语残疾							
肢体残疾							
智力残疾							
精神残疾							
多重残疾							
初中随班就读	**754**	**2230**	**6895**	**2437**			
视力残疾	61	185	635	198			
听力残疾	101	234	816	272			
言语残疾	29	112	346	117			
肢体残疾	441	1196	3796	1373			
智力残疾	91	400	1047	371			
精神残疾	13	38	101	39			
多重残疾	18	65	154	67			
初中送教上门	**39**	**287**	**724**	**253**			
视力残疾	1	5	12	4			
听力残疾		13	26	10			
言语残疾	2	11	25	8			
肢体残疾	21	82	260	77			
智力残疾	14	139	319	120			
精神残疾	1	12	33	13			
多重残疾		25	49	21			
其他学校附设特教班							
视力残疾							
听力残疾							
言语残疾							
肢体残疾							
智力残疾							
精神残疾							
多重残疾							

学 生 数 (总计) (二)

校 生 数										
小 学 阶 段				初中阶段				高中阶段		
三年级	四年级	五年级	六年级	一年级	二年级	三年级	四年级	一年级	二年级	三年级及以上
1320	1126	991	828							
91	68	80	66							
150	136	113	94							
660	**625**	**520**	**407**							
16	15	16	12							
35	24	22	20							
34	49	35	14							
228	218	182	139							
262	246	205	172							
24	23	16	16							
61	50	44	34							
				2230	2531	2128	6			
				185	245	204	1			
				234	362	219	1			
				112	136	98				
				1196	1346	1253	1			
				400	351	293	3			
				38	42	21				
				65	49	40				
				287	246	191				
				5	3	4				
				13	8	5				
				11	11	3				
				82	99	79				
				139	105	75				
				12	10	11				
				25	10	14				

特 殊 教 育

	毕业生数	招生数	合计	其中：女	学前教育阶段	一年级	二年级
总　　计	1037	2171	11157	4112	148	1512	1596
女	394	829	4112		58	562	539
少数民族	2	18	95	21	1	14	13
总计中　寄宿生		600	4078	1412	56	509	509
特殊教育学校中:寄宿生		499	3804	1298	56	474	485
职业技术班	12	17	52				
送教上门	81	482	1952	693	48	283	369
视力残疾	130	141	817	270	7	96	83
听力残疾	338	376	2729	1117	27	265	304
言语残疾	13	43	240	89	4	33	36
肢体残疾	130	323	1601	575	15	168	169
智力残疾	391	1062	5021	1825	49	792	855
精神残疾	8	48	180	44	1	48	32
多重残疾	27	178	569	192	45	110	117
特殊教育学校	746	1434	7497	2831	148	1083	1139
视力残疾	108	106	595	194	7	81	56
听力残疾	287	245	2071	886	27	173	190
言语残疾	1	13	88	36	4	14	19
肢体残疾		14	74	30	15	24	17
智力残疾	331	899	4203	1537	49	685	752
精神残疾		2	27	3	1	14	10
多重残疾	19	155	439	145	45	92	95
特殊教育学校中:送教上门	46	406	1472	537	48	239	304
视力残疾		2	5	1	1	2	1
听力残疾	7	8	16	6		8	2
言语残疾		3	39	14	4	10	7
肢体残疾		9	56	22	15	18	12
智力残疾	39	356	1264	459	25	178	258
精神残疾			3		1	2	
多重残疾		28	89	35	2	21	24
小学附设特教班			8	3			
视力残疾							
听力残疾							
言语残疾							
肢体残疾							
智力残疾			8	3			
精神残疾							
多重残疾							
小学随班就读	121	385	2256	778		385	392
视力残疾	14	15	132	46		15	24
听力残疾	24	91	507	169		91	112
言语残疾	4	17	84	31		17	14
肢体残疾	35	124	819	299		124	120

学　生　数（城区）（一）

校　　生　　数										
小　学　阶　段				初中阶段				高中阶段		
三年级	四年级	五年级	六年级	一年级	二年级	三年级	四年级	一年级	二年级	三年级及以上
1483	**1281**	**1096**	**1021**	**976**	**940**	**894**	**23**	**78**	**77**	**32**
540	448	389	393	386	359	338	8	39	34	19
15	6	8	11	12	10	5				
428	363	343	377	451	456	423	4	68	63	28
424	358	336	364	385	389	370	4	68	63	28
								17	20	15
404	287	185	107	108	80	81				
92	124	81	101	70	74	67		7	15	
284	234	283	289	281	286	288	23	71	62	32
31	46	23	18	11	23	15				
193	169	159	169	166	190	203				
804	632	489	374	409	334	283				
26	11	17	25	12	4	4				
53	65	44	45	27	29	34				
1000	**821**	**689**	**591**	**668**	**600**	**548**	**23**	**78**	**77**	**32**
66	98	56	77	50	43	39		7	15	
196	148	206	222	242	231	248	23	71	62	32
18	18	6	3		6					
9	6	2		1						
670	504	394	260	353	298	238				
2										
39	47	25	29	22	22	23				
318	**207**	**119**	**46**	**76**	**58**	**57**				
	1									
1	2			2		1				
7	7	2	2							
4	4	2		1						
294	190	113	35	73	49	48				
12	3	2	8		9	8				
		8								
		8								
397	**372**	**341**	**369**							
24	24	24	21							
84	80	74	66							
7	21	13	12							
159	132	132	152							

特 殊 教 育

	毕业生数	招生数	合计	其中：女	学前教育阶段	一年级	二年级
智力残疾	34	93	520	179		93	83
精神残疾	6	30	112	24		30	20
多重残疾	4	15	82	30		15	19
小学送教上门	**27**	**44**	**402**	**140**		**44**	**65**
视力残疾			11	2			3
听力残疾	4	1	17	5		1	2
言语残疾	3	2	25	10		2	3
肢体残疾	11	20	150	47		20	32
智力残疾	9	14	153	59		14	20
精神残疾		4	21	10		4	2
多重残疾		3	25	7		3	3
初中附设特教班							
视力残疾							
听力残疾							
言语残疾							
肢体残疾							
智力残疾							
精神残疾							
多重残疾							
初中随班就读	**135**	**276**	**916**	**344**			
视力残疾	8	20	78	28			
听力残疾	23	38	131	56			
言语残疾	5	11	43	12			
肢体残疾	78	155	521	190			
智力残疾	15	39	108	43			
精神残疾	2	9	16	6			
多重残疾	4	4	19	9			
初中送教上门	**8**	**32**	**78**	**16**			
视力残疾			1				
听力残疾		1	3	1			
言语残疾							
肢体残疾	6	10	37	9			
智力残疾	2	17	29	4			
精神残疾		3	4	1			
多重残疾		1	4	1			
其他学校附设特教班							
视力残疾							
听力残疾							
言语残疾							
肢体残疾							
智力残疾							
精神残疾							
多重残疾							

学 生 数(城区)(二)

校 生 数										
小 学 阶 段				初中阶段				高中阶段		
三年级	四年级	五年级	六年级	一年级	二年级	三年级	四年级	一年级	二年级	三年级及以上
99	92	68	85							
18	8	15	21							
6	15	15	12							
86	**80**	**66**	**61**							
2	2	1	3							
4	6	3	1							
6	7	4	3							
25	31	25	17							
35	28	27	29							
6	3	2	4							
8	3	4	4							
				276	**318**	**322**				
				20	31	27				
				38	53	40				
				11	17	15				
				155	176	190				
				39	30	39				
				9	4	3				
				4	7	8				
				32	**22**	**24**				
						1				
				1	2					
				10	14	13				
				17	6	6				
				3		1				
				1		3				

特 殊 教 育

		毕业生数	招生数	合计	其中：女	学前教育阶段	一年级	二年级
总 计		1221	5284	25674	9512	66	4042	4252
女		407	2059	9512		22	1614	1553
少数民族		7	16	71	25		8	10
总计中	寄宿生		1037	8325	2827	4	737	986
	特殊教育学校中:寄宿生		439	6091	2041	4	692	925
	职业技术班							
	送教上门	111	2209	7636	2803	25	2153	1924
视力残疾		54	195	988	329		75	117
听力残疾		302	445	4022	1536	22	291	406
言语残疾		49	256	1246	428	13	217	179
肢体残疾		399	1129	5508	1957		489	506
智力残疾		367	2918	12339	4674	31	2648	2714
精神残疾		12	65	245	89		32	27
多重残疾		38	276	1326	499		290	303
特殊教育学校		519	2957	14238	5457	66	3128	3034
视力残疾			26	76	32		16	6
听力残疾		221	149	2486	975	22	133	201
言语残疾		9	134	620	242	13	157	110
肢体残疾		2	104	477	175		189	117
智力残疾		265	2355	9649	3680	31	2380	2346
精神残疾			24	37	14		17	4
多重残疾		22	165	893	339		236	250
特殊教育学校中:送教上门		61	1965	6510	2453	25	2055	1783
视力残疾			23	42	23		13	6
听力残疾			35	105	40		21	24
言语残疾			99	342	137	8	114	71
肢体残疾		1	99	360	132		159	87
智力残疾		44	1540	4875	1825	17	1516	1387
精神残疾			22	25	10		15	1
多重残疾		16	147	761	286		217	207
小学附设特教班								
视力残疾								
听力残疾								
言语残疾								
肢体残疾								
智力残疾								
精神残疾								
多重残疾								
小学随班就读		249	816	6441	2342		816	1077
视力残疾		22	57	514	169		57	103
听力残疾		34	150	1043	397		150	198
言语残疾		19	53	386	114		53	57
肢体残疾		116	276	2492	916		276	350

学 生 数（镇区）（一）

校　　　　生　　　　数										
小　学　阶　段				初中阶段				高中阶段		
三年级	四年级	五年级	六年级	一年级	二年级	三年级	四年级	一年级	二年级	三年级及以上
3397	**2803**	**2586**	**2178**	**2312**	**2260**	**1764**	**10**	**4**		
1256	1035	920	781	888	817	623	2	1		
11	6	9	6	8	10	3				
886	902	961	851	1120	1043	827	4	4		
816	802	823	636	567	492	326	4	4		
1114	683	471	384	380	286	216				
134	101	94	83	113	140	130	1			
408	418	610	458	490	537	373	5	4		
144	178	140	117	95	105	58				
551	577	553	523	739	828	741	1			
1901	1369	1068	869	755	577	404	3			
34	30	25	19	33	26	19				
225	130	96	109	87	47	39				
2018	**1476**	**1371**	**1035**	**899**	**719**	**484**	**4**	**4**		
16	8	18	2	3	3	4				
208	217	442	312	352	349	242	4	4		
72	82	68	53	33	20	12				
52	50	23	15	14	7	10				
1499	1048	767	587	460	324	207				
4	2			7	1	2				
167	69	53	66	30	15	7				
951	**537**	**363**	**285**	**234**	**164**	**113**				
4	6	3	2	2	2	4				
12	9	9	16	8	1	5				
41	37	28	22	15	4	2				
29	42	12	6	9	6	10				
728	385	264	183	174	138	83				
1	2			3	1	2				
136	56	47	56	23	12	7				
1216	**1181**	**1107**	**1044**							
114	90	72	78							
192	195	162	146							
68	84	66	58							
444	474	482	466							

特 殊 教 育

	毕业生数	招生数	合计	其中：女	学前教育阶段	在 一年级	二年级
智力残疾	48	226	1643	621		226	307
精神残疾	4	11	115	37		11	19
多重残疾	6	43	248	88		43	43
小学送教上门	**30**	**98**	**755**	**218**		**98**	**141**
视力残疾	2	2	24	10		2	8
听力残疾	2	8	35	6		8	7
言语残疾	1	7	47	8		7	12
肢体残疾	14	24	261	67		24	39
智力残疾	6	42	299	99		42	61
精神残疾	1	4	25	8		4	4
多重残疾	4	11	64	20		11	10
初中附设特教班							
视力残疾							
听力残疾							
言语残疾							
肢体残疾							
智力残疾							
精神残疾							
多重残疾							
初中随班就读	**403**	**1267**	**3869**	**1363**			
视力残疾	30	108	369	117			
听力残疾	45	130	445	153			
言语残疾	18	54	176	59			
肢体残疾	257	686	2148	764			
智力残疾	41	227	585	208			
精神残疾	6	20	52	22			
多重残疾	6	42	94	40			
初中送教上门	**20**	**146**	**371**	**132**			
视力残疾		2	5	1			
听力残疾		8	13	5			
言语残疾	2	8	17	5			
肢体残疾	10	39	130	35			
智力残疾	7	68	163	66			
精神残疾	1	6	16	8			
多重残疾		15	27	12			
其他学校附设特教班							
视力残疾							
听力残疾							
言语残疾							
肢体残疾							
智力残疾							
精神残疾							
多重残疾							

学　生　数(镇区)(二)

校 生 数										
小　学　阶　段				初中阶段				高中阶段		
三年级	四年级	五年级	六年级	一年级	二年级	三年级	四年级	一年级	二年级	三年级及以上
331	264	265	250							
24	25	23	13							
43	49	37	33							
163	146	108	99							
4	3	4	3							
8	6	6								
4	12	6	6							
55	53	48	42							
71	57	36	32							
6	3	2	6							
15	12	6	10							
				1267	1419	1177	6			
				108	135	125	1			
				130	188	126	1			
				54	77	45				
				686	773	688	1			
				227	196	159	3			
				20	22	10				
				42	28	24				
				146	122	103				
				2	2	1				
				8		5				
				8	8	1				
				39	48	43				
				68	57	38				
				6	3	7				
				15	4	8				

特　殊　教　育

	毕业生数	招生数	在校学生数 合计	其中:女	学前教育阶段	一年级	二年级
总　　计	749	3017	18018	6374		2205	3356
女	240	1159	6374			852	1101
少数民族		10	43	11		6	7
总计中　寄宿生		470	2281	777		99	150
特殊教育学校中:寄宿生		47	342	74		44	64
职业技术班							
送教上门	63	434	2904	956		321	533
视力残疾	57	161	1312	347		101	368
听力残疾	90	282	1741	563		208	361
言语残疾	30	214	1103	392		164	232
肢体残疾	294	1014	6043	2200		626	855
智力残疾	241	1117	6629	2469		911	1289
精神残疾	11	55	350	114		43	56
多重残疾	26	174	840	289		152	195
特殊教育学校	51	107	880	321		90	151
视力残疾							
听力残疾	7	10	40	19		6	4
言语残疾							
肢体残疾		2	25			2	5
智力残疾	33	89	767	291		70	130
精神残疾							
多重残疾	11	6	48	11		12	12
特殊教育学校中:送教上门	4	47	498	169		43	83
视力残疾							
听力残疾		1	6			3	1
言语残疾							
肢体残疾		2	25			2	5
智力残疾	4	44	467	169		38	77
精神残疾							
多重残疾							
小学附设特教班							
视力残疾							
听力残疾							
言语残疾							
肢体残疾							
智力残疾							
精神残疾							
多重残疾							
小学随班就读	423	1836	12622	4536		1837	2755
视力残疾	32	94	1063	272		94	357
听力残疾	44	194	1355	455		194	336
言语残疾	23	141	823	295		141	194
肢体残疾	165	547	4121	1536		547	721

学　　生　　数(乡村)(一)

校生数										
小学阶段				初中阶段				高中阶段		
三年级	四年级	五年级	六年级	一年级	二年级	三年级	四年级	一年级	二年级	三年级及以上
2950	**2732**	**2454**	**1771**	**873**	**968**	**709**				
994	991	901	635	330	329	241				
5	4	5	6	4	4	2				
164	196	266	254	399	433	320				
55	48	50	21	31	22	7				
492	482	436	267	152	151	70				
251	160	131	107	60	80	54				
274	250	231	152	76	136	53				
167	159	143	103	50	45	40				
880	933	868	659	389	435	398				
1166	1059	932	643	258	229	142				
61	52	54	38	12	23	11				
151	119	95	69	28	20	11				
139	**144**	**143**	**48**	**77**	**72**	**16**				
4	2	2	7	6	9					
3	2	9	2	1	1					
120	128	132	39	70	62	16				
12	12									
81	**83**	**90**	**20**	**43**	**49**	**6**				
1	1									
3	2	9	2	1	1					
77	80	81	18	42	48	6				
2400	**2189**	**1965**	**1476**							
241	150	120	101							
247	236	216	126							
143	129	118	98							
729	797	750	577							

特 殊 教 育

	毕业生数	招生数	合计	其中：女	学前教育阶段	在 一年级	二年级
智力残疾	151	717	4515	1722		718	986
精神残疾	4	39	245	81		39	48
多重残疾	4	104	500	175		104	113
小学送教上门	**48**	**278**	**2131**	**682**		**278**	**450**
视力残疾	1	7	55	19		7	11
听力残疾	6	8	96	22		8	21
言语残疾	1	23	145	48		23	38
肢体残疾	18	77	677	212		77	129
智力残疾	17	123	866	286		123	173
精神残疾	2	4	59	18		4	8
多重残疾	3	36	233	77		36	70
初中附设特教班							
视力残疾							
听力残疾							
言语残疾							
肢体残疾							
智力残疾							
精神残疾							
多重残疾							
初中随班就读	**216**	**687**	**2110**	**730**			
视力残疾	23	57	188	53			
听力残疾	33	66	240	63			
言语残疾	6	47	127	46			
肢体残疾	106	355	1127	419			
智力残疾	35	134	354	120			
精神残疾	5	9	33	11			
多重残疾	8	19	41	18			
初中送教上门	**11**	**109**	**275**	**105**			
视力残疾	1	3	6	3			
听力残疾		4	10	4			
言语残疾		3	8	3			
肢体残疾	5	33	93	33			
智力残疾	5	54	127	50			
精神残疾		3	13	4			
多重残疾		9	18	8			
其他学校附设特教班							
视力残疾							
听力残疾							
言语残疾							
肢体残疾							
智力残疾							
精神残疾							
多重残疾							

学　　生　　数(乡村)(二)

校　　　　生　　　　数											
小　学　阶　段				初中阶段				高中阶段		
三年级	四年级	五年级	六年级	一年级	二年级	三年级	四年级	一年级	二年级	三年级及以上
890	770	658	493							
49	35	42	32							
101	72	61	49							
411	**399**	346	247							
10	10	11	6							
23	12	13	19							
24	30	25	5							
148	134	109	80							
156	161	142	111							
12	17	12	6							
38	35	34	20							
				687	**794**	**629**				
				57	79	52				
				66	121	53				
				47	42	38				
				355	397	375				
				134	125	95				
				9	16	8				
				19	14	8				
				109	**102**	**64**				
				3	1	2				
				4	6					
				3	3	2				
				33	37	23				
				54	42	31				
				3	7	3				
				9	6	3				

中 小 学 校 学 生

	上学年体检学生数	合 计
总　　计	**15741309**	**16002988**
小　　学	8689999	8853219
初级中学	3384642	3440107
九年一贯制学校	1431288	1441290
职业初中		
完全中学	440963	447631
高级中学	1561315	1576950
十二年一贯制学校	233102	243791
城　　区	**3962598**	**4055150**
小　　学	1963817	2018230
初级中学	765344	784408
九年一贯制学校	446418	451808
职业初中		
完全中学	190425	190893
高级中学	532560	540588
十二年一贯制学校	64034	69223
镇　　区	**7495106**	**7601878**
小　　学	3437734	3497541
初级中学	1910102	1938927
九年一贯制学校	756899	752965
职业初中		
完全中学	232075	238728
高级中学	999025	1008946
十二年一贯制学校	159271	164771
乡　　村	**4283605**	**4345960**
小　　学	3288448	3337448
初级中学	709196	716772
九年一贯制学校	227971	236517
职业初中		
完全中学	18463	18010
高级中学	29730	27416
十二年一贯制学校	9797	9797

体 质 健 康 情 况

上学年参加国家学生体质健康标准测试人数

优 秀	良 好	及 格	不及格
4789513	**6308757**	**4579392**	**325326**
2636737	3478249	2573558	164675
984644	1337939	1017968	99556
483127	571468	363757	22938
131399	156412	148411	11409
491130	668098	397886	19836
62476	96591	77812	6912
1052251	**1431232**	**1422610**	**149057**
482706	693304	771512	70708
191152	270570	275739	46947
152828	171342	116486	11152
47210	56600	79857	7226
161070	213076	155803	10639
17285	26340	23213	2385
2338397	**3092236**	**2048419**	**122826**
1071420	1405935	962424	57762
573373	773357	551892	40305
252548	305866	186325	8226
74684	96395	63621	4028
323048	444145	233166	8587
43324	66538	50991	3918
1398865	**1785289**	**1108363**	**53443**
1082611	1379010	839622	36205
220119	294012	190337	12304
77751	94260	60946	3560
9505	3417	4933	155
7012	10877	8917	610
1867	3713	3608	609

中小学、特殊教

		上学年初报表在校生数	增加学生数				
			合计	招生	复学	转入	其他
总计	小　学	9945951	2500806	1737602	3420	759747	37
	女	4595494	1148523	812428	1339	334736	20
	少数民族	102778	28916	19815	24	9077	
	初　中	4518810	1754973	1578686	1988	172982	1317
	女	2049237	784886	715757	770	67744	615
	少数民族	48620	20386	17354	50	2950	32
	高　中	2100552	788854	749785	1914	36732	423
	女	1064234	393592	376263	768	16419	142
	少数民族	28409	11000	10036	58	885	21
	特殊教育	18923	5807	4498	6	1298	5
	女	7161	2254	1746	4	502	2
	少数民族	54	35	11		24	
城区	小　学	2335505	566587	444724	537	121316	10
	女	1057105	256098	204366	143	51582	7
	少数民族	42426	11685	8959	7	2719	
	初　中	1138934	451320	407507	958	41541	1314
	女	504835	196462	181090	337	14422	613
	少数民族	21095	8968	7551	38	1347	32
	高　中	734832	273243	261466	1246	10530	1
	女	375645	136911	131307	516	5088	
	少数民族	13514	4981	4594	48	338	1
	特殊教育	6759	1827	1434	6	387	
	女	2547	708	543	4	161	
	少数民族	42	27	7		20	

育学生变动情况（一）

	减少学生数							本学年初报表在校生数
合计	毕业	结业	休学	退学	死亡	转出	其他	
2321939	**1581313**		**1530**	**21**	**111**	**738954**	**10**	**10124818**
1059662	720375		498	11	41	338731	6	4684355
23834	16253		24			7557		107860
1589018	**1411868**		**1963**	**263**	**40**	**174842**	**42**	**4684765**
713132	638534		771	74	11	73740	2	2120991
18129	15350		43	5		2731		50877
730616	**679853**	**1130**	**1195**	**2181**	**8**	**46046**	**203**	**2158790**
366107	345690	426	490	754	1	18618	128	1091719
10617	9439	5	56	54		913	150	28792
2107	**1316**		**14**	**19**	**12**	**746**		**22623**
803	486		3	15	3	296		8612
2	2							87
437606	**368712**		**371**	**15**	**32**	**68467**	**9**	**2464486**
194603	164951		118	10	11	29508	5	1118600
8043	6587		2			1454		46068
392266	**353527**		**1187**	**92**	**10**	**37408**	**42**	**1197988**
171603	156422		497	20	4	14658	2	529694
7730	6824		34	1		871		22333
255106	**241934**	**268**	**738**	**695**	**4**	**11441**	**26**	**752969**
130157	124646	97	319	300	1	4780	14	382399
5118	4724	3	50	24		316	1	13377
1081	**746**		**14**	**15**	**4**	**302**		**7505**
421	284		3	11		123		2834
1	1							68

中小学、特殊教

		上学年初报表在校生数	增加学生数				
			合计	招生	复学	转入	其他
镇区	小　学	4070591	1115197	702036	2111	411045	5
	女	1852613	505905	324862	922	180118	3
	少数民族	43245	12670	7838	9	4823	
	初　中	2541894	991731	886730	773	104228	
	女	1156221	447268	403327	302	43639	
	少数民族	22540	9374	8048	12	1314	
	高　中	1318914	489607	462747	627	25811	422
	女	665187	243440	231865	241	11192	142
	少数民族	14514	5813	5242	9	542	20
	特殊教育	11350	3824	2957		862	5
	女	4304	1499	1162		335	2
	少数民族	11	6	2		4	
乡村	小　学	3539855	819022	590842	772	227386	22
	女	1685776	386520	283200	274	103036	10
	少数民族	17107	4561	3018	8	1535	
	初　中	837982	311922	284449	257	27213	3
	女	388181	141156	131340	131	9683	2
	少数民族	4985	2044	1755		289	
	高　中	46806	26004	25572	41	391	
	女	23402	13241	13091	11	139	
	少数民族	381	206	200	1	5	
	特殊教育	814	156	107		49	
	女	310	47	41		6	
	少数民族	1	2	2			

育学生变动情况（二）

	减少学生数							本学年初报表在校生数
合计	毕业	结业	休学	退学	死亡	转出	其他	
922110	**695438**		**589**	**5**	**34**	**226043**	**1**	4263678
416191	313475		188	1	13	102513	1	1942327
10897	7005		18			3874		45018
905376	**799300**		**591**	**118**	**25**	**105342**		2628249
407574	362405		203	40	6	44920		1195915
8535	6950		6	4		1575		23379
463147	**426700**	**826**	**419**	**1394**	**4**	**33627**	**177**	1345374
230080	215605	319	157	429		13456	114	678547
5378	4608	2	5	30		584	149	14949
936	**519**			**4**	**7**	**406**		14238
346	185			4	3	154		5457
1	1							16
962223	**517163**		**570**	**1**	**45**	**444444**		3396654
448868	241949		192		17	206710		1623428
4894	2661		4			2229		16774
291376	**259041**		**185**	**53**	**5**	**32092**		858528
133955	119707		71	14	1	14162		395382
1864	1576		3			285		5165
12363	**11219**	**36**	**38**	**92**		**978**		60447
5870	5439	10	14	25		382		30773
121	107		1			13		466
90	**51**				**1**	**38**		880
36	17					19		321
								3

在 校 生 中 死 亡

	合计	事故灾难类								社会
		溺水	交通	拥挤踩踏	房屋倒塌	坠楼坠崖	中毒	爆炸	火灾	打架斗殴
幼 儿 园	**6**	3	1							
校 园 内	1									
校 园 外	5	3	1							
小　　学	**111**	22	19			**6**	**2**			
校 园 内	3									
校 园 外	108	22	19			6	2			
初　　中	**40**	8	12			**1**	**1**			
校 园 内	4									
校 园 外	36	8	12			1	1			
高　　中	**8**		1			**2**				**1**
校 园 内	3									1
校 园 外	5		1			2				
特殊教育	**12**	1				**1**				
校 园 内	1									
校 园 外	11	1				1				

在 校 生 中 死 亡

	合计	事故灾难类								社会
		溺水	交通	拥挤踩踏	房屋倒塌	坠楼坠崖	中毒	爆炸	火灾	打架斗殴
幼 儿 园	**1**									
校 园 内										
校 园 外	1									
小　　学	**32**	1	7			**2**				
校 园 内	2									
校 园 外	30	1	7			2				
初　　中	**10**		2			**1**	**1**			
校 园 内	3									
校 园 外	7		2			1	1			
高　　中	**4**					**1**				
校 园 内	1									
校 园 外	3					1				
特殊教育	**4**									
校 园 内										
校 园 外	4									

的主要原因（总计）

安全类		自然灾害类								其他			
校园伤害	刑事案件	山体滑坡	泥石流	洪水	地震	暴雨	冰雹	雪灾	龙卷风	自杀	猝死	传染病	其他
													2
													1
													1
1	**4**									**4**	**12**		**41**
1	1												1
	3									4	12		40
	2									**4**	**6**		**6**
											4		
	2									4	2		6
										2	**1**		**1**
										1			1
										1	1		
													10
													1
													9

的主要原因（城区）

安全类		自然灾害类								其他			
校园伤害	刑事案件	山体滑坡	泥石流	洪水	地震	暴雨	冰雹	雪灾	龙卷风	自杀	猝死	传染病	其他
													1
													1
1	**3**									**4**	**4**		**10**
1	1												
	2									4	4		10
											3		**3**
											3		
													3
										1	**1**		**1**
													1
										1	1		
													4
													4

在 校 生 中 死 亡

	合计	事 故 灾 难 类								社会
		溺水	交通	拥挤踩踏	房屋倒塌	坠楼坠崖	中毒	爆炸	火灾	打架斗殴
幼 儿 园	4	2	1							
校 园 内	1									
校 园 外	3	2	1							
小　　学	34	5	9			3	1			
校 园 内	1									
校 园 外	33	5	9			3	1			
初　　中	25	6	9							
校 园 内	1									
校 园 外	24	6	9							
高　　中	4		1			1				1
校 园 内	2									1
校 园 外	2		1			1				
特殊教育	7	1				1				
校 园 内										
校 园 外	7	1				1				

在 校 生 中 死 亡

	合计	事 故 灾 难 类								社会
		溺水	交通	拥挤踩踏	房屋倒塌	坠楼坠崖	中毒	爆炸	火灾	打架斗殴
幼 儿 园	1	1								
校 园 内										
校 园 外	1	1								
小　　学	45	16	3			1	1			
校 园 内										
校 园 外	45	16	3			1	1			
初　　中	5	2	1							
校 园 内										
校 园 外	5	2	1							
高　　中										
校 园 内										
校 园 外										
特殊教育	1									
校 园 内	1									
校 园 外										

的主要原因(镇区)

安全类		自然灾害类								其他			
校园伤害	刑事案件	山体滑坡	泥石流	洪水	地震	暴雨	冰雹	雪灾	龙卷风	自杀	猝死	传染病	其他
													1
													1
	1										**3**		**12**
													1
	1										3		11
	2									**4**	**1**		**3**
											1		
	2									4			3
										1			
										1			
													5
													5

的主要原因(乡村)

安全类		自然灾害类								其他			
校园伤害	刑事案件	山体滑坡	泥石流	洪水	地震	暴雨	冰雹	雪灾	龙卷风	自杀	猝死	传染病	其他
											5		**19**
											5		19
											2		
											2		
													1
													1

中小学、特殊教育

	总　　计						城　　区				
	合计	失能	家庭	厌学	路途遥远	出国	其他	合计	失能	家庭	厌学	路途遥远
小　　学	**21**	1	**14**			5	1	15		**12**		
女	11		10				1	10		10		
少数民族												
初　　中	**263**	1	**36**	198	5	9	14	92		**21**	62	
女	74		16	55		3		20		12	5	
少数民族	5		2	3				1			1	
高　　中	**2181**	9	**158**	1524	62	58	370	695	7	**96**	265	31
女	754	2	64	480	15	36	157	300	2	37	105	4
少数民族	54		4	34	1	8	7	24		1	11	1
特殊教育	**19**		**1**				18	15		**1**		
女	15		1				14	11		1		
少数民族												

在校生中其他情况

	总　　计					城　　区			
	合　　计				另有：外国籍学生	在校生数中			
	共产党员	共青团员	华侨	港澳台		共产党员	共青团员	华侨	港澳台
幼儿园			**8**	41	275			6	38
其中:女			2	23	119			2	22
小　　学			**23**	384	185			23	320
其中:女			13	172	94			13	146
初　　中		567007	**3**	26	27		103118	3	20
其中:女		272658		12	16		49762		7
高　　中	122	1456088	**1**	7	109	36	509773		6
其中:女	57	748340	1	5	49	19	266794		5
特殊教育		110		**1**	1		100		1
其中:女		54			1		44		

学生退学的主要原因

		镇 区							乡 村					
出国	其他	合计	失能	家庭	厌学	路途遥远	出国	其他	合计	失能	家庭	厌学	路途遥远	出国	其他
3		5		2			2	1	1	1					
		1						1							
8	1	118	1	9	92	4	1	11	53		6	44	1		2
3		40		2	38				14		2	12			
		4		1	3										
49	247	1394	2	59	1240	3	9	81	92		3	19	28		42
32	120	429		27	366		4	32	25			9	11		5
8	3	30		3	23			4							
		14						4	4						
		10			4				4						

及外国籍学生情况

	镇 区					乡 村					
另有:外国籍学生	在校生数中				另有:外国籍学生	在校生数中				另有:外国籍学生
	共产党员	共青团员	华侨	港澳台		共产党员	共青团员	华侨	港澳台	
257			2	3	17					1
112				1	6					1
157				58	28				6	
88				22	6				4	
19		340488		5	8		123401		1	
12		162611		4	4		60285		1	
107	86	909779	1	1	2		36536			
48	38	462498	1		1		19048			
1		10								
1		10								

基础教育学校教职工数

	教职工				其中：专任教师			
	合计	城区	镇区	乡村	合计	城区	镇区	乡村
总　计	**1514654**	**411600**	**675764**	**427290**	**1261107**	**329161**	**570439**	**361507**
幼儿园	390652	132195	149348	109109	226163	74903	89562	61698
小　学	539350	109766	200237	229347	510350	104023	188222	218105
初级中学	275315	62053	151772	61490	260951	58175	143917	58859
九年一贯制学校	119021	35268	62366	21387	96414	28964	50104	17346
职业初中								
完全中学	37084	16910	18486	1688	32170	14561	16070	1539
高级中学	124005	44906	76134	2965	111954	40376	68850	2728
十二年一贯制学校	24655	8375	15074	1206	18889	6234	11519	1136
特殊教育	4505	2060	2347	98	4156	1865	2195	96
工读学校	67	67			60	60		

幼 儿 园 教 职 工 数

	教 职 工 数						代课教师	兼任教师
	合计	园长	专任教师	保健医	保育员	其他		
总　计	**390652**	**26999**	**226163**	**12214**	**80803**	**44473**	**13633**	**1582**
女	361214	23382	223811	10571	78771	24679	12678	1323
少数民族	2511	300	1534	51	346	280	135	20
编制人员	33616	4460	25329	442	1663	1722		
学前教育专业	208776	15872	178070	1418	11299	2117	4875	539
教育部门	62129	4760	41577	1235	9334	5223	13161	280
其他部门	3498	102	2008	91	661	636	188	36
地方企业	3874	140	2099	91	824	720	75	17
事业单位	1450	65	782	47	300	256	99	13
部　队	819	37	457	29	136	160		
集　体	2209	160	1175	70	454	350	107	3
民　办	316673	21735	178065	10651	69094	37128	3	1233
其中:普惠性民办幼儿园	151057	10534	84339	5168	33616	17400	3	743
中外合作办								
城　区	**132195**	**6597**	**74903**	**4102**	**27502**	**19091**	**3609**	**279**
教育部门	18214	657	12227	413	2694	2223	3253	20
其他部门	3031	78	1716	74	580	583	104	2
地方企业	3500	125	1894	86	726	669	75	16
事业单位	1366	57	747	44	282	236	91	13
部　队	785	32	443	28	128	154		
集　体	846	46	447	24	175	154	83	3
民　办	104453	5602	57429	3433	22917	15072	3	225
其中:普惠性民办幼儿园	42786	2457	23308	1472	9680	5869	3	99
中外合作办								
镇　区	**149348**	**9964**	**89562**	**4491**	**30208**	**15123**	**6666**	**930**
教育部门	25949	1700	17960	480	3892	1917	6582	182
其他部门	429	21	272	16	76	44	80	34
地方企业	252	10	147	2	58	35		1
事业单位	54	3	25	2	12	12		
部　队	16	3	6		3	4		
集　体	828	61	444	26	175	122	4	
民　办	121820	8166	70708	3965	25992	12989		713
其中:普惠性民办幼儿园	59378	3969	34007	1947	13030	6425		485
中外合作办								
乡　村	**109109**	**10438**	**61698**	**3621**	**23093**	**10259**	**3358**	**373**
教育部门	17966	2403	11390	342	2748	1083	3326	78
其他部门	38	3	20	1	5	9	4	
地方企业	122	5	58	3	40	16		
事业单位	30	5	10	1	6	8	8	
部　队	18	2	8	1	5	2		
集　体	535	53	284	20	104	74	20	
民　办	90400	7967	49928	3253	20185	9067		295
其中:普惠性民办幼儿园	48893	4108	27024	1749	10906	5106		159
中外合作办								

小学学校教职工数（小学、教学点）

	教职工数						代课教师	兼任教师
	合计	专任教师	行政人员	教辅人员	工勤人员	校办企业职工		
总　　计	539350	510350	8807	4836	15357		28963	1582
女	389539	374747	2755	2993	9044		25060	1184
少数民族	4786	4614	81	23	68		92	4
编制人员	430828	421983	5436	1502	1907			
教育部门	466567	456120	5811	1935	2701		28963	645
其他部门	21	20	1					
地方企业	4	4						
民　　办	72758	54206	2995	2901	12656			937
中外合作办								
城　　区	109766	104023	1757	1174	2812		7064	379
教育部门	97274	94876	1137	517	744		7064	62
其他部门	21	20	1					
地方企业								
民　　办	12471	9127	619	657	2068			317
中外合作办								
镇　　区	200237	188222	3153	1807	7055		10152	656
教育部门	166274	163037	1746	577	914		10152	166
其他部门								
地方企业								
民　　办	33963	25185	1407	1230	6141			490
中外合作办								
乡　　村	229347	218105	3897	1855	5490		11747	547
教育部门	203019	198207	2928	841	1043		11747	417
其他部门								
地方企业	4	4						
民　　办	26324	19894	969	1014	4447			130
中外合作办								

中 学 学 校 教 职 工 数

（初级中学、九年一贯制学校、职业初中、完全中学、高级中学、十二年一贯制学校）

	教 职 工 数					代课教师	兼任教师
	合计	专任教师	行政人员	教辅人员	工勤人员	校办企业职工		
总　　计	**580080**	**520378**	**14539**	**13341**	**31784**	**38**	**11869**	**2455**
女	364018	335450	4544	6935	17055	34	8560	1569
少数民族	5506	5094	152	89	171		60	39
编制人员	418214	397628	7107	8063	5416			
教育部门	429738	406483	7577	9038	6636	4	11446	528
其他部门	239	158	48	30	3		4	34
地方企业	142	78	1		63			
民　　办	149849	113557	6907	4273	25078	34	419	1893
中外合作办	112	102	6		4			
城　　区	167512	148310	5720	4365	9079	38	3696	583
教育部门	123855	116043	3118	2849	1841	4	3431	162
其他部门	239	158	48	30	3		4	11
地方企业	142	78	1		63			
民　　办	43210	31973	2549	1486	7168	34	261	410
中外合作办	66	58	4		4			
镇　　区	323832	290460	7041	7643	18688		6871	1769
教育部门	233579	220975	3421	5343	3840		6713	317
其他部门								23
地方企业								
民　　办	90207	69441	3618	2300	14848		158	1429
中外合作办	46	44	2					
乡　　村	88736	81608	1778	1333	4017		1302	103
教育部门	72304	69465	1038	846	955		1302	49
其他部门								
地方企业								
民　　办	16432	12143	740	487	3062			54
中外合作办								

特殊教育学校教职工数

	教职工数					代课教师	兼任教师
	合计	专任教师	行政人员	教辅人员	工勤人员		
总　计	4505	4156	121	70	158	184	14
女	3237	3102	46	32	57	167	4
少数民族	53	51	2			1	
编制人员	4177	3883	112	47	135		

基础教育专任教师数

	专任教师			
	合计	城区	镇区	乡村
总　计	1261107	329161	570439	361507
幼儿园	226163	74903	89562	61698
义务教育	892459	200622	396395	295442
小　学	565248	119904	217759	227585
小　学	510350	104023	188222	218105
九年一贯制学校	48844	14017	25576	9251
十二年一贯制学校	6054	1864	3961	229
初　中	327211	80718	178636	67857
初级中学	260951	58175	143917	58859
九年一贯制学校	47570	14947	24528	8095
十二年一贯制学校	6233	2193	3877	163
完全中学	12457	5403	6314	740
职业初中				
高　中	138269	51711	82287	4271
完全中学	19713	9158	9756	799
高级中学	111954	40376	68850	2728
十二年一贯制学校	6602	2177	3681	744
特殊教育	4156	1865	2195	96
工读学校	60	60		

幼儿园园长、专任

	合计	按学历分			
		研究生毕业	本科毕业	专科毕业	高中阶段毕业
总　　计	253162	446	36442	157087	53198
园　　长	26999	248	8005	16111	2451
专任教师	226163	198	28437	140976	50747
城　　区	81500	284	16614	52576	11127
园　　长	6597	152	2654	3463	311
专任教师	74903	132	13960	49113	10816
镇　　区	99526	131	13509	62726	20927
园　　长	9964	82	2977	5969	875
专任教师	89562	49	10532	56757	20052
乡　　村	72136	31	6319	41785	21144
园　　长	10438	14	2374	6679	1265
专任教师	61698	17	3945	35106	19879

幼儿园园长、专任

	合计	其中：女	24岁及以下	25－29岁	30－34岁
总　　计	253162	247193	66942	77527	55697
园　　长	26999	23382	502	3028	6036
专任教师	226163	223811	66440	74499	49661
城　　区	81500	80476	26765	22585	15489
园　　长	6597	6177	83	625	1448
专任教师	74903	74299	26682	21960	14041
镇　　区	99526	97460	27411	30789	21578
园　　长	9964	8793	230	1227	2332
专任教师	89562	88667	27181	29562	19246
乡　　村	72136	69257	12766	24153	18630
园　　长	10438	8412	189	1176	2256
专任教师	61698	60845	12577	22977	16374

教 师 学 历 、职 务 情 况

	按专业技术职务分					
高中阶段以下毕业	中学高级	小学高级	小学一级	小学二级	小学三级	未定职级
5989	**11**	**2133**	**13008**	**17190**	**4791**	**216029**
184	10	1175	3159	1189	292	21174
5805	1	958	9849	16001	4499	194855
899	**10**	**860**	**5492**	**7130**	**2013**	**65995**
17	9	418	802	301	95	4972
882	1	442	4690	6829	1918	61023
2233	**1**	**860**	**5025**	**6758**	**1825**	**85057**
61	1	451	1059	322	107	8024
2172		409	3966	6436	1718	77033
2857		**413**	**2491**	**3302**	**953**	**64977**
106		306	1298	566	90	8178
2751		107	1193	2736	863	56799

教 师 年 龄 情 况

35－39 岁	40－44 岁	45－49 岁	50－54 岁	55－59 岁	60 岁及以上
27424	**12982**	**7326**	**3829**	**1177**	**258**
6523	4807	3293	1859	713	238
20901	8175	4033	1970	464	20
7890	**4100**	**2748**	**1482**	**334**	**107**
1514	1120	909	576	219	103
6376	2980	1839	906	115	4
10591	**4854**	**2602**	**1237**	**376**	**88**
2368	1774	1177	560	216	80
8223	3080	1425	677	160	8
8943	**4028**	**1976**	**1110**	**467**	**63**
2641	1913	1207	723	278	55
6302	2115	769	387	189	8

中小学专任教师专业技术职务、年龄结构情况（总计）

	合计	其中：女	24岁及以下	25-29岁	30-34岁	35-39岁	40-44岁	45-49岁	50-54岁	55-59岁	60岁及以上
小　　学	565248	420233	33008	100461	90220	118427	96891	61323	40958	23528	432
其中:女	420233		29775	89459	76655	91324	68508	39882	23741	767	122
少数民族	5058	3805	207	857	849	1173	927	610	336	94	5
正　高　级	18	15					4	5	9		
副　高　级	23268	12338		1	1	1477	4957	7257	6147	3367	61
中　　级	225290	149132		3383	14652	55509	63575	41668	28594	17752	157
助　理　级	187554	146729	3864	44583	52373	49541	22718	8818	4149	1498	10
员　　级	14883	12684	2216	7842	3397	1373	29	13	9	3	1
未定职级	114235	99335	26928	44652	19797	10527	5612	3563	2054	899	203
初　　中	327211	211044	17899	57167	51365	54584	59360	47017	28204	11386	229
其中:女	211044		14318	45900	38521	36459	35856	25094	14109	741	46
少数民族	3044	2012	193	605	579	497	507	357	209	92	5
正　高　级	54	35					5	13	25	11	
副　高　级	54346	26421				2049	10040	18909	16144	7109	95
中　　级	118059	70228		2484	11795	29527	37476	23118	10010	3620	29
助　理　级	97395	71190	2763	29459	30883	19065	9867	3716	1266	370	6
员　　级	6781	5132	1467	3560	1309	388	22	18	12	2	3
未定职级	50576	38038	13669	21664	7378	3555	1950	1243	747	274	96
高　　中	138269	78920	7376	22241	23603	30958	20579	16689	12640	3907	276
其中:女	78920		5651	16374	15842	17881	10549	7393	4869	330	31
少数民族	1606	962	83	372	335	321	198	161	98	38	
正　高　级	80	17				2	37	25	15	1	
副　高　级	29276	11344			1	1634	5361	9146	9683	3271	180
中　　级	46049	24497		1204	6179	16881	12272	6525	2482	482	24
助　理　级	44819	30262	1455	13057	15212	11464	2550	722	297	60	2
员　　级	1583	1110	314	887	235	119	17	7	3	1	
未定职级	16462	11690	5607	7093	1976	860	377	252	150	78	69

中小学专任教师专业技术职务、年龄结构情况(城区)

	合计	其中：女	24岁及以下	25-29岁	30-34岁	35-39岁	40-44岁	45-49岁	50-54岁	55-59岁	60岁及以上
小　学	119904	100719	6199	19787	20534	24265	22167	16245	8809	1828	70
其中:女	100719		5482	17888	18123	20798	18431	13025	6729	206	37
少数民族	2053	1677	69	313	361	441	390	299	153	23	4
正高级	14	13						3	2	9	
副高级	4912	3575				187	966	1851	1440	452	16
中级	50204	40942		403	2515	11259	15879	12471	6500	1154	23
助理级	42769	36687	946	9507	13820	11404	4759	1580	620	132	1
员级	2605	2282	420	1329	679	152	10	8	5	1	1
未定职级	19400	17220	4833	8548	3520	1263	553	332	242	80	29
初　中	80718	55640	3637	11118	12500	14335	14525	12768	8815	2926	94
其中:女	55640		2638	9113	9832	10411	9796	8050	5348	428	24
少数民族	1239	867	50	218	243	222	206	142	113	43	2
正高级	48	33				5	12	23	8		
副高级	15940	9612				429	2353	5418	5641	2049	50
中级	29281	19218		418	2611	7561	9195	6097	2666	723	10
助理级	23903	18390	587	6131	7744	5424	2589	1003	332	91	2
员级	878	647	148	438	208	55	9	10	8	1	1
未定职级	10668	7740	2902	4131	1937	866	374	228	145	54	31
高　中	51711	30584	2183	7318	9115	11989	7781	6141	5114	1914	156
其中:女	30584		1750	5701	6362	7202	4238	2919	2185	211	16
少数民族	695	435	30	141	149	153	81	69	48	24	
正高级	64	14						35	19	9	1
副高级	12318	5088			1	682	2193	3618	4111	1603	110
中级	18118	10447		380	2601	7193	4686	2171	834	244	9
助理级	15307	10736	452	4330	5667	3734	782	223	93	26	
员级	568	418	102	334	80	39	5	5	2	1	
未定职级	5336	3881	1629	2274	766	341	115	89	55	31	36

中小学专任教师专业技术职务、年龄结构情况(镇区)

	合计	其中：女	24岁及以下	25－29岁	30－34岁	35－39岁	40－44岁	45－49岁	50－54岁	55－59岁	60岁及以上
小　学	217759	173601	14393	39583	37038	47042	36766	22777	14133	5872	155
其中：女	173601		13114	35350	32253	38925	28365	16148	9103	303	40
少数民族	1901	1447	95	343	312	451	341	201	123	34	1
正　高　级	4	2						1	3		
副　高　级	8927	5283			1	525	1950	2923	2412	1093	23
中　　级	82735	61584		1425	6485	22236	23885	15021	9528	4096	59
助　理　级	71021	58577	1600	17449	20555	18500	8136	3108	1318	352	3
员　　级	5312	4552	888	2696	1206	508	10	3	1		
未定职级	49760	43603	11905	18013	8791	5273	2785	1721	871	331	70
初　中	178636	115369	10297	32538	28634	29281	32512	25236	14358	5679	101
其中：女	115369		8404	25906	21241	19495	19698	13377	6981	247	20
少数民族	1405	883	106	293	247	220	255	169	72	40	3
正　高　级	6	2						1	2	3	
副　高　级	27524	12997				1132	5328	9774	7797	3459	34
中　　级	63970	38232		1508	6667	15581	20335	12573	5411	1884	11
助　理　级	53630	38789	1527	16461	16932	10180	5583	2073	687	186	1
员　　级	4059	3075	912	2083	790	251	9	7	4	1	2
未定职级	29447	22274	7858	12486	4245	2137	1257	808	457	146	53
高　中	82287	45771	4627	13696	13701	18297	12385	10218	7332	1916	115
其中：女	45771		3480	9790	8984	10303	6118	4351	2615	115	15
少数民族	864	493	47	217	168	167	116	87	49	13	
正　高　级	15	3					1	2	6	6	
副　高　级	16429	6067				936	3042	5353	5431	1599	68
中　　级	26901	13531		775	3396	9293	7364	4225	1604	231	13
助　理　级	28156	18613	952	8150	9098	7513	1728	481	198	34	2
员　　级	985	677	210	538	150	72	12	2	1		
未定职级	9801	6880	3465	4233	1057	483	238	155	92	46	32

中小学专任教师专业技术职务、年龄结构情况(乡村)

	合计	其中:女	24岁及以下	25-29岁	30-34岁	35-39岁	40-44岁	45-49岁	50-54岁	55-59岁	60岁及以上
小　　学	227585	145913	12416	41091	32648	47120	37958	22301	18016	15828	207
其中:女	145913		11179	36221	26279	31601	21712	10709	7909	258	45
少数民族	1104	681	43	201	176	281	196	110	60	37	
正 高 级											
副 高 级	9429	3480		1		765	2041	2483	2295	1822	22
中　　级	92351	46606		1555	5652	22014	23811	14176	12566	12502	75
助 理 级	73764	51465	1318	17627	17998	19637	9823	4130	2211	1014	6
员　　级	6966	5850	908	3817	1512	713	9	2	3	2	
未定职级	45075	38512	10190	18091	7486	3991	2274	1510	941	488	104
初　　中	67857	40035	3965	13511	10231	10968	12323	9013	5031	2781	34
其中:女	40035		3276	10881	7448	6553	6362	3667	1780	66	2
少数民族	400	262	37	94	89	55	46	46	24	9	
正 高 级											
副 高 级	10882	3812				488	2359	3717	2706	1601	11
中　　级	24808	12778		558	2517	6385	7946	4448	1933	1013	8
助 理 级	19862	14011	649	6867	6207	3461	1695	640	247	93	3
员　　级	1844	1410	407	1039	311	82	4	1			
未定职级	10461	8024	2909	5047	1196	552	319	207	145	74	12
高　　中	4271	2565	566	1227	787	672	413	330	194	77	5
其中:女	2565		421	883	496	376	193	123	69	4	
少数民族	47	34	6	14	18	1	1	5	1	1	
正 高 级	1						1				
副 高 级	529	189				16	126	175	141	69	2
中　　级	1030	519		49	182	395	222	129	44	7	2
助 理 级	1356	913	51	577	447	217	40	18	6		
员　　级	30	15	2	15	5	8					
未定职级	1325	929	513	586	153	36	24	8	3	1	1

小学分课程专任

	合计	其中：女	品德与生活（社会）	语文	数学	外语 计	外语 其中 英语	外语 其中 日语
总　　计	565248	420233	17057	222726	186017	41804	41803	
女	420233		10102	182571	136109	35829	35828	
少数民族	5058	3805	171	2090	1389	379	379	
研究生毕业	3804	3066	114	1232	797	496	496	
本科毕业	314312	250547	7443	129510	100417	27211	27210	
专科毕业	228449	157305	8272	85761	78290	13505	13505	
高中阶段毕业	18682	9315	1228	6223	6513	592	592	
高中阶段以下毕业	1							

小学分课程专任

	合计	其中：女	品德与生活（社会）	语文	数学	外语 计	外语 其中 英语	外语 其中 日语
总　　计	119904	100719	4030	44433	34562	9535	9534	
女	100719		2953	41075	29737	8862	8861	
少数民族	2053	1677	67	773	461	170	170	
研究生毕业	2119	1835	55	698	421	249	249	
本科毕业	82986	71994	2365	32267	23721	7260	7259	
专科毕业	33121	25921	1479	11054	9993	1940	1940	
高中阶段毕业	1677	969	131	414	427	86	86	
高中阶段以下毕业	1							

教师学历情况(总计)

俄语	体育	科学	艺术	音乐	美术	综合实践活动 计	其中 信息技术	其中 劳动与技术	其他	本学年不授课专任教师
	23767	**12323**	**2526**	**16909**	**15456**	**23458**	**19367**	**3888**	**2832**	**373**
	7364	7260	1896	14299	12357	10397	8170	2134	1780	269
	362	104	16	241	164	111	75	34	27	4
	428	131	21	180	215	146	132	11	40	4
	11699	5644	1139	9919	8864	10981	9265	1622	1282	203
	10297	5993	1275	6407	5979	11292	9199	2006	1224	154
	1343	554	91	403	398	1039	771	249	286	12
		1								

教师学历情况(城区)

俄语	体育	科学	艺术	音乐	美术	综合实践活动 计	其中 信息技术	其中 劳动与技术	其他	本学年不授课专任教师
	7078	**3847**	**670**	**5362**	**5050**	**4063**	**2703**	**1286**	**1108**	**166**
	2776	2638	531	4823	4245	2220	1392	784	750	109
	212	58	8	153	84	46	28	16	19	2
	255	86	12	110	141	65	55	7	25	2
	4270	2219	386	3813	3484	2431	1687	698	660	110
	2307	1443	263	1384	1366	1475	910	543	372	45
	246	98	9	55	59	92	51	38	51	9
		1								

小学分课程专任

	合计	其中：女	品德与生活（社会）	语文	数学	外语 计	外语 其中 英语	外语 其中 日语
总　计	217759	173601	7068	82536	72138	16993	16993	
女	173601		4528	71906	58115	14983	14983	
少数民族	1901	1447	77	797	587	140	140	
研究生毕业	915	729	40	274	186	134	134	
本科毕业	121095	99983	2987	48448	40016	10770	10770	
专科毕业	89915	69343	3603	32004	30044	5891	5891	
高中阶段毕业	5834	3546	438	1810	1892	198	198	
高中阶段以下毕业								

小学分课程专任

	合计	其中：女	品德与生活（社会）	语文	数学	外语 计	外语 其中 英语	外语 其中 日语
总　计	227585	145913	5959	95757	79317	15276	15276	
女	145913		2621	69590	48257	11984	11984	
少数民族	1104	681	27	520	341	69	69	
研究生毕业	770	502	19	260	190	113	113	
本科毕业	110231	78570	2091	48795	36680	9181	9181	
专科毕业	105413	62041	3190	42703	38253	5674	5674	
高中阶段毕业	11171	4800	659	3999	4194	308	308	
高中阶段以下毕业								

教师学历情况（镇区）

俄语	体育	科学	艺术	音乐	美术	综合实践活动			其他	本学年不授课专任教师
						计	其　中			
							信息技术	劳动与技术		
	9456	5401	1241	7260	6700	7824	5894	1835	1023	119
	3200	3347	963	6231	5475	4119	3006	1075	645	89
	94	29	7	67	59	37	24	13	5	2
	109	28	8	48	52	23	23		12	1
	4518	2329	513	3942	3509	3567	2852	683	418	78
	4354	2839	685	3109	2973	3904	2816	1036	471	38
	475	205	35	161	166	330	203	116	122	2

教师学历情况（乡村）

俄语	体育	科学	艺术	音乐	美术	综合实践活动			其他	本学年不授课专任教师
						计	其　中			
							信息技术	劳动与技术		
	7233	3075	615	4287	3706	11571	10770	767	701	88
	1388	1275	402	3245	2637	4058	3772	275	385	71
	56	17	1	21	21	28	23	5	3	
	64	17	1	22	22	58	54	4	3	1
	2911	1096	240	2164	1871	4983	4726	241	204	15
	3636	1711	327	1914	1640	5913	5473	427	381	71
	622	251	47	187	173	617	517	95	113	1

中学分课程专任

	合计	其中：女	思想品德（政治）	语文	数学	外语 计	其中 英语	日语	俄语	科学	物理	化学
总　　计	465480	289964	28853	89172	85019	75894	75778	33	80	1055	31634	23927
女	289964		17182	63146	52722	60460	60372	27	60	497	14308	13441
少数民族	4650	2974	303	980	718	856	854	1	1	5	267	196
研究生毕业	22572	15994	1753	3538	3506	3807	3777	11	19	5	1599	1864
本科毕业	378690	240736	22833	74833	70071	64152	64066	22	61	622	25977	19705
专科毕业	62972	32819	4207	10667	11288	7853	7853			413	4009	2333
高中阶段毕业	1245	415	60	134	154	82	82			15	49	25
高中阶段以下毕业	1											
初　　中	327211	211044	19850	66450	63059	54778	54768	4	4	1055	20019	12499
女	211044		12027	48552	41277	44837	44831	3	3	497	9580	7118
少数民族	3044	2012	206	675	474	574	573	1		5	158	101
研究生毕业	7938	6135	618	1339	1289	1517	1514	1	2	5	501	423
本科毕业	257573	172757	15139	54735	50719	45612	45605	3	2	622	15602	9858
专科毕业	60463	31740	4034	10242	10899	7567	7567			413	3867	2193
高中阶段毕业	1236	412	59	134	152	82	82			15	49	25
高中阶段以下毕业	1											
高　　中	138269	78920	9003	22722	21960	21116	21010	29	76		11615	11428
女	78920		5155	14594	11445	15623	15541	24	57		4728	6323
少数民族	1606	962	97	305	244	282	281		1		109	95
研究生毕业	14634	9859	1135	2199	2217	2290	2263	10	17		1098	1441
本科毕业	121117	67979	7694	20098	19352	18540	18461	19	59		10375	9847
专科毕业	2509	1079	173	425	389	286	286				142	140
高中阶段毕业	9	3	1		2							
高中阶段以下毕业												

教师学历情况（总计）

生物	历史与社会	地理	历史	信息技术	通用技术	体育与健康	艺术	音乐	美术	综合实践活动			其他	本学年不授课专任教师
										计	其中 信息技术	其中 劳动与技术		
23013	**2161**	**21025**	**25408**	**2879**	**366**	**20818**	**1151**	**10370**	**10355**	**9533**	**6475**	**2635**	**2277**	**570**
14186	1081	11644	14116	1446	135	4866	675	7787	6915	3896	2846	901	1145	316
193	12	167	222	33	1	326	6	135	112	79	60	18	34	5
1769	26	987	1586	189	19	979	16	277	351	153	128	9	124	24
18057	1485	16536	19867	2601	340	15927	824	8198	8105	6607	4788	1489	1460	490
3154	628	3453	3896	89	7	3592	303	1870	1866	2685	1524	1087	606	53
33	22	49	59			320	8	25	33	87	35	49	87	3
										1		1		
13502	**2161**	**13277**	**17207**			**15090**	**895**	**8192**	**7885**	**9298**	**6475**	**2635**	**1658**	**336**
8321	1081	7443	9761			3622	515	6206	5403	3795	2846	901	816	193
102	12	94	151			224	5	89	71	79	60	18	22	2
403	26	271	487			530	7	147	170	142	128	9	52	11
10044	1485	9658	12934			10801	602	6226	5895	6394	4788	1489	972	275
3022	628	3299	3729			3441	278	1794	1787	2674	1524	1087	548	48
33	22	49	57			318	8	25	33	87	35	49	86	2
										1		1		
9511		**7748**	**8201**	**2879**	**366**	**5728**	**256**	**2178**	**2470**	**235**			**619**	**234**
5865		4201	4355	1446	135	1244	160	1581	1512	101			329	123
91		73	71	33	1	102	1	46	41				12	3
1366		716	1099	189	19	449	9	130	181	11			72	13
8013		6878	6933	2601	340	5126	222	1972	2210	213			488	215
132		154	167	89	7	151	25	76	79	11			58	5
			2			2							1	1

中学分课程专任

	合计	其中：女	思想品德（政治）	语文	数学	外语 计	外语 其中 英语	外语 其中 日语	外语 其中 俄语	科学	物理	化学
总　　计	132429	86224	8605	23656	22650	21420	21374	16	27	111	9537	7433
女	86224		5762	17583	14135	17662	17623	15	23	59	4511	4506
少数民族	1934	1302	130	359	252	361	359	1	1		101	89
研究生毕业	12025	8744	927	1886	1873	1938	1920	8	10		874	968
本科毕业	109866	72179	6995	20094	18892	18090	18062	8	17	76	7958	6094
专科毕业	10135	5200	673	1639	1841	1364	1364			33	690	368
高中阶段毕业	402	101	10	37	44	28	28			2	15	3
高中阶段以下毕业	1											
初　　中	80718	55640	5163	15412	14589	13629	13619	4	4	111	5202	3224
女	55640		3654	11936	9893	11616	11610	3	3	59	2754	2104
少数民族	1239	867	86	236	162	243	242	1			58	49
研究生毕业	4448	3525	350	746	731	798	795	1	2		296	241
本科毕业	66243	47039	4180	13067	12040	11515	11508	3	2	76	4226	2637
专科毕业	9625	4975	623	1562	1774	1288	1288			33	665	343
高中阶段毕业	401	101	10	37	44	28	28			2	15	3
高中阶段以下毕业	1											
高　　中	51711	30584	3442	8244	8061	7791	7755	12	23		4335	4209
女	30584		2108	5647	4242	6046	6013	12	20		1757	2402
少数民族	695	435	44	123	90	118	117		1		43	40
研究生毕业	7577	5219	577	1140	1142	1140	1125	7	8		578	727
本科毕业	43623	25140	2815	7027	6852	6575	6554	5	15		3732	3457
专科毕业	510	225	50	77	67	76	76				25	25
高中阶段毕业	1											
高中阶段以下毕业												

教师学历情况(城区)

生物	历史与社会	地理	历史	信息技术	通用技术	体育与健康	艺术	音乐	美术	综合实践活动			其他	本学年不授课专任教师
										计	其中			
											信息技术	劳动与技术		
6854	360	6174	7566	1131	153	7191	178	2913	3139	2362	1749	489	648	348
4571	222	3785	4709	554	57	1821	128	2293	2115	1156	906	199	388	207
83	5	85	92	16		173	1	69	64	37	32	5	13	4
924	17	586	870	102	14	544	5	157	191	84	67	6	50	15
5507	270	5133	6178	1011	135	5609	143	2432	2607	1873	1453	313	468	301
422	73	453	516	18	4	801	30	321	335	398	226	166	126	30
1		2	2			237		3	6	6	3	3	4	2
										1		1		
3365	360	3204	4433			4901	99	2033	2043	2280	1749	489	467	203
2320	222	2109	2988			1303	66	1626	1457	1124	906	199	282	127
46	5	45	61			123	1	42	35	37	32	5	8	2
223	17	163	286			302	3	81	97	76	67	6	28	10
2740	270	2610	3662			3595	69	1648	1626	1800	1453	313	316	166
401	73	429	483			767	27	301	314	397	226	166	119	26
1		2	2			237		3	6	6	3	3	4	1
										1		1		
3489		2970	3133	1131	153	2290	79	880	1096	82			181	145
2251		1676	1721	554	57	518	62	667	658	32			106	80
37		40	31	16		50		27	29				5	2
701		423	584	102	14	242	2	76	94	8			22	5
2767		2523	2516	1011	135	2014	74	784	981	73			152	135
21		24	33	18	4	34	3	20	21	1			7	4
														1

中学分课程专任

	合计	其中：女	思想品德（政治）	语文	数学	外语 计	外语 其中 英语	外语 其中 日语	外语 其中 俄语	科学	物理	化学
总　　计	260923	161140	15947	50641	48514	42897	42829	15	53	591	17785	13680
女	161140		9245	35242	30050	33503	33455	11	37	283	8039	7504
少数民族	2269	1376	137	523	397	414	414			5	140	93
研究生毕业	9040	6149	723	1426	1409	1595	1584	2	9	4	642	779
本科毕业	213281	134092	12690	42631	40137	36452	36395	13	44	352	14714	11425
专科毕业	38095	20692	2506	6531	6899	4818	4818			228	2409	1463
高中阶段毕业	507	207	28	53	69	32	32			7	20	13
高中阶段以下毕业												
初　　中	178636	115369	10638	36835	35280	30210	30210			591	10829	6783
女	115369		6352	26777	23232	24434	24434			283	5188	3775
少数民族	1405	883	89	349	248	261	261			5	74	40
研究生毕业	2685	2007	223	456	416	554	554			4	158	133
本科毕业	139322	93302	8002	30135	28212	25013	25013			352	8358	5284
专科毕业	36130	19856	2386	6191	6585	4611	4611			228	2293	1353
高中阶段毕业	499	204	27	53	67	32	32			7	20	13
高中阶段以下毕业												
高　　中	82287	45771	5309	13806	13234	12687	12619	15	53		6956	6897
女	45771		2893	8465	6818	9069	9021	11	37		2851	3729
少数民族	864	493	48	174	149	153	153				66	53
研究生毕业	6355	4142	500	970	993	1041	1030	2	9		484	646
本科毕业	73959	40790	4688	12496	11925	11439	11382	13	44		6356	6141
专科毕业	1965	836	120	340	314	207	207				116	110
高中阶段毕业	8	3	1		2							
高中阶段以下毕业												

教师学历情况（镇区）

生物	历史与社会	地理	历史	信息技术	通用技术	体育与健康	艺术	音乐	美术	综合实践活动			其他	本学年不授课专任教师
										计	其中：信息技术	其中：劳动与技术		
13077	**1271**	**11802**	**14116**	**1647**	**212**	**10546**	**673**	**5633**	**5446**	**5044**	**3294**	**1490**	**1230**	**171**
7945	638	6460	7747	840	78	2488	391	4220	3685	2103	1473	539	594	85
94	6	68	106	16	1	126	2	57	43	29	21	7	11	1
745	7	338	621	70	5	336	6	98	127	54	46	3	46	9
10393	900	9300	11056	1508	204	8173	487	4383	4211	3361	2336	827	754	150
1924	350	2136	2406	69	3	1991	177	1139	1093	1578	893	628	363	12
15	14	28	33			46	3	13	15	51	19	32	67	
7342	**1271**	**7267**	**9312**			**7318**	**510**	**4409**	**4176**	**4892**	**3294**	**1490**	**875**	**98**
4515	638	4068	5242			1807	304	3359	2899	2034	1473	539	412	50
46	6	37	67			76	2	40	32	29	21	7	4	
148	7	81	158			171	1	53	53	51	46	3	17	1
5363	900	5152	6851			5229	351	3260	3072	3222	2336	827	480	86
1816	350	2006	2272			1874	155	1083	1036	1568	893	628	312	11
15	14	28	31			44	3	13	15	51	19	32	66	
5735		**4535**	**4804**	**1647**	**212**	**3228**	**163**	**1224**	**1270**	**152**			**355**	**73**
3430		2392	2505	840	78	681	87	861	786	69			182	35
48		31	39	16	1	50		17	11				7	1
597		257	463	70	5	165	5	45	74	3			29	8
5030		4148	4205	1508	204	2944	136	1123	1139	139			274	64
108		130	134	69	3	117	22	56	57	10			51	1
			2			2							1	

中学分课程专任

	合计	其中：女	思想品德（政治）	语文	数学	外语 计	外语 其中 英语	外语 其中 日语	外语 其中 俄语	科学	物理	化学
总　　计	72128	42600	4301	14875	13855	11577	11575	2		353	4312	2814
女	42600		2175	10321	8537	9295	9294	1		155	1758	1431
少数民族	447	296	36	98	69	81	81				26	14
研究生毕业	1507	1101	103	226	224	274	273	1		1	83	117
本科毕业	55543	34465	3148	12108	11042	9610	9609	1		194	3305	2186
专科毕业	14742	6927	1028	2497	2548	1671	1671			152	910	502
高中阶段毕业	336	107	22	44	41	22	22			6	14	9
高中阶段以下毕业												
初　　中	67857	40035	4049	14203	13190	10939	10939			353	3988	2492
女	40035		2021	9839	8152	8787	8787			155	1638	1239
少数民族	400	262	31	90	64	70	70				26	12
研究生毕业	805	603	45	137	142	165	165			1	47	49
本科毕业	52008	32416	2957	11533	10467	9084	9084			194	3018	1937
专科毕业	14708	6909	1025	2489	2540	1668	1668			152	909	497
高中阶段毕业	336	107	22	44	41	22	22			6	14	9
高中阶段以下毕业												
高　　中	4271	2565	252	672	665	638	636	2			324	322
女	2565		154	482	385	508	507	1			120	192
少数民族	47	34	5	8	5	11	11					2
研究生毕业	702	498	58	89	82	109	108	1			36	68
本科毕业	3535	2049	191	575	575	526	525	1			287	249
专科毕业	34	18	3	8	8	3	3				1	5
高中阶段毕业												
高中阶段以下毕业												

教师学历情况（乡村）

生物	历史与社会	地理	历史	信息技术	通用技术	体育与健康	艺术	音乐	美术	综合实践活动			其他	本学年不授课专任教师
										计	其中			
											信息技术	劳动与技术		
3082	530	3049	3726	101	1	3081	300	1824	1770	2127	1432	656	399	51
1670	221	1399	1660	52		557	156	1274	1115	637	467	163	163	24
16	1	14	24	1		27	3	9	5	13	7	6	10	
100	2	63	95	17		99	5	22	33	15	15		28	
2157	315	2103	2633	82	1	2145	194	1383	1287	1373	999	349	238	39
808	205	864	974	2		800	96	410	438	709	405	293	117	11
17	8	19	24			37	5	9	12	30	13	14	16	1
2795	530	2806	3462			2871	286	1750	1666	2126	1432	656	316	35
1486	221	1266	1531			512	145	1221	1047	637	467	163	122	16
10	1	12	23			25	2	7	4	13	7	6	10	
32	2	27	43			57	3	13	20	15	15		7	
1941	315	1896	2421			1977	182	1318	1197	1372	999	349	176	23
805	205	864	974			800	96	410	437	709	405	293	117	11
17	8	19	24			37	5	9	12	30	13	14	16	1
287		243	264	101	1	210	14	74	104	1			83	16
184		133	129	52		45	11	53	68				41	8
6		2	1	1		2	1	2	1					
68		36	52	17		42	2	9	13				21	
216		207	212	82	1	168	12	65	90	1			62	16
3				2					1					

中小学县级及以

	合　计	小　学
总　　计	**162164**	**79481**
城　　区	48167	22234
镇　　区	76794	31980
乡　　村	37203	25267

特殊教育专任教师

| | 合计 | 按学历分 | | | | |
		研究生毕业	本科毕业	专科毕业	高中阶段毕业	高中阶段以下毕业
总　　计	4156	38	2489	1551	78	
女	3102	32	1928	1087	55	
受过特教专业培训	3198	25	1937	1203	33	

上骨干教师情况

初　中	高　中
59078	**23605**
16432	9501
31146	13668
11500	436

学历、职务情况

按 专 业 技 术 职 务 分					
中学高级	小学高级	小学一级	小学二级	小学三级	未定职级
	709	**1961**	**1118**	**84**	**284**
	456	1480	859	65	242
	539	1508	850	66	235

— 307 —

中小学、特殊教育

		上学年初报表专任教师数	增加教师数						
			合计	录用毕业生		调入		校内变动	
				计	其中：师范生	计	其中：外校	计	其中：学段调整
总计	小　　学	547153	78890	23901	14164	49256	28707	2664	318
	女	396989	59536	21204	12641	34218	19999	1612	228
	初　　中	314329	39819	15530	9019	21270	12909	1754	564
	女	198260	28382	12411	7479	14109	8618	961	356
	高　　中	131102	14018	7508	5420	5224	2866	711	205
	女	72917	9634	5618	4163	3261	1791	385	130
	特殊教育	3997	315	87	73	194	117	14	
	女	2966	234	80	69	130	81	7	
城区	小　　学	112727	15004	5449	3386	8302	5091	475	72
	其中:女	93936	12472	4914	3084	6552	4035	346	49
	初　　中	76371	9336	3413	2030	5017	3228	435	145
	其中:女	51983	6624	2498	1646	3558	2328	261	85
	高　　中	49229	4852	2509	1788	1675	1159	320	106
	其中:女	28533	3339	1863	1366	1052	728	181	69
	特殊教育	1833	112	44	37	51	37	5	
	其中:女	1394	91	42	35	33	21	5	

专任教师变动情况(一)

	减少教师数							本学年初报表专任教师数
其他	合计	自然减员	调出	校内变动		辞职	其他	
				计	其中：学段调整			
3069	**60795**	**7906**	**44273**	**2639**	**435**	**4609**	**1368**	**565248**
2502	36292	3714	26892	1499	287	3303	884	420233
1265	**26937**	**2327**	**19475**	**1683**	**524**	**2762**	**690**	**327211**
901	15598	1000	11611	848	347	1753	386	211044
575	**6851**	**664**	**3191**	**707**	**128**	**1963**	**326**	**138269**
370	3631	322	1652	302	80	1214	141	78920
20	**156**	**61**	**54**	**13**		**16**	**12**	**4156**
17	98	36	34	7		12	9	3102
778	**7827**	**1065**	**4753**	**447**	**94**	**1126**	**436**	**119904**
660	5689	729	3473	286	54	868	333	100719
471	**4989**	**713**	**2688**	**541**	**155**	**766**	**281**	**80718**
307	2967	387	1590	291	105	498	201	55640
348	**2370**	**304**	**909**	**209**	**74**	**805**	**143**	**51711**
243	1288	152	514	95	44	460	67	30584
12	**80**	**22**	**35**	**4**		**8**	**11**	**1865**
11	53	12	24	4		4	9	1432

中小学、特殊教育

		上学年初报表专任教师数	增加教师数						
			合计	录用毕业生		调入		校内变动	
				计	其中:师范生	计	其中:外校	计	其中:学段调整
镇区	小学	206754	31048	8922	5593	19524	11869	1132	158
	女	162409	24351	7887	4960	14547	8899	689	120
	初中	171622	22267	8448	4923	12174	7415	978	294
	女	108186	16105	6980	4102	8093	4986	533	177
	高中	78534	8050	4432	3158	3099	1448	302	81
	女	42429	5576	3339	2445	1954	929	159	46
	特殊教育	2073	195	39	33	139	79	9	
	女	1504	139	34	31	97	60	2	
乡村	小学	227672	32838	9530	5185	21430	11747	1057	88
	其中:女	140644	22713	8403	4597	13119	7065	577	59
	初中	66336	8216	3669	2066	4079	2266	341	125
	其中:女	38091	5653	2933	1731	2458	1304	167	94
	高中	3339	1116	567	474	450	259	89	18
	其中:女	1955	719	416	352	255	134	45	15
	特殊教育	91	8	4	3	4	1		
	其中:女	68	4	4	3				

专任教师变动情况(二)

		减少教师数						本学年初报表专任教师数
其他	合计	自然减员	调出	校内变动		辞职	其他	
				计	其中：学段调整			
1470	20043	2203	14466	966	235	1905	503	217759
1228	13159	1253	9573	597	152	1389	347	173601
667	15253	1066	11502	835	261	1506	344	178636
499	8922	448	6976	399	167	940	159	115369
217	4297	343	2210	474	37	1088	182	82287
124	2234	160	1097	195	24	709	73	45771
8	73	38	17	9		8	1	2195
6	42	23	8	3		8		1601
821	32925	4638	25054	1226	106	1578	429	227585
614	17444	1732	13846	616	81	1046	204	145913
127	6695	548	5285	307	108	490	65	67857
95	3709	165	3045	158	75	315	26	40035
10	184	17	72	24	17	70	1	4271
3	109	10	41	12	12	45	1	2565
	3	1	2					96
	3	1	2					69

教 职 工

	总计							
	共产党员		共青团员		民主党派		华侨	
	计	其中：女	计	其中：女	计	其中：女	计	其中：女
总　　计	**226478**	**118903**	**58078**	**53856**	**1744**	**1124**	**4**	**1**
幼 儿 园	13573	11383	30739	30327	323	299	3	1
小　　学	89083	50078	10442	9618	301	224		
初级中学	59848	25913	5688	4880	443	276	1	
九年一贯制学校	14262	8169	4681	4031	51	28		
职业初中								
完全中学	10037	5397	1153	886	230	133		
高级中学	35153	15241	3188	2404	379	152		
十二年一贯制学校	3115	1891	2036	1572	2	1		
特殊教育	1407	831	151	138	15	11		

教 职 工

	镇区							
	共产党员		共青团员		民主党派		华侨	
	计	其中：女	计	其中：女	计	其中：女	计	其中：女
总　　计	**93214**	**45837**	**20820**	**18971**	**180**	**115**		
幼 儿 园	4240	3515	9939	9793	52	48		
小　　学	29179	17009	2835	2630	14	8		
初级中学	28412	11218	2854	2449	42	24		
九年一贯制学校	5973	3282	2158	1828	3	2		
职业初中								
完全中学	3735	1786	455	365	25	16		
高级中学	19467	7766	1694	1224	42	16		
十二年一贯制学校	1640	957	826	632	1	1		
特殊教育	568	304	59	50	1			

其 他 情 况（一）

城区							
共产党员		共青团员		民主党派		华侨	
计	其中：女	计	其中：女	计	其中：女	计	其中：女
83867	**54413**	**28918**	**27235**	**1478**	**943**	**4**	**1**
6921	6332	17580	17363	217	204	3	1
28970	21673	5214	4792	268	205		
19143	10730	1471	1286	395	249	1	
5966	3869	1770	1530	44	23		
5934	3374	526	395	205	117		
14879	7106	1254	978	335	135		
1236	808	1026	818	1			
818	521	77	73	13	10		

其 他 情 况（二）

乡村							
共产党员		共青团员		民主党派		华侨	
计	其中：女	计	其中：女	计	其中：女	计	其中：女
49397	**18653**	**8340**	**7650**	**86**	**66**		
2412	1536	3220	3171	54	47		
30934	11396	2393	2196	19	11		
12293	3965	1363	1145	6	3		
2323	1018	753	673	4	3		
368	237	172	126				
807	369	240	202	2	1		
239	126	184	122				
21	6	15	15	1	1		

专 任 教 师

		共产党员		共青
		计	其中：女	计
总计	幼儿园	8900	8432	25578
	小学	91979	53609	13170
	初中	69700	32147	8362
	高中	39463	18022	4427
	特殊教育	1313	802	147
城区	幼儿园	4789	4633	14754
	小学	30943	23499	6281
	初中	23772	13789	2647
	高中	17493	8772	1772
	特殊教育	749	500	77
镇区	幼儿园	2922	2750	8186
	小学	30512	18379	4083
	初中	32571	13758	4002
	高中	20877	8710	2165
	特殊教育	544	296	55
乡村	幼儿园	1189	1049	2638
	小学	30524	11731	2806
	初中	13357	4600	1713
	高中	1093	540	490
	特殊教育	20	6	15

其他情况

团员		民主党派		华侨	
	其中：女	计	其中：女	计	其中：女
	25447	179	173		
	12069	306	227		
	7054	522	324	1	
	3372	476	218		
	136	15	11		
	14677	120	120		
	5755	271	206		
	2249	470	295	1	
	1389	414	188		
	73	13	10		
	8154	23	23		
	3737	15	9		
	3367	43	24		
	1600	60	29		
	48	1			
	2616	36	30		
	2577	20	12		
	1438	9	5		
	383	2	1		
	15	1	1		

专 任 教 师 接

	接受培训专任教师	合计		国				
		接受培训专任教师（人次）	培训时间（学时）	计		国家级		省
				接受培训专任教师（人次）	培训时间（学时）	接受培训专任教师（人次）	培训时间（学时）	接受培训专任教师（人次）
幼 儿 园	**215725**	**785128**	**11186236**	**785123**	**11185892**	**10487**	**442528**	**23571**
女	213618	765565	10764811	765560	10764467	9950	416355	22601
集中培训		688354	9303282	688350	9303058	6227	256200	14036
远程培训		71612	1540922	71612	1540922	3745	166535	8637
跟岗实践		25162	342032	25161	341912	515	19793	898
小 学	**533405**	**1856150**	**43850257**	**1856149**	**43850137**	**68506**	**3100214**	**115521**
女	396270	1278282	29475887	1278281	29475767	45375	2042179	78298
集中培训		1389342	27764887	1389341	27764767	17826	556161	28166
远程培训		425720	15282064	425720	15282064	49831	2514319	85817
跟岗实践		41088	803306	41088	803306	849	29734	1538
初 中	**302756**	**995180**	**26061242**	**995162**	**26060122**	**45885**	**2176678**	**78457**
女	194817	598081	15199375	598068	15198455	26632	1239676	45267
集中培训		695284	15031811	695266	15030691	12194	420558	19846
远程培训		272260	10307342	272260	10307342	32424	1701325	56891
跟岗实践		27636	722089	27636	722089	1267	54795	1720
高 中	**127082**	**415792**	**10300609**	**415785**	**10298945**	**7318**	**257561**	**45244**
女	72438	221911	5230070	221904	5228406	3442	110808	20648
集中培训		278900	5469545	278894	5467965	2743	118932	9513
远程培训		125422	4536637	125422	4536637	4049	129329	34225
跟岗实践		11470	294427	11469	294343	526	9300	1506

受 培 训 情 况(总计)

内							国(境)外	
级	地市级		县 级		校 级			
培训时间（学时）	接受培训专任教师（人次）	培训时间（学时）	接受培训专任教师（人次）	培训时间（学时）	接受培训专任教师（人次）	培训时间（学时）	接受培训专任教师（人次）	培训时间（学时）
654377	**59760**	**1037640**	**179462**	**2933901**	**511843**	**6117446**	**5**	**344**
619122	57454	964033	174566	2824626	500989	5940331	5	344
337392	45877	629585	156909	2507508	465301	5572373	4	224
295898	11995	385009	17860	376722	29375	316758		
21087	1888	23046	4693	49671	17167	228315	1	120
4325358	**200492**	**5911843**	**526120**	**13785044**	**945510**	**16727678**	**1**	**120**
2885905	135134	4046202	353769	9123687	665705	11377794	1	120
866201	93542	1866825	405092	9885026	844715	14590554	1	120
3417980	103958	3975655	112048	3741384	74066	1632726		
41177	2992	69363	8980	158634	26729	504398		
3079177	**144630**	**5158625**	**246857**	**6235009**	**479333**	**9410633**	**18**	**1120**
1723937	83663	3006997	146700	3545440	295806	5682405	13	920
613706	64041	1703860	182866	4338461	416319	7954106	18	1120
2405131	77646	3342474	58635	1825219	46664	1033193		
60340	2943	112291	5356	71329	16350	423334		
1572551	**83791**	**2982747**	**78371**	**1952821**	**201061**	**3533265**	**7**	**1664**
772188	42426	1413553	42611	1034841	112777	1897016	7	1664
333007	35454	790969	55169	1249456	176015	2975601	6	1580
1198389	46619	2148501	21649	664347	18880	396071		
41155	1718	43277	1553	39018	6166	161593	1	84

	接受培训专任教师	合计		国				
				计		国家级		省
		接受培训专任教师（人次）	培训时间（学时）	接受培训专任教师（人次）	培训时间（学时）	接受培训专任教师（人次）	培训时间（学时）	接受培训专任教师（人次）
幼 儿 园	**71846**	**321228**	**3652178**	**321224**	**3651954**	**3803**	**160415**	**11110**
女	71291	312515	3491901	312511	3491677	3638	148845	10693
集中培训		279391	2959725	279387	2959501	2615	115068	7152
远程培训		29894	563612	29894	563612	915	37404	3429
跟岗实践		11943	128841	11943	128841	273	7943	529
小 学	**114226**	**518841**	**9777904**	**518840**	**9777784**	**10803**	**363633**	**30815**
女	96231	400933	7339004	400932	7338884	7847	257361	21810
集中培训		399500	6146901	399499	6146781	4236	120412	11084
远程培训		106640	3418410	106640	3418410	6306	236226	19025
跟岗实践		12701	212593	12701	212593	261	6995	706
初 中	**75232**	**284482**	**7407624**	**284464**	**7406504**	**7004**	**242804**	**18657**
女	51810	177904	4470096	177891	4469176	4321	155896	10893
集中培训		200908	4287527	200890	4286407	3022	91281	6269
远程培训		74160	2824134	74160	2824134	3756	142794	11994
跟岗实践		9414	295963	9414	295963	226	8729	394
高 中	**48341**	**168000**	**4148569**	**167997**	**4148449**	**2500**	**80888**	**17325**
女	28566	87573	2032741	87570	2032621	1085	30925	7466
集中培训		112498	2083988	112495	2083868	1208	52566	3685
远程培训		51078	1917234	51078	1917234	1113	26055	12781
跟岗实践		4424	147347	4424	147347	179	2267	859

受 培 训 情 况(城区)

内							国(境)外	
级	地市级		县 级		校 级			
培训时间（学时）	接受培训专任教师（人次）	培训时间（学时）	接受培训专任教师（人次）	培训时间（学时）	接受培训专任教师（人次）	培训时间（学时）	接受培训专任教师（人次）	培训时间（学时）
288141	**27674**	**462371**	**49311**	**542702**	**229326**	**2198325**	**4**	**224**
271144	26426	420258	48014	525785	223740	2125645	4	224
150786	20692	245051	41760	447334	207168	2001262	4	224
125005	6010	206105	5428	81998	14112	113100		
12350	972	11215	2123	13370	8046	83963		
944368	**73382**	**2196163**	**122548**	**2370768**	**281292**	**3902852**	**1**	**120**
656362	53963	1597653	95542	1807420	221770	3020088	1	120
265679	33514	676889	93772	1563249	256893	3520552	1	120
666334	38448	1491597	25487	760634	17374	263619		
12355	1420	27677	3289	46885	7025	118681		
720058	**55030**	**2193337**	**52489**	**1025743**	**151284**	**3224562**	**18**	**1120**
398859	32496	1322884	32663	599882	97518	1991655	13	920
197963	23272	700779	37404	631678	130923	2664706	18	1120
506955	30197	1409509	13626	373725	14587	391151		
15140	1561	83049	1459	20340	5774	168705		
569742	**38067**	**1461777**	**26832**	**559625**	**83273**	**1476417**	**3**	**120**
278240	18326	657848	14637	278382	46056	787226	3	120
112144	16593	411577	18656	310886	72353	1196695	3	120
427905	20795	1016816	7836	228555	8553	217903		
29693	679	33384	340	20184	2367	61819		

专 任 教 师 接

	接受培训专任教师	合计		国			
		接受培训专任教师（人次）	培训时间（学时）	计		国家级		省
				接受培训专任教师（人次）	培训时间（学时）	接受培训专任教师（人次）	培训时间（学时）	接受培训专任教师（人次）
幼 儿 园	84442	273170	4342006	273169	4341886	4487	194693	8601
女	83654	266719	4175579	266718	4175459	4252	184322	8287
集中培训		239378	3586903	239378	3586903	2197	84486	4889
远程培训		26185	621735	26185	621735	2127	101690	3509
跟岗实践		7607	133368	7606	133248	163	8517	203
小 学	202248	637369	15772858	637369	15772858	29415	1347411	45724
女	161434	468592	11488086	468592	11488086	21079	977014	33350
集中培训		467795	9895655	467795	9895655	6156	213664	10041
远程培训		159233	5629515	159233	5629515	22985	1126412	35212
跟岗实践		10341	247688	10341	247688	274	7335	471
初 中	164177	510724	13095950	510724	13095950	27418	1347931	44535
女	105592	308064	7665121	308064	7665121	15779	761589	25948
集中培训		359478	7717696	359478	7717696	6731	242214	10146
远程培训		139214	5088912	139214	5088912	19814	1066517	33486
跟岗实践		12032	289342	12032	289342	873	39200	903
高 中	74873	237032	5747506	237028	5745962	4442	163701	26745
女	41556	128127	2997685	128123	2996141	2152	73660	12560
集中培训		159397	3201424	159394	3199964	1327	64278	5628
远程培训		70962	2407935	70962	2407935	2769	92414	20540
跟岗实践		6673	138147	6672	138063	346	7009	577

受 培 训 情 况（镇区）

内							国（境）外	
级	地市级		县 级		校 级			
培训时间（学时）	接受培训专任教师（人次）	培训时间（学时）	接受培训专任教师（人次）	培训时间（学时）	接受培训专任教师（人次）	培训时间（学时）	接受培训专任教师（人次）	培训时间（学时）
248433	**21106**	**367863**	**73882**	**1280139**	**165093**	**2250758**	**1**	**120**
237680	20385	346063	71636	1222062	162158	2185332	1	120
124152	16287	234010	65250	1108671	150755	2035584		
118327	4052	125261	7031	150434	9466	126023		
5954	767	8592	1601	21034	4872	89151	1	120
1724691	**62530**	**1844698**	**182035**	**4923766**	**317665**	**5932292**		
1247175	44658	1353023	130917	3554626	238588	4356248		
343481	30556	642515	138819	3555495	282223	5140500		
1365912	31180	1177610	40512	1324767	29344	634814		
15298	794	24573	2704	43504	6098	156978		
1674288	**62564**	**2007035**	**136944**	**3625491**	**239263**	**4441205**		
972384	36345	1157398	82009	2065409	147983	2708341		
300341	29844	748386	102689	2576961	210068	3849794		
1346706	31702	1236741	31373	1009706	22839	429242		
27241	1018	21908	2882	38824	6356	162169		
970950	**43928**	**1381839**	**49393**	**1296460**	**112520**	**1933012**	**4**	**1544**
478972	23153	705140	26684	691591	63574	1046778	4	1544
217143	18405	363284	34893	869620	99141	1685639	3	1460
746555	24587	1010826	13380	408797	9686	149343		
7252	936	7729	1120	18043	3693	98030	1	84

专 任 教 师 接

	接受培训专任教师	合计		国				
				计		国家级		省
		接受培训专任教师（人次）	培训时间（学时）	接受培训专任教师（人次）	培训时间（学时）	接受培训专任教师（人次）	培训时间（学时）	接受培训专任教师（人次）
幼 儿 园	**59437**	**190730**	**3192052**	**190730**	**3192052**	**2197**	**87420**	**3860**
女	58673	186331	3097331	186331	3097331	2060	83188	3621
集中培训		169585	2756654	169585	2756654	1415	56646	1995
远程培训		15533	355575	15533	355575	703	27441	1699
跟岗实践		5612	79823	5612	79823	79	3333	166
小 学	**216931**	**699940**	**18299495**	**699940**	**18299495**	**28288**	**1389170**	**38982**
女	138605	408757	10648797	408757	10648797	16449	807804	23138
集中培训		522047	11722331	522047	11722331	7434	222085	7041
远程培训		159847	6234139	159847	6234139	20540	1151681	31580
跟岗实践		18046	343025	18046	343025	314	15404	361
初 中	**63347**	**199974**	**5557668**	**199974**	**5557668**	**11463**	**585943**	**15265**
女	37415	112113	3064158	112113	3064158	6532	322191	8426
集中培训		134898	3026588	134898	3026588	2441	87063	3431
远程培训		58886	2394296	58886	2394296	8854	492014	11411
跟岗实践		6190	136784	6190	136784	168	6866	423
高 中	**3868**	**10760**	**404534**	**10760**	**404534**	**376**	**12972**	**1174**
女	2316	6211	199644	6211	199644	205	6223	622
集中培训		7005	184133	7005	184133	208	2088	200
远程培训		3382	211468	3382	211468	167	10860	904
跟岗实践		373	8933	373	8933	1	24	70

受 培 训 情 况（乡村）

级	内						国（境）外	
	地市级		县级		校级		接受培训专任教师（人次）	培训时间（学时）
培训时间（学时）	接受培训专任教师（人次）	培训时间（学时）	接受培训专任教师（人次）	培训时间（学时）	接受培训专任教师（人次）	培训时间（学时）		
117803	**10980**	**207406**	**56269**	**1111060**	**117424**	**1668363**		
110298	10643	197712	54916	1076779	115091	1629354		
62454	8898	150524	49899	951503	107378	1535527		
52566	1933	53643	5401	144290	5797	77635		
2783	149	3239	969	15267	4249	55201		
1656299	**64580**	**1870982**	**221537**	**6490510**	**346553**	**6892534**		
982368	36513	1095526	127310	3761641	205347	4001458		
257041	29472	547421	172501	4766282	305599	5929502		
1385734	34330	1306448	46049	1655983	27348	734293		
13524	778	17113	2987	68245	13606	228739		
684831	**27036**	**958253**	**57424**	**1583775**	**88786**	**1744866**		
352694	14822	526715	32028	880149	50305	982409		
115402	10925	254695	42773	1129822	75328	1439606		
551470	15747	696224	13636	441788	9238	212800		
17959	364	7334	1015	12165	4220	92460		
31859	**1796**	**139131**	**2146**	**96736**	**5268**	**123836**		
14976	947	50565	1290	64868	3147	63012		
3720	456	16108	1620	68950	4521	93267		
23929	1237	120859	433	26995	641	28825		
4210	103	2164	93	791	106	1744		

基 础 教 育 学

	学校占地面积（平方米）	校舍建筑面积		
		计	教学及辅助用房	行政办公用房
总　　计	479486915.40	195129588.34	93159872.75	18299404.81
幼 儿 园	54113143.16	28189896.78	20788479.71	2113669.64
小　　学	220852896.45	72547536.72	39253672.15	7912761.57
初级中学	98284694.73	40249562.10	14422277.33	3899897.25
九年一贯制学校	35523048.94	18092243.41	6380375.13	1425347.38
职业初中				
完全中学	11099815.94	6654563.49	2388926.46	604167.94
高级中学	48358030.74	23777458.28	8017478.87	1950843.41
十二年一贯制学校	9983782.53	4995083.27	1623968.92	321382.01
特殊教育	1271502.91	623244.29	284694.18	71335.61
工读学校				

基 础 教 育 学

	学校占地面积（平方米）	校舍建筑面积		
		计	教学及辅助用房	行政办公用房
总　　计	85708495.97	46615610.49	22962782.67	4833778.68
幼 儿 园	12176853.48	8155897.01	5976294.59	557966.20
小　　学	23880186.25	12268482.66	6705070.51	1564410.01
初级中学	15876147.93	7672631.70	3400576.37	1068784.87
九年一贯制学校	8963776.14	4948385.72	1936669.94	445577.55
职业初中				
完全中学	4867992.32	2764400.38	1174788.55	291920.35
高级中学	16360721.77	8819883.84	3070562.81	750304.96
十二年一贯制学校	3012575.62	1687425.72	564037.35	118154.30
特殊教育	570242.46	298503.46	134782.55	36660.44
工读学校				

校　办　学　条　件(总计)

(平方米)		校舍建筑面积中:租借面积(平方米)		图书(册)	固定资产总值(万元)	
生活用房	其他用房	计	租借公办的基础教育学校的校舍建筑面积		计	其中:仪器设备总值
68214511.37	**15455799.41**	**3807902.46**	**1300984.64**	**406993307.00**	**19388749.06**	**1830500.48**
2451290.70	2836456.73	1576226.88	360981.15	28544759.00		
18563060.98	6818042.02	533791.34	250911.24	201862932.00	7693759.48	853860.19
19189291.64	2738095.88	335555.73	175209.82	109795333.00	3986588.65	420958.80
9011969.34	1274551.56	320736.15	106729.58	27953186.00	2943995.51	201903.92
3305106.81	356362.28	331765.11	117415.48	9274221.00	837231.72	87700.01
12722703.55	1086432.45	512086.01	239867.57	25705580.00	3067481.06	202929.97
2797312.17	252420.17	188846.24	40974.80	3311654.00	859692.63	63147.61
173776.18	93438.32	8895.00	8895.00	545642.00		

校　办　学　条　件(城区)

(平方米)		校舍建筑面积中:租借面积(平方米)		图书(册)	固定资产总值(万元)	
生活用房	其他用房	计	租借公办的基础教育学校的校舍建筑面积		计	其中:仪器设备总值
14059546.74	**4759502.40**	**2255954.68**	**849176.52**	**102788381.00**	**5088956.20**	**543852.06**
705381.22	916255.00	991268.70	232107.97	8351339.00		
2180347.67	1818654.47	250580.06	117304.18	44148034.00	1600367.40	202131.73
2395459.51	807810.95	229522.53	145649.46	23930328.00	976210.17	114809.95
2177121.01	389017.22	154212.14	56523.86	8967301.00	777051.98	69933.96
1135646.59	162044.89	208257.44	84005.48	5199205.00	395856.43	60835.09
4467920.07	531096.00	266549.37	187066.57	10645766.00	1127088.10	76881.48
912053.84	93180.23	146669.44	17624.00	1254388.00	212382.12	19259.85
85616.83	41443.64	8895.00	8895.00	292020.00		

基础教育学

	学校占地面积（平方米）	校舍建筑面积		
		计	教学及辅助用房	行政办公用房
总　计	**200263740.92**	**89558044.68**	**39421953.62**	**7833798.46**
幼儿园	20462954.53	11110443.48	8227718.29	836574.65
小　学	66088772.91	25275755.96	13250895.59	2656901.05
初级中学	53042411.25	22480517.05	7738118.37	1974584.48
九年一贯制学校	18888720.94	9737912.05	3267678.70	734743.05
职业初中				
完全中学	5556259.23	3417933.31	1097171.17	278969.04
高级中学	29781794.50	14167522.25	4695804.45	1127754.28
十二年一贯制学校	5793265.13	3057782.83	1000458.47	191239.75
特殊教育	649562.43	310177.75	144108.58	33032.16
工读学校				

基础教育学

	学校占地面积（平方米）	校舍建筑面积		
		计	教学及辅助用房	行政办公用房
总　计	**193514678.51**	**58955933.17**	**30775136.46**	**5631827.67**
幼儿园	21473335.15	8923556.29	6584466.83	719128.79
小　学	130883937.29	35003298.10	19297706.05	3691450.51
初级中学	29366135.55	10096413.35	3283582.59	856527.90
九年一贯制学校	7670551.86	3405945.64	1176026.49	245026.78
职业初中				
完全中学	675564.39	472229.80	116966.74	33278.55
高级中学	2215514.47	790052.19	251111.61	72784.17
十二年一贯制学校	1177941.78	249874.72	59473.10	11987.96
特殊教育	51698.02	14563.08	5803.05	1643.01
工读学校				

校　办　学　条　件（镇区）

（平方米）		校舍建筑面积中：租借面积（平方米）		图书（册）	固定资产总值（万元）	
生活用房	其他用房	计	租借公办的基础教育学校的校舍建筑面积		计	其中：仪器设备总值
36141828.48	**6160464.12**	**1191132.96**	**347615.34**	**180182196.00**	**9417468.06**	**782667.99**
930431.34	1115719.20	461187.84	73495.17	10829379.00		
7154672.34	2213286.98	246918.00	114031.75	74591458.00	2829913.34	294109.45
11443882.48	1323931.72	86757.20	10284.36	60855256.00	2165010.24	215226.54
5082286.22	653204.08	129371.54	46083.26	13773675.00	1695885.92	95577.17
1920276.40	121516.70	123507.67	33410.00	3674653.00	374929.12	23107.86
7816566.12	527397.40	101213.91	46960.00	14273361.00	1779236.34	115139.78
1708281.24	157803.37	42176.80	23350.80	1939185.00	572493.10	39507.19
85432.34	47604.67			245229.00		

校　办　学　条　件（乡村）

（平方米）		校舍建筑面积中：租借面积（平方米）		图书（册）	固定资产总值（万元）	
生活用房	其他用房	计	租借公办的基础教育学校的校舍建筑面积		计	其中：仪器设备总值
18013136.15	**4535832.89**	**360814.82**	**104192.78**	**124022730.00**	**4882324.80**	**503980.44**
815478.14	804482.53	123770.34	55378.01	9364041.00		
9228040.97	2786100.57	36293.28	19575.31	83123440.00	3263478.74	357619.01
5349949.65	606353.21	19276.00	19276.00	25009749.00	845368.23	90922.31
1752562.11	232330.26	37152.47	4122.46	5212210.00	471057.61	36392.79
249183.82	72800.69			400363.00	66446.17	3757.05
438217.36	27939.05	144322.73	5841.00	786453.00	161156.62	10908.70
176977.09	1436.57			118081.00	74817.42	4380.57
2727.01	4390.01			8393.00		

幼　　儿　　园

	总计					
	校舍建筑面积					校舍建筑面
	合计	框架结构	砖混结构	砖木结构	土木结构	计
总　计	**28189896.78**	**9518016.65**	**18066349.82**	**605530.31**		**1576226.88**
其中 危房	24646.24		24066.24	580.00		
其中 当年新增校舍	517099.08	271138.63	239196.34	6764.11		
一、教学及辅助用房	**20788479.71**	**6953323.70**	**13395652.14**	**439503.87**		**1171536.44**
活动室	12451412.01	4140641.97	8048135.81	262634.23		699621.34
洗手间	2090291.12	712895.75	1322958.94	54436.43		109394.77
睡眠室	4621450.21	1652535.29	2888285.62	80629.30		288968.79
保健室	683385.14	176911.46	488435.47	18038.21		27748.54
图书室	941941.23	270339.23	647836.30	23765.70		45803.00
二、行政办公用房	**2113669.64**	**674792.65**	**1386803.80**	**52073.19**		**93345.08**
其中:教师办公室	1310106.31	378972.61	892689.60	38444.10		54376.35
三、生活用房	**2451290.70**	**757426.04**	**1629499.52**	**64365.14**		**135735.64**
其中:厨房	1363132.92	415308.78	909517.84	38306.30		78560.41
四、其他用房	**2836456.73**	**1132474.26**	**1654394.36**	**49588.11**		**175609.72**

幼　　儿　　园

	镇区					
	校舍建筑面积					校舍建筑面
	合计	框架结构	砖混结构	砖木结构	土木结构	计
总　计	**11110443.48**	**3935896.84**	**6984180.27**	**190366.37**		**461187.84**
其中 危房	9332.99		8752.99	580.00		
其中 当年新增校舍	209295.11	101342.53	106504.58	1448.00		
一、教学及辅助用房	**8227718.29**	**2891398.36**	**5199097.51**	**137222.42**		**334742.75**
活动室	4962662.00	1716192.82	3163360.60	83108.58		205932.07
洗手间	832153.85	307212.61	508957.79	15983.45		31854.69
睡眠室	1798740.50	682244.87	1090933.16	25562.47		74638.72
保健室	264649.00	73486.25	185951.74	5211.01		8145.05
图书室	369512.94	112261.81	249894.22	7356.91		14172.22
二、行政办公用房	**836574.65**	**289959.88**	**529520.66**	**17094.11**		**26025.37**
其中:教师办公室	525441.05	170459.24	342641.38	12340.43		17071.94
三、生活用房	**930431.34**	**289945.94**	**619593.55**	**20891.85**		**39814.68**
其中:厨房	511150.46	161746.12	337591.26	11813.08		22423.74
四、其他用房	**1115719.20**	**464592.66**	**635968.55**	**15157.99**		**60605.04**

校 舍 情 况（一）

单位：平方米

积中:租借面积	城　区					校舍建筑面积中:租借面积	
	校　舍　建　筑　面　积						
租借公办的基础教育学校的校舍建筑面积	合计	框架结构	砖混结构	砖木结构	土木结构	计	租借公办的基础教育学校的校舍建筑面积
360981.15	8155897.01	3568608.21	4512162.16	75126.64		991268.70	232107.97
	7153.06		7153.06				
	119779.89	95592.86	23987.03	200.00			
270741.41	5976294.59	2589823.10	3327703.45	58768.04		745361.35	177405.70
160210.96	3515393.14	1558428.71	1920623.05	36341.38		440987.68	104915.33
24883.60	582389.11	254146.44	322985.77	5256.90		69815.11	15751.24
68401.81	1521645.48	638186.31	869981.95	13477.22		190284.75	46757.08
6944.05	139000.54	51341.00	86213.77	1445.77		16773.46	4069.89
10300.99	217866.32	87720.64	127898.91	2246.77		27500.35	5912.16
21589.14	557966.20	240238.42	313050.54	4677.24		59272.44	13373.88
13703.61	286160.24	114126.79	169624.93	2408.52		32519.93	8209.69
29818.51	705381.22	300096.31	399987.06	5297.85		84568.55	19192.90
18340.58	390835.66	162348.91	224971.50	3515.25		49681.79	12234.84
38832.09	916255.00	438450.38	471421.11	6383.51		102066.36	22135.49

校 舍 情 况（二）

单位：平方米

积中:租借面积	乡　村					校舍建筑面积中:租借面积	
	校　舍　建　筑　面　积						
租借公办的基础教育学校的校舍建筑面积	合计	框架结构	砖混结构	砖木结构	土木结构	计	租借公办的基础教育学校的校舍建筑面积
73495.17	8923556.29	2013511.60	6570007.39	340037.30		123770.34	55378.01
	8160.19		8160.19				
	188024.08	74203.24	108704.73	5116.11			
52352.37	6584466.83	1472102.24	4868851.18	243513.41		91432.34	40983.34
30722.96	3973356.87	866020.44	2964152.16	143184.27		52701.59	24572.67
5343.29	675748.16	151536.70	491015.38	33196.08		7724.97	3789.07
12239.11	1301064.23	332104.11	927370.51	41589.61		24045.32	9405.62
1366.13	279735.60	52084.21	216269.96	11381.43		2830.03	1508.03
2680.88	354561.97	70356.78	270043.17	14162.02		4130.43	1707.95
4138.29	719128.79	144594.35	544232.60	30301.84		8047.27	4076.97
3044.29	498505.02	94386.58	380423.29	23695.15		4784.48	2449.63
6033.39	815478.14	167383.79	609918.91	38175.44		11352.41	4592.22
3317.11	461146.80	91213.75	346955.08	22977.97		6454.88	2788.63
10971.12	804482.53	229431.22	547004.70	28046.61		12938.32	5725.48

小　学　学　校

		总计					校舍建筑面
		合　计	框架结构	砖混结构	砖木结构	土木结构	计
总　计		**72547536.72**	**24111296.02**	**45816777.51**	**2617550.19**	**1913.00**	**533791.34**
其中	危　房	24526.85		16894.77	7632.08		
	当年新增校舍	3206914.48	2021844.36	1167287.57	17782.55		
一、教学及辅助用房		**39253672.15**	**12569340.72**	**25616144.38**	**1068075.05**	**112.00**	**268772.46**
教　室		32769016.73	10537085.87	21367390.15	864468.71	72.00	240766.26
实验室		2155718.63	604219.84	1477887.58	73611.21		6907.67
图书室		2067117.85	597878.45	1391159.62	78039.78	40.00	7314.64
微机室		1600807.31	484908.24	1073585.88	42313.19		5437.66
语音室		431362.52	167666.95	254053.41	9642.16		1278.80
体育馆		229649.11	177581.37	52067.74			7067.43
二、行政办公用房		**7912761.57**	**2395139.57**	**5185247.74**	**331950.26**	**424.00**	**51966.04**
其中:教师办公室		5771174.21	1574241.60	3922249.59	274329.02	354.00	41898.89
三、生活用房		**18563060.98**	**6173215.44**	**11428471.26**	**960270.28**	**1104.00**	**159644.15**
教工宿舍		3552659.18	774057.83	2535836.86	242539.49	225.00	11371.40
其中:教师周转宿舍		988804.93	302522.89	660073.10	26208.94		2166.90
学生宿舍		4849360.07	1600605.15	3156783.91	91971.01		79463.76
食　堂		4196180.65	2100471.34	2002433.14	93046.17	230.00	36719.19
厕　所		3748045.27	929396.02	2419137.13	399239.12	273.00	21493.70
其　他		2216815.81	768685.10	1314280.22	133474.49	376.00	10596.10
四、其他用房		**6818042.02**	**2973600.29**	**3586914.13**	**257254.60**	**273.00**	**53408.69**

校 舍 情 况（小学、教学点）（一）

单位：平方米

积中:租借面积 租借公办的基础教育学校的校舍建筑面积	城			区		校舍建筑面积中:租借面积	
	合 计	框架结构	砖混结构	砖木结构	土木结构	计	租借公办的基础教育学校的校舍建筑面积
250911.24	**12268482.66**	**6151606.92**	**6021216.74**	**95659.00**		**250580.06**	**117304.18**
	4965.51		4965.51				
	562958.00	456852.12	105999.68	106.20			
135038.13	**6705070.51**	**3209250.88**	**3455089.80**	**40729.83**		**127700.92**	**63553.51**
119547.04	5740120.46	2719312.17	2984373.18	36435.11		112519.52	56546.45
3682.44	274894.08	119316.61	153887.67	1689.80		3100.97	1345.22
3101.07	269521.59	138334.45	129825.70	1361.44		3862.37	1501.52
2399.47	217352.02	102469.56	113851.98	1030.48		3505.08	1309.34
968.68	66888.74	37964.61	28711.13	213.00		717.55	583.55
5339.43	136293.62	91853.48	44440.14			3995.43	2267.43
35626.98	**1564410.01**	**722156.25**	**830834.16**	**11419.60**		**22962.56**	**13904.45**
30154.76	1043728.11	448737.90	585241.25	9748.96		16353.50	9335.80
51219.31	**2180347.67**	**1043890.16**	**1108457.32**	**28000.19**		**75549.19**	**28165.77**
4063.78	332027.63	100941.10	221310.52	9776.01		4330.87	1810.57
1174.00	74711.32	27420.09	46885.36	405.87		1457.20	1044.00
23421.15	409382.58	152772.25	252092.09	4518.24		35136.78	11051.16
9380.96	366081.29	224287.26	138086.73	3707.30		19296.54	6998.64
9957.98	562994.69	294438.20	262421.82	6134.67		12830.84	6717.76
4395.44	509861.48	271451.35	234546.16	3863.97		3954.16	1587.64
29026.82	**1818654.47**	**1176309.63**	**626835.46**	**15509.38**		**24367.39**	**11680.45**

小 学 学 校

		镇		区			校舍建筑面
		合计	框架结构	砖混结构	砖木结构	土木结构	计
总　　　计		25275755.96	9508295.66	15169056.92	598239.38	164.00	246918.00
其中	危　房	7766.02		6323.15	1442.87		
	当年新增校舍	1289945.89	816731.35	469499.70	3714.84		
一、教学及辅助用房		13250895.59	4932240.34	8092233.04	226422.21		123770.04
教　　　室		11221774.58	4174929.05	6860648.44	186197.09		112842.02
实　验　室		671235.64	226108.07	431583.37	13544.20		3164.48
图　书　室		614723.38	209307.96	390087.82	15327.60		2672.05
微　机　室		503616.32	178066.39	316650.52	8899.41		1493.36
语　音　室		165325.40	75022.40	87849.09	2453.91		526.13
体　育　馆		74220.27	68806.47	5413.80			3072.00
二、行政办公用房		2656901.05	974553.11	1608026.09	74321.85		26436.26
其中:教师办公室		1895407.96	630130.39	1203597.91	61679.66		23950.17
三、生活用房		7154672.34	2605117.15	4305942.95	243448.24	164.00	73002.12
教工宿舍		1272743.87	321008.76	891902.85	59832.26		5897.21
其中:教师周转宿舍		319299.33	117054.63	194678.30	7566.40		505.70
学生宿舍		2332185.15	774101.65	1525352.32	32731.18		38278.19
食　　　堂		1603981.17	831394.54	746038.88	26547.75		16048.13
厕　　　所		1204603.56	394226.59	724638.36	85588.61	150.00	7067.65
其　　　他		741158.59	284385.61	418010.54	38748.44	14.00	5710.94
四、其他用房		2213286.98	996385.06	1162854.84	54047.08		23709.58

校　　舍　　情　　况(小学、教学点)(二)

单位:平方米

积中:租借面积	乡			村			
租借公办的基础教育学校的校舍建筑面积	合计	框架结构	砖混结构	砖木结构	土木结构	校舍建筑面积中:租借面积	
						计	租借公办的基础教育学校的校舍建筑面积
114031.75	**35003298.10**	**8451393.44**	**24626503.85**	**1923651.81**	**1749.00**	**36293.28**	**19575.31**
	11795.32		5606.11	6189.21			
	1354010.59	748260.89	591788.19	13961.51			
61399.02	**19297706.05**	**4427849.50**	**14068821.54**	**800923.01**	**112.00**	**17301.50**	**10085.60**
53977.99	15807121.69	3642844.65	11522368.53	641836.51	72.00	15404.72	9022.60
1979.22	1209588.91	258795.16	892416.54	58377.21		642.22	358.00
1091.55	1182872.88	250236.04	871246.10	61350.74	40.00	780.22	508.00
893.13	879838.97	204372.29	643083.38	32383.30		439.22	197.00
385.13	199148.38	54679.94	137493.19	6975.25		35.12	
3072.00	19135.22	16921.42	2213.80				
20613.53	**3691450.51**	**698430.21**	**2746387.49**	**246208.81**	**424.00**	**2567.22**	**1109.00**
20001.96	2832038.14	495373.31	2133410.43	202900.40	354.00	1595.22	817.00
16467.83	**9228040.97**	**2524208.13**	**6014070.99**	**688821.85**	**940.00**	**11092.84**	**6585.71**
1482.21	1947887.68	352107.97	1422623.49	172931.22	225.00	1143.32	771.00
90.00	594794.28	158048.17	418509.44	18236.67		204.00	40.00
8359.28	2107792.34	673731.25	1379339.50	54721.59		6048.79	4010.71
1696.32	2226118.19	1044789.54	1118307.53	62791.12	230.00	1374.52	686.00
2351.22	1980447.02	240731.23	1432076.95	307515.84	123.00	1595.21	889.00
2578.80	965795.74	212848.14	661723.52	90862.08	362.00	931.00	229.00
15551.37	**2786100.57**	**800905.60**	**1797223.83**	**187698.14**	**273.00**	**5331.72**	**1795.00**

中学学校校舍情况

		总计					校舍建筑面
		合计	框架结构	砖混结构	砖木结构	土木结构	计
总计		**93768910.55**	**44781621.02**	**48075681.95**	**906429.52**	**5178.06**	**1688989.24**
其中	危房	43156.60		30742.59	12239.01	175.00	
	当年新增校舍	4692732.16	3641753.64	1036051.08	14927.44		
一、教学及辅助用房		**32833026.71**	**17103828.31**	**15553759.70**	**173884.70**	**1554.00**	**631920.05**
教室		23692929.67	12089173.79	11484288.06	118061.82	1406.00	439504.64
实验室		4536301.59	2275730.96	2229531.20	31039.43		58713.98
图书室		2060235.59	1179980.19	868850.98	11256.42	148.00	52430.86
微机室		1262681.85	606816.59	648005.75	7859.51		16735.39
语音室		433698.28	226704.61	202450.15	4543.52		4040.65
体育馆		847179.73	725422.17	120633.56	1124.00		60494.53
二、行政办公用房		**8201637.99**	**4064935.82**	**4048746.75**	**86722.39**	**1233.03**	**128083.81**
其中:教师办公室		5276633.97	2423243.28	2786329.39	65868.27	1193.03	76088.51
三、生活用房		**47026383.51**	**20608424.40**	**25869232.86**	**548190.22**	**536.03**	**858483.80**
教工宿舍		7507462.39	2269052.91	5055347.27	182686.18	376.03	93131.96
其中:教师周转宿舍		1785199.67	632221.21	1133638.25	19340.21		11255.73
学生宿舍		25255891.87	10148147.60	14942720.87	165023.40		495675.78
食堂		9200160.30	5873422.35	3258582.99	67994.96	160.00	193911.97
厕所		2830925.08	1315029.53	1432928.72	82966.83		59274.09
其他		2231943.87	1002772.01	1179653.01	49518.85		16490.00
四、其他用房		**5707862.34**	**3004432.49**	**2603942.64**	**97632.21**	**1855.00**	**70501.58**

（初级中学、九年一贯制学校、职业初中、完全中学、高级中学、十二年一贯制学校）(一)

单位:平方米

积中:租借面积	城				区		
租借公办的基础教育学校的校舍建筑面积	合计	框架结构	砖混结构	砖木结构	土木结构	校舍建筑面积中:租借面积 计	租借公办的基础教育学校的校舍建筑面积
680197.25	**25892727.36**	**14508595.43**	**11200449.66**	**183507.27**	**175.00**	**1005210.92**	**490869.37**
	22227.74		19830.74	2222.00	175.00		
	1308734.46	964918.08	343085.20	731.18			
244835.74	**10146635.02**	**6154301.55**	**3931318.89**	**61014.58**		**415324.74**	**181028.13**
190494.79	6968140.11	4104400.32	2823864.41	39875.38		278655.09	140817.20
21952.44	1577835.22	907571.22	658320.00	11944.00		37945.18	19664.44
19389.34	653018.61	443336.74	205681.67	4000.20		33686.25	10483.32
6682.15	350959.15	211041.70	138079.45	1838.00		8493.04	5342.15
2182.02	124899.68	78375.30	44291.38	2233.00		2306.65	1810.02
4135.00	471782.25	409576.27	61081.98	1124.00		54238.53	2911.00
49778.97	**2674742.03**	**1607872.95**	**1042524.58**	**24169.50**	**175.00**	**72371.45**	**38346.20**
34563.68	1644156.21	933238.38	693934.33	16808.50	175.00	43904.75	26131.20
338388.57	**11088201.02**	**5505474.86**	**5506449.62**	**76276.54**		**475230.36**	**236846.92**
31357.30	1379794.83	536491.92	835341.85	7961.06		45236.28	15984.91
4296.48	221377.72	84861.54	134526.72	1989.46		5690.40	2289.15
193666.49	5986008.02	2634633.77	3308210.57	43163.68		283117.41	132698.67
82225.23	2160313.72	1467591.28	683215.82	9506.62		106989.19	65275.91
24113.10	796026.58	450180.86	337464.26	8381.46		29407.93	17262.43
7026.45	766057.87	416577.03	342217.12	7263.72		10479.55	5625.00
47193.97	**1983149.29**	**1240946.07**	**720156.57**	**22046.65**		**42284.37**	**34648.12**

中学学校校舍情况

	镇		区			
						校舍建筑面
	合　计	框架结构	砖混结构	砖木结构	土木结构	计
总　　计	**52861667.49**	**24551245.78**	**27851655.50**	**453763.15**	**5003.06**	**483027.12**
其中　危　　房	14685.90		7243.62	7442.28		
其中　当年新增校舍	2513859.52	2040204.06	460385.46	13270.00		
一、教学及辅助用房	**17799231.16**	**9124221.41**	**8598199.14**	**75256.61**	**1554.00**	**156565.16**
教　　室	13129729.32	6643510.07	6428375.33	56437.92	1406.00	115976.50
实 验 室	2285325.03	1132312.07	1142875.49	10137.47		14488.64
图 书 室	1130960.37	632481.63	494177.40	4153.34	148.00	14663.02
微 机 室	686790.78	323650.21	359642.23	3498.34		3687.00
语 音 室	242347.32	120976.59	120341.19	1029.54		1494.00
体 育 馆	324078.34	271290.84	52787.50			6256.00
二、行政办公用房	**4307290.60**	**2012813.69**	**2266171.91**	**27246.97**	**1058.03**	**34990.79**
其中:教师办公室	2832096.47	1221295.27	1591081.16	18702.01	1018.03	21931.00
三、生活用房	**27971292.46**	**12071545.84**	**15597615.39**	**301595.20**	**536.03**	**266515.32**
教工宿舍	4620611.99	1341331.70	3173844.27	105059.99	376.03	34082.71
其中:教师周转宿舍	1116916.88	388802.98	714118.90	13995.00		4284.00
学生宿舍	15279127.22	6095340.86	9094414.21	89372.15		145227.20
食　　堂	5366229.96	3435025.93	1887669.11	43374.92	160.00	64095.84
厕　　所	1549844.19	711369.76	800519.31	37955.12		17159.12
其　　他	1155479.10	488477.59	641168.49	25833.02		5950.45
四、其他用房	**2783853.27**	**1342664.84**	**1389669.06**	**49664.37**	**1855.00**	**24955.85**

（初级中学、九年一贯制学校、职业初中、完全中学、高级中学、十二年一贯制学校）(二)

单位:平方米

积中:租借面积	乡村						
租借公办的基础教育学校的校舍建筑面积	合计	框架结构	砖混结构	砖木结构	土木结构	校舍建筑面积中:租借面积 计	租借公办的基础教育学校的校舍建筑面积
160088.42	**15014515.70**	**5721779.81**	**9023576.79**	**269159.10**		**200751.20**	**29239.46**
	6242.96		3668.23	2574.73			
	870138.18	636631.50	232580.42	926.26			
57160.61	**4887160.53**	**1825305.35**	**3024241.67**	**37613.51**		**60030.15**	**6647.00**
43862.59	3595060.24	1341263.40	2232048.32	21748.52		44873.05	5815.00
2082.00	673141.34	235847.67	428335.71	8957.96		6280.16	206.00
8700.02	276256.61	104161.82	168991.91	3102.88		4081.59	206.00
1160.00	224931.92	72124.68	150284.07	2523.17		4555.35	180.00
132.00	66451.28	27352.72	37817.58	1280.98		240.00	240.00
1224.00	51319.14	44555.06	6764.08				
8862.12	**1219605.36**	**444249.18**	**740050.26**	**35305.92**		**20721.57**	**2570.65**
7832.00	800381.29	268709.63	501313.90	30357.76		10252.76	600.48
81534.84	**7966890.03**	**3031403.70**	**4765167.85**	**170318.48**		**116738.12**	**20006.81**
13685.23	1507055.57	391229.29	1046161.15	69665.13		13812.97	1687.16
780.00	446905.07	158556.69	284992.63	3355.75		1281.33	1227.33
45643.04	3990756.63	1418172.97	2540096.09	32487.57		67331.17	15324.78
15029.00	1673616.62	970805.14	687698.06	15113.42		22826.94	1920.32
5776.12	485054.31	153478.91	294945.15	36630.25		12707.04	1074.55
1401.45	310406.90	97717.39	196267.40	16422.11		60.00	
12530.85	**940859.78**	**420821.58**	**494117.01**	**25921.19**		**3261.36**	**15.00**

初 中 学 校

	总 计					校舍建筑面
	合计	框架结构	砖混结构	砖木结构	土木结构	计
总　　　计	58341805.51	25693949.44	32006455.22	641117.85	283.00	656291.88
其中　危　房	30679.85		21338.62	9166.23	175.00	
当年新增校舍	2832498.58	2052286.59	769533.55	10678.44		
一、教学及辅助用房	20802652.46	9589292.98	11103173.18	110078.30	108.00	242767.93
教　　　室	15556834.79	7161923.74	8322850.63	72060.42		193264.08
实　验　室	2754307.43	1185172.04	1547991.96	21143.43		17419.04
图　书　室	1091818.08	521808.08	561237.58	8664.42	108.00	9248.74
微　机　室	813740.03	328089.54	479913.98	5736.51		5532.44
语　音　室	272358.13	120438.59	149446.02	2473.52		1355.63
体　育　馆	313594.00	271860.99	41733.01			15948.00
二、行政办公用房	5325244.63	2385028.33	2877999.37	62041.93	175.00	46859.14
其中:教师办公室	3425198.01	1413745.20	1964158.04	47119.77	175.00	26874.56
三、生活用房	28201260.98	11738743.51	16063463.54	399053.93		327242.79
教工宿舍	4592794.57	1244441.34	3197205.30	151147.93		50932.47
其中:教师周转宿舍	1236067.44	433156.14	788113.09	14798.21		7274.33
学生宿舍	14385494.66	5601459.12	8694382.68	89652.86		180855.04
食　　　堂	5776939.77	3428232.39	2300233.20	48474.18		65676.06
厕　　　所	1951870.34	829477.27	1051131.67	71261.40		25598.77
其　　　他	1494161.64	635133.39	820510.69	38517.56		4180.45
四、其他用房	4012647.44	1980884.62	1961819.13	69943.69		39422.02

校 舍 情 况（初级中学、九年一贯制学校）（一）

单位：平方米

积中：租借面积	城				区	校舍建筑面积中：租借面积	
租借公办的基础教育学校的校舍建筑面积	合计	框架结构	砖混结构	砖木结构	土木结构	计	租借公办的基础教育学校的校舍建筑面积
281939.40	**12621017.42**	**7076693.26**	**5483960.32**	**60188.84**	**175.00**	**383734.67**	**202173.32**
	16240.00		15633.00	432.00	175.00		
	731913.41	568355.00	162827.23	731.18			
113029.30	5337246.31	3120225.70	2198236.51	18784.10		153076.68	84528.69
95424.78	3835280.99	2165503.96	1657983.13	11793.90		122228.49	69998.19
5877.45	769894.12	439794.98	326432.14	3667.00		9474.40	4847.45
5209.19	288000.68	188934.13	96660.35	2406.20		5997.72	4101.17
2784.88	192227.45	116269.59	75383.86	574.00		3284.44	1928.88
822.00	62927.45	38568.05	24016.40	343.00		1175.63	742.00
2911.00	188915.62	171154.99	17760.63			10916.00	2911.00
20193.26	1514362.42	881525.02	624793.40	7869.00	175.00	34162.37	16225.49
13475.42	947999.29	531213.73	410825.56	5785.00	175.00	19074.08	11057.94
113360.63	4572580.52	2299966.62	2248128.76	24485.14		170304.45	77808.78
10538.39	525238.94	205139.51	315821.37	4278.06		29834.60	6756.00
2847.33	94620.59	48468.13	45692.00	460.46		1849.00	880.00
64409.53	2173755.94	959455.81	1205645.53	8654.60		87455.86	40559.51
26040.73	937457.90	609978.12	322802.16	4677.62		37372.90	21510.41
10357.53	464569.77	270251.46	191921.85	2396.46		13428.09	7849.86
2014.45	471557.97	255141.72	211937.85	4478.40		2213.00	1133.00
35356.21	1196828.17	774975.92	412801.65	9050.60		26191.17	23610.36

初 中 学 校

	镇 区					校舍建筑面
	合计	框架结构	砖混结构	砖木结构	土木结构	计
总　　　计	32218429.10	14080799.33	17822517.60	315004.17	108.00	216128.74
其中 危　房	8447.12		2287.62	6159.50		
其中 当年新增校舍	1549076.52	1156172.62	383882.90	9021.00		
一、教学及辅助用房	11005797.07	4979666.43	5972341.95	53680.69	108.00	80163.25
教　　　室	8422969.85	3877373.41	4507078.44	38518.00		62271.59
实　验　室	1358794.30	549925.25	800350.58	8518.47		7756.64
图　书　室	553878.55	249683.85	300931.36	3155.34	108.00	2943.02
微　机　室	423746.93	162446.37	258661.22	2639.34		2060.00
语　音　室	153207.50	64245.91	88112.05	849.54		100.00
体　育　馆	93199.94	75991.64	17208.30			5032.00
二、行政办公用房	2709327.53	1141552.84	1546291.68	21483.01		10216.12
其中:教师办公室	1750599.59	669011.99	1067994.59	13593.01		6400.00
三、生活用房	16526168.70	7087447.66	9233852.47	204868.57		112593.52
教工宿舍	2668645.73	711565.16	1879875.83	77204.74		12450.71
其中:教师周转宿舍	705395.18	233762.47	460650.71	10982.00		4144.00
学生宿舍	8704538.18	3597545.58	5058481.91	48510.69		69074.40
食　　　堂	3363718.58	2029376.21	1305659.23	28683.14		20960.84
厕　　　所	1052647.83	451392.10	568690.76	32564.97		8140.12
其　　　他	736618.38	297568.61	421144.74	17905.03		1967.45
四、其他用房	1977135.80	872132.40	1070031.50	34971.90		13155.85

校 舍 情 况（初级中学、九年一贯制学校）（二）

单位：平方米

积中:租借面积	乡				村	校舍建筑面积中:租借面积	
租借公办的基础教育学校的校舍建筑面积	合计	框架结构	砖混结构	砖木结构	土木结构	计	租借公办的基础教育学校的校舍建筑面积
56367.62	**13502358.99**	**4536456.85**	**8699977.30**	**265924.84**		**56428.47**	**23398.46**
	5992.73		3418.00	2574.73			
	551508.65	327758.97	222823.42	926.26			
23940.61	4459609.08	1489400.85	2932594.72	37613.51		9528.00	4560.00
21186.59	3298583.95	1119046.37	2157789.06	21748.52		8764.00	4240.00
950.00	625619.01	195451.81	421209.24	8957.96		188.00	80.00
1028.02	249938.85	83190.10	163645.87	3102.88		308.00	80.00
776.00	197765.65	49373.58	145868.90	2523.17		188.00	80.00
	56223.18	17624.63	37317.57	1280.98		80.00	80.00
	31478.44	24714.36	6764.08				
2647.12	1101554.68	361950.47	706914.29	32689.92		2480.65	1320.65
2017.00	726599.13	213519.48	485337.89	27741.76		1400.48	400.48
18049.04	7102511.76	2351329.23	4581482.31	169700.22		44344.82	17502.81
2455.23	1398909.90	327736.67	1001508.10	69665.13		8647.16	1327.16
740.00	436051.67	150925.54	281770.38	3355.75		1281.33	1227.33
10425.24	3507200.54	1044457.73	2430255.24	32487.57		24324.78	13424.78
2750.00	1475763.29	788878.06	671771.81	15113.42		7342.32	1780.32
1537.12	434652.74	107833.71	290519.06	36299.97		4030.56	970.55
881.45	285985.29	82423.06	187428.10	16134.13			
11730.85	838683.47	333776.30	478985.98	25921.19		75.00	15.00

普 通 高 中 学 校

		总		计			
							校舍建筑面
		合计	框架结构	砖混结构	砖木结构	土木结构	计
总　　计		**35427105.04**	**19087671.58**	**16069226.73**	**265311.67**	**4895.06**	**1032697.36**
其中	危　　房	12476.75		9403.97	3072.78		
	当年新增校舍	1860233.58	1589467.05	266517.53	4249.00		
一、教学及辅助用房		**12030374.25**	**7514535.33**	**4450586.52**	**63806.40**	**1446.00**	**389152.12**
教　　室		8136094.88	4927250.05	3161437.43	46001.40	1406.00	246240.56
实 验 室		1781994.16	1090558.92	681539.24	9896.00		41294.94
图 书 室		968417.51	658172.11	307613.40	2592.00	40.00	43182.12
微 机 室		448941.82	278727.05	168091.77	2123.00		11202.95
语 音 室		161340.15	106266.02	53004.13	2070.00		2685.02
体 育 馆		533585.73	453561.18	78900.55	1124.00		44546.53
二、行政办公用房		**2876393.36**	**1679907.49**	**1170747.38**	**24680.46**	**1058.03**	**81224.67**
其中:教师办公室		1851435.96	1009498.08	822171.35	18748.50	1018.03	49213.95
三、生活用房		**18825122.53**	**8869680.89**	**9805769.32**	**149136.29**	**536.03**	**531241.01**
教工宿舍		2914667.82	1024611.57	1858141.97	31538.25	376.03	42199.49
其中:教师周转宿舍		549132.23	199065.07	345525.16	4542.00		3981.40
学生宿舍		10870397.21	4546688.48	6248338.19	75370.54		314820.74
食　　堂		3423220.53	2445189.96	958349.79	19520.78	160.00	128235.91
厕　　所		879054.74	485552.26	381797.05	11705.43		33675.32
其　　他		737782.23	367638.62	359142.32	11001.29		12309.55
四、其他用房		**1695214.90**	**1023547.87**	**642123.51**	**27688.52**	**1855.00**	**31079.56**

校　舍　情　况（完全中学、高级中学、十二年一贯制学校）（一）

单位:平方米

积中:租借面积	城区						
租借公办的基础教育学校的校舍建筑面积	合计	框架结构	砖混结构	砖木结构	土木结构	校舍建筑面积中:租借面积 计	租借公办的基础教育学校的校舍建筑面积
398257.85	**13271709.94**	**7431902.17**	**5716489.34**	**123318.43**		**621476.25**	**288696.05**
	5987.74		4197.74	1790.00			
	576821.05	396563.08	180257.97				
131806.44	**4809388.71**	**3034075.85**	**1733082.38**	**42230.48**		**262248.06**	**96499.44**
95070.01	3132859.12	1938896.36	1165881.28	28081.48		156426.60	70819.01
16074.99	807941.10	467776.24	331887.86	8277.00		28470.78	14816.99
14180.15	365017.93	254402.61	109021.32	1594.00		27688.53	6382.15
3897.27	158731.70	94772.11	62695.59	1264.00		5208.60	3413.27
1360.02	61972.23	39807.25	20274.98	1890.00		1131.02	1068.02
1224.00	282866.63	238421.28	43321.35	1124.00		43322.53	
29585.71	**1160379.61**	**726347.93**	**417731.18**	**16300.50**		**38209.08**	**22120.71**
21088.26	696156.92	402024.65	283108.77	11023.50		24830.67	15073.26
225027.94	**6515620.50**	**3205508.24**	**3258320.86**	**51791.40**		**304925.91**	**159038.14**
20818.91	854555.89	331352.41	519520.48	3683.00		15401.68	9228.91
1449.15	126757.13	36393.41	88834.72	1529.00		3841.40	1409.15
129256.96	3812252.08	1675177.96	2102565.04	34509.08		195661.55	92139.16
56184.50	1222855.82	857613.16	360413.66	4829.00		69616.29	43765.50
13755.57	331456.81	179929.40	145542.41	5985.00		15979.84	9412.57
5012.00	294499.90	161435.31	130279.27	2785.32		8266.55	4492.00
11837.76	**786321.12**	**465970.15**	**307354.92**	**12996.05**		**16093.20**	**11037.76**

普 通 高 中 学 校

		镇	区				校舍建筑面
		合计	框架结构	砖混结构	砖木结构	土木结构	计
总　　计		**20643238.39**	**10470446.45**	**10029137.90**	**138758.98**	**4895.06**	**266898.38**
其中	危　房	6238.78		4956.00	1282.78		
	当年新增校舍	964783.00	884031.44	76502.56	4249.00		
一、教学及辅助用房		6793434.09	4144554.98	2625857.19	21575.92	1446.00	76401.91
教　　室		4706759.47	2766136.66	1921296.89	17919.92	1406.00	53704.91
实 验 室		926530.73	582386.82	342524.91	1619.00		6732.00
图 书 室		577081.82	382797.78	193246.04	998.00	40.00	11720.00
微 机 室		263043.85	161203.84	100981.01	859.00		1627.00
语 音 室		89139.82	56730.68	32229.14	180.00		1394.00
体 育 馆		230878.40	195299.20	35579.20			1224.00
二、行政办公用房		1597963.07	871260.85	719880.23	5763.96	1058.03	24774.67
其中:教师办公室		1081496.88	552283.28	523086.57	5109.00	1018.03	15531.00
三、生活用房		11445123.76	4984098.18	6363762.92	96726.63	536.03	153921.80
教工宿舍		1951966.26	629766.54	1293968.44	27855.25	376.03	21632.00
其中:教师周转宿舍		411521.70	155040.51	253468.19	3013.00		140.00
学生宿舍		6574589.04	2497795.28	4035932.30	40861.46		76152.80
食　　堂		2002511.38	1405649.72	582009.88	14691.78	160.00	43135.00
厕　　所		497196.36	259977.66	231828.55	5390.15		9019.00
其　　他		418860.72	190908.98	220023.75	7927.99		3983.00
四、其他用房		806717.47	470532.44	319637.56	14692.47	1855.00	11800.00

校 舍 情 况（完全中学、高级中学、十二年一贯制学校）(二)

单位：平方米

积中:租借面积	乡 村					校舍建筑面积中:租借面积	
租借公办的基础教育学校的校舍建筑面积	合计	框架结构	砖混结构	砖木结构	土木结构	计	租借公办的基础教育学校的校舍建筑面积
103720.80	1512156.71	1185322.96	323599.49	3234.26		144322.73	5841.00
	250.23		250.23				
	318629.53	308872.53	9757.00				
33220.00	427551.45	335904.50	91646.95			50502.15	2087.00
22676.00	296476.29	222217.03	74259.26			36109.05	1575.00
1132.00	47522.33	40395.86	7126.47			6092.16	126.00
7672.00	26317.76	20971.72	5346.04			3773.59	126.00
384.00	27166.27	22751.10	4415.17			4367.35	100.00
132.00	10228.10	9728.09	500.01			160.00	160.00
1224.00	19840.70	19840.70					
6215.00	118050.68	82298.71	33135.97	2616.00		18240.92	1250.00
5815.00	73782.16	55190.15	15976.01	2616.00		8852.28	200.00
63485.80	864378.27	680074.47	183685.54	618.26		72393.30	2504.00
11230.00	108145.67	63492.62	44653.05			5165.81	360.00
40.00	10853.40	7631.15	3222.25				
35217.80	483556.09	373715.24	109840.85			43006.39	1900.00
12279.00	197853.33	181927.08	15926.25			15484.62	140.00
4239.00	50401.57	45645.20	4426.09	330.28		8676.48	104.00
520.00	24421.61	15294.33	8839.30	287.98		60.00	
800.00	102176.31	87045.28	15131.03			3186.36	

特 殊 教 育 学

		总 计					校舍建筑面
		合计	框架结构	砖混结构	砖木结构	土木结构	计
总 计		623244.29	321544.44	281492.70	20207.15		8895.00
其中	危 房	6836.00	3873.00	2963.00			
	当年新增校舍	2678.80	2678.80				
一、教学及辅助用房		284694.18	143566.76	132493.42	8634.00		5410.00
	普通教室	149931.32	75047.02	70899.30	3985.00		2721.00
	专用教室	96972.50	50467.30	42956.20	3549.00		1436.00
	实验室	13409.54	5511.41	7586.13	312.00		1242.00
	微机室	11029.89	5929.54	4767.35	333.00		
	图书室	13350.93	6611.49	6284.44	455.00		11.00
二、行政办公用房		71335.61	34330.77	34711.84	2293.00		585.00
	其中:教师办公室	45905.60	22350.67	21734.93	1820.00		305.00
三、生活用房		173776.18	83021.78	82837.25	7917.15		782.00
四、其他用房		93438.32	60625.13	31450.19	1363.00		2118.00

特 殊 教 育 学

		镇 区					校舍建筑面
		合计	框架结构	砖混结构	砖木结构	土木结构	计
总 计		310177.75	161184.31	136843.29	12150.15		
其中	危 房	5710.00	3397.00	2313.00			
	当年新增校舍	2678.80	2678.80				
一、教学及辅助用房		144108.58	71605.43	67055.15	5448.00		
	普通教室	79705.61	40179.26	37399.35	2127.00		
	专用教室	43378.09	20495.89	20341.20	2541.00		
	实验室	6691.88	3550.75	2919.13	222.00		
	微机室	6699.48	3728.33	2728.15	243.00		
	图书室	7633.52	3651.20	3667.32	315.00		
二、行政办公用房		33032.16	17168.62	14520.54	1343.00		
	其中:教师办公室	23022.13	11180.67	10781.46	1060.00		
三、生活用房		85432.34	41067.44	39865.75	4499.15		
四、其他用房		47604.67	31342.82	15401.85	860.00		

校校舍情况（一）

单位：平方米

	城			区		校舍建筑面积中：租借面积	
积中：租借面积 租借公办的基础教育学校的校舍建筑面积	合计	框架结构	砖混结构	砖木结构	土木结构	计	租借公办的基础教育学校的校舍建筑面积
8895.00	**298503.46**	**150966.05**	**139480.41**	**8057.00**		**8895.00**	**8895.00**
	1126.00	476.00	650.00				
5410.00	**134782.55**	**69282.28**	**62314.27**	**3186.00**		**5410.00**	**5410.00**
2721.00	66869.70	33541.75	31469.95	1858.00		2721.00	2721.00
1436.00	52210.40	29063.40	22139.00	1008.00		1436.00	1436.00
1242.00	6154.65	1897.65	4167.00	90.00		1242.00	1242.00
	4066.40	2015.20	1961.20	90.00			
11.00	5481.40	2764.28	2577.12	140.00		11.00	11.00
585.00	**36660.44**	**16012.14**	**19698.30**	**950.00**		**585.00**	**585.00**
305.00	21960.46	10659.99	10540.47	760.00		305.00	305.00
782.00	**85616.83**	**39919.33**	**42279.50**	**3418.00**		**782.00**	**782.00**
2118.00	**41443.64**	**25752.30**	**15188.34**	**503.00**		**2118.00**	**2118.00**

校校舍情况（二）

单位：平方米

	乡			村		校舍建筑面积中：租借面积	
积中：租借面积 租借公办的基础教育学校的校舍建筑面积	合计	框架结构	砖混结构	砖木结构	土木结构	计	租借公办的基础教育学校的校舍建筑面积
	14563.08	**9394.08**	**5169.00**				
	5803.05	**2679.05**	**3124.00**				
	3356.01	1326.01	2030.00				
	1384.01	908.01	476.00				
	563.01	63.01	500.00				
	264.01	186.01	78.00				
	236.01	196.01	40.00				
	1643.01	**1150.01**	**493.00**				
	923.01	510.01	413.00				
	2727.01	**2035.01**	**692.00**				
	4390.01	**3530.01**	**860.00**				

幼儿园、特殊教育学校

	占地面积（平方米）		
	计	其中	
		绿化用地面积	运动场地面积
幼 儿 园	**54113143.16**	**8205113.61**	**17647094.54**
城　　区	12176853.48	1897984.38	4283418.27
镇　　区	20462954.53	3063185.71	6500332.83
乡　　村	21473335.15	3243943.52	6863343.44
特殊教育	**1271502.91**	**209987.63**	**272335.42**
城　　区	570242.46	112854.76	116338.81
镇　　区	649562.43	88181.86	144902.60
乡　　村	51698.02	8951.01	11094.01

小学学校占地面积

	占地面积（平方米）			图书（册）	计算机数（台）	
	合计	其中			计	其中：教
		绿化用地面积	运动场地面积			计
总　　计	**220852896.45**	**28556780.66**	**59759852.95**	**201862932**	**934719**	**793440**
城　　区	23880186.25	3263948.60	8001405.90	44148034	206064	175205
镇　　区	66088772.91	8350716.36	18751973.46	74591458	329710	283134
乡　　村	130883937.29	16942115.70	33006473.59	83123440	398945	335101

占地面积及其他办学条件

图书（册）	数字资源			
	电子图书（册）	电子期刊（册）	学位论文（册）	音视频（小时）
28544759	**2920472**	**268274**	**59958**	**3773557.96**
8351339	1242439	103550	21566	1231512.96
10829379	935840	103772	25345	1269585.10
9364041	742193	60952	13047	1272459.90
545642	**16205**	**643**	**106**	**15231.40**
292020	7002	426	51	7036.00
245229	8883	216	55	7539.40
8393	320	1		656.00

及其他办学条件（小学、教学点）

学用计算机 其中：平板电脑	教室（间）		教室中：普通教室（间）		固定资产总值（万元）		
	计	其中：网络多媒体教室	计	其中：网络多媒体教室	计	其中：教学仪器设备资产值	
						计	其中：实验设备
47261	**417782**	**191563**	**357960**	**181012**	**7693759.48**	**853860.19**	**211490.09**
13323	59910	42190	49686	38881	1600367.40	202131.73	37930.83
16679	131650	69729	115352	66944	2829913.34	294109.45	72394.90
17259	226222	79644	192922	75187	3263478.74	357619.01	101164.36

中学学校占地面积及其他办学条件

	占地面积（平方米）			图书（册）	计算机数（台）	
	合计	其　　中			计	其中：教学
		绿化用地面积	运动场地面积			计
总　　计	203249372.88	34475068.34	46629657.30	176039974	813144	677828
初　　中	133807743.67	19663260.83	33190368.33	137748519	579753	485996
初级中学	98284694.73	13937573.15	24892322.83	109795333	448113	377615
九年一贯制学校	35523048.94	5725687.68	8298045.50	27953186	131640	108381
职业初中						
高　　中	69441629.21	14811807.51	13439288.97	38291455	233391	191832
完全中学	11099815.94	2370272.45	2601345.00	9274221	56733	46042
高级中学	48358030.74	10282316.88	9310470.82	25705580	152482	126529
十二年一贯制学校	9983782.53	2159218.18	1527473.15	3311654	24176	19261
城　　区	49081213.78	9601821.48	12371025.56	49996988	257844	210347
初　　中	24839924.07	4231183.95	7185787.56	32897629	154992	127387
初级中学	15876147.93	2732890.99	4668830.54	23930328	111101	91953
九年一贯制学校	8963776.14	1498292.96	2516957.02	8967301	43891	35434
职业初中						
高　　中	24241289.71	5370637.53	5185238.00	17099359	102852	82960
完全中学	4867992.32	1085224.59	1341876.08	5199205	32586	25798
高级中学	16360721.77	3569820.62	3354694.28	10645766	61624	50371
十二年一贯制学校	3012575.62	715592.32	488667.64	1254388	8642	6791
镇　　区	113062451.05	18797613.53	25151192.64	94516130	422258	356808
初　　中	71931132.19	10347805.81	17527691.96	74628931	300185	254647
初级中学	53042411.25	7179868.81	13550955.57	60855256	236163	201410
九年一贯制学校	18888720.94	3167937.00	3976736.39	13773675	64022	53237
职业初中						
高　　中	41131318.86	8449807.72	7623500.68	19887199	122073	102161
完全中学	5556259.23	1073132.52	1110554.60	3674653	21485	18255
高级中学	29781794.50	6284315.62	5563755.01	14273361	86744	72818
十二年一贯制学校	5793265.13	1092359.58	949191.07	1939185	13844	11088
乡　　村	41105708.05	6075633.33	9107439.10	31526856	133042	110673
初　　中	37036687.41	5084271.07	8476888.81	30221959	124576	103962
初级中学	29366135.55	4024813.35	6672536.72	25009749	100849	84252
九年一贯制学校	7670551.86	1059457.72	1804352.09	5212210	23727	19710
职业初中						
高　　中	4069020.64	991362.26	630550.29	1304897	8466	6711
完全中学	675564.39	211915.34	148914.32	400363	2662	1989
高级中学	2215514.47	428180.64	392021.53	786453	4114	3340
十二年一贯制学校	1177941.78	351266.28	89614.44	118081	1690	1382

（初级中学、九年一贯制学校、完全中学、高级中学、十二年一贯制学校）

用计算机	教室（间）		教室中:普通教室（间）		固定资产总值（万元）		
其中：平板电脑	计	其中：网络多媒体教室	计	其中：网络多媒体教室	计	其中:教学仪器设备资产值 计	其中：实验设备
52643	**238925**	**148631**	**202641**	**140083**	**11694989.58**	**976640.30**	**337189.99**
35737	**169122**	**105243**	**142977**	**99122**	**6930584.16**	**622862.72**	**210174.36**
24830	113305	71031	93726	66495	3986588.65	420958.80	149110.83
10907	55817	34212	49251	32627	2943995.51	201903.92	61063.53
16906	**69803**	**43388**	**59664**	**40961**	**4764405.42**	**353777.58**	**127015.63**
7600	14422	9982	12237	9390	837231.72	87700.01	27105.98
8427	44771	26671	38454	25145	3067481.06	202929.97	78331.54
879	10610	6735	8973	6426	859692.63	63147.61	21578.11
20316	**66172**	**44726**	**54245**	**41467**	**3488588.80**	**341720.34**	**108058.98**
12965	**39607**	**27571**	**32730**	**25444**	**1753262.16**	**184743.91**	**54702.50**
9112	23800	17157	19069	15724	976210.17	114809.95	34479.23
3853	15807	10414	13661	9720	777051.98	69933.96	20223.27
7351	**26565**	**17155**	**21515**	**16023**	**1735326.65**	**156976.43**	**53356.48**
3882	6707	4940	5496	4571	395856.43	60835.09	16455.05
3140	16310	9888	13216	9224	1127088.10	76881.48	29288.21
329	3548	2327	2803	2228	212382.12	19259.85	7613.22
25591	**131489**	**81091**	**114419**	**77325**	**6587554.72**	**488558.54**	**175573.42**
16989	**90817**	**56547**	**78459**	**53927**	**3860896.16**	**310803.71**	**106961.13**
11852	61758	38920	52253	36878	2165010.24	215226.54	77760.80
5137	29059	17627	26206	17049	1695885.92	95577.17	29200.33
8602	**40672**	**24544**	**35960**	**23398**	**2726658.56**	**177754.83**	**68612.29**
3260	7086	4508	6246	4380	374929.12	23107.86	8867.35
4793	26955	15942	23923	15130	1779236.34	115139.78	46227.94
549	6631	4094	5791	3888	572493.10	39507.19	13517.00
6736	**41264**	**22814**	**33977**	**21291**	**1618846.05**	**146361.42**	**53557.59**
5783	**38698**	**21125**	**31788**	**19751**	**1316425.84**	**127315.10**	**48510.73**
3866	27747	14954	22404	13893	845368.23	90922.31	36870.80
1917	10951	6171	9384	5858	471057.61	36392.79	11639.93
953	**2566**	**1689**	**2189**	**1540**	**302420.21**	**19046.32**	**5046.86**
458	629	534	495	439	66446.17	3757.05	1783.58
494	1506	841	1315	791	161156.62	10908.70	2815.39
1	431	314	379	310	74817.42	4380.57	447.89

小 学 学 校

	体育运动场（馆）面积达标校数	体育器械配备达标校数	音乐器材配备达标校数	美术器材配备达标校数
总　　计	**14442**	**16235**	**16190**	**16109**
城　　区	1401	1641	1641	1621
镇　　区	3915	4413	4405	4399
乡　　村	9126	10181	10144	10089

中 学 学 校 办 学 条 件

	体育运动场（馆）面积达标校数	体育器械配备达标校数	音乐器材配备达标校数	美术器材配备达标校数
总　　计	**4687**	**5047**	**4967**	**4950**
初级中学	3008	3282	3271	3256
九年一贯制学校	930	983	950	950
职业初中				
完全中学	156	162	161	158
高级中学	483	508	475	477
十二年一贯制学校	110	112	110	109
城　　区	**988**	**1101**	**1082**	**1074**
初级中学	451	522	522	517
九年一贯制学校	222	245	235	234
职业初中				
完全中学	81	84	83	81
高级中学	192	208	202	202
十二年一贯制学校	42	42	40	40
镇　　区	**2354**	**2521**	**2471**	**2469**
初级中学	1503	1633	1625	1620
九年一贯制学校	453	475	458	461
职业初中				
完全中学	68	71	71	70
高级中学	266	277	252	254
十二年一贯制学校	64	65	65	64
乡　　村	**1345**	**1425**	**1414**	**1407**
初级中学	1054	1127	1124	1119
九年一贯制学校	255	263	257	255
职业初中				
完全中学	7	7	7	7
高级中学	25	23	21	21
十二年一贯制学校	4	5	5	5

办　学　条　件

单位：所

数学自然实验仪器达标校数	有校医院（卫生室）校数	有专职校医校数	有专职保健人员校数	有心理辅导室校数
15958	**5521**	**1043**	**1496**	**7763**
1608	926	272	323	1284
4322	1698	373	503	2492
10028	2897	398	670	3987

（初级中学、九年一贯制学校、完全中学、高级中学、十二年一贯制学校）

单位：所

理科实验仪器达标校数	有校医院（卫生室）校数	有专职校医校数	有专职保健人员校数	有心理辅导室校数	有预防艾滋病教育和性教育相关课程和活动的校数
4974	**3085**	**1628**	**1599**	**4594**	**4616**
3305	1791	662	702	3014	2947
937	610	370	397	835	914
157	150	130	109	153	152
468	440	385	314	495	502
107	94	81	77	97	101
1070	822	553	534	1068	1041
529	369	200	193	517	489
226	160	103	118	225	227
81	79	68	62	82	80
195	179	153	132	208	208
39	35	29	29	36	37
2483	1588	863	822	2266	2297
1638	920	344	364	1483	1455
459	304	197	202	396	445
70	65	56	43	64	65
253	245	219	169	267	273
63	54	47	44	56	59
1421	675	212	243	1260	1278
1138	502	118	145	1014	1003
252	146	70	77	214	242
6	6	6	4	7	7
20	16	13	13	20	21
5	5	5	4	5	5

基础教育学校

	按学校供水方式分			按学校厕所情况分		
	自备水源	网管供水	无水源	卫生厕所	非卫生厕所	无厕所
总　　计	**12453**	**34408**	**79**	**34773**	**11928**	**239**
幼 儿 园	5059	18088	34	19346	3665	170
小　　学	5547	12544	26	10847	7231	39
初级中学	1232	2245	9	2650	820	16
九年一贯制学校	349	765	3	940	173	4
职业初中						
完全中学	36	133		163	6	
高级中学	165	429	7	572	20	9
十二年一贯制学校	36	83		116	2	1
特殊教育	29	121		139	11	
工读学校						

基础教育学校

	按学校供水方式分			按学校厕所情况分		
	自备水源	网管供水	无水源	卫生厕所	非卫生厕所	无厕所
总　　计	**832**	**6982**	**38**	**7435**	**333**	**84**
幼 儿 园	342	4402	11	4624	83	48
小　　学	293	1519	18	1618	190	22
初级中学	88	476	7	524	37	10
九年一贯制学校	53	217		257	12	1
职业初中						
完全中学	8	79		85	2	
高级中学	25	207	2	228	3	3
十二年一贯制学校	15	27		41	1	
特殊教育	8	55		58	5	
工读学校						

卫生、通电情况（总计）

单位：所

洗手设施			通电	校园足球场（个）			
有水和肥皂	只有水	既没有水也没有肥皂		计	11人制足球场	7人制足球场	5人制足球场
32833	**13694**	**413**	**46864**	**8042**	**1412**	**1873**	**4757**
20538	2491	152	23149				
9623	8284	210	18089	4808	245	845	3718
1553	1899	34	3476	1875	505	692	678
593	519	5	1115	640	209	198	233
85	83	1	169	155	79	40	36
250	341	10	597	458	314	69	75
72	46	1	119	106	60	29	17
119	31		150				

卫生、通电情况（城区）

单位：所

洗手设施			通电	校园足球场（个）			
有水和肥皂	只有水	既没有水也没有肥皂		计	11人制足球场	7人制足球场	5人制足球场
6441	**1325**	**86**	**7812**	**1937**	**412**	**541**	**984**
4616	107	32	4743				
1158	632	40	1812	989	63	236	690
282	279	10	563	403	104	161	138
143	127		270	211	63	68	80
47	39	1	87	88	40	25	23
118	113	3	232	203	124	37	42
29	13		42	43	18	14	11
48	15		63				

基础教育学校

	按学校供水方式分			按学校厕所情况分		
	自备水源	网管供水	无水源	卫生厕所	非卫生厕所	无厕所
总　　计	4166	11921	23	13253	2772	85
幼 儿 园	1706	6640	15	7397	895	69
小　　学	1444	3492	1	3470	1462	5
初级中学	661	1053		1384	328	2
九年一贯制学校	166	367	3	468	65	3
职业初中						
完全中学	25	50		71	4	
高级中学	126	203	4	315	13	5
十二年一贯制学校	20	52		70	1	1
特殊教育	18	64		78	4	
工读学校						

基础教育学校

	按学校供水方式分			按学校厕所情况分		
	自备水源	网管供水	无水源	卫生厕所	非卫生厕所	无厕所
总　　计	7455	15505	18	14085	8823	70
幼 儿 园	3011	7046	8	7325	2687	53
小　　学	3810	7533	7	5759	5579	12
初级中学	483	716	2	742	455	4
九年一贯制学校	130	181		215	96	
职业初中						
完全中学	3	4		7		
高级中学	14	19	1	29	4	1
十二年一贯制学校	1	4		5		
特殊教育	3	2		3	2	
工读学校						

卫生、通电情况(镇区)

单位:所

洗手设施			通电	校园足球场(个)			
有水和肥皂	只有水	既没有水也没有肥皂		计	11人制足球场	7人制足球场	5人制足球场
11485	**4508**	**117**	**16090**	**3132**	**771**	**815**	**1546**
7500	809	52	8347				
2689	2202	46	4935	1539	123	330	1086
763	942	9	1714	944	284	344	316
269	262	5	534	298	115	84	99
33	42		75	58	35	12	11
122	207	4	331	235	176	31	28
42	29	1	72	58	38	14	6
67	15		82				

卫生、通电情况(乡村)

单位:所

洗手设施			通电	校园足球场(个)			
有水和肥皂	只有水	既没有水也没有肥皂		计	11人制足球场	7人制足球场	5人制足球场
14907	**7861**	**210**	**22962**	**2973**	**229**	**517**	**2227**
8422	1575	68	10059				
5776	5450	124	11342	2280	59	279	1942
508	678	15	1199	528	117	187	224
181	130		311	131	31	46	54
5	2		7	9	4	3	2
10	21	3	34	20	14	1	5
1	4		5	5	4	1	
4	1		5				

小 学 学 校 信 息

	建立校园网校数（所）	接入互联网校数（所）				
		计	按接入方式分			
			拨号	ADSL	光纤	无线
总　计	8344	18029		215	17728	86
城　区	968	1798		13	1775	10
镇　区	2441	4919		44	4851	24
乡　村	4935	11312		158	11102	52

化 建 设 情 况（小学、教学点）

其它	接入互联网出口带宽（Mbps）	数字资源量				接受过信息技术相关培训的专任教师（人次）	信息化工作人员数
		电子图书（册）	电子期刊（册）	学位论文（册）	音视频（小时）		
	3268468	**5692741**	**228479**	**24909**	**4149352.80**	**213048**	**25990**
	261484	1694059	30702	988	756950.50	58224	3094
	767173	1827413	81028	9031	1196830.60	74297	7169
	2239811	2171269	116749	14890	2195571.70	80527	15727

中学学校信息化建设情况

	建立校园网校数（所）	接入互联网校数（所）				
		计	按接入方式分			
			拨号	ADSL	光纤	无线
总　　计	**3288**	**5446**		18	5386	42
初　中	2626	4570		16	4523	31
初级中学	1957	3459		14	3418	27
九年一贯制学校	669	1111		2	1105	4
职业初中						
高　中	662	876		2	863	11
完全中学	139	169		1	166	2
高级中学	433	588		1	578	9
十二年一贯制学校	90	119			119	
城　　区	**834**	**1188**		3	1172	13
初　中	541	828		2	817	9
初级中学	366	559		1	550	8
九年一贯制学校	175	269		1	267	1
职业初中						
高　中	293	360		1	355	4
完全中学	75	87		1	85	1
高级中学	184	231			228	3
十二年一贯制学校	34	42			42	
镇　　区	**1671**	**2714**		11	2681	22
初　中	1330	2241		10	2216	15
初级中学	995	1710		9	1689	12
九年一贯制学校	335	531		1	527	3
职业初中						
高　中	341	473		1	465	7
完全中学	57	75			74	1
高级中学	231	326		1	319	6
十二年一贯制学校	53	72			72	
乡　　村	**783**	**1544**		4	1533	7
初　中	755	1501		4	1490	7
初级中学	596	1190		4	1179	7
九年一贯制学校	159	311			311	
职业初中						
高　中	28	43			43	
完全中学	7	7			7	
高级中学	18	31			31	
十二年一贯制学校	3	5			5	

（初级中学、九年一贯制学校、完全中学、高级中学、十二年一贯制学校）

其它	接入互联网出口带宽（Mbps）	数字资源量				接受过信息技术相关培训的专任教师（人次）	信息化工作人员数
		电子图书（册）	电子期刊（册）	学位论文（册）	音视频（小时）		
	794770	**6097344**	**219489**	**45203**	**2297980.35**	**218156**	**14043**
	657073	3386822	129979	20032	1696422.00	152807	9968
	487160	2460605	94382	18032	1372792.70	124455	7215
	169913	926217	35597	2000	323629.30	28352	2753
	137697	2710522	89510	25171	601558.35	65349	4075
	23093	1119131	14714	12519	120273.75	13652	776
	94039	1379128	61719	12001	435305.00	48214	2847
	20565	212263	13077	651	45979.60	3483	452
	192920	**3498641**	**85666**	**14526**	**730162.75**	**70056**	**4019**
	132312	1892493	32759	1400	406961.00	42259	2382
	87776	1360123	26224	1208	307003.00	32968	1629
	44536	532370	6535	192	99958.00	9291	753
	60608	1606148	52907	13126	323201.75	27797	1637
	12310	811378	9406	10603	83258.75	8012	381
	40693	666578	35891	2149	227131.00	18728	1100
	7605	128192	7610	374	12812.00	1057	156
	385957	**2128624**	**112081**	**26538**	**1142468.10**	**114120**	**7411**
	318908	1044460	75756	14497	882700.80	79115	5115
	237996	813720	50484	12975	728553.50	65599	3710
	80912	230740	25272	1522	154147.30	13516	1405
	67049	1084164	36325	12041	259767.30	35005	2296
	9083	306393	5148	1916	28809.00	5245	362
	46726	703810	25710	9848	198221.70	27826	1665
	11240	73961	5467	277	32736.60	1934	269
	215893	**470079**	**21742**	**4139**	**425349.50**	**33980**	**2613**
	205853	449869	21464	4135	406760.20	31433	2471
	161388	286762	17674	3849	337236.20	25888	1876
	44465	163107	3790	286	69524.00	5545	595
	10040	20210	278	4	18589.30	2547	142
	1700	1360	160		8206.00	395	33
	6620	8740	118	4	9952.30	1660	82
	1720	10110			431.00	492	27

附 设 班

	校 数（所）	班 数（个）	毕业生数	入班人数	在园人数
附设幼儿班情况	13344	24565	316194	204532	504084
附设小学班情况	365	1447	44751	2851	59395
附设普通初中班情况	19	184	4083	2379	8467
附设普通高中班情况	27	371	5657	6673	19592
附设特教班情况	1	1			8

成 人 中、小 学

	合 计	教学班（点）（个）	毕（结）业生数 计	毕（结）业生数 其中：女
一、成人中学	**101**	**149**	**61912**	**38257**
其中:少数民族				
（一）职工中学	8	14	13658	8256
高　　中	1	1	2387	1527
初　　中	7	13	11271	6729
（二）农民中学	93	135	48254	30001
高　　中				
初　　中	93	135	48254	30001
二、成人小学	**864**	**875**	**136983**	**75959**
其中:少数民族				
职工小学	24	24	16439	10192
农民小学	840	851	120544	65767
小 学 班	820	831	120544	65767
扫 盲 班	20	20		

情　况

	专　任　教　师				
合　计	研究生毕　业	本科毕业	专科毕业	高中阶段毕　业	高中阶段毕业以下
22291	6	2911	11584	7784	6
2418	8	1635	759	16	
892	29	837	26		
839	86	747	5	1	
2		1	1		

基　本　情　况

单位：人次

注册学生数		教职工数		专任教师		聘请校外教　师
计	其中：女	计	其中：女	计	其中：女	
55012	**32238**	**765**	**498**	**712**	**482**	**284**
12713	7532	17	10	12	8	41
2387	1527	6	1	4	1	35
10326	6005	11	9	8	7	6
42299	24706	748	488	700	474	243
42299	24706	748	488	700	474	243
124337	**65877**	**1631**	**886**	**1204**	**655**	**984**
12845	8123	24	14			
111492	57754	1607	872	1204	655	984
108646	56131	1529	829	1131	616	879
2846	1623	78	43	73	39	105

五、各省辖市直管县教育基本情况

小　学　基　本

省辖市直管县	校数（所）			教学点数（个）	乡镇中心小学校数	班数（个）	毕业生数	招生数	
	计	公办	民办					计	其中：受过学前教育
河南省	18117	16252	1865	13726	3160	280034	1570913	1737602	1736831
郑州市	888	817	71	148	104	18858	134099	170820	170670
开封市	718	633	85	649	91	12183	64411	71437	71420
洛阳市	843	795	48	1133	141	17269	96241	107678	107647
平顶山市	785	698	87	705	234	11427	71632	69221	69194
安阳市	953	911	42	328	178	12726	76182	74634	74594
鹤壁市	306	271	35	174	79	4338	18654	25246	25225
新乡市	1042	970	72	486	165	14583	86912	89728	89658
焦作市	514	486	28	155	140	7595	40490	47955	47947
濮阳市	781	659	122	358	168	11724	58861	76170	76126
许昌市	819	668	151	369	190	11792	69900	72897	72897
漯河市	495	476	19	123	59	5600	31901	36094	36065
三门峡市	239	234	5	439	64	4302	23952	27163	27157
南阳市	1474	1304	170	2487	460	29842	177397	163587	163515
商丘市	1557	1415	142	795	165	20983	98262	131027	131017
信阳市	871	820	51	1261	203	15815	96600	93788	93751
周口市	1658	1341	317	1899	134	25388	132047	152898	152783
驻马店市	1675	1546	129	910	154	20932	105752	119129	119122
济源市	91	91		25	23	1430	7693	9752	9749
巩义市	70	69	1	45	16	1309	8192	9602	9602
兰考县	202	192	10	32	9	2616	9921	15843	15838
汝州市	385	359	26	69	20	3633	17886	20615	20601
滑县	292	269	23	175	26	4135	20403	25583	25579
长垣县	227	220	7	20	76	2591	15709	18440	18436
邓州市	298	284	14	308	170	5034	29337	25973	25968
永城市	308	269	39	27	19	3879	25185	27180	27180
固始县	179	151	28	196	30	3535	21959	19935	19915
鹿邑县	200	133	67	232	19	3181	14661	17232	17200
新蔡县	247	171	76	178	23	3334	16674	17975	17975

注：本表直管县单列，下同。

情　况（总计）

在校学生数		预计毕业学生	教职工（按办学类型）				教小学学生的专任教师	代课教师	兼任教师
计	其中:寄宿生		计	其中:女	其中:专任教师				
					计	其中:女			
10124818	1852188	1541778	539350	389427	510350	374655	510350	28963	1582
912558	122264	140539	43203	35060	41090	33772	41090	5458	136
417174	93919	63339	22821	16112	20407	15061	20407	1021	44
610623	117349	94267	29385	20947	28336	20435	28336	2551	7
421222	90900	63059	22770	16873	21643	16285	21643	1384	63
471781	39589	76314	20639	15584	19786	15276	19786	1482	256
155801	25380	24883	8203	6167	7367	5644	7367	939	
539548	68105	79050	24781	19152	23785	18567	23785	1714	8
276030	54421	41586	15647	11847	14971	11483	14971	622	8
434083	60170	70194	23496	17675	21886	16877	21886	359	150
428144	116933	67134	24402	17783	22145	16358	22145	200	
209449	43264	33194	10703	7669	9899	7367	9899	444	
158587	34007	25610	9888	7072	9548	6927	9548	247	6
1050965	213868	174945	51220	36251	49741	35490	49741	3264	195
688836	105839	91074	41542	27516	38553	26355	38553	164	45
547742	51836	75932	32899	22738	31742	22359	31742	1563	64
857876	295558	127774	52426	35921	49896	34386	49896	643	209
707563	116994	101675	41424	29608	39614	28665	39614	1370	136
56840	4598	8905	2530	1783	2449	1776	2449	11	2
55385	9881	9092	3184	2486	3091	2425	3091		
87325	11105	12658	4706	3648	4576	3594	4576	5	
125601	22814	19027	5360	3868	4982	3626	4982	770	7
160772	25379	24776	7199	5395	6704	5033	6704	2182	2
99986	17541	12569	5052	4380	4609	4072	4609	674	
172489	35568	29896	7992	5376	7685	5228	7685	1677	243
155427	22283	23831	7816	5329	6940	4977	6940	36	
121422	5675	20023	7748	5314	7472	5198	7472	111	
99919	28399	14595	6229	4127	6038	4042	6038		1
101670	18549	15837	6085	3746	5395	3377	5395	72	

小 学 基 本

省辖市直管县	校数（所）			教学点数（个）	乡镇中心小学校数	班数（个）	毕业生数	招生数	
	计	公办	民办					计	其中：受过学前教育
河南省	1830	1643	187	219	194	50454	366137	444724	444513
郑州市	338	293	45	3	14	9982	77914	98303	98252
开封市	112	105	7	9	7	2492	15308	20083	20073
洛阳市	139	133	6	22	14	3829	25734	32475	32469
平顶山市	93	89	4	21	8	2138	14670	18250	18231
安阳市	126	110	16	7	14	3521	24641	28253	28236
鹤壁市	46	46		5	15	1088	7568	8987	8985
新乡市	146	140	6	5	8	3360	25852	28988	28980
焦作市	73	70	3	13	15	1969	13935	17147	17144
濮阳市	33	31	2	7	4	1248	12352	14518	14514
许昌市	155	127	28	25	29	3801	24662	30254	30254
漯河市	54	50	4	4	7	1449	9946	13473	13458
三门峡市	62	60	2	7	8	1544	10130	12898	12898
南阳市	44	40	4	10	2	2006	17143	19625	19580
商丘市	76	67	9	5	10	1876	12149	16121	16120
信阳市	47	43	4	17	10	1670	12331	15100	15100
周口市	73	56	17	42	2	2373	18982	18697	18681
驻马店市	36	35	1		2	1212	7917	10734	10734
济源市	27	27		2	3	803	5253	7154	7151
巩义市	19	18	1	6	3	522	3526	4850	4850
兰考县									
汝州市	44	35	9	1	6	914	5492	7413	7402
滑县									
长垣县									
邓州市	40	35	5	5	10	1129	9195	8588	8588
永城市	46	33	13	1	3	1509	11135	12717	12717
固始县									
鹿邑县									
新蔡县	1		1	2		19	302	96	96

情　　况（城区）

在校学生数		预计毕业学生	教职工（按办学类型）				教小学学生的专任教师	代课教师	兼任教师
计	其中：寄宿生		计	其中：女	其中：专任教师				
					计	其中：女			
2464486	**219333**	**374121**	**109766**	**90486**	**104023**	**87244**	**104023**	**7064**	**379**
526595	41973	80504	25564	21820	24190	20932	24190	1757	111
108869	9493	15651	5003	4094	4739	3963	4739	591	25
173460	13200	25918	7611	6401	7328	6228	7328	1051	
99718	5494	13781	5096	4022	4971	3978	4971	203	17
167310	11187	26026	6808	5738	6532	5608	6532	530	213
55082	2659	9079	2615	2024	2477	1978	2477	85	
163905	4770	22902	6059	5016	5852	4884	5852	799	
94435	7324	14222	4400	3471	4262	3387	4262	90	
73321	3104	13566	2355	1952	2165	1836	2165	104	
168202	38196	25277	6972	5756	6427	5425	6427	180	
71425	4679	10401	2899	2390	2770	2323	2770	230	
71615	6233	10675	4258	3468	4088	3368	4088	140	
112539	5045	18096	3657	2902	3411	2728	3411	633	
84056	4913	11745	4537	3563	4090	3357	4090	57	
82464	1977	10676	3830	3228	3712	3155	3712	63	
115745	28572	19823	4391	3445	4229	3393	4229	49	13
59697	447	8713	2924	2398	2862	2378	2862	158	
39283	628	5954	1335	1097	1323	1094	1323	7	
25691	2982	3903	1302	1125	1241	1079	1241		
42016	7112	6258	2065	1693	1830	1529	1830	52	
54665	7944	9214	2344	1879	2266	1857	2266	285	
73752	10958	11632	3729	2998	3246	2758	3246		
641	443	105	12	6	12	6	12		

小 学 基 本

省辖市直管县	校数(所)			教学点数(个)	乡镇中心小学校数	班数(个)	毕业生数	招生数	
	计	公办	民办					计	其中:受过学前教育
河 南 省	4937	4201	736	1805	1436	102419	690334	702036	701736
郑 州 市	215	198	17	20	53	4710	31973	43346	43267
开 封 市	167	136	31	139	37	3979	25675	24980	24978
洛 阳 市	305	285	20	114	95	7379	48072	52655	52642
平顶山市	208	178	30	72	73	3913	29425	26044	26044
安 阳 市	207	199	8	40	59	3702	24823	23403	23398
鹤 壁 市	83	70	13	29	34	1578	6949	11101	11089
新 乡 市	251	216	35	61	67	4358	26804	29624	29579
焦 作 市	176	162	14	20	56	3099	17087	20786	20782
濮 阳 市	236	188	48	62	58	4949	25793	34320	34284
许 昌 市	197	156	41	62	61	3059	20465	19022	19022
漯 河 市	120	112	8	14	34	1782	12743	11180	11177
三门峡市	73	71	2	33	31	1337	9142	9509	9508
南 阳 市	601	511	90	340	244	14860	115370	93701	93698
商 丘 市	411	340	71	132	65	8129	46244	54959	54952
信 阳 市	227	203	24	89	96	5874	47541	46548	46531
周 口 市	448	335	113	377	85	9407	65040	60457	60422
驻马店市	354	299	55	58	98	7880	56187	56496	56494
济 源 市	26	26		3	12	335	1544	1871	1871
巩 义 市	36	36		12	12	572	3818	3740	3740
兰 考 县	75	68	7	8	5	1373	5828	8831	8830
汝 州 市	57	52	5	5	9	647	4079	4254	4252
滑 县	63	51	12	13	21	1583	9636	11573	11573
长 垣 县	94	88	6	3	35	1572	10857	12741	12741
邓 州 市	56	48	8	22	37	1043	8547	5461	5461
永 城 市	61	51	10	4	14	779	5802	5745	5745
固 始 县	68	52	16	15	19	1794	13467	13428	13417
鹿 邑 县	68	42	26	40	13	1540	10089	8213	8191
新 蔡 县	54	28	26	18	13	1186	7334	8048	8048

情　　况（镇区）

在校学生数		预计毕业学生	教职工（按办学类型）				教小学学生的专任教师	代课教师	兼任教师
计	其中：寄宿生		计	其中：女	其中:专任教师				
					计	其中：女			
4263678	971784	692666	200237	155549	188222	148907	188222	10152	656
231488	43014	34617	9823	7883	9341	7583	9341	2428	16
154412	44876	25465	6910	5295	6172	4884	6172	175	
303657	70287	48415	12845	9675	12438	9479	12438	1026	1
167828	38747	26957	8068	6429	7495	6087	7495	604	41
151714	15842	25695	5893	4613	5664	4564	5664	653	14
66358	13466	10199	3106	2522	2614	2153	2614	224	
177607	29714	26426	8387	6923	7897	6611	7897	282	2
120609	32496	17953	6423	5168	6043	4939	6043	282	8
199553	31341	33351	10452	8241	9703	7882	9703	123	11
116498	36500	19383	7001	5486	6250	4981	6250	2	
72245	21187	13766	3180	2437	2933	2325	2933	41	
57072	12930	10080	3097	2261	3024	2245	3024	58	6
629124	147522	114363	26749	20705	25969	20272	25969	1282	129
313914	74851	45795	16072	11953	14659	11315	14659	42	42
265929	24212	37278	12674	9620	12211	9443	12211	569	44
376366	141473	63914	19098	14658	17877	13902	17877	244	189
347491	84911	55559	16405	13080	15638	12644	15638	337	76
12048	2264	1932	650	402	615	400	615		
23768	5588	4208	1432	1092	1409	1079	1409		
50028	9121	7574	2418	2001	2338	1967	2338		
26231	4647	4204	951	719	886	685	886	166	
74149	17386	11678	3091	2549	2769	2317	2769	926	
69678	16307	9508	2974	2636	2606	2370	2606	449	
40858	14787	8772	2045	1514	1895	1405	1895	160	77
31619	4610	5171	1262	841	1149	810	1149	29	
78349	2841	12689	4431	3317	4233	3238	4233	48	
58621	20296	10341	2888	2231	2799	2190	2799		
46464	10568	7373	1912	1298	1595	1137	1595	2	

小 学 基 本

省辖市直管县	校数(所)			教学点数(个)	乡镇中心小学校数	班数(个)	毕业生数	招生数	
	计	公办	民办					计	其中:受过学前教育
河南省	11350	10379	971	11702	1530	127161	514442	590842	590582
郑州市	335	325	10	125	37	4166	24212	29171	29151
开封市	439	392	47	501	47	5712	23428	26374	26369
洛阳市	399	380	19	997	32	6061	22435	22548	22536
平顶山市	484	428	56	612	153	5376	27537	24927	24919
安阳市	620	596	24	281	105	5503	26718	22978	22960
鹤壁市	177	155	22	140	30	1672	4137	5158	5151
新乡市	645	610	35	420	90	6865	34256	31116	31099
焦作市	265	254	11	122	69	2527	9468	10022	10021
濮阳市	512	436	76	289	106	5527	20716	27332	27328
许昌市	467	384	83	282	100	4932	24773	23621	23621
漯河市	321	313	8	105	18	2369	9212	11441	11430
三门峡市	104	103	1	399	25	1421	4680	4756	4751
南阳市	829	748	81	2137	214	12976	44884	50261	50237
商丘市	1070	1004	66	658	90	10978	39869	59947	59945
信阳市	597	575	22	1155	97	8271	36728	32140	32120
周口市	1137	952	185	1480	47	13608	48025	73744	73680
驻马店市	1285	1211	74	852	54	11840	41648	51899	51894
济源市	38	38		20	8	292	896	727	727
巩义市	15	15		27	1	215	848	1012	1012
兰考县	127	123	4	24	4	1243	4093	7012	7008
汝州市	284	271	13	63	5	2072	8315	8948	8947
滑县	229	219	10	162	5	2552	10767	14010	14006
长垣县	133	132	1	17	41	1019	4852	5699	5695
邓州市	202	200	2	281	123	2862	11595	11924	11919
永城市	201	187	14	22	2	1591	8248	8718	8718
固始县	111	98	13	181	11	1741	8492	6507	6498
鹿邑县	132	91	41	192	6	1641	4572	9019	9009
新蔡县	192	139	53	158	10	2129	9038	9831	9831

情　况（乡村）

在校学生数		预计毕业学生	教职工（按办学类型）				教小学学生的专任教师	代课教师	兼任教师
计	其中：寄宿生		计	其中：女	其中：专任教师				
					计	其中：女			
3396654	**661071**	**474991**	**229347**	**143392**	**218105**	**138504**	**218105**	**11747**	**547**
154475	37277	25418	7816	5357	7559	5257	7559	1273	9
153893	39550	22223	10908	6723	9496	6214	9496	255	19
133506	33862	19934	8929	4871	8570	4728	8570	474	6
153676	46659	22321	9606	6422	9177	6220	9177	577	5
152757	12560	24593	7938	5233	7590	5104	7590	299	29
34361	9255	5605	2482	1621	2276	1513	2276	630	
198036	33621	29722	10335	7213	10036	7072	10036	633	6
60986	14601	9411	4824	3208	4666	3157	4666	250	
161209	25725	23277	10689	7482	10018	7159	10018	132	139
143444	42237	22474	10429	6541	9468	5952	9468	18	
65779	17398	9027	4624	2842	4196	2719	4196	173	
29900	14844	4855	2533	1343	2436	1314	2436	49	
309302	61301	42486	20814	12644	20361	12490	20361	1349	66
290866	26075	33534	20933	12000	19804	11683	19804	65	3
199349	25647	27978	16395	9890	15819	9761	15819	931	20
365765	125513	44037	28937	17818	27790	17091	27790	350	7
300375	31636	37403	22095	14130	21114	13643	21114	875	60
5509	1706	1019	545	284	511	282	511	4	2
5926	1311	981	450	269	441	267	441		
37297	1984	5084	2288	1647	2238	1627	2238	5	
57354	11055	8565	2344	1456	2266	1412	2266	552	7
86623	7993	13098	4108	2846	3935	2716	3935	1256	2
30308	1234	3061	2078	1744	2003	1702	2003	225	
76966	12837	11910	3603	1983	3524	1966	3524	1232	166
50056	6715	7028	2825	1490	2545	1409	2545	7	
43073	2834	7334	3317	1997	3239	1960	3239	63	
41298	8103	4254	3341	1896	3239	1852	3239		1
54565	7538	8359	4161	2442	3788	2234	3788	70	

初中基本

省辖市直管县	校数(所) 计	公办	民办	班数(个)	毕业生数	招生数	在校 计	其中：寄宿生	一年级
河南省	4603	3716	887	94699	1400901	1578686	4684765	3075462	1578696
郑州市	331	249	82	8044	118199	141083	406239	232759	141088
开封市	173	131	42	3797	60201	60207	183627	131567	60207
洛阳市	322	256	66	6107	90453	97223	283579	164646	97224
平顶山市	172	148	24	4110	55518	69810	207276	136659	69810
安阳市	216	185	31	4444	64373	74418	220612	112122	74419
鹤壁市	64	52	12	1440	25593	19561	71331	42531	19561
新乡市	298	243	55	5397	74731	86935	262929	152777	86938
焦作市	182	145	37	2635	40841	39841	116252	62395	39841
濮阳市	154	134	20	3872	55059	58892	195433	106204	58892
许昌市	205	148	57	3974	61366	69916	205526	159420	69916
漯河市	104	96	8	1963	30047	33402	100642	68338	33402
三门峡市	115	103	12	1579	21906	23013	70949	48315	23013
南阳市	394	338	56	10028	137966	177728	507826	346804	177728
商丘市	358	296	62	5983	86393	99449	280908	185322	99449
信阳市	274	239	35	5664	88245	97645	287966	162177	97645
周口市	431	294	137	7833	131219	133852	401552	330226	133852
驻马店市	269	232	37	6470	97046	107555	322199	215258	107555
济源市	32	29	3	545	8053	7833	24326	9672	7833
巩义市	28	26	2	473	7780	8158	24177	18131	8158
兰考县	53	39	14	790	12317	10078	35469	29021	10078
汝州市	58	50	8	1062	14475	17380	52605	46506	17380
滑县	51	44	7	1181	15861	19655	59788	52462	19655
长垣县	37	31	6	964	14065	16558	49117	48518	16558
邓州市	65	58	7	1620	19573	27773	82400	61856	27773
永城市	59	46	13	1488	17712	28227	77891	43912	28227
固始县	55	45	10	1351	23650	22428	66850	40564	22428
鹿邑县	55	30	25	886	14529	13791	40941	28312	13791
新蔡县	48	29	19	999	13730	16275	46355	38988	16275

情　　况（总计）

学生数 分年级			预计毕业生数	教职工（按办学类型）		其中：专任教师		教初中学生的专任教师	代课教师	兼任教师
二年级	三年级	四年级		计	其中：女	计	其中：女			
1606193	1484612	15264	1483010	394336	256535	357365	238609	308521	8427	1470
136480	128671		128671	32913	22257	28605	20553	24639	1595	69
62247	61173		61173	15137	10251	13395	9322	11256	256	5
95415	90940		90940	25338	16494	23162	15403	19903	816	244
71547	65919		65919	15285	10224	14146	9692	12491	1038	15
76280	69913		69913	16261	10892	14438	9949	12707	325	35
26137	25633		25633	5384	3455	4894	3214	4441	146	
93315	82676		82676	20473	13656	18523	12610	15498	786	36
39157	37254		37254	13340	9163	12043	8499	9787	133	
65012	59745	11784	58311	16158	11239	14553	10554	12464	500	26
70173	65437		65437	18491	12437	16738	11495	13495	139	
34809	32431		32431	9153	6047	8356	5709	7122	170	42
22572	21884	3480	21716	8721	5601	7759	4990	6823	74	4
177260	152838		152838	38308	25300	35889	24007	31209	596	179
94699	86760		86760	27621	16422	23856	14684	20630	50	
98535	91786		91786	24216	13738	22376	12931	19881	506	68
136466	131234		131234	36844	24480	33741	22776	27627	71	669
112129	102515		102515	26720	16721	24872	15891	22647	87	24
8318	8175		8175	2461	1596	2259	1500	1930		4
8009	8010		8010	3047	2190	2722	2019	2289		
12979	12412		12412	2903	1978	2786	1954	2653		
18792	16433		16433	4068	2790	3641	2547	3346	107	13
21452	18681		18681	3826	2732	3588	2591	3435	244	
16699	15860		15860	3312	2530	2917	2348	2730	51	8
29087	25540		25540	6611	4449	6096	4152	5506	412	22
27448	22216		22216	4688	2724	4173	2559	4063	5	
22103	22319		22319	5047	2545	4808	2465	4448	287	4
13856	13294		13294	4541	2887	4083	2680	2992		2
15217	14863		14863	3469	1737	2946	1515	2509	33	1

初 中 基 本

省辖市直管县	校数（所）			班数（个）	毕业生数	招生数	在校		
	计	公办	民办				计	其中：寄宿生	一年级
河 南 省	841	650	191	23360	351590	407507	1197988	452252	407514
郑 州 市	160	110	50	4669	71916	77848	232894	93825	77853
开 封 市	34	27	7	1205	17326	19843	58437	29910	19843
洛 阳 市	59	47	12	1666	24441	25779	75915	23061	25779
平顶山市	40	34	6	895	14037	15305	44770	11095	15305
安 阳 市	58	46	12	1472	21314	25583	74144	15911	25583
鹤 壁 市	20	20		569	9624	8426	28950	9065	8426
新 乡 市	47	40	7	1448	20998	27310	75768	18806	27312
焦 作 市	45	33	12	921	14120	15000	43314	13907	15000
濮 阳 市	29	28	1	1047	14060	17109	62288	15944	17109
许 昌 市	80	54	26	1651	24166	29595	84646	50092	29595
漯 河 市	24	21	3	699	11137	12280	36683	12644	12280
三门峡市	31	23	8	630	9092	9539	28246	16544	9539
南 阳 市	20	17	3	1052	16993	21375	62162	17976	21375
商 丘 市	22	18	4	683	10338	12812	34925	9520	12812
信 阳 市	24	22	2	681	10633	13685	37912	10190	13685
周 口 市	52	34	18	1192	20651	23735	65648	39302	23735
驻马店市	19	19		568	9016	9740	29687	4849	9740
济 源 市	10	8	2	330	5329	5448	16483	3977	5448
巩 义 市	11	9	2	230	3506	4135	11870	5971	4135
兰 考 县									
汝 州 市	16	12	4	294	3608	5235	14589	10858	5235
滑 县									
长 垣 县									
邓 州 市	17	14	3	485	6861	9344	26726	13575	9344
永 城 市	21	14	7	860	11175	16475	46427	19734	16475
固 始 县									
鹿 邑 县									
新 蔡 县	2		2	113	1249	1906	5504	5496	1906

情　　况（城区）

学生数			预计毕业生数	教职工（按办学类型）				教初中学生的专任教师	代课教师	兼任教师
分年级				计	其中：女	其中：专任教师				
二年级	三年级	四年级				计	其中：女			
403830	376258	10386	375185	97321	66919	87139	62063	73122	2597	116
78081	76960		76960	19445	13095	16434	11981	13934	556	59
19393	19201		19201	4374	3181	3643	2708	3213	229	3
25488	24648		24648	6136	4385	5739	4193	4964	169	
15148	14317		14317	3972	2635	3604	2463	3142	54	
25380	23181		23181	5644	3910	5010	3545	4173	83	1
10473	10051		10051	2022	1283	1867	1229	1810	60	
26351	22105		22105	4270	2830	3988	2698	3399	511	30
14430	13884		13884	4491	3178	4053	2990	3398	9	
17864	16929	10386	15856	3928	2809	3608	2692	2875	137	17
28757	26294		26294	8763	6258	7693	5650	5452	122	
12434	11969		11969	2713	1850	2521	1764	2187	77	
9480	9227		9227	3377	2280	3033	2067	2726	48	2
22035	18752		18752	3404	2418	3173	2311	2746	96	
11495	10618		10618	2595	1650	2440	1627	2174	34	
12910	11317		11317	3091	2057	2966	1969	2664	121	
21923	19990		19990	6522	4534	6128	4298	4427	21	
10442	9505		9505	2394	1554	2345	1546	2202	2	
5589	5446		5446	1566	1075	1410	984	1133		4
3897	3838		3838	1663	1310	1443	1176	1100		
5105	4249		4249	1341	902	1212	839	1119	28	
9387	7995		7995	2442	1780	2036	1520	1596	240	
16169	13783		13783	2943	1812	2604	1692	2524		
1599	1999		1999	225	133	189	121	164		

初 中 基 本

省辖市直管县	校数(所)			班数(个)	毕业生数	招生数	在校		
	计	公办	民办				计	其中：寄宿生	一年级
河 南 省	2250	1756	494	52826	791895	886730	2628249	1904510	886732
郑 州 市	104	90	14	2393	35422	46209	125819	97692	46209
开 封 市	79	50	29	1812	30759	29402	89973	68944	29402
洛 阳 市	188	147	41	3713	55457	60564	175815	118579	60565
平顶山市	82	69	13	2190	29779	37197	111582	76606	37197
安 阳 市	79	66	13	1988	29717	33508	100336	67517	33508
鹤 壁 市	28	24	4	752	14057	9758	37027	28386	9758
新 乡 市	114	93	21	2488	34722	38523	120010	83810	38524
焦 作 市	85	66	19	1306	21025	19893	58181	37983	19893
濮 阳 市	77	60	17	2137	32534	31847	102787	68233	31847
许 昌 市	69	50	19	1482	22606	25949	76491	68799	25949
漯 河 市	52	48	4	947	14155	16116	48301	40611	16116
三门峡市	43	41	2	685	9544	10179	32816	23330	10179
南 阳 市	288	240	48	7579	102399	132448	377762	270342	132448
商 丘 市	164	117	47	3728	55161	63506	179394	126913	63506
信 阳 市	132	104	28	3454	55014	59873	177662	93946	59873
周 口 市	227	140	87	4968	83106	84605	257352	216716	84605
驻马店市	172	140	32	4536	68705	77110	228982	153748	77110
济 源 市	17	16	1	173	2262	1971	6534	4682	1971
巩 义 市	14	14		203	3611	3371	10223	10076	3371
兰 考 县	27	17	10	564	8700	7587	25938	20939	7587
汝 州 市	12	12		326	5298	5340	16984	15445	5340
滑 县	25	19	6	819	11394	14441	42898	37909	14441
长 垣 县	24	20	4	789	11403	13786	40334	40158	13786
邓 州 市	33	31	2	886	10068	14166	43423	36492	14166
永 城 市	22	20	2	412	4190	7636	20735	15399	7636
固 始 县	34	26	8	1063	18765	18301	53432	31083	18301
鹿 邑 县	33	19	14	753	12658	12021	35494	24336	12021
新 蔡 县	26	17	9	680	9384	11423	31964	25836	11423

情　　况（镇区）

学生数 分年级			预计毕业生数	教职工（按办学类型）				教初中学生的专任教师	代课教师	兼任教师
二年级	三年级	四年级		计	其中：女	其中：专任教师				
						计	其中：女			
904600	832851	4066	832526	214138	140114	194021	129978	168445	4554	1268
41826	37784		37784	8763	6123	8118	5800	7588	758	8
31046	29525		29525	7560	5244	6722	4823	5219	17	2
59315	55935		55935	15988	10261	14382	9407	12340	493	244
38688	35697		35697	8167	5561	7560	5274	6501	685	15
34319	32509		32509	6842	4615	6008	4203	5472	208	34
13779	13490		13490	2695	1733	2484	1613	2193	83	
43128	38358		38358	9644	6712	8670	6181	7391	176	6
19749	18539		18539	6072	4164	5553	3898	4567	71	
36602	33082	1256	32885	9044	6382	8084	5947	6932	326	9
26263	24279		24279	6012	3864	5472	3578	5013		
16645	15540		15540	4633	3070	4150	2846	3472	85	42
10059	9768	2810	9640	3394	2105	3100	1947	2792	13	2
131478	113836		113836	29451	19546	27558	18492	23716	458	179
60756	55132		55132	17423	10925	14357	9396	11931	10	
61074	56715		56715	14192	8282	12960	7684	11388	356	27
87935	84812		84812	22082	14734	19893	13522	16574	27	669
79253	72619		72619	18711	11939	17260	11228	15397	55	3
2284	2279		2279	730	425	689	420	650		
3428	3424		3424	1151	734	1062	705	997		
9464	8887		8887	2041	1446	1957	1431	1824		
6158	5486		5486	943	659	904	656	904	43	13
14957	13500		13500	2591	1940	2386	1803	2233	198	
13685	12863		12863	2644	2054	2331	1905	2156	44	
15135	14122		14122	3194	2048	3122	2028	3026	143	12
7499	5600		5600	1077	529	979	516	979	5	
17544	17587		17587	3519	1731	3335	1663	3226	275	
11951	11522		11522	3589	2306	3231	2147	2495		2
10580	9961		9961	1986	982	1694	865	1469	25	1

初 中 基 本

省辖市直管县	校数(所) 计	公办	民办	班数(个)	毕业生数	招生数	在校 计	其中:寄宿生	一年级
河 南 省	1512	1310	202	18513	257416	284449	858528	718700	284450
郑 州 市	67	49	18	982	10861	17026	47526	41242	17026
开 封 市	60	54	6	780	12116	10962	35217	32713	10962
洛 阳 市	75	62	13	728	10555	10880	31849	23006	10880
平顶山市	50	45	5	1025	11702	17308	50924	48958	17308
安 阳 市	79	73	6	984	13342	15327	46132	28694	15328
鹤 壁 市	16	8	8	119	1912	1377	5354	5080	1377
新 乡 市	137	110	27	1461	19011	21102	67151	50161	21102
焦 作 市	52	46	6	408	5696	4948	14757	10505	4948
濮 阳 市	48	46	2	688	8465	9936	30358	22027	9936
许 昌 市	56	44	12	841	14594	14372	44389	40529	14372
漯 河 市	28	27	1	317	4755	5006	15658	15083	5006
三门峡市	41	39	2	264	3270	3295	9887	8441	3295
南 阳 市	86	81	5	1397	18574	23905	67902	58486	23905
商 丘 市	172	161	11	1572	20894	23131	66589	48889	23131
信 阳 市	118	113	5	1529	22598	24087	72392	58041	24087
周 口 市	152	120	32	1673	27462	25512	78552	74208	25512
驻马店市	78	73	5	1366	19325	20705	63530	56661	20705
济 源 市	5	5		42	462	414	1309	1013	414
巩 义 市	3	3		40	663	652	2084	2084	652
兰 考 县	26	22	4	226	3617	2491	9531	8082	2491
汝 州 市	30	26	4	442	5569	6805	21032	20203	6805
滑 县	26	25	1	362	4467	5214	16890	14553	5214
长 垣 县	13	11	2	175	2662	2772	8783	8360	2772
邓 州 市	15	13	2	249	2644	4263	12251	11789	4263
永 城 市	16	12	4	216	2347	4116	10729	8779	4116
固 始 县	21	19	2	288	4885	4127	13418	9481	4127
鹿 邑 县	22	11	11	133	1871	1770	5447	3976	1770
新 蔡 县	20	12	8	206	3097	2946	8887	7656	2946

情　　况（乡村）

学生数分年级			预计毕业生数	教职工（按办学类型）				教初中学生的专任教师	代课教师	兼任教师
二年级	三年级	四年级		计	其中：女	其中：专任教师				
						计	其中：女			
297763	275503	812	275299	82877	49502	76205	46568	66954	1276	86
16573	13927		13927	4705	3039	4053	2772	3117	281	2
11808	12447		12447	3203	1826	3030	1791	2824	10	
10612	10357		10357	3214	1848	3041	1803	2599	154	
17711	15905		15905	3146	2028	2982	1955	2848	299	
16581	14223		14223	3775	2367	3420	2201	3062	34	
1885	2092		2092	667	439	543	372	438	3	
23836	22213		22213	6559	4114	5865	3731	4708	99	
4978	4831		4831	2777	1821	2437	1611	1822	53	
10546	9734	142	9570	3186	2048	2861	1915	2657	37	
15153	14864		14864	3716	2315	3573	2267	3030	17	
5730	4922		4922	1807	1127	1685	1099	1463	8	
3033	2889	670	2849	1950	1216	1626	976	1305	13	
23747	20250		20250	5453	3336	5158	3204	4747	42	
22448	21010		21010	7603	3847	7059	3661	6525	6	
24551	23754		23754	6933	3399	6450	3278	5829	29	41
26608	26432		26432	8240	5212	7720	4956	6626	23	
22434	20391		20391	5615	3228	5267	3117	5048	30	21
445	450		450	165	96	160	96	147		
684	748		748	233	146	217	138	192		
3515	3525		3525	862	532	829	523	829		
7529	6698		6698	1784	1229	1525	1052	1323	36	
6495	5181		5181	1235	792	1202	788	1202	46	
3014	2997		2997	668	476	586	443	574	7	8
4565	3423		3423	975	621	938	604	884	29	10
3780	2833		2833	668	383	590	351	560		
4559	4732		4732	1528	814	1473	802	1222	12	4
1905	1772		1772	952	581	852	533	497		
3038	2903		2903	1258	622	1063	529	876	8	

普 通 高 中

省辖市直管县	校数(所) 计	公办	民办	班数(个)	毕业生数	招生数	在校 计	其中:女	其中:寄宿生
河南省	889	551	336	38316	677814	749785	2158790	1091719	1876790
郑州市	119	64	53	3643	57125	66602	189585	94076	165878
开封市	45	25	20	1638	28282	32879	95709	48158	83562
洛阳市	81	56	25	2643	46184	49034	143427	77411	133503
平顶山市	33	23	10	1484	23715	28482	78088	39919	74185
安阳市	45	24	21	1653	25652	31610	88511	45925	71335
鹤壁市	16	9	7	634	9827	12318	35064	17543	28649
新乡市	58	38	20	1859	28769	37851	103015	53281	87165
焦作市	32	16	16	1351	26072	24424	74386	38250	63185
濮阳市	38	18	20	1564	26484	30058	83306	42855	60664
许昌市	35	18	17	1454	23968	29329	79584	40415	71815
漯河市	20	15	5	811	16228	15616	46390	23521	36764
三门峡市	20	17	3	849	14609	13049	39839	21511	36412
南阳市	83	53	30	3803	57515	74667	206151	103029	190943
商丘市	33	23	10	2424	44150	45408	132483	66375	115884
信阳市	55	48	7	2541	52368	50347	148971	71187	112311
周口市	51	30	21	3200	71274	66977	207367	104147	194983
驻马店市	36	23	13	2363	50089	50998	151984	75628	128905
济源市	7	5	2	290	5268	5269	15707	7853	15626
巩义市	8	6	2	257	5049	4763	14604	7796	14604
兰考县	5	3	2	332	5578	7064	21413	10956	19939
汝州市	9	6	3	387	5395	8055	21216	10684	21214
滑县	11	6	5	420	6536	9328	24448	12839	24363
长垣县	9	2	7	363	6066	7451	20966	10210	20966
邓州市	9	7	2	492	8334	11422	29737	15331	28502
永城市	6	4	2	358	7216	8167	23128	12393	15019
固始县	14	7	7	704	11482	13658	38841	17500	28568
鹿邑县	6	2	4	370	7615	8039	23796	12098	16878
新蔡县	5	3	2	429	6964	6920	21074	10828	14968

注:郑州市除公办、民办外还有两所具有法人资格的中外合作办学校。

基 本 情 况（总计）

学生数			毕业班学生数	教职工（按办学类型）				教高中学生的专任教师	代课教师	兼任教师
分年级				计	其中：女	其中：专任教师				
一年级	二年级	三年级				计	其中：女			
749822	718465	690503	690503	185744	107483	163013	96841	138269	3442	985
66602	63125	59858	59858	20917	13116	17860	11591	14094	194	50
32915	32746	30048	30048	7296	4237	6120	3689	5244	292	2
49034	48370	46023	46023	14917	9285	13280	8442	10604	91	6
28482	25474	24132	24132	6086	3507	5315	3190	4901	17	1
31610	29316	27585	27585	7365	4427	6205	3833	5414	278	
12319	11423	11322	11322	3412	2109	2545	1556	1995	89	31
37851	34409	30755	30755	10073	5958	8872	5385	6894	54	310
24424	24729	25233	25233	6702	4192	5916	3843	5094	15	250
30058	26353	26895	26895	8070	4630	6701	4019	5270	303	16
29329	26102	24153	24153	7874	4876	7122	4454	5850	80	
15616	15532	15242	15242	3800	2009	3285	1785	3096	70	1
13049	13230	13560	13560	4284	2368	3961	2240	3810	67	
74667	66851	64633	64633	16401	9692	14781	9014	12777	135	25
45408	43643	43432	43432	10627	5672	9173	5031	7625	331	15
50347	50119	48505	48505	11547	5405	10596	5063	9668	813	10
66977	70746	69644	69644	14978	8185	13497	7563	12314	59	234
50998	51420	49566	49566	11105	6125	10199	5807	8667	110	15
5269	5139	5299	5299	1288	689	1187	670	1187	2	3
4763	4938	4903	4903	1342	812	1296	790	1296		
7064	7489	6860	6860	1471	851	1272	758	1166		
8055	6895	6266	6266	1537	919	1472	893	1414	23	
9328	7928	7192	7192	2352	1474	1938	1237	1584	61	15
7451	6782	6733	6733	2715	1878	1693	1180	1074	259	1
11422	9826	8489	8489	1753	891	1570	861	1475	99	
8167	7810	7151	7151	1396	725	1237	697	1224		
13658	13408	11775	11775	3133	1551	2948	1498	2318		
8039	7667	8090	8090	2062	1201	1835	1108	1383		
6920	6995	7159	7159	1241	699	1137	644	831		

普 通 高 中

省辖市直管县	校数(所) 计	公办	民办	班数(个)	毕业生数	招生数	在校 计	其中:女	其中:寄宿生
河南省	**363**	**218**	**144**	**13884**	**241318**	**261466**	**752969**	**382399**	**585215**
郑州市	91	50	40	2826	45431	51452	148451	74133	125029
开封市	23	12	11	788	13733	15056	44108	21960	32043
洛阳市	34	22	12	1033	16363	17001	50366	26167	42714
平顶山市	13	11	2	475	8429	8538	24032	12231	20887
安阳市	22	11	11	775	12917	15231	41953	21200	29860
鹤壁市	6	4	2	228	4177	4757	13152	6201	8103
新乡市	23	15	8	849	12330	16187	44756	23815	32231
焦作市	13	8	5	529	10217	9750	30093	15933	22076
濮阳市	19	8	11	486	8414	9026	25013	12507	12067
许昌市	22	12	10	1060	17564	20913	57481	29207	49848
漯河市	9	6	3	367	7062	7114	20703	10537	13371
三门峡市	12	10	2	480	8558	6932	21373	11331	18361
南阳市	14	7	7	437	6661	8594	23079	11266	15266
商丘市	9	6	3	662	11368	11152	33560	16951	24825
信阳市	10	9	1	449	8898	9655	27087	13352	17609
周口市	13	5	8	741	16390	13797	44315	21454	37251
驻马店市	5	4	1	320	6849	6791	20909	10453	10292
济源市	3	2	1	206	3783	3833	11365	5823	11365
巩义市	7	5	2	242	4701	4540	13851	7454	13851
兰考县									
汝州市	3	3		170	3367	3272	9688	5046	9686
滑县									
长垣县									
邓州市	6	4	2	403	6890	9708	24506	12985	23461
永城市	6	4	2	358	7216	8167	23128	12393	15019
固始县									
鹿邑县									
新蔡县									

基本情况（城区）

学生数 分年级			毕业班学生数	教职工（按办学类型）				教高中学生的专任教师	代课教师	兼任教师
一年级	二年级	三年级		计	其中：女	其中：专任教师 计	其中：女			
261466	**248123**	**243380**	**243380**	**70191**	**41911**	**61171**	**37626**	**51711**	**1099**	**467**
51452	49476	47523	47523	15592	9564	13255	8446	10625	131	50
15056	14847	14205	14205	3942	2306	3105	1891	2537	39	2
17001	16735	16630	16630	6040	4028	5258	3574	3815	50	6
8538	7721	7773	7773	1944	1085	1731	1002	1672		
15231	13440	13282	13282	3624	2224	2975	1875	2516	278	
4757	4282	4113	4113	1271	788	893	556	766	89	31
16187	14733	13836	13836	4718	2792	4182	2548	3099	34	182
9750	10160	10183	10183	2418	1518	2131	1394	1845	2	97
9026	7385	8602	8602	2944	1713	2480	1507	1907	159	16
20913	19056	17512	17512	5291	3365	4751	3049	3967	50	
7114	6770	6819	6819	1837	1017	1505	849	1412		
6932	7016	7425	7425	2592	1435	2411	1351	2341	20	
8594	7610	6875	6875	2162	1308	1996	1239	1571	47	4
11152	11009	11399	11399	3315	1894	3026	1790	2492	158	10
9655	8601	8831	8831	2051	1113	1875	1035	1846		
13797	14915	15603	15603	3012	1627	2752	1525	2652		69
6791	7129	6989	6989	1615	910	1470	872	1381		
3833	3748	3784	3784	919	497	860	485	860		
4540	4680	4631	4631	1278	777	1233	755	1233		
3272	2941	3475	3475	697	414	666	405	666	5	
9708	8059	6739	6739	1533	811	1379	781	1284	37	
8167	7810	7151	7151	1396	725	1237	697	1224		

普通高中

省辖市直管县	校数（所）计	公办	民办	班数（个）	毕业生数	招生数	在校 计	其中：女	其中：寄宿生
河南省	480	304	175	23269	425475	462747	1345374	678547	1231649
郑州市	19	9	9	642	10558	11443	32488	15419	32203
开封市	22	13	9	850	14549	17823	51601	26198	51519
洛阳市	47	34	13	1610	29821	32033	93061	51244	90789
平顶山市	16	9	7	823	12621	16218	44218	22453	43496
安阳市	20	11	9	862	12735	15885	45723	24308	40689
鹤壁市	9	5	4	380	5650	7164	20569	10632	19227
新乡市	29	17	12	933	15938	19908	54338	27320	51013
焦作市	19	8	11	822	15855	14674	44293	22317	41109
濮阳市	19	10	9	1078	18070	21032	58293	30348	48597
许昌市	10	5	5	287	4431	6099	15852	8014	15771
漯河市	10	9	1	444	9166	8502	25687	12984	23393
三门峡市	6	6		335	5595	5730	17493	9733	17078
南阳市	66	44	22	3353	50800	65800	182549	91544	175183
商丘市	24	17	7	1762	32782	34256	98923	49424	91059
信阳市	41	35	6	1882	41922	36103	110694	52214	83699
周口市	35	23	12	2359	53840	50866	157722	80113	152512
驻马店市	31	19	12	2043	43240	44207	131075	65175	118613
济源市	3	2	1	48	846	836	2537	1173	2487
巩义市	1	1		15	348	223	753	342	753
兰考县	5	3	2	332	5578	7064	21413	10956	19939
汝州市	2	2		61	1023	1213	3333	1586	3333
滑县	10	6	4	411	6536	9008	23973	12622	23888
长垣县	9	2	7	363	6066	7451	20966	10210	20966
邓州市	3	3		89	1444	1714	5231	2346	5041
永城市									
固始县	13	6	7	686	11482	12536	37719	16946	27446
鹿邑县	6	2	4	370	7615	8039	23796	12098	16878
新蔡县	5	3	2	429	6964	6920	21074	10828	14968

基 本 情 况（镇区）

学生数			毕业班学生数	教职工（按办学类型）				教高中学生的专任教师	代课教师	兼任教师
分年级				计	其中:女	其中:专任教师				
一年级	二年级	三年级				计	其中:女			
462784	**449649**	**432941**	**432941**	**109694**	**62006**	**96439**	**55827**	**82287**	**2317**	**501**
11443	11174	9871	9871	4286	2842	3656	2469	2756	63	
17859	17899	15843	15843	3354	1931	3015	1798	2707	253	
32033	31635	29393	29393	8877	5257	8022	4868	6789	41	
16218	14514	13486	13486	3362	1968	2866	1747	2681	7	
15885	15535	14303	14303	3523	2077	3061	1857	2840		
7165	6551	6853	6853	2046	1256	1567	941	1144		
19908	18498	15932	15932	4926	2880	4281	2559	3562	20	128
14674	14569	15050	15050	4284	2674	3785	2449	3249	13	153
21032	18968	18293	18293	5126	2917	4221	2512	3363	144	
6099	4943	4810	4810	1683	934	1493	833	1386	30	
8502	8762	8423	8423	1898	941	1725	885	1684	70	
5730	5878	5885	5885	1520	849	1383	805	1302	47	
65800	59045	57704	57704	14162	8344	12721	7741	11142	84	21
34256	32634	32033	32033	7312	3778	6147	3241	5133	173	5
36103	36607	37984	37984	8679	3871	7916	3607	7017	813	10
50866	54166	52690	52690	11559	6304	10435	5841	9355	56	165
44207	44291	42577	42577	9490	5215	8729	4935	7286	110	15
836	834	867	867	227	112	193	106	193		
223	258	272	272	64	35	63	35	63		
7064	7489	6860	6860	1471	851	1272	758	1166		
1213	1007	1113	1113	237	129	234	128	176	11	
9008	7773	7192	7192	2307	1462	1908	1225	1554	61	3
7451	6782	6733	6733	2715	1878	1693	1180	1074	259	1
1714	1767	1750	1750	220	80	191	80	191	62	
12536	13408	11775	11775	3063	1521	2890	1475	2260		
8039	7667	8090	8090	2062	1201	1835	1108	1383		
6920	6995	7159	7159	1241	699	1137	644	831		

普 通 高 中

省辖市直管县	校数(所)			班数(个)	毕业生数	招生数	在校		
	计	公办	民办				计	其中:女	其中:寄宿生
河南省	**46**	**29**	**17**	**1163**	**11021**	**25572**	**60447**	**30773**	**59926**
郑州市	9	5	4	175	1136	3707	8646	4524	8646
开封市									
洛阳市									
平顶山市	4	3	1	186	2665	3726	9838	5235	9802
安阳市	3	2	1	16		494	835	417	786
鹤壁市	1		1	26		397	1343	710	1319
新乡市	6	6		77	501	1756	3921	2146	3921
焦作市									
濮阳市									
许昌市	3	1	2	107	1973	2317	6251	3194	6196
漯河市	1		1						
三门峡市	2	1	1	34	456	387	973	447	973
南阳市	3	2	1	13	54	273	523	219	494
商丘市									
信阳市	4	4		210	1548	4589	11190	5621	11003
周口市	3	2	1	100	1044	2314	5330	2580	5220
驻马店市									
济源市	1	1		36	639	600	1805	857	1774
巩义市									
兰考县									
汝州市	4	1	3	156	1005	3570	8195	4052	8195
滑县	1		1	9		320	475	217	475
长垣县									
邓州市									
永城市									
固始县	1	1		18		1122	1122	554	1122
鹿邑县									
新蔡县									

基 本 情 况（乡村）

学生数			毕业班学生数	教职工（按办学类型）				教高中学生的专任教师	代课教师	兼任教师
分年级				计	其中：女	其中：专任教师				
一年级	二年级	三年级				计	其中：女			
25572	**20693**	**14182**	**14182**	**5859**	**3566**	**5403**	**3388**	**4271**	**26**	**17**
3707	2475	2464	2464	1039	710	949	676	713		
3726	3239	2873	2873	780	454	718	441	548	10	1
494	341			218	126	169	101	58		
397	590	356	356	95	65	85	59	85		
1756	1178	987	987	429	286	409	278	233		
2317	2103	1831	1831	900	577	878	572	497		
				65	51	55	51			1
387	336	250	250	172	84	167	84	167		
273	196	54	54	77	40	64	34	64	4	
4589	4911	1690	1690	817	421	805	421	805		
2314	1665	1351	1351	407	254	310	197	307	3	
600	557	648	648	142	80	134	79	134	2	3
3570	2947	1678	1678	603	376	572	360	572	7	
320	155			45	12	30	12	30		12
1122				70	30	58	23	58		

学　前　教　育

省辖市直管县	园数(所)			班数(个)	入园(班)人数		在　园		
	计	公办	民办		计	其中:女	计	其中:女	托班
河南省	**23181**	**5120**	**18061**	**165549**	**1253449**	**599382**	**4308701**	**2045317**	**151267**
郑州市	1605	375	1230	13459	115045	55326	379878	178861	7493
开封市	1038	226	812	6583	48424	23069	175393	82636	7277
洛阳市	1305	156	1149	9908	64280	31413	264679	127968	20327
平顶山市	1228	260	968	6594	46747	22459	178127	84485	3236
安阳市	1489	249	1240	7756	50323	24293	171389	80946	10783
鹤壁市	436	41	395	2616	16434	7927	60428	28581	4005
新乡市	1683	290	1393	9503	61649	29328	225632	105898	13274
焦作市	786	114	672	6130	43550	21084	147915	70949	13379
濮阳市	1032	283	749	6939	48438	22762	176751	82314	7680
许昌市	1266	210	1056	7707	53317	25542	201260	95745	5575
漯河市	567	223	344	3613	28220	13450	101211	48613	2057
三门峡市	432	119	313	3067	23776	11381	78217	37826	3505
南阳市	1744	409	1335	13780	104642	49492	343678	161667	14879
商丘市	1384	436	948	12518	85178	40318	330667	157108	4356
信阳市	1200	378	822	8699	78223	36949	244335	115582	6440
周口市	2166	606	1560	15159	125207	60873	389568	188219	3269
驻马店市	1034	116	918	10604	93199	44194	289501	137089	7672
济源市	201	87	114	1167	10948	5322	32123	15563	1334
巩义市	124	37	87	1219	10244	4906	34599	16629	435
兰考县	247	70	177	1516	13283	6326	41364	19437	589
汝州市	448	74	374	2314	12979	6101	55810	26496	218
滑县	378	26	352	2500	15132	7344	58775	27811	1191
长垣县	263	55	208	1703	10309	4875	42349	19768	1021
邓州市	388	199	189	2755	25170	11915	67817	32283	1975
永城市	232	8	224	2589	21698	10398	72442	34221	1983
固始县	306	20	286	2086	20918	9408	61287	27588	6083
鹿邑县	140	45	95	1652	11361	5492	40824	19830	446
新蔡县	59	8	51	1413	14755	7435	42682	21204	785

基 本 情 况（总计）

（班）人数			离园（班）人数		教职工				代课教师	兼任教师
小班	中班	大班	计	其中：女	计	其中：女	园长	专任教师		
1053257	1320737	1783295	1613457	765815	390652	361198	26999	226163	13633	1582
100911	121217	150257	114983	54151	51170	46897	2108	27774	2188	135
44102	53954	70060	65066	30761	17829	16358	1181	9796	318	74
66536	77411	100405	85492	41224	26907	24955	1726	14599	957	59
44241	55851	74799	62391	29663	18471	17005	1395	10205	561	51
41804	50574	68228	64482	30154	19204	17943	1645	10047	767	123
14616	18253	23554	20113	9401	6751	6211	568	3693	193	15
56385	68335	87638	77150	36256	23254	21595	1991	13057	864	54
41255	44030	49251	42859	20362	15775	14619	1019	8466	626	26
46661	55474	66936	59950	28060	16846	15719	1340	9587	523	42
49447	63173	83065	74363	35344	21020	19284	1204	11760	65	12
22826	30040	46288	33554	15807	9843	8934	663	5473	438	38
22058	24272	28382	25248	12268	9125	8429	550	5388	484	10
81981	102465	144353	146614	69327	24710	23236	1825	16199	1617	286
72082	104885	149344	132968	62887	25982	23605	1725	15503	786	14
56578	72027	109290	111276	52411	16696	15327	1288	10046	1161	87
94476	125126	166552	151448	73246	27991	26272	2445	18791	178	302
65706	86132	129991	124122	58797	18179	16721	1232	11134	481	56
10038	10038	10713	9859	4719	4129	3746	271	1881	162	1
10165	10267	13732	11030	5231	4396	3936	189	2148		2
9309	13276	18190	17138	8050	3329	3103	272	1908	37	10
12654	17555	25383	20459	9798	4785	4475	486	3040	55	1
14734	18588	24262	25051	11675	3963	3676	403	2379	356	6
9824	12843	18661	15215	6949	4040	3836	291	2509	72	13
16200	20508	29134	31276	15188	3482	3287	355	2408	710	117
14311	22325	33823	32811	15867	6026	5685	290	4020		3
15060	17035	23109	22096	10315	3837	3619	324	2267	34	21
9916	13020	17442	16118	7855	1757	1640	143	1307		24
9381	12063	20453	20325	10049	1155	1085	70	778		

学 前 教 育

省辖市直管县	园数(所)			班数(个)	入园(班)人数		在 园		
	计	公办	民办		计	其中：女	计	其中：女	托班
河 南 省	**4755**	**682**	**4073**	**37904**	**312342**	**148680**	**1016950**	**478017**	**46945**
郑 州 市	859	131	728	8031	72396	34728	223832	105459	5430
开 封 市	228	54	174	1703	14851	7080	44969	20740	3450
洛 阳 市	342	52	290	2678	18009	8824	70448	33632	6392
平顶山市	247	32	215	1801	11640	5599	46386	21651	1403
安 阳 市	356	30	326	2376	16870	8043	56733	26418	4077
鹤 壁 市	125	14	111	874	6048	2920	20277	9480	1010
新 乡 市	341	49	292	2720	19700	9178	67622	31423	5035
焦 作 市	198	27	171	1730	16535	7991	44672	21311	3477
濮 阳 市	128	30	98	1036	8561	4145	27393	12536	1520
许 昌 市	326	34	292	2565	21477	10321	69343	32795	2458
漯 河 市	119	36	83	1055	8169	3781	32993	15604	346
三门峡市	146	30	116	1314	12437	5916	36313	17496	2162
南 阳 市	186	18	168	1335	10929	5175	34703	16091	3007
商 丘 市	122	12	110	1067	8025	3669	28951	13322	493
信 阳 市	255	22	233	1523	10300	4900	38631	18086	2664
周 口 市	180	18	162	1504	13493	6411	41335	19602	376
驻马店市	90	7	83	718	7874	3547	22212	10301	433
济 源 市	96	28	68	651	7383	3609	19514	9514	724
巩 义 市	54	12	42	542	5256	2500	15272	7348	219
兰 考 县									
汝 州 市	125	12	113	707	3948	1793	17894	8333	181
滑 县									
长 垣 县									
邓 州 市	92	28	64	685	8894	4101	21045	9856	838
永 城 市	140	6	134	1284	9499	4426	36220	16929	1250
固 始 县									
鹿 邑 县									
新 蔡 县				5	48	23	192	90	

基　本　情　况（城区）

（班）人　数			离园(班)人数		教　职　工				代课教师	兼任教师
小班	中班	大班	计	其中：女	计	其中：女	园长	专任教师		
264109	**309293**	**396518**	**323237**	**152302**	**132195**	**123329**	**6597**	**74903**	**3609**	**279**
61615	71397	85390	65761	30956	32741	30241	1223	17904	828	59
12451	13197	15871	14395	6626	6354	5910	293	3325	188	26
18329	20691	25036	21090	10229	9902	9216	482	5263	95	20
12095	14357	18531	12952	6031	6375	5956	348	3632	98	26
14425	16505	21726	18585	8634	7347	6893	477	3832	380	49
4523	6326	8418	6402	2883	2977	2772	208	1563	61	8
16883	19677	26027	20932	9642	8812	8190	529	4961	348	13
12296	13386	15513	11323	5406	5957	5536	311	3092	184	8
7675	8393	9805	8501	4002	3598	3411	223	2107	278	13
18523	21652	26710	23216	10966	8413	7912	333	4905	62	3
7376	9440	15831	9939	4655	3575	3320	174	2167	219	19
10739	10919	12493	11353	5466	4766	4419	214	2748	78	5
9700	10148	11848	11629	5444	4304	4040	231	2532	143	10
6413	8672	13373	12030	5424	3624	3361	169	2075	137	
9303	11279	15385	12149	5701	4905	4525	355	2670	151	6
9225	13258	18391	13933	6714	4059	3927	252	3036	32	6
4666	6459	10654	7440	3614	2491	2343	129	1590	3	4
6113	6107	6570	5831	2805	2510	2345	133	1273	89	
5184	4526	5343	5055	2354	1945	1760	76	1060		2
3861	5512	8340	6060	2964	1926	1845	152	1259	10	
5279	6638	8290	8393	3938	1595	1543	104	1142	225	2
7395	10706	16869	16084	7754	4019	3864	181	2767		
40	48	104	184	94						

学 前 教 育

省辖市直管县	园数(所)			班数(个)	入园(班)人数		在园		
	计	公办	民办		计	其中:女	计	其中:女	托班
河南省	**8361**	**1693**	**6668**	**61350**	**481433**	**229440**	**1704806**	**807038**	**64566**
郑 州 市	388	106	282	3295	26838	12963	96044	44988	1269
开 封 市	323	58	265	2046	13965	6613	55265	26171	2266
洛 阳 市	565	74	491	4553	31004	15084	128421	62055	8971
平顶山市	403	78	325	2301	18411	8913	64758	31132	1243
安 阳 市	456	68	388	2459	16074	7794	55385	26192	3314
鹤 壁 市	144	14	130	854	5205	2474	20177	9520	1550
新 乡 市	453	83	370	2801	19569	9402	70173	32577	4354
焦 作 市	310	40	270	2378	16103	7734	58160	27937	4907
濮 阳 市	367	87	280	2515	18749	8634	66793	30718	2961
许 昌 市	307	64	243	1985	13596	6512	54036	25989	1652
漯 河 市	165	60	105	1171	10721	5235	34045	16473	933
三门峡市	153	39	114	1099	8148	3897	29425	14312	1150
南 阳 市	993	208	785	7371	61461	29085	206760	97081	8697
商 丘 市	499	131	368	4901	34967	16462	135506	64152	2052
信 阳 市	498	121	377	3664	36219	17122	120851	57173	3221
周 口 市	838	181	657	5697	47613	23080	152562	73306	1510
驻马店市	465	72	393	4340	40266	18939	133333	62473	5286
济 源 市	49	22	27	298	2488	1209	8510	4114	378
巩 义 市	45	18	27	497	3690	1789	14349	7004	147
兰 考 县	122	24	98	822	7308	3510	22817	10680	385
汝 州 市	77	17	60	466	2462	1104	12052	5591	
滑 县	131	14	117	896	5119	2504	21979	10256	730
长 垣 县	160	31	129	1109	6575	3061	28223	13032	775
邓 州 市	91	46	45	600	5447	2547	16646	7789	681
永 城 市	41		41	572	6156	3033	17468	8470	439
固 始 县	214	13	201	1350	13650	6002	42518	19032	5214
鹿 邑 县	70	19	51	685	4632	2215	17823	8545	33
新 蔡 县	34	5	29	625	4997	2523	20727	10276	448

基　本　情　况（镇区）

（班）人数			离园（班）人数		教职工				代课教师	兼任教师
小班	中班	大班	计	其中：女	计	其中：女	园长	专任教师		
416647	524660	698873	629493	296762	149348	139011	9964	89562	6666	930
24072	30554	40149	29842	13976	11682	10641	486	6339	593	42
13371	16840	22788	20111	9520	5391	4964	379	3179	59	32
32596	37676	49178	40542	19537	11854	11101	790	6714	753	26
16729	20324	26462	23434	11296	6324	5875	462	3601	271	1
13564	16777	21730	19730	9080	6242	5866	509	3270	222	41
5081	6029	7517	6503	3011	2130	1943	185	1175	129	2
17044	21463	27312	23511	11073	7259	6757	552	4069	307	33
16697	17424	19132	17399	8291	6068	5681	398	3412	299	18
17303	20916	25613	22047	10316	6471	6060	466	3718	111	3
13104	16589	22691	20559	9715	5113	4727	296	3022	2	
8011	10065	15036	12051	5644	3234	2944	205	1792	114	9
8032	9427	10816	9186	4490	3014	2798	196	1828	295	4
49700	62500	85863	85002	40254	15786	14962	1074	10694	1242	194
29312	42313	61829	53499	25181	11028	10176	655	6918	312	10
29555	36871	51204	52666	24303	8105	7492	561	5049	790	66
37574	49363	64055	58208	27846	12679	11900	980	8449	92	269
31779	41515	54753	51414	23768	9741	9089	577	6262	412	35
2669	2667	2796	2643	1261	1044	916	73	403	57	
3741	4217	6244	4586	2164	1750	1544	73	796		
5314	7488	9630	9664	4446	2136	2001	145	1179	8	2
2522	3880	5650	4609	2163	855	801	83	545	7	
5436	6577	9236	8773	4036	1756	1650	142	1027	282	
6436	8224	12788	10354	4694	2851	2698	185	1738	46	12
4082	5018	6865	7048	3398	835	777	85	549	234	94
3336	5743	7950	7099	3548	1094	1008	49	711		
10874	11881	14549	13495	6292	2961	2828	239	1725	29	17
3662	5610	8518	7824	3713	1119	1046	76	840		20
5051	6709	8519	7694	3746	826	766	43	558		

学前教育

省辖市直管县	园数(所) 计	公办	民办	班数(个)	入园(班)人数 计	其中:女	在园 计	其中:女	托班
河南省	10065	2745	7320	66295	459674	221262	1586945	760262	39756
郑州市	358	138	220	2133	15811	7635	60002	28414	794
开封市	487	114	373	2834	19608	9376	75159	35725	1561
洛阳市	398	30	368	2677	15267	7505	65810	32281	4964
平顶山市	578	150	428	2492	16696	7947	66983	31702	590
安阳市	677	151	526	2921	17379	8456	59271	28336	3392
鹤壁市	167	13	154	888	5181	2533	19974	9581	1445
新乡市	889	158	731	3982	22380	10748	87837	41898	3885
焦作市	278	47	231	2022	10912	5359	45083	21701	4995
濮阳市	537	166	371	3388	21128	9983	82565	39060	3199
许昌市	633	112	521	3157	18244	8709	77881	36961	1465
漯河市	283	127	156	1387	9330	4434	34173	16536	778
三门峡市	133	50	83	654	3191	1568	12479	6018	193
南阳市	565	183	382	5074	32252	15232	102215	48495	3175
商丘市	763	293	470	6550	42186	20187	166210	79634	1811
信阳市	447	235	212	3512	31704	14927	84853	40323	555
周口市	1148	407	741	7958	64101	31382	195671	95311	1383
驻马店市	479	37	442	5546	45059	21708	133956	64315	1953
济源市	56	37	19	218	1077	504	4099	1935	232
巩义市	25	7	18	180	1298	617	4978	2277	69
兰考县	125	46	79	694	5975	2816	18547	8757	204
汝州市	246	45	201	1141	6569	3204	25864	12572	37
滑县	247	12	235	1604	10013	4840	36796	17555	461
长垣县	103	24	79	594	3734	1814	14126	6736	246
邓州市	205	125	80	1470	10829	5267	30126	14638	456
永城市	51	2	49	733	6043	2939	18754	8822	294
固始县	92	7	85	736	7268	3406	18769	8556	869
鹿邑县	70	26	44	967	6729	3277	23001	11285	413
新蔡县	25	3	22	783	9710	4889	21763	10838	337

基 本 情 况（乡村）

（班）人数			离园（班）人数		教职工				代课教师	兼任教师
小班	中班	大班	计	其中：女	计	其中：女	园长	专任教师		
372501	**486784**	**687904**	**660727**	**316751**	**109109**	**98858**	**10438**	**61698**	**3358**	**373**
15224	19266	24718	19380	9219	6747	6015	399	3531	767	34
18280	23917	31401	30560	14615	6084	5484	509	3292	71	16
15611	19044	26191	23860	11458	5151	4638	454	2622	109	13
15417	21170	29806	26005	12336	5772	5174	585	2972	192	24
13815	17292	24772	26167	12440	5615	5184	659	2945	165	33
5012	5898	7619	7208	3507	1644	1496	175	955	3	5
22458	27195	34299	32707	15541	7183	6648	910	4027	209	8
12262	13220	14606	14137	6665	3750	3402	310	1962	143	
21683	26165	31518	29402	13742	6777	6248	651	3762	134	26
17820	24932	33664	30588	14663	7494	6645	575	3833	1	9
7439	10535	15421	11564	5508	3034	2670	284	1514	105	10
3287	3926	5073	4709	2312	1345	1212	140	812	111	1
22581	29817	46642	49983	23629	4620	4234	520	2973	232	82
36357	53900	74142	67439	32282	11330	10068	901	6510	337	4
17720	23877	42701	46461	22407	3686	3310	372	2327	220	15
47677	62505	84106	79307	38686	11253	10445	1213	7306	54	27
29261	38158	64584	65268	31415	5947	5289	526	3282	66	17
1256	1264	1347	1385	653	575	485	65	205	16	1
1240	1524	2145	1389	713	701	632	40	292		
3995	5788	8560	7474	3604	1193	1102	127	729	29	8
6271	8163	11393	9790	4671	2004	1829	251	1236	38	1
9298	12011	15026	16278	7639	2207	2026	261	1352	74	6
3388	4619	5873	4861	2255	1189	1138	106	771	26	1
6839	8852	13979	15835	7852	1052	967	166	717	251	21
3580	5876	9004	9628	4565	913	813	60	542		3
4186	5154	8560	8601	4023	876	791	85	542	5	4
6254	7410	8924	8294	4142	638	594	67	467		4
4290	5306	11830	12447	6209	329	319	27	220		

特 殊 教 育

省辖市直管县	校数(所)			班数(个)	特殊教育总计					毕业生数
	计	公办	民办		毕业生数	招生数	在校学生数			
							计	其中：女	其中：寄宿生	
河南省	150	145	5	1767	3007	10472	54849	19998	14684	1316
郑州市	12	12		128	262	528	2967	1033	995	157
开封市	8	8		65	85	333	1815	650	508	62
洛阳市	14	14		138	299	914	3843	1470	1253	195
平顶山市	8	8		110	141	634	2828	1111	894	41
安阳市	7	6	1	91	131	357	2192	801	532	88
鹤壁市	2	2		22	56	157	910	324	233	
新乡市	7	7		69	189	622	3451	1314	808	56
焦作市	8	8		89	147	301	2023	771	392	67
濮阳市	7	6	1	90	84	433	2239	851	302	26
许昌市	5	5		47	68	215	1594	512	467	5
漯河市	7	4	3	53	84	282	1470	556	543	37
三门峡市	5	5		55	94	202	1256	491	404	50
南阳市	13	13		168	251	1197	5453	2073	1671	82
商丘市	9	9		121	190	593	3950	1454	1004	133
信阳市	9	9		80	126	521	2727	996	482	40
周口市	9	9		126	115	916	4546	1599	1236	31
驻马店市	9	9		114	262	766	4247	1545	1368	116
济源市	1	1		14	64	65	404	147	160	45
巩义市	1	1		17	25	66	311	131	92	15
兰考县	1	1		24	10	363	675	258	86	
汝州市	1	1		12	60	183	928	333	213	12
滑县	1	1		32	124	204	1098	413	221	
长垣县	1	1		17	61	141	823	279	279	17
邓州市	1	1		20	42	237	1206	461	165	17
永城市	1	1		22	1	18	162	65	93	
固始县	1	1		8	25	64	273	102	133	18
鹿邑县	1	1		12	11	101	395	133	92	6
新蔡县	1	1		23		59	1063	125	58	

基 本 情 况

特殊教育学校(机构)				初中、小学随班就读学生					教职工		代课教师	兼任教师
招生数	在校学生数			毕业生数	招生数	在校学生数			计	其中:专任教师		
	计	其中:女	其中:寄宿生			计	其中:女	其中:寄宿生				
4498	22615	8609	10237	1547	5267	28214	10093	4447	4505	4156	184	14
274	1653	608	744	93	213	1117	370	251	455	425	13	3
124	773	297	335	23	189	952	335	173	180	159	5	1
482	1855	751	935	95	389	1829	666	318	350	330		
278	1065	440	466	94	313	1527	581	428	231	209	31	
142	1065	403	473	28	125	763	282	59	185	162	2	
17	172	57	132	47	111	648	234	101	55	45	2	
127	882	320	636	117	383	1998	788	172	200	171	3	
104	926	362	304	70	174	893	351	88	201	177	12	
247	1148	443	222	53	175	991	381	80	197	176	7	3
80	366	130	234	55	125	1077	336	233	112	101		
83	512	165	356	44	170	768	303	187	132	120	8	7
59	540	214	291	39	124	587	231	113	119	114	5	
639	2614	1071	1252	156	516	2560	926	419	352	341	18	
349	2073	808	844	54	229	1699	594	160	354	335		
147	950	307	382	83	303	1389	568	100	263	244	5	
345	1658	598	638	77	532	2635	926	598	408	390		
277	1805	689	1012	136	479	2347	832	356	340	314	6	
10	130	41	130	17	36	186	74	30	60	56		
47	180	80	53	10	17	117	48	39	25	22		
284	304	120	47	8	72	331	124	39	25	21		
69	266	92	113	48	108	628	228	100	17	16		
77	345	125	108	119	124	748	287	113	26	25	64	
24	305	109	137	44	105	453	154	142	53	53		
68	243	86	52	25	160	901	356	113	28	28	3	
14	130	55	85		4	24	5	8	44	38		
38	122	42	122	7	24	124	51	11	24	21		
70	285	89	81	5	31	107	44	11	47	41		
23	248	107	53		36	815	18	5	22	22		

义务教育阶段

省辖市直管县	机构数（所）					
	学校数				小学教学点	附设小学班
	计	小学	初中	九年一贯制		
河南省	22720	18117	3486	1117	13726	365
郑州市	1219	888	254	77	148	1
开封市	891	718	131	42	649	16
洛阳市	1165	843	227	95	1133	4
平顶山市	957	785	138	34	705	7
安阳市	1169	953	181	35	328	25
鹤壁市	370	306	52	12	174	5
新乡市	1340	1042	204	94	486	5
焦作市	696	514	127	55	155	
濮阳市	935	781	117	37	358	37
许昌市	1024	819	126	79	369	11
漯河市	599	495	81	23	123	19
三门峡市	354	239	89	26	439	9
南阳市	1868	1474	300	94	2487	39
商丘市	1915	1557	300	58	795	3
信阳市	1145	871	211	63	1261	20
周口市	2089	1658	283	148	1899	67
驻马店市	1944	1675	226	43	910	21
济源市	123	91	25	7	25	
巩义市	98	70	22	6	45	
兰考县	255	202	51	2	32	13
汝州市	443	385	50	8	69	5
滑县	343	292	48	3	175	1
长垣县	264	227	32	5	20	11
邓州市	363	298	51	14	308	2
永城市	367	308	57	2	27	26
固始县	234	179	45	10	196	
鹿邑县	255	200	29	26	232	18
新蔡县	295	247	29	19	178	

学校基本情况表(一)

附设初中班	在校生数						
	计	小学学生数					
		计	小学	小学教学点	附设小学班	九年一贯制学校	十二年一贯制学校
19	**14809583**	**10124818**	**8275324**	**685787**	**59395**	**1002541**	**101771**
1	1318797	912558	815698	14943	579	76665	4673
1	600801	417174	325542	40947	4029	43403	3253
1	894202	610623	476761	51002	1003	66012	15845
1	628498	421222	355900	32284	365	30529	2144
1	692393	471781	415547	11524	5337	32306	7067
	227132	155801	138611	4888	650	10458	1194
3	802477	539548	445462	25352	362	65426	2946
2	392282	276030	227507	5890		36761	5872
1	629516	434083	358902	17678	6766	48178	2559
1	633670	428144	344877	17285	1125	60239	4618
3	310091	209449	171525	4973	5756	25603	1592
	229536	158587	135473	6758	1324	14782	250
1	1558791	1050965	791976	126167	3701	113038	16083
1	969744	688836	552175	63140	1151	65448	6922
	835708	547742	454480	40282	3101	48964	915
1	1259428	857876	625896	89204	8656	132943	1177
1	1029762	707563	596590	56033	1823	43914	9203
	81166	56840	50792	322		5726	
	79562	55385	44618	3751		7016	
	122794	87325	74441	3634	6110	3140	
	178206	125601	117459	1612	490	6040	
	220560	160772	149007	6829		3424	1512
	149103	99986	86403	635	1246	4540	7162
	254889	172489	129091	28497		14290	611
	233318	155427	145633	2591	4875	2328	
	188272	121422	103023	10668		7199	532
	140860	99919	61990	9742	946	24749	2492
	148025	101670	79945	9156		9420	3149

义务教育阶段

省辖市直管县	在校初中学生数				
	计	初中	九年一贯制学校	附设初中班	十二年一贯制学校
河南省	4684765	3581873	775599	8467	115019
郑州市	406239	281187	72561	527	5220
开封市	183627	138540	33496	261	2771
洛阳市	283579	212626	50575	137	10215
平顶山市	207276	183693	20666	125	1430
安阳市	220612	188732	22261	332	4212
鹤壁市	71331	56854	5625		989
新乡市	262929	176782	52279	1653	4487
焦作市	116252	89088	20294	834	4378
濮阳市	195433	137625	37623	1992	5413
许昌市	205526	145389	43711	515	4630
漯河市	100642	84961	13983	980	718
三门峡市	70949	61685	7911		198
南阳市	507826	390855	91335	370	21985
商丘市	280908	222692	38083		9937
信阳市	287966	230925	45537		913
周口市	401552	263678	111819	507	6138
驻马店市	322199	263777	37490	234	10481
济源市	24326	20799	3527		
巩义市	24177	20989	3188		
兰考县	35469	30087	3690		
汝州市	52605	44670	7141		
滑县	59788	54332	791		3170
长垣县	49117	39741	6341		3035
邓州市	82400	71301	10285		814
永城市	77891	75962	1693		
固始县	66850	48789	7293		1483
鹿邑县	40941	19546	15826		3190
新蔡县	46355	26568	10575		9212

学 校 基 本 情 况 表 (二)

| 生 | 数 | | | 专任教师（按教授学生分） | | |
| | | 其中:寄宿生 | | | | |
完全中学	计	小 学	初 中	计	小 学	初 中
203807	**4927650**	**1852188**	**3075462**	**818871**	**510350**	**308521**
46744	355023	122264	232759	65729	41090	24639
8559	225486	93919	131567	31663	20407	11256
10026	281995	117349	164646	48239	28336	19903
1362	227559	90900	136659	34134	21643	12491
5075	151711	39589	112122	32493	19786	12707
7863	67911	25380	42531	11808	7367	4441
27728	220882	68105	152777	39283	23785	15498
1658	116816	54421	62395	24758	14971	9787
12780	166374	60170	106204	34350	21886	12464
11281	276353	116933	159420	35640	22145	13495
	111602	43264	68338	17021	9899	7122
1155	82322	34007	48315	16371	9548	6823
3281	560672	213868	346804	80950	49741	31209
10196	291161	105839	185322	59183	38553	20630
10591	214013	51836	162177	51623	31742	19881
19410	625784	295558	330226	77523	49896	27627
10217	332252	116994	215258	62261	39614	22647
	14270	4598	9672	4379	2449	1930
	28012	9881	18131	5380	3091	2289
1692	40126	11105	29021	7229	4576	2653
794	69320	22814	46506	8328	4982	3346
1495	77841	25379	52462	10139	6704	3435
	66059	17541	48518	7339	4609	2730
	97424	35568	61856	13191	7685	5506
236	66195	22283	43912	11003	6940	4063
9285	46239	5675	40564	11920	7472	4448
2379	56711	28399	28312	9030	6038	2992
	57537	18549	38988	7904	5395	2509

义务教育阶段在

省辖市直管县	合计	小学						
		计	一年级	二年级	三年级	四年级	五年级	六年级
河南省	14809583	10124818	1737614	1742698	1725172	1715409	1681715	1522210
郑州市	1318797	912558	170827	156739	151748	148927	143778	140539
开封市	600801	417174	71437	71770	71376	70840	68412	63339
洛阳市	894202	610623	107678	104310	101705	101708	100955	94267
平顶山市	628498	421222	69221	70850	70418	73221	74453	63059
安阳市	692393	471781	74634	79541	79931	81483	79878	76314
鹤壁市	227132	155801	25246	25774	26815	26523	26560	24883
新乡市	802477	539548	89731	92863	93662	92289	91953	79050
焦作市	392282	276030	47955	48553	47417	45911	44608	41586
濮阳市	629516	434083	76170	76419	76578	75173	74604	55139
许昌市	633670	428144	72897	74163	73573	72660	67717	67134
漯河市	310091	209449	36095	35215	34490	35354	35101	33194
三门峡市	229536	158587	27163	27442	27440	27913	27532	21097
南阳市	1558791	1050965	163587	172311	175888	181534	182700	174945
商丘市	969744	688836	131027	125912	121151	114026	105646	91074
信阳市	835708	547742	93788	95324	93956	94785	93957	75932
周口市	1259428	857876	152898	153964	147778	140618	134844	127774
驻马店市	1029762	707563	119129	121719	120775	123355	120910	101675
济源市	81166	56840	9752	9670	9488	9518	9507	8905
巩义市	79562	55385	9602	9151	9304	9090	9146	9092
兰考县	122794	87325	15843	15239	14835	14531	14219	12658
汝州市	178206	125601	20615	20514	21273	22275	21897	19027
滑县	220560	160772	25583	26557	27552	27793	28511	24776
长垣县	149103	99986	18440	18274	17770	16657	16276	12569
邓州市	254889	172489	25974	27656	29009	29749	30205	29896
永城市	233318	155427	27180	26380	26168	25933	25935	23831
固始县	188272	121422	19935	20065	19743	20535	21121	20023
鹿邑县	140860	99919	17232	18763	17709	16112	15508	14595
新蔡县	148025	101670	17975	17560	17620	16896	15782	15837

校生分年级情况(总计)

其中			初中						
五年制	复式班	少数民族	计	一年级	二年级	三年级	四年级	其中 四年制	其中 少数民族
84495	**962**	**107860**	**4684765**	**1578696**	**1606193**	**1484612**	**15264**	**67045**	**50877**
		16548	406239	141088	136480	128671			8288
		5484	183627	60207	62247	61173			2575
	334	6140	283579	97224	95415	90940			2502
	103	6807	207276	69810	71547	65919			3165
		323	220612	74419	76280	69913			201
	17	176	71331	19561	26137	25633			117
	4	5032	262929	86938	93315	82676			2213
	4	6253	116252	39841	39157	37254			2537
61372		655	195433	58892	65012	59745	11784	52469	354
		4971	205526	69916	70173	65437			2356
		2285	100642	33402	34809	32431			1043
23123	272	850	70949	23013	22572	21884	3480	14576	461
	158	20516	507826	177728	177260	152838			10752
		9372	280908	99449	94699	86760			4087
		1026	287966	97645	98535	91786			546
		10793	401552	133852	136466	131234			4926
		4084	322199	107555	112129	102515			2011
	2	600	24326	7833	8318	8175			359
		62	24177	8158	8009	8010			33
		604	35469	10078	12979	12412			160
	68	365	52605	17380	18792	16433			131
		78	59788	19655	21452	18681			30
		78	49117	16558	16699	15860			32
		2556	82400	27773	29087	25540			1095
		24	77891	28227	27448	22216			11
		1804	66850	22428	22103	22319			565
		248	40941	13791	13856	13294			147
		126	46355	16275	15217	14863			180

义务教育阶段在

省辖市直管县	合计	小　学						
		计	一年级	二年级	三年级	四年级	五年级	六年级
河南省	3662474	2464486	444732	429606	416883	412715	398068	362482
郑　州　市	759489	526595	98308	90455	88572	85948	82808	80504
开　封　市	167306	108869	20083	19404	18490	18075	17166	15651
洛　阳　市	249375	173460	32475	30723	28943	28106	27295	25918
平顶山市	144488	99718	18250	17865	16689	16819	16314	13781
安　阳　市	241454	167310	28253	28793	28446	28272	27520	26026
鹤　壁　市	84032	55082	8987	9013	9447	9241	9315	9079
新　乡　市	239673	163905	28991	28781	27586	28326	27319	22902
焦　作　市	137749	94435	17147	16764	16031	15433	14838	14222
濮　阳　市	135609	73321	14518	15317	14264	13877	13418	1927
许　昌　市	252848	168202	30254	29909	29048	28310	25404	25277
漯　河　市	108108	71425	13473	12444	11959	11740	11408	10401
三门峡市	99861	71615	12898	12480	12081	12027	11454	10675
南　阳　市	174701	112539	19625	19256	18873	18748	17941	18096
商　丘　市	118981	84056	16121	14617	14102	14193	13278	11745
信　阳　市	120376	82464	15100	14859	13737	14086	14006	10676
周　口　市	181393	115745	18697	19066	18991	19736	19432	19823
驻马店市	89384	59697	10734	10407	10026	10134	9683	8713
济　源　市	55766	39283	7154	6834	6532	6518	6291	5954
巩　义　市	37561	25691	4850	4347	4470	4150	3971	3903
兰　考　县								
汝　州　市	56605	42016	7413	6992	7096	7145	7112	6258
滑　　县								
长　垣　县								
邓　州　市	81391	54665	8588	8844	9026	9355	9638	9214
永　城　市	120179	73752	12717	12328	12359	12367	12349	11632
固　始　县								
鹿　邑　县								
新　蔡　县	6145	641	96	108	115	109	108	105

校生分年级情况（城区）

	其中					初 中			其 中	
五年制	复式班	少数民族	计	一年级	二年级	三年级	四年级		四年制	少数民族
46579		**46061**	1197988	407514	403830	376258	10386		44423	22333
		12196	232894	77853	78081	76960				6010
		3806	58437	19843	19393	19201				1987
		4007	75915	25779	25488	24648				1716
		2635	44770	15305	15148	14317				1223
		273	74144	25583	25380	23181				148
		108	28950	8426	10473	10051				84
		1984	75768	27312	26351	22105				910
		2706	43314	15000	14430	13884				1265
46579		339	62288	17109	17864	16929	10386		44423	303
		2717	84646	29595	28757	26294				1155
		1536	36683	12280	12434	11969				744
		388	28246	9539	9480	9227				139
		4405	62162	21375	22035	18752				2506
		2459	34925	12812	11495	10618				1158
		643	37912	13685	12910	11317				313
		2573	65648	23735	21923	19990				1238
		855	29687	9740	10442	9505				295
		442	16483	5448	5589	5446				301
		22	11870	4135	3897	3838				16
		211	14589	5235	5105	4249				59
		1749	26726	9344	9387	7995				743
		7	46427	16475	16169	13783				2
			5504	1906	1599	1999				18

义务教育阶段在

省辖市直管县	合计	小 学						
		计	一年级	二年级	三年级	四年级	五年级	六年级
河南省	**6891927**	4263678	702039	707070	713832	723019	731506	686212
郑州市	357307	231488	43348	40186	38819	37917	36601	34617
开封市	244385	154412	24980	25232	26362	26449	25924	25465
洛阳市	479472	303657	52655	50658	50099	50291	51539	48415
平顶山市	279410	167828	26044	26608	27897	29139	31183	26957
安阳市	252050	151714	23403	24754	25661	26355	25846	25695
鹤壁市	103385	66358	11101	10993	11352	11515	11198	10199
新乡市	297617	177607	29624	30246	30951	30334	30026	26426
焦作市	178790	120609	20786	21266	20895	20076	19633	17953
濮阳市	302340	199553	34320	33173	33846	33563	34135	30516
许昌市	192989	116498	19022	19222	19922	20038	18911	19383
漯河市	120546	72245	11181	10970	11083	11862	13383	13766
三门峡市	89888	57072	9509	9912	10127	10452	10611	6461
南阳市	1006886	629124	93701	98776	101333	107196	113755	114363
商丘市	493308	313914	54959	54951	54633	52871	50705	45795
信阳市	443591	265929	46548	46340	45301	45709	44753	37278
周口市	633718	376366	60457	62113	62742	63081	64059	63914
驻马店市	576473	347491	56496	56828	56832	60010	61766	55559
济源市	18582	12048	1871	1950	2073	2072	2150	1932
巩义市	33991	23768	3740	3725	3873	3952	4270	4208
兰考县	75966	50028	8831	8520	8348	8354	8401	7574
汝州市	43215	26231	4254	4149	4401	4460	4763	4204
滑县	117047	74149	11573	11748	12793	13036	13321	11678
长垣县	110012	69678	12741	12370	12100	11497	11462	9508
邓州市	84281	40858	5461	6018	6508	6984	7115	8772
永城市	52354	31619	5745	5509	5274	4918	5002	5171
固始县	131781	78349	13428	13162	12706	13042	13322	12689
鹿邑县	94115	58621	8213	9789	9988	10043	10247	10341
新蔡县	78428	46464	8048	7902	7913	7803	7425	7373

校生分年级情况(镇区)

其中			初中						
			计	一年级	二年级	三年级	四年级	其中	
五年制	复式班	少数民族						四年制	少数民族
30060	**82**	**44953**	**2628249**	**886732**	**904600**	**832851**	**4066**	**18083**	**23379**
		2433	125819	46209	41826	37784			1625
		1400	89973	29402	31046	29525			542
	10	1711	175815	60565	59315	55935			718
		3327	111582	37197	38688	35697			1556
		36	100336	33508	34319	32509			50
	9	59	37027	9758	13779	13490			33
		1697	120010	38524	43128	38358			924
		2548	58181	19893	19749	18539			941
12294		196	102787	31847	36602	33082	1256	6118	36
		1063	76491	25949	26263	24279			597
		636	48301	16116	16645	15540			287
17766	7	396	32816	10179	10059	9768	2810	11965	305
	38	12314	377762	132448	131478	113836			7068
		4979	179394	63506	60756	55132			2402
		333	177662	59873	61074	56715			197
		6893	257352	84605	87935	84812			3446
		2411	228982	77110	79253	72619			1405
		155	6534	1971	2284	2279			58
		18	10223	3371	3428	3424			8
		452	25938	7587	9464	8887			92
	18	107	16984	5340	6158	5486			49
		24	42898	14441	14957	13500			9
		61	40334	13786	13685	12863			32
		607	43423	14166	15135	14122			349
		17	20735	7636	7499	5600			9
		847	53432	18301	17544	17587			335
		107	35494	12021	11951	11522			144
		126	31964	11423	10580	9961			162

义务教育阶段在

省辖市直管县	合计	小学						
		计	一年级	二年级	三年级	四年级	五年级	六年级
河南省	4255182	3396654	590843	606022	594457	579675	552141	473516
郑州市	202001	154475	29171	26098	24357	25062	24369	25418
开封市	189110	153893	26374	27134	26524	26316	25322	22223
洛阳市	165355	133506	22548	22929	22663	23311	22121	19934
平顶山市	204600	153676	24927	26377	25832	27263	26956	22321
安阳市	198889	152757	22978	25994	25824	26856	26512	24593
鹤壁市	39715	34361	5158	5768	6016	5767	6047	5605
新乡市	265187	198036	31116	33836	35125	33629	34608	29722
焦作市	75743	60986	10022	10523	10491	10402	10137	9411
濮阳市	191567	161209	27332	27929	28468	27733	27051	22696
许昌市	187833	143444	23621	25032	24603	24312	23402	22474
漯河市	81437	65779	11441	11801	11448	11752	10310	9027
三门峡市	39787	29900	4756	5050	5232	5434	5467	3961
南阳市	377204	309302	50261	54279	55682	55590	51004	42486
商丘市	357455	290866	59947	56344	52416	46962	41663	33534
信阳市	271741	199349	32140	34125	34918	34990	35198	27978
周口市	444317	365765	73744	72785	66045	57801	51353	44037
驻马店市	363905	300375	51899	54484	53917	53211	49461	37403
济源市	6818	5509	727	886	883	928	1066	1019
巩义市	8010	5926	1012	1079	961	988	905	981
兰考县	46828	37297	7012	6719	6487	6177	5818	5084
汝州市	78386	57354	8948	9373	9776	10670	10022	8565
滑县	103513	86623	14010	14809	14759	14757	15190	13098
长垣县	39091	30308	5699	5904	5670	5160	4814	3061
邓州市	89217	76966	11925	12794	13475	13410	13452	11910
永城市	60785	50056	8718	8543	8535	8648	8584	7028
固始县	56491	43073	6507	6903	7037	7493	7799	7334
鹿邑县	46745	41298	9019	8974	7721	6069	5261	4254
新蔡县	63452	54565	9831	9550	9592	8984	8249	8359

校生分年级情况(乡村)

			初中						
其中			计	一年级	二年级	三年级	四年级	其中	
五年制	复式班	少数民族						四年制	少数民族
7856	**880**	**16774**	**858528**	**284450**	**297763**	**275503**	**812**	**4539**	**5165**
		1919	47526	17026	16573	13927			653
		278	35217	10962	11808	12447			46
	324	422	31849	10880	10612	10357			68
	103	821	50924	17308	17711	15905			386
		14	46132	15328	16581	14223			3
	8	9	5354	1377	1885	2092			
	4	1351	67151	21102	23836	22213			379
	4	999	14757	4948	4978	4831			331
2499		120	30358	9936	10546	9734	142	1928	15
		1191	44389	14372	15153	14864			604
		113	15658	5006	5730	4922			12
5357	265	66	9887	3295	3033	2889	670	2611	17
	120	3769	67902	23905	23747	20250			1178
		1934	66589	23131	22448	21010			527
		50	72392	24087	24551	23754			36
		1320	78552	25512	26608	26432			242
		818	63530	20705	22434	20391			311
	2	3	1309	414	445	450			
		22	2084	652	684	748			9
		152	9531	2491	3515	3525			68
	50	47	21032	6805	7529	6698			23
		54	16890	5214	6495	5181			21
		4	8783	2772	3014	2997			
		200	12251	4263	4565	3423			3
			10729	4116	3780	2833			
		957	13418	4127	4559	4732			230
		141	5447	1770	1905	1772			3
			8887	2946	3038	2903			

义务教育阶段在

省辖市直管县	合计	小 学						
		计	一年级	二年级	三年级	四年级	五年级	六年级
河南省	**6805346**	4684355	812438	812731	799698	792639	774114	692735
郑州市	582874	412882	78983	72379	69001	66720	63996	61803
开封市	270668	189911	33079	32913	32410	32086	31069	28354
洛阳市	427620	292523	51881	50519	48627	48991	48369	44136
平顶山市	292969	196806	32536	33613	33067	34199	34751	28640
安阳市	314746	216346	34528	36707	36262	37147	36722	34980
鹤壁市	102609	71508	11584	11882	12485	12184	12070	11303
新乡市	363892	246333	41624	42776	43089	42053	41390	35401
焦作市	182313	129762	22673	22850	22554	21598	20740	19347
濮阳市	286777	198932	35164	34935	34869	34412	34151	25401
许昌市	289290	197032	34083	34535	33968	33139	30729	30578
漯河市	142533	97059	16930	16451	16020	16401	16088	15169
三门峡市	110486	76393	12957	13248	13238	13446	13315	10189
南阳市	720158	483928	75691	79533	81056	83797	83819	80032
商丘市	444529	317325	60890	58656	56162	52339	48434	40844
信阳市	383790	252336	43340	44535	43510	43730	43218	34003
周口市	591481	404956	73744	72935	69418	66253	63601	59005
驻马店市	471605	327452	56026	56432	56099	57473	55585	45837
济源市	38273	26962	4620	4617	4562	4512	4466	4185
巩义市	37344	26080	4412	4361	4424	4262	4371	4250
兰考县	56094	40211	7492	7065	6906	6734	6360	5654
汝州市	82728	58563	9818	9703	9857	10318	10098	8769
滑县	99078	72594	11721	12182	12619	12418	12724	10930
长垣县	65087	44201	8421	8223	7940	7443	7058	5116
邓州市	118848	80751	12108	12943	13607	13841	14205	14047
永城市	106873	71948	12256	12345	12129	12064	12093	11061
固始县	84324	54920	9135	9029	8905	9254	9606	8991
鹿邑县	66701	47383	8115	8829	8395	7719	7384	6941
新蔡县	71656	49258	8627	8535	8519	8106	7702	7769

校生分年级情况(其中:女)

其中			初中						
五年制	复式班	少数民族	计	一年级	二年级	三年级	四年级	其中 四年制	其中 少数民族
38030	**442**	**48117**	**2120991**	**715763**	**728325**	**670211**	**6692**	**29877**	**22391**
		7252	169992	60700	56963	52329			3126
		2333	80757	26958	27434	26365			1148
	147	2796	135097	46055	45658	43384			1114
	50	2962	96163	32384	33130	30649			1415
		133	98400	33600	33776	31024			87
	11	80	31101	8417	11529	11155			45
	1	2251	117559	38431	42154	36974			971
	1	2834	52551	18061	17797	16693			1154
26952		301	87845	26264	29341	27161	5079	22915	178
		2107	92258	31596	31484	29178			1022
		947	45474	15059	15997	14418			460
11078	122	371	34093	11116	10832	10532	1613	6962	214
	76	9248	236230	82171	82826	71233			5011
		4365	127204	45366	42577	39261			1812
		441	131454	44850	44600	42004			216
		5033	186525	62318	63267	60940			2261
		1728	144153	47812	50189	46152			863
		255	11311	3576	3958	3777			175
		25	11264	3827	3773	3664			13
		283	15883	4531	5871	5481			75
	34	127	24165	7968	8557	7640			57
		37	26484	8461	9589	8434			13
		23	20886	7102	7158	6626			13
		1187	38097	12838	13462	11797			538
		10	34925	12022	12618	10285			5
		814	29404	10060	9754	9590			244
		107	19318	6413	6633	6272			74
		67	22398	7807	7398	7193			87

义务教育阶段在

省辖市直管县	合计	小学						
		计	一年级	二年级	三年级	四年级	五年级	六年级
河南省	8004237	5440463	925176	929967	925474	922770	907601	829475
郑州市	735923	499676	91844	84360	82747	82207	79782	78736
开封市	330133	227263	38358	38857	38966	38754	37343	34985
洛阳市	466582	318100	55797	53791	53078	52717	52586	50131
平顶山市	335529	224416	36685	37237	37351	39022	39702	34419
安阳市	377647	255435	40106	42834	43669	44336	43156	41334
鹤壁市	124523	84293	13662	13892	14330	14339	14490	13580
新乡市	438585	293215	48107	50087	50573	50236	50563	43649
焦作市	209969	146268	25282	25703	24863	24313	23868	22239
濮阳市	342739	235151	41006	41484	41709	40761	40453	29738
许昌市	344380	231112	38814	39628	39605	39521	36988	36556
漯河市	167558	112390	19165	18764	18470	18953	19013	18025
三门峡市	119050	82194	14206	14194	14202	14467	14217	10908
南阳市	838633	567037	87896	92778	94832	97737	98881	94913
商丘市	525215	371511	70137	67256	64989	61687	57212	50230
信阳市	451918	295406	50448	50789	50446	51055	50739	41929
周口市	667947	452920	79154	81029	78360	74365	71243	68769
驻马店市	558157	380111	63103	65287	64676	65882	65325	55838
济源市	42893	29878	5132	5053	4926	5006	5041	4720
巩义市	42218	29305	5190	4790	4880	4828	4775	4842
兰考县	66700	47114	8351	8174	7929	7797	7859	7004
汝州市	95478	67038	10797	10811	11416	11957	11799	10258
滑县	121482	88178	13862	14375	14933	15375	15787	13846
长垣县	84016	55785	10019	10051	9830	9214	9218	7453
邓州市	136041	91738	13866	14713	15402	15908	16000	15849
永城市	126445	83479	14924	14035	14039	13869	13842	12770
固始县	103948	66502	10800	11036	10838	11281	11515	11032
鹿邑县	74159	52536	9117	9934	9314	8393	8124	7654
新蔡县	76369	52412	9348	9025	9101	8790	8080	8068

校生分年级情况(其中:男)

其中			初中						
五年制	复式班	少数民族	计	一年级	二年级	三年级	四年级	其中 四年制	其中 少数民族
46465	**520**	**59743**	**2563774**	**862933**	**877868**	**814401**	**8572**	**37168**	**28486**
		9296	236247	80388	79517	76342			5162
		3151	102870	33249	34813	34808			1427
	187	3344	148482	51169	49757	47556			1388
	53	3845	111113	37426	38417	35270			1750
		190	122212	40819	42504	38889			114
	6	96	40230	11144	14608	14478			72
	3	2781	145370	48507	51161	45702			1242
	3	3419	63701	21780	21360	20561			1383
34420		354	107588	32628	35671	32584	6705	29554	176
		2864	113268	38320	38689	36259			1334
		1338	55168	18343	18812	18013			583
12045	150	479	36856	11897	11740	11352	1867	7614	247
	82	11268	271596	95557	94434	81605			5741
		5007	153704	54083	52122	47499			2275
		585	156512	52795	53935	49782			330
		5760	215027	71534	73199	70294			2665
		2356	178046	59743	61940	56363			1148
	2	345	13015	4257	4360	4398			184
		37	12913	4331	4236	4346			20
		321	19586	5547	7108	6931			85
	34	238	28440	9412	10235	8793			74
		41	33304	11194	11863	10247			17
		55	28231	9456	9541	9234			19
		1369	44303	14935	15625	13743			557
		14	42966	16205	14830	11931			6
		990	37446	12368	12349	12729			321
		141	21623	7378	7223	7022			73
		59	23957	8468	7819	7670			93

中小学在校生、专任教师分

省辖市直管县	在校生数						
	计	按学校类型分			按学生类型分		
		普通高中	初中	小学	普通高中	初中	小学
河南省	16968373	2579387	5368480	9020506	2158790	4684765	10124818
郑州市	1508382	246222	430940	831220	189585	406239	912558
开封市	696510	110292	215700	370518	95709	183627	417174
洛阳市	1037629	179513	329350	528766	143427	283579	610623
平顶山市	706586	83024	235013	388549	78088	207276	421222
安阳市	780904	104865	243631	432408	88511	220612	471781
鹤壁市	262196	45110	72937	144149	35064	71331	155801
新乡市	905492	138176	296140	471176	103015	262929	539548
焦作市	466668	86294	146977	233397	74386	116252	276030
濮阳市	712822	104058	225418	383346	83306	195433	434083
许昌市	713254	100113	249854	363287	79584	205526	428144
漯河市	356481	48700	125527	182254	46390	100642	209449
三门峡市	269375	41442	84378	143555	39839	70949	158587
南阳市	1764942	247500	595598	921844	206151	507826	1050965
商丘市	1102227	159538	326223	616466	132483	280908	688836
信阳市	984679	161390	325426	497863	148971	287966	547742
周口市	1466795	234092	508947	723756	207367	401552	857876
驻马店市	1181746	181885	345415	654446	151984	322199	707563
济源市	96873	15707	30052	51114	15707	24326	56840
巩义市	94166	14604	31193	48369	14604	24177	55385
兰考县	144207	23105	36917	84185	21413	35469	87325
汝州市	199422	22010	57851	119561	21216	52605	125601
滑县	245008	30625	58547	155836	24448	59788	160772
长垣县	170069	31163	50622	88284	20966	49117	99986
邓州市	284626	31162	95876	157588	29737	82400	172489
永城市	256446	23364	79983	153099	23128	77891	155427
固始县	227113	50141	63281	113691	38841	66850	121422
鹿邑县	164656	31857	60121	72678	23796	40941	99919
新蔡县	169099	33435	46563	89101	21074	46355	101670

学校类型和学生类型情况

	专任教师数					
计	按学校类型分			按授课学生类型分		
	普通高中	初中	小学	普通高中	初中	小学
1030728	**163013**	**357365**	**510350**	**138269**	**327211**	**565248**
87555	17860	28605	41090	14094	28102	45359
39922	6120	13395	20407	5244	11949	22729
64778	13280	23162	28336	10604	21527	32647
41104	5315	14146	21643	4901	12750	23453
40429	6205	14438	19786	5414	13118	21897
14806	2545	4894	7367	1995	4933	7878
51180	8872	18523	23785	6894	17299	26987
32930	5916	12043	14971	5094	10178	17658
43140	6701	14553	21886	5270	13726	24144
46005	7122	16738	22145	5850	14453	25702
21540	3285	8356	9899	3096	7183	11261
21268	3961	7759	9548	3810	6962	10496
100411	14781	35889	49741	12777	32379	55255
71582	9173	23856	38553	7625	21770	42187
64714	10596	22376	31742	9668	20750	34296
97134	13497	33741	49896	12314	28752	56068
74685	10199	24872	39614	8667	23692	42326
5895	1187	2259	2449	1187	1930	2778
7109	1296	2722	3091	1296	2289	3524
8634	1272	2786	4576	1166	2759	4709
10095	1472	3641	4982	1414	3404	5277
12230	1938	3588	6704	1584	3677	6969
9219	1693	2917	4609	1074	2936	5209
15351	1570	6096	7685	1475	5554	8322
12350	1237	4173	6940	1224	4076	7050
15228	2948	4808	7472	2318	5046	7864
11956	1835	4083	6038	1383	3284	7289
9478	1137	2946	5395	831	2733	5914

小 学 班 额 及

省辖市直管县	班额情况（个）										
	计	25人及以下	26－30人	31－35人	36－40人	41－45人	46－50人	51－55人	56－60人	61－65人	66人及以上
河南省	**280034**	**73254**	**21131**	**24104**	**29539**	**45013**	**31937**	**35050**	**9203**	**7756**	**3047**
郑州市	18858	1235	865	1081	1782	2119	2364	3836	2002	2302	1272
开封市	12183	3585	994	1076	1308	1857	1514	1296	196	237	120
洛阳市	17269	4421	1031	1302	1959	3328	2683	2248	251	46	
平顶山市	11427	2773	842	1027	1083	1481	1619	2209	113	280	
安阳市	12726	2790	1106	1124	1277	1973	1940	2147	231	137	1
鹤壁市	4338	1376	256	240	315	423	495	705	141	223	164
新乡市	14583	3250	1276	1528	1824	2086	1788	1927	465	328	111
焦作市	7595	1964	540	652	695	1179	941	1245	165	176	38
濮阳市	11724	2614	1053	1183	1312	2838	966	680	274	311	493
许昌市	11792	2667	1105	1382	1468	1618	1416	1417	565	133	21
漯河市	5600	1464	406	433	466	552	706	1278	194	85	16
三门峡市	4302	1122	204	247	372	566	686	890	124	59	32
南阳市	29842	8544	1857	2130	2855	5962	3132	3308	898	981	175
商丘市	20983	6511	2042	2209	2690	3784	1604	1690	365	88	
信阳市	15815	5314	691	946	1164	1674	2046	2638	674	657	11
周口市	25388	8420	1938	2304	2633	4139	2181	1502	1063	690	518
驻马店市	20932	6635	1804	1854	2043	3478	2105	1894	693	389	37
济源市	1430	291	91	64	131	160	230	309	105	48	1
巩义市	1309	179	93	140	121	155	134	274	82	116	15
兰考县	2616	521	469	369	440	787	23	7			
汝州市	3633	927	420	405	388	499	340	642	10	2	
滑县	4135	631	322	498	687	717	448	497	177	158	
长垣县	2591	461	215	280	317	384	418	370	106	40	
邓州市	5034	1547	398	485	588	933	330	316	209	211	17
永城市	3879	656	302	305	362	451	624	1117	35	27	
固始县	3535	1042	210	182	386	781	418	498	11	7	
鹿邑县	3181	1107	222	323	390	750	195	110	54	25	5
新蔡县	3334	1207	379	335	483	339	591				

构　成　情　况(总计)

占总班数的比例(%)										大班额比例(%)
25人及以下	26－30人	31－35人	36－40人	41－45人	46－50人	51－55人	56－60人	61－65人	66人及以上	
26.16	**7.55**	**8.61**	**10.55**	**16.07**	**11.40**	**12.52**	**3.29**	**2.77**	**1.09**	**7.14**
6.55	4.59	5.73	9.45	11.24	12.54	20.34	10.62	12.21	6.75	29.57
29.43	8.16	8.83	10.74	15.24	12.43	10.64	1.61	1.95	0.98	4.54
25.60	5.97	7.54	11.34	19.27	15.54	13.02	1.45	0.27		1.72
24.27	7.37	8.99	9.48	12.96	14.17	19.33	0.99	2.45		3.44
21.92	8.69	8.83	10.03	15.50	15.24	16.87	1.82	1.08	0.01	2.90
31.72	5.90	5.53	7.26	9.75	11.41	16.25	3.25	5.14	3.78	12.17
22.29	8.75	10.48	12.51	14.30	12.26	13.21	3.19	2.25	0.76	6.20
25.86	7.11	8.58	9.15	15.52	12.39	16.39	2.17	2.32	0.50	4.99
22.30	8.98	10.09	11.19	24.21	8.24	5.80	2.34	2.65	4.21	9.19
22.62	9.37	11.72	12.45	13.72	12.01	12.02	4.79	1.13	0.18	6.10
26.14	7.25	7.73	8.32	9.86	12.61	22.82	3.46	1.52	0.29	5.27
26.08	4.74	5.74	8.65	13.16	15.95	20.69	2.88	1.37	0.74	5.00
28.63	6.22	7.14	9.57	19.98	10.50	11.09	3.01	3.29	0.59	6.88
31.03	9.73	10.53	12.82	18.03	7.64	8.05	1.74	0.42		2.16
33.60	4.37	5.98	7.36	10.58	12.94	16.68	4.26	4.15	0.07	8.49
33.17	7.63	9.08	10.37	16.30	8.59	5.92	4.19	2.72	2.04	8.95
31.70	8.62	8.86	9.76	16.62	10.06	9.05	3.31	1.86	0.18	5.35
20.35	6.36	4.48	9.16	11.19	16.08	21.61	7.34	3.36	0.07	10.77
13.67	7.10	10.70	9.24	11.84	10.24	20.93	6.26	8.86	1.15	16.27
19.92	17.93	14.11	16.82	30.08	0.88	0.27				
25.52	11.56	11.15	10.68	13.74	9.36	17.67	0.28	0.06		0.33
15.26	7.79	12.04	16.61	17.34	10.83	12.02	4.28	3.82		8.10
17.79	8.30	10.81	12.23	14.82	16.13	14.28	4.09	1.54		5.63
30.73	7.91	9.63	11.68	18.53	6.56	6.28	4.15	4.19	0.34	8.68
16.91	7.79	7.86	9.33	11.63	16.09	28.80	0.90	0.70		1.60
29.48	5.94	5.15	10.92	22.09	11.82	14.09	0.31	0.20		0.51
34.80	6.98	10.15	12.26	23.58	6.13	3.46	1.70	0.79	0.16	2.64
36.20	11.37	10.05	14.49	10.17	17.73					

小 学 班 额 及

省辖市直管县	班额情况（个）									
	计	25人及以下	26-30人	31-35人	36-40人	41-45人	46-50人	51-55人	56-60人	61-65人	66人及以上
河南省	50454	2500	1393	2130	3737	7029	8233	14708	3921	4416	2387
郑州市	9982	175	263	344	841	906	1118	2410	1337	1575	1013
开封市	2492	214	114	169	288	553	489	373	82	178	32
洛阳市	3829	158	138	220	328	678	1024	1221	58	4	
平顶山市	2138	174	48	89	96	220	456	937	25	93	
安阳市	3521	105	93	132	256	530	806	1299	196	103	1
鹤壁市	1088	79	27	51	59	100	164	202	81	163	162
新乡市	3360	87	109	178	311	333	713	1047	252	224	106
焦作市	1969	155	45	56	118	211	318	758	117	153	38
濮阳市	1248	70	9	24	41	55	39	246	125	172	467
许昌市	3801	319	179	314	354	532	677	980	339	88	19
漯河市	1449	47	24	46	72	133	222	757	88	57	3
三门峡市	1544	104	32	66	141	176	280	587	110	48	
南阳市	2006	30	38	21	77	118	154	650	315	453	150
商丘市	1876	131	30	57	116	578	342	456	131	35	
信阳市	1670	96	58	102	111	102	179	457	209	353	3
周口市	2373	287	54	88	189	795	216	141	64	176	363
驻马店市	1212	19	9	19	43	374	250	271	38	189	
济源市	803	29	17	19	59	70	180	280	100	48	1
巩义市	522	35	21	33	45	51	22	148	60	92	15
兰考县											
汝州市	914	47	34	35	66	162	144	419	5	2	
滑县											
长垣县											
邓州市	1129	72	38	29	55	283	92	193	170	183	14
永城市	1509	64	13	34	63	67	346	876	19	27	
固始县											
鹿邑县											
新蔡县	19	3		4	8	2	2				

构 成 情 况（城区）

\\	占 总 班 数 的 比 例 （%）										大班额比例（%）
25人及以下	26－30人	31－35人	36－40人	41－45人	46－50人	51－55人	56－60人	61－65人	66人及以上		
4.96	2.76	4.22	7.41	13.93	16.32	29.15	7.77	8.75	4.73		21.26
1.75	2.63	3.45	8.43	9.08	11.20	24.14	13.39	15.78	10.15		39.32
8.59	4.57	6.78	11.56	22.19	19.62	14.97	3.29	7.14	1.28		11.72
4.13	3.60	5.75	8.57	17.71	26.74	31.89	1.51	0.10			1.62
8.14	2.25	4.16	4.49	10.29	21.33	43.83	1.17	4.35			5.52
2.98	2.64	3.75	7.27	15.05	22.89	36.89	5.57	2.93	0.03		8.52
7.26	2.48	4.69	5.42	9.19	15.07	18.57	7.44	14.98	14.89		37.32
2.59	3.24	5.30	9.26	9.91	21.22	31.16	7.50	6.67	3.15		17.32
7.87	2.29	2.84	5.99	10.72	16.15	38.50	5.94	7.77	1.93		15.64
5.61	0.72	1.92	3.29	4.41	3.13	19.71	10.02	13.78	37.42		61.22
8.39	4.71	8.26	9.31	14.00	17.81	25.78	8.92	2.32	0.50		11.73
3.24	1.66	3.17	4.97	9.18	15.32	52.24	6.07	3.93	0.21		10.21
6.74	2.07	4.27	9.13	11.40	18.13	38.02	7.12	3.11			10.23
1.50	1.89	1.05	3.84	5.88	7.68	32.40	15.70	22.58	7.48		45.76
6.98	1.60	3.04	6.18	30.81	18.23	24.31	6.98	1.87			8.85
5.75	3.47	6.11	6.65	6.11	10.72	27.37	12.51	21.14	0.18		33.83
12.09	2.28	3.71	7.96	33.50	9.10	5.94	2.70	7.42	15.30		25.41
1.57	0.74	1.57	3.55	30.86	20.63	22.36	3.14	15.59			18.73
3.61	2.12	2.37	7.35	8.72	22.42	34.87	12.45	5.98	0.12		18.56
6.70	4.02	6.32	8.62	9.77	4.21	28.35	11.49	17.62	2.87		31.99
5.14	3.72	3.83	7.22	17.72	15.75	45.84	0.55	0.22			0.77
6.38	3.37	2.57	4.87	25.07	8.15	17.09	15.06	16.21	1.24		32.51
4.24	0.86	2.25	4.17	4.44	22.93	58.05	1.26	1.79			3.05
15.79		21.05	42.11	10.53	10.53						

小 学 班 额 及

省辖市直管县	班 额 情 况（个）									
	计	25人及以下	26-30人	31-35人	36-40人	41-45人	46-50人	51-55人	56-60人	61-65人	66人及以上
河南省	102419	11473	5181	7492	12501	25363	16602	15992	4366	2949	500
郑州市	4710	262	143	244	357	637	703	964	508	639	253
开封市	3979	710	229	293	427	782	678	730	89	31	10
洛阳市	7379	678	335	535	1082	2191	1398	944	177	39	
平顶山市	3913	378	181	335	361	749	770	908	59	172	
安阳市	3702	413	215	285	381	916	778	649	31	34	
鹤壁市	1578	231	74	66	141	229	261	454	60	60	2
新乡市	4358	462	321	403	631	1032	605	638	172	94	
焦作市	3099	488	201	332	326	664	553	465	47	23	
濮阳市	4949	538	255	413	577	1967	642	297	113	121	26
许昌市	3059	476	285	358	437	610	410	297	163	21	2
漯河市	1782	303	90	131	183	253	318	403	65	27	9
三门峡市	1337	132	46	70	139	275	365	259	8	11	32
南阳市	14860	1421	522	852	1712	4635	2349	2348	503	497	21
商丘市	8129	1242	518	716	1280	2218	896	1008	205	46	
信阳市	5874	490	141	216	527	900	1272	1680	374	267	7
周口市	9407	1601	534	774	1120	1938	1187	894	836	418	105
驻马店市	7880	519	286	473	922	2088	1392	1386	597	185	32
济源市	335	62	43	17	50	85	45	28	5		
巩义市	572	52	59	68	54	87	91	118	19	24	
兰考县	1373	168	164	135	259	619	21	7			
汝州市	647	49	58	85	102	112	91	150			
滑县	1583	70	53	67	196	309	237	341	156	154	
长垣县	1572	102	59	106	178	291	361	334	101	40	
邓州市	1043	100	66	116	223	347	95	52	21	22	1
永城市	779	85	58	52	113	158	165	143	5		
固始县	1794	69	50	95	255	570	342	407	4	2	
鹿邑县	1540	218	93	177	231	515	148	88	48	22	
新蔡县	1186	154	102	78	237	186	429				

构 成 情 况（镇区）

			占 总 班 数 的 比 例 （%）							大班额比例（%）
25人及以下	26-30人	31-35人	36-40人	41-45人	46-50人	51-55人	56-60人	61-65人	66人及以上	
11.20	**5.06**	**7.32**	**12.21**	**24.76**	**16.21**	**15.61**	**4.26**	**2.88**	**0.49**	**7.63**
5.56	3.04	5.18	7.58	13.52	14.93	20.47	10.79	13.57	5.37	29.72
17.84	5.76	7.36	10.73	19.65	17.04	18.35	2.24	0.78	0.25	3.27
9.19	4.54	7.25	14.66	29.69	18.95	12.79	2.40	0.53		2.93
9.66	4.63	8.56	9.23	19.14	19.68	23.20	1.51	4.40		5.90
11.16	5.81	7.70	10.29	24.74	21.02	17.53	0.84	0.92		1.76
14.64	4.69	4.18	8.94	14.51	16.54	28.77	3.80	3.80	0.13	7.73
10.60	7.37	9.25	14.48	23.68	13.88	14.64	3.95	2.16		6.10
15.75	6.49	10.71	10.52	21.43	17.84	15.00	1.52	0.74		2.26
10.87	5.15	8.35	11.66	39.75	12.97	6.00	2.28	2.44	0.53	5.25
15.56	9.32	11.70	14.29	19.94	13.40	9.71	5.33	0.69	0.07	6.08
17.00	5.05	7.35	10.27	14.20	17.85	22.62	3.65	1.52	0.51	5.67
9.87	3.44	5.24	10.40	20.57	27.30	19.37	0.60	0.82	2.39	3.81
9.56	3.51	5.73	11.52	31.19	15.81	15.80	3.38	3.34	0.14	6.87
15.28	6.37	8.81	15.75	27.29	11.02	12.40	2.52	0.57		3.09
8.34	2.40	3.68	8.97	15.32	21.65	28.60	6.37	4.55	0.12	11.03
17.02	5.68	8.23	11.91	20.60	12.62	9.50	8.89	4.44	1.12	14.45
6.59	3.63	6.00	11.70	26.50	17.66	17.59	7.58	2.35	0.41	10.33
18.51	12.84	5.07	14.93	25.37	13.43	8.36	1.49			1.49
9.09	10.31	11.89	9.44	15.21	15.91	20.63	3.32	4.20		7.52
12.24	11.94	9.83	18.86	45.08	1.53	0.51				
7.57	8.96	13.14	15.77	17.31	14.06	23.18				
4.42	3.35	4.23	12.38	19.52	14.97	21.54	9.85	9.73		19.58
6.49	3.75	6.74	11.32	18.51	22.96	21.25	6.42	2.54		8.97
9.59	6.33	11.12	21.38	33.27	9.11	4.99	2.01	2.11	0.10	4.22
10.91	7.45	6.68	14.51	20.28	21.18	18.36	0.64			0.64
3.85	2.79	5.30	14.21	31.77	19.06	22.69	0.22	0.11		0.33
14.16	6.04	11.49	15.00	33.44	9.61	5.71	3.12	1.43		4.55
12.98	8.60	6.58	19.98	15.68	36.17					

小 学 班 额 及

省辖市直管县	班额情况（个）									
	计	25人及以下	26-30人	31-35人	36-40人	41-45人	46-50人	51-55人	56-60人	61-65人	66人及以上
河 南 省	127161	59281	14557	14482	13301	12621	7102	4350	916	391	160
郑 州 市	4166	798	459	493	584	576	543	462	157	88	6
开 封 市	5712	2661	651	614	593	522	347	193	25	28	78
洛 阳 市	6061	3585	558	547	549	459	261	83	16	3	
平顶山市	5376	2221	613	603	626	512	393	364	29	15	
安 阳 市	5503	2272	798	707	640	527	356	199	4		
鹤 壁 市	1672	1066	155	123	115	94	70	49			
新 乡 市	6865	2701	846	947	882	721	470	242	41	10	5
焦 作 市	2527	1321	294	264	251	304	70	22	1		
濮 阳 市	5527	2006	789	746	694	816	285	137	36	18	
许 昌 市	4932	1872	641	710	677	476	329	140	63	24	
漯 河 市	2369	1114	292	256	211	166	166	118	41	1	4
三门峡市	1421	886	126	111	92	115	41	44	6		
南 阳 市	12976	7093	1297	1257	1066	1209	629	310	80	31	4
商 丘 市	10978	5138	1494	1436	1294	988	366	226	29	7	
信 阳 市	8271	4728	492	628	526	672	595	501	91	37	1
周 口 市	13608	6532	1350	1442	1324	1406	778	467	163	96	50
驻马店市	11840	6097	1509	1362	1078	1016	463	237	58	15	5
济 源 市	292	200	31	28	22	5	5	1			
巩 义 市	215	92	13	39	22	17	21	8	3		
兰 考 县	1243	353	305	234	181	168	2				
汝 州 市	2072	831	328	285	220	225	105	73	5		
滑 县	2552	561	269	431	491	408	211	156	21	4	
长 垣 县	1019	359	156	174	139	93	57	36	5		
邓 州 市	2862	1375	294	340	310	303	143	71	18	6	2
永 城 市	1591	507	231	219	186	226	113	98	11		
固 始 县	1741	973	160	87	131	211	76	91	7	5	
鹿 邑 县	1641	889	129	146	159	235	47	22	6	3	5
新 蔡 县	2129	1050	277	253	238	151	160				

构 成 情 况（乡村）

			占 总 班 数 的 比 例 （%）							大班额比例（%）
25人及以下	26-30人	31-35人	36-40人	41-45人	46-50人	51-55人	56-60人	61-65人	66人及以上	
46.62	**11.45**	**11.39**	**10.46**	**9.93**	**5.59**	**3.42**	**0.72**	**0.31**	**0.13**	**1.15**
19.16	11.02	11.83	14.02	13.83	13.03	11.09	3.77	2.11	0.14	6.02
46.59	11.40	10.75	10.38	9.14	6.07	3.38	0.44	0.49	1.37	2.29
59.15	9.21	9.02	9.06	7.57	4.31	1.37	0.26	0.05		0.31
41.31	11.40	11.22	11.64	9.52	7.31	6.77	0.54	0.28		0.82
41.29	14.50	12.85	11.63	9.58	6.47	3.62	0.07			0.07
63.76	9.27	7.36	6.88	5.62	4.19	2.93				
39.34	12.32	13.79	12.85	10.50	6.85	3.53	0.60	0.15	0.07	0.82
52.28	11.63	10.45	9.93	12.03	2.77	0.87	0.04			0.04
36.29	14.28	13.50	12.56	14.76	5.16	2.48	0.65	0.33		0.98
37.96	13.00	14.40	13.73	9.65	6.67	2.84	1.28	0.49		1.76
47.02	12.33	10.81	8.91	7.01	7.01	4.98	1.73	0.04	0.17	1.94
62.35	8.87	7.81	6.47	8.09	2.89	3.10	0.42			0.42
54.66	10.00	9.69	8.22	9.32	4.85	2.39	0.62	0.24	0.03	0.89
46.80	13.61	13.08	11.79	9.00	3.33	2.06	0.26	0.06		0.33
57.16	5.95	7.59	6.36	8.12	7.19	6.06	1.10	0.45	0.01	1.56
48.00	9.92	10.60	9.73	10.33	5.72	3.43	1.20	0.71	0.37	2.27
51.49	12.74	11.50	9.10	8.58	3.91	2.00	0.49	0.13	0.04	0.66
68.49	10.62	9.59	7.53	1.71	1.71	0.34				
42.79	6.05	18.14	10.23	7.91	9.77	3.72	1.40			1.40
28.40	24.54	18.83	14.56	13.52	0.16					
40.11	15.83	13.75	10.62	10.86	5.07	3.52	0.24			0.24
21.98	10.54	16.89	19.24	15.99	8.27	6.11	0.82	0.16		0.98
35.23	15.31	17.08	13.64	9.13	5.59	3.53	0.49			0.49
48.04	10.27	11.88	10.83	10.59	5.00	2.48	0.63	0.21	0.07	0.91
31.87	14.52	13.76	11.69	14.20	7.10	6.16	0.69			0.69
55.89	9.19	5.00	7.52	12.12	4.37	5.23	0.40	0.29		0.69
54.17	7.86	8.90	9.69	14.32	2.86	1.34	0.37	0.18	0.30	0.85
49.32	13.01	11.88	11.18	7.09	7.52					

初 中 班 额 及

省辖市直管县	班 额 情 况（个）									
	计	25人及以下	26-30人	31-35人	36-40人	41-45人	46-50人	51-55人	56-60人	61-65人	66人及以上
河南省	94699	913	1259	2451	5190	12140	31235	30174	5251	4526	1560
郑州市	8044	82	141	297	644	964	1452	2493	869	972	130
开封市	3797	22	129	201	285	527	1100	1116	193	119	105
洛阳市	6107	112	138	232	506	1117	2341	1457	160	44	
平顶山市	4110	22	22	55	93	262	1176	2393	13	74	
安阳市	4444	32	32	57	174	541	1346	2008	179	44	31
鹤壁市	1440	21	10	34	75	153	402	618	35	84	8
新乡市	5397	40	61	123	374	784	1995	1540	271	156	53
焦作市	2635	116	133	210	357	374	752	653	36	4	
濮阳市	3872	28	49	97	184	539	1450	772	235	183	335
许昌市	3974	17	14	35	143	419	1103	1464	361	269	149
漯河市	1963	24	3	13	29	156	547	926	168	82	15
三门峡市	1579	70	51	123	163	237	437	474	12		12
南阳市	10028	17	40	131	271	1109	4238	2969	412	748	93
商丘市	5983	60	121	222	574	1143	1926	1642	256	39	
信阳市	5664	24	38	106	176	563	1311	2821	368	254	3
周口市	7833	77	96	164	393	1004	2357	1748	927	663	404
驻马店市	6470	28	44	80	224	899	2922	1635	210	272	156
济源市	545	30	35	40	51	117	38	209	25		
巩义市	473	2	3	2	23	42	113	222	42	24	
兰考县	790	6	24	37	68	209	398	48			
汝州市	1062	9	11	14	33	126	317	506	28	18	
滑县	1181	1		18	38	189	456	231	127	81	40
长垣县	964	1	1	24	58	72	221	427	113	47	
邓州市	1620	6	3	20	21	127	893	239	87	224	
永城市	1488	4	2	5	37	94	297	846	78	125	
固始县	1351	16	8	44	56	132	382	688	25		
鹿邑县	886	17	7	36	58	179	513	29	21		26
新蔡县	999	29	43	31	82	62	752				

构 成 情 况（总计）

			占 总 班 数 的 比 例 （％）							大班额比例（％）
25人及以下	26-30人	31-35人	36-40人	41-45人	46-50人	51-55人	56-60人	61-65人	66人及以上	
0.96	1.33	2.59	5.48	12.82	32.98	31.86	5.54	4.78	1.65	11.97
1.02	1.75	3.69	8.01	11.98	18.05	30.99	10.80	12.08	1.62	24.50
0.58	3.40	5.29	7.51	13.88	28.97	29.39	5.08	3.13	2.77	10.98
1.83	2.26	3.80	8.29	18.29	38.33	23.86	2.62	0.72		3.34
0.54	0.54	1.34	2.26	6.37	28.61	58.22	0.32	1.80		2.12
0.72	0.72	1.28	3.92	12.17	30.29	45.18	4.03	0.99	0.70	5.72
1.46	0.69	2.36	5.21	10.63	27.92	42.92	2.43	5.83	0.56	8.82
0.74	1.13	2.28	6.93	14.53	36.96	28.53	5.02	2.89	0.98	8.89
4.40	5.05	7.97	13.55	14.19	28.54	24.78	1.37	0.15		1.52
0.72	1.27	2.51	4.75	13.92	37.45	19.94	6.07	4.73	8.65	19.45
0.43	0.35	0.88	3.60	10.54	27.76	36.84	9.08	6.77	3.75	19.60
1.22	0.15	0.66	1.48	7.95	27.87	47.17	8.56	4.18	0.76	13.50
4.43	3.23	7.79	10.32	15.01	27.68	30.02	0.76		0.76	1.52
0.17	0.40	1.31	2.70	11.06	42.26	29.61	4.11	7.46	0.93	12.50
1.00	2.02	3.71	9.59	19.10	32.19	27.44	4.28	0.65		4.93
0.42	0.67	1.87	3.11	9.94	23.15	49.81	6.50	4.48	0.05	11.03
0.98	1.23	2.09	5.02	12.82	30.09	22.32	11.83	8.46	5.16	25.46
0.43	0.68	1.24	3.46	13.89	45.16	25.27	3.25	4.20	2.41	9.86
5.50	6.42	7.34	9.36	21.47	6.97	38.35	4.59			4.59
0.42	0.63	0.42	4.86	8.88	23.89	46.93	8.88	5.07		13.95
0.76	3.04	4.68	8.61	26.46	50.38	6.08				
0.85	1.04	1.32	3.11	11.86	29.85	47.65	2.64	1.69		4.33
0.08		1.52	3.22	16.00	38.61	19.56	10.75	6.86	3.39	21.00
0.10	0.10	2.49	6.02	7.47	22.93	44.29	11.72	4.88		16.60
0.37	0.19	1.23	1.30	7.84	55.12	14.75	5.37	13.83		19.20
0.27	0.13	0.34	2.49	6.32	19.96	56.85	5.24	8.40		13.64
1.18	0.59	3.26	4.15	9.77	28.28	50.93	1.85			1.85
1.92	0.79	4.06	6.55	20.20	57.90	3.27	2.37		2.93	5.30
2.90	4.30	3.10	8.21	6.21	75.28					

初 中 班 额 及

省辖市直管县	班 额 情 况（个）									
	计	25人及以下	26-30人	31-35人	36-40人	41-45人	46-50人	51-55人	56-60人	61-65人	66人及以上
河南省	23360	214	360	675	1235	2292	4900	8918	1656	2329	781
郑州市	4669	40	76	206	494	715	794	1192	411	660	81
开封市	1205	1	93	115	31	94	219	461	121	52	18
洛阳市	1666	38	63	94	155	327	491	457	38	3	
平顶山市	895	8	7	21	32	64	206	551	3	3	
安阳市	1472	6	12	17	54	149	314	803	89	28	
鹤壁市	569	5	3	14	33	58	111	258	16	71	
新乡市	1448	8	6	19	53	86	298	690	177	75	36
焦作市	921	14	40	55	101	91	197	398	22	3	
濮阳市	1047	4	3		4	55	96	310	126	116	333
许昌市	1651	8	1	15	74	139	471	663	129	147	4
漯河市	699	13	1	3	12	14	94	469	54	38	1
三门峡市	630	24	23	54	65	88	163	213			
南阳市	1052			5	9	22	119	347	78	397	75
商丘市	683	1		6	13	55	214	318	56	20	
信阳市	681	7	2	3	3	28	99	273	57	206	3
周口市	1192	22	19	26	32	97	227	275	138	152	204
驻马店市	568		3	1	6	39	310	127	16	40	26
济源市	330	3	1	3	18	65	27	188	25		
巩义市	230	2	2	2	17	14	43	116	16	18	
兰考县											
汝州市	294	5	4	5	8	7	114	143	8		
滑县											
长垣县											
邓州市	485		1	9	3	26	140	86	43	177	
永城市	860	4		2	10	57	51	580	33	123	
固始县											
鹿邑县											
新蔡县	113	1			8	2	102				

构　成　情　况(城区)

占总班数的比例(%)										大班额比例(%)
25人及以下	26－30人	31－35人	36－40人	41－45人	46－50人	51－55人	56－60人	61－65人	66人及以上	
1.30	**1.70**	**2.83**	**5.91**	**10.21**	**18.13**	**22.09**	**12.12**	**9.64**	**16.07**	**20.40**
1.21	1.75	2.68	7.15	10.27	16.84	19.48	13.86	14.46	12.30	24.67
3.66	3.66	4.42	6.06	8.46	19.95	24.50	6.94	13.13	9.22	15.85
2.40	2.78	6.44	11.86	18.68	27.56	24.86	4.79	0.50	0.13	2.46
1.75	1.60	1.31	2.48	6.12	9.18	18.95	13.12	12.97	32.52	0.67
1.72	0.74	1.64	6.46	13.49	40.22	28.62	6.95	0.16		7.95
0.36	2.90	1.81	1.81	16.30	21.20	28.45	10.51	5.25	11.41	15.29
0.39	4.06	2.51	5.99	10.63	17.78	26.85	14.98	2.80	14.01	19.89
0.93	1.40	3.72	7.67	14.65	20.93	25.35	12.91	9.53	2.91	2.71
0.54	0.76	2.07	3.27	4.79	18.95	9.04	10.68	12.96	36.94	54.92
0.75	1.00	3.59	7.35	10.10	17.28	25.80	18.78	10.68	4.67	16.96
	0.19	1.71	3.23	9.13	7.79	9.70	15.02	28.13	25.10	13.30
2.42	2.22	3.43	10.10	9.90	30.52	24.04	8.89	7.47	1.01	
			0.72	1.08	2.17	6.14	11.73	20.94	57.22	52.28
1.34	1.00	3.67	4.17	11.52	14.86	26.04	23.71		13.69	11.13
1.88	2.50	2.08	7.71	7.92	8.54	6.88	6.67	8.13	47.69	39.06
2.61	2.51	3.34	3.45	6.48	5.75	9.93	8.15	10.45	47.33	41.44
0.56		2.52	1.40	2.52	4.76	12.61	18.49	14.01	43.13	14.44
		2.56	12.50	19.23	9.94	44.23	11.54			7.58
	0.52	5.24	6.28	6.28	3.14	27.76	22.51	24.61	3.66	14.78
2.80	2.34	1.40	0.47	7.01	16.82	26.17	11.21	30.85	0.93	
		0.67	0.67	1.00	9.67	10.33	7.00	12.33	58.33	45.36
0.67	0.50	0.17	0.67	7.33	9.00	61.49	20.17			18.14
	1.28			7.05	76.29	15.38				

初中班额及

省辖市直管县	班额情况（个）										
	计	25人及以下	26－30人	31－35人	36－40人	41－45人	46－50人	51－55人	56－60人	61－65人	66人及以上
河南省	**52175**	**317**	**425**	**958**	**2204**	**6317**	**19904**	**17211**	**2968**	**1871**	**651**
郑州市	2345	20	28	39	76	161	470	934	355	262	48
开封市	1725	5	17	57	144	291	546	527	71	67	87
洛阳市	3713	35	45	96	279	633	1596	895	93	41	
平顶山市	2190	12	9	24	45	95	611	1313	10	71	
安阳市	1957	10	9	11	52	182	704	905	68	16	31
鹤壁市	744	6	3	14	33	82	271	313	9	13	8
新乡市	2471	17	27	42	171	352	1106	653	45	58	17
焦作市	1306	45	46	77	178	205	506	236	13		
濮阳市	2135	19	24	41	96	311	1105	364	108	67	2
许昌市	1434	5	2	9	39	174	398	586	173	48	48
漯河市	937	8	1	3	7	76	355	365	83	39	10
三门峡市	673	7	12	24	39	104	242	240	5		12
南阳市	7561	13	29	112	164	828	3592	2243	277	303	18
商丘市	3728	22	34	90	245	649	1338	1145	192	13	
信阳市	3454	8	6	39	65	270	664	2115	251	36	
周口市	4787	32	34	77	181	601	1549	1154	674	485	181
驻马店市	4413	9	30	58	117	531	1904	1356	182	226	123
济源市	173	13	24	37	30	39	9	21			
巩义市	203				5	28	59	89	22		
兰考县	564		18	8	32	144	314	48			
汝州市	326				1	24	57	213	16	15	
滑县	779			6	4	105	313	157	113	81	40
长垣县	789		1	21	51	54	158	367	112	25	
邓州市	886			6	13	75	602	141	44	5	
永城市	412		1	2	10	25	157	203	14		
固始县	1063	8	2	23	39	99	268	606	18		
鹿邑县	727	2	4	28	41	138	472	22	20		26
新蔡县	680	21	19	14	47	41	538				

构 成 情 况（镇区）

			占 总 班 数 的 比 例 （％）							大班额比例（％）
25人及以下	26-30人	31-35人	36-40人	41-45人	46-50人	51-55人	56-60人	61-65人	66人及以上	
0.61	0.81	1.84	4.22	12.11	38.15	32.99	5.69	3.59	1.25	10.52
0.85	1.19	1.66	3.24	6.87	20.04	39.83	15.14	11.17	2.05	28.36
0.29	0.99	3.30	8.35	16.87	31.65	30.55	4.12	3.88	5.04	13.04
0.94	1.21	2.59	7.51	17.05	42.98	24.10	2.50	1.10		3.61
0.55	0.41	1.10	2.05	4.34	27.90	59.95	0.46	3.24		3.70
0.51	0.46	0.56	2.66	9.30	35.97	46.24	3.47	0.82	1.58	5.88
0.81	0.40	1.88	4.44	11.02	36.42	42.07	1.21	1.75	1.08	4.03
0.69	1.09	1.70	6.92	14.25	44.76	26.43	1.82	2.35	0.69	4.86
3.45	3.52	5.90	13.63	15.70	38.74	18.07	1.00			1.00
0.89	1.12	1.92	4.50	14.57	51.76	17.05	5.06	3.14	0.09	8.29
0.35	0.14	0.63	2.72	12.13	27.75	40.86	12.06	3.35	3.35	18.76
0.85	0.11	0.32	0.75	8.11	37.89	38.95	8.86	4.16	1.07	14.09
1.04	1.78	3.57	5.79	15.45	35.96	35.66	0.74		1.78	2.53
0.17	0.38	1.48	2.17	10.95	47.51	29.67	3.66	4.01	0.24	7.91
0.59	0.91	2.41	6.57	17.41	35.89	30.71	5.15	0.35		5.50
0.23	0.17	1.13	1.88	7.82	19.22	61.23	7.27	1.04		8.31
0.67	0.71	1.61	3.78	12.55	32.36	24.11	14.08	10.13	3.78	27.99
0.20	0.68	1.31	2.65	12.03	43.15	30.73	4.12	5.12	2.79	12.03
7.51	13.87	21.39	17.34	22.54	5.20	12.14				
			2.46	13.79	29.06	43.84	10.84			10.84
		3.19	1.42	5.67	25.53	55.67	8.51			
			0.31	7.36	17.48	65.34	4.91	4.60		9.51
			0.77	0.51	13.48	40.18	20.15	14.51	10.40	5.13	30.04
		0.13	2.66	6.46	6.84	20.03	46.51	14.20	3.17	17.36
			0.68	1.47	8.47	67.95	15.91	4.97	0.56	5.53
		0.24	0.49	2.43	6.07	38.11	49.27	3.40		3.40
0.75	0.19	2.16	3.67	9.31	25.21	57.01	1.69			1.69
0.28	0.55	3.85	5.64	18.98	64.92	3.03	2.75		3.58	6.33
3.09	2.79	2.06	6.91	6.03	79.12					

初 中 班 额 及

省辖市直管县	班额情况（个）									
	计	25人及以下	26–30人	31–35人	36–40人	41–45人	46–50人	51–55人	56–60人	61–65人	66人及以上
河南省	18513	382	474	818	1751	3531	6431	4045	627	326	128
郑州市	982	22	37	52	74	88	188	367	103	50	1
开封市	780	16	19	29	110	142	335	128	1		
洛阳市	728	39	30	42	72	157	254	105	29		
平顶山市	1025	2	6	10	16	103	359	529			
安阳市	984	16	11	29	68	210	328	300	22		
鹤壁市	119	10	4	6	9	13	20	47	10		
新乡市	1461	15	28	62	150	346	591	197	49	23	
焦作市	408	57	47	78	78	78	49	19	1	1	
濮阳市	688	5	22	56	84	173	249	98	1		
许昌市	841	4	11	11	30	106	234	215	59	74	97
漯河市	317	3	1	7	10	66	98	92	31	5	4
三门峡市	264	39	16	45	59	45	32	21	7		
南阳市	1397	4	11	14	98	259	527	379	57	48	
商丘市	1572	37	87	126	316	439	374	179	8	6	
信阳市	1529	9	30	64	108	265	548	433	60	12	
周口市	1673	23	43	61	180	306	581	319	115	26	19
驻马店市	1366	19	11	21	101	329	708	152	12	6	7
济源市	42	14	10		3	13	2				
巩义市	40		1		1		11	17	4	6	
兰考县	226	6	6	29	36	65	84				
汝州市	442	4	7	9	24	95	146	150	4	3	
滑县	362	1		12	34	84	143	74	14		
长垣县	175	1		3	7	18	63	60	1	22	
邓州市	249	6	2	5	5	26	151	12		42	
永城市	216		1	1	17	12	89	63	31	2	
固始县	288	8	6	21	17	33	114	82	7		
鹿邑县	133	15	3	8	17	41	41	7	1		
新蔡县	206	7	24	17	27	19	112				

构成情况(乡村)

			占 总 班 数 的 比 例 （%）							大班额比例（%）
25人及以下	26-30人	31-35人	36-40人	41-45人	46-50人	51-55人	56-60人	61-65人	66人及以上	
2.06	**2.56**	**4.42**	**9.46**	**19.07**	**34.74**	**21.85**	**3.39**	**1.76**	**0.69**	**5.84**
2.24	3.77	5.30	7.54	8.96	19.14	37.37	10.49	5.09	0.10	15.68
2.05	2.44	3.72	14.10	18.21	42.95	16.41	0.13			0.13
5.36	4.12	5.77	9.89	21.57	34.89	14.42	3.98			3.98
0.20	0.59	0.98	1.56	10.05	35.02	51.61				
1.63	1.12	2.95	6.91	21.34	33.33	30.49	2.24			2.24
8.40	3.36	5.04	7.56	10.92	16.81	39.50	8.40			8.40
1.03	1.92	4.24	10.27	23.68	40.45	13.48	3.35	1.57		4.93
13.97	11.52	19.12	19.12	19.12	12.01	4.66	0.25	0.25		0.49
0.73	3.20	8.14	12.21	25.15	36.19	14.24	0.15			0.15
0.48	1.31	1.31	3.57	12.60	27.82	25.56	7.02	8.80	11.53	27.35
0.95	0.32	2.21	3.15	20.82	30.91	29.02	9.78	1.58	1.26	12.62
14.77	6.06	17.05	22.35	17.05	12.12	7.95	2.65			2.65
0.29	0.79	1.00	7.02	18.54	37.72	27.13	4.08	3.44		7.52
2.35	5.53	8.02	20.10	27.93	23.79	11.39	0.51	0.38		0.89
0.59	1.96	4.19	7.06	17.33	35.84	28.32	3.92	0.78		4.71
1.37	2.57	3.65	10.76	18.29	34.73	19.07	6.87	1.55	1.14	9.56
1.39	0.81	1.54	7.39	24.08	51.83	11.13	0.88	0.44	0.51	1.83
33.33	23.81		7.14	30.95	4.76					
	2.50		2.50		27.50	42.50	10.00	15.00		25.00
2.65	2.65	12.83	15.93	28.76	37.17					
0.90	1.58	2.04	5.43	21.49	33.03	33.94	0.90	0.68		1.58
0.28		3.31	9.39	23.20	39.50	20.44	3.87			3.87
0.57		1.71	4.00	10.29	36.00	34.29	0.57	12.57		13.14
2.41	0.80	2.01	2.01	10.44	60.64	4.82		16.87		16.87
	0.46	0.46	7.87	5.56	41.20	29.17	14.35	0.93		15.28
2.78	2.08	7.29	5.90	11.46	39.58	28.47	2.43			2.43
11.28	2.26	6.02	12.78	30.83	30.83	5.26	0.75			0.75
3.40	11.65	8.25	13.11	9.22	54.37					

普通高中班额

省辖市直管县	班额情况（个）										
	计	25人及以下	26－30人	31－35人	36－40人	41－45人	46－50人	51－55人	56－60人	61－65人	66人及以上
河南省	**38316**	**316**	**256**	**442**	**761**	**1847**	**5524**	**12774**	**5291**	**6015**	**5090**
郑州市	3643	96	39	81	125	218	735	1095	742	321	191
开封市	1638	3	8	8	46	87	203	455	291	245	292
洛阳市	2643	73	60	48	56	116	628	507	317	493	345
平顶山市	1484	15	6	20	36	79	201	848	118	161	
安阳市	1653	6	6	16	18	37	180	1103	140	127	20
鹤壁市	634	1	5	10	8	21	55	364	59	60	51
新乡市	1859	6	24	49	58	131	270	688	130	248	255
焦作市	1351	7	10	16	26	64	262	328	245	310	83
濮阳市	1564	9	23	36	43	167	310	491	198	150	137
许昌市	1454	33	11	23	43	88	195	358	372	180	151
漯河市	811	7	3	7	11	43	83	237	111	213	96
三门峡市	849	22	6	54	67	207	254	144	14	35	46
南阳市	3803	14	29	40	88	201	445	1882	305	778	21
商丘市	2424	3	4		49	70	382	1353	295	98	170
信阳市	2541	1	1	10	16	68	264	714	473	621	373
周口市	3200	3	15	18	52	123	206	559	219	649	1356
驻马店市	2363	1			2	2	47	288	589	624	810
济源市	290				4	1	31	218	24		12
巩义市	257	4			3	11	7	123	28	71	10
兰考县	332					23	36	131		14	128
汝州市	387				6	48	15	184	28	106	
滑县	420	3	1		1	16	66	110	69	19	135
长垣县	363				1	9	34	31	212	20	56
邓州市	492	1	2			2	99	68	87	122	111
永城市	358				1	2	27	22	63	114	129
固始县	704	1		2		9	20	469	74	129	
鹿邑县	370	1				3	55	4	88	107	112
新蔡县	429	6	3	4	1	1	414				

及 构 成 情 况

			占 总 班 数 的 比 例 （%）							大班额比例（%）
25人及以下	26-30人	31-35人	36-40人	41-45人	46-50人	51-55人	56-60人	61-65人	66人及以上	
0.82	**0.67**	**1.15**	**1.99**	**4.82**	**14.42**	**33.34**	**13.81**	**15.70**	**13.28**	**42.79**
2.64	1.07	2.22	3.43	5.98	20.18	30.06	20.37	8.81	5.24	34.42
0.18	0.49	0.49	2.81	5.31	12.39	27.78	17.77	14.96	17.83	50.55
2.76	2.27	1.82	2.12	4.39	23.76	19.18	11.99	18.65	13.05	43.70
1.01	0.40	1.35	2.43	5.32	13.54	57.14	7.95	10.85		18.80
0.36	0.36	0.97	1.09	2.24	10.89	66.73	8.47	7.68	1.21	17.36
0.16	0.79	1.58	1.26	3.31	8.68	57.41	9.31	9.46	8.04	26.81
0.32	1.29	2.64	3.12	7.05	14.52	37.01	6.99	13.34	13.72	34.05
0.52	0.74	1.18	1.92	4.74	19.39	24.28	18.13	22.95	6.14	47.22
0.58	1.47	2.30	2.75	10.68	19.82	31.39	12.66	9.59	8.76	31.01
2.27	0.76	1.58	2.96	6.05	13.41	24.62	25.58	12.38	10.39	48.35
0.86	0.37	0.86	1.36	5.30	10.23	29.22	13.69	26.26	11.84	51.79
2.59	0.71	6.36	7.89	24.38	29.92	16.96	1.65	4.12	5.42	11.19
0.37	0.76	1.05	2.31	5.29	11.70	49.49	8.02	20.46	0.55	29.03
0.12	0.17		2.02	2.89	15.76	55.82	12.17	4.04	7.01	23.23
0.04	0.04	0.39	0.63	2.68	10.39	28.10	18.61	24.44	14.68	57.73
0.09	0.47	0.56	1.63	3.84	6.44	17.47	6.84	20.28	42.38	69.50
0.04			0.08	0.08	1.99	12.19	24.93	26.41	34.28	85.61
			1.38	0.34	10.69	75.17	8.28		4.14	12.41
1.56			1.17	4.28	2.72	47.86	10.89	27.63	3.89	42.41
				6.93	10.84	39.46		4.22	38.55	42.77
			1.55	12.40	3.88	47.55	7.24	27.39		34.63
0.71	0.24		0.24	3.81	15.71	26.19	16.43	4.52	32.14	53.10
			0.28	2.48	9.37	8.54	58.40	5.51	15.43	79.34
0.20	0.41			0.41	20.12	13.82	17.68	24.80	22.56	65.04
			0.28	0.56	7.54	6.15	17.60	31.84	36.03	85.47
0.14		0.28		1.28	2.84	66.62	10.51	18.32		28.84
0.27				0.81	14.86	1.08	23.78	28.92	30.27	82.97
1.40	0.70	0.93	0.23	0.23	96.50					

中小学在校生中随迁子女

省辖市直管县	高中			初中				
	随迁子女			随迁子女			其中:进城务工人员	
	计	外省迁入	本省外县迁入	计	外省迁入	本省外县迁入	计	外省迁入
河南省	**31202**	**2779**	**28423**	**252036**	**21565**	**230471**	**196408**	**14566**
郑州市	20421	1573	18848	88919	8249	80670	72514	6612
开封市	507	52	455	3651	283	3368	2302	130
洛阳市	1803	225	1578	20876	2253	18623	15453	1577
平顶山市	821	14	807	10224	499	9725	7656	288
安阳市	356	88	268	8977	1494	7483	6910	834
鹤壁市	160	10	150	1864	89	1775	1422	30
新乡市	111	2	109	7151	492	6659	5778	343
焦作市	1128	44	1084	4701	501	4200	3900	336
濮阳市	268	87	181	21604	1090	20514	18974	773
许昌市	276	61	215	4271	362	3909	2797	223
漯河市	214	14	200	6555	357	6198	4731	141
三门峡市	517	91	426	6323	803	5520	4953	505
南阳市	1558	172	1386	24435	736	23699	17620	542
商丘市	183	11	172	2211	113	2098	1588	55
信阳市	235	40	195	7392	846	6546	6007	617
周口市	1288	92	1196	12166	832	11334	9498	428
驻马店市	977	108	869	13723	632	13091	10491	399
济源市	5		5	1477	459	1018	716	144
巩义市	69	2	67	1475	220	1255	1253	176
兰考县				195	16	179	38	10
汝州市	1	1		167	64	103	51	23
滑县	6	1	5	92	30	62	19	3
长垣县	127	28	99	877	110	767	376	50
邓州市				521	69	452	272	15
永城市	91	21	70	1552	830	722	707	285
固始县	35	9	26	289	117	172	90	8
鹿邑县	45	33	12	346	17	329	290	17
新蔡县				2	2		2	2

和农村留守儿童情况

随迁子女	农村留守儿童	小学						
		随迁子女			其中:进城务工人员随迁子女			农村留守儿童
本省外县迁入		计	外省迁入	本省外县迁入	计	外省迁入	本省外县迁入	
181842	**591252**	**592671**	**55659**	**537012**	**477432**	**40626**	**436806**	**1286677**
65902	2244	228935	25372	203563	178260	18997	159263	3535
2172	12446	12672	1102	11570	9963	786	9177	34690
13876	13622	53516	5657	47859	39482	3560	35922	35163
7368	17316	20014	769	19245	17565	573	16992	45163
6076	7198	20357	1785	18572	18299	1609	16690	14720
1392	3734	4739	299	4440	3753	182	3571	5662
5435	6392	17155	1602	15553	13522	1160	12362	13941
3564	1657	9842	1675	8167	7962	1155	6807	4218
18201	15031	34489	1875	32614	30873	1443	29430	44582
2574	16443	9890	785	9105	6998	484	6514	34633
4590	9806	11716	477	11239	10294	348	9946	24808
4448	1680	15255	2343	12912	13212	1892	11320	5407
17078	73481	57536	2507	55029	49266	1805	47461	170866
1533	41236	5190	295	4895	4548	122	4426	105764
5390	85472	24389	2891	21498	20776	2141	18635	134688
9070	119059	20034	1323	18711	15117	986	14131	240126
10092	76460	30816	2284	28532	25394	1462	23932	164766
572	349	1975	492	1483	1714	428	1286	570
1077	177	2494	743	1751	1947	622	1325	570
28	4523	985	225	760	743	175	568	11387
28	4434	1918	155	1763	1752	123	1629	13277
16	2584	1369	59	1310	1333	55	1278	5655
326	593	2202	329	1873	1325	203	1122	1804
257	22318	1895	242	1653	1549	128	1421	59913
422	8194	2061	99	1962	1125	39	1086	22216
82	21239	792	214	578	455	105	350	35508
273	8359	432	57	375	202	40	162	25928
	15205	3	3		3	3		27117

小 学 和 初 中 专 任

省辖市直管县	小学										
	专任教师职称情况						占专任教师总数的比例(%)				
	计	正高级	副高级	中级	助理级	员级	未定职级	正高级	副高级	中级	助理级	员级
河南省	565248	18	23268	225290	187554	14883	114235	0.003	4.12	39.86	33.18	2.63
郑州市	45359	7	1474	16206	16658	1238	9776	0.02	3.25	35.73	36.72	2.73
开封市	22729	1	714	10766	5442	635	5171	0.004	3.14	47.37	23.94	2.79
洛阳市	32647		860	12287	13437	414	5649		2.63	37.64	41.16	1.27
平顶山市	23453		856	9933	6179	709	5776		3.65	42.35	26.35	3.02
安阳市	21897		1056	8819	7235	372	4415		4.82	40.27	33.04	1.70
鹤壁市	7878	1	525	3830	1617	59	1846	0.01	6.66	48.62	20.53	0.75
新乡市	26987		1331	9345	9586	755	5970		4.93	34.63	35.52	2.80
焦作市	17658		794	6344	6482	295	3743		4.50	35.93	36.71	1.67
濮阳市	24144	2	1070	9642	7860	677	4893	0.01	4.43	39.94	32.55	2.80
许昌市	25702	2	1246	9720	7498	742	6494	0.01	4.85	37.82	29.17	2.89
漯河市	11261	1	704	6146	2769	256	1385	0.01	6.25	54.58	24.59	2.27
三门峡市	10496		476	4315	4583	162	960		4.54	41.11	43.66	1.54
南阳市	55255		2306	20789	19130	2483	10547		4.17	37.62	34.62	4.49
商丘市	42187	1	2031	19343	14756	628	5428	0.002	4.81	45.85	34.98	1.49
信阳市	34296		1198	13547	12940	963	5648		3.49	39.50	37.73	2.81
周口市	56068		2101	21739	16066	1794	14368		3.75	38.77	28.65	3.20
驻马店市	42326	1	2136	17212	14606	791	7580	0.002	5.05	40.67	34.51	1.87
济源市	2778	2	129	977	1409	23	238	0.07	4.64	35.17	50.72	0.83
巩义市	3524		154	1600	1222	113	435		4.37	45.40	34.68	3.21
兰考县	4709		210	2179	1068	230	1022		4.46	46.27	22.68	4.88
汝州市	5277		195	2187	1232	239	1424		3.70	41.44	23.35	4.53
滑县	6969		215	2052	2497	122	2083		3.09	29.44	35.83	1.75
长垣县	5209		233	1839	1935	73	1129		4.47	35.30	37.15	1.40
邓州市	8322		245	3881	2784	175	1237		2.94	46.64	33.45	2.10
永城市	7050		310	2804	2746	255	935		4.40	39.77	38.95	3.62
固始县	7864		410	3062	2486	133	1773		5.21	38.94	31.61	1.69
鹿邑县	7289		183	2986	1616	199	2305		2.51	40.97	22.17	2.73
新蔡县	5914		106	1740	1715	348	2005		1.79	29.42	29.00	5.88

教师职称及构成情况

	初中												
	专任教师职称情况							占专任教师总数的比例(%)					
未定职级	计	正高级	副高级	中级	助理级	员级	未定职级	正高级	副高级	中级	助理级	员级	未定职级
20.21	**327211**	**54**	**54346**	**118059**	**97395**	**6781**	**50576**	**0.02**	**16.61**	**36.08**	**29.77**	**2.07**	**15.46**
21.55	28102	27	3926	8601	9672	280	5596	0.10	13.97	30.61	34.42	1.00	19.91
22.75	11949	3	1784	4672	2891	206	2393	0.03	14.93	39.10	24.19	1.72	20.03
17.30	21527	2	2966	7538	7614	246	3161	0.01	13.78	35.02	35.37	1.14	14.68
24.63	12750		2465	4607	3141	327	2210		19.33	36.13	24.64	2.56	17.33
20.16	13118	2	2513	4520	3699	172	2212	0.02	19.16	34.46	28.20	1.31	16.86
23.43	4933	1	1058	1947	1079	4	844	0.02	21.45	39.47	21.87	0.08	17.11
22.12	17299	4	3070	5809	5024	306	3086	0.02	17.75	33.58	29.04	1.77	17.84
21.20	10178		1710	3661	3362	139	1306		16.80	35.97	33.03	1.37	12.83
20.27	13726	4	2502	4942	4163	399	1716	0.03	18.23	36.00	30.33	2.91	12.50
25.27	14453	2	2489	5220	3433	467	2842	0.01	17.22	36.12	23.75	3.23	19.66
12.30	7183		1750	3226	1497	126	584		24.36	44.91	20.84	1.75	8.13
9.15	6962	1	1171	2596	2664	30	500	0.01	16.82	37.29	38.26	0.43	7.18
19.09	32379	1	4688	11210	10086	1395	4999	0.003	14.48	34.62	31.15	4.31	15.44
12.87	21770	1	4345	9361	5473	392	2198	0.005	19.96	43.00	25.14	1.80	10.10
16.47	20750	3	3990	7513	6940	377	1927	0.01	19.23	36.21	33.45	1.82	9.29
25.63	28752		3599	9595	8377	998	6183		12.52	33.37	29.14	3.47	21.50
17.91	23692	2	5140	9489	6616	212	2233	0.01	21.70	40.05	27.93	0.89	9.43
8.57	1930		274	732	778	4	142		14.20	37.93	40.31	0.21	7.36
12.34	2289		408	966	657	34	224		17.82	42.20	28.70	1.49	9.79
21.70	2759		338	1191	689	59	482		12.25	43.17	24.97	2.14	17.47
26.99	3404		333	859	1056	138	1018		9.78	25.24	31.02	4.05	29.91
29.89	3677	1	497	983	1170	15	1011	0.03	13.52	26.73	31.82	0.41	27.50
21.67	2936		453	847	1121	45	470		15.43	28.85	38.18	1.53	16.01
14.86	5554		730	2201	1825	143	655		13.14	39.63	32.86	2.57	11.79
13.26	4076		555	1421	1483	133	484		13.62	34.86	36.38	3.26	11.87
22.55	5046		771	2011	1139	62	1063		15.28	39.85	22.57	1.23	21.07
31.62	3284		369	1401	788	59	667		11.24	42.66	24.00	1.80	20.31
33.90	2733		452	940	958	13	370		16.54	34.39	35.05	0.48	13.54

普通高中和幼儿园专任

省辖市直管县	普通高中 专任教师职称情况							占专任教师总数的比例			
	计	正高级	副高级	中级	助理级	员级	未定职级	正高级	副高级	中级	助理级
河南省	138269	80	29276	46049	44819	1583	16462	0.06	21.17	33.30	32.41
郑州市	14094	16	2699	4465	4692	158	2064	0.11	19.15	31.68	33.29
开封市	5244	2	1048	1624	1655	47	868	0.04	19.98	30.97	31.56
洛阳市	10604	4	2006	3416	3990	135	1053	0.04	18.92	32.21	37.63
平顶山市	4901	1	1083	1842	1256	72	647	0.02	22.10	37.58	25.63
安阳市	5414	1	1084	1804	1764	14	747	0.02	20.02	33.32	32.58
鹤壁市	1995	1	442	634	402	1	515	0.05	22.16	31.78	20.15
新乡市	6894	32	1456	2238	2228	110	830	0.46	21.12	32.46	32.32
焦作市	5094		996	1575	1725	107	691		19.55	30.92	33.86
濮阳市	5270		1316	1845	1423	81	605		24.97	35.01	27.00
许昌市	5850	3	1225	1695	2082	207	638	0.05	20.94	28.97	35.59
漯河市	3096	1	1022	1213	698	3	159	0.03	33.01	39.18	22.55
三门峡市	3810		890	1395	1411	6	108		23.36	36.61	37.03
南阳市	12777	1	2562	3577	4182	191	2264	0.01	20.05	28.00	32.73
商丘市	7625	2	2010	2997	2216	70	330	0.03	26.36	39.30	29.06
信阳市	9668	6	2123	3359	3167	100	913	0.06	21.96	34.74	32.76
周口市	12314	2	2512	4633	4136	160	871	0.02	20.40	37.62	33.59
驻马店市	8667	3	2163	2656	3026	23	796	0.03	24.96	30.64	34.91
济源市	1187		301	432	421		33		25.36	36.39	35.47
巩义市	1296		206	470	401	31	188		15.90	36.27	30.94
兰考县	1166		144	391	561	9	61		12.35	33.53	48.11
汝州市	1414	1	241	401	449	10	312	0.07	17.04	28.36	31.75
滑县	1584	3	236	357	443		545	0.19	14.90	22.54	27.97
长垣县	1074		206	527	203	3	135		19.18	49.07	18.90
邓州市	1475		309	565	309	26	266		20.95	38.31	20.95
永城市	1224		268	470	444	3	39		21.90	38.40	36.27
固始县	2318		407	860	642	13	396		17.56	37.10	27.70
鹿邑县	1383	1	187	402	583	3	207	0.07	13.52	29.07	42.15
新蔡县	831		134	206	310		181		16.13	24.79	37.30

教师职称及构成情况

(%)		幼儿园											
		专任教师职称情况						占专任教师总数的比例(%)					
员级	未定职级	计	正高级	副高级	中级	助理级	员级	未定职级	正高级	副高级	中级	助理级	员级	未定职级
1.14	**11.91**	226163	1	958	9849	16001	4499	194855	0.0004	0.42	4.35	7.07	1.99	86.16
1.12	14.64	27774		153	1617	3084	934	21986		0.55	5.82	11.10	3.36	79.16
0.90	16.55	9796	1	39	453	689	376	8238	0.01	0.40	4.62	7.03	3.84	84.10
1.27	9.93	14599		53	576	609	94	13267		0.36	3.95	4.17	0.64	90.88
1.47	13.20	10205		24	555	1153	361	8112		0.24	5.44	11.30	3.54	79.49
0.26	13.80	10047		43	400	433	163	9008		0.43	3.98	4.31	1.62	89.66
0.05	25.81	3693		8	103	77	30	3475		0.22	2.79	2.09	0.81	94.10
1.60	12.04	13057		28	336	720	159	11814		0.21	2.57	5.51	1.22	90.48
2.10	13.56	8466		8	278	863	115	7202		0.09	3.28	10.19	1.36	85.07
1.54	11.48	9587		37	527	354	40	8629		0.39	5.50	3.69	0.42	90.01
3.54	10.91	11760		24	433	523	139	10641		0.20	3.68	4.45	1.18	90.48
0.10	5.14	5473		29	354	299	38	4753		0.53	6.47	5.46	0.69	86.84
0.16	2.83	5388		19	333	758	299	3979		0.35	6.18	14.07	5.55	73.85
1.49	17.72	16199		134	847	1365	329	13524		0.83	5.23	8.43	2.03	83.49
0.92	4.33	15503		72	649	990	256	13536		0.46	4.19	6.39	1.65	87.31
1.03	9.44	10046		68	566	734	154	8524		0.68	5.63	7.31	1.53	84.85
1.30	7.07	18791		104	618	1132	311	16626		0.55	3.29	6.02	1.66	88.48
0.27	9.18	11134		68	555	813	184	9514		0.61	4.98	7.30	1.65	85.45
	2.78	1881		8	32	137	31	1673		0.43	1.70	7.28	1.65	88.94
2.39	14.51	2148		5	42	96	41	1964		0.23	1.96	4.47	1.91	91.43
0.77	5.23	1908		2	30	13	2	1861		0.10	1.57	0.68	0.10	97.54
0.71	22.07	3040		5	48	177	210	2600		0.16	1.58	5.82	6.91	85.53
	34.41	2379		1	20	28	3	2327		0.04	0.84	1.18	0.13	97.81
0.28	12.57	2509				26	75	26	2382			1.04	2.99	1.04	94.94
1.76	18.03	2408		4	128	299	46	1931		0.17	5.32	12.42	1.91	80.19
0.25	3.19	4020		7	81	243	93	3596		0.17	2.01	6.04	2.31	89.45
0.56	17.08	2267		10	71	128	26	2032		0.44	3.13	5.65	1.15	89.63
0.22	14.97	1307		5	150	106	17	1029		0.38	11.48	8.11	1.30	78.73
	21.78	778			21	103	22	632			2.70	13.24	2.83	81.23

小学和初中专任

省辖市直管县	小学										
	专任教师学历情况						占专任教师总数的比例(%)				
	计	研究生毕业	本科毕业	专科毕业	高中阶段毕业	高中阶段毕业以下	研究生毕业	本科毕业	专科毕业	高中阶段毕业	高中阶段毕业以下
河南省	565248	3804	314312	228449	18682	1	0.67	55.61	40.42	3.31	0.0002
郑州市	45359	1461	33225	9837	835	1	3.22	73.25	21.69	1.84	0.002
开封市	22729	132	9298	12487	812		0.58	40.91	54.94	3.57	
洛阳市	32647	324	20844	10572	907		0.99	63.85	32.38	2.78	
平顶山市	23453	94	11619	10814	926		0.40	49.54	46.11	3.95	
安阳市	21897	110	15788	5669	330		0.50	72.10	25.89	1.51	
鹤壁市	7878	61	4730	2918	169		0.77	60.04	37.04	2.15	
新乡市	26987	349	15633	10281	724		1.29	57.93	38.10	2.68	
焦作市	17658	91	10398	6552	617		0.52	58.89	37.10	3.49	
濮阳市	24144	128	14288	8929	799		0.53	59.18	36.98	3.31	
许昌市	25702	109	12353	12303	937		0.42	48.06	47.87	3.65	
漯河市	11261	36	6244	4796	185		0.32	55.45	42.59	1.64	
三门峡市	10496	60	6840	3350	246		0.57	65.17	31.92	2.34	
南阳市	55255	205	28175	24742	2133		0.37	50.99	44.78	3.86	
商丘市	42187	73	17683	23335	1096		0.17	41.92	55.31	2.60	
信阳市	34296	160	20736	11981	1419		0.47	60.46	34.93	4.14	
周口市	56068	136	28509	25230	2193		0.24	50.85	45.00	3.91	
驻马店市	42326	51	22252	18972	1051		0.12	52.57	44.82	2.48	
济源市	2778	38	2087	616	37		1.37	75.13	22.17	1.33	
巩义市	3524	8	2622	854	40		0.23	74.40	24.23	1.14	
兰考县	4709	13	2673	1934	89		0.28	56.76	41.07	1.89	
汝州市	5277	18	2557	2111	591		0.34	48.46	40.00	11.20	
滑县	6969	14	3742	2833	380		0.20	53.69	40.65	5.45	
长垣县	5209	16	3083	1918	192		0.31	59.19	36.82	3.69	
邓州市	8322	28	3817	4038	439		0.34	45.87	48.52	5.28	
永城市	7050	44	4777	2224	5		0.62	67.76	31.55	0.07	
固始县	7864	22	4945	2474	423		0.28	62.88	31.46	5.38	
鹿邑县	7289	20	3116	3603	550		0.27	42.75	49.43	7.55	
新蔡县	5914	3	2278	3076	557		0.05	38.52	52.01	9.42	

教师学历及构成情况

初中										
专任教师学历情况						占专任教师总数的比例(%)				
计	研究生毕业	本科毕业	专科毕业	高中阶段毕业	高中阶段毕业以下	研究生毕业	本科毕业	专科毕业	高中阶段毕业	高中阶段毕业以下
327211	**7938**	**257573**	**60463**	**1236**	**1**	**2.43**	**78.72**	**18.48**	**0.38**	**0.0003**
28102	3366	21184	3196	356		11.98	75.38	11.37	1.27	
11949	226	8652	3050	21		1.89	72.41	25.53	0.18	
21527	807	17378	3255	87		3.75	80.73	15.12	0.40	
12750	165	9914	2632	39		1.29	77.76	20.64	0.31	
13118	207	11531	1360	20		1.58	87.90	10.37	0.15	
4933	100	3928	894	11		2.03	79.63	18.12	0.22	
17299	543	13554	3124	78		3.14	78.35	18.06	0.45	
10178	139	8217	1811	10	1	1.37	80.73	17.79	0.10	0.01
13726	294	11930	1471	31		2.14	86.92	10.72	0.23	
14453	258	10796	3380	19		1.79	74.70	23.39	0.13	
7183	79	5936	1165	3		1.10	82.64	16.22	0.04	
6962	75	5787	1086	14		1.08	83.12	15.60	0.20	
32379	277	24638	7375	89		0.86	76.09	22.78	0.27	
21770	206	16113	5391	60		0.95	74.01	24.76	0.28	
20750	316	16678	3694	62		1.52	80.38	17.80	0.30	
28752	228	22608	5848	68		0.79	78.63	20.34	0.24	
23692	248	18794	4573	77		1.05	79.33	19.30	0.33	
1930	60	1627	243			3.11	84.30	12.59		
2289	29	1889	368	3		1.27	82.53	16.08	0.13	
2759	22	2087	637	13		0.80	75.64	23.09	0.47	
3404	47	2706	626	25		1.38	79.49	18.39	0.73	
3677	24	2649	930	74		0.65	72.04	25.29	2.01	
2936	59	2384	483	10		2.01	81.20	16.45	0.34	
5554	60	3945	1534	15		1.08	71.03	27.62	0.27	
4076	58	3882	135	1		1.42	95.24	3.31	0.02	
5046	14	4214	797	21		0.28	83.51	15.79	0.42	
3284	18	2415	832	19		0.55	73.54	25.33	0.58	
2733	13	2137	573	10		0.48	78.19	20.97	0.37	

普通高中和幼儿园专任

省辖市直管县	普通高中										
	专任教师学历情况						占专任教师总数的比例(%)				
	计	研究生毕业	本科毕业	专科毕业	高中阶段毕业	高中阶段毕业以下	研究生毕业	本科毕业	专科毕业	高中阶段毕业	高中阶段毕业以下
河南省	**138269**	**14634**	**121117**	**2509**	**9**		**10.58**	**87.60**	**1.81**	**0.01**	
郑州市	14094	3381	10580	132	1		23.99	75.07	0.94	0.01	
开封市	5244	455	4634	153	2		8.68	88.37	2.92	0.04	
洛阳市	10604	1070	9367	164	3		10.09	88.33	1.55	0.03	
平顶山市	4901	421	4412	68			8.59	90.02	1.39		
安阳市	5414	448	4953	13			8.27	91.49	0.24		
鹤壁市	1995	193	1763	39			9.67	88.37	1.95		
新乡市	6894	709	6080	105			10.28	88.19	1.52		
焦作市	5094	379	4666	49			7.44	91.60	0.96		
濮阳市	5270	625	4618	27			11.86	87.63	0.51		
许昌市	5850	439	5280	131			7.50	90.26	2.24		
漯河市	3096	192	2887	17			6.20	93.25	0.55		
三门峡市	3810	281	3475	54			7.38	91.21	1.42		
南阳市	12777	1585	10870	322			12.41	85.07	2.52		
商丘市	7625	443	6636	545	1		5.81	87.03	7.15	0.01	
信阳市	9668	1074	8466	128			11.11	87.57	1.32		
周口市	12314	1257	10901	156			10.21	88.53	1.27		
驻马店市	8667	487	8129	51			5.62	93.79	0.59		
济源市	1187	81	1106				6.82	93.18			
巩义市	1296	223	1065	8			17.21	82.18	0.62		
兰考县	1166	58	1102	6			4.97	94.51	0.51		
汝州市	1414	126	1282	6			8.91	90.66	0.42		
滑县	1584	98	1477	9			6.19	93.24	0.57		
长垣县	1074	79	930	63	2		7.36	86.59	5.87	0.19	
邓州市	1475	128	1328	19			8.68	90.03	1.29		
永城市	1224	173	1043	8			14.13	85.21	0.65		
固始县	2318	154	2072	92			6.64	89.39	3.97		
鹿邑县	1383	72	1235	76			5.21	89.30	5.50		
新蔡县	831	3	760	68			0.36	91.46	8.18		

教师学历及构成情况

	幼 儿 园									
	专任教师学历情况					占专任教师总数的比例(%)				
计	研究生毕业	本科毕业	专科毕业	高中阶段毕业	高中阶段毕业以下	研究生毕业	本科毕业	专科毕业	高中阶段毕业	高中阶段毕业以下
226163	**198**	**28437**	**140976**	**50747**	**5805**	**0.09**	**12.57**	**62.33**	**22.44**	**2.57**
27774	78	6168	17511	3649	368	0.28	22.21	63.05	13.14	1.32
9796	10	1128	6573	1943	142	0.10	11.51	67.10	19.83	1.45
14599	15	1644	8786	3720	434	0.10	11.26	60.18	25.48	2.97
10205	4	1391	5952	2541	317	0.04	13.63	58.32	24.90	3.11
10047	1	823	5561	3068	594	0.01	8.19	55.35	30.54	5.91
3693		308	2605	711	69		8.34	70.54	19.25	1.87
13057	33	1564	8269	2890	301	0.25	11.98	63.33	22.13	2.31
8466	1	1338	5349	1674	104	0.01	15.80	63.18	19.77	1.23
9587	1	1120	5746	2450	270	0.01	11.68	59.94	25.56	2.82
11760		1087	7722	2879	72		9.24	65.66	24.48	0.61
5473	1	839	3207	1264	162	0.02	15.33	58.60	23.10	2.96
5388	3	1003	3156	1004	222	0.06	18.62	58.57	18.63	4.12
16199	5	1601	9006	4804	783	0.03	9.88	55.60	29.66	4.83
15503	2	1353	10527	3319	302	0.01	8.73	67.90	21.41	1.95
10046	5	1537	5936	2310	258	0.05	15.30	59.09	22.99	2.57
18791	30	2014	11904	4370	473	0.16	10.72	63.35	23.26	2.52
11134	1	1059	7689	2189	196	0.01	9.51	69.06	19.66	1.76
1881	2	356	1255	265	3	0.11	18.93	66.72	14.09	0.16
2148	2	229	1399	452	66	0.09	10.66	65.13	21.04	3.07
1908	4	83	1340	460	21	0.21	4.35	70.23	24.11	1.10
3040		218	1526	1149	147		7.17	50.20	37.80	4.84
2379		105	1012	1004	258		4.41	42.54	42.20	10.84
2509		175	1594	660	80		6.97	63.53	26.31	3.19
2408		219	1422	724	43		9.09	59.05	30.07	1.79
4020		588	3017	400	15		14.63	75.05	9.95	0.37
2267		297	1269	608	93		13.10	55.98	26.82	4.10
1307		126	1010	167	4		9.64	77.28	12.78	0.31
778		64	633	73	8		8.23	81.36	9.38	1.03

小学专任教师

省辖市直管县	专任教师年龄情况								
	计	其中：女	24岁及以下	25－29岁	30－34岁	35－39岁	40－44岁	45－49岁	50－54岁
河南省	565248	420233	33008	100461	90220	118427	96891	61323	40958
郑州市	45359	37271	3592	11144	8530	8415	6151	4004	2454
开封市	22729	17057	1028	2977	3436	5118	4596	3010	1752
洛阳市	32647	24070	1639	5290	4713	5994	5807	4417	3050
平顶山市	23453	17803	1408	4254	3075	3874	5050	2952	1804
安阳市	21897	17066	951	3772	3711	4230	3877	2920	1587
鹤壁市	7878	6086	380	1382	1294	1401	1272	965	819
新乡市	26987	21220	1579	5257	4650	4429	4076	3217	2542
焦作市	17658	13773	839	3033	2745	3622	3467	2335	1108
濮阳市	24144	18843	1407	4645	4569	4960	3817	2462	1676
许昌市	25702	19397	1584	4071	4016	5666	4570	2577	1999
漯河市	11261	8575	348	1592	1306	2808	2477	1397	819
三门峡市	10496	7703	278	1224	1079	2311	2705	1431	936
南阳市	55255	40093	3839	10106	8714	10978	10100	6001	3459
商丘市	42187	29192	1572	4575	5037	11763	8786	5160	3559
信阳市	34296	24376	2549	8068	6263	5965	3658	2681	2466
周口市	56068	39395	2942	8686	8785	14699	9394	5265	3928
驻马店市	42326	30889	3061	9233	7775	8004	5995	3822	2803
济源市	2778	2015	58	386	431	599	598	344	206
巩义市	3524	2802	94	614	374	726	778	558	270
兰考县	4709	3706	270	1027	720	1060	818	420	248
汝州市	5277	3881	455	868	736	867	993	627	357
滑县	6969	5278	422	1097	1142	1569	1265	800	398
长垣县	5209	4614	366	961	835	1276	769	502	412
邓州市	8322	5755	477	1031	1134	1985	1911	1077	533
永城市	7050	5073	380	1112	1233	1713	1257	697	371
固始县	7864	5492	521	1827	1774	1280	594	477	569
鹿邑县	7289	5019	359	953	1242	1933	1339	718	437
新蔡县	5914	3789	610	1276	901	1182	771	487	396

年龄及构成情况

55－59岁	60岁及以上	占专任教师总数的比例(%)								
		24岁及以下	25－29岁	30－34岁	35－39岁	40－44岁	45－49岁	50－54岁	55－59岁	60岁及以上
23528	432	5.84	17.77	15.96	20.95	17.14	10.85	7.25	4.16	0.08
1043	26	7.92	24.57	18.81	18.55	13.56	8.83	5.41	2.30	0.06
794	18	4.52	13.10	15.12	22.52	20.22	13.24	7.71	3.49	0.08
1708	29	5.02	16.20	14.44	18.36	17.79	13.53	9.34	5.23	0.09
986	50	6.00	18.14	13.11	16.52	21.53	12.59	7.69	4.20	0.21
844	5	4.34	17.23	16.95	19.32	17.71	13.34	7.25	3.85	0.02
364	1	4.82	17.54	16.43	17.78	16.15	12.25	10.40	4.62	0.01
1211	26	5.85	19.48	17.23	16.41	15.10	11.92	9.42	4.49	0.10
509		4.75	17.18	15.55	20.51	19.63	13.22	6.27	2.88	
597	11	5.83	19.24	18.92	20.54	15.81	10.20	6.94	2.47	0.05
1194	25	6.16	15.84	15.63	22.04	17.78	10.03	7.78	4.65	0.10
503	11	3.09	14.14	11.60	24.94	22.00	12.41	7.27	4.47	0.10
529	3	2.65	11.66	10.28	22.02	25.77	13.63	8.92	5.04	0.03
2005	53	6.95	18.29	15.77	19.87	18.28	10.86	6.26	3.63	0.10
1733	2	3.73	10.84	11.94	27.88	20.83	12.23	8.44	4.11	
2628	18	7.43	23.52	18.26	17.39	10.67	7.82	7.19	7.66	0.05
2300	69	5.25	15.49	15.67	26.22	16.75	9.39	7.01	4.10	0.12
1629	4	7.23	21.81	18.37	18.91	14.16	9.03	6.62	3.85	0.01
155	1	2.09	13.89	15.51	21.56	21.53	12.38	7.42	5.58	0.04
110		2.67	17.42	10.61	20.60	22.08	15.83	7.66	3.12	
146		5.73	21.81	15.29	22.51	17.37	8.92	5.27	3.10	
361	13	8.62	16.45	13.95	16.43	18.82	11.88	6.77	6.84	0.25
252	24	6.06	15.74	16.39	22.51	18.15	11.48	5.71	3.62	0.34
88		7.03	18.45	16.03	24.50	14.76	9.64	7.91	1.69	
174		5.73	12.39	13.63	23.85	22.96	12.94	6.40	2.09	
281	6	5.39	15.77	17.49	24.30	17.83	9.89	5.26	3.99	0.09
809	13	6.63	23.23	22.56	16.28	7.55	6.07	7.24	10.29	0.17
289	19	4.93	13.07	17.04	26.52	18.37	9.85	6.00	3.96	0.26
286	5	10.31	21.58	15.24	19.99	13.04	8.23	6.70	4.84	0.08

初中专任教师

省辖市直管县	计	其中：女	专任教师年龄情况					
			24岁及以下	25-29岁	30-34岁	35-39岁	40-44岁	45-49岁	50-54岁
河南省	327211	211044	17899	57167	51365	54584	59360	47017	28204
郑州市	28102	19865	2172	6329	4886	5145	4028	3008	1792
开封市	11949	7959	419	1680	1986	2084	2506	1814	1064
洛阳市	21527	13917	1045	3730	3294	3114	3433	3537	2390
平顶山市	12750	8490	683	2410	1796	1643	2307	2100	1269
安阳市	13118	8766	406	2088	2176	2095	2589	2232	1116
鹤壁市	4933	3166	160	759	913	744	846	694	596
新乡市	17299	11357	972	2863	2356	2461	3178	2787	1860
焦作市	10178	6881	319	1265	1384	1561	2176	1989	1080
濮阳市	13726	9617	819	2367	2437	2351	2703	1789	985
许昌市	14453	9403	839	2618	2314	2368	2534	1858	1333
漯河市	7183	4691	235	931	858	1080	1680	1381	710
三门峡市	6962	4324	187	870	925	1208	1552	1333	658
南阳市	32379	20825	2552	6219	4629	4235	5994	4833	2825
商丘市	21770	12939	882	2925	3138	4415	4621	3237	1773
信阳市	20750	11472	1119	3501	3397	3781	3359	2744	1858
周口市	28752	18517	1523	5970	4848	5668	5057	3072	1852
驻马店市	23692	14704	1149	3849	4030	4308	4227	3341	2032
济源市	1930	1261	52	295	257	257	481	342	155
巩义市	2289	1642	77	374	255	405	454	403	221
兰考县	2759	1920	131	569	547	486	487	327	151
汝州市	3404	2323	444	930	446	334	490	361	262
滑县	3677	2594	195	677	546	456	585	704	358
长垣县	2936	2323	238	596	449	473	535	396	198
邓州市	5554	3701	450	944	864	926	1001	811	435
永城市	4076	2471	184	744	723	797	709	516	284
固始县	5046	2554	358	836	868	902	667	581	494
鹿邑县	3284	2047	130	436	661	828	623	343	210
新蔡县	2733	1315	159	392	382	459	538	484	243

年 龄 及 构 成 情 况

		占专任教师总数的比例（％）								
55－59岁	60岁及以上	24岁及以下	25－29岁	30－34岁	35－39岁	40－44岁	45－49岁	50－54岁	55－59岁	60岁及以上
11386	**229**	**5.47**	**17.47**	**15.70**	**16.68**	**18.14**	**14.37**	**8.62**	**3.48**	**0.07**
705	37	7.73	22.52	17.39	18.31	14.33	10.70	6.38	2.51	0.13
383	13	3.51	14.06	16.62	17.44	20.97	15.18	8.90	3.21	0.11
946	38	4.85	17.33	15.30	14.47	15.95	16.43	11.10	4.39	0.18
528	14	5.36	18.90	14.09	12.89	18.09	16.47	9.95	4.14	0.11
406	10	3.09	15.92	16.59	15.97	19.74	17.01	8.51	3.09	0.08
218	3	3.24	15.39	18.51	15.08	17.15	14.07	12.08	4.42	0.06
804	18	5.62	16.55	13.62	14.23	18.37	16.11	10.75	4.65	0.10
394	10	3.13	12.43	13.60	15.34	21.38	19.54	10.61	3.87	0.10
269	6	5.97	17.24	17.75	17.13	19.69	13.03	7.18	1.96	0.04
574	15	5.81	18.11	16.01	16.38	17.53	12.86	9.22	3.97	0.10
303	5	3.27	12.96	11.94	15.04	23.39	19.23	9.88	4.22	0.07
228	1	2.69	12.50	13.29	17.35	22.29	19.15	9.45	3.27	0.01
1079	13	7.88	19.21	14.30	13.08	18.51	14.93	8.72	3.33	0.04
777	2	4.05	13.44	14.41	20.28	21.23	14.87	8.14	3.57	0.01
982	9	5.39	16.87	16.37	18.22	16.19	13.22	8.95	4.73	0.04
743	19	5.30	20.76	16.86	19.71	17.59	10.68	6.44	2.58	0.07
752	4	4.85	16.25	17.01	18.18	17.84	14.10	8.58	3.17	0.02
91		2.69	15.28	13.32	13.32	24.92	17.72	8.03	4.72	
100		3.36	16.34	11.14	17.69	19.83	17.61	9.65	4.37	
61		4.75	20.62	19.83	17.62	17.65	11.85	5.47	2.21	
131	6	13.04	27.32	13.10	9.81	14.39	10.61	7.70	3.85	0.18
155	1	5.30	18.41	14.85	12.40	15.91	19.15	9.74	4.22	0.03
51		8.11	20.30	15.29	16.11	18.22	13.49	6.74	1.74	
119	4	8.10	17.00	15.56	16.67	18.02	14.60	7.83	2.14	0.07
119		4.51	18.25	17.74	19.55	17.39	12.66	6.97	2.92	
339	1	7.09	16.57	17.20	17.88	13.22	11.51	9.79	6.72	0.02
53		3.96	13.28	20.13	25.21	18.97	10.44	6.39	1.61	
76		5.82	14.34	13.98	16.79	19.69	17.71	8.89	2.78	

普通高中专任教师

省辖市直管县	专任教师年龄情况								
	计	其中：女	24岁及以下	25－29岁	30－34岁	35－39岁	40－44岁	45－49岁	50－54岁
河南省	**138269**	**78920**	**7376**	**22241**	**23603**	**30958**	**20579**	**16689**	**12640**
郑州市	14094	8780	1006	2619	2552	3275	1907	1393	1017
开封市	5244	3056	231	942	813	1251	861	570	431
洛阳市	10604	6293	540	1799	1839	2394	1428	1258	997
平顶山市	4901	2874	286	668	693	1326	721	530	500
安阳市	5414	3226	140	657	1007	1585	865	595	414
鹤壁市	1995	1162	180	324	326	387	234	196	248
新乡市	6894	3985	225	865	1027	1553	1138	1080	735
焦作市	5094	3171	234	778	877	1159	734	620	498
濮阳市	5270	3004	252	848	884	1016	909	661	559
许昌市	5850	3507	352	1004	1053	1218	822	662	531
漯河市	3096	1630	137	370	456	635	547	478	334
三门峡市	3810	2130	95	396	553	1030	679	565	387
南阳市	12777	7608	1311	2626	1849	2122	1504	1550	1425
商丘市	7625	3939	148	846	1446	1832	1386	1049	762
信阳市	9668	4505	538	1530	1974	1894	1519	1148	822
周口市	12314	6813	245	1973	2304	2951	2052	1471	967
驻马店市	8667	4770	447	1278	1394	1880	1189	1210	905
济源市	1187	670	25	134	152	359	244	163	79
巩义市	1296	790	60	221	207	363	179	104	115
兰考县	1166	680	22	212	264	297	179	114	73
汝州市	1414	862	191	348	201	178	138	174	134
滑县	1584	989	95	361	223	381	179	148	144
长垣县	1074	663	76	135	176	248	177	162	93
邓州市	1475	795	132	190	163	202	245	260	171
永城市	1224	689	6	104	315	406	131	159	75
固始县	2318	1115	201	373	412	603	362	226	132
鹿邑县	1383	782	145	334	237	264	198	113	72
新蔡县	831	432	56	306	206	149	52	30	20

年龄及构成情况

55-59岁	60岁及以上	占专任教师总数的比例（%）								
		24岁及以下	25-29岁	30-34岁	35-39岁	40-44岁	45-49岁	50-54岁	55-59岁	60岁及以上
3907	**276**	5.33	16.09	17.07	22.39	14.88	12.07	9.14	2.83	0.20
290	35	7.14	18.58	18.11	23.24	13.53	9.88	7.22	2.06	0.25
130	15	4.41	17.96	15.50	23.86	16.42	10.87	8.22	2.48	0.29
332	17	5.09	16.97	17.34	22.58	13.47	11.86	9.40	3.13	0.16
172	5	5.84	13.63	14.14	27.06	14.71	10.81	10.20	3.51	0.10
127	24	2.59	12.14	18.60	29.28	15.98	10.99	7.65	2.35	0.44
85	15	9.02	16.24	16.34	19.40	11.73	9.82	12.43	4.26	0.75
227	44	3.26	12.55	14.90	22.53	16.51	15.67	10.66	3.29	0.64
168	26	4.59	15.27	17.22	22.75	14.41	12.17	9.78	3.30	0.51
132	9	4.78	16.09	16.77	19.28	17.25	12.54	10.61	2.50	0.17
201	7	6.02	17.16	18.00	20.82	14.05	11.32	9.08	3.44	0.12
131	8	4.43	11.95	14.73	20.51	17.67	15.44	10.79	4.23	0.26
101	4	2.49	10.39	14.51	27.03	17.82	14.83	10.16	2.65	0.10
375	15	10.26	20.55	14.47	16.61	11.77	12.13	11.15	2.93	0.12
152	4	1.94	11.10	18.96	24.03	18.18	13.76	9.99	1.99	0.05
243		5.56	15.83	20.42	19.59	15.71	11.87	8.50	2.51	
346	5	1.99	16.02	18.71	23.96	16.66	11.95	7.85	2.81	0.04
364		5.16	14.75	16.08	21.69	13.72	13.96	10.44	4.20	
27	4	2.11	11.29	12.81	30.24	20.56	13.73	6.66	2.27	0.34
47		4.63	17.05	15.97	28.01	13.81	8.02	8.87	3.63	
5		1.89	18.18	22.64	25.47	15.35	9.78	6.26	0.43	
50		13.51	24.61	14.21	12.59	9.76	12.31	9.48	3.54	
43	10	6.00	22.79	14.08	24.05	11.30	9.34	9.09	2.71	0.63
7		7.08	12.57	16.39	23.09	16.48	15.08	8.66	0.65	
88	24	8.95	12.88	11.05	13.69	16.61	17.63	11.59	5.97	1.63
28		0.49	8.50	25.74	33.17	10.70	12.99	6.13	2.29	
9		8.67	16.09	17.77	26.01	15.62	9.75	5.69	0.39	
15	5	10.48	24.15	17.14	19.09	14.32	8.17	5.21	1.08	0.36
12		6.74	36.82	24.79	17.93	6.26	3.61	2.41	1.44	

幼儿园专任教师

省辖市直管县	计	其中：女	专任教师年龄情况						
			24岁及以下	25-29岁	30-34岁	35-39岁	40-44岁	45-49岁	50-54岁
河南省	226163	223811	66440	74499	49661	20901	8175	4033	1970
郑州市	27774	27367	10472	8437	5005	2169	867	493	253
开封市	9796	9729	2175	3414	2612	989	309	195	90
洛阳市	14599	14530	4432	4463	3189	1345	590	392	172
平顶山市	10205	10084	2463	3207	2341	1211	537	284	137
安阳市	10047	9939	2100	3670	2693	915	379	189	88
鹤壁市	3693	3659	1580	1102	641	213	83	44	22
新乡市	13057	12964	3076	4653	3405	1192	372	214	125
焦作市	8466	8387	1971	2784	2082	1047	368	143	53
濮阳市	9587	9533	2710	3249	2120	834	378	201	85
许昌市	11760	11700	3590	4095	2428	1041	384	142	65
漯河市	5473	5409	1291	1578	1288	772	355	114	63
三门峡市	5388	5340	1278	1496	1312	658	423	148	65
南阳市	16199	16023	5527	4664	3090	1645	743	366	144
商丘市	15503	15290	4421	5701	3326	1269	462	201	89
信阳市	10046	9852	2572	3169	2428	1091	370	198	161
周口市	18791	18606	5240	6902	4373	1504	419	201	115
驻马店市	11134	11006	3751	3665	2169	852	371	191	99
济源市	1881	1836	449	540	502	272	76	25	10
巩义市	2148	2130	366	747	549	291	117	49	24
兰考县	1908	1902	546	694	417	169	50	22	8
汝州市	3040	3019	885	894	754	288	130	55	19
滑县	2379	2365	736	790	567	195	54	27	9
长垣县	2509	2499	915	827	517	177	54	13	6
邓州市	2408	2371	844	700	478	232	103	34	16
永城市	4020	4018	1718	1527	544	164	43	12	12
固始县	2267	2229	660	833	449	172	80	39	23
鹿邑县	1307	1251	338	420	285	153	51	26	14
新蔡县	778	773	334	278	97	41	7	15	3

年龄及构成情况

		占专任教师总数的比例（%）								
55-59岁	60岁及以上	24岁及以下	25-29岁	30-34岁	35-39岁	40-44岁	45-49岁	50-54岁	55-59岁	60岁及以上
464	20	29.38	32.94	21.96	9.24	3.61	1.78	0.87	0.21	0.01
76	2	37.70	30.38	18.02	7.81	3.12	1.78	0.91	0.27	0.01
12		22.20	34.85	26.66	10.10	3.15	1.99	0.92	0.12	
16		30.36	30.57	21.84	9.21	4.04	2.69	1.18	0.11	
23	2	24.14	31.43	22.94	11.87	5.26	2.78	1.34	0.23	0.02
12	1	20.90	36.53	26.80	9.11	3.77	1.88	0.88	0.12	0.01
7	1	42.78	29.84	17.36	5.77	2.25	1.19	0.60	0.19	0.03
19	1	23.56	35.64	26.08	9.13	2.85	1.64	0.96	0.15	0.01
16	2	23.28	32.88	24.59	12.37	4.35	1.69	0.63	0.19	0.02
10		28.27	33.89	22.11	8.70	3.94	2.10	0.89	0.10	
15		30.53	34.82	20.65	8.85	3.27	1.21	0.55	0.13	
12		23.59	28.83	23.53	14.11	6.49	2.08	1.15	0.22	
7	1	23.72	27.77	24.35	12.21	7.85	2.75	1.21	0.13	0.02
19	1	34.12	28.79	19.08	10.15	4.59	2.26	0.89	0.12	0.01
34		28.52	36.77	21.45	8.19	2.98	1.30	0.57	0.22	
57		25.60	31.54	24.17	10.86	3.68	1.97	1.60	0.57	
36	1	27.89	36.73	23.27	8.00	2.23	1.07	0.61	0.19	0.01
35	1	33.69	32.92	19.48	7.65	3.33	1.72	0.89	0.31	0.01
7		23.87	28.71	26.69	14.46	4.04	1.33	0.53	0.37	
5		17.04	34.78	25.56	13.55	5.45	2.28	1.12	0.23	
1	1	28.62	36.37	21.86	8.86	2.62	1.15	0.42	0.05	0.05
10	5	29.11	29.41	24.80	9.47	4.28	1.81	0.63	0.33	0.16
1		30.94	33.21	23.83	8.20	2.27	1.13	0.38	0.04	
		36.47	32.96	20.61	7.05	2.15	0.52	0.24		
1		35.05	29.07	19.85	9.63	4.28	1.41	0.66	0.04	
		42.74	37.99	13.53	4.08	1.07	0.30	0.30		
10	1	29.11	36.74	19.81	7.59	3.53	1.72	1.01	0.44	0.04
20		25.86	32.13	21.81	11.71	3.90	1.99	1.07	1.53	
3		42.93	35.73	12.47	5.27	0.90	1.93	0.39	0.39	

小学专任教师

省辖市直管县	计	其中：女	品德与生活（社会）	语文	数学	外语		体育
						计	其中：英语	
河南省	**565248**	**420233**	**17057**	**222726**	**186017**	**41804**	**41803**	**23767**
郑州市	45359	37271	1592	16146	12372	4404	4404	2836
开封市	22729	17057	717	9346	7359	1488	1488	1088
洛阳市	32647	24070	1016	12508	9618	3285	3285	1545
平顶山市	23453	17803	708	9209	7877	1694	1694	883
安阳市	21897	17066	547	9483	6922	1506	1506	822
鹤壁市	7878	6086	181	3362	2367	483	483	351
新乡市	26987	21220	772	10879	8249	2071	2071	1354
焦作市	17658	13773	551	6536	5331	1443	1443	932
濮阳市	24144	18843	710	10171	8282	1213	1212	973
许昌市	25702	19397	657	9930	8354	1924	1924	1233
漯河市	11261	8575	260	4655	3881	596	596	468
三门峡市	10496	7703	373	3704	3185	1083	1083	539
南阳市	55255	40093	1377	22034	19669	3867	3867	1932
商丘市	42187	29192	1333	16533	13947	3385	3385	1612
信阳市	34296	24376	1251	13010	11781	2753	2753	1268
周口市	56068	39395	1902	22154	18645	4715	4715	2163
驻马店市	42326	30889	1150	17402	15685	1383	1383	1490
济源市	2778	2015	110	1060	778	182	182	164
巩义市	3524	2802	147	1218	1013	390	390	197
兰考县	4709	3706	164	1943	1570	304	304	198
汝州市	5277	3881	124	2207	1801	458	458	108
滑县	6969	5278	148	2954	2624	290	290	211
长垣县	5209	4614	105	2146	1857	344	344	201
邓州市	8322	5755	188	3247	2867	580	580	305
永城市	7050	5073	190	2782	2379	632	632	216
固始县	7864	5492	263	2973	2799	535	535	277
鹿邑县	7289	5019	381	2568	2407	674	674	289
新蔡县	5914	3789	140	2566	2398	122	122	112

分课程情况

科学	艺术	音乐	美术	综合实践活动			其他	本学年不授课专任教师
				计	其中			
					信息技术	劳动与技术		
12323	**2526**	**16909**	**15456**	**23458**	**19367**	**3888**	**2832**	**373**
1601	258	2000	1983	1557	1107	408	550	60
462	120	679	645	734	574	143	82	9
815	137	1181	1068	1319	1068	246	140	15
515	82	677	586	1009	816	172	199	14
398	94	570	496	1015	897	110	30	14
160	22	321	263	285	233	52	51	32
530	75	856	773	1277	1073	194	151	
488	157	666	601	807	581	219	129	17
500	82	700	650	760	629	131	77	26
498	102	936	894	1065	911	148	97	12
195	50	314	291	510	420	90	33	8
314	46	403	349	415	295	120	61	24
1060	205	1436	1286	2203	1828	349	162	24
877	256	1071	965	2098	1742	345	110	
757	181	921	864	1241	1017	208	244	25
1086	271	1438	1357	2081	1661	406	233	23
693	140	1007	897	2141	1920	215	277	61
94	8	123	107	122	102	18	30	
127	13	150	133	123	97	24	13	
95	13	126	121	172	143	29	3	
58	18	98	98	273	255	18	32	2
123	17	142	112	329	311	18	19	
72	6	135	126	204	188	16	6	7
293	40	246	212	336	302	31	8	
103	29	172	163	375	331	43	9	
188	54	220	184	342	275	65	29	
176	33	228	187	305	241	60	41	
45	17	93	45	360	350	10	16	

初中专任教师

省辖市直管县	合计	其中：女	思想品德（政治）	语文	数学	外语 计	外语 其中 英语	外语 其中 日语	外语 其中 俄语	科学	物理	化学
河南省	327211	211044	19850	66450	63059	54778	54768	4	4	1055	20019	12499
郑州市	28102	19865	1806	5252	5113	4748	4746	1	1	49	1716	1040
开封市	11949	7959	677	2413	2283	2039	2039			69	710	456
洛阳市	21527	13917	1384	4278	3927	3509	3501	3	3	29	1391	898
平顶山市	12750	8490	780	2544	2442	2223	2223			44	805	469
安阳市	13118	8766	816	2585	2450	2284	2284			38	851	537
鹤壁市	4933	3166	318	974	886	840	840			8	324	200
新乡市	17299	11357	1173	3299	3107	2860	2860			25	1079	658
焦作市	10178	6881	657	1844	1834	1587	1587			1	717	433
濮阳市	13726	9617	925	2567	2409	2183	2183			81	800	542
许昌市	14453	9403	860	3060	2758	2293	2293			27	898	562
漯河市	7183	4691	435	1522	1420	1302	1302			36	422	265
三门峡市	6962	4324	462	1286	1219	1162	1162			28	435	251
南阳市	32379	20825	1883	6955	6802	5389	5389			68	2039	1202
商丘市	21770	12939	1224	4578	4302	3432	3432			149	1308	857
信阳市	20750	11472	1338	4161	4032	3582	3582			96	1244	763
周口市	28752	18517	1608	6091	5707	4865	4865			106	1676	1050
驻马店市	23692	14704	1291	5196	5024	4304	4304			76	1346	875
济源市	1930	1261	120	349	319	302	302			3	144	94
巩义市	2289	1642	144	463	433	373	373			2	155	82
兰考县	2759	1920	155	590	500	437	437			14	184	140
汝州市	3404	2323	193	789	708	604	604			3	172	127
滑县	3677	2594	218	816	746	625	625			10	231	135
长垣县	2936	2323	193	562	532	509	509			5	185	102
邓州市	5554	3701	319	1144	1127	881	881			11	336	217
永城市	4076	2471	218	899	826	680	680			11	228	153
固始县	5046	2554	303	1000	957	836	836			32	295	194
鹿邑县	3284	2047	160	707	691	516	516			26	173	108
新蔡县	2733	1315	190	526	505	413	413			8	155	89

分 课 程 情 况

生物	历史与社会	地理	历史	信息技术	通用技术	体育与健康	艺术	音乐	美术	综合实践活动			其他	本学年不授课专任教师
										计	其中			
											信息技术	劳动与技术		
13502	2161	13277	17207			15090	895	8192	7885	9298	6475	2635	1658	336
1179	110	1118	1587			2017	49	672	681	745	576	152	181	39
476	87	466	620			578	63	324	302	340	225	102	40	6
905	106	856	1185			1127	33	572	565	701	555	130	59	2
524	75	521	662			546	28	349	318	330	209	111	59	31
539	73	522	697			648	29	330	321	306	221	81	43	49
197	18	188	276			292	9	136	128	102	77	24	28	9
761	83	743	989			929	20	443	448	554	387	165	127	1
445	47	425	613			541	15	270	260	391	265	122	92	6
665	128	637	801			676	42	400	388	400	284	108	77	5
602	63	609	750			699	31	405	396	370	284	81	66	4
239	32	246	340			343	32	164	152	192	135	56	22	19
302	47	313	426			343	8	169	154	221	142	71	95	41
1301	185	1253	1624			1228	74	685	640	925	603	295	118	8
944	246	894	1013			849	95	546	524	722	493	221	87	
858	110	882	1080			855	81	541	500	546	393	150	81	
1161	347	1198	1488			1002	103	668	661	767	478	263	234	20
855	171	870	1086			888	54	514	487	605	435	161	50	
78	3	86	123			97	2	69	57	68	53	15	9	7
92		90	127			104	2	50	56	80	47	30	36	
122	19	110	128			118	12	90	80	49	37	11	11	
119	12	127	170			120	1	72	64	41	33	8	11	71
146	9	142	206			136	10	80	73	87	49	35	7	
119	7	121	180			167	3	70	72	82	60	22	9	18
251	42	244	274			194	36	150	153	168	108	57	7	
156	33	152	178			184	5	112	104	125	82	40	12	
204	38	202	268			187	28	144	150	166	95	63	42	
138	35	125	147			115	25	93	90	115	71	39	20	
124	35	137	169			107	5	74	61	100	78	22	35	

普通高中专任

省辖市直管县	合计	其中：女	思想品德（政治）	语文	数学	外语 计	外语 其中 英语	外语 其中 日语	外语 其中 俄语	科学	物理	化学
河南省	138269	78920	9003	22722	21960	21116	21010	29	76		11615	11428
郑州市	14094	8780	861	2161	2209	2129	2120	5	4		1202	1177
开封市	5244	3056	332	854	829	800	800				458	436
洛阳市	10604	6293	720	1632	1584	1585	1576	6	2		902	935
平顶山市	4901	2874	308	781	749	743	743				404	409
安阳市	5414	3226	351	855	858	816	816				447	441
鹤壁市	1995	1162	140	334	326	301	301				162	145
新乡市	6894	3985	463	1205	1120	1072	1071		1		584	577
焦作市	5094	3171	356	826	788	743	742	1			389	397
濮阳市	5270	3004	338	827	812	810	805		5		486	454
许昌市	5850	3507	383	982	876	834	831		3		487	458
漯河市	3096	1630	189	527	506	469	469				283	257
三门峡市	3810	2130	241	631	545	550	550				331	319
南阳市	12777	7608	837	2027	1989	1940	1938	2			1122	1127
商丘市	7625	3939	476	1362	1280	1251	1243		8		617	600
信阳市	9668	4505	661	1635	1572	1545	1543	2			809	769
周口市	12314	6813	737	2127	2041	1938	1908	1	29		1061	1049
驻马店市	8667	4770	571	1502	1491	1384	1366	11	7		645	683
济源市	1187	670	79	186	175	170	170				98	90
巩义市	1296	790	101	186	189	181	181				118	105
兰考县	1166	680	105	157	147	142	142				102	101
汝州市	1414	862	97	224	195	194	193	1			118	117
滑县	1584	989	102	250	253	238	238				131	124
长垣县	1074	663	78	194	177	153	153				88	86
邓州市	1475	795	104	241	234	226	226				137	140
永城市	1224	689	82	201	210	199	194		5		99	87
固始县	2318	1115	153	406	399	378	378				174	182
鹿邑县	1383	782	78	252	255	218	206		12		99	107
新蔡县	831	432	60	157	151	107	107				62	56

教师分课程情况

生物	历史与社会	地理	历史	信息技术	通用技术	体育与健康	艺术	音乐	美术	综合实践活动 计	其中 信息技术	其中 劳动与技术	其他	本学年不授课专任教师
9511		**7748**	**8201**	**2879**	**366**	**5728**	**256**	**2178**	**2470**	**235**			**619**	**234**
983		791	827	256	57	617	28	224	341	36			144	51
383		307	315	131	18	223	12	62	72	2			10	
756		655	680	220	30	445	6	185	192	10			67	
323		279	296	102	8	221	10	78	88	11			15	76
345		288	315	116	23	249	11	113	144	21			19	2
135		115	128	28	7	87	4	35	40	3			5	
440		361	395	137	40	260	7	107	107	9			10	
368		328	353	126	2	213		87	84	3			18	13
378		278	309	93	15	226	8	90	114	9			22	1
371		360	356	158	1	305	4	100	127	3			45	
180		158	175	67	10	139	4	61	63				8	
282		218	216	92		173	3	100	97				4	8
956		704	760	279	23	508	19	200	220	23			23	20
468		352	407	167	14	313	24	107	122	7			58	
698		553	593	160	23	345	26	114	116	19			13	17
844		651	674	219	26	462	30	147	158	37			77	36
547		476	487	191	19	338	22	137	137	15			22	
74		75	76	38	4	62		24	23				13	
102		85	93	37	6	57		13	21				2	
100		87	88	30		54		21	23	9				
104		86	88	28		62	4	33	38				16	10
122		97	101	39	7	51		25	30				14	
69		52	55	26	1	44	8	18	23				2	
103		77	79	38	4	58	2	11	11	3			7	
85		73	76	12	17	54	1	13	8	7				
159		142	148	37	9	67	12	21	26	5				
85		61	64	27	2	64		36	29	1			5	
51		39	47	25		31	11	16	16	2				

小学占地面积

省辖市直管县	占地面积(平方米)			图书（册）	计算机数	
	计	其中			计	其中:教
		绿化用地面积	运动场地面积			计
河南省	**220852896**	**28556781**	**59759853**	**201862932**	**934719**	**793440**
郑州市	12165447	1927833	3198210	18827005	91317	75151
开封市	9770506	1503123	2422884	7212442	31580	27913
洛阳市	12591571	1353503	3876114	12712027	68299	56577
平顶山市	7433065	891720	1991880	7720343	29571	25394
安阳市	7000367	720764	2071593	9762909	25723	20927
鹤壁市	3747658	452786	1038965	2830456	12162	10327
新乡市	10074020	1543088	3313683	11376693	70410	60508
焦作市	6498089	956121	2047267	5780420	27014	23240
濮阳市	9586027	1441611	2635190	8408086	32955	26985
许昌市	10427082	1474349	2678621	7777219	28997	24015
漯河市	4806154	581391	1259133	3947649	11154	9119
三门峡市	3537953	512624	926942	3513841	17462	13848
南阳市	23951127	2768265	6519392	21216362	93130	78799
商丘市	16647762	1830052	4729652	13862608	69056	62991
信阳市	13910600	1796257	3579729	11933948	49007	41208
周口市	21536586	2924424	4633856	13974616	67007	57152
驻马店市	20050353	2721131	5329913	16561615	95841	81020
济源市	1317363	184646	315363	1060180	5829	4979
巩义市	1079684	121157	336369	1691694	6520	5260
兰考县	2139796	160236	865236	1646596	6335	4829
汝州市	2252076	305512	497119	1965248	10205	8501
滑县	3414747	476442	822246	3102290	12326	11059
长垣县	1779452	331712	506509	1970184	15906	14814
邓州市	4270191	505106	1019938	3443123	17465	14464
永城市	3129843	236524	1278367	3593068	14032	12831
固始县	2946919	355949	865473	2577857	12410	10068
鹿邑县	2198289	206868	542324	1513416	7068	6539
新蔡县	2590172	273586	457887	1881037	5938	4922

及其他办学条件

(台)		教室(个)		教室中:普通教室(个)		固定资产总值(万元)		
学用计算机		计	其中：网络多媒体教室	计	其中：网络多媒体教室	计	其中:教学仪器设备资产值	
其中：平板电脑							计	其中：实验设备
47261		**417782**	**191563**	**357960**	**181012**	**7693759.48**	**853860.19**	**211490.09**
8421		23849	19255	19665	17426	838189.77	83932.66	15895.52
666		16781	5104	14558	4804	254152.38	41365.26	10502.05
3591		25187	13782	20872	12925	472811.28	58364.81	15125.01
966		15372	6100	13763	5834	275958.78	28317.32	6222.96
1052		17369	7166	14999	6860	219288.39	28344.44	7851.29
603		5953	3498	5043	3328	151067.35	11883.04	2900.47
2120		20906	12734	16239	11567	372612.90	47898.24	11970.37
175		10535	7005	8014	6443	181021.63	23564.25	5911.54
1872		18665	7831	16875	7670	278411.34	28378.81	7543.69
1100		17390	8487	13464	7807	276345.84	30461.06	8385.32
532		8057	3750	6653	3616	157611.42	15959.51	4275.31
821		6659	4062	5305	3609	163245.25	15456.79	3034.23
7037		45134	16253	39701	15545	740547.88	62991.08	18947.08
464		33735	12635	29421	12232	509862.19	83058.05	17817.23
3629		26734	9021	23509	8598	512442.19	47121.18	13737.02
2927		37129	13206	33616	12871	746521.50	69924.74	14232.16
3820		36125	18332	30746	17248	544689.08	65165.28	18902.43
52		1772	1332	1485	1273	44740.09	5680.98	972.41
274		1860	1334	1401	1231	51451.04	6800.15	1969.23
107		3606	488	2875	461	76744.15	10553.81	2536.63
775		5219	1977	4658	1864	97858.90	9150.12	2808.57
205		6668	2533	5462	2469	85981.25	5098.30	1459.33
3998		3800	2503	2816	2417	87805.81	6681.83	1596.27
684		7456	2739	6194	2641	121656.62	12626.60	4989.19
2		5885	3688	5834	3686	117356.47	14522.63	2878.29
482		6003	3089	5353	2977	137851.72	17875.46	4308.00
195		4609	2188	4166	2145	106268.64	17143.74	2927.97
691		5324	1471	5273	1465	71265.61	5540.08	1790.54

初中占地面积及

省辖市直管县	占地面积（平方米）			图书（册）	计算机数	
	计	其中			计	其中：教
		绿化用地面积	运动场地面积			计
河 南 省	**133807744**	**19663261**	**33190368**	**137748519**	**579753**	**485996**
郑 州 市	9848499	1777872	2695449	10288817	55662	45231
开 封 市	5135466	724641	1197933	4892379	20767	18048
洛 阳 市	8892520	1286016	2656476	9227402	48827	40639
平顶山市	4367077	688282	962311	5857267	19429	17045
安 阳 市	5315515	860045	1312529	6240531	20809	17174
鹤 壁 市	2096648	294921	570135	1993343	8266	6648
新 乡 市	7391328	1348260	2054757	8334957	36379	30918
焦 作 市	4918986	906143	1377770	4828849	22382	19132
濮 阳 市	5474520	901022	1507429	5966778	23952	19249
许 昌 市	6470003	996856	1493263	5478247	17655	14415
漯 河 市	3346744	476078	973086	3351416	10859	9347
三门峡市	2665340	448990	662073	3087580	13716	10791
南 阳 市	12525576	1750165	3173072	14966785	55761	44974
商 丘 市	9350849	1051765	2244553	8943876	36065	33332
信 阳 市	8815162	1434645	1821483	8952442	33587	27022
周 口 市	12049636	1728402	2329231	10066871	44766	37394
驻马店市	8847743	1025395	1962419	9943356	51758	44126
济 源 市	1295969	252258	380781	828415	4464	3619
巩 义 市	855714	85990	202221	1087078	3716	3420
兰 考 县	1413143	150789	493138	1124812	2590	2296
汝 州 市	1184075	176805	248952	1107512	4010	3189
滑 县	1435250	195893	255997	1391998	3623	3074
长 垣 县	1502689	292717	445180	1380496	7212	6495
邓 州 市	2133830	201260	494611	2536611	10133	7526
永 城 市	1796966	117408	618834	2103766	8677	7942
固 始 县	1896613	167755	499397	1494977	6193	5487
鹿 邑 县	1280019	188100	337638	1221505	4289	3744
新 蔡 县	1501863	134789	219651	1050453	4206	3719

其他办学条件

(台)	教室(个)		教室中:普通教室(个)		固定资产总值(万元)		
学用计算机						其中:教学仪器设备资产值	
其中:平板电脑	计	其中:网络多媒体教室	计	其中:网络多媒体教室	计	计	其中:实验设备
35737	**169122**	**105243**	**142977**	**99122**	**6930584.16**	**622862.72**	**210174.36**
4811	13293	9596	10676	8478	733958.33	80662.13	24183.75
1079	6669	2795	5591	2615	218879.22	23387.93	7922.68
3763	11344	7908	9332	7371	483684.02	47851.51	19857.63
839	5844	3921	5428	3860	201002.09	16248.39	5110.11
1317	7484	4292	6182	4084	235191.54	21119.64	6776.78
794	2478	1650	1877	1539	126961.67	9431.73	3195.67
1542	10044	7140	7751	6508	344007.14	35399.57	12491.06
309	5777	4118	4112	3614	192390.17	18831.57	6028.73
1162	7575	4828	6822	4693	239042.04	19291.49	7654.86
153	7925	4777	6549	4518	282753.60	24430.53	9010.88
1141	3513	2345	3109	2293	174532.75	11894.37	3932.75
1026	3675	2490	2545	2037	144500.63	13163.02	3540.54
4210	15357	9932	13751	9590	615012.74	49498.58	19528.63
188	12382	6337	10641	6012	418397.35	46780.48	13118.69
2532	10581	5808	9001	5509	421926.40	32835.67	12801.58
3434	14982	8492	13546	8251	748837.06	56617.90	16883.61
3009	10813	7105	9093	6777	436548.69	38381.21	13548.86
37	1018	801	776	758	44000.02	4770.55	1204.06
521	899	802	744	737	52001.21	6956.87	2519.44
148	1691	406	1254	368	71514.58	3486.79	1525.90
344	1629	953	1549	949	80998.27	7018.64	3340.83
90	1655	843	1393	822	42625.24	2153.75	963.09
1805	1416	1081	1109	1036	87754.99	4308.33	1418.39
505	2568	1556	2147	1529	122431.81	9368.50	4112.80
	2189	1579	2180	1579	85676.40	10972.52	1802.82
539	2352	1430	2055	1363	115427.14	9937.26	2469.45
195	2054	1374	1877	1348	108230.59	11318.65	2345.29
244	1915	884	1887	884	102298.47	6745.12	2885.47

普通高中占地面积

省辖市直管县	占地面积(平方米) 计	其中 绿化用地面积	其中 运动场地面积	图书(册)	计算机数 计	其中:教计
河南省	69441629	14811808	13439289	38291455	233391	191832
郑州市	6934427	1713227	1537825	5716549	38014	30067
开封市	2177424	320912	524120	1582319	8361	6938
洛阳市	5409455	995540	1153591	3418429	20646	17843
平顶山市	2730881	660716	486171	1111150	8013	6478
安阳市	3218871	706997	716589	1890974	9221	7587
鹤壁市	1315843	332952	226964	463124	5737	4446
新乡市	3716044	929129	797160	2525694	14119	11379
焦作市	2958633	520925	572717	1635632	8837	7148
濮阳市	3313080	847724	641535	1399472	9450	7285
许昌市	3420040	690697	612711	1471901	9352	7445
漯河市	1684776	448001	281915	809159	4839	3975
三门峡市	1488764	477560	355583	828880	5652	4646
南阳市	6377116	1416274	1117674	3166352	19757	15966
商丘市	3427187	476736	621532	1919968	11241	9661
信阳市	4969519	1182092	782077	2929693	11226	9603
周口市	4118080	682757	834920	2261182	15053	13274
驻马店市	3498397	728158	746786	1285360	10782	9028
济源市	662286	168540	111766	545664	2829	2672
巩义市	621196	71960	88872	348681	1863	1033
兰考县	375489	99972	85714	190330	1152	1098
汝州市	952099	243724	117006	478367	1775	1320
滑县	1135577	305306	136292	453844	2605	2127
长垣县	1007194	172111	188142	297956	2719	2344
邓州市	857317	131512	198800	411090	2359	1859
永城市	797469	70263	109040	255299	1922	1628
固始县	1109049	170333	193608	335439	2978	2428
鹿邑县	551795	119548	92877	297147	1386	1151
新蔡县	613621	128141	107303	261800	1503	1403

及其他办学条件

(台)	教室(个)		教室中:普通教室(个)		固定资产总值(万元)		
学用计算机						其中:教学仪器设备资产值	
其中:平板电脑	计	其中:网络多媒体教室	计	其中:网络多媒体教室	计	计	其中:实验设备
16906	**69803**	**43388**	**59664**	**40961**	**4764405.42**	**353777.58**	**127015.63**
3888	7142	5474	6056	5027	629871.41	61697.16	28145.04
430	3005	1347	2341	1170	104454.04	8778.39	3340.44
561	5534	3603	4578	3452	349885.76	24313.12	8167.85
1005	2544	1448	2285	1416	181389.04	9625.36	2476.64
499	3259	2200	2588	1989	223776.38	27379.42	5231.36
1702	1145	852	985	801	113476.04	9953.85	3704.33
948	4065	2843	3318	2675	196065.51	18854.05	7682.76
76	2422	1560	1870	1431	127672.90	7318.13	3341.21
301	3508	2200	3074	2142	185344.58	8457.53	3248.63
449	3364	1938	2519	1832	228962.94	17573.72	6667.28
407	1416	669	1084	527	140505.86	5516.33	1978.23
165	1471	911	1072	807	100873.20	5648.52	2277.41
1250	6101	3796	5489	3721	459528.34	27062.75	10554.74
145	4352	1661	4036	1605	174337.68	18102.76	4553.66
1758	3904	1586	3382	1547	254193.83	16796.63	6276.21
1909	4951	3337	4566	3129	348907.12	21936.71	7566.17
582	3879	2282	3586	2254	259691.21	12403.20	4482.09
	371	330	335	303	44065.38	3173.47	1350.42
140	373	281	306	269	40151.43	2686.17	869.17
50	434	231	420	224	45298.60	2019.50	524.55
28	647	464	538	464	70231.74	2535.53	992.89
4	791	446	666	403	58057.72	1737.72	603.17
207	838	788	772	753	77284.31	4076.11	1611.30
	957	518	589	439	72913.20	3152.70	1058.80
	537	423	537	423	28739.19	3763.62	1833.27
102	1214	1020	1144	983	110751.04	8601.25	1326.35
	771	448	720	443	60632.66	3681.30	1256.10
300	808	732	808	732	77344.30	16932.58	5895.58

幼儿园占地面积、校舍

省辖市直管县	占地面积(平方米)			
	计	其中		计
		绿化用地面积	运动场地面积	
河南省	**54113143**	**8205114**	**17647095**	**28189897**
郑州市	5076963	836776	1785978	3334850
开封市	2780657	504811	888359	1191126
洛阳市	2887997	409244	1007026	1729150
平顶山市	2253350	305009	728702	1227674
安阳市	2350481	336888	846236	1244102
鹤壁市	848239	98065	286573	488355
新乡市	3176218	451703	1128122	1704242
焦作市	2176879	363774	730483	1140932
濮阳市	2991046	419188	952269	1214584
许昌市	3707125	610011	1160892	1709793
漯河市	1534552	252582	516057	732680
三门峡市	1192296	186286	407479	672636
南阳市	3515078	499329	1191036	2035781
商丘市	3959807	578674	1165718	1817882
信阳市	2264186	347202	664543	1271835
周口市	4603614	678177	1435167	2203676
驻马店市	2449706	374799	746825	1315072
济源市	619196	118875	197959	283738
巩义市	511311	86867	178624	286276
兰考县	534761	69534	186722	242584
汝州市	824257	120559	251319	429618
滑县	757171	101658	277773	329965
长垣县	554130	100986	185002	307281
邓州市	743634	120483	226596	363296
永城市	724227	94785	206444	360316
固始县	547219	75937	169158	320851
鹿邑县	333163	31635	82195	135563
新蔡县	195880	31278	43841	96037

建筑面积及其他办学条件(一)

校舍建筑面积（平方米）					
其中		①教学及辅助用房			
当年新增校舍	危房	计	其中		
			活动室	洗手间	睡眠室
517099	**24646**	**20788480**	**12451412**	**2090291**	**4621450**
53835		2313700	1298782	244711	636743
19675		898339	526216	92802	206422
29145	340	1217692	725687	119049	291747
12911		907189	524868	93363	226411
22131	9081	919385	542477	90793	203915
9104		361765	228172	36168	69652
30609	6501	1307417	853062	128604	230569
20149		815696	483242	76897	197384
11633		887354	522891	97160	193799
28554		1290024	775143	130377	281988
37293		541946	307124	56554	134681
3342	465	475526	281030	44796	119994
42447	30	1539068	947016	141818	324705
46574		1426597	860463	142599	308992
39353	930	934126	573721	90936	194264
44515	1494	1636611	975064	171956	332656
23922	3750	1005929	602706	99603	210630
5415		192581	111456	18895	48820
		192800	113470	21168	47337
2268		185556	99638	17660	52053
11354	1480	310409	209278	31482	46766
1223		255314	172704	25989	34491
9661		227354	133299	23397	51100
7380		268160	172135	26662	42972
1150		280007	166044	28250	55334
1200		242170	154203	22507	46587
2138	575	96037	57856	9713	18121
120		59728	33668	6384	13319

幼儿园占地面积、校舍

省辖市直管县	校舍建筑面积（平方米）			
	②行政办公用房		③生活用房	
	计	教师办公室	计	厨房
河南省	2113670	1310106	2451291	1363133
郑州市	225660	109458	304427	159344
开封市	83201	52060	113202	66882
洛阳市	128756	76187	153215	78949
平顶山市	98475	62329	114264	72875
安阳市	92115	59226	107094	59027
鹤壁市	41422	28145	46365	25787
新乡市	115542	70350	136484	71669
焦作市	90050	49165	93137	55342
濮阳市	90003	55981	96825	59237
许昌市	139187	90970	150263	84123
漯河市	51878	34258	61497	33867
三门峡市	56623	31433	60090	31219
南阳市	167494	104030	162065	89308
商丘市	123602	87529	155934	97147
信阳市	86540	59071	111827	59057
周口市	178348	118538	195605	107374
驻马店市	95573	56144	112696	65917
济源市	26659	13421	28202	14424
巩义市	23911	12177	28605	13180
兰考县	15536	11480	21423	14218
汝州市	36883	24107	28883	15666
滑县	24887	17374	22930	13753
长垣县	23559	15584	22771	13655
邓州市	33013	23773	31481	13177
永城市	25206	17791	29243	15769
固始县	20829	15881	31383	17049
鹿邑县	10959	8197	18452	9065
新蔡县	7760	5445	12929	6053

建筑面积及其他办学条件（二）

④ 其他用房	图书（册）	数字资源量			
		电子图书（册）	电子期刊（册）	学位论文（册）	音视频（小时）
2836457	**28544759**	**2920472**	**268274**	**59958**	**3773558**
491062	4140096	306504	48522	13904	700850
96384	1198867	38544	8894	303	168843
229488	1440413	106429	606	10	168233
107747	926649	19447	4167	164	193920
125509	1476031	102487	24317	1219	270046
38804	372198	53102	2562	173	37016
144799	1387814	98080	15230	7113	223174
142050	1047809	43375	2365	605	170258
140403	1235031	96144	13416	900	142657
130319	1641831	285940		3	141309
77359	686469	49305	9327	1656	71110
80397	473611	47744	7589	1199	77909
167155	2189121	256458	76409	19629	278943
111749	1827925	248986	20		201969
139342	1600821	110545	10294	3279	166374
193111	2132532	175311	12421	3087	268929
100874	1670333	727174	13052	440	139457
36296	187579	7200	77	45	16561
40959	243325	22786	2334	265	18616
20070	170865			6	47414
53443	276970	59437	8719	3852	102641
26835	255515				41424
33597	204975	5670	220		20758
30642	666741	27856	6937	1913	21858
25860	390650	12181			45741
26469	476718	13866	192	31	30428
10116	126476	3387	371	110	3227
15620	97394	2514	233	52	3894

特殊教育占地面积、校舍

省辖市直管县	占地面积(平方米)			
	计	其中		计
		绿化用地面积	运动场地面积	
河南省	**1271503**	**209988**	**272335**	**623244**
郑州市	114278	19237	19788	65211
开封市	38528	10007	9227	19449
洛阳市	56585	5970	13036	47675
平顶山市	65777	14633	22782	31682
安阳市	79652	8482	16730	28653
鹤壁市	23949	1790	5987	12351
新乡市	39228	5175	11735	25089
焦作市	117342	15533	24020	32710
濮阳市	94070	20270	10690	36950
许昌市	31857	6830	4970	14172
漯河市	20410	2786	6291	17950
三门峡市	27650	3139	8627	15642
南阳市	122585	19014	24296	52533
商丘市	92082	18679	16017	50007
信阳市	98558	20291	20109	46229
周口市	82877	17090	16459	46525
驻马店市	66463	6476	16949	34885
济源市	15850	6181	3440	7055
巩义市	1332	30	50	2070
兰考县	1435	20	928	1268
汝州市	5285	462	1320	4044
滑县	3000	160	400	2950
长垣县	13400	4606	4600	5688
邓州市	15000	1200	540	4676
永城市	20677	446	6125	6805
固始县	10000	1120	1800	4257
鹿邑县	9995	160	4420	5100
新蔡县	3640	200	1000	1620

建筑面积及其他办学条件(一)

校舍建筑面积（平方米）					
其中		①教学及辅助用房			
当年新增校舍	危房	计	普通教室	专用教室	实验室
2679	**6836**	**284694**	**149931**	**96973**	**13410**
		33089	10325	18655	2124
1100		8787	5745	2370	128
	6836	20544	9579	8130	923
		12571	6554	3419	388
		13371	6899	3556	1965
		5039	4237	610	
		11704	7281	3377	300
		12384	6040	4571	478
		19488	12240	6388	200
		5984	3493	1405	388
		8569	6375	1304	120
		9426	2590	6048	148
		20847	11001	6228	1317
		22032	11050	5402	2078
1439		19707	9835	7336	804
		19032	11915	5111	515
140		20217	12718	5649	566
		3186	1858	1008	90
		1780	890	850	
		475	237	198	
		1923	1591	181	50
		1600	1000	400	
		2595	900	975	600
		2205	1104	825	138
		2380	1885	375	
		1110	540	300	90
		3450	850	2300	
		1200	1200		

特殊教育占地面积、校舍

省辖市直管县	校 舍 建 筑 面 积（平方米）				
	①教学及辅助用房		②行政办公用房		③生活用房
	微机室	图书室	计	教师办公室	
河 南 省	11030	13351	71336	45906	173776
郑 州 市	876	1109	10641	4099	12474
开 封 市	186	358	3702	2466	5379
洛 阳 市	1058	854	5484	3882	11341
平顶山市	1088	1122	3797	2957	8644
安 阳 市	377	574	4075	2157	4832
鹤 壁 市	118	74	775	643	1724
新 乡 市	391	355	2378	1172	8219
焦 作 市	655	640	3919	1886	9348
濮 阳 市	380	280	3224	2253	6680
许 昌 市	352	346	1755	1535	5873
漯 河 市	274	496	1543	1293	5875
三门峡市	330	311	1130	994	4373
南 阳 市	1100	1201	4476	3159	17917
商 丘 市	1059	2442	5954	4170	17221
信 阳 市	841	891	5041	2400	16421
周 口 市	563	928	4877	4147	13702
驻马店市	644	640	3614	3371	7951
济 源 市	90	140	950	760	2416
巩 义 市	20	20	130	130	160
兰 考 县		40	204	198	340
汝 州 市	50	50	404	339	1664
滑 县	100	100	600	400	710
长 垣 县	60	60	622	45	2421
邓 州 市	69	69	851	475	1375
永 城 市	60	60	320	285	4105
固 始 县	90	90	450	270	1360
鹿 邑 县	200	100	300	300	950
新 蔡 县			120	120	300

建筑面积及其他办学条件(二)

④ 其他用房	图书（册）	数字资源量			
		电子图书（册）	电子期刊（册）	学位论文（册）	音视频（小时）
93438	**545642**	**16205**	**643**	**106**	**15231**
9007	80951	899	162	1	949
1581	11483	5			871
10305	46470	1203			2134
6670	37493	24			1026
6375	14426				401
4813	6146	50			
2788	25750			1	908
7059	19273	23			484
7558	25257	380	10		966
560	22870	5080			670
1964	12965	10			540
712	15349	39	70		1287
9293	32787	3438	76	2	452
4800	43350	1300			636
5059	32824	1408			471
8913	33250	1712	25	20	829
3102	39301	404	100	32	1114
503	3230	1			3
	3450	15			
249	360				350
53	4000	2	200	50	259
40	4460				40
50	7500				10
245	6650	25			48
	3925	52			485
1337	4700	10			100
400	5110	120			178
	2312	5			20

小 学 校 舍

省辖市直管县	计	其中		其中:按	
		当年新增校舍	危 房	框架结构	砖混结构
河南省	72547537	3206914	24527	24111296	45816778
郑 州 市	6112616	192511		3660416	2425408
开 封 市	2519393	59436		987758	1463658
洛 阳 市	4737298	190963	42	1655918	3023346
平顶山市	2667278	142258	1891	740662	1827439
安 阳 市	2697197	112387	430	803794	1749853
鹤 壁 市	1186983	34480	36	465439	644244
新 乡 市	3503708	191826	4623	1913031	1568425
焦 作 市	2010147	37136		602898	1360765
濮 阳 市	2759802	100940		1188391	1296338
许 昌 市	3026361	182053		921835	2071440
漯 河 市	1478858	56332	285	339440	1132323
三门峡市	1522473	35652		644783	836010
南 阳 市	7906610	391653	8025	1715556	6096475
商 丘 市	4850021	236097		1741576	2766363
信 阳 市	4179107	273772	7658	1308879	2706002
周 口 市	7074673	285195	1404	1891678	4543438
驻马店市	5555137	220375	133	982135	4459369
济 源 市	448605	24241		163881	275785
巩 义 市	491347	5507		126006	365341
兰 考 县	643254	26856		239442	380324
汝 州 市	875815	42438		191632	666819
滑 县	1031014	40982		147139	824425
长 垣 县	638985	23455		283402	342755
邓 州 市	1213500	72637		331172	878192
永 城 市	1003151	86169		409105	560570
固 始 县	891482	72068		425706	463265
鹿 邑 县	779793	49929		157333	539228
新 蔡 县	742932	19566		72289	549177

建 筑 面 积 (一)

单位：平方米

结构类型分		① 教 学 及 辅 助 用 房			
砖木结构	土木结构	计	其　中		
			教　室	实验室	图书室
2617550	**1913**	**39253672**	**32769017**	**2155719**	**2067118**
26792		2694797	2198905	132799	127418
67976		1364137	1132070	85657	82092
58034		2417283	2076197	112909	104001
99177		1373652	1166770	70405	64136
143550		1637818	1396338	93262	74168
77300		629515	528465	36184	29693
22087	164	2160926	1808537	120408	110386
46485		997037	819471	69186	53376
275073		1652394	1393731	85095	86033
33086		1628613	1378626	89017	83345
7095		771011	649098	44788	38754
39930	1749	669610	565694	32860	32316
94579		4133674	3446280	233159	218107
342081		3070122	2509662	176423	181876
164225		2283657	1908676	118540	123782
639557		3475730	2920002	189317	193341
113633		3364144	2752563	197340	191152
8939		180256	152912	9029	8565
		238116	199855	15201	9750
23488		363021	284201	22323	23724
17364		507647	431360	29940	23592
59450		598903	506520	29248	32039
12829		352859	294892	18787	19214
4137		646657	525115	35980	40003
33476		652130	526986	41854	46858
2511		575134	490868	26513	26879
83232		403756	347919	19493	22634
121465		411072	357302	20001	19884

小 学 校 舍

省辖市直管县	②行政办公用房 计	其中：教师办公室	计	教工宿舍
河 南 省	7912762	5771174	18563061	3552659
郑 州 市	690806	436908	1328602	220475
开 封 市	236993	181076	606221	77468
洛 阳 市	642571	455645	1233040	346249
平顶山市	339321	265752	730781	103346
安 阳 市	373115	280565	446627	116450
鹤 壁 市	173728	134069	265016	37587
新 乡 市	323130	222645	748695	90951
焦 作 市	283902	217486	404662	49820
濮 阳 市	255929	182006	587008	100533
许 昌 市	393923	298761	801755	111715
漯 河 市	190294	155947	404958	88345
三门峡市	211041	142227	453141	88707
南 阳 市	1012901	708556	2167951	546341
商 丘 市	386520	298137	1124215	100045
信 阳 市	332339	250896	1155763	416617
周 口 市	674976	519482	2481885	267876
驻马店市	517029	384440	1328579	368776
济 源 市	63689	35279	124323	28970
巩 义 市	74288	49218	111568	22631
兰 考 县	52470	32318	172422	23700
汝 州 市	113508	93728	205590	33797
滑 县	118833	97428	223915	42855
长 垣 县	77698	63349	167544	35858
邓 州 市	119816	84893	337590	58595
永 城 市	83849	54661	218998	19459
固 始 县	71203	51178	222788	65983
鹿 邑 县	49721	35739	262157	32112
新 蔡 县	49169	38784	247268	57400

建 筑 面 积（二）

单位：平方米

③ 生 活 用 房			④
其中			
其中：教师周转宿舍	学生宿舍	食 堂	其他用房
988805	**4849360**	**4196181**	**6818042**
75350	334458	246944	1398410
18459	205516	115029	312041
115932	286128	224544	444403
25500	252786	166521	223524
43770	66130	52487	239637
8080	94786	43428	118724
20594	152337	117693	270956
9419	124202	78571	324546
31171	143520	113677	264472
19664	290860	184517	202070
26998	125280	72368	112594
21029	135513	85671	188680
117459	519288	498411	592084
26184	248083	373367	269164
192825	166718	255508	407347
47447	849235	752312	442083
87308	309847	199024	345385
3265	27737	28460	80337
1911	34450	23497	67375
13163	19620	78152	55342
8345	57054	40066	49070
4532	60448	36717	89363
1924	47496	39733	40885
376	106224	71896	109437
3055	58417	67466	48174
50879	18170	65630	22357
6512	71657	80468	64159
7657	43402	84024	35423

初 中 校 舍

省辖市直管县	计	其 中		其中:按	
		当年新增校舍	危 房	框架结构	砖混结构
河南省	58341806	2832499	30680	25693949	32006455
郑 州 市	5556622	371829		3398872	2119180
开 封 市	1950486	90714		939486	997501
洛 阳 市	4084240	109446		1998616	2071511
平顶山市	2177851	161402	381	769819	1377847
安 阳 市	2226234	137227	912	966646	1189097
鹤 壁 市	984919	21459		566130	408674
新 乡 市	2969442	107883	17480	1452936	1509175
焦 作 市	1891013	44515		625318	1252755
濮 阳 市	2069536	65687		1085655	929587
许 昌 市	2707371	151338		1254696	1434529
漯 河 市	1355742	96472		559058	792384
三门峡市	1369284	63879		670423	686941
南 阳 市	5714394	337164	743	2156474	3514858
商 丘 市	3579910	109944		1702277	1810993
信 阳 市	3375236	163824	7696	1278801	2052517
周 口 市	5530433	186997	2428	2180603	3255530
驻马店市	3735750	99732		1295364	2411721
济 源 市	482897	71229		242889	236946
巩 义 市	464438	38261		201830	262608
兰 考 县	600864	14359		223739	372604
汝 州 市	674472	24338	792	163777	489413
滑 县	551942	17562		87729	444268
长 垣 县	636250	36391		345821	286893
邓 州 市	928212	99898		367654	560308
永 城 市	606903	21900		233388	370170
固 始 县	737848	58056		391329	346089
鹿 邑 县	688346	34954	249	306837	375907
新 蔡 县	691170	96038		227784	446446

建 筑 面 积（一）

单位：平方米

结构类型分			① 教 学 及 辅 助 用 房			
砖木结构	土木结构	计	其 中			
			教 室	实验室	图书室	
641118	**283**	**20802652**	**15556835**	**2754307**	**1091818**	
38462	108	1892565	1273592	303002	108001	
13499		686211	540317	77121	37504	
14113		1477452	1068399	235328	73027	
30185		730865	530055	108090	51976	
70490		907314	660629	142907	41218	
10114		353473	268053	46022	17314	
7155	175	1314560	1029019	163600	57225	
12940		678690	482826	111969	33928	
54293		813664	607989	104335	40677	
18146		944860	726682	109406	51430	
4300		448783	335570	69102	19751	
11921		473972	346879	72804	20957	
43062		1894485	1370513	277852	109587	
66641		1453035	1106944	166300	88891	
43918		1190181	923438	126029	59627	
94299		1752485	1375949	196388	76333	
28665		1360437	1032027	159848	73017	
3062		135064	93155	23077	7207	
		141741	100604	24886	9878	
4520		251296	192544	23514	17816	
21283		192996	152478	22729	7322	
19944		196641	155029	22199	9816	
3537		179404	138090	26973	8622	
250		329845	245946	39712	20275	
3345		261827	195046	33572	15814	
430		302346	242939	28319	14293	
5602		241493	199865	22233	10428	
16940		196966	162258	16990	9883	

初 中 校 舍

省辖市直管县	②行政办公用房		计	教工宿舍
	计	其中：教师办公室		
河 南 省	5325245	3425198	28201261	4592795
郑 州 市	585761	332847	2372805	290422
开 封 市	141612	102490	912336	124789
洛 阳 市	453380	275223	1803882	353705
平顶山市	206335	139336	1111187	234131
安 阳 市	245485	164208	937857	175742
鹤 壁 市	121810	73623	431179	31859
新 乡 市	255654	160672	1278715	143066
焦 作 市	211872	135501	776711	92701
濮 阳 市	184199	116958	943140	137571
许 昌 市	256663	169466	1354684	182919
漯 河 市	145919	99304	687774	112355
三门峡市	146851	92462	645108	116972
南 阳 市	537947	341935	2857733	596812
商 丘 市	251649	182189	1671531	179012
信 阳 市	272686	175681	1717686	422289
周 口 市	404546	285080	3109680	469481
驻马店市	331296	202425	1914505	363826
济 源 市	45882	30626	234373	35840
巩 义 市	57675	33548	229333	29198
兰 考 县	34473	25020	285480	41926
汝 州 市	67731	44472	396321	46440
滑 县	52941	38165	284012	44986
长 垣 县	55544	35735	385741	51502
邓 州 市	62508	40721	481781	82232
永 城 市	39350	26440	285842	31632
固 始 县	43704	32693	378130	68813
鹿 邑 县	43472	27925	364397	44998
新 蔡 县	68300	40453	349339	87576

建　　筑　　面　　积(二)

单位:平方米

③　生　活　用　房 其　中 其中:教师周转宿舍	学生宿舍	食　堂	④ 其他用房
1236067	**14385495**	**5776940**	**4012647**
81532	1179296	470311	705490
23446	498665	190937	210327
95700	884026	326033	349526
62671	542154	208298	129463
47513	457143	186501	135578
6176	244644	106586	78457
39937	669708	274022	120513
15391	388074	167542	223740
62142	479756	205597	128533
44206	729508	305589	151163
23280	330364	159183	73266
17457	313192	123337	103353
169289	1365252	524893	424229
70472	932529	381750	203695
125281	784016	334707	194683
135150	1704828	625010	263722
100883	964018	395279	129513
3421	97169	60136	67579
3664	116228	52012	35689
10063	153416	60963	29615
9728	236892	67755	17424
17913	160654	52996	18348
24408	220174	91928	15561
750	242680	111934	54079
6301	159585	60449	19883
22688	198405	74567	13668
13407	184295	96436	38983
3199	148825	62188	76565

普 通 高 中 校

省辖市直管县	计	其中		其中：按	
		当年新增校舍	危房	框架结构	砖混结构
河南省	35427105	1860234	12477	19087672	16069227
郑州市	4254624	175828		2588228	1603836
开封市	1040067	116002		418219	619982
洛阳市	2805221	95653	4470	1498693	1298314
平顶山市	1257921	87700		523546	726505
安阳市	1626813	51580	1306	923627	695269
鹤壁市	583997	456		260054	299290
新乡市	1955928	142988	212	1148888	802885
焦作市	1373701	42845		530410	843143
濮阳市	1618574	286333		1007627	570611
许昌市	1827446	151178		1143845	683102
漯河市	748363	15488		297411	428813
三门峡市	893617	4161		441657	451161
南阳市	2996941	187416		1720178	1266176
商丘市	1689137	48525		659655	997477
信阳市	2129706	64882	1301	1000780	1122401
周口市	2331168	24116	232	1144277	1185025
驻马店市	1887633	47898	4956	826828	1059276
济源市	327784			200221	127563
巩义市	268534	11382		223682	44852
兰考县	211906	8681		147268	63318
汝州市	404512	70098		273233	131279
滑县	579847	208435		406091	169077
长垣县	541057			333557	207500
邓州市	327417	5721		217639	102597
永城市	209052	3004		114852	86360
固始县	691258	9437		401976	289282
鹿邑县	387440	426		244108	132343
新蔡县	457443			391123	61789

舍 建 筑 面 积 (一)

单位：平方米

结构类型分		① 教学及辅助用房			
砖木结构	土木结构	计	其 中		
			教 室	实验室	图书室
265312	**4895**	**12030374**	**8136095**	**1781994**	**968418**
62560		1541161	845049	243412	188308
1865		388652	307057	41861	18772
8214		914996	628226	150254	58291
7870		446429	318025	59791	40212
7916		538818	353286	86982	48473
24653		208868	138679	34736	15156
146	4009	722149	494188	94297	65677
148		421096	294387	59529	25668
40336		587919	408513	69975	59276
500		681136	443368	127820	48472
22139		248959	178500	39351	19244
798		319743	208269	63194	25868
9700	886	931527	638226	144002	67758
32005		679929	472719	87680	47717
6526		664197	487137	95360	49165
1866		809777	608995	109518	44612
1529		544580	429768	56032	19030
		77663	38393	25363	5031
		92549	48082	25030	13735
1320		72249	42131	12655	6190
		141188	74188	20890	12678
4680		160698	100441	29766	11523
		184191	94058	42464	19237
7181		101658	75286	12081	10552
7840		90439	64496	13845	5970
		209245	154721	20877	15252
10989		130782	98586	8210	21012
4531		119777	91318	7019	5539

普 通 高 中 校

省辖市直管县	②行政办公用房		计	教工宿舍
	计	其中：教师办公室		
河 南 省	2876393	1851436	18825123	2914668
郑 州 市	440995	246766	1984807	294244
开 封 市	92159	57371	495969	40885
洛 阳 市	260908	159752	1499917	10820
平顶山市	79551	54128	694399	12606
安 阳 市	132602	90877	842616	46547
鹤 壁 市	67160	45728	291360	2600
新 乡 市	164446	95719	953355	9799
焦 作 市	116962	97639	718170	24515
濮 阳 市	111155	68222	821821	21128
许 昌 市	136870	71588	938122	34485
漯 河 市	42727	32364	434139	22052
三门峡市	95643	85284	446230	48541
南 阳 市	277757	157541	1653800	20264
商 丘 市	112535	71627	793422	98349
信 阳 市	127538	86044	1268296	9928
周 口 市	153155	110098	1322808	3620
驻马店市	125360	78974	1149356	1425
济 源 市	31496	21357	198648	7734
巩 义 市	33210	26328	127814	15200
兰 考 县	30533	22825	108165	12340
汝 州 市	28717	25256	220439	10986
滑 县	42962	33638	339183	13026
长 垣 县	53724	31890	297522	24090
邓 州 市	19562	10432	204367	254969
永 城 市	15506	7146	99900	
固 始 县	48691	38711	427226	61483
鹿 邑 县	16222	12851	199022	7224
新 蔡 县	18247	11280	294250	23066

舍 建 筑 面 积 (二)

单位：平方米

③ 生活用房			④
其　　　　中			
其中：教师周转宿舍	学生宿舍	食　堂	其他用房
549132	**10870397**	**3423221**	**1695215**
84590	1157038	370992	287660
6283	283664	93625	63286
40479	872006	256719	129401
58602	406011	128696	37542
11710	416923	135076	112776
3028	187938	59392	16609
13300	545821	198010	115978
2423	474337	128286	117472
9080	484938	174641	97679
3738	515920	184512	71318
7276	272305	77334	22538
3286	275109	86907	32000
111544	960941	291594	133857
10808	492909	177970	103252
97912	591620	179596	69675
34978	818472	216840	45428
14056	669488	188272	68337
6335	109843	29378	19977
5915	73106	30493	14961
100	53707	22939	960
5440	112333	62416	14167
2041	218626	67562	37004
243	174309	52546	5620
	96952	55675	1830
180	67088	15606	3207
11126	246814	53926	6097
4259	121834	34309	41414
400	170345	49907	25169

小学学校办学条件

省辖市直管县	机构数	建立校园网校数	体育运动场(馆)面积达标校数	体育器械配备达标校数	音乐器材配备达标校数
河南省	31843	8344	14442	16235	16190
郑州市	1036	680	749	822	814
开封市	1367	135	492	574	578
洛阳市	1976	291	717	811	812
平顶山市	1490	285	534	675	674
安阳市	1281	382	720	858	866
鹤壁市	480	98	221	257	256
新乡市	1528	400	854	1003	1008
焦作市	669	321	467	488	489
濮阳市	1139	564	617	653	653
许昌市	1188	249	487	676	675
漯河市	618	127	458	486	484
三门峡市	678	97	190	228	228
南阳市	3961	708	1235	1283	1269
商丘市	2352	426	1196	1325	1310
信阳市	2132	394	687	816	817
周口市	3557	712	1332	1401	1397
驻马店市	2585	1221	1402	1596	1581
济源市	116	43	68	89	89
巩义市	115	52	64	69	67
兰考县	234	101	198	197	198
汝州市	454	131	293	322	312
滑县	467	230	254	279	277
长垣县	247	101	163	223	225
邓州市	606	156	221	227	230
永城市	335	10	308	308	308
固始县	375	58	160	167	169
鹿邑县	432	135	111	157	160
新蔡县	425	237	244	245	244

达标及配套设施情况(一)

美术器材配备达标校数	数学自然实验仪器达标校数	有校医院（卫生室）校数	有专职校医校数	有专职保健人员校数	有心理辅导室校数	安全保卫人员 校数（所）	安全保卫人员 人数
16109	**15958**	**5521**	**1043**	**1496**	**7763**	**18030**	**25854**
814	791	402	112	138	535	871	2273
572	569	137	46	60	274	713	930
809	802	323	35	67	499	843	1492
673	664	177	38	53	305	780	1072
860	874	127	22	36	592	951	1199
251	251	46	13	22	112	305	433
997	988	548	39	93	349	1036	1486
488	484	222	52	114	323	512	962
644	637	226	67	74	337	780	1021
666	651	201	41	62	294	805	1210
482	481	43	12	11	195	495	622
222	225	112	13	15	166	238	435
1269	1256	717	121	154	793	1466	1984
1296	1278	229	63	97	544	1556	1973
816	811	201	52	70	292	870	1219
1389	1379	302	72	98	575	1656	2113
1581	1569	926	119	179	606	1666	2039
89	89	32	2	2	75	88	148
69	67	29			48	70	110
197	197	103	38	55	128	202	216
321	302	131	23	31	150	381	533
278	273	80	7	11	131	292	339
224	223	47	1	2	163	226	295
227	228	63	24	24	124	296	336
308	308	28	15	5	34	308	409
166	167	27	5	8	50	179	251
156	154	42	11	15	69	200	249
245	240					245	505

小学学校办学条件

省辖市直管县	心理健康教育教师		其中:专职		学校供水方式		
	校数（所）	人 数	校数（所）	人数	自备水源	网管供水	无水源
河南省	**10209**	**15363**	**1282**	**1544**	**5547**	**12544**	**26**
郑 州 市	636	895	159	191	211	666	11
开 封 市	402	775	59	83	150	568	
洛 阳 市	620	927	66	76	336	507	
平顶山市	466	686	62	69	441	344	
安 阳 市	656	1357	69	85	317	636	
鹤 壁 市	185	407	24	32	97	209	
新 乡 市	538	1017	67	84	161	880	1
焦 作 市	430	578	44	52	114	400	
濮 阳 市	398	524	55	63	276	505	
许 昌 市	342	463	34	40	340	477	2
漯 河 市	287	415	25	30	119	376	
三门峡市	204	433	18	23	57	182	
南 阳 市	903	1195	130	148	892	582	
商 丘 市	902	1169	65	80	123	1434	
信 阳 市	395	629	80	99	355	515	1
周 口 市	827	981	90	100	276	1381	1
驻马店市	878	1506	111	158	489	1181	5
济 源 市	77	133	5	6	18	73	
巩 义 市	64	100	7	9	5	65	
兰 考 县	136	138	30	30	3	199	
汝 州 市	179	245	20	20	295	87	3
滑 县	182	196	8	8	14	278	
长 垣 县	138	159	3	3	22	205	
邓 州 市	144	169	15	16	107	191	
永 城 市	60	69	5	5		308	
固 始 县	65	91	11	12	43	136	
鹿 邑 县	95	106	20	22	45	155	
新 蔡 县					241	4	2

达标及配套设施情况(二)

学校厕所情况			洗手设施			通电	校园足球场(个)			
卫生厕所	非卫生厕所	无厕所	有水和肥皂	只有水	既没有水也没有肥皂		计	11人制足球场	7人制足球场	5人制足球场
10847	**7231**	**39**	**9623**	**8284**	**210**	**18089**	**4808**	**245**	**845**	**3718**
758	119	11	603	262	23	875	437	30	158	249
289	427	2	372	346		718	204	9	23	172
635	208		632	211		843	499	17	94	388
547	235	3	462	315	8	785	145	8	18	119
661	291	1	449	490	14	952	129	7	17	105
109	197		153	146	7	306	59	8	16	35
470	570	2	627	399	16	1042	428	23	69	336
279	235		292	216	6	514	236	10	28	198
433	348		452	306	23	781	222	22	34	166
426	391	2	337	471	11	818	174	11	34	129
248	247		153	336	6	495	169	5	14	150
143	95	1	131	102	6	239	93	7	16	70
1145	327	2	776	687	11	1472	446	23	88	335
914	642	1	1069	471	17	1557	186	12	38	136
706	164	1	311	548	12	871	130	15	26	89
742	915	1	618	1027	13	1657	236	11	23	202
874	794	7	842	819	14	1670	503	7	39	457
53	38		71	20		91	25	2	8	15
65	5		36	32	2	70	18	2	7	9
165	37		138	64		202	116	2	18	96
141	241	3	197	176	12	382	40	1	5	34
105	187		167	125		292	34		10	24
177	50		75	152		227	46	1	6	39
286	12		140	153	5	298	37	1	12	24
193	115		280	28		308	116	6	23	87
174	5		114	63	2	179	62	4	13	45
106	94		126	74		200	18	1	8	9
3	242	2		245	2	245				

初中学校办学条件

省辖市直管县	校数	建立校园网校数	体育运动场(馆)面积达标校数	体育器械配备达标校数	音乐器材配备达标校数	美术器材配备达标校数
河南省	4603	2626	3938	4265	4221	4206
郑州市	331	264	287	313	306	302
开封市	173	54	127	150	146	146
洛阳市	322	147	281	305	304	302
平顶山市	172	101	134	156	155	157
安阳市	216	103	175	194	188	184
鹤壁市	64	34	48	56	57	57
新乡市	298	144	256	281	277	278
焦作市	182	113	176	179	174	176
濮阳市	154	136	131	144	141	139
许昌市	205	82	142	163	164	165
漯河市	104	67	93	102	99	101
三门峡市	115	49	100	112	111	109
南阳市	394	256	359	369	366	365
商丘市	358	132	305	326	321	318
信阳市	274	191	239	265	263	263
周口市	431	238	357	377	377	378
驻马店市	269	206	241	259	258	255
济源市	32	22	29	31	31	28
巩义市	28	15	24	27	28	28
兰考县	53	31	50	52	51	51
汝州市	58	25	53	54	54	53
滑县	51	41	44	49	48	49
长垣县	37	21	31	35	36	36
邓州市	65	34	58	62	61	61
永城市	59	9	59	59	59	59
固始县	55	17	53	53	53	53
鹿邑县	55	46	38	44	45	45
新蔡县	48	48	48	48	48	48

达标及配套设施情况（一）

理科实验仪器达标校数	有校医院（卫生室）校数	有专职校医校数	有专职保健人员校数	有心理辅导室校数	有预防艾滋病教育和性教育相关课程和活动的校数	安全保卫人员 校数（所）	安全保卫人员 人数
4242	**2401**	**1032**	**1099**	**3849**	**3861**	**4571**	**11667**
300	217	125	126	288	276	325	1226
148	75	43	51	148	168	170	386
303	170	45	52	289	315	322	857
155	77	45	47	142	124	171	422
199	72	38	33	170	190	213	544
60	23	16	15	50	46	64	175
282	188	58	66	259	194	297	692
174	111	32	56	146	151	179	574
146	83	38	36	134	120	154	411
168	91	40	42	166	194	203	512
98	47	32	26	96	72	104	278
108	74	16	16	109	91	114	273
366	275	95	103	361	320	393	1019
316	101	54	57	266	288	358	732
264	113	55	67	239	274	273	656
384	222	112	114	349	309	430	1023
255	209	87	91	234	245	264	631
30	10		3	29	31	32	103
28	13		3	27	22	28	62
50	36	23	26	47	52	53	74
55	33	13	10	46	48	57	177
50	38	8	7	46	51	51	89
36	18	11	4	28	11	37	136
60	43	13	20	58	55	62	119
58	20	12	5	39	57	59	105
54	19	9	12	44	55	55	127
47	23	12	11	38	55	55	123
48				1	47	48	141

初中学校办学条件

省辖市直管县	心理健康教育教师				学校供水方式		
	校数（所）	人数	其中:专职		自备水源	网管供水	无水源
			校数（所）	人数			
河南省	3814	7336	1097	1401	1581	3010	12
郑州市	278	440	146	175	82	245	4
开封市	132	258	51	71	37	136	
洛阳市	288	543	49	64	131	191	
平顶山市	152	252	46	51	93	79	
安阳市	177	401	53	63	103	112	1
鹤壁市	49	171	15	25	23	41	
新乡市	241	477	56	80	89	209	
焦作市	159	310	32	40	65	117	
濮阳市	133	279	57	75	46	108	
许昌市	157	272	44	51	89	116	
漯河市	97	194	25	30	39	65	
三门峡市	112	200	29	36	43	72	
南阳市	337	562	91	105	238	156	
商丘市	280	451	56	74	26	332	
信阳市	230	441	70	93	98	176	
周口市	361	669	103	149	90	341	
驻马店市	229	762	71	95	110	154	5
济源市	30	67	6	14	7	25	
巩义市	28	60	13	15	9	19	
兰考县	44	53	13	14	1	52	
汝州市	45	87	12	12	45	12	1
滑县	46	60	6	6	4	47	
长垣县	26	49	1	2	4	33	
邓州市	56	105	12	15	35	29	1
永城市	37	43	6	6	5	54	
固始县	46	62	20	23	19	36	
鹿邑县	42	65	14	17	12	43	
新蔡县	2	3			38	10	

达标及配套设施情况（二）

学校厕所情况			洗手设施			通电	校园足球场（个）			
卫生厕所	非卫生厕所	无厕所	有水和肥皂	只有水	既没有水也没有肥皂		计	11人制足球场	7人制足球场	5人制足球场
3590	**993**	**20**	**2146**	**2418**	**39**	**4591**	**2515**	**714**	**890**	**911**
310	17	4	186	139	6	327	246	76	88	82
99	73	1	80	92	1	172	86	24	26	36
276	46		208	114		322	280	61	91	128
160	11	1	66	104	2	172	76	21	25	30
172	42	2	80	131	5	215	100	32	35	33
52	12		27	37		64	34	12	13	9
181	117		150	144	4	298	178	45	65	68
130	52		80	99	3	182	137	27	49	61
122	32		79	74	1	154	103	36	29	38
155	48	2	63	142		205	116	31	36	49
77	27		19	84	1	104	86	26	44	16
84	29	2	60	55		115	87	19	26	42
358	35	1	182	210	2	394	207	70	66	71
252	106		245	113		358	117	37	42	38
247	27		86	188		274	125	44	44	37
299	132		147	279	5	431	149	30	61	58
216	48	5	122	141	6	264	132	35	55	42
26	6		19	13		32	22	12	5	5
28			10	18		28	17	4	6	7
45	8		46	7		53	39	17	12	10
29	28	1	18	38	2	57	25	4	12	9
23	28		29	22		51	18	4	9	5
37			7	30		37	17	9	3	5
63	1	1	28	36	1	65	30	7	15	8
45	14		55	4		59	40	17	14	9
55			21	34		55	28	12	11	5
39	16		33	22		55	20	2	8	10
10	38			48		48				

普通高中学校办学条件

省辖市直管县	校数	建立校园网校数	体育运动场(馆)面积达标校数	体育器械配备达标校数	音乐器材配备达标校数	美术器材配备达标校数
河南省	**889**	**662**	**749**	**782**	**746**	**744**
郑州市	119	105	109	115	112	113
开封市	45	23	39	41	37	36
洛阳市	81	56	69	71	69	67
平顶山市	33	19	26	24	23	23
安阳市	45	30	40	42	42	42
鹤壁市	16	11	11	13	13	13
新乡市	58	39	45	48	45	44
焦作市	32	25	29	29	28	29
濮阳市	38	34	38	37	36	34
许昌市	35	20	27	28	27	27
漯河市	20	18	17	17	16	17
三门峡市	20	13	14	18	17	15
南阳市	83	65	70	73	70	70
商丘市	33	16	28	30	30	30
信阳市	55	45	40	41	38	37
周口市	51	45	38	43	40	40
驻马店市	36	30	32	32	29	30
济源市	7	6	6	6	5	6
巩义市	8	6	6	6	7	6
兰考县	5	4	5	5	5	5
汝州市	9	7	8	8	8	8
滑县	11	7	6	8	5	7
长垣县	9	8	9	9	9	9
邓州市	9	7	7	7	7	6
永城市	6	4	6	6	6	6
固始县	14	9	13	14	13	14
鹿邑县	6	5	6	6	4	5
新蔡县	5	5	5	5	5	5

达标及配套设施情况(一)

理科实验仪器达标校数	有校医院（卫生室）校数	有专职校医校数	有专职保健人员校数	有心理辅导室校数	有预防艾滋病教育和性教育相关课程和活动的校数	安全保卫人员	
						校数（所）	人数
732	**684**	**596**	**500**	**745**	**755**	**873**	**4939**
109	100	98	90	104	101	116	804
39	38	34	33	41	40	45	187
67	58	40	35	70	75	80	362
24	24	21	18	27	24	33	201
39	34	28	20	39	43	45	202
12	11	10	9	12	13	16	95
43	43	37	32	42	42	57	309
24	25	18	19	27	28	30	257
32	30	29	28	30	30	38	209
27	29	27	17	28	33	35	168
15	15	13	12	18	16	20	118
17	11	10	6	18	15	20	109
69	58	44	37	68	69	81	445
31	28	28	21	28	27	33	172
38	37	31	25	40	47	52	250
41	42	39	27	46	37	50	379
29	34	30	23	34	35	35	212
6	2	1	1	5	7	6	49
7	3	2	1	7	8	8	32
5	5	5	5	4	5	5	26
8	7	6	6	9	7	9	66
4	10	8	6	8	11	11	55
9	7	7	6	6	4	8	66
7	8	6	7	7	7	9	33
6	5	5	4	6	6	6	16
13	11	10	7	12	14	14	58
6	6	6	4	6	6	6	36
5	3	3	1	3	5	5	23

普通高中学校办学条件

省辖市直管县	心理健康教育教师		其中:专职		学校供水方式		
	校数（所）	人数	校数（所）	人数	自备水源	网管供水	无水源
河南省	**781**	**2188**	**538**	**911**	**237**	**645**	**7**
郑州市	108	239	95	158	14	103	2
开封市	39	85	25	34	14	31	
洛阳市	72	171	37	44	18	63	
平顶山市	27	62	19	25	14	19	
安阳市	39	138	26	44	12	33	
鹤壁市	15	36	8	13	2	14	
新乡市	47	141	31	63	12	45	1
焦作市	29	99	20	33	9	23	
濮阳市	34	89	21	31	12	26	
许昌市	26	53	23	33	11	24	
漯河市	19	79	15	21	3	17	
三门峡市	20	56	9	17	1	19	
南阳市	71	162	47	73	35	48	
商丘市	27	125	24	55	3	30	
信阳市	49	141	31	56	13	39	3
周口市	47	146	35	76	21	30	
驻马店市	34	159	23	39	10	25	1
济源市	5	22	4	12	3	4	
巩义市	8	23	4	6	2	6	
兰考县	5	17	4	7	3	2	
汝州市	9	15	7	11	7	2	
滑县	9	25	5	13	4	7	
长垣县	6	20	2	2		9	
邓州市	8	15	6	6	6	3	
永城市	6	9	3	5		6	
固始县	12	23	9	15	8	6	
鹿邑县	5	28	5	19		6	
新蔡县	5	10				5	

达标及配套设施情况(二)

学校厕所情况			洗手设施			通电	校园足球场(个)			
卫生厕所	非卫生厕所	无厕所	有水和肥皂	只有水	既没有水也没有肥皂		计	11人制足球场	7人制足球场	5人制足球场
851	**28**	**10**	**407**	**470**	**12**	**885**	**719**	**453**	**138**	**128**
114	2	3	81	34	4	117	106	60	23	23
43	2		13	32		45	32	13	13	6
79	2		53	28		81	73	42	14	17
31		2	14	19		33	21	17	3	1
43	2		17	28		45	37	25	5	7
15	1		4	12		16	17	11	3	3
54	4		25	32	1	58	52	33	7	12
30	2		12	19	1	32	26	14	5	7
37	1		21	17		38	34	17	7	10
34	1		19	16		35	34	21	4	9
20			7	13		20	15	13	1	1
20			3	17		20	11	8	1	2
81	2		34	48	1	83	60	40	9	11
31	2		24	8	1	33	33	17	14	2
50	2	3	17	35	3	54	35	26	4	5
51			18	33		51	25	24	1	
34	1	1	13	22	1	35	49	30	11	8
7			4	3		7	5	4	1	
8			2	6		8	5	4	1	
5			2	3		5	5	5		
8	1		2	7		9	7	5	1	1
9	2		2	9		11	4	2	1	1
8		1	2	7		9	6	3	2	1
9			2	7		9	7	5	2	
5	1		6			6	7	5	1	1
14			7	7		14	9	5	4	
6			2	4		6	4	4		
5			1	4		5				

小 学 学 校 信 息

省辖市直管县	机构数（所）	建立校园网校数（所）	接入互联网校数（所）					
			计	按接入方式分				
				拨号	ADSL	光纤	无线	其它
河 南 省	**31843**	**8344**	**18029**		**215**	**17728**	**86**	
郑 州 市	1036	680	873		1	861	11	
开 封 市	1367	135	711			709	2	
洛 阳 市	1976	291	842		6	830	6	
平顶山市	1490	285	780			778	2	
安 阳 市	1281	382	950		5	939	6	
鹤 壁 市	480	98	304		5	299		
新 乡 市	1528	400	1034		8	1024	2	
焦 作 市	669	321	512		12	496	4	
濮 阳 市	1139	564	779		32	743	4	
许 昌 市	1188	249	817		2	810	5	
漯 河 市	618	127	495		4	491		
三门峡市	678	97	237			237		
南 阳 市	3961	708	1465		17	1442	6	
商 丘 市	2352	426	1545		6	1526	13	
信 阳 市	2132	394	870		21	841	8	
周 口 市	3557	712	1655		18	1634	3	
驻马店市	2585	1221	1669		3	1660	6	
济 源 市	116	43	91			91		
巩 义 市	115	52	70			70		
兰 考 县	234	101	202			202		
汝 州 市	454	131	381		4	377		
滑 县	467	230	292			292		
长 垣 县	247	101	227			223	4	
邓 州 市	606	156	296			296		
永 城 市	335	10	308		69	239		
固 始 县	375	58	179		2	176	1	
鹿 邑 县	432	135	200			197	3	
新 蔡 县	425	237	245			245		

化 建 设 情 况

接入互联网出口带宽（Mbps）	数字资源量				接受过信息技术相关培训的专任教师（人次）	信息化工作人员数
	电子图书（册）	电子期刊（册）	学位论文（册）	音视频（小时）		
3268468	**5692741**	**228479**	**24909**	**4149353**	**213048**	**25990**
117438	506275	20685	878	655960	28518	1343
112263	6059			195643	5785	831
231124	830587			201384	13073	1504
148127	62764	273		235003	10716	1198
162122	246293	10587	53	314449	11087	1260
46259	58223	814	79	66861	3523	334
210143	124505	2120	404	156373	11683	1339
134387	59758	561	5	208569	13395	690
116096	221776	23209	1351	102536	8889	958
105908	815580	2050	7	139956	8063	1065
66754	43524	7717	1356	95262	2703	508
55498	175815	2368	323	72388	6739	463
416714	1141152	120510	17822	402276	25417	2880
229765	470320			234990	6279	2012
211950	106447	1016	59	98438	12457	1454
316316	255806	13881	1743	307205	11960	2180
241128	325732	7102	269	291715	15996	2530
14220	6067	65		14620	331	108
11600	16177	3830		19912	2110	142
29010				90641	820	184
47969	84521	7565	415	51263	2571	394
39541				44064	585	381
22370	1292	32		16787	2768	250
62033	37726	2151		36853	2323	447
24410	46024			41235	1329	365
43182	17412	232	64	21628	2070	417
32105	24200	1278	22	11351	576	284
20036	8706	433	59	21992	1282	469

初 中 学 校 信 息

省辖市直管县	校数（所）	建立校园网校数（所）	接入互联网校数（所）				
			计	按接入方式分			
				拨号	ADSL	光纤	无线	其它
河 南 省	4603	2626	4570		16	4523	31	
郑 州 市	331	264	323			317	6	
开 封 市	173	54	170			168	2	
洛 阳 市	322	147	322		3	317	2	
平顶山市	172	101	171			168	3	
安 阳 市	216	103	213		1	210	2	
鹤 壁 市	64	34	64			63	1	
新 乡 市	298	144	296			294	2	
焦 作 市	182	113	182		2	179	1	
濮 阳 市	154	136	154		1	151	2	
许 昌 市	205	82	205		1	202	2	
漯 河 市	104	67	104			104		
三门峡市	115	49	113			113		
南 阳 市	394	256	393		1	391	1	
商 丘 市	358	132	354		1	351	2	
信 阳 市	274	191	274		1	272	1	
周 口 市	431	238	430		3	425	2	
驻马店市	269	206	264			262	2	
济 源 市	32	22	32			32		
巩 义 市	28	15	28			28		
兰 考 县	53	31	53			53		
汝 州 市	58	25	57			57		
滑 县	51	41	51			51		
长 垣 县	37	21	37			37		
邓 州 市	65	34	63			63		
永 城 市	59	9	59		2	57		
固 始 县	55	17	55			55		
鹿 邑 县	55	46	55			55		
新 蔡 县	48	48	48			48		

化 建 设 情 况

接入互联网出口带宽（Mbps）	数字资源量				接受过信息技术相关培训的专任教师（人次）	信息化工作人员数
	电子图书（册）	电子期刊（册）	学位论文（册）	音视频（小时）		
657073	**3386822**	**129979**	**20032**	**1696422**	**152807**	**9968**
40120	963556	26781	832	239865	18044	784
20330	9798			59795	2449	330
50381	375360			106502	8341	754
23523	7298	1097		66881	5708	400
31337	256136	2828	150	138137	7414	379
7020	40050	347	24	25614	2370	129
50873	81334	6934	351	74446	8854	554
48639	47013	722		131324	9981	380
20745	197986	7749	1092	68943	8295	412
27207	251913	100	26	57741	6671	452
15075	34476	4645	1060	48096	2985	213
15888	79165	3197	504	54576	4902	233
59875	309378	46317	12883	147958	18615	913
46693	266797			88416	4844	752
39308	18952			27276	8451	618
60753	185189	16118	2459	124585	10714	858
28887	112869	4416	336	83105	12724	644
5558	27742	277		14004	410	68
4300	12469	3134		9750	2139	65
6912				34198	602	68
6960	25589	1298	96	14445	2012	98
5010				13542	106	75
5355	152			4632	1852	78
9720	34107	99	3	12318	2455	179
6750	31259			19816	543	121
9420	792			3902	375	150
7644	8692	3468	216	10266	265	120
2790	8750	452		16291	686	141

普 通 高 中 学 校

省辖市直管县	校数（所）	建立校园网校数（所）	接入互联网校数（所）					
			计	按接入方式分				
				拨号	ADSL	光纤	无线	其它
河 南 省	889	662	876		2	863	11	
郑 州 市	119	105	117			115	2	
开 封 市	45	23	44			44		
洛 阳 市	81	56	81			80	1	
平顶山市	33	19	32			30	2	
安 阳 市	45	30	44		1	43		
鹤 壁 市	16	11	16			16		
新 乡 市	58	39	55		1	54		
焦 作 市	32	25	31			30	1	
濮 阳 市	38	34	38			38		
许 昌 市	35	20	35			34	1	
漯 河 市	20	18	20			20		
三门峡市	20	13	20			20		
南 阳 市	83	65	83			82	1	
商 丘 市	33	16	33			32	1	
信 阳 市	55	45	52			51	1	
周 口 市	51	45	51			50	1	
驻马店市	36	30	35			35		
济 源 市	7	6	7			7		
巩 义 市	8	6	8			8		
兰 考 县	5	4	5			5		
汝 州 市	9	7	9			9		
滑 县	11	7	11			11		
长 垣 县	9	8	9			9		
邓 州 市	9	7	9			9		
永 城 市	6	4	6			6		
固 始 县	14	9	14			14		
鹿 邑 县	6	5	6			6		
新 蔡 县	5	5	5			5		

信 息 化 建 设 情 况

接入互联网出口带宽（Mbps）	数字资源量				接受过信息技术相关培训的专任教师（人次）	信息化工作人员数
	电子图书（册）	电子期刊（册）	学位论文（册）	音视频（小时）		
137697	**2710522**	**89510**	**25171**	**601558**	**65349**	**4075**
17463	976201	28782	11987	107293	11733	441
6560	14119			25094	1177	169
12965	425950			61035	3591	333
4535	2068	2		21962	2177	131
9030	133320	3602	575	69038	2019	182
2040	1296	84		7408	1091	64
7556	55676	318	15	14397	3578	218
7010	7386	25		29775	3172	167
7560	93375	14973	1623	38497	4014	151
6570	101066		30	20075	1212	195
3800	5290	5809	625	10839	760	78
2280	112524	988	115	9492	2435	116
13711	283429	25340	6620	66092	5410	366
3870	114875			31836	2895	232
6490	3905			3062	4188	234
7240	242817	3838	97	17839	4393	312
3810	74160	500	101	24917	6540	250
1100	5678	509		5606	684	39
1610	5703	2936		2573	499	39
750				1270	216	32
2280	13460	410		6185	639	31
902	24000			2363	170	49
1810	245			6407	386	45
1500	1585	150	2500	6100	812	47
800	1319			5569	72	21
3305	178			1056	130	61
650	8791	1194	833	1351	1320	39
500	2106	50	50	4427	36	33

小 学 净

省辖市直管县	计			其中:女			其中:男	
	校内外学龄人口总数	在校学龄人口总数	净入学率(%)	校内外学龄人口总数	在校学龄人口总数	净入学率(%)	校内外学龄人口总数	在校学龄人口总数
河南省	**9957671**	**9957633**	**100.00**	**4613816**	**4613816**	**100.00**	**5343855**	**5343817**
郑州市	878734	878734	100.00	399103	399103	100.00	479631	479631
开封市	414574	414571	100.00	188895	188895	100.00	225679	225676
洛阳市	591892	591892	100.00	284308	284308	100.00	307584	307584
平顶山市	414398	414398	100.00	193987	193987	100.00	220411	220411
安阳市	466368	466368	100.00	213754	213754	100.00	252614	252614
鹤壁市	153207	153207	100.00	70420	70420	100.00	82787	82787
新乡市	537104	537104	100.00	245342	245342	100.00	291762	291762
焦作市	272096	272096	100.00	128088	128088	100.00	144008	144008
濮阳市	424400	424400	100.00	194733	194733	100.00	229667	229667
许昌市	425510	425508	100.00	195898	195898	100.00	229612	229610
漯河市	203979	203979	100.00	94793	94793	100.00	109186	109186
三门峡市	154068	154068	100.00	74209	74209	100.00	79859	79859
南阳市	1034564	1034564	100.00	477155	477155	100.00	557409	557409
商丘市	687225	687225	100.00	316664	316664	100.00	370561	370561
信阳市	545846	545846	100.00	251476	251476	100.00	294370	294370
周口市	827198	827165	100.00	391782	391782	100.00	435416	435383
驻马店市	704036	704036	100.00	326095	326095	100.00	377941	377941
济源市	56337	56337	100.00	26771	26771	100.00	29566	29566
巩义市	54874	54874	100.00	25869	25869	100.00	29005	29005
兰考县	87221	87221	100.00	40193	40193	100.00	47028	47028
汝州市	122407	122407	100.00	57215	57215	100.00	65192	65192
滑县	159760	159760	100.00	72235	72235	100.00	87525	87525
长垣县	98209	98209	100.00	43552	43552	100.00	54657	54657
邓州市	171454	171454	100.00	80334	80334	100.00	91120	91120
永城市	155427	155427	100.00	71948	71948	100.00	83479	83479
固始县	119052	119052	100.00	53968	53968	100.00	65084	65084
鹿邑县	96061	96061	100.00	45771	45771	100.00	50290	50290
新蔡县	101670	101670	100.00	49258	49258	100.00	52412	52412

入 学 率

	城 区			镇 区			乡 村		
净入学率(%)	校内外学龄人口总数	在校学龄人口总数	净入学率(%)	校内外学龄人口总数	在校学龄人口总数	净入学率(%)	校内外学龄人口总数	在校学龄人口总数	净入学率(%)
100.00	**2417015**	**2417015**	**100.00**	**4186916**	**4186890**	**100.00**	**3353740**	**3353728**	**100.00**
100.00	507708	507708	100.00	222679	222679	100.00	148347	148347	100.00
100.00	107149	107149	100.00	154314	154314	100.00	153111	153108	100.00
100.00	169106	169106	100.00	293884	293891	100.00	128902	128895	99.99
100.00	97914	97914	100.00	164726	164726	100.00	151758	151758	100.00
100.00	164747	164747	100.00	149981	149981	100.00	151640	151640	100.00
100.00	53625	53625	100.00	65639	65639	100.00	33943	33943	100.00
100.00	162920	162920	100.00	176570	176570	100.00	197614	197614	100.00
100.00	92692	92692	100.00	119161	119161	100.00	60243	60243	100.00
100.00	71613	71613	100.00	194144	194144	100.00	158643	158643	100.00
100.00	167274	167274	100.00	115755	115755	100.00	142481	142479	100.00
100.00	69489	69489	100.00	70174	70174	100.00	64316	64316	100.00
100.00	69562	69562	100.00	55281	55281	100.00	29225	29225	100.00
100.00	111862	111862	100.00	617638	617638	100.00	305064	305064	100.00
100.00	83900	83900	100.00	312697	312697	100.00	290628	290628	100.00
100.00	82314	82314	100.00	264569	264569	100.00	198963	198963	100.00
99.99	112115	112115	100.00	360423	360390	99.99	354660	354660	100.00
100.00	59202	59202	100.00	344967	344967	100.00	299867	299867	100.00
100.00	38852	38852	100.00	12020	12020	100.00	5465	5465	100.00
100.00	25533	25533	100.00	23473	23473	100.00	5868	5868	100.00
100.00				49998	49998	100.00	37223	37223	100.00
100.00	40745	40745	100.00	25304	25304	100.00	56358	56358	100.00
100.00				73433	73433	100.00	86327	86327	100.00
100.00				68345	68345	100.00	29864	29864	100.00
100.00	54300	54300	100.00	40750	40750	100.00	76404	76404	100.00
100.00	73752	73752	100.00	31619	31619	100.00	50056	50056	100.00
100.00				76966	76966	100.00	42086	42086	100.00
100.00				55942	55942	100.00	40119	40119	100.00
100.00	641	641	100.00	46464	46464	100.00	54565	54565	100.00

初 中 净

省辖市直管县	计			其中:女			其中:男	
	校内外学龄人口总数	在校学龄人口总数	净入学率(%)	校内外学龄人口总数	在校学龄人口总数	净入学率(%)	校内外学龄人口总数	在校学龄人口总数
河南省	**4335737**	**4335514**	**99.99**	**1973963**	**1973844**	**99.99**	**2361774**	**2361670**
郑州市	353488	353488	100.00	151869	151869	100.00	201619	201619
开封市	176608	176608	100.00	77959	77959	100.00	98649	98649
洛阳市	252690	252660	99.99	121334	121319	99.99	131356	131341
平顶山市	185076	185076	100.00	86318	86318	100.00	98758	98758
安阳市	204005	204005	100.00	91651	91651	100.00	112354	112354
鹤壁市	64639	64639	100.00	28458	28458	100.00	36181	36181
新乡市	251405	251394	100.00	112660	112658	100.00	138745	138736
焦作市	109392	109392	100.00	49688	49688	100.00	59704	59704
濮阳市	174590	174590	100.00	79207	79207	100.00	95383	95383
许昌市	198859	198859	100.00	89360	89360	100.00	109499	109499
漯河市	90643	90643	100.00	41131	41131	100.00	49512	49512
三门峡市	63457	63457	100.00	30593	30593	100.00	32864	32864
南阳市	474513	474513	100.00	221045	221045	100.00	253468	253468
商丘市	274006	274006	100.00	123893	123893	100.00	150113	150113
信阳市	275692	275692	100.00	125871	125871	100.00	149821	149821
周口市	346630	346448	99.95	162602	162500	99.94	184028	183948
驻马店市	310821	310821	100.00	139207	139207	100.00	171614	171614
济源市	22867	22867	100.00	10689	10689	100.00	12178	12178
巩义市	23453	23453	100.00	10904	10904	100.00	12549	12549
兰考县	34419	34419	100.00	15477	15477	100.00	18942	18942
汝州市	46829	46829	100.00	21682	21682	100.00	25147	25147
滑县	57838	57838	100.00	25687	25687	100.00	32151	32151
长垣县	43335	43335	100.00	18586	18586	100.00	24749	24749
邓州市	78782	78782	100.00	36565	36565	100.00	42217	42217
永城市	77891	77891	100.00	34925	34925	100.00	42966	42966
固始县	62558	62558	100.00	27540	27540	100.00	35018	35018
鹿邑县	34896	34896	100.00	16664	16664	100.00	18232	18232
新蔡县	46355	46355	100.00	22398	22398	100.00	23957	23957

入 学 率

	城 区			镇 区			乡 村		
净入学率(%)	校内外学龄人口总数	在校学龄人口总数	净入学率(%)	校内外学龄人口总数	在校学龄人口总数	净入学率(%)	校内外学龄人口总数	在校学龄人口总数	净入学率(%)
100.00	**1086122**	**1086116**	**100.00**	**2447954**	**2447737**	**99.99**	**801661**	**801661**	**100.00**
100.00	199410	199410	100.00	111191	111191	100.00	42887	42887	100.00
100.00	52990	52990	100.00	89707	89707	100.00	33911	33911	100.00
99.99	68172	68172	100.00	157132	157102	99.98	27386	27386	100.00
100.00	39088	39088	100.00	101343	101343	100.00	44645	44645	100.00
100.00	67335	67335	100.00	93159	93159	100.00	43511	43511	100.00
100.00	25867	25867	100.00	34042	34042	100.00	4730	4730	100.00
99.99	71630	71624	99.99	114666	114661	100.00	65109	65109	100.00
100.00	39636	39636	100.00	55805	55805	100.00	13951	13951	100.00
100.00	54798	54798	100.00	92422	92422	100.00	27370	27370	100.00
100.00	81953	81953	100.00	73721	73721	100.00	43185	43185	100.00
100.00	32963	32963	100.00	43749	43749	100.00	13931	13931	100.00
100.00	25030	25030	100.00	29407	29407	100.00	9020	9020	100.00
100.00	56572	56572	100.00	355050	355050	100.00	62891	62891	100.00
100.00	32122	32122	100.00	175909	175909	100.00	65975	65975	100.00
100.00	37516	37516	100.00	168996	168996	100.00	69180	69180	100.00
99.96	57777	57777	100.00	220601	220419	99.92	68252	68252	100.00
100.00	27542	27542	100.00	221570	221570	100.00	61709	61709	100.00
100.00	15286	15286	100.00	6306	6306	100.00	1275	1275	100.00
100.00	11293	11293	100.00	10076	10076	100.00	2084	2084	100.00
100.00				25167	25167	100.00	9252	9252	100.00
100.00	12564	12564	100.00	15566	15566	100.00	18699	18699	100.00
100.00				41596	41596	100.00	16242	16242	100.00
100.00				36073	36073	100.00	7262	7262	100.00
100.00	24647	24647	100.00	42168	42168	100.00	11967	11967	100.00
100.00	46427	46427	100.00	20735	20735	100.00	10729	10729	100.00
100.00				49846	49846	100.00	12712	12712	100.00
100.00				29987	29987	100.00	4909	4909	100.00
100.00	5504	5504	100.00	31964	31964	100.00	8887	8887	100.00

小 学 毛

省辖市直管县	计			其中:女			其中:男	
	校内外学龄人口总数	在校生总数	毛入学率(%)	校内外学龄人口总数	在校生总数	毛入学率(%)	校内外学龄人口总数	在校生总数
河南省	**9957671**	**10124818**	**101.68**	**4613816**	**4684355**	**101.53**	**5343855**	**5440463**
郑州市	878734	912558	103.85	399103	412882	103.45	479631	499676
开封市	414574	417174	100.63	188895	189911	100.54	225679	227263
洛阳市	591892	610623	103.16	284308	292523	102.89	307584	318100
平顶山市	414398	421222	101.65	193987	196806	101.45	220411	224416
安阳市	466368	471781	101.16	213754	216346	101.21	252614	255435
鹤壁市	153207	155801	101.69	70420	71508	101.55	82787	84293
新乡市	537104	539548	100.46	245342	246333	100.40	291762	293215
焦作市	272096	276030	101.45	128088	129762	101.31	144008	146268
濮阳市	424400	434083	102.28	194733	198932	102.16	229667	235151
许昌市	425510	428144	100.62	195898	197032	100.58	229612	231112
漯河市	203979	209449	102.68	94793	97059	102.39	109186	112390
三门峡市	154068	158587	102.93	74209	76393	102.94	79859	82194
南阳市	1034564	1050965	101.59	477155	483928	101.42	557409	567037
商丘市	687225	688836	100.23	316664	317325	100.21	370561	371511
信阳市	545846	547742	100.35	251476	252336	100.34	294370	295406
周口市	827198	857876	103.71	391782	404956	103.36	435416	452920
驻马店市	704036	707563	100.50	326095	327452	100.42	377941	380111
济源市	56337	56840	100.89	26771	26962	100.71	29566	29878
巩义市	54874	55385	100.93	25869	26080	100.82	29005	29305
兰考县	87221	87325	100.12	40193	40211	100.04	47028	47114
汝州市	122407	125601	102.61	57215	58563	102.36	65192	67038
滑县	159760	160772	100.63	72235	72594	100.50	87525	88178
长垣县	98209	99986	101.81	43552	44201	101.49	54657	55785
邓州市	171454	172489	100.60	80334	80751	100.52	91120	91738
永城市	155427	155427	100.00	71948	71948	100.00	83479	83479
固始县	119052	121422	101.99	53968	54920	101.76	65084	66502
鹿邑县	96061	99919	104.02	45771	47383	103.52	50290	52536
新蔡县	101670	101670	100.00	49258	49258	100.00	52412	52412

入 学 率

	城 区			镇 区			乡 村		
毛入学率(%)	校内外学龄人口总数	在校生总数	毛入学率(%)	校内外学龄人口总数	在校生总数	毛入学率(%)	校内外学龄人口总数	在校生总数	毛入学率(%)
101.81	**2417015**	**2464486**	**101.96**	**4186916**	**4263678**	**101.83**	**3353740**	**3396654**	**101.28**
104.18	507708	526595	103.72	222679	231488	103.96	148347	154475	104.13
100.70	107149	108869	101.61	154314	154412	100.06	153111	153893	100.51
103.42	169106	173460	102.57	293884	303657	103.33	128902	133506	103.57
101.82	97914	99718	101.84	164726	167828	101.88	151758	153676	101.26
101.12	164747	167310	101.56	149981	151714	101.16	151640	152757	100.74
101.82	53625	55082	102.72	65639	66358	101.10	33943	34361	101.23
100.50	162920	163905	100.60	176570	177607	100.59	197614	198036	100.21
101.57	92692	94435	101.88	119161	120609	101.22	60243	60986	101.23
102.39	71613	73321	102.39	194144	199553	102.79	158643	161209	101.62
100.65	167274	168202	100.55	115755	116498	100.64	142481	143444	100.68
102.93	69489	71425	102.79	70174	72245	102.95	64316	65779	102.27
102.92	69562	71615	102.95	55281	57072	103.24	29225	29900	102.31
101.73	111862	112539	100.61	617638	629124	101.86	305064	309302	101.39
100.26	83900	84056	100.19	312697	313914	100.39	290628	290866	100.08
100.35	82314	82464	100.18	264569	265929	100.51	198963	199349	100.19
104.02	112115	115745	103.24	360423	376366	104.42	354660	365765	103.13
100.57	59202	59697	100.84	344967	347491	100.73	299867	300375	100.17
101.06	38852	39283	101.11	12020	12048	100.23	5465	5509	100.81
101.03	25533	25691	100.62	23473	23768	101.26	5868	5926	100.99
100.18				49998	50028	100.06	37223	37297	100.20
102.83	40745	42016	103.12	25304	26231	103.66	56358	57354	101.77
100.75				73433	74149	100.98	86327	86623	100.34
102.06				68345	69678	101.95	29864	30308	101.49
100.68	54300	54665	100.67	40750	40858	100.27	76404	76966	100.74
100.00	73752	73752	100.00	31619	31619	100.00	50056	50056	100.00
102.18				76966	78349	101.80	42086	43073	102.35
104.47				55942	58621	104.79	40119	41298	102.94
100.00	641	641	100.00	46464	46464	100.00	54565	54565	100.00

初 中 毛

省辖市直管县	计			其中:女			其中:男	
	校内外学龄人口总数	在校生总数	毛入学率(%)	校内外学龄人口总数	在校生总数	毛入学率(%)	校内外学龄人口总数	在校生总数
河南省	4335737	4684765	108.05	1973963	2120991	107.45	2361774	2563774
郑州市	353488	406239	114.92	151869	169992	111.93	201619	236247
开封市	176608	183627	103.97	77959	80757	103.59	98649	102870
洛阳市	252690	283579	112.22	121334	135097	111.34	131356	148482
平顶山市	185076	207276	112.00	86318	96163	111.41	98758	111113
安阳市	204005	220612	108.14	91651	98400	107.36	112354	122212
鹤壁市	64639	71331	110.35	28458	31101	109.29	36181	40230
新乡市	251405	262929	104.58	112660	117559	104.35	138745	145370
焦作市	109392	116252	106.27	49688	52551	105.76	59704	63701
濮阳市	174590	195433	111.94	79207	87845	110.91	95383	107588
许昌市	198859	205526	103.35	89360	92258	103.24	109499	113268
漯河市	90643	100642	111.03	41131	45474	110.56	49512	55168
三门峡市	63457	70949	111.81	30593	34093	111.44	32864	36856
南阳市	474513	507826	107.02	221045	236230	106.87	253468	271596
商丘市	274006	280908	102.52	123893	127204	102.67	150113	153704
信阳市	275692	287966	104.45	125871	131454	104.44	149821	156512
周口市	346630	401552	115.84	162602	186525	114.71	184028	215027
驻马店市	310821	322199	103.66	139207	144153	103.55	171614	178046
济源市	22867	24326	106.38	10689	11311	105.82	12178	13015
巩义市	23453	24177	103.09	10904	11264	103.30	12549	12913
兰考县	34419	35469	103.05	15477	15883	102.62	18942	19586
汝州市	46829	52605	112.33	21682	24165	111.45	25147	28440
滑县	57838	59788	103.37	25687	26484	103.10	32151	33304
长垣县	43335	49117	113.34	18586	20886	112.37	24749	28231
邓州市	78782	82400	104.59	36565	38097	104.19	42217	44303
永城市	77891	77891	100.00	34925	34925	100.00	42966	42966
固始县	62558	66850	106.86	27540	29404	106.77	35018	37446
鹿邑县	34896	40941	117.32	16664	19318	115.93	18232	21623
新蔡县	46355	46355	100.00	22398	22398	100.00	23957	23957

入 学 率

毛入学率(%)	城区			镇区			乡村		
	校内外学龄人口总数	在校生总数	毛入学率(%)	校内外学龄人口总数	在校生总数	毛入学率(%)	校内外学龄人口总数	在校生总数	毛入学率(%)
108.55	1086122	1197988	110.30	2447954	2628249	107.37	801661	858528	107.09
117.17	199410	232894	116.79	111191	125819	113.16	42887	47526	110.82
104.28	52990	58437	110.28	89707	89973	100.30	33911	35217	103.85
113.04	68172	75915	111.36	157132	175815	111.89	27386	31849	116.30
112.51	39088	44770	114.54	101343	111582	110.10	44645	50924	114.06
108.77	67335	74144	110.11	93159	100336	107.70	43511	46132	106.02
111.19	25867	28950	111.92	34042	37027	108.77	4730	5354	113.19
104.77	71630	75768	105.78	114666	120010	104.66	65109	67151	103.14
106.69	39636	43314	109.28	55805	58181	104.26	13951	14757	105.78
112.80	54798	62288	113.67	92422	102787	111.21	27370	30358	110.92
103.44	81953	84646	103.29	73721	76491	103.76	43185	44389	102.79
111.42	32963	36683	111.29	43749	48301	110.40	13931	15658	112.40
112.15	25030	28246	112.85	29407	32816	111.59	9020	9887	109.61
107.15	56572	62162	109.88	355050	377762	106.40	62891	67902	107.97
102.39	32122	34925	108.73	175909	179394	101.98	65975	66589	100.93
104.47	37516	37912	101.06	168996	177662	105.13	69180	72392	104.64
116.84	57777	65648	113.62	220601	257352	116.66	68252	78552	115.09
103.75	27542	29687	107.79	221570	228982	103.35	61709	63530	102.95
106.87	15286	16483	107.83	6306	6534	103.62	1275	1309	102.67
102.90	11293	11870	105.11	10076	10223	101.46	2084	2084	100.00
103.40				25167	25938	103.06	9252	9531	103.02
113.10	12564	14589	116.12	15566	16984	109.11	18699	21032	112.48
103.59				41596	42898	103.13	16242	16890	103.99
114.07				36073	40334	111.81	7262	8783	120.94
104.94	24647	26726	108.44	42168	43423	102.98	11967	12251	102.37
100.00	46427	46427	100.00	20735	20735	100.00	10729	10729	100.00
106.93				49846	53432	107.19	12712	13418	105.55
118.60				29987	35494	118.36	4909	5447	110.96
100.00	5504	5504	100.00	31964	31964	100.00	8887	8887	100.00

小 学 毕 业

省辖市直管县	合 计			其中:女			其中:男	
	小学毕业生数	升入初中阶段学生	升学率(%)	小学毕业生数	升入初中阶段学生	升学率(%)	小学毕业生数	升入初中阶段学生
河南省	1581313	1578686	99.83	720375	715757	99.36	860938	862929
郑州市	134667	141083	104.76	59564	60697	101.90	75103	80386
开封市	64449	60207	93.42	28245	26958	95.44	36204	33249
洛阳市	96754	97223	100.48	46214	46055	99.66	50540	51168
平顶山市	71632	69810	97.46	33068	32384	97.93	38564	37426
安阳市	76182	74418	97.68	33986	33599	98.86	42196	40819
鹤壁市	18945	19561	103.25	8159	8417	103.16	10786	11144
新乡市	86967	86935	99.96	38259	38429	100.44	48708	48506
焦作市	40618	39841	98.09	18526	18061	97.49	22092	21780
濮阳市	59809	58892	98.47	26548	26264	98.93	33261	32628
许昌市	70253	69916	99.52	31601	31596	99.98	38652	38320
漯河市	32666	33402	102.25	14775	15059	101.92	17891	18343
三门峡市	23952	23013	96.08	11533	11116	96.38	12419	11897
南阳市	178673	177728	99.47	82231	82171	99.93	96442	95557
商丘市	99380	99449	100.07	47413	45366	95.68	51967	54083
信阳市	97204	97645	100.45	44635	44850	100.48	52569	52795
周口市	133245	133852	100.46	61607	62318	101.15	71638	71534
驻马店市	106475	107555	101.01	47618	47812	100.41	58857	59743
济源市	7693	7833	101.82	3520	3576	101.59	4173	4257
巩义市	8225	8158	99.19	3925	3827	97.50	4300	4331
兰考县	10001	10078	100.77	4430	4531	102.28	5571	5547
汝州市	17996	17380	96.58	8069	7968	98.75	9927	9412
滑县	20403	19655	96.33	8697	8461	97.29	11706	11194
长垣县	15709	16558	105.40	6620	7102	107.28	9089	9456
邓州市	29585	27773	93.88	13902	12838	92.35	15683	14935
永城市	26455	28227	106.70	12356	12022	97.30	14099	16205
固始县	21996	22428	101.96	10022	10060	100.38	11974	12368
鹿邑县	14705	13791	93.78	6727	6413	95.33	7978	7378
新蔡县	16674	16275	97.61	8125	7807	96.09	8549	8468

生 升 学 率

升学率(%)	城区			镇区			乡村		
	小学毕业生数	升入初中阶段学生	升学率(%)	小学毕业生数	升入初中阶段学生	升学率(%)	小学毕业生数	升入初中阶段学生	升学率(%)
100.23	368712	407507	110.52	695438	886730	127.51	517163	284449	**55.00**
107.03	78091	77848	99.69	32191	46209	143.55	24385	17026	69.82
91.84	15308	19843	129.63	25709	29402	114.36	23432	10962	46.78
101.24	25734	25779	100.17	48556	60564	124.73	22464	10880	48.43
97.05	14670	15305	104.33	29425	37197	126.41	27537	17308	62.85
96.74	24641	25583	103.82	24823	33508	134.99	26718	15327	57.37
103.32	7639	8426	110.30	6965	9758	140.10	4341	1377	31.72
99.59	25852	27310	105.64	26804	38523	143.72	34311	21102	61.50
98.59	14034	15000	106.88	17115	19893	116.23	9469	4948	52.25
98.10	12352	17109	138.51	26582	31847	119.81	20875	9936	47.60
99.14	25015	29595	118.31	20465	25949	126.80	24773	14372	58.01
102.53	10009	12280	122.69	12782	16116	126.08	9875	5006	50.69
95.80	10130	9539	94.17	9142	10179	111.34	4680	3295	70.41
99.08	17505	21375	122.11	116046	132448	114.13	45122	23905	52.98
104.07	12158	12812	105.38	47097	63506	134.84	40125	23131	57.65
100.43	12855	13685	106.46	47541	59873	125.94	36808	24087	65.44
99.85	19594	23735	121.13	65466	84605	129.24	48185	25512	52.95
101.51	7917	9740	123.03	56910	77110	135.49	41648	20705	49.71
102.01	5253	5448	103.71	1544	1971	127.66	896	414	46.21
100.72	3559	4135	116.18	3818	3371	88.29	848	652	76.89
99.57				5894	7587	128.72	4107	2491	60.65
94.81	5492	5235	95.32	4079	5340	130.91	8425	6805	80.77
95.63				9636	14441	149.87	10767	5214	48.43
104.04				10857	13786	126.98	4852	2772	57.13
95.23	9195	9344	101.62	8723	14166	162.40	11667	4263	36.54
114.94	11407	16475	144.43	6334	7636	120.56	8714	4116	47.23
103.29				13467	18301	135.90	8529	4127	48.39
92.48				10133	12021	118.63	4572	1770	38.71
99.05	302	1906	631.13	7334	11423	155.75	9038	2946	32.60

初 中 毕 业

省辖市直管县	合　　计						初中毕业生数	计
	初中毕业生数	升入高中阶段学校				升学率（%）		
		计	普通高中	中职学校	技工学校			
河 南 省	**1411868**	**1228392**	**749785**	**370098**	**108509**	**87.00**	**638534**	**563690**
郑 州 市	118199	204885	66602	101258	37025	173.34	48378	80234
开 封 市	62728	62963	32879	11939	18145	100.37	26524	27738
洛 阳 市	91664	89655	49034	35251	5370	97.81	44027	41941
平顶山市	55518	45982	28482	9550	7950	82.82	25895	22656
安 阳 市	64373	45536	31610	12347	1579	70.74	29632	22719
鹤 壁 市	25607	22780	12318	8414	2048	88.96	11104	10130
新 乡 市	74731	61279	37851	16200	7228	82.00	34015	28235
焦 作 市	41415	38942	24424	10296	4222	94.03	18719	18144
濮 阳 市	55757	46607	30058	13315	3234	83.59	25723	22158
许 昌 市	62295	42955	29329	12318	1308	68.95	27637	20737
漯 河 市	30957	30697	15616	11693	3388	99.16	13526	13244
三门峡市	21906	19538	13049	3060	3429	89.19	10461	9203
南 阳 市	138127	105654	74667	28847	2140	76.49	64002	49443
商 丘 市	87702	63044	45408	15985	1651	71.88	40949	30993
信 阳 市	88883	71328	50347	20538	443	80.25	40729	33238
周 口 市	132402	87206	66977	17554	2675	65.86	60327	41084
驻马店市	97046	70519	50998	13905	5616	72.67	42653	33344
济 源 市	8053	8060	5269	1733	1058	100.09	3769	3516
巩 义 市	7876	6066	4763	1303		77.02	3640	2947
兰 考 县	12317	7168	7064	104		58.20	5398	3849
汝 州 市	14475	10358	8055	2303		71.56	6778	5421
滑 县	16057	12028	9328	2700		74.91	7418	5893
长 垣 县	14455	11649	7451	4198		80.59	6006	4949
邓 州 市	19606	16393	11422	4971		83.61	9339	9295
永 城 市	17810	10783	8167	2616		60.54	8188	5291
固 始 县	23650	18762	13658	5104		79.33	10452	8601
鹿 邑 县	14529	8453	8039	414		58.18	6736	4204
新 蔡 县	13730	9102	6920	2182		66.29	6509	4482

生 升 学 率

	其中：女				其中：男				
	升入高中阶段学校			升学率	初中毕业生数		升入高中阶段学校			升学率
普通高中	中职学校	技工学校	（%）		计	普通高中	中职学校	技工学校	（%）
376263	156035	31392	88.28	773334	664702	373522	214063	77117	85.95
33335	36188	10711	165.85	69821	124651	33267	65070	26314	178.53
16426	6063	5249	104.58	36204	35225	16453	5876	12896	97.29
26106	14281	1554	95.26	47637	47714	22928	20970	3816	100.16
14785	5571	2300	87.49	29623	23326	13697	3979	5650	78.74
16479	5783	457	76.67	34741	22817	15131	6564	1122	65.68
5970	3568	592	91.23	14503	12650	6348	4846	1456	87.22
19187	6957	2091	83.01	40716	33044	18664	9243	5137	81.16
12348	4575	1221	96.93	22696	20798	12076	5721	3001	91.64
15289	5933	936	86.14	30034	24449	14769	7382	2298	81.41
14688	5671	378	75.03	34658	22218	14641	6647	930	64.11
7822	4442	980	97.92	17431	17453	7794	7251	2408	100.13
6808	1403	992	87.97	11445	10335	6241	1657	2437	90.30
36778	12046	619	77.25	74125	56211	37889	16801	1521	75.83
22866	7649	478	75.69	46753	32051	22542	8336	1173	68.55
23936	9174	128	81.61	48154	38090	26411	11364	315	79.10
33188	7122	774	68.10	72075	46122	33789	10432	1901	63.99
25052	6667	1625	78.17	54393	37175	25946	7238	3991	68.35
2679	531	306	93.29	4284	4544	2590	1202	752	106.07
2460	487		80.96	4236	3119	2303	816		73.63
3789	60		71.30	6919	3319	3275	44		47.97
4099	1322		79.98	7697	4937	3956	981		64.14
4859	1034		79.44	8639	6135	4469	1666		71.02
3575	1374		82.40	8449	6700	3876	2824		79.30
5696	3599		99.53	10267	7098	5726	1372		69.13
4216	1075		64.62	9622	5492	3951	1541		57.08
6255	2346		82.29	13198	10161	7403	2758		76.99
4062	142		62.41	7793	4249	3977	272		54.52
3510	972		68.86	7221	4620	3410	1210		63.98

中初等教育

省辖市直管县	合 计						其 中：	
	中职学校	普通高中	初中	小学	幼儿园	特殊教育	普通高中	初中
河南省	1702	2406	947	457	164	151	2049	1275
郑 州 市	2531	1568	1069	919	236	138	1599	1222
开 封 市	1386	2127	994	453	158	97	1918	1496
洛 阳 市	1496	1771	817	566	192	133	1481	1073
平顶山市	1167	2306	1188	453	143	133	1697	1101
安 阳 市	1920	1967	977	436	110	152	1907	1170
鹤 壁 市	3316	2192	976	453	133	86	2192	1398
新 乡 市	1629	1762	769	428	129	126	1909	1246
焦 作 市	1124	2325	601	443	172	116	2315	875
濮 阳 市	1740	2098	1138	460	157	164	1271	1769
许 昌 市	1104	2258	922	421	156	73	2588	951
漯 河 市	1309	2209	951	347	169	73	2300	1487
三门峡市	635	1936	605	567	179	108	1687	885
南 阳 市	926	2411	1224	537	162	201	1572	2811
商 丘 市	1349	4015	728	355	203	230	3729	1221
信 阳 市	2583	2702	1009	522	170	106	2709	1579
周 口 市	1977	4066	871	378	147	184	3409	1219
驻马店市	1509	4222	1120	356	193	201	4182	1537
济 源 市	1058	2244	760	558	159	130	3788	1648
巩 义 市	1047	1826	863	637	278	180	1979	1079
兰 考 县	192	4283	637	369	152	304		
汝 州 市	4651	2357	893	305	115	266	3229	912
滑 县	2571	2223	1081	510	122	345		
长 垣 县	4973	2330	1245	381	140	305		
邓 州 市	6519	3304	1255	433	138	243	4084	1524
永 城 市	949	3855	1316	473	253	130	3855	2200
固 始 县	1982	2774	1020	576	179	122		
鹿 邑 县	409	3966	643	310	153	285		
新 蔡 县	3843	4215	774	324	286	248		2752

校 均 规 模

城区		其中:镇区				其中:乡村			
小学	幼儿园	普通高中	初中	小学	幼儿园	普通高中	初中	小学	幼儿园
1154	**210**	**2782**	**1085**	**710**	**187**	**1314**	**559**	**234**	**123**
1413	259	1710	1092	988	248	961	666	376	168
849	196	2346	1088	673	161		587	269	138
1066	200	1980	894	796	219		425	215	146
969	185	2764	1347	676	160	2460	997	259	113
1160	157	2286	1237	649	118	278	575	218	79
1135	162	2285	1042	683	135	1343	335	168	111
989	193	1874	921	578	151	654	478	242	92
1094	224	2331	650	571	170		284	178	136
1515	213	2926	1215	714	172		632	274	133
770	212	1585	1101	533	171	2084	661	258	119
1164	274	2348	916	448	194		558	171	111
1060	249	2916	751	679	190	487	241	194	89
2097	179	2690	1243	830	187	174	790	242	113
1031	230	4122	1020	593	242		387	215	173
1607	147	2692	1259	996	224	2798	613	256	124
994	216	4506	1029	620	164	1777	516	242	124
1566	233	4228	1212	835	232		814	190	148
1258	203	846	384	455	173	1805	262	131	72
1013	283	753	730	595	317		695	263	198
		4283	898	544	177		367	265	127
911	139	1667	1349	454	145	2049	701	181	95
		2397	1529	1089	146	475	650	351	110
		2330	1554	612	154		676	217	120
1031	214	1744	1316	665	167		817	250	90
1551	249		943	475	331		671	225	204
		2901	1255	1098	193	1122	639	255	148
		3966	907	522	173		248	201	134
		4215	875	683	353		444	224	194

中初等教育

省辖市直管县	合计					其中:	
	普通高中	初中	小学	学前教育	特殊教育	普通高中	初中
河南省	**56**	**49**	**36**	**26**	**31**	**54**	**51**
郑州市	52	51	48	28	23	53	50
开封市	58	48	34	27	28	56	48
洛阳市	54	46	35	27	28	49	46
平顶山市	53	50	37	27	26	51	50
安阳市	54	50	37	22	24	54	50
鹤壁市	55	50	36	23	41	58	51
新乡市	55	49	37	24	50	53	52
焦作市	55	44	36	24	23	57	47
濮阳市	53	50	37	25	25	51	59
许昌市	55	52	36	26	34	54	51
漯河市	57	51	37	28	28	56	52
三门峡市	47	45	37	26	23	45	45
南阳市	54	51	35	25	32	53	59
商丘市	55	47	33	26	33	51	51
信阳市	59	51	35	28	34	60	56
周口市	65	51	34	26	36	60	55
驻马店市	64	50	34	27	37	65	52
济源市	54	45	40	28	29	55	50
巩义市	57	51	42	28	18	57	52
兰考县	64	45	33	27	28		
汝州市	55	50	35	24	77	57	50
滑县	58	51	39	24	34		
长垣县	58	51	39	25	48		
邓州市	60	51	34	25	60	61	55
永城市	65	52	40	28	7	65	54
固始县	55	49	34	29	34		
鹿邑县	64	46	31	25	33		
新蔡县	49	46	30	30	46		49

平 均 班 额

城区		其中:镇区				其中:乡村			
小学	学前教育	普通高中	初中	小学	学前教育	普通高中	初中	小学	学前教育
49	**27**	**58**	**50**	**42**	**28**	**52**	**46**	**27**	**24**
53	28	51	53	49	29	49	48	37	28
44	26	61	50	39	27		45	27	27
45	26	58	47	41	28		44	22	25
47	26	54	51	43	28	53	50	29	27
48	24	53	50	41	23	52	47	28	20
51	23	54	49	42	24	52	45	21	22
49	25	58	48	41	25	51	46	29	22
48	26	54	45	39	24		36	24	22
59	26	54	48	40	27		44	29	24
44	27	55	52	38	27	58	53	29	25
49	31	58	51	41	29		49	28	25
46	28	52	48	43	27	29	37	21	19
56	26	54	50	42	28	40	49	24	20
45	27	56	48	39	28		42	26	25
49	25	59	51	45	33	53	47	24	24
49	27	67	52	40	27	53	47	27	25
49	31	64	50	44	31		47	25	24
49	30	53	38	36	29	50	31	19	19
49	28	50	50	42	29		52	28	28
		64	46	36	28		42	30	27
46	25	55	52	41	26	53	48	28	23
		58	52	47	25	53	47	34	23
		58	51	44	25		50	30	24
48	31	59	49	39	28		49	27	20
49	28		50	41	31		50	31	26
		55	50	44	31	62	47	25	26
		64	47	38	26		41	25	24
34	38	49	47	39	33		43	26	28

中初等教育平均每一教

省辖市直管县	合计						其中:	
	中职学校	普通高中	初中	小学	幼儿园	特殊教育	普通高中	初中
河南省	**16.92**	**13.78**	**13.59**	**16.61**	**9.74**	**5.02**	**12.72**	**14.11**
郑州市	19.75	11.63	13.08	19.23	7.40	3.63	11.84	12.43
开封市	16.37	15.12	14.23	16.06	9.18	4.29	13.58	13.96
洛阳市	20.41	12.03	12.99	17.96	9.29	5.30	11.59	12.89
平顶山市	12.16	13.32	15.37	17.05	9.49	4.61	11.65	13.23
安阳市	13.05	14.24	14.96	20.69	8.51	5.76	14.19	14.80
鹤壁市	19.28	13.22	13.55	17.49	8.61	3.13	12.07	14.65
新乡市	15.94	13.63	14.38	19.00	9.31	4.41	13.34	17.65
焦作市	12.66	12.88	10.96	14.92	8.55	4.61	14.72	11.26
濮阳市	17.77	12.45	13.83	16.03	9.62	5.83	11.71	18.51
许昌市	11.16	12.65	13.48	14.84	9.37	3.27	12.88	13.66
漯河市	14.15	12.24	13.61	16.49	9.75	3.88	11.97	16.07
三门峡市	8.64	9.41	9.68	14.38	8.46	4.54	8.23	9.75
南阳市	14.79	14.72	15.54	17.93	11.47	7.43	13.38	21.29
商丘市	13.23	15.01	11.81	14.81	10.82	5.86	12.72	12.25
信阳市	20.54	13.95	13.44	15.04	12.24	3.61	13.21	14.06
周口市	15.52	15.63	13.80	13.64	11.40	4.06	15.47	15.92
驻马店市	14.57	16.38	12.92	15.75	10.99	5.31	13.61	13.24
济源市	6.41	12.19	12.21	20.20	7.76	2.17	12.37	13.92
巩义市	10.54	10.88	10.24	15.19	7.84	7.20	10.84	10.52
兰考县	2.56	15.71	12.72	16.59	11.25	12.16		
汝州市	57.14	14.32	14.22	22.21	10.81	15.65	13.90	12.29
滑县	16.04	13.02	15.30	21.65	11.64	13.27		
长垣县	16.89	11.48	15.28	17.23	9.14	5.75		
邓州市	24.37	17.78	14.50	19.72	15.33	8.68	16.92	15.53
永城市	11.57	16.74	17.06	18.96	9.76	2.95	16.74	16.27
固始县	16.92	16.00	12.54	14.67	14.30	5.08		
鹿邑县	8.62	15.45	13.24	11.52	12.22	6.06		
新蔡县	76.47	26.94	13.42	14.64	14.59	11.27		27.18

职工负担学生数情况

城区		其中:镇区				其中:乡村			
小学	幼儿园	普通高中	初中	小学	幼儿园	普通高中	初中	小学	幼儿园
19.39	**7.55**	**14.48**	**13.88**	**18.12**	**10.47**	**13.31**	**12.23**	**13.97**	**11.38**
18.68	6.80	10.99	14.44	22.00	8.22	11.11	13.21	17.52	8.89
19.07	7.05	16.92	15.22	17.71	9.62		12.27	13.63	11.01
19.77	6.92	12.33	13.04	19.77	10.42		12.96	13.82	11.25
17.90	7.18	13.66	15.92	18.27	10.18	15.97	16.62	15.57	11.29
21.54	7.63	14.34	15.82	23.14	8.60	13.34	13.64	18.15	9.55
19.97	6.81	13.90	13.45	18.93	9.09	14.14	10.61	13.08	11.23
23.94	7.47	13.97	13.72	17.82	9.45	13.08	13.24	17.06	11.43
18.38	7.46	11.84	11.64	15.83	8.66		8.98	10.53	10.11
21.34	7.56	12.88	12.90	16.47	9.75		10.68	14.42	10.58
17.34	8.20	10.39	13.81	15.45	10.25	15.49	12.54	12.76	10.07
21.68	9.11	12.64	13.06	17.11	9.88	8.09	11.30	12.81	10.38
15.46	7.62	11.86	11.02	16.53	9.67	5.66	7.20	9.94	8.76
26.06	7.73	14.97	15.13	19.60	11.79	6.79	14.16	14.34	13.84
17.32	7.73	16.05	12.52	15.93	10.95		10.03	13.41	11.67
20.00	7.62	14.14	14.10	18.13	13.76	13.70	11.81	11.49	15.05
17.00	9.60	15.76	13.88	15.58	10.86	13.21	11.91	11.85	12.66
19.28	8.41	16.85	13.14	18.30	11.09		12.05	13.40	11.91
25.44	7.77	11.18	9.19	18.27	8.14	12.71	9.32	9.69	7.04
15.41	7.85	11.77	9.87	15.80	8.15		10.03	12.60	7.06
		15.71	13.42	17.22	10.12		11.06	15.93	13.27
19.43	8.99	17.41	17.17	27.58	13.04	13.59	14.12	22.49	11.60
		13.07	16.08	22.39	10.87	10.56	13.68	21.09	12.26
		11.48	15.74	19.34	8.63		13.49	14.20	10.36
17.93	12.35	23.78	14.04	19.29	18.22		13.44	21.12	17.54
19.16	8.66			19.25	23.20	12.42	17.04	16.82	11.40
		16.00	12.75	17.06	13.92	16.03	12.05	11.48	15.58
		15.45	13.31	13.03	10.79		12.96	10.21	14.71
2.42		26.94	14.31	19.69	14.54		9.57	12.36	14.71

中初等教育

省辖市直管县	合计						其中:	
	中职学校	普通高中	初中	小学	幼儿园	特殊教育	普通高中	初中
河南省	**19.18**	**15.61**	**14.32**	**17.91**	**16.82**	**4.73**	**14.56**	**14.84**
郑州市	21.63	13.45	14.46	20.12	13.63	3.69	13.97	14.17
开封市	19.90	18.25	15.37	18.35	16.71	3.77	17.39	15.98
洛阳市	22.34	13.53	13.17	18.70	17.12	4.88	13.20	12.86
平顶山市	14.96	15.93	16.26	17.96	17.18	2.80	14.37	13.99
安阳市	14.57	16.35	16.82	21.55	16.26	6.40	16.67	16.76
鹤壁市	21.59	17.58	14.46	19.78	15.73	3.59	17.17	15.41
新乡市	18.87	14.94	15.20	19.99	16.59	4.47	14.44	17.39
焦作市	15.13	14.60	11.42	15.63	15.94	4.97	16.31	12.11
濮阳市	20.35	15.81	14.24	17.98	16.90	5.60	13.12	18.58
许昌市	13.84	13.60	14.22	16.66	16.75	3.18	14.49	14.07
漯河市	15.24	14.98	14.01	18.60	17.54	4.40	14.66	16.45
三门峡市	10.21	10.46	10.19	15.11	14.34	4.89	9.13	10.15
南阳市	17.13	16.13	15.68	19.02	17.49	6.30	14.69	19.94
商丘市	14.76	17.37	12.90	16.33	18.13	5.59	13.47	13.07
信阳市	22.75	15.41	13.88	15.97	20.35	3.62	14.67	14.08
周口市	17.76	16.84	13.97	15.30	16.99	3.78	16.71	14.58
驻马店市	16.88	17.54	13.60	16.72	17.94	5.09	15.14	13.35
济源市	8.19	13.23	12.60	20.46	17.04	3.14	13.22	14.55
巩义市	10.94	11.27	10.56	15.72	16.05	7.05	11.23	10.79
兰考县	3.00	18.36	12.86	18.54	19.62	3.33		
汝州市	63.98	15.00	15.45	23.80	17.01	10.69	14.55	13.04
滑县	16.91	15.43	16.26	23.07	19.39	11.08		
长垣县	21.72	19.52	16.73	19.19	14.72	5.51		
邓州市	25.54	20.16	14.84	20.73	22.16	8.12	19.09	16.26
永城市	12.08	18.90	19.11	22.05	14.62	3.21	18.90	18.30
固始县	19.05	16.76	13.25	15.44	24.20	5.10		
鹿邑县	8.99	17.21	12.47	13.71	16.42	5.08		
新蔡县	77.24	25.36	16.96	17.19	21.66	11.59		33.56

生 师 比 情 况

城区		其中：镇区				其中：乡村			
小学	幼儿园	普通高中	初中	小学	幼儿园	普通高中	初中	小学	幼儿园
20.55	**13.33**	**16.35**	**14.71**	**19.58**	**17.46**	**14.15**	**12.65**	**14.92**	**20.13**
19.63	12.43	11.79	15.13	23.05	15.15	12.13	14.17	18.18	16.99
20.57	13.47	19.06	16.45	19.97	16.31		12.47	15.86	20.36
20.16	13.02	13.71	13.50	20.20	18.39		12.25	14.81	22.10
18.35	12.60	16.49	16.87	19.46	17.88	17.95	17.36	16.36	21.93
22.08	14.63	16.10	17.93	24.10	16.42	14.40	14.89	19.04	18.21
21.25	12.97	17.98	14.15	22.84	16.49	15.80	12.22	14.43	19.33
24.96	13.28	15.25	14.89	19.25	16.86	16.83	13.75	17.69	20.39
18.80	14.37	13.63	12.18	16.40	15.41		8.10	11.55	19.32
24.49	12.92	17.33	13.32	18.26	16.98		11.43	15.77	19.06
18.92	14.07	11.44	15.16	17.17	17.35	12.58	13.09	14.30	19.69
22.65	15.03	15.25	13.86	19.85	17.82		10.66	14.73	20.80
16.25	13.21	13.44	11.42	17.13	15.94	5.83	7.58	10.85	14.51
28.92	13.14	16.38	15.41	20.57	17.40	8.17	14.30	14.89	21.51
19.14	13.51	19.27	14.27	17.98	17.46		10.21	14.30	20.31
20.54	14.01	15.78	14.53	19.21	22.09	13.90	12.42	12.13	23.84
19.44	12.83	16.86	14.61	17.73	16.30	17.36	11.85	12.66	19.50
19.43	13.18	17.99	13.94	19.39	17.24		12.59	14.08	21.57
24.55	15.33	13.15	10.05	18.42	21.09	13.47	8.90	10.51	19.74
16.22	14.41	11.95	10.25	16.12	17.91		10.85	12.72	16.96
		18.36	13.44	20.25	18.33		11.50	16.67	21.72
21.85	13.75	18.94	17.65	29.61	20.46	14.33	15.90	23.24	18.81
		15.43	17.33	24.44	18.58	15.83	14.05	22.01	20.01
		19.52	17.08	21.82	14.16		15.30	15.04	15.98
19.86	17.25	27.39	14.35	20.52	27.71		13.86	21.51	25.74
22.17	12.58		21.18	27.52	19.11		19.16	19.44	19.20
		16.69	13.97	17.91	23.89	19.34	10.98	12.34	25.18
		17.21	12.74	15.86	14.38		10.96	11.49	20.10
17.32		25.36	18.88	24.43	21.53		10.14	13.73	22.00

中初等教育生

省辖市直管县	合计						其中:	
	中职学校	普通高中	初中	小学	幼儿园	特殊教育	普通高中	初中
河南省	**32.58**	**27.13**	**26.76**	**24.64**	**14.22**	**56.22**	**27.14**	**21.40**
郑州市	21.32	28.50	26.27	14.65	13.41	69.13	26.18	23.30
开封市	29.58	19.74	25.20	26.66	16.99	49.84	19.35	23.57
洛阳市	28.62	30.13	28.05	23.86	11.55	30.50	27.50	24.18
平顶山市	43.67	33.69	21.25	19.15	12.85	61.76	30.43	19.31
安阳市	59.07	30.70	24.08	16.39	14.39	74.79	28.91	23.36
鹤壁市	15.00	29.17	30.40	26.12	14.60	139.24	33.33	26.34
新乡市	55.77	27.06	27.08	21.40	14.66	44.48	23.53	19.93
焦作市	47.85	34.29	34.84	27.84	16.14	126.72	28.27	23.34
濮阳市	35.84	32.97	27.21	25.43	18.46	81.94	24.24	16.61
许昌市	63.65	34.35	27.68	28.79	18.82	87.04	34.01	25.13
漯河市	31.89	36.24	28.38	27.13	15.99	39.86	39.62	21.52
三门峡市	49.12	36.93	35.23	24.87	15.44	51.20	33.71	33.21
南阳市	28.74	26.41	22.51	26.06	12.41	46.90	22.27	10.79
商丘市	46.67	21.48	28.97	27.06	14.09	44.42	22.54	24.30
信阳市	32.79	30.86	29.13	28.12	11.08	103.74	32.35	19.98
周口市	40.61	17.59	24.43	30.12	14.40	49.99	17.20	13.95
驻马店市	49.46	19.23	26.73	30.72	12.26	36.82	22.30	18.64
济源市	66.35	42.17	43.52	25.77	19.31	121.92	38.81	29.69
巩义市	38.01	42.54	27.43	22.32	14.83	7.40	40.04	21.30
兰考县	72.92	16.25	38.67	27.41	14.28	4.72		
汝州市	13.04	43.26	20.87	18.91	15.94	19.87	26.82	20.98
滑县	36.34	37.08	30.84	21.91	16.41	8.70		
长垣县	18.30	32.32	35.71	20.44	15.00	43.93		
邓州市	49.64	27.51	24.04	26.92	13.93	61.73	27.45	20.63
永城市	28.94	34.13	25.31	21.12	12.32	159.05	34.13	20.82
固始县	21.70	22.12	31.22	25.92	9.97	81.97		
鹿邑县	84.20	17.32	23.51	30.59	15.52	35.07		
新蔡县	11.10	18.35	32.69	29.07	11.62	14.68		6.05

均学校占地面积

单位：平方米

城区		其中：镇区				其中：乡村			
小学	幼儿园	普通高中	初中	小学	幼儿园	普通高中	初中	小学	幼儿园
11.21	**12.19**	**25.89**	**25.79**	**18.20**	**13.08**	**52.17**	**37.71**	**40.85**	**17.29**
9.79	11.67	32.39	29.53	16.37	14.15	49.77	32.04	28.85	18.68
13.58	11.17	20.11	21.05	22.02	17.68		40.86	38.87	20.35
12.73	11.67	31.82	28.18	16.99	10.67		36.51	51.56	13.30
11.60	11.80	32.34	19.35	13.89	11.97	44.61	27.68	28.93	14.46
8.39	11.66	32.41	21.92	13.74	13.79	32.52	29.88	27.05	17.84
16.13	14.17	25.91	27.67	20.34	14.23	50.66	65.62	52.65	15.46
10.38	11.99	27.60	26.46	18.19	14.43	59.96	35.73	33.19	17.01
12.65	14.18	38.51	39.16	24.66	15.82		47.70	58.38	18.87
9.37	15.05	37.53	31.13	20.78	16.70		39.05	35.85	21.30
16.48	15.10	45.60	27.60	24.50	19.87	21.91	33.97	43.46	21.51
10.00	10.93	31.14	28.52	21.28	15.78	126.74	42.76	50.69	21.43
13.39	13.48	36.57	32.05	20.74	13.94	114.02	48.75	63.33	25.17
5.56	11.36	26.78	23.50	18.17	11.35	107.29	28.35	46.47	16.02
13.45	11.88	21.10	23.46	19.83	12.29		48.53	37.45	16.20
9.43	11.45	26.45	23.73	14.54	9.17	75.62	48.01	52.29	14.65
10.29	10.58	16.66	23.21	19.15	13.80	52.56	39.88	43.96	16.03
15.20	9.83	18.81	25.34	16.60	11.57		36.34	48.00	14.04
11.55	14.20	48.88	79.27	37.09	23.36	53.88	83.68	91.80	35.48
15.08	13.34	88.47	35.43	22.44	14.47		34.45	47.46	20.47
		16.25	35.31	23.34	12.09		48.92	32.05	17.27
13.09	12.17	19.39	21.05	14.04	16.73	74.71	20.68	25.77	18.37
		37.35	27.06	13.10	13.87	20.20	41.55	28.96	18.21
		32.32	33.83	16.55	15.05		46.54	28.04	14.91
10.23	10.68	27.80	23.04	19.20	13.33		37.72	40.14	17.91
10.41	12.04		33.51	21.23	10.46		29.32	37.14	15.69
		21.55	28.91	16.07	9.45	46.89	38.26	45.48	11.56
		17.32	21.51	20.38	11.49		32.60	41.84	20.71
120.69		18.35	33.07	15.39	10.08		44.93	39.04	15.45

中初等教育生均

省辖市直管县	合计						其中:	
	中职学校	普通高中	初中	小学	幼儿园	特殊教育	普通高中	初中
河南省	**16.35**	**13.84**	**12.09**	**8.09**	**7.41**	**27.56**	**14.86**	**11.17**
郑州市	14.38	17.49	15.47	7.36	8.81	39.45	16.23	14.75
开封市	14.30	9.43	9.90	6.87	7.28	25.16	10.69	11.08
洛阳市	16.08	15.63	13.36	8.98	6.92	25.70	17.71	13.74
平顶山市	16.90	15.52	10.33	6.87	7.00	29.75	18.07	8.46
安阳市	19.88	15.51	10.89	6.32	7.61	26.90	15.85	11.27
鹤壁市	9.49	12.95	14.57	8.27	8.41	71.81	13.84	11.93
新乡市	15.92	14.24	11.74	7.44	7.87	28.45	12.67	9.97
焦作市	27.29	15.92	14.08	8.61	8.46	35.32	12.94	11.64
濮阳市	16.87	16.11	10.82	7.33	7.50	32.19	11.31	7.03
许昌市	28.31	18.35	12.17	8.36	8.68	38.72	19.41	11.72
漯河市	15.59	16.10	11.21	8.31	7.63	35.06	17.03	9.50
三门峡市	27.14	22.16	18.07	10.70	8.71	28.97	18.15	17.30
南阳市	15.72	12.41	10.42	8.60	7.18	20.10	12.60	6.93
商丘市	20.37	10.59	11.57	7.88	6.47	24.12	13.35	12.82
信阳市	13.12	13.22	10.77	8.45	6.22	48.66	15.05	9.74
周口市	18.94	9.96	11.55	9.89	6.90	28.06	11.84	8.41
驻马店市	17.12	10.38	11.43	8.51	6.58	19.33	12.67	8.45
济源市	37.54	20.87	16.18	8.78	8.85	54.27	22.10	13.38
巩义市	24.75	18.39	14.89	10.16	8.30	11.50	17.96	12.57
兰考县	78.78	9.17	16.22	8.24	6.48	4.17		
汝州市	11.63	18.38	11.75	7.36	8.31	15.20	14.18	11.87
滑县	11.66	18.93	14.29	6.62	7.15	8.55		
长垣县	16.67	17.36	16.47	7.34	8.32	18.65		
邓州市	20.92	10.51	10.57	7.67	6.81	19.24	10.87	10.34
永城市	19.57	8.95	7.77	6.77	6.13	52.35	8.95	6.39
固始县	18.32	13.79	14.21	7.84	5.85	34.89		
鹿邑县	21.59	12.16	13.46	10.85	6.32	17.89		
新蔡县	3.14	13.68	17.57	8.34	5.70	6.53		7.54

校舍建筑面积

单位:平方米

城区		其中:镇区				其中:乡村			
小学	幼儿园	普通高中	初中	小学	幼儿园	普通高中	初中	小学	幼儿园
5.76	**8.17**	**12.99**	**11.98**	**6.96**	**7.10**	**19.39**	**13.79**	**10.92**	**7.19**
6.25	8.39	20.45	15.94	8.00	9.02	25.47	17.56	10.21	10.00
5.06	7.65	8.24	8.70	6.22	7.41		11.48	8.58	6.93
6.44	8.62	14.29	13.06	7.03	6.26		14.10	16.08	6.31
5.05	7.86	15.24	10.36	6.10	7.04	11.92	12.05	8.74	6.37
4.55	7.64	15.10	11.02	5.55	6.99	16.71	9.95	8.84	8.21
5.88	9.12	11.71	14.30	7.30	8.42	28.97	28.13	13.89	7.61
4.98	8.52	14.32	12.11	6.85	7.72	30.94	13.01	9.97	7.47
5.98	8.83	18.01	15.00	7.89	8.84		16.79	14.25	7.49
4.68	9.16	18.62	12.92	6.83	7.33		12.48	8.74	7.01
6.53	8.76	19.05	12.17	7.39	8.56	12.33	13.27	10.80	8.70
5.94	6.32	15.36	11.79	7.15	7.83	10.76	13.19	11.89	8.79
7.05	8.21	25.99	16.67	9.64	8.30	39.41	23.73	22.43	11.26
4.64	8.79	12.35	10.83	7.12	7.03	28.27	11.44	12.46	6.81
7.11	9.29	9.60	10.31	6.59	6.34		14.83	9.28	5.98
4.96	8.72	12.71	9.76	5.90	5.31	14.39	13.92	12.97	6.38
5.25	6.90	9.09	11.62	7.72	7.04	23.12	14.75	12.79	6.76
6.21	6.33	10.06	11.46	6.72	6.64		12.75	10.77	6.58
5.25	8.33	19.12	24.23	11.48	9.11	15.57	20.77	25.36	10.84
8.07	8.13	26.20	18.57	10.32	8.20		14.32	16.89	9.13
		9.17	15.41	8.02	6.30		18.69	8.48	6.72
6.73	8.50	6.75	9.02	5.88	7.82	29.19	13.51	8.57	8.40
		19.01	15.36	5.65	7.39	13.89	11.26	7.39	6.99
		17.36	16.86	7.00	9.33		14.25	8.01	6.29
5.00	6.79	8.72	9.85	7.16	6.76		13.71	9.40	6.86
5.30	6.38		10.11	6.86	5.27		9.36	8.93	6.42
		13.72	13.91	6.11	5.96	16.53	15.10	11.28	5.50
		12.16	13.40	8.39	6.07		13.70	13.56	6.63
30.86		13.68	18.80	5.75	5.13		18.50	10.22	7.10

中初等教育生均

省辖市直管县	合计				其中:城区	
	中职学校	普通高中	初中	小学	普通高中	初中
河 南 省	19036	18612	14903	8581	19432	15445
郑 州 市	14871	25891	22298	10091	23083	23779
开 封 市	16191	9471	10482	6935	8491	10635
洛 阳 市	22172	19491	16349	8959	21661	18637
平顶山市	20193	22380	10878	7109	24699	8976
安 阳 市	40313	21339	12582	5135	22948	15851
鹤 壁 市	11574	25155	19355	10527	13423	15909
新 乡 市	16160	14276	12869	7914	15455	10433
焦 作 市	28915	14795	13885	7756	10934	10577
濮 阳 市	13046	18444	12212	7392	11282	9461
许 昌 市	21773	22995	12180	7630	27516	14067
漯 河 市	15397	30220	15676	8903	36333	14658
三门峡市	39737	25019	21159	11477	21597	22877
南 阳 市	13424	19032	12038	8038	13472	7553
商 丘 市	25207	10928	13876	8286	10660	15237
信 阳 市	19992	15783	14110	10357	10851	16433
周 口 市	19163	14905	15169	10439	17605	13557
驻马店市	27123	14278	14409	8346	17473	11448
济 源 市	42333	28055	14901	8753	28938	11251
巩 义 市	29532	27493	16671	10637	28400	20823
兰 考 县	20630	19606	20493	9830		
汝 州 市	33151	31909	13893	8219	23605	13450
滑 县	15480	18958	12385	5517		
长 垣 县	13616	24800	23653	10088		
邓 州 市	38599	23398	16902	7666	27495	25963
永 城 市	26057	12301	10915	7918	12301	11656
固 始 县	15441	22088	22447	12125		
鹿 邑 县	19095	19033	19679	14774		
新 蔡 县	2006	23133	29088	7998		2289

固定资产总值

单位:元

	其中:镇区			其中:乡村		
小学	普通高中	初中	小学	普通高中	初中	小学
7515	**17162**	**14892**	**7791**	**38777**	**14134**	**10184**
9832	30680	17839	9621	51264	25565	11735
4701	10394	10535	7287		10046	8078
7540	18103	15767	7739		14058	13199
5400	20377	12273	7214	25552	9376	8048
4503	19635	12262	4737	22519	7561	6155
7431	27719	19060	11233	104859	36691	14229
5325	13209	13832	7499	14143	13861	10397
6518	17504	16365	7753		13764	9732
5905	22187	14389	7448		10955	7813
6444	14293	11850	6930	11805	8125	9277
10604	17259	13879	5649	365599	23166	10087
9423	28757	21169	10139	30805	16969	19572
3668	19810	13217	7354	11323	9321	10635
7899	11024	13409	7587		14602	9032
9481	15386	13193	7295	32084	15255	14450
7299	12962	15655	8981	57296	15286	12390
8970	13838	15445	7025		11648	9567
6115	18381	26389	10292	36093	16541	22260
14935	10813	10758	7625		14332	7453
	19606	23016	10833		12793	8684
10247	1864	6355	5958	56857	19267	7800
	19235	14165	5605	1326	7345	5447
	24800	26058	10318		9817	9640
6222	3088	8850	8139		17243	8219
8197		8858	5544		11532	8960
	17761	21978	12039	211132	23877	12297
	19033	20069	11558		17912	18321
24138	23133	32422	6104		31412	9376

中初等教育生均

省辖市直管县	合计				其中:城区	
	中职学校	普通高中	初中	小学	普通高中	初中
河南省	**3913**	**1382**	**1337**	**953**	**1758**	**1732**
郑州市	4086	2536	2379	1010	2466	2802
开封市	3466	796	1116	1129	749	1097
洛阳市	3764	1354	1560	1106	1598	1983
平顶山市	4840	1188	767	729	1438	1284
安阳市	7279	2611	1441	664	4051	2561
鹤壁市	4953	2207	1388	828	990	1137
新乡市	5637	1373	1434	1017	1857	1931
焦作市	5025	848	1305	1010	677	1420
濮阳市	3593	842	934	753	949	790
许昌市	3511	1765	1190	841	1777	1450
漯河市	4496	1186	985	900	1591	1241
三门峡市	7697	1401	1700	1087	1885	1936
南阳市	3134	1121	884	686	2703	722
商丘市	3576	1135	1568	1350	1433	3060
信阳市	2309	1043	1114	952	487	1341
周口市	4037	937	1137	978	982	1126
驻马店市	3847	682	1156	999	702	1049
济源市	18054	2020	1647	1111	2113	1358
巩义市	8679	1839	2230	1406	1901	2601
兰考县	4948	874	992	1352		
汝州市	770	1152	1216	768	494	1563
滑县	914	567	473	327		
长垣县	5312	1308	1179	768		
邓州市	2201	1012	1012	793	1187	1224
永城市	4379	1611	1382	980	1611	1133
固始县	1926	1715	1812	1572		
鹿邑县	4069	1156	1868	2387		
新蔡县	263	5064	3908	622		294

教 学 仪 器 设 备 值

单位:元

	其中:镇区			其中:乡村		
小学	普通高中	初中	小学	普通高中	初中	小学
949	**1119**	**1157**	**810**	**2442**	**1313**	**1116**
1115	2904	1655	752	2163	2119	1054
1086	840	1015	1079		1459	1197
1209	1199	1286	891		2036	1423
643	1194	640	643	708	571	868
576	1273	875	547	387	682	863
765	2844	1610	817	2598	1124	951
989	950	1193	847	1125	1306	1186
1118	968	1208	852		1343	1153
522	786	959	696		1201	893
744	1717	863	811	1769	1070	954
914	779	823	700	2852	908	1070
1237	774	1595	788	2421	1415	1302
332	902	917	625	2264	846	905
1271	1027	1241	1255		1794	1458
985	976	917	747	3125	1504	1189
901	760	1136	826	6565	1155	1126
1043	679	1201	831		1027	1160
964	2697	2345	1167	486	2710	1936
1836	713	1844	974		1337	1608
	874	792	968		1605	1790
916	605	593	558	2205	1409	761
	568	451	215	526	534	417
	1308	1212	609		992	1078
728	144	876	769		842	841
845		1615	910		2010	1226
	1212	1840	1382	23690	1728	1951
	1156	1818	1758		2093	3081
2069	5064	4726	501		2972	710

中初等教育

省辖市直管县	合计						其中：	
	中职学校	普通高中	初中	小学	幼儿园	特殊教育	普通高中	初中
河南省	**21.80**	**14.96**	**25.97**	**22.52**	**7.50**	**24.13**	**19.15**	**25.74**
郑 州 市	19.30	23.50	26.40	22.67	10.93	48.97	24.67	27.53
开 封 市	26.60	14.35	24.76	19.68	7.33	14.86	16.67	30.13
洛 阳 市	17.63	19.04	27.97	24.09	5.76	25.05	27.60	29.25
平顶山市	24.49	13.71	25.46	19.89	5.28	35.20	17.69	28.64
安 阳 市	21.77	18.03	25.53	22.86	9.03	13.55	21.04	26.73
鹤 壁 市	9.86	10.27	26.12	19.72	6.41	35.73	10.68	27.17
新 乡 市	24.21	18.39	29.25	24.16	6.41	29.20	25.34	33.25
焦 作 市	39.84	18.95	32.25	24.77	7.77	20.81	18.34	29.50
濮 阳 市	23.91	13.93	27.11	22.32	7.62	22.00	14.97	21.52
许 昌 市	31.80	14.78	22.21	21.47	8.34	62.49	15.32	21.73
漯 河 市	27.46	17.40	26.39	22.22	7.15	25.32	15.68	22.62
三门峡市	51.60	20.56	37.87	24.71	6.13	28.42	21.64	34.88
南 阳 市	31.64	13.11	24.73	23.10	7.73	12.54	12.62	18.65
商 丘 市	24.78	12.03	27.62	22.53	6.50	20.91	15.66	35.74
信 阳 市	21.27	18.19	27.74	24.12	7.83	34.55	12.30	26.86
周 口 市	19.47	9.66	20.38	19.54	6.68	20.05	8.27	14.12
驻马店市	13.60	7.07	27.80	25.38	8.36	21.77	9.04	28.35
济 源 市	8.47	34.74	27.59	20.74	5.85	24.85	36.96	22.16
巩 义 市	51.83	23.88	34.85	34.97	7.06	19.17	22.87	32.73
兰 考 县	117.76	8.24	29.65	21.09	4.56	1.18		
汝 州 市	6.55	21.73	19.32	16.50	5.36	15.04	24.98	20.96
滑 县	13.90	14.82	23.14	19.91	5.54	12.93		
长 垣 县	13.14	9.56	25.85	22.64	5.55	24.59		
邓 州 市	26.85	13.19	26.94	21.84	12.49	27.37	10.84	23.27
永 城 市	15.28	10.93	26.48	24.24	6.64	30.19	10.93	23.06
固 始 县	9.74	6.69	22.43	22.67	8.69	38.52		
鹿 邑 县	25.77	9.33	20.33	21.06	5.89	17.93		
新 蔡 县	5.59	7.83	20.44	21.11	5.78	9.32		2.45

生 均 图 书

单位：册

城区		其中：镇区				其中：乡村			
小学	幼儿园	普通高中	初中	小学	幼儿园	普通高中	初中	小学	幼儿园
20.74	**8.36**	**12.52**	**24.85**	**20.55**	**6.92**	**16.73**	**29.81**	**25.94**	**7.54**
22.89	12.25	19.73	25.97	21.02	8.02	20.05	22.43	24.50	10.70
21.96	8.62	12.16	19.33	15.56	6.54		31.71	21.61	7.07
24.11	7.47	13.57	26.58	21.31	4.95		32.46	29.78	5.48
18.93	5.82	12.38	24.59	19.60	4.98	11.36	24.46	20.76	5.22
19.14	8.00	15.37	23.83	23.16	8.40	11.21	27.04	26.36	10.74
17.20	5.70	10.52	25.66	19.41	7.66	0.13	24.21	24.36	5.86
23.27	6.06	12.10	26.59	21.99	6.78	17.63	29.42	26.74	6.37
22.27	8.44	19.38	33.39	23.47	7.68		35.02	31.32	7.10
12.79	6.91	13.38	28.52	22.38	8.28		35.82	25.35	7.31
19.58	7.43	14.25	20.76	20.32	8.53	12.84	25.63	24.13	9.03
17.39	5.95	19.31	28.06	21.95	8.36	2.40	29.65	27.60	7.16
20.31	6.29	17.96	38.24	24.68	5.62	44.97	44.13	36.25	6.91
17.08	7.74	13.16	25.12	21.55	7.57	22.08	28.56	27.76	8.17
18.65	6.24	10.73	23.12	20.16	6.02		37.26	25.77	7.00
20.27	9.23	20.17	25.94	20.38	6.65	10.80	32.87	30.25	9.25
16.66	7.54	9.44	20.02	16.72	6.40	29.08	28.40	22.62	6.71
21.60	10.42	6.80	26.40	20.91	7.46		33.19	30.63	9.13
17.57	4.71	26.67	40.55	22.74	6.67	32.13	48.05	36.62	9.64
34.68	6.65	42.33	38.20	31.88	7.03		34.43	48.37	8.38
		8.24	27.51	19.74	4.45		36.18	22.63	4.72
12.91	5.19	6.49	20.63	16.60	5.90	25.57	17.37	19.19	5.22
		14.95	20.05	17.97	4.95	6.32	31.91	21.45	5.96
		9.56	25.43	20.62	5.69		28.26	26.57	5.26
22.21	11.79	24.84	29.39	20.80	11.30		29.60	22.17	14.23
22.27	5.49		31.71	23.64	7.58		31.42	27.58	9.30
		6.50	21.31	19.33	9.35	15.02	25.85	29.32	6.69
		9.33	18.91	17.81	6.36		26.73	24.63	5.29
92.41		7.83	20.93	16.88	5.23		27.94	24.17	7.13

省辖市直管县	合计						其中:	
	中职学校	普通高中	初中	小学	幼儿园	特殊教育	普通高中	初中
河南省	**0.23**	**0.04**	**0.04**	**0.03**	**0.09**	**1.10**	**0.05**	**0.10**
郑州市	0.63							
开封市								
洛阳市	0.14	0.16		0.00	0.02	14.34	0.36	
平顶山市			0.02	0.07				
安阳市	0.19	0.08	0.03	0.02	0.73		0.16	
鹤壁市				0.00				
新乡市	0.81	0.01	0.45	0.13	0.38		0.03	1.74
焦作市								
濮阳市								
许昌市								
漯河市				0.02				
三门峡市					0.07			
南阳市	0.27		0.01	0.10	0.00			
商丘市								
信阳市		0.06	0.21	0.18	0.07			
周口市		0.01	0.04	0.02	0.07			
驻马店市		0.26		0.00	0.29			
济源市								
巩义市								
兰考县								
汝州市			0.11		0.34			
滑县								
长垣县								
邓州市	0.36							
永城市								
固始县								
鹿邑县			0.03		0.42			
新蔡县								

危房比例情况

单位：%

城区		其中：镇区				其中：乡村			
小学	幼儿园	普通高中	初中	小学	幼儿园	普通高中	初中	小学	幼儿园
0.04	**0.09**	**0.03**	**0.02**	**0.03**	**0.08**	**0.02**	**0.04**	**0.03**	**0.09**
					0.04				
0.32							0.06	0.03	
	0.88			0.04	0.60		0.17	0.01	0.70
								0.01	
0.33	0.31		0.07	0.01	0.30			0.12	0.52
								0.04	
	0.16								
0.25	0.01		0.01	0.16				0.03	
		0.07	0.31	0.09	0.10	0.16	0.11	0.27	0.10
		0.01		0.02	0.15		0.17	0.02	
	0.54	0.31			0.26			0.00	0.25
	0.31				0.72		0.23		0.20
					0.78		0.15		

小学其他生均办学

省辖市直管县	生均绿化用地面积（㎡）	生均运动场面积（㎡）	每百名学生拥有计算机台数（台）	每百名学生拥有教学用计算机台数（台）	每百名学生拥有心理健康教师数	每百名学生拥有专职心理健康教师数	每百名学生拥有县级及以上骨干教师数
河南省	**3.19**	**6.67**	**10.43**	**8.85**	**0.21**	**0.02**	**0.83**
郑州市	2.32	3.85	10.99	9.05	0.11	0.02	0.69
开封市	4.10	6.61	8.62	7.62	0.26	0.03	0.89
洛阳市	2.56	7.34	12.94	10.72	0.24	0.02	0.81
平顶山市	2.30	5.13	7.62	6.54	0.24	0.02	0.70
安阳市	1.69	4.85	6.02	4.90	0.35	0.02	0.95
鹤壁市	3.16	7.24	8.48	7.20	0.32	0.02	0.83
新乡市	3.28	7.04	14.95	12.85	0.24	0.02	0.74
焦作市	4.10	8.77	11.57	9.96	0.28	0.02	1.22
濮阳市	3.83	6.99	8.75	7.16	0.16	0.02	0.91
许昌市	4.07	7.40	8.01	6.63	0.15	0.01	1.16
漯河市	3.29	7.12	6.29	5.14	0.25	0.02	0.85
三门峡市	3.60	6.52	12.28	9.74	0.37	0.02	1.50
南阳市	3.01	7.09	10.14	8.58	0.19	0.02	0.78
商丘市	2.97	7.69	11.22	10.24	0.25	0.01	0.66
信阳市	3.63	7.24	9.91	8.33	0.16	0.02	1.20
周口市	4.09	6.48	9.37	7.99	0.21	0.02	0.75
驻马店市	4.17	8.17	14.69	12.41	0.28	0.03	0.97
济源市	3.61	6.17	11.40	9.74	0.27	0.01	0.53
巩义市	2.50	6.95	13.48	10.87	0.27	0.02	1.38
兰考县	2.05	11.08	8.11	6.19	0.19	0.04	1.01
汝州市	2.57	4.17	8.57	7.14	0.22	0.02	0.36
滑县	3.06	5.28	7.91	7.10	0.15	0.01	0.40
长垣县	3.81	5.82	18.27	17.02	0.19	0.00	0.84
邓州市	3.19	6.44	11.07	9.17	0.19	0.01	0.30
永城市	1.60	8.62	9.47	8.66	0.05	0.00	0.83
固始县	3.13	7.61	10.92	8.86	0.10	0.01	1.07
鹿邑县	2.88	7.54	9.85	9.11	0.22	0.03	0.73
新蔡县	3.07	5.14	6.66	5.52			0.11

条件及相关比例情况

平均每个普通教室中学生数	教室中网络多媒体教室比例（%）	普通教室中网络多媒体教室比例（%）	建立校园网学校的比例（%）	有校医院（卫生室）学校比例（%）	有专职校医学校比例（%）	有专职保健人员学校比例（%）	有网管供水学校比例（%）	有卫生厕所学校比例（%）
25.04	**45.85**	**50.57**	**39.50**	**20.14**	**3.53**	**5.24**	**65.11**	**49.67**
42.24	80.74	88.61	74.23	40.15	10.91	13.51	73.26	80.50
25.17	30.42	33.00	16.46	11.27	3.88	4.97	83.03	26.99
25.29	54.72	61.93	25.35	18.17	1.92	3.74	53.24	52.99
28.20	39.68	42.39	30.13	13.76	2.89	4.36	44.36	51.68
28.47	41.26	45.74	33.96	10.30	1.80	3.04	65.96	71.04
28.46	58.76	65.99	26.46	9.58	2.71	4.79	68.54	26.25
28.99	60.91	71.23	35.34	39.59	2.88	6.81	83.57	37.24
29.12	66.49	80.40	59.79	37.82	8.82	18.54	76.68	49.78
22.33	41.99	45.49	70.24	22.39	6.06	6.94	66.37	53.20
26.90	48.80	57.98	25.67	18.18	3.62	5.39	56.31	43.52
26.62	46.52	54.32	24.92	7.12	1.94	1.78	76.21	46.93
26.81	61.00	68.03	21.68	19.62	2.06	2.51	59.59	28.91
23.14	36.00	39.14	33.22	21.79	3.16	4.32	36.30	50.82
20.91	37.45	41.58	26.53	12.12	3.23	4.97	93.41	54.25
21.05	33.74	36.57	36.87	10.69	2.58	3.61	48.73	72.51
21.27	35.57	38.29	36.35	9.73	2.33	3.40	83.44	31.23
21.23	50.75	56.10	69.36	48.55	5.03	8.24	66.81	48.74
34.42	75.17	85.72	44.83	27.59	1.72	1.72	81.03	53.45
34.52	71.72	87.87	60.00	25.22			92.17	85.22
27.16	13.53	16.03	46.58	46.15	17.52	24.36	98.72	78.63
25.56	37.88	40.02	34.58	30.40	5.07	7.27	20.70	32.38
28.53	37.99	45.20	74.95	17.56	1.50	2.57	95.93	28.48
30.91	65.87	85.83	46.56	19.03	0.40	0.81	90.28	74.49
25.49	36.80	42.70	47.36	13.37	4.13	4.29	66.50	95.05
25.41	62.67	63.18	2.99	8.36	4.48	1.49	100.00	63.58
21.24	51.46	55.61	23.73	7.47	1.60	2.13	65.07	84.27
17.27	47.39	51.41	61.81	10.65	2.55	3.47	72.22	29.63
16.90	27.63	27.78	96.47				0.94	0.71

初中其他生均办学

省辖市直管县	生均绿化用地面积（㎡）	生均运动场面积（㎡）	每百名学生拥有计算机台数（台）	每百名学生拥有教学用计算机台数（台）	每百名学生拥有心理健康教师数	每百名学生拥有专职心理健康教师数	每百名学生拥有县级及以上骨干教师数
河南省	**3.67**	**6.19**	**10.82**	**9.07**	**0.14**	**0.03**	**1.14**
郑州市	4.13	6.26	12.93	10.51	0.10	0.04	0.90
开封市	3.36	5.56	9.64	8.38	0.12	0.03	0.87
洛阳市	3.91	8.07	14.83	12.34	0.16	0.02	1.08
平顶山市	2.93	4.10	8.27	7.26	0.11	0.02	0.76
安阳市	3.53	5.39	8.55	7.06	0.16	0.03	1.29
鹤壁市	4.04	7.82	11.33	9.11	0.23	0.03	1.17
新乡市	4.58	6.98	12.35	10.50	0.16	0.03	0.98
焦作市	6.20	9.43	15.32	13.09	0.21	0.03	1.53
濮阳市	4.03	6.75	10.72	8.62	0.12	0.03	1.36
许昌市	4.00	5.99	7.08	5.78	0.11	0.02	1.24
漯河市	3.82	7.81	8.72	7.50	0.16	0.02	1.33
三门峡市	5.32	7.85	16.26	12.79	0.24	0.04	2.26
南阳市	2.94	5.33	9.37	7.56	0.09	0.02	1.15
商丘市	3.22	6.88	11.06	10.22	0.14	0.02	1.04
信阳市	4.41	5.60	10.32	8.30	0.14	0.03	1.67
周口市	3.40	4.58	8.80	7.35	0.13	0.03	0.95
驻马店市	2.97	5.69	14.99	12.78	0.22	0.03	1.42
济源市	8.39	12.67	14.85	12.04	0.22	0.05	0.96
巩义市	2.76	6.48	11.91	10.96	0.19	0.05	2.28
兰考县	4.08	13.36	7.02	6.22	0.14	0.04	1.29
汝州市	3.06	4.30	6.93	5.51	0.15	0.02	0.70
滑县	3.35	4.37	6.19	5.25	0.10	0.01	0.85
长垣县	5.78	8.79	14.25	12.83	0.10	0.00	0.82
邓州市	2.10	5.16	10.57	7.85	0.11	0.02	0.50
永城市	1.47	7.74	10.85	9.93	0.05	0.01	0.83
固始县	2.65	7.89	9.79	8.67	0.10	0.04	1.30
鹿邑县	3.13	5.62	7.13	6.23	0.11	0.03	1.08
新蔡县	2.89	4.72	9.03	7.99	0.01		0.35

条件及相关比例情况

平均每个普通教室中学生数	教室中网络多媒体教室比例(%)	普通教室中网络多媒体教室比例(%)	建立校园网学校的比例(%)	有校医院(卫生室)学校比例(%)	有专职校医学校比例(%)	有专职保健人员学校比例(%)	有网管供水学校比例(%)	有卫生厕所学校比例(%)
37.49	**62.23**	**73.61**	**57.05**	**52.16**	**22.42**	**23.88**	**65.39**	**77.99**
40.32	72.19	89.88	79.76	65.56	37.76	38.07	74.02	93.66
38.53	41.91	49.99	31.21	43.35	24.86	29.48	78.61	57.23
35.28	69.71	84.74	45.65	52.80	13.98	16.15	59.32	85.71
43.27	67.09	72.24	58.72	44.77	26.16	27.33	45.93	93.02
39.36	57.35	69.43	47.69	33.33	17.59	15.28	51.85	79.63
38.86	66.59	87.91	53.13	35.94	25.00	23.44	64.06	81.25
37.99	71.09	92.12	48.32	63.09	19.46	22.15	70.13	60.74
35.54	71.28	100.15	62.09	60.99	17.58	30.77	64.29	71.43
32.75	63.74	70.77	88.31	53.90	24.68	23.38	70.13	79.22
38.07	60.28	72.94	40.00	44.39	19.51	20.49	56.59	75.61
40.06	66.75	75.43	64.42	45.19	30.77	25.00	62.50	74.04
33.15	67.76	97.84	42.61	64.35	13.91	13.91	62.61	73.04
43.29	64.67	72.23	64.97	69.80	24.11	26.14	39.59	90.86
30.66	51.18	59.55	36.87	28.21	15.08	15.92	92.74	70.39
36.15	54.89	64.53	69.71	41.24	20.07	24.45	64.23	90.15
37.53	56.68	62.69	55.22	51.51	25.99	26.45	79.12	69.37
37.96	65.71	78.14	76.58	77.70	32.34	33.83	57.25	80.30
38.73	78.68	103.22	68.75	31.25		9.38	78.13	81.25
41.93	89.21	107.80	53.57	46.43		10.71	67.86	100.00
29.44	24.01	32.38	58.49	67.92	43.40	49.06	98.11	84.91
37.35	58.50	61.52	43.10	56.90	22.41	17.24	20.69	50.00
42.03	50.94	60.52	80.39	74.51	15.69	13.73	92.16	45.10
45.65	76.34	97.48	56.76	48.65	29.73	10.81	89.19	100.00
44.66	60.59	72.47	52.31	66.15	20.00	30.77	44.62	96.92
36.69	72.13	72.43	15.25	33.90	20.34	8.47	91.53	76.27
30.79	60.80	69.59	30.91	34.55	16.36	21.82	65.45	100.00
32.03	66.89	73.20	83.64	41.82	21.82	20.00	78.18	70.91
24.68	46.16	46.85	100.00				20.83	20.83

普通高中其他生均办学

省辖市直管县	生均绿化用地面积（㎡）	生均运动场面积（㎡）	每百名学生拥有计算机台数（台）	每百名学生拥有教学用计算机台数（台）	每百名学生拥有心理健康教师数	每百名学生拥有专职心理健康教师数	每百名学生拥有县级及以上骨干教师数
河南省	**5.79**	**5.25**	**9.12**	**7.49**	**0.09**	**0.04**	**1.04**
郑州市	7.04	6.32	15.63	12.36	0.10	0.06	1.02
开封市	2.91	4.75	7.58	6.29	0.08	0.03	0.86
洛阳市	5.55	6.43	11.50	9.94	0.10	0.02	0.75
平顶山市	8.15	6.00	9.89	7.99	0.08	0.03	0.75
安阳市	6.74	6.83	8.79	7.24	0.13	0.04	1.16
鹤壁市	7.38	5.03	12.72	9.86	0.08	0.03	0.92
新乡市	6.77	5.80	10.28	8.29	0.10	0.05	1.23
焦作市	6.04	6.64	10.24	8.28	0.11	0.04	0.99
濮阳市	8.44	6.38	9.40	7.25	0.09	0.03	0.94
许昌市	6.94	6.15	9.39	7.48	0.05	0.03	1.41
漯河市	9.64	6.06	10.41	8.55	0.17	0.05	1.93
三门峡市	11.84	8.82	14.02	11.52	0.14	0.04	1.81
南阳市	5.87	4.63	8.18	6.61	0.07	0.03	1.09
商丘市	2.99	3.90	7.05	6.06	0.08	0.03	1.13
信阳市	7.34	4.86	6.97	5.96	0.09	0.03	1.50
周口市	2.92	3.57	6.43	5.67	0.06	0.03	0.79
驻马店市	4.00	4.11	5.93	4.96	0.09	0.02	1.26
济源市	10.73	7.12	18.01	17.01	0.14	0.08	1.11
巩义市	4.93	6.09	12.76	7.07	0.16	0.04	2.40
兰考县	4.33	3.71	4.99	4.75	0.07	0.03	0.27
汝州市	11.07	5.32	8.06	6.00	0.07	0.05	0.70
滑县	9.97	4.45	8.51	6.95	0.08	0.04	0.80
长垣县	5.52	6.04	8.73	7.52	0.06	0.01	0.57
邓州市	4.22	6.38	7.57	5.97	0.05	0.02	0.52
永城市	3.01	4.67	8.23	6.97	0.04	0.02	0.55
固始县	3.40	3.86	5.94	4.84	0.05	0.03	0.74
鹿邑县	3.75	2.92	4.35	3.61	0.09	0.06	0.61
新蔡县	3.83	3.21	4.50	4.20	0.03		0.31

条件及相关比例情况

平均每个普通教室中学生数	教室中网络多媒体教室比例(%)	普通教室中网络多媒体教室比例(%)	建立校园网学校的比例(%)	有校医院(卫生室)学校比例(%)	有专职校医学校比例(%)	有专职保健人员学校比例(%)	有网管供水学校比例(%)	有卫生厕所学校比例(%)
42.90	**62.16**	**68.65**	**74.47**	**76.94**	**67.04**	**56.24**	**72.55**	**95.73**
40.17	76.65	83.01	88.24	84.03	82.35	75.63	86.55	95.80
47.11	44.83	49.98	51.11	84.44	75.56	73.33	68.89	95.56
39.21	65.11	75.40	69.14	71.60	49.38	43.21	77.78	97.53
35.47	56.92	61.97	57.58	72.73	63.64	54.55	57.58	93.94
40.52	67.51	76.85	66.67	75.56	62.22	44.44	73.33	95.56
45.80	74.41	81.32	68.75	68.75	62.50	56.25	87.50	93.75
41.39	69.94	80.62	67.24	74.14	63.79	55.17	77.59	93.10
46.15	64.41	76.52	78.13	78.13	56.25	59.38	71.88	93.75
32.69	62.71	69.68	89.47	78.95	76.32	73.68	68.42	97.37
39.53	57.61	72.73	57.14	82.86	77.14	48.57	68.57	97.14
42.89	47.25	48.62	90.00	75.00	65.00	60.00	85.00	100.00
37.61	61.93	75.28	65.00	55.00	50.00	30.00	95.00	100.00
43.99	62.22	67.79	78.31	69.88	53.01	44.58	57.83	97.59
39.53	38.17	39.77	48.48	84.85	84.85	63.64	90.91	93.94
47.62	40.63	45.74	81.82	67.27	56.36	45.45	70.91	90.91
51.27	67.40	68.53	88.24	82.35	76.47	52.94	58.82	100.00
50.72	58.83	62.86	83.33	94.44	83.33	63.89	69.44	94.44
46.89	88.95	90.45	85.71	28.57	14.29	14.29	57.14	100.00
47.73	75.34	87.91	75.00	37.50	25.00	12.50	75.00	100.00
55.01	53.23	53.33	80.00	100.00	100.00	100.00	40.00	100.00
40.91	71.72	86.25	77.78	77.78	66.67	66.67	22.22	88.89
45.98	56.38	60.51	63.64	90.91	72.73	54.55	63.64	81.82
40.37	94.03	97.54	88.89	77.78	77.78	66.67	100.00	88.89
52.91	54.13	74.53	77.78	88.89	66.67	77.78	33.33	100.00
43.51	78.77	78.77	66.67	83.33	83.33	66.67	100.00	83.33
43.83	84.02	85.93	64.29	78.57	71.43	50.00	42.86	100.00
44.25	58.11	61.53	83.33	100.00	100.00	66.67	100.00	100.00
41.38	90.59	90.59	100.00	60.00	60.00	20.00	100.00	100.00

中初等教育每

省辖市直管县	上年度常住人口总数（万人）	高中阶段				
		计		中等职业教育		普通
		在校生数	每万人口在校生	在校生数	每万人口在校生	在校生数
河南省	**9639.76**	**3537477**	**367**	**1110637**	**115**	**2158790**
郑州市	950.77	613020	645	326609	344	189585
开封市	392.20	163027	416	35937	92	95709
洛阳市	692.22	251933	364	95967	139	143427
平顶山市	405.54	122316	302	25557	63	78088
安阳市	411.42	124556	303	32967	80	88511
鹤壁市	163.15	63691	390	21810	134	35064
新乡市	502.50	164954	328	44739	89	103015
焦作市	359.71	114908	319	31188	87	74386
濮阳市	361.04	134218	372	42710	118	83306
许昌市	446.21	117386	263	32246	72	79584
漯河市	266.82	87357	327	27151	102	46390
三门峡市	227.65	66260	291	12696	56	39839
南阳市	866.57	293591	339	81587	94	206151
商丘市	609.21	179074	294	43509	71	132483
信阳市	536.14	211968	395	61807	115	148971
周口市	777.85	263705	339	51637	66	207367
驻马店市	619.53	203764	329	39225	63	151984
济源市	73.37	24216	330	4985	68	15707
巩义市	84.39	18368	218	3764	45	14604
兰考县	65.29	21797	334	384	6	21413
汝州市	97.03	44473	458	23257	240	21216
滑县	107.80	32161	298	7713	72	24448
长垣县	78.93	33655	426	12689	161	20966
邓州市	136.59	42774	313	13037	95	29737
永城市	124.15	29715	239	6587	53	23128
固始县	110.25	52713	478	13872	126	38841
鹿邑县	88.37	25433	288	1637	19	23796
新蔡县	85.05	36444	429	15370	181	21074

万人口在校生数

高中	技工学校	初中		小学		学前教育	
每万人口在校生	在校生数	在校生数	每万人口在校生	在校生数	每万人口在校生	在校生数	每万人口在校生
224	**268050**	**4684765**	**486**	**10124818**	**1050**	**4308701**	**447**
199	96826	406239	427	912558	960	379878	400
244	31381	183627	468	417174	1064	175393	447
207	12539	283579	410	610623	882	264679	382
193	18671	207276	511	421222	1039	178127	439
215	3078	220612	536	471781	1147	171389	417
215	6817	71331	437	155801	955	60428	370
205	17200	262929	523	539548	1074	225632	449
207	9334	116252	323	276030	767	147915	411
231	8202	195433	541	434083	1202	176751	490
178	5556	205526	461	428144	960	201260	451
174	13816	100642	377	209449	785	101211	379
175	13725	70949	312	158587	697	78217	344
238	5853	507826	586	1050965	1213	343678	397
217	3082	280908	461	688836	1131	330667	543
278	1190	287966	537	547742	1022	244335	456
267	4701	401552	516	857876	1103	389568	501
245	12555	322199	520	707563	1142	289501	467
214	3524	24326	332	56840	775	32123	438
173		24177	287	55385	656	34599	410
328		35469	543	87325	1337	41364	634
219		52605	542	125601	1294	55810	575
227		59788	555	160772	1491	58775	545
266		49117	622	99986	1267	42349	537
218		82400	603	172489	1263	67817	497
186		77891	627	155427	1252	72442	584
352		66850	606	121422	1101	61287	556
269		40941	463	99919	1131	40824	462
248		46355	545	101670	1195	42682	502

高中阶段教育在校

省辖市直管县	招　生　结　构						
	高　中　阶　段　教　育						
	计	普通高中	中　等　职　业　教　育				
			小计	普通中专	成人中专	职业高中	技工学校
河南省	**1279156**	**749785**	**529371**	**290185**	**45673**	**85004**	**108509**
郑州市	226120	66602	159518	90221	26914	5358	37025
开封市	64746	32879	31867	12940	145	637	18145
洛阳市	91768	49034	42734	30226	175	6963	5370
平顶山市	47124	28482	18642	9267	928	497	7950
安阳市	45834	31610	14224	11059		1586	1579
鹤壁市	22814	12318	10496	8448			2048
新乡市	61774	37851	23923	10792		5903	7228
焦作市	39229	24424	14805	8879	21	1683	4222
濮阳市	47403	30058	17345	6091	335	7685	3234
许昌市	42962	29329	13633	8849		3476	1308
漯河市	31307	15616	15691	10596		1707	3388
三门峡市	20597	13049	7548	3056	92	971	3429
南阳市	107041	74667	32374	24469		5765	2140
商丘市	63099	45408	17691	10278	209	5553	1651
信阳市	73729	50347	23382	5899	2080	14960	443
周口市	88429	66977	21452	13606		5171	2675
驻马店市	71188	50998	20190	9120		5454	5616
济源市	8060	5269	2791	1733			1058
巩义市	6099	4763	1336	225		1111	
兰考县	7190	7064	126	126			
汝州市	14751	8055	6696	2428	3774		494
滑县	12028	9328	2700	184		2516	
长垣县	11649	7451	4198	4125		73	
邓州市	16677	11422	5255	5185			70
永城市	10783	8167	2616	1185		1431	
固始县	18782	13658	5124	1198		3906	20
鹿邑县	8485	8039	446			446	
新蔡县	20072	6920	13152		11000	2152	

生和招生结构情况

中职占高中阶段的比例（%）	在校生结构							中职占高中阶段的比例（%）
	高中阶段教育							
	计	普通高中	中等职业教育					
			小计	普通中专	成人中专	职业高中	技工学校	
41.38	**3537477**	**2158790**	**1378687**	**795994**	**86076**	**228567**	**268050**	**38.97**
70.55	613020	189585	423435	263161	50862	12586	96826	69.07
49.22	163027	95709	67318	34025	445	1467	31381	41.29
46.57	251933	143427	108506	77590	706	17671	12539	43.07
39.56	122316	78088	44228	23361	928	1268	18671	36.16
31.03	124556	88511	36045	28701		4266	3078	28.94
46.01	63691	35064	28627	21810			6817	44.95
38.73	164954	103015	61939	28553		16186	17200	37.55
37.74	114908	74386	40522	26038	21	5129	9334	35.26
36.59	134218	83306	50912	21567	529	20614	8202	37.93
31.73	117386	79584	37802	23729		8517	5556	32.20
50.12	87357	46390	40967	23043		4108	13816	46.90
36.65	66260	39839	26421	8697	594	3405	13725	39.87
30.24	293591	206151	87440	65176		16411	5853	29.78
28.04	179074	132483	46591	27270	1032	15207	3082	26.02
31.71	211968	148971	62997	19919	2080	39808	1190	29.72
24.26	263705	207367	56338	36086		15551	4701	21.36
28.36	203764	151984	51780	25262		13963	12555	25.41
34.63	24216	15707	8509	4985			3524	35.14
21.91	292752	14604	278148	624	52	3088	274384	95.01
1.75	296181	21413	274768	384			274384	92.77
45.39	318857	21216	297641	6935	16202	120	274384	93.35
22.45	306545	24448	282097	433		7280	274384	92.02
36.04	308039	20966	287073	10238	1625	826	274384	93.19
31.51	317158	29737	287421	12585		452	274384	90.62
24.26	304099	23128	280971	2793		3794	274384	92.39
27.28	327097	38841	288256	3029		10843	274384	88.13
5.26	299817	23796	276021			1637	274384	92.06
65.52	310828	21074	289754		11000	4370	274384	93.22

中等职业教

省辖市直管县	校数(所)				毕业生数	招生数	学生		
	计	公办	民办	其中：中央部门			在校		
							计	其中：女	其中：寄宿生
河南省	574	417	157	1	341015	420862	1110637	494596	844962
郑州市	114	61	53		96825	122493	326609	133881	238901
开封市	25	20	5		12408	13722	35937	18301	18648
洛阳市	55	37	18		28332	37364	95967	40903	84069
平顶山市	17	16	1		9350	10692	25557	14781	15797
安阳市	13	11	2		10589	12645	32967	15234	26686
鹤壁市	5	5			7335	8448	21810	9047	15480
新乡市	25	20	5		13336	16695	44739	19904	29471
焦作市	24	19	5		11460	10583	31188	14345	23502
濮阳市	22	18	4		12076	14111	42710	20203	30122
许昌市	25	18	7		7914	12325	32246	14949	31250
漯河市	20	15	5		9524	12303	27151	11096	20439
三门峡市	18	15	3		4972	4119	12696	6068	11100
南阳市	78	52	26	1	23341	30234	81587	33347	73924
商丘市	26	24	2		11810	16040	43509	21270	37883
信阳市	21	17	4		16005	22939	61807	28374	42407
周口市	24	17	7		13387	18777	51637	23273	48537
驻马店市	23	23			10789	14574	39225	19243	34269
济源市	3	3			1923	1733	4985	1554	4969
巩义市	3	2	1		1012	1336	3764	1481	3712
兰考县	2	2			383	126	384	203	384
汝州市	5	4	1		1271	6202	23257	13442	5068
滑县	3	2	1		1590	2700	7713	3129	7713
长垣县	2	2			2555	4198	12689	4496	10563
邓州市	2	2			3461	5185	13037	9709	11334
永城市	4	3	1		1111	2616	6587	2440	4918
固始县	7	3	4		4448	5104	13872	6103	10362
鹿邑县	4	3	1		191	446	1637	726	1236
新蔡县	4	3	1		23617	13152	15370	7094	2218

育 基 本 情 况(总计)

数					教职工数					聘请校外教师
学生数				预计毕业生数	计	校本部教职工		校办企业职工	其他附设机构人员	
一年级	二年级	三年级	四年级及以上			计	专任教师			
420863	**359113**	**327322**	**3339**	**335370**	**58995**	**58463**	**47710**	**397**	**135**	**8542**
122493	109919	93900	297	96627	15094	15094	11094			5210
13722	11901	10314		11566	2117	2091	1652		26	178
37364	30643	27845	115	28172	4033	4033	3450			468
10692	7597	7268		8268	1632	1632	1260			133
12645	10167	10155		10155	1912	1912	1611			205
8448	6704	6315	343	6109	860	860	747			42
16695	14874	13170		13319	2578	2559	2084		19	169
10583	9693	10810	102	10719	2131	2068	1760		63	46
14111	13581	14368	650	14214	2183	2183	1775			271
12325	10249	9128	544	9135	2472	2140	1941	332		107
12303	7809	7039		7039	1849	1849	1608			219
4119	4114	4463		4465	1324	1324	1071			99
30234	28333	21732	1288	22623	4882	4882	4056			337
16041	14948	12520		12547	2652	2652	2205			344
22939	20156	18712		20792	2714	2714	2356			230
18777	17731	15129		15142	3557	3465	3009	65	27	211
14574	12094	12557		12557	2383	2383	1989			136
1733	1533	1719		1719	495	495	382			11
1336	1228	1200		1200	298	298	281			12
126	139	119		119	150	150	128			
6202	5797	11258		11258	407	407	357			13
2700	3086	1927		1927	481	481	456			
4198	3763	4728		4728	589	589	458			
5185	4781	3071		3095	535	535	499			23
2616	2428	1543		1543	328	328	314			
5104	3551	5217		5217	845	845	748			
446	829	362		362	293	293	259			
13152	1465	753		753	201	201	160			78

中 等 职 业 教

省辖市直管县	校数(所)			毕业生数	招生数	学　　生			
	计	公办	民办			在　校　学			
						计	其中：女	其中：寄宿生	一年级
河南省	145	122	23	117870	148477	413921	211606	280960	148477
郑州市	34	30	4	40596	44147	127744	60698	70268	44147
开封市	7	6	1	7567	8447	21583	11518	8074	8447
洛阳市	31	19	12	17881	23411	65048	29026	55375	23411
平顶山市	10	9	1	5052	7397	17225	8750	11419	7397
安阳市	1	1		157	227	552	121	240	227
鹤壁市	1	1		2248	2931	7878	3039	5259	2931
新乡市	4	4		4162	5507	13801	6853	7812	5507
焦作市	6	4	2	5311	4877	14588	8512	9692	4877
濮阳市	2	2		497	414	2857	1039	2628	414
许昌市	5	5		2344	3255	8365	5075	8300	3255
漯河市	1	1			471	1402	530	560	471
三门峡市	7	7		2545	2623	7436	3562	6731	2623
南阳市	11	11		8894	11646	31490	14962	27793	11646
商丘市	5	5		2672	4600	12240	8473	12240	4600
信阳市	2	2		1499	1625	5479	4337	3535	1625
周口市	2	2		2679	4080	10585	6995	9725	4080
驻马店市	4	4		4793	5478	15730	9554	13323	5478
济源市	2	2		1210	1264	3175	1017	3159	1264
巩义市									
兰考县									
汝州市	3	3		1151	6202	21522	12584	5068	6202
滑县									
长垣县									
邓州市	2	2		3461	5185	13037	9709	11334	5185
永城市	1		1	156	326	1157	363	562	326
固始县	4	2	2	2995	4364	11027	4889	7863	4364
鹿邑县									
新蔡县									

育　基　本　情　况(普通中专学校)

数				教职工数					聘请校外教师
生数			预计毕业生数	计	校本部教职工		校办企业职工	其他附设机构人员	
二年级	三年级	四年级及以上			计	专任教师			
133437	**130719**	**1288**	**132290**	**19427**	**19013**	**15044**	**332**	**82**	**2666**
40657	42940		43124	5043	5043	3736			1388
6913	6223		7359	983	983	710			121
22640	18882	115	19209	2584	2584	2188			449
5381	4447		4621	1312	1312	1010			112
141	184		184	73	73	65			
2255	2349	343	2143	302	302	270			
4018	4276		4276	785	766	669		19	53
4451	5158	102	5067	945	882	663		63	42
1220	573	650	419	186	186	118			
2810	2300		2300	1050	718	647	332		54
	931		931	52	52	48			53
2256	2557		2559	873	873	666			7
10932	8834	78	9009	1302	1302	1016			168
4185	3455		3455	716	716	558			17
2237	1617		1617	322	322	294			
3703	2802		2802	336	336	278			96
4269	5983		5983	590	590	408			59
906	1005		1005	450	450	342			11
5797	9523		9523	330	330	283			13
4781	3071		3095	535	535	499			23
656	175		175	66	66	65			
3229	3434		3434	592	592	511			

中 等 职 业 教

省辖市直管县	校数(所)			毕业生数	招生数	学　　　生			
	计	公办	民办			在　校　学			
						计	其中：女	其中：寄宿生	一年级
河 南 省	**159**	**108**	**51**	**43788**	**54167**	**127574**	**47383**	**103648**	**54167**
郑 州 市	57	10	47	32460	47217	115454	40377	97364	47217
开 封 市	6	6		176	145	445	44	157	145
洛 阳 市	11	8	3	624	323	1078	902	1037	323
平顶山市	7	7		1771	1568	2618	2458	1791	1568
安 阳 市	5	4	1	42		88	69	19	
鹤 壁 市									
新 乡 市	5	5		154					
焦 作 市	6	6							
濮 阳 市	5	5							
许 昌 市	6	6							
漯 河 市	4	4							
三门峡市	5	5		253	92	594	362		92
南 阳 市	12	12							
商 丘 市	9	9		460	209	1032	518	298	209
信 阳 市	4	4		1222	1613	3265	1391	2982	1613
周 口 市									
驻马店市	9	9							
济 源 市	1	1							
巩 义 市									
兰 考 县	1	1							
汝 州 市	1	1							
滑　　县	1	1							
长 垣 县	1	1							
邓 州 市									
永 城 市	1	1							
固 始 县									
鹿 邑 县									
新 蔡 县	2	2		6626	3000	3000	1262		3000

育　基　本　情　况(成人中专学校)

数				教职工数					聘请校外教师
生数			预计毕业生数	计	校本部教职工		校办企业职工	其他附设机构人员	
二年级	三年级	四年级及以上			计	专任教师			
44010	**29397**		**32132**	**11081**	**11055**	**7983**		**26**	**4084**
41292	26945		28854	6710	6710	4535			3544
142	158		158	255	229	183		26	8
231	524		524	333	333	281			19
561	489		1315	320	320	250			21
44	44		44	150	150	124			132
				353	353	143			25
				176	176	154			
				195	195	160			43
				286	286	248			
				132	132	97			10
144	358		358	113	113	108			92
				439	439	373			50
405	418		418	536	536	454			140
1191	461		461	319	319	197			
				354	354	313			
				45	45	40			
				55	55	49			
				60	60	60			
				121	121	110			
				26	26	16			
				54	54	50			
				49	49	38			

中 等 职 业 教

省辖市直管县	校数(所)			毕业生数	招生数	学　　　　生			
	计	公办	民办			在 校 学			
						计	其中：女	其中：寄宿生	一年级
河 南 省	**289**	**270**	**83**	**132967**	**171565**	**435529**	**180407**	**346112**	**171565**
郑 州 市	25	23	2	12919	17382	45299	17807	37757	17382
开 封 市	12	12	4	4009	4734	12622	5823	9728	4734
洛 阳 市	17	13	3	4888	6815	16175	6784	15408	6815
平顶山市	1								
安 阳 市	7	7	1	6498	9464	24320	11060	18832	9464
鹤 壁 市	4	4		2295	4037	8702	4060	6832	4037
新 乡 市	17	16	5	7250	10282	26921	10886	18123	10282
焦 作 市	12	12	3	4594	4416	12394	4539	10194	4416
濮 阳 市	15	15	4	9648	12525	35429	17197	24079	12525
许 昌 市	13	14	7	3741	7996	19232	8312	18301	7996
漯 河 市	16	15	5	7125	11118	24769	10227	19879	11118
三门峡市	7	6	3	1734	971	3405	1674	3108	971
南 阳 市	55	55	26	10941	16194	40714	15363	36959	16194
商 丘 市	12	12	2	6284	8164	21811	9327	16964	8164
信 阳 市	16	15	4	11413	16399	45489	18493	30405	16399
周 口 市	22	22	7	9869	13557	36852	14051	34688	13557
驻马店市	11	10		5996	7719	18988	6632	17606	7719
济 源 市									
巩 义 市	3	3	1	794	1111	3140	1256	3088	1111
兰 考 县	1	1		383	126	384	203	384	126
汝 州 市	1	1	1	120		1735	858		
滑 县	2	2	1	1590	2700	7713	3129	7713	2700
长 垣 县	1	1		1732	3412	9946	3880	7820	3412
邓 州 市									
永 城 市	7	2		509	1105	2637	1074	2291	1105
固 始 县	6	3	2	1453	740	2845	1214	2499	740
鹿 邑 县	4	4	1	191	446	1637	726	1236	446
新 蔡 县	2	2	1	16991	10152	12370	5832	2218	10152

育 基 本 情 况 (职业高中学校)

数			预计毕业生数	教职工数					聘请校外教师
生 数				计	校本部教职工		校办企业职工	其他附设机构人员	
二年级	三年级	四年级及以上			计	专任教师			
138713	**124139**	**1112**	**126021**	**27243**	**27151**	**23683**	**65**	**27**	**1712**
14604	13313		13643	2851	2851	2468			264
4502	3386		3502	879	879	759			49
4527	4833		4833	1116	1116	981			
7507	7349		7349	1689	1689	1422			73
2656	2009		2009	558	558	477			42
9615	7024		7173	1417	1417	1261			91
3877	4101		4101	1010	1010	943			4
11071	11833		11833	1773	1773	1468			228
6201	5035		5042	1136	1136	1046			53
7543	6108		6108	1665	1665	1463			156
1284	1150		1150	338	338	297			
14167	9241	1112	10521	3141	3141	2667			98
7218	6429		6429	1400	1400	1193			187
15310	13780		13780	1999	1999	1800			185
12333	10962		10962	2721	2629	2288	65	27	115
5765	5504		5504	1439	1439	1268			77
1011	1018		1018	298	298	281			12
139	119		119	95	95	79			
	1735		1735	17	17	14			
3086	1927		1927	360	360	346			
2800	3734		3734	563	563	442			
881	651		651	208	208	199			
322	1783		1783	228	228	217			
829	362		362	190	190	182			
1465	753		753	152	152	122			78

中等职业教

省辖市直管县	毕业生数		招生数			其中：五年制高职中职段
	计	其中：获得职业资格证书	计	其中:应届毕业生		
				计	其中：初中毕业生	
河南省	343875	219728	420862	379187	370098	40550
郑州市	96921	64952	122493	106416	101258	11548
开封市	12408	9928	13722	12872	11939	796
洛阳市	28454	19944	37364	36149	35251	2734
平顶山市	9350	6150	10692	9720	9550	2488
安阳市	10589	4290	12645	12640	12347	2291
鹤壁市	7335	6236	8448	8414	8414	1088
新乡市	13336	9394	16695	16200	16200	1425
焦作市	11460	4346	10583	10296	10296	1121
濮阳市	12076	7204	14111	13331	13315	1115
许昌市	7914	7174	12325	12318	12318	1074
漯河市	9524	7172	12303	11841	11693	480
三门峡市	4972	1839	4119	3264	3060	433
南阳市	23341	11796	30234	29190	28847	4105
商丘市	11810	8834	16040	16012	15985	2628
信阳市	18647	16880	22939	20897	20538	1476
周口市	13387	12767	18777	17782	17554	993
驻马店市	10789	7609	14574	14058	13905	1887
济源市	1923	1342	1733	1733	1733	469
巩义市	1012	775	1336	1336	1303	225
兰考县	383	383	126	104	104	
汝州市	1271	513	6202	2303	2303	551
滑县	1590	1590	2700	2700	2700	
长垣县	2555	2307	4198	4198	4198	74
邓州市	3461	823	5185	4971	4971	1009
永城市	1111	1105	2616	2616	2616	540
固始县	4448	4101	5104	5104	5104	
鹿邑县	191	181	446	420	414	
新蔡县	23617	93	13152	2302	2182	

育 学 生 数(总计)

在 校 生 数						预计毕业生数	
合计	其中:女	一年级	二年级	三年级	四年级及以上	计	其中:五年制高职中职段
1110637	**494596**	**420863**	**359113**	**327322**	**3339**	**335370**	**37596**
326609	133881	122493	109919	93900	297	96627	11572
35937	18301	13722	11901	10314		11566	547
95967	40903	37364	30643	27845	115	28172	3063
25557	14781	10692	7597	7268		8268	1810
32967	15234	12645	10167	10155		10155	1591
21810	9047	8448	6704	6315	343	6109	1088
44739	19904	16695	14874	13170		13319	1587
31188	14345	10583	9693	10810	102	10719	1517
42710	20203	14111	13581	14368	650	14214	1601
32246	14949	12325	10249	9128	544	9135	1793
27151	11096	12303	7809	7039		7039	325
12696	6068	4119	4114	4463		4465	396
81587	33347	30234	28333	21732	1288	22623	2902
43509	21270	16041	14948	12520		12547	1696
61807	28374	22939	20156	18712		20792	1648
51637	23273	18777	17731	15129		15142	691
39225	19243	14574	12094	12557		12557	1845
4985	1554	1733	1533	1719		1719	714
3764	1481	1336	1228	1200		1200	182
384	203	126	139	119		119	
23257	13442	6202	5797	11258		11258	316
7713	3129	2700	3086	1927		1927	
12689	4496	4198	3763	4728		4728	68
13037	9709	5185	4781	3071		3095	350
6587	2440	2616	2428	1543		1543	294
13872	6103	5104	3551	5217		5217	
1637	726	446	829	362		362	
15370	7094	13152	1465	753		753	

中 等 职 业 教

省辖市直管县	毕业生数		招 生 数			
				其中:应届毕业生		
	计	其中：获得职业资格证书	计	计	其中：初中毕业生	其中：五年制高职中职段
河南省	231604	143400	290185	277820	270644	40550
郑州市	80089	51306	90221	84884	80593	11548
开封市	11687	9292	12940	12090	11312	796
洛阳市	22371	14656	30226	29024	28129	2734
平顶山市	6155	3266	9267	8538	8471	2488
安阳市	9509	3375	11059	11054	10761	2291
鹤壁市	7145	6236	8448	8414	8414	1088
新乡市	7139	4715	10792	10687	10687	1425
焦作市	8699	2795	8879	8613	8613	1121
濮阳市	6732	2640	6091	5924	5924	1115
许昌市	6292	5577	8849	8849	8849	1074
漯河市	8154	6183	10596	10134	9986	480
三门峡市	2985	471	3056	2293	2089	433
南阳市	17653	7898	24469	23924	23663	4105
商丘市	6844	3891	10278	10250	10223	2628
信阳市	7857	6271	5899	5899	5899	1476
周口市	8056	7739	13606	12611	12425	993
驻马店市	5933	3021	9120	8604	8578	1887
济源市	1923	1342	1733	1733	1733	469
巩义市	218		225	225	225	225
兰考县	383	383	126	104	104	
汝州市	1139	415	2428	2303	2303	551
滑县	282	282	184	184	184	
长垣县	376	301	4125	4125	4125	74
邓州市	2726	88	5185	4971	4971	1009
永城市	446	446	1185	1185	1185	540
固始县	811	811	1198	1198	1198	
鹿邑县						
新蔡县						

育 学 生 数（普通中专学生）

		在 校 生 数				预计毕业生数	
合计	其中：女	一年级	二年级	三年级	四年级及以上	计	其中：五年制高职中职段
795994	**365688**	**290186**	**263755**	**239826**	**2227**	**241105**	**37596**
263161	114604	90221	89940	82703	297	83221	11572
34025	17758	12940	11279	9806		10942	547
77590	32704	30226	25885	21364	115	21691	3063
23361	13478	9267	7366	6728		6800	1810
28701	12908	11059	8717	8925		8925	1591
21810	9047	8448	6704	6315	343	6109	1088
28553	12905	10792	8859	8902		8902	1587
26038	12401	8879	8037	9020	102	8929	1517
21567	9972	6091	7054	7772	650	7618	1601
23729	11627	8849	7624	6712	544	6712	1793
23043	9336	10596	6540	5907		5907	325
8697	4032	3056	2686	2955		2957	396
65176	27094	24469	22289	18242	176	17853	2902
27270	14127	10279	9416	7575		7602	1696
19919	10910	5899	6928	7092		7092	1648
36086	17057	13606	12859	9621		9634	691
25262	13948	9120	7687	8455		8455	1845
4985	1554	1733	1533	1719		1719	714
624	225	225	217	182		182	182
384	203	126	139	119		119	
6935	4422	2428	2010	2497		2497	316
433	74	184	57	192		192	
10238	3428	4125	3511	2602		2602	68
12585	9582	5185	4781	2619		2643	350
2793	1003	1185	891	717		717	294
3029	1289	1198	746	1085		1085	

中 等 职 业 教

省辖市直管县	毕业生数		招 生 数			其中：五年制高职中职段
	计	其中：获得职业资格证书	计	其中:应届毕业生		
				计	其中：初中毕业生	
河南省	**41498**	**15867**	**45673**	**18190**	**17717**	
郑 州 市	12786	10712	26914	16437	16201	
开 封 市	176	176	145	145	121	
洛 阳 市	575	552	175	168	165	
平顶山市	2984	2884	928	708	618	
安 阳 市						
鹤 壁 市						
新 乡 市						
焦 作 市			21			
濮 阳 市	654	420	335	335	335	
许 昌 市						
漯 河 市						
三门峡市	253	136	92			
南 阳 市						
商 丘 市	460	460	209	209	209	
信 阳 市	465	465	2080	38	38	
周 口 市						
驻马店市						
济 源 市						
巩 义 市						
兰 考 县						
汝 州 市	12		3774			
滑 县						
长 垣 县						
邓 州 市						
永 城 市						
固 始 县						
鹿 邑 县						
新 蔡 县	23133	62	11000	150	30	

育 学 生 数（成人中专学生）

在 校 生 数						预计毕业生数	
合计	其中：女	一年级	二年级	三年级	四年级及以上	计	其中：五年制高职中职段
86076	**32969**	**45673**	**21109**	**19294**		**23883**	
50862	14511	26914	16459	7489		9070	
445	44	145	142	158		158	
706	530	175	120	411		411	
928	718	928				928	
21	8	21					
529	244	335		194		194	
594	362	92	144	358		358	
1032	518	209	405	418		418	
2080	1303	2080				2080	
52	38			52			
16202	8970	3774	3787	8641		8641	
1625	882			1625		1625	
11000	4841	11000					

中 等 职 业 教

省辖市直管县	毕业生数		招 生 数			其 中：五年制高职中职段
	计	其中：获得职业资格证书	计	其中:应届毕业生		
				计	其中：初中毕业生	
河 南 省	70773	60461	85004	83177	81737	
郑 州 市	4046	2934	5358	5095	4464	
开 封 市	545	460	637	637	506	
洛 阳 市	5508	4736	6963	6957	6957	
平顶山市	211		497	474	461	
安 阳 市	1080	915	1586	1586	1586	
鹤 壁 市	190					
新 乡 市	6197	4679	5903	5513	5513	
焦 作 市	2761	1551	1683	1683	1683	
濮 阳 市	4690	4144	7685	7072	7056	
许 昌 市	1622	1597	3476	3469	3469	
漯 河 市	1370	989	1707	1707	1707	
三门峡市	1734	1232	971	971	971	
南 阳 市	5688	3898	5765	5266	5184	
商 丘 市	4506	4483	5553	5553	5553	
信 阳 市	10325	10144	14960	14960	14601	
周 口 市	5331	5028	5171	5171	5129	
驻马店市	4856	4588	5454	5454	5327	
济 源 市						
巩 义 市	794	775	1111	1111	1078	
兰 考 县						
汝 州 市	120	98				
滑 县	1308	1308	2516	2516	2516	
长 垣 县	2179	2006	73	73	73	
邓 州 市	735	735				
永 城 市	665	659	1431	1431	1431	
固 始 县	3637	3290	3906	3906	3906	
鹿 邑 县	191	181	446	420	414	
新 蔡 县	484	31	2152	2152	2152	

育 学 生 数（职业高中学生）

在校生数						预计毕业生数	
合计	其中：女	一年级	二年级	三年级	四年级及以上	计	其中：五年制高职中职段
228567	95939	85004	74249	68202	1112	70382	
12586	4766	5358	3520	3708		4336	
1467	499	637	480	350		466	
17671	7669	6963	4638	6070		6070	
1268	585	497	231	540		540	
4266	2326	1586	1450	1230		1230	
16186	6999	5903	6015	4268		4417	
5129	1936	1683	1656	1790		1790	
20614	9987	7685	6527	6402		6402	
8517	3322	3476	2625	2416		2423	
4108	1760	1707	1269	1132		1132	
3405	1674	971	1284	1150		1150	
16411	6253	5765	6044	3490	1112	4770	
15207	6625	5553	5127	4527		4527	
39808	16161	14960	13228	11620		11620	
15551	6216	5171	4872	5508		5508	
13963	5295	5454	4407	4102		4102	
3088	1218	1111	959	1018		1018	
120	50			120		120	
7280	3055	2516	3029	1735		1735	
826	186	73	252	501		501	
452	127			452		452	
3794	1437	1431	1537	826		826	
10843	4814	3906	2805	4132		4132	
1637	726	446	829	362		362	
4370	2253	2152	1465	753		753	

中等职业教育在

省辖市直管县	合计						其中：普通中专学生				
	共产党员	共青团员	华侨	港澳台	少数民族	残疾人	共产党员	共青团员	华侨	港澳台	少数民族
河南省	**943**	**427439**		**2**	**7373**	**1127**	**123**	**305196**		**1**	**6098**
郑州市	758	115860		1	2702	397	22	102473		1	1976
开封市	17	17273			203	4	17	16311			192
洛阳市	11	35253			401	169	11	28020			351
平顶山市	28	6387			253	6	28	6132			244
安阳市		9397			18	73		7366			18
鹤壁市	10	6320			273	142	10	6320			273
新乡市	2	16431			129	27	2	9677			112
焦作市		13709			259	48		10605			259
濮阳市		21288			12	6		11461			5
许昌市		14976			242	26		11294			241
漯河市		9209			243	24		8149			231
三门峡市		5498			66	15		3772			61
南阳市	2	26231			1241	16	2	18887			1083
商丘市		27540			342	4		17942			335
信阳市	85	29866		1	62	62	1	9666			51
周口市	28	23198			253	57	28	15281			206
驻马店市	2	17234			313	16	2	10334			144
济源市		1563			85			1563			85
巩义市		1368			1	2		229			1
兰考县		180						180			
汝州市		9239			17	10		2634			12
滑县		4230			4	4		150			
长垣县		2290			7			2223			6
邓州市		2990			237	14		2685			212
永城市		2538						877			
固始县		3975			10			965			
鹿邑县		483				5					
新蔡县		2913									

校生中其他情况

	其中:成人中专学生						其中:职业高中学生					
残疾人	共产党员	共青团员	华侨	港澳台	少数民族	残疾人	共产党员	共青团员	华侨	港澳台	少数民族	残疾人
575	**820**	**18206**			**631**	**150**		**104037**		**1**	**644**	**402**
51	736	9836			606	150		3551			120	196
4		155			11			807				
167		480						6753			50	2
6		134			9			121				
23								2031				50
142												
17								6754			17	10
19		10						3094				29
6		324						9503			7	
25								3682			1	1
14								1060			12	10
15								1726			5	
15								7344			158	1
4		274						9324			7	
	84	168						20032		1	11	62
27								7917			47	30
15								6900			169	1
1								1139				1
10		6605			5							
								4080			4	4
								67			1	
14								305			25	
								1661				
								3010			10	
								483				5
		220						2693				

中等职业教育专任教师专业

省辖市直管县	专任教师数	专业技术职务情况					占专任教师总数的比例（%）			
		正高级	副高级	中级	初级	未定职级	正高级	副高级	中级	初级
河南省	**47710**	117	9760	19290	13024	5519	0.25	20.46	40.43	27.30
郑州市	11094	53	1864	3653	2804	2720	0.11	3.91	7.66	5.88
开封市	1652	5	379	786	433	49	0.01	0.79	1.65	0.91
洛阳市	3450	1	521	1207	1054	667	0.00	1.09	2.53	2.21
平顶山市	1260	2	384	594	245	35	0.00	0.80	1.25	0.51
安阳市	1611		414	675	492	30		0.87	1.41	1.03
鹤壁市	747		223	324	132	68		0.47	0.68	0.28
新乡市	2084	1	498	912	597	76	0.00	1.04	1.91	1.25
焦作市	1760	3	393	730	580	54	0.01	0.82	1.53	1.22
濮阳市	1775	8	388	765	512	102	0.02	0.81	1.60	1.07
许昌市	1941	6	449	774	527	185	0.01	0.94	1.62	1.10
漯河市	1608	7	366	719	422	94	0.01	0.77	1.51	0.88
三门峡市	1071	1	251	466	330	23	0.00	0.53	0.98	0.69
南阳市	4056	11	821	1688	1024	512	0.02	1.72	3.54	2.15
商丘市	2205		450	1087	603	65		0.94	2.28	1.26
信阳市	2356	2	464	982	665	243	0.00	0.97	2.06	1.39
周口市	3009	9	605	1436	902	57	0.02	1.27	3.01	1.89
驻马店市	1989	3	506	807	556	117	0.01	1.06	1.69	1.17
济源市	382	1	103	181	97		0.00	0.22	0.38	0.20
巩义市	281		76	143	58	4		0.16	0.30	0.12
兰考县	128		22	79	19	8		0.05	0.17	0.04
汝州市	357	1	98	152	95	11	0.00	0.21	0.32	0.20
滑县	456	1	78	179	179	19	0.00	0.16	0.38	0.38
长垣县	458		80	109	209	60		0.17	0.23	0.44
邓州市	499	2	92	116	98	191	0.00	0.19	0.24	0.21
永城市	314		52	112	82	68		0.11	0.23	0.17
固始县	748		103	367	223	55		0.22	0.77	0.47
鹿邑县	259		61	147	51			0.13	0.31	0.11
新蔡县	160		19	100	35	6		0.04	0.21	0.07

技术职务、学历及构成情况

未定职级	学历情况					占专任教师总数的比例(%)				
	博士研究生	硕士研究生	本科	专科	高中阶段及以下	博士研究生	硕士研究生	本科	专科	高中阶段及以下
11.57	26	3823	39487	4316	58	**0.05**	**8.01**	**82.76**	**9.05**	**0.12**
5.70	19	1858	7532	1670	15	0.04	3.89	15.79	3.50	0.03
0.10		97	1475	80			0.20	3.09	0.17	
1.40		212	2955	283			0.44	6.19	0.59	
0.07		68	1107	85			0.14	2.32	0.18	
0.06		49	1531	31			0.10	3.21	0.06	
0.14		58	668	21			0.12	1.40	0.04	
0.16		71	1832	172	9		0.15	3.84	0.36	0.02
0.11	2	75	1577	102	4	0.00	0.16	3.31	0.21	0.01
0.21		98	1509	149	19		0.21	3.16	0.31	0.04
0.39		204	1682	55			0.43	3.53	0.12	
0.20	2	154	1331	121		0.00	0.32	2.79	0.25	
0.05	1	52	941	77		0.00	0.11	1.97	0.16	
1.07	1	224	3506	319	6	0.00	0.47	7.35	0.67	0.01
0.14		84	1785	336			0.18	3.74	0.70	
0.51		99	2079	178			0.21	4.36	0.37	
0.12	1	138	2580	285	5	0.00	0.29	5.41	0.60	0.01
0.25		62	1818	109			0.13	3.81	0.23	
		7	359	16			0.01	0.75	0.03	
0.01		5	273	3			0.01	0.57	0.01	
0.02		3	110	15			0.01	0.23	0.03	
0.02		14	330	13			0.03	0.69	0.03	
0.04		7	447	2			0.01	0.94	0.00	
0.13		52	406				0.11	0.85		
0.40		92	407				0.19	0.85		
0.14		11	290	13			0.02	0.61	0.03	
0.12		20	629	99			0.04	1.32	0.21	
		9	215	35			0.02	0.45	0.07	
0.01			113	47				0.24	0.10	

中等职业教育专任

省辖市直管县	专任教师分年龄情况							
	计	29岁及以下	30-34岁	35-39岁	40-44岁	45-49岁	50-54岁	55-59岁
河南省	47710	7710	8023	9692	7826	7474	5020	1903
郑州市	11094	2539	2354	2387	1412	1207	812	334
开封市	1652	153	250	317	356	310	197	69
洛阳市	3450	704	663	647	480	455	363	138
平顶山市	1260	96	127	214	194	362	193	74
安阳市	1611	75	140	380	353	359	210	94
鹤壁市	747	130	111	121	102	125	115	43
新乡市	2084	174	337	347	403	351	337	134
焦作市	1760	154	261	267	292	382	293	108
濮阳市	1775	165	281	427	388	347	144	23
许昌市	1941	287	285	378	327	346	250	68
漯河市	1608	358	234	267	283	301	111	53
三门峡市	1071	55	159	171	254	236	149	47
南阳市	4056	762	519	615	645	748	560	205
商丘市	2205	358	422	551	368	272	180	54
信阳市	2356	415	418	476	404	313	229	101
周口市	3009	281	485	854	509	449	285	140
驻马店市	1989	361	352	420	289	282	202	83
济源市	382	16	33	78	107	100	31	17
巩义市	281	13	15	73	50	82	37	11
兰考县	128	18	23	40	23	11	5	8
汝州市	357	50	51	30	69	80	58	19
滑县	456	14	31	156	94	94	53	14
长垣县	458	174	114	55	48	41	25	1
邓州市	499	182	81	45	42	45	70	34
永城市	314	74	71	53	46	39	27	4
固始县	748	76	166	227	155	75	39	10
鹿邑县	259	9	24	64	92	31	27	12
新蔡县	160	17	16	32	41	31	18	5

教师年龄及构成情况

	占专任教师总数的比例（%）							
60岁及以上	29岁及以下	30-34岁	35-39岁	40-44岁	45-49岁	50-54岁	55-59岁	60岁及以上
62	**16.16**	**16.82**	**20.31**	**16.40**	**15.67**	**10.52**	**3.99**	**0.13**
49	5.32	4.93	5.00	2.96	2.53	1.70	0.70	0.10
	0.32	0.52	0.66	0.75	0.65	0.41	0.14	
	1.48	1.39	1.36	1.01	0.95	0.76	0.29	
	0.20	0.27	0.45	0.41	0.76	0.40	0.16	
	0.16	0.29	0.80	0.74	0.75	0.44	0.20	
	0.27	0.23	0.25	0.21	0.26	0.24	0.09	
1	0.36	0.71	0.73	0.84	0.74	0.71	0.28	
3	0.32	0.55	0.56	0.61	0.80	0.61	0.23	0.01
	0.35	0.59	0.89	0.81	0.73	0.30	0.05	
	0.60	0.60	0.79	0.69	0.73	0.52	0.14	
1	0.75	0.49	0.56	0.59	0.63	0.23	0.11	
	0.12	0.33	0.36	0.53	0.49	0.31	0.10	
2	1.60	1.09	1.29	1.35	1.57	1.17	0.43	
	0.75	0.88	1.15	0.77	0.57	0.38	0.11	
	0.87	0.88	1.00	0.85	0.66	0.48	0.21	
6	0.59	1.02	1.79	1.07	0.94	0.60	0.29	0.01
	0.76	0.74	0.88	0.61	0.59	0.42	0.17	
	0.03	0.07	0.16	0.22	0.21	0.06	0.04	
	0.03	0.03	0.15	0.10	0.17	0.08	0.02	
	0.04	0.05	0.08	0.05	0.02	0.01	0.02	
	0.10	0.11	0.06	0.14	0.17	0.12	0.04	
	0.03	0.06	0.33	0.20	0.20	0.11	0.03	
	0.36	0.24	0.12	0.10	0.09	0.05	0.00	
	0.38	0.17	0.09	0.09	0.09	0.15	0.07	
	0.16	0.15	0.11	0.10	0.08	0.06	0.01	
	0.16	0.35	0.48	0.32	0.16	0.08	0.02	
	0.02	0.05	0.13	0.19	0.06	0.06	0.03	
	0.04	0.03	0.07	0.09	0.06	0.04	0.01	

中等职业教育分

省辖市直管县	计	文化基础课	小计	农林牧渔类	资源环境类	能源与新能源类	土木水利类	加工制造类	石油化工类	轻纺食品类	交通运输类
									专		
河南省	47710	21558	25127	2284	97	212	699	1842	89	453	1620
郑州市	11094	4185	6569	813	31	88	144	403	15	98	694
开封市	1652	694	870	72			13	59		21	25
洛阳市	3450	1461	1965	151	2	61	64	143	19	19	126
平顶山市	1260	582	668	41		8	4	62	6		30
安阳市	1611	803	803	49			31	73		15	52
鹤壁市	747	240	507	26	9	11	20	36	18	14	28
新乡市	2084	940	1101	111	18	17	56	110		10	33
焦作市	1760	780	978	83			44	61		12	46
濮阳市	1775	831	872	72		5	4	50	10		58
许昌市	1941	930	922	26			2	40		1	31
漯河市	1608	634	933	141		1	3	52		155	28
三门峡市	1071	488	563	43	15		13	71	3	8	17
南阳市	4056	1980	2058	108		2	51	173	9	21	55
商丘市	2205	1191	929	134	2	15	41	77		8	25
信阳市	2356	1243	1073	93	4		40	83		16	115
周口市	3009	1486	1414	85			66	120		23	108
驻马店市	1989	935	1051	87	9	4	28	60	7	15	41
济源市	382	183	199	18			1	44	2	5	1
巩义市	281	114	159	6				23			4
兰考县	128	83	28					4			
汝州市	357	150	207	19			8	7			14
滑县	456	332	122	16			11	2			8
长垣县	458	225	233	25			52	33			11
邓州市	499	295	204	8				9		5	34
永城市	314	178	136	19	7		3	18			19
固始县	748	366	373	8				24		5	14
鹿邑县	259	138	121	19				5			
新蔡县	160	91	69	11						2	3

科专任教师情况

业				课							实习指导课
信息技术类	医药卫生类	休闲保健类	财经商贸类	旅游服务类	文化艺术类	体育与健身	教育类	司法服务类	公共管理与服务类	其他	
4079	**2013**	**149**	**2080**	**910**	**2936**	**1387**	**3271**	**151**	**364**	**491**	**1025**
1023	305	39	819	160	748	476	384	39	158	132	340
151	159	9	23	26	118	43	132	3		16	88
336	119	14	111	94	260	136	135	6	48	121	24
97	67		56	19	60	38	165	8	6	1	10
202	3		74	77	153	50	15	4	2	3	5
73	6		43	25	48	30	101	7	11	1	
166	87		124	37	83	24	180	2	18	25	43
112	159		40	69	149	89	100		4	10	2
160	110		31	19	116	63	166		8		72
237	103		87	42	62	35	256				89
67	137		67	27	31	71	138		8	7	41
85	38	2	69	37	93	28	31	5	5		20
293	298	2	155	45	345	91	333	49	16	12	18
139	61	12	38	36	61	34	193		11	42	85
165	62	12	80	66	114	23	103	15	35	47	40
312	76	39	52	50	258	45	149		5	26	109
164	64	4	97	39	62	33	313	6	4	14	3
28	46		13	6	30	3	2				
32		2	15	5	19	13	15		6	19	8
4		4			2	3	11				17
24	22		25		52	5	31				
30			12	17	9	3	14				2
36	7		16		20	8	25				
22	80		8		6		14		4	14	
34	2	7	3	5	8	9	2				
52		3	22	5	16	10	198	7	8	1	9
23				2	12	22	38				
12	2			2	1	2	27		7		

中等职业教育专任教师授课

省辖市直管县	专任教师授课情况										共产党员
	合计	本学年授课专任教师				本学年不授课专任教师					
		计	文化基础课	专业课、实习指导课		计	进修	病休	其他		
				计	其中：双师型						
河南省	47710	47456	21458	25998	11629	254	42	39	173		19244
郑州市	11094	11084	4182	6902	3004	10	1	3	6		5454
开封市	1652	1563	681	882	404	89		1	88		641
洛阳市	3450	3445	1461	1984	647	5	5				1363
平顶山市	1260	1253	576	677	260	7			7		662
安阳市	1611	1603	799	804	550	8	1	7			660
鹤壁市	747	747	240	507	347						303
新乡市	2084	2067	929	1138	593	17	7	10			820
焦作市	1760	1760	780	980	476						719
濮阳市	1775	1775	831	944	483						516
许昌市	1941	1900	889	1011	500	41			41		983
漯河市	1608	1601	633	968	531	7	5	2			619
三门峡市	1071	1071	488	583	280						503
南阳市	4056	4003	1960	2043	746	53	21	6	26		1649
商丘市	2205	2205	1191	1014	439						676
信阳市	2356	2356	1243	1113	459						720
周口市	3009	2994	1485	1509	639	15		10	5		873
驻马店市	1989	1989	935	1054	462						836
济源市	382	382	183	199	119						114
巩义市	281	279	114	165	112	2	2				96
兰考县	128	128	83	45	22						18
汝州市	357	357	150	207	84						169
滑县	456	456	332	124	53						125
长垣县	458	458	225	233	125						151
邓州市	499	499	295	204	58						179
永城市	314	314	178	136	77						74
固始县	748	748	366	382	62						185
鹿邑县	259	259	138	121	61						73
新蔡县	160	160	91	69	36						63

和教职工、专任教师其他情况

教职工和专任教师其他情况										
教职工					专任教师					
共青团员	民主党派	华侨	港澳台	少数民族	共产党员	共青团员	民主党派	华侨	港澳台	少数民族
2054	**288**			**361**	**15188**	**1367**	**224**			**254**
1048	105			179	3993	569	77			119
9	32			9	446	9	19			8
64	10			17	1116	58	8			12
27	8			10	518	23	6			3
7	28			9	611	6	28			8
60	12			1	268	29	11			
20	16			15	574	20	15			12
2	17			3	551	2	14			3
55	17			2	339	30	10			1
80	6			14	817	56	6			10
117	4			14	511	72	4			10
9	10			1	388	9	5			
260	8			41	1330	201	7			31
47				3	550	44				1
84	2				620	82	1			
80	2			34	750	74	2			29
6	9			7	731	6	9			6
	2			2	96		2			1
10					95	10				
					14					
12					139	10				
					113					
					129					
43					155	43				
					67					
					170					
					58					
14					39	14				

中等职业教育专任

<table>
<tr><th rowspan="3">省辖市直管县</th><th rowspan="3">接受培训专任教师</th><th colspan="2">合　计</th><th colspan="5">国</th></tr>
<tr><th rowspan="2">接受培训专任教师（人次）</th><th rowspan="2">培训时间（学时）</th><th colspan="2">计</th><th colspan="2">国家级</th><th>省</th></tr>
<tr><th>接受培训专任教师（人次）</th><th>培训时间（学时）</th><th>接受培训专任教师（人次）</th><th>培训时间（学时）</th><th>接受培训专任教师（人次）</th></tr>
<tr><td>河 南 省</td><td>35587</td><td>90045</td><td>3207740</td><td>90036</td><td>3205208</td><td>2040</td><td>173240</td><td>12696</td></tr>
<tr><td>郑 州 市</td><td>7332</td><td>20473</td><td>559876</td><td>20466</td><td>557996</td><td>259</td><td>19014</td><td>2785</td></tr>
<tr><td>开 封 市</td><td>1152</td><td>2759</td><td>79312</td><td>2759</td><td>79312</td><td>51</td><td>2556</td><td>247</td></tr>
<tr><td>洛 阳 市</td><td>2629</td><td>6902</td><td>175283</td><td>6902</td><td>175283</td><td>197</td><td>10367</td><td>621</td></tr>
<tr><td>平顶山市</td><td>897</td><td>2633</td><td>62090</td><td>2633</td><td>62090</td><td>110</td><td>7454</td><td>201</td></tr>
<tr><td>安 阳 市</td><td>1575</td><td>2591</td><td>125001</td><td>2590</td><td>124461</td><td>13</td><td>1820</td><td>425</td></tr>
<tr><td>鹤 壁 市</td><td>456</td><td>800</td><td>61040</td><td>800</td><td>61040</td><td>14</td><td>2220</td><td>134</td></tr>
<tr><td>新 乡 市</td><td>1784</td><td>4466</td><td>183277</td><td>4466</td><td>183277</td><td>44</td><td>11572</td><td>928</td></tr>
<tr><td>焦 作 市</td><td>1657</td><td>3503</td><td>295902</td><td>3503</td><td>295902</td><td>113</td><td>4416</td><td>430</td></tr>
<tr><td>濮 阳 市</td><td>1397</td><td>2695</td><td>121899</td><td>2695</td><td>121899</td><td>40</td><td>10080</td><td>788</td></tr>
<tr><td>许 昌 市</td><td>1301</td><td>1994</td><td>79590</td><td>1994</td><td>79590</td><td>35</td><td>6140</td><td>234</td></tr>
<tr><td>漯 河 市</td><td>1143</td><td>3074</td><td>114443</td><td>3074</td><td>114443</td><td>45</td><td>2727</td><td>466</td></tr>
<tr><td>三门峡市</td><td>918</td><td>2656</td><td>65532</td><td>2656</td><td>65532</td><td>43</td><td>2226</td><td>235</td></tr>
<tr><td>南 阳 市</td><td>3241</td><td>8169</td><td>324685</td><td>8169</td><td>324685</td><td>334</td><td>17735</td><td>996</td></tr>
<tr><td>商 丘 市</td><td>1363</td><td>3738</td><td>124302</td><td>3738</td><td>124302</td><td>51</td><td>6320</td><td>538</td></tr>
<tr><td>信 阳 市</td><td>1562</td><td>4124</td><td>243890</td><td>4124</td><td>243890</td><td>285</td><td>29068</td><td>754</td></tr>
<tr><td>周 口 市</td><td>2280</td><td>3600</td><td>131430</td><td>3600</td><td>131430</td><td>155</td><td>11732</td><td>641</td></tr>
<tr><td>驻马店市</td><td>1675</td><td>3876</td><td>122493</td><td>3876</td><td>122493</td><td>25</td><td>2790</td><td>1022</td></tr>
<tr><td>济 源 市</td><td>269</td><td>1284</td><td>29357</td><td>1284</td><td>29357</td><td>20</td><td>2440</td><td>145</td></tr>
<tr><td>巩 义 市</td><td>279</td><td>391</td><td>19782</td><td>390</td><td>19670</td><td>21</td><td>3582</td><td>33</td></tr>
<tr><td>兰 考 县</td><td>109</td><td>1139</td><td>6884</td><td>1139</td><td>6884</td><td>49</td><td>1764</td><td></td></tr>
<tr><td>汝 州 市</td><td>336</td><td>649</td><td>22364</td><td>649</td><td>22364</td><td>1</td><td>480</td><td>24</td></tr>
<tr><td>滑 县</td><td>403</td><td>1497</td><td>46288</td><td>1497</td><td>46288</td><td>38</td><td>7400</td><td>300</td></tr>
<tr><td>长 垣 县</td><td>445</td><td>757</td><td>69270</td><td>757</td><td>69270</td><td></td><td></td><td>135</td></tr>
<tr><td>邓 州 市</td><td>457</td><td>4856</td><td>58312</td><td>4856</td><td>58312</td><td>22</td><td>4482</td><td>194</td></tr>
<tr><td>永 城 市</td><td>315</td><td>664</td><td>42216</td><td>664</td><td>42216</td><td>42</td><td>3246</td><td>39</td></tr>
<tr><td>固 始 县</td><td>215</td><td>248</td><td>2557</td><td>248</td><td>2557</td><td>5</td><td>50</td><td>47</td></tr>
<tr><td>鹿 邑 县</td><td>235</td><td>340</td><td>26985</td><td>340</td><td>26985</td><td>15</td><td>1039</td><td>206</td></tr>
<tr><td>新 蔡 县</td><td>162</td><td>167</td><td>13680</td><td>167</td><td>13680</td><td>13</td><td>520</td><td>128</td></tr>
</table>

教师接受培训情况

内							国(境)外	
级	地市级		县级		校级		接受培训专任教师（人次）	培训时间（学时）
培训时间（学时）	接受培训专任教师（人次）	培训时间（学时）	接受培训专任教师（人次）	培训时间（学时）	接受培训专任教师（人次）	培训时间（学时）		
1242214	**13850**	**718816**	**10573**	**279890**	**50877**	**791048**	**9**	**2532**
275679	2367	88092	1531	42630	13524	132581	7	1880
26027	553	17606	395	6906	1513	26217		
49979	946	23821	1549	32475	3589	58641		
17864	207	5826	101	7598	2014	23348		
48261	896	23336	205	9122	1051	41922	1	540
29260	322	10140			330	19420		
70872	432	15388	489	34806	2573	50639		
36893	908	215430	602	12036	1450	27127		
66396	454	13068	478	10546	935	21809		
35442	313	19440	400	3802	1012	14766		
34306	1094	61024	273	3355	1196	13031		
27202	298	16096	94	1936	1986	18072		
84363	1847	106435	634	10803	4358	105349		
42264	834	24559	800	11580	1515	39579		
162296	325	18032	545	4542	2215	29952		
48796	386	15962	515	9391	1903	45549		
37108	1284	33920	446	17850	1099	30825		
18618	71	2507			1048	5792		
7084	10	444	41	1320	285	7240	1	112
					1090	5120		
4424	19	158	298	9132	307	8170		
9188			459	20906	700	8794		
36586			180	3116	442	29568		
31254	202	6610	208	11736	4230	4230		
9526			165	8527	418	20917		
228	82	922	53	587	61	770		
20178			86	4148	33	1620		
12120			26	1040				

中等职业学校占地面积及

省辖市直管县	占地面积(平方米) 计	其中 绿化用地面积	其中 运动场地面积	图书(册) 计	其中：当年新增	计
河南省	32205338	6428047	4540393	21563852	521390	213271
郑州市	6204896	1258997	1012550	5648425	212188	63487
开封市	1024990	153037	189286	921805	6617	7805
洛阳市	2355386	399855	471166	1451281	92167	18560
平顶山市	866546	215711	113936	485894	15899	5445
安阳市	1474447	478875	138442	543287	1830	6443
鹤壁市	248747	60734	46713	163493	1010	4180
新乡市	2305644	476236	217015	993043	8255	11315
焦作市	1291110	271073	226228	1075055	5407	7836
濮阳市	1420117	320607	204056	930458	2100	8312
许昌市	1756593	381309	216948	877713	62920	7263
漯河市	834464	95509	118490	718719	5533	6192
三门峡市	561726	105217	92760	590032	1390	4648
南阳市	2075042	315675	453584	2284316	25793	14315
商丘市	1637492	177241	164065	869314	28661	7867
信阳市	1799022	314379	134920	1174475	27287	7355
周口市	2059476	384677	225550	1026878	4727	9872
驻马店市	1717207	366175	195126	472296	7504	7613
济源市	210646	75400	5500	26883	149	1626
巩义市	119367	21400	31140	162746	1346	1049
兰考县	28000	2000	6400	45220		370
汝州市	303382	52775	20090	152445	2534	2013
滑县	280286	84783	29320	107200		1319
长垣县	182057	34360	62650	130695		823
邓州市	647187	268125	61192	350000		2295
永城市	109789	6530	17143	57957	283	778
固始县	314372	73080	52620	153888	6900	3390
鹿邑县	206792	23088	17728	64434	890	549
新蔡县	170555	11200	15776	85900		551

其他办学条件（总计：学校产权+非学校产权独立使用）

计算机数（台）		教室（间）		固定资产总值（万元）		
其中：教学用计算机		计	其中：网络多媒体教室	计	其中：教学、实习仪器设备资产值	
计	其中：平板电脑				计	当年新增
178717	**9545**	**32080**	**14318**	**1897564.66**	**389944.00**	**47411.00**
52587	3268	8057	3932	449129.87	123735.60	17169.70
6439	9	1167	511	56102.18	12008.54	685.45
14879	298	2577	1072	182475.63	30975.24	2007.11
4529	446	837	249	40068.84	9603.49	423.99
5751	228	989	464	100621.17	18168.38	445.39
3303	43	383	173	19190.41	8212.46	2763.63
9806	199	1468	715	67468.35	23184.73	2539.83
6627	452	1275	491	78017.61	13557.46	791.46
7119	149	1102	633	51044.11	14157.53	483.50
6137	160	1470	620	60087.23	9688.38	1003.00
5355	735	981	427	40296.42	11766.05	815.30
4019	13	612	241	45439.79	8802.07	1683.31
11733	925	2328	1097	96927.89	22628.53	5601.39
6517	900	1934	522	88434.70	12547.32	317.05
6621	320	1253	359	109068.82	12685.28	2667.56
8448	567	1823	790	104011.54	19915.10	2573.46
6416	641	1205	670	94166.75	13355.91	1114.88
1548	28	136	102	13440.72	5732.12	1238.30
976		119	79	9273.18	2725.17	847.52
156		48	2	792.20	190.01	9.00
1518	50	515	255	77099.98	1791.01	362.00
1246	1	155	17	11940.00	705.00	230.00
676		182	104	13542.00	5283.00	1200.00
1749	38	348	238	50321.68	2869.92	257.92
692		207	91	9886.14	1661.47	34.70
2858		526	294	21732.24	2770.74	60.55
492	61	179	67	3901.80	819.10	
520	14	204	103	3083.40	404.40	85.00

中等职业学校占地面积及

省辖市直管县	占地面积(平方米)			图书(册)		
	计	其中		计	其中：当年新增	计
		绿化用地面积	运动场地面积			
河南省	**29267617**	**5920079**	**4116173**	**20751707**	**479270**	**204544**
郑州市	4915666	1068924	852945	5080987	198688	59361
开封市	841673	125785	180497	921805	6617	7685
洛阳市	2212250	383560	413559	1445691	92167	18415
平顶山市	866546	215711	113936	485894	15899	5445
安阳市	1470172	478275	137942	543287	1830	6443
鹤壁市	248747	60734	46713	163493	1010	4180
新乡市	2285744	475256	214165	983921	8135	10755
焦作市	1172180	259939	181928	1070590	5407	7750
濮阳市	1419696	320477	203936	930458	2100	8312
许昌市	1662756	340809	209448	851713	37420	7263
漯河市	825141	95109	117490	718719	5533	6192
三门峡市	516016	102397	68370	590032	1390	4648
南阳市	1875734	296430	409958	2273316	24793	14178
商丘市	1609506	176190	162064	869314	28661	7867
信阳市	1512621	281778	129420	1174475	27287	6720
周口市	2027853	384591	203659	1025348	4727	9872
驻马店市	1707207	364475	194126	472296	7504	7613
济源市	210646	75400	5500	26883	149	1626
巩义市	119367	21400	31140	162746	1346	1049
兰考县	28000	2000	6400	45220		370
汝州市	303382	52775	20090	152445	2534	2013
滑县	191486	74571	23770	37200		699
长垣县	182057	34360	62650	130695		823
邓州市	266463	115835	25000	250000		397
永城市	109789	6530	17143	57957	283	778
固始县	309572	72480	50820	136888	4900	2990
鹿邑县	206792	23088	17728	64434	890	549
新蔡县	170555	11200	15776	85900		551

其他办学条件(学校产权)

计算机数(台)		教室(间)		固定资产总值(万元)		
其中:教学用计算机		计	其中:网络多媒体教室	计	其中:教学、实习仪器设备资产值	
计	其中:平板电脑				计	当年新增
171194	**9434**	**28550**	**13175**	**1797736.15**	**374784.62**	**45517.22**
48957	3173	5873	3271	412893.96	114041.96	16831.70
6339	9	981	438	51751.33	11682.25	685.45
14749	298	2440	1040	180867.03	30559.94	2007.11
4529	446	837	249	40068.84	9603.49	423.99
5751	228	981	464	100568.50	18168.38	445.39
3303	43	383	173	19190.41	8212.46	2763.63
9277	186	1424	707	66667.78	22789.73	2490.05
6563	450	1166	478	74308.11	13533.96	791.46
7119	149	1102	633	51026.11	14157.53	483.50
6137	160	1434	602	59722.23	9604.38	984.00
5355	735	954	422	40011.42	11764.05	815.30
4019	13	580	230	44267.79	8582.07	1683.31
11622	924	1998	970	87689.79	20884.33	4374.39
6517	900	1916	514	87329.45	12160.89	315.05
6090	320	1183	336	107967.77	12185.25	2667.56
8448	567	1803	780	103397.54	19887.10	2573.46
6416	641	1187	670	93936.75	13355.91	1114.88
1548	28	136	102	13440.72	5732.12	1238.30
976		119	79	9273.18	2725.17	847.52
156		48	2	792.20	190.01	9.00
1518	50	515	255	77099.98	1791.01	362.00
646	1	109	11	7301.00	375.00	230.00
676		182	104	13542.00	5283.00	1200.00
301	38	115	102	16328.68	1878.92	1.92
692		207	91	9886.14	1661.47	34.70
2478		494	282	21422.24	2750.74	58.55
492	61	179	67	3901.80	819.10	
520	14	204	103	3083.40	404.40	85.00

中等职业学校占地面积及

省辖市直管县	占地面积(平方米)			图书(册)		
	计	其中		计	其中：当年新增	计
		绿化用地面积	运动场地面积			
河南省	**2937721**	**507969**	**424220**	**812145**	**42120**	**8727**
郑州市	1289231	190073	159605	567438	13500	4126
开封市	183317	27252	8789			120
洛阳市	143136	16295	57607	5590		145
平顶山市						
安阳市	4275	600	500			
鹤壁市						
新乡市	19900	980	2850	9122	120	560
焦作市	118930	11134	44300	4465		86
濮阳市	421	130	120			
许昌市	93837	40500	7500	26000	25500	
漯河市	9323	400	1000			
三门峡市	45710	2820	24390			
南阳市	199308	19245	43626	11000	1000	137
商丘市	27985	1050	2000			
信阳市	286400	32600	5500			635
周口市	31624	86	21891	1530		
驻马店市	10000	1700	1000			
济源市						
巩义市						
兰考县						
汝州市						
滑县	88800	10212	5550	70000		620
长垣县						
邓州市	380724	152290	36192	100000		1898
永城市						
固始县	4800	600	1800	17000	2000	400
鹿邑县						
新蔡县						

其他办学条件（非学校产权独立使用）

计算机数（台）		教室（间）		固定资产总值（万元）		
其中：教学用计算机		计	其中：网络多媒体教室	计	其中：教学、实习仪器设备资产值	
计	其中：平板电脑				计	当年新增
7523	**111**	**3530**	**1143**	**99828.51**	**15159.38**	**1893.78**
3630	95	2184	661	36235.91	9693.64	338.00
100		186	73	4350.85	326.29	
130		137	32	1608.60	415.30	
		8		52.67		
529	13	44	8	800.57	395.00	49.78
64	2	109	13	3709.50	23.50	
				18.00		
		36	18	365.00	84.00	19.00
		27	5	285.00	2.00	
		32	11	1172.00	220.00	
111	1	330	127	9238.10	1744.20	1227.00
		18	8	1105.25	386.43	2.00
531		70	23	1101.05	500.02	
		20	10	614.00	28.00	
		18		230.00		
600		46	6	4639.00	330.00	
1448		233	136	33993.00	991.00	256.00
380		32	12	310.00	20.00	2.00

中等职业学校占地面积及

省辖市直管县	占地面积(平方米)			图书(册)		
	计	其中		计	其中：当年新增	计
		绿化用地面积	运动场地面积			
河南省	**11961650**	**2879538**	**1716477**	**9087362**	**191530**	**88239**
郑州市	2352176	492827	331582	2753130	65544	30722
开封市	453816	82145	115283	390124	1963	2670
洛阳市	1904935	320978	390097	1136129	54232	15243
平顶山市	610439	199067	97924	396183	11999	4696
安阳市	153410	49844	32565	19387		85
鹤壁市	84699	25500	6800	109581	1010	2156
新乡市	457228	237253	26276	382778	7768	3811
焦作市	631762	153901	64829	336975	3719	3921
濮阳市	145533	8622	29925	40450	100	237
许昌市	873984	137086	100296	431952	500	2743
漯河市	8556	2719	1400	12724		118
三门峡市	271724	73090	60669	343035	940	2742
南阳市	828884	170169	147127	1084625	2003	4775
商丘市	688506	71005	54135	169780	4752	2098
信阳市	158996	72985	28018	256786	22000	961
周口市	366143	106994	34784	376960	40	1027
驻马店市	612484	217811	69310	273982	6849	2354
济源市	209367	75400	5500	10842	9	1431
巩义市						
兰考县						
汝州市	270709	49474	18291	129977	1034	1573
滑县						
长垣县						
邓州市	647187	268125	61192	350000		2295
永城市	7862	562	2254	2651	168	126
固始县	223250	63980	38220	79311	6900	2455
鹿邑县						
新蔡县						

其他办学条件(普通中专学校:学校产权+非学校产权独立使用)

计算机数(台)		教室(间)		固定资产总值(万元)		
其中:教学用计算机		计	其中:网络多媒体教室	计	其中:教学、实习仪器设备资产值	
计	其中:平板电脑				计	当年新增
73189	**2584**	**11884**	**5510**	**861556.17**	**162227.22**	**16722.37**
25517	817	3082	1315	177788.89	52790.47	6346.48
1851	4	607	320	33512.61	5398.89	262.45
12027	156	1792	850	161672.30	26195.39	1907.19
4014	439	680	197	36231.93	8703.50	334.26
60		95	16	7138.56	293.00	
1786		104	85	8206.12	3733.36	70.49
3315	65	349	204	18074.58	6220.89	524.48
3736	445	695	342	35920.64	8753.46	731.46
114		44	1	2606.84	429.60	35.60
2016	100	706	201	42841.70	4858.98	949.00
86	1	65	16	196.33	15.90	
2548		223	121	25319.98	6684.81	814.82
4185	25	701	374	45808.81	9504.29	630.22
1647	260	598	81	23677.99	2798.19	152.14
881	103	135	87	8351.02	1079.77	22.00
882		335	299	29855.00	5161.00	1210.00
1983	53	408	201	47308.81	7957.10	842.37
1398	28	130	100	12980.53	5683.31	1232.24
1208	50	425	208	75301.99	1267.02	362.00
1749	38	348	238	50321.68	2869.92	257.92
120		26	6	2263.25	360.36	3.26
2066		336	248	16176.61	1468.03	34.00

中等职业学校占地面积及

省辖市直管县	占地面积(平方米)			图书(册)		
	计	其中		计	其中：当年新增	计
		绿化用地面积	运动场地面积			
河南省	4428906	733816	629120	3248053	208981	29929
郑州市	2563054	514048	414374	1723386	114283	17411
开封市	82573	7166	27550	62192	850	811
洛阳市	125365	8527	31497	176894	34895	1046
平顶山市	256107	16643	16012	89711	3900	749
安阳市	202729	10350	7700	50670	690	313
鹤壁市						
新乡市	184483	40462	28751	68338		1923
焦作市	39826	3421	3678	169753	688	789
濮阳市	58440	16860	18220	33990		224
许昌市	165720	44131	15949	148021	51000	667
漯河市	53818	7230	7510	130883		317
三门峡市	18762	870	1542	69361		224
南阳市	119417	12514	12570	194707	600	1633
商丘市	164947	27002	22107	120084	1300	1122
信阳市	224257	9770	6770	71680		830
周口市						
驻马店市	79542	10450	8710	49929	520	678
济源市	1279			16041	140	195
巩义市						
兰考县	10000	1000	400	220		20
汝州市	12673	300	800	17468		140
滑县	2810	680	600	25200		291
长垣县	14674	160	1000	4500		50
邓州市						
永城市	15340	1532	2879	4525	115	286
固始县						
鹿邑县						
新蔡县	33090	700	500	20500		210

其他办学条件（成人中专学校：学校产权+非学校产权独立使用）

计算机数(台)		教室(间)		固定资产总值(万元)		
其中:教学用计算机		计	其中:网络多媒体教室	计	其中:教学、实习仪器设备资产值	
计	其中:平板电脑				计	当年新增
24686	**1921**	**6115**	**2332**	**258546.14**	**42529.28**	**3973.71**
14408	1327	3720	1643	146735.11	25639.51	1874.48
705		130	96	2680.39	444.15	35.00
942	32	293	37	7397.02	1940.10	25.62
515	7	157	52	3836.91	899.99	89.73
285	10	66	7	7897.86	1150.79	15.28
1746	1	257	121	15393.52	6958.87	1197.89
570	1	74	21	1686.47	429.50	
133	4	71	4	556.60	114.40	1.10
592		157	66	1847.53	352.40	34.00
280	10	43	12	3153.79	496.32	2.00
155	1	40	10	568.71	143.50	13.10
1237	487	213	58	3953.16	1052.28	41.00
917	20	394	83	16226.47	1086.95	32.81
780		172	64	39178.56	571.00	501.00
490	6	154	35	3171.50	452.86	6.00
150		6	2	460.19	48.81	6.06
6		8		470.00	41.00	9.00
80		45	2	878.00	224.00	
267	1	24	10	479.00	145.00	
		10		318.00	58.00	
225		29	9	1166.35	133.85	4.63
203	14	52		491.00	146.00	85.00

中等职业学校占地面积及

省辖市直管县	占地面积(平方米)			图书(册)		
	计	其中		计	其中:当年新增	计
		绿化用地面积	运动场地面积			
河南省	**15443105**	**2743923**	**2151876**	**8959420**	**117917**	**90030**
郑州市	1236668	249817	261357	1090483	32147	13174
开封市	488601	63726	46453	469489	3804	4324
洛阳市	325087	70350	49572	138258	3040	2271
平顶山市						
安阳市	1118308	418681	98177	473230	1140	6045
鹤壁市	164048	35234	39913	53912		2024
新乡市	1629426	193021	160488	534677	487	5425
焦作市	619522	113751	157721	568327	1000	3126
濮阳市	1168144	280125	151111	841158	2000	7551
许昌市	716889	200092	100703	297740	11420	3853
漯河市	772090	85561	109580	575112	5533	5757
三门峡市	271240	31257	30549	177636	450	1682
南阳市	1126740	132991	293887	1004984	23190	7907
商丘市	784038	79234	87822	579450	22609	4647
信阳市	1395122	228824	97716	824926	3879	5340
周口市	1560083	249519	167799	546523	3347	6996
驻马店市	1025181	137913	117106	148385	135	4581
济源市						
巩义市	119367	21400	31140	162746	1346	1049
兰考县	18000	1000	6000	45000		350
汝州市	20000	3001	999	5000	1500	300
滑县	277476	84103	28720	82000		1028
长垣县	167383	34200	61650	126195		773
邓州市						
永城市	86587	4436	12010	50781		366
固始县	77802	6100	13400	55827		635
鹿邑县	137837	9088	12728	42181	890	485
新蔡县	137465	10500	15276	65400		341

其他办学条件(职业高中学校:学校产权+非学校产权独立使用)

计算机数(台)		教室(间)		固定资产总值(万元)		
其中:教学用计算机		计	其中:网络多媒体教室	计	其中:教学、实习仪器设备资产值	
计	其中:平板电脑				计	当年新增
76912	**5009**	**13702**	**6316**	**739744.36**	**177536.11**	**26321.56**
11202	1124	1168	889	104489.10	39460.75	8564.98
3883	5	430	95	19909.18	6165.50	388.00
1910	110	492	185	13406.31	2839.74	74.30
5406	218	828	441	85584.76	16724.59	430.10
1517	43	279	88	10984.29	4479.10	2693.14
4649	133	830	378	32338.00	9774.37	817.46
2321	6	506	128	40410.50	4374.50	60.00
6592	135	959	612	46782.67	13213.53	446.80
3529	60	607	353	15398.00	4477.00	20.00
4989	724	873	399	36946.30	11253.83	813.30
1316	12	349	110	19551.10	1973.76	855.39
6311	413	1414	665	47165.93	12071.96	4930.17
3953	620	942	358	48530.23	8662.18	132.10
4750	213	926	205	60894.24	10872.51	2144.56
6005	550	1331	462	61049.11	13991.54	1353.86
3943	582	643	434	43686.44	4945.95	266.51
976		119	79	9273.18	2725.17	847.52
150		40	2	322.20	149.01	
230		45	45	919.99	299.99	
979		131	7	11461.00	560.00	230.00
676		172	104	13224.00	5225.00	1200.00
347		152	76	6456.54	1167.26	26.81
532		168	36	5243.09	1204.35	26.55
429	61	146	62	3125.80	666.10	
317		152	103	2592.40	258.40	

中等职业学校校舍

省辖市直管县	合 计	其 中		
		当年新增校舍	危 房	被外单位借用
河 南 省	**16232803**	**31532**	**243348**	**116555**
郑 州 市	4223615	15883	131845	69869
开 封 市	495448		3580	
洛 阳 市	1323260	1842	16880	
平顶山市	335432		2842	
安 阳 市	496155			28620
鹤 壁 市	157302		3366	
新 乡 市	680979	12607	22120	
焦 作 市	736320			
濮 阳 市	650730		2310	
许 昌 市	781250			
漯 河 市	407939		11225	
三门峡市	310293		600	
南 阳 市	1134963	1200	13045	8604
商 丘 市	714715			
信 阳 市	718774		3209	3812
周 口 市	980965		3960	
驻马店市	594439			
济 源 市	119187			5650
巩 义 市	77713			
兰 考 县	30250			
汝 州 市	270466			
滑 县	89937			
长 垣 县	165807			
邓 州 市	272722		21366	
永 城 市	74257			
固 始 县	295516		7000	
鹿 邑 县	46132			
新 蔡 县	48238			

建 筑 面 积（总计：学校产权＋非学校产权独立使用）（一）

单位：平方米

		① 教 学 及 辅 助 用 房			
计	教 室	图书馆	实验室实习场所	体育馆	会 堂
7369058	**3507064**	**592467**	**2720710**	**313973**	**234845**
1907609	929087	175000	667715	71157	64649
228755	104183	19661	81763	12900	10248
535057	280539	27502	187548	15083	24385
154189	75197	5517	65384	5130	2960
273986	130446	12804	109073	18437	3226
79090	26618	468	52004		
341483	178662	11789	141555	5121	4356
331034	124299	29825	127959	25289	23663
318841	128211	41358	135511	12936	825
355284	141198	33009	163269	9338	8470
171245	91801	7337	63314	6703	2090
144795	63144	4066	67688	5508	4389
483331	242809	39714	148466	29683	22659
363159	200005	40217	97392	7246	18299
284313	139099	22441	98460	13332	10981
468718	222005	28339	191295	18435	8643
235517	126088	14098	80612	5974	8744
51968	24190	1849	25929		
50235	14840	480	29615	3900	1400
10100	4500	500	3000	1500	600
171509	71924	19503	44428	28000	7655
41983	19500	2729	3104	16650	
54613	17650	22219	14084		660
154984	52533	22121	77640		2690
33323	22569	517	9582		655
91745	54056	8609	26273	816	1991
19854	13952	641	3942	836	483
12340	7957	154	4104		125

中等职业学校校舍

省辖市直管县	② 行政办公用房	计	学生宿舍（公寓）	③ 学生食堂
河南省	**1054050**	**6425654**	**4449873**	**1038197**
郑州市	227884	1846483	1406147	234451
开封市	43348	194504	123810	24637
洛阳市	105834	544383	369913	88723
平顶山市	22399	134537	92915	25402
安阳市	33697	176409	91234	26746
鹤壁市	12591	65295	51511	12504
新乡市	49619	236595	153131	60431
焦作市	45968	267227	186787	36471
濮阳市	28952	224599	154179	54249
许昌市	48859	260849	173808	43262
漯河市	22216	199076	158992	25337
三门峡市	24482	104066	69991	15787
南阳市	82205	409506	276689	68689
商丘市	59069	266340	193433	50555
信阳市	42589	296659	194244	47262
周口市	59358	388403	232643	55336
驻马店市	47024	249173	161835	68326
济源市	13746	38428	23122	7159
巩义市	7315	17753	10212	1408
兰考县	2250	17300	7000	3400
汝州市	5200	61522	45404	12397
滑县	9259	36769	26430	7620
长垣县	16454	63349	43135	6436
邓州市	12997	98034	56013	27431
永城市	4618	34187	25990	7788
固始县	19432	150644	98987	20287
鹿邑县	3477	20090	9077	3194
新蔡县	3209	23477	13241	2910

建 筑 面 积（总计：学校产权＋非学校产权独立使用）（二）

单位：平方米

生 活 用 房			④	⑤
教工宿舍（公寓）	教工食堂	生活福利及附属用房	教工住宅	其他用房
541368	**64509**	**331706**	**844508**	**539532**
126798	10212	68875	165298	76340
14761	2156	29139	22252	6590
48961	5483	31302	51922	86063
10539	200	5480	11035	13273
37355	2673	18401	5034	7030
		1280		326
8138	4905	9991	45122	8160
16259	2267	25444	47656	44435
15180	991		32689	45650
23001	7635	13143	56277	59981
10904	1048	2795	8025	7377
3211	400	14677	27263	9687
27891	3005	33232	121237	38685
12944	1638	7771	13313	12834
35547	4006	15600	70200	25013
82969	1111	16344	45048	19438
6199	2316	10497	62584	141
5266	1445	1436	1294	13751
2400	600	3133	2300	110
4000	900	2000	600	
2000	600	1120	17355	14880
1093	537	1089	1000	927
5751	200	7827	593	30798
10420	2300	1870	6708	
409			1582	547
18108	7327	5935	23394	10301
5015	554	2250	2711	
6250		1076	2016	7196

中 等 职 业 学 校

省辖市直管县	合计	① 教 学 及 辅 助 用 房					
		计	教室	图书馆	实验室实习场所	体育馆	会堂
河南省	**14757119**	**6624069**	**3177006**	**519831**	**2457595**	**272335**	**197302**
郑州市	3424821	1513030	742049	141675	526718	55159	47428
开封市	414452	179543	83001	11531	67963	10400	6648
洛阳市	1245863	505854	265292	26071	179885	12863	21743
平顶山市	335432	154189	75197	5517	65384	5130	2960
安阳市	494455	272836	129846	12704	108973	18437	2876
鹤壁市	157302	79090	26618	468	52004		
新乡市	669333	335393	173182	11529	141205	5121	4356
焦作市	674800	304134	113039	27815	119279	24689	19313
濮阳市	650430	318841	128211	41358	135511	12936	825
许昌市	771420	351754	138068	32909	162969	9338	8470
漯河市	398616	168249	89265	7337	63004	6703	1940
三门峡市	295935	136195	59618	3523	65457	3208	4389
南阳市	1005165	425540	219534	33593	127831	28313	16269
商丘市	693610	351598	198745	40217	87092	7246	18299
信阳市	691566	272297	131084	21440	95460	13332	10981
周口市	976565	466718	220505	28289	190995	18435	8493
驻马店市	591887	234253	125150	13832	80552	5974	8744
济源市	119187	51968	24190	1849	25929		
巩义市	77713	50235	14840	480	29615	3900	1400
兰考县	30250	10100	4500	500	3000	1500	600
汝州市	270466	171509	71924	19503	44428	28000	7655
滑县	50395	15714	14659	340	715		
长垣县	165807	54613	17650	22219	14084		660
邓州市	95967	47015	15504	5371	26140		
永城市	74257	33323	22569	517	9582		655
固始县	287056	87885	50856	8449	25773	816	1991
鹿邑县	46132	19854	13952	641	3942	836	483
新蔡县	48238	12340	7957	154	4104		125

校 舍 建 筑 面 积（学校产权）

单位：平方米

② 行政办公用房	③ 生活用房						④ 教工住宅	⑤ 其他用房
	计	学生宿舍（公寓）	学生食堂	教工宿舍（公寓）	教工食堂	生活福利及附属用房		
965319	**5802724**	**4020238**	**930106**	**479762**	**55623**	**316996**	**844508**	**520499**
176456	1494218	1147914	180393	98106	7150	60656	165298	75819
41293	165773	103077	21847	10741	1896	28212	22252	5590
100620	502614	338000	83048	44980	5283	31302	51922	84852
22399	134537	92915	25402	10539	200	5480	11035	13273
33297	176259	91234	26746	37205	2673	18401	5034	7030
12591	65295	51511	12504			1280		326
49439	231219	148335	60251	7738	4905	9991	45122	8160
43318	250557	175037	32481	16019	1977	25044	47656	29135
28652	224599	154179	54249	15180	991		32689	45650
48659	254749	168408	43062	23001	7135	13143	56277	59981
21916	193049	154172	24947	10784	771	2375	8025	7377
22580	100506	68091	14887	2971	400	14157	27263	9391
70017	350392	242381	58232	18146	1505	30128	121237	37980
58468	257397	186012	49212	12944	1638	7591	13313	12834
41555	282501	186204	44144	32547	4006	15600	70200	25013
59008	386353	230943	55086	82869	1111	16344	45048	19438
45736	249173	161835	68326	6199	2316	10497	62584	141
13746	38428	23122	7159	5266	1445	1436	1294	13751
7315	17753	10212	1408	2400	600	3133	2300	110
2250	17300	7000	3400	4000	900	2000	600	
5200	61522	45404	12397	2000	600	1120	17355	14880
6652	26103	19309	5499	596	40	659	1000	927
16454	63349	43135	6436	5751	200	7827	593	30798
7162	35083	27712	6011			1360	6708	
4618	34187	25990	7788	409			1582	547
19232	146244	95787	19087	18108	7327	5935	23394	10301
3477	20090	9077	3194	5015	554	2250	2711	
3209	23477	13241	2910	6250		1076	2016	7196

中 等 职 业 学 校

省辖市直管县	合计	① 教 学 及 辅 助 用 房					
		计	教室	图书馆	实验室 实习场所	体育馆	会堂
河南省	1475684	744990	330057	72636	263116	41638	37543
郑 州 市	798794	394579	187038	33326	140997	15998	17221
开 封 市	80996	49212	21182	8130	13800	2500	3600
洛 阳 市	77397	29203	15247	1431	7663	2220	2642
平顶山市							
安 阳 市	1700	1150	600	100	100		350
鹤 壁 市							
新 乡 市	11646	6090	5480	260	350		
焦 作 市	61520	26900	11260	2010	8680	600	4350
濮 阳 市	300						
许 昌 市	9830	3530	3130	100	300		
漯 河 市	9323	2996	2536		310		150
三门峡市	14358	8600	3526	543	2231	2300	
南 阳 市	129798	57791	23275	6121	20635	1370	6390
商 丘 市	21105	11561	1260		10301		
信 阳 市	27208	12016	8015	1000	3000		
周 口 市	4400	2000	1500	50	300		150
驻马店市	2552	1264	938	266	60		
济 源 市							
巩 义 市							
兰 考 县							
汝 州 市							
滑 县	39542	26269	4841	2389	2389	16650	
长 垣 县							
邓 州 市	176755	107969	37029	16750	51500		2690
永 城 市							
固 始 县	8460	3860	3200	160	500		
鹿 邑 县							
新 蔡 县							

校 舍 建 筑 面 积（非学校产权独立使用）

单位：平方米

② 行政办公用房	③ 生活用房						④ 教工住宅	⑤ 其他用房
	计	学生宿舍（公寓）	学生食堂	教工宿舍（公寓）	教工食堂	生活福利及附属用房		
88731	**622930**	**429636**	**108092**	**61606**	**8886**	**14710**		**19033**
51429	352265	258234	54058	28693	3062	8219		521
2054	28730	20733	2790	4020	260	927		1000
5214	41769	31913	5675	3981	200			1211
400	150			150				
180	5376	4796	180	400				
2650	16670	11750	3990	240	290	400		15300
300								
200	6100	5400	200		500			
300	6027	4820	390	120	277	420		
1902	3560	1900	900	240		520		296
12188	59114	34308	10457	9745	1500	3104		705
601	8944	7421	1342			180		
1034	14158	8039	3118	3000				
350	2050	1700	250	100				
1288								
2607	10666	7121	2121	497	497	430		
5835	62951	28301	21420	10420	2300	510		
200	4400	3200	1200					

中等职业学校校舍

省辖市直管县	合 计	其 中		
		危 房	当年新增校舍	被外单位借用
河 南 省	6805305	20163	157220	80862
郑 州 市	1757028	10327	108311	69869
开 封 市	264779			
洛 阳 市	1017612	1842	16000	
平顶山市	281386		2802	
安 阳 市	39539			
鹤 壁 市	61180			
新 乡 市	209317	6794	1120	
焦 作 市	376172			
濮 阳 市	112313			
许 昌 市	385806			
漯 河 市	18961			
三门峡市	171225		600	
南 阳 市	474625	1200	20	5343
商 丘 市	262027			
信 阳 市	127161			
周 口 市	195620			
驻马店市	261489			
济 源 市	116912			5650
巩 义 市				
兰 考 县				
汝 州 市	241192			
滑 县				
长 垣 县				
邓 州 市	272722		21366	
永 城 市	8007			
固 始 县	150232		7000	
鹿 邑 县				
新 蔡 县				

建筑面积（普通中专学校：学校产权＋非学校产权独立使用）（一）

单位：平方米

	① 教学及辅助用房				
计	教 室	图书馆	实验室 实习场所	体育馆	会 堂
3065620	**1420858**	**265517**	**1118077**	**167062**	**94106**
811759	412347	107560	242764	28608	20480
117613	50258	7570	45385	10100	4300
387858	200032	18502	134514	14083	20727
136651	62624	3256	62681	5130	2960
33336	17680	150	540	14966	
31301	8088		23213		
107054	52765	5539	42147	4861	1741
163310	59992	11493	70866	16689	4271
31202	5870	400	22982	1750	200
169459	60910	9734	94216	2012	2587
9121	3165	777	2076	3103	
75216	32356	983	38718	1500	1660
194466	80619	18910	60862	27335	6741
129989	79295	10773	26691	3700	9531
45275	19519	9128	12978	1000	2650
101890	45316	4753	44733	3590	3498
96650	55347	11532	24135	1636	4000
51453	23804	1720	25929		
155493	61794	17882	42747	27000	6070
154984	52533	22121	77640		2690
3916	2680		1236		
57624	33866	2734	21024		

中等职业学校校舍

省辖市直管县	② 行政办公用房	计	学生宿舍（公寓）	③ 学生食堂
河 南 省	394801	2527422	1809955	401730
郑 州 市	88183	691871	528543	77557
开 封 市	18886	107891	66295	15780
洛 阳 市	83804	422333	290960	71897
平顶山市	15290	106030	79454	21132
安 阳 市		6203	4179	2024
鹤 壁 市	1748	28131	23061	5070
新 乡 市	11168	59021	46278	11630
焦 作 市	16473	122562	88959	12875
濮 阳 市	3704	49982	36060	13121
许 昌 市	23433	115012	82934	19982
漯 河 市	1842	7998	5250	2189
三门峡市	14113	57830	37002	6701
南 阳 市	22303	166817	121215	22967
商 丘 市	24617	90295	74340	12899
信 阳 市	2758	41091	23678	5016
周 口 市	16956	60855	41714	6343
驻马店市	12331	125338	83787	34712
济 源 市	11986	38428	23122	7159
巩 义 市				
兰 考 县				
汝 州 市	2300	54164	41604	11249
滑 县				
长 垣 县				
邓 州 市	12997	98034	56013	27431
永 城 市	652	2789	2263	526
固 始 县	9258	74749	53244	13470
鹿 邑 县				
新 蔡 县				

建筑面积（普通中专学校：学校产权＋非学校产权独立使用）（二）

单位：平方米

生活用房			④	⑤
教工宿舍（公寓）	教工食堂	生活福利及附属用房	教工住宅	其他用房
133101	**23622**	**159014**	**535846**	**281617**
45160	4527	36084	123247	41969
4437	1236	20143	18890	1500
38186	5423	15868	44847	78769
2597	200	2646	10935	12480
	260	853	29236	2840
6525	1595	12609	43264	30563
800				27425
3077	1335	7684	52976	24926
		559		
200		13927	24066	
1550	905	20180	78431	12608
2481	50	525	11165	5960
3269	240	8888	32382	5655
5173	106	7519	9930	5989
2261	1000	3578	27170	
5266	1445	1436	1294	13751
1000		310	14355	14880
10420	2300	1870	6708	
			650	
700	3000	4335	6300	2301

中等职业学校校舍

省辖市直管县	合 计	其 中		
		危 房	当年新增校舍	被外单位借用
河 南 省	**2532810**		**6626**	**4000**
郑 州 市	1774744		3396	
开 封 市	39768			
洛 阳 市	93247		880	
平顶山市	54046		40	
安 阳 市	60270			4000
鹤 壁 市				
新 乡 市	112887			
焦 作 市	25867			
濮 阳 市	13925		2310	
许 昌 市	36932			
漯 河 市	19015			
三门峡市	7228			
南 阳 市	55300			
商 丘 市	76641			
信 阳 市	82790			
周 口 市				
驻马店市	33811			
济 源 市	2275			
巩 义 市				
兰 考 县	1500			
汝 州 市	9274			
滑 县	5270			
长 垣 县	5205			
邓 州 市				
永 城 市	17251			
固 始 县				
鹿 邑 县				
新 蔡 县	5566			

建筑面积(成人中专学校:学校产权+非学校产权独立使用)(一)

单位:平方米

① 教学及辅助用房					
计	教室	图书馆	实验室 实习场所	体育馆	会堂
1113157	**581296**	**62678**	**385259**	**38041**	**45883**
766290	367199	43139	294004	31838	30110
13285	10575	742	1730		238
45245	28303	2545	10240	800	3357
17537	12573	2261	2703		
35762	4133	254	30682	100	593
58370	27334	1949	28887		200
9834	7746	627	1041		420
5554	5029	180	220		125
16716	13090	2978	462		186
9010	6232	1670	508		600
5030	3936	183	911		
26285	22117	1186	1497	138	1347
44647	32234	2681	5872	1495	2365
25270	14513	210	2961	3670	3916
13107	9856	1130	1061		1060
515	386	129			
500	500				
7016	6129	121	180		585
1579	1344	100	135		
1673	1138	196	339		
7307	4708	337	1607		655
2625	2220	60	220		125

中等职业学校校舍

省辖市直管县	②行政办公用房	计	学生宿舍（公寓）	③学生食堂
河 南 省	159993	1131008	822354	157460
郑 州 市	79342	892976	672000	120679
开 封 市	6816	19537	10860	2155
洛 阳 市	8021	34917	24150	6521
平顶山市	7108	28507	13461	4270
安 阳 市	6840	15948	8165	1960
鹤 壁 市				
新 乡 市	6436	35275	27409	6221
焦 作 市	4577	4500	1097	353
濮 阳 市	1869	3470	1450	550
许 昌 市	5278	6832	5692	400
漯 河 市	2260	6105	3250	1105
三门峡市	982	920	400	
南 阳 市	7537	15929	11282	2464
商 丘 市	5572	23096	12453	5796
信 阳 市	5634	21400	15390	2366
周 口 市				
驻马店市	3520	8784	5595	930
济 源 市	1760			
巩 义 市				
兰 考 县	1000			
汝 州 市	900	1358	800	148
滑　　县	554	2137	1162	339
长 垣 县	1454	1485	1030	80
邓 州 市				
永 城 市	2112	7832	6709	1123
固 始 县				
鹿 邑 县				
新 蔡 县	420			

建筑面积（成人中专学校：学校产权＋非学校产权独立使用）（二）

单位：平方米

生活用房			④	⑤
教工宿舍（公寓）	教工食堂	生活福利及附属用房	教工住宅	其他用房
97938	**7941**	**45314**	**84006**	**44646**
69185	3747	27364	24376	11759
721		5802		130
3016	60	1170	2534	2530
7942		2834	100	793
5286		537	1720	
1580		65	10596	2210
1892	252	906	1980	4976
1380	90		2688	344
240	500		2401	5705
550		1200	1557	83
240		280		296
1731		452	4532	1016
2561	471	1815		3325
478	2366	800	19512	10974
540	315	1404	8400	
	100	310		
596	40		1000	
		375	593	
			2016	505

中等职业学校校舍

省辖市直管县	合 计	其中		
		危 房	当年新增校舍	被外单位借用
河 南 省	6639622	11369	79502	31693
郑 州 市	616177	5556	20138	
开 封 市	190901		3580	
洛 阳 市	212401			
平顶山市				
安 阳 市	396346			24620
鹤 壁 市	96123		3366	
新 乡 市	326292	5813	21000	
焦 作 市	334281			
濮 阳 市	519472			
许 昌 市	358512			
漯 河 市	369963		11225	
三门峡市	131839			
南 阳 市	605038		13025	3261
商 丘 市	376047			
信 阳 市	501797		3209	3812
周 口 市	702658		3960	
驻马店市	299139			
济 源 市				
巩 义 市	77713			
兰 考 县	28750			
汝 州 市	20000			
滑 县	84667			
长 垣 县	160602			
邓 州 市				
永 城 市	48999			
固 始 县	103884			
鹿 邑 县	35349			
新 蔡 县	42672			

建筑面积（职业高中学校：学校产权＋非学校产权独立使用）（一）

单位：平方米

	① 教 学 及 辅 助 用 房				
计	教 室	图书馆	实验室实习场所	体育馆	会 堂
3103120	**1456823**	**258588**	**1191903**	**104420**	**91387**
295224	135155	22550	118283	6761	12475
97857	43350	11349	34649	2800	5709
101954	52204	6455	42794	201	301
204888	108633	12400	77851	3371	2633
47789	18530	468	28791		
171149	94553	4151	69771	260	2415
157890	56561	17705	56052	8600	18972
277266	114792	40378	110810	11086	200
169109	67198	20297	68591	7326	5697
153114	82404	4890	60730	3600	1490
64548	26852	2900	28059	4008	2729
262580	140073	19619	86107	2210	14571
188522	88477	26763	64829	2051	6403
210422	103087	12557	82301	8262	4215
338761	157789	22950	139417	14845	3760
125760	60885	1436	55416	4338	3684
50235	14840	480	29615	3900	1400
9600	4000	500	3000	1500	600
9000	4000	1500	1500	1000	1000
40404	18156	2629	2969	16650	
52940	16512	22023	13745		660
22100	15181	180	6739		
28221	18490	3675	3249	816	1991
14073	9363	641	2750	836	483
9715	5737	94	3884		

中等职业学校校舍

省辖市直管县	② 行政办公用房	计	学生宿舍（公寓）	③ 学生食堂
河 南 省	**474352**	**2652052**	**1759214**	**448161**
郑 州 市	54086	236391	185587	34106
开 封 市	17646	67076	46655	6703
洛 阳 市	14009	87133	54804	10305
平顶山市				
安 阳 市	26857	154258	78890	22762
鹤 壁 市	10843	37164	28450	7434
新 乡 市	29670	117073	74451	22346
焦 作 市	24918	140165	96731	23243
濮 阳 市	23179	171147	116668	40578
许 昌 市	20148	139005	85182	22880
漯 河 市	18114	184973	150492	22043
三门峡市	9387	45316	32589	9086
南 阳 市	52365	226760	144192	43258
商 丘 市	28880	152949	106639	31860
信 阳 市	33293	233208	154492	39604
周 口 市	31412	286117	174203	43644
驻马店市	31173	115051	72453	32684
济 源 市				
巩 义 市	7315	17753	10212	1408
兰 考 县	1250	17300	7000	3400
汝 州 市	2000	6000	3000	1000
滑　　县	8705	34632	25268	7281
长 垣 县	15000	61864	42105	6356
邓 州 市				
永 城 市	1854	23566	17018	6139
固 始 县	7174	57395	32743	4817
鹿 邑 县	2285	16280	6147	2314
新 蔡 县	2789	23477	13241	2910

建筑面积（职业高中学校：学校产权＋非学校产权独立使用）（二）

单位：平方米

生活用房			④	⑤
教工宿舍（公寓）	教工食堂	生活福利及附属用房	教工住宅	其他用房
291085	**28678**	**124915**	**214638**	**195460**
10119	1151	5427	17676	12801
9603	920	3194	3362	4960
7759		14265	4541	4764
32069	2673	17864	3314	7030
		1280		326
6558	4645	9073	5291	3110
7842	420	11929	2412	8896
13000	901		30001	17880
19684	5800	5459	900	29350
10354	1048	1036	6468	7294
2771	400	470	3197	9391
24610	2100	12600	38273	25060
7902	1117	5431	2148	3548
31800	1400	5912	17513	7361
60886	524	6861	33892	12475
3398	1001	5515	27014	141
2400	600	3133	2300	110
4000	900	2000	600	
1000	500	500	3000	
497	497	1089		927
5751	200	7452		30798
409			932	547
17408	1327	1100	9094	2000
5015	554	2250	2711	
6250		1076		6691

中等职业学校信息

省辖市直管县	合计							接受过信息技术相关培训的专任教师（人次）
	网络信息点数（个）		上网课程数（门）	数字资源量				
	计	其中：无线接入		电子图书（册）	电子期刊（册）	学位论文（册）	音视频（小时）	
河南省	124670	40354	3496	5795302	262885	907161	245516	17303
郑州市	43147	13760	1188	2291734	216471	902647	118043	2998
开封市	2272	718	106	232183	200		14086	482
洛阳市	8118	1775	337	274217	243		9035	1111
平顶山市	3854	1691	56	280			5076	490
安阳市	3059	535	122	47725	311	990	4135	695
鹤壁市	2088	425	52	30153	2331		4543	160
新乡市	6209	1394	164	488633	7010	40	9612	753
焦作市	2808	1096	60	284216	150	2	6685	691
濮阳市	4445	1052	98	1561	120		3270	729
许昌市	3615	1638	106	136975	20		4639	976
漯河市	3487	607	143	9964	2759	320	1502	639
三门峡市	2681	1213	188	195198	60	24	11178	406
南阳市	7500	997	215	1092927	24026	2752	14038	1286
商丘市	189	31	59	8412	425	17	5745	647
信阳市	2060	1319	84	1423			1423	1239
周口市	14872	10444	206	193397	7772	205	7513	1054
驻马店市	2621	519	139	224194	317	102	12024	1561
济源市	1056	55	11	53	80		415	63
巩义市	1518	268	10	440	60		5700	155
兰考县							250	15
汝州市	120	17	13	25500	5	12	1040	185
滑县	23	8	5				200	6
长垣县	579	272	117	43500	525	50	115	260
邓州市	8132	496		210000			2806	308
永城市	1		3	654			1681	60
固始县	38	24	8	54			603	53
鹿邑县	178		6	1759			159	121
新蔡县				150				160

化建设情况(总计和普通中专学校)

信息化工作人员数	其中：普通中专学校									
	网络信息点数(个)		上网课程数(门)	数字资源量				接受过信息技术相关培训的专任教师(人次)	信息化工作人员数
	计	其中：无线接入		电子图书(册)	电子期刊(册)	学位论文(册)	音视频(小时)		
5130	**61401**	**17142**	**1347**	**3068183**	**113843**	**200233**	**102827**	**5042**	**1631**
1333	22548	7360	525	1194083	97078	200115	59590	1101	584
206	1543	627	92	15303	200		9015	162	80
402	6328	1740	280	269642	243		6582	570	291
111	3831	1689	40	270			3728	357	79
230	2	2	1				100	5	2
75	480	160	5	30000			112	9	19
204	3966	1048	75	152650	7000	40	6493	318	66
159	1602	596	10	120944	120	2	660	173	54
182									
314	914	114	46	105000	20		3215	234	59
103	630	210	40	2345	2248			6	2
105	2374	1124	15	89147	5	9	678	231	53
390	3346	289	56	751380	210		2040	399	71
154	130	5	1	2663	139	7	1707	14	15
182	170	16	12	200			200	474	24
426	2652	1132	30	100060	6200		910	96	31
191	1555	445	90	20000	300	60	3000	349	78
35	1056	55	11	53	80		415	63	33
32									
8									
36	112	14	13	4000			530	124	31
41									
36									
6	8132	496		210000			2806	308	6
43	1			421			845	22	18
72	29	20	5	22			201	27	35
38									
16									

中等职业学校信息

省辖市直管县	网络信息点数(个) 计	网络信息点数(个) 其中：无线接入	上网课程数（门）	其中：成人中专学校 数字资源量 电子图书（册）	电子期刊（册）	学位论文（册）	音视频（小时）	接受过信息技术相关培训的专任教师（人次）
河南省	12515	4994	393	1018174	16710	4129	74923	1773
郑州市	11501	4934	219	613559	15468	1745	41028	720
开封市	65			15000			1754	
洛阳市	240	2	20	91			922	55
平顶山市	23	2	16	10			1348	133
安阳市	51	1	26	3000	60	900	2005	27
鹤壁市								
新乡市	34	1	8	150050			1646	18
焦作市	14	6	5	12	10		5075	41
濮阳市							200	36
许昌市	58			1425			1324	44
漯河市	3	3		180			130	4
三门峡市	8	1	66	5283			8240	111
南阳市	484	25	19	4865	1083	1442	3018	132
商丘市	1	1		3313	72		2552	150
信阳市				190			280	65
周口市								
驻马店市	24	15	14	200944	17	42	4813	117
济源市								
巩义市								
兰考县							50	5
汝州市	8	3		20000			80	60
滑县								6
长垣县	1							3
邓州市								
永城市				152			458	8
固始县								
鹿邑县								
新蔡县				100				38

化建设情况（成人中专和职业高中学校）

信息化工作人员数	其中：职业高中学校								
	网络信息点数（个）		上网课程数（门）	数字资源量				接受过信息技术相关培训的专任教师（人次）	信息化工作人员数
	计	其中：无线接入		电子图书（册）	电子期刊（册）	学位论文（册）	音视频（小时）		
591	**49609**	**17877**	**1692**	**1707756**	**132331**	**702799**	**60123**	**10216**	**2791**
355	8196	1165	397	483892	103924	700787	14625	1152	346
8	664	91	14	201880			3317	320	118
16	1550	33	37	4484			1531	486	95
32									
4	3006	532	95	44725	251	90	2030	663	224
	1608	265	47	153	2331		4431	151	56
10	2089	335	81	185933	10		1123	417	128
22	1192	494	45	163260	20		950	477	83
1	4404	1040	93	1440	120		2750	693	176
6	2643	1524	60	30550			100	698	249
2	2854	394	103	7439	511	320	1372	629	99
11	299	88	107	100768	55	15	2260	64	41
34	3670	683	140	336682	22733	1310	8980	755	285
37	58	25	58	2436	214	10	1486	483	102
15	1890	1303	72	1033			943	645	141
	12141	9295	165	92479	1572	205	2450	786	343
16	1042	59	35	3250			4211	1095	97
2									
	1518	268	10	440	60		5700	155	32
							200	10	8
4				1500	5	12	430	1	1
6	23	8	5				200		35
	578	272	117	43500	525	50	115	257	36
5			3	81			378	30	20
	6	3	2	22			382	6	27
	178		6	1759			159	121	38
5				50				122	11

中　等　职　业　教　育

省辖市直管县	机构数	示范性、重点中职校数				其　他　办　学				
		国家级重点	省部级重点	国家示范性	省部级示范性	专业实习场（所）（所）	定期公开出版的专业刊物数（种）	建立校园网（所）		
									计	拨号
河南省	**574**	**120**	**108**	**44**	**52**	**3572**	**34**	**395**	**536**	
郑州市	114	29	13	7	13	1501	10	86	99	
开封市	25	7	8	1	1	102		8	25	
洛阳市	55	7	9	2	5	128	1	29	49	
平顶山市	17	4		1		58		12	17	
安阳市	13	3	5	4	1	82	1	8	12	
鹤壁市	5	2	4	2	1	18		4	5	
新乡市	25	5	8	3	1	191	1	20	24	
焦作市	24	8	5	2	3	233		18	23	
濮阳市	22	5	7	2	2	139	2	19	21	
许昌市	25	7	2	3	1	80		17	21	
漯河市	20	5	5		2	100	1	12	19	
三门峡市	18	4	4	2	2	37		12	18	
南阳市	78	1	8	2	3	290	10	53	71	
商丘市	26	6	7	1	8	35		15	26	
信阳市	21	8	2	2	3	78		13	21	
周口市	24	5	11	2	1	223	8	22	24	
驻马店市	23	8	4	4	2	62		19	22	
济源市	3	1	1	1	1	66		3	3	
巩义市	3	1		1	1	6		3	3	
兰考县	2					1		1	2	
汝州市	5	1	1		1	28		4	5	
滑县	3			1		6		2	3	
长垣县	2	1		1		61		1	2	
邓州市	2	1	1			21		1	2	
永城市	4					6		2	4	
固始县	7	1	3			8		4	7	
鹿邑县	4					10		3	4	
新蔡县	4					2		4	4	

其 他 基 本 情 况

条件情况					安全保卫人员	应届毕业生		上学年参加国家学生体质健康标准测试的人数				
接入互联网校数(所)				接入互联网出口带宽(Mbps)		就业人数	升学人数	计	优秀	良好	及格	不及格
ADSL	光纤	无线	其它									
	533	**3**		**94815**	**2688**	**198512**	**116755**	**819802**	**207660**	**328142**	**257645**	**26355**
	97	2		21680	762	56737	30838	185903	66209	61925	49262	8507
	25			3750	95	8035	3179	26276	7302	13459	5167	348
	49			10045	155	17753	9924	77762	16284	27098	30011	4369
	17			2620	82	3619	2485	18149	3282	8820	4715	1332
	12			3190	71	4717	5617	23103	2922	7001	11620	1560
	5			1300	38	3831	1758	17763	2376	4027	9298	2062
	24			3200	90	7507	5604	31660	5330	9150	16534	646
	23			5322	152	4257	6346	22062	2756	5645	12370	1291
	21			3030	106	7831	4010	30131	8590	11008	9953	580
	21			2200	74	4206	3611	29339	8372	13603	7344	20
	19			2686	67	3803	4868	26793	7040	10059	9046	648
	18			2320	63	2663	2197	9647	3628	3167	2739	113
	70	1		10445	288	12584	8878	61729	10895	37358	12396	1080
	26			3300	82	6001	2730	35599	9291	20463	5691	154
	21			3900	92	9159	7830	61689	16142	23889	20622	1036
	24			4310	198	7509	5034	45897	9982	22891	12717	307
	22			3432	77	6338	2805	32621	7020	18244	7125	232
	3			1100	17	66	1857	5406	1468	1552	2131	255
	3			500	8	317	690	3436	1132	1912	392	
	2			40	3	383		1445	1100	345		
	5			1500	42	524	612	5218	1706	2566	946	
	3			400	12	579	1011	6461	1558	3129	1768	6
	2			400	28	1055	1500	5652	1569	3182	893	8
	2			600	24	2435	1018	11510	2484	3790	3435	1801
	4			450	11	644	423	5135	1309	2851	975	
	7			2555	29	2527	1554	12756	4065	5227	3464	
	4			240	14	84	107	825	164	468	193	
	4			300	8	23348	269	25835	3684	5313	16838	

职业技术培训学校

省辖市直管县	校数(所) 计	其中 职工技术培训学校	其中 农民技术培训学校	结业生数 计	其中 职工技术培训学校	其中 农民技术培训学校	注册学生数 计	其中 职工技术培训学校	其中 农民技术培训学校
河南省	4602	72	4074	987540	46994	870111	982688	41821	857058
郑州市	800		575	167896		145556	171658		147748
开封市	22	7	15	38456	2476	35980	45223	2202	43021
洛阳市	650	2	644	148558	3007	141578	148668	3007	141578
平顶山市									
安阳市	33		33	88281	210	88071	91147	268	90879
鹤壁市									
新乡市	66	2	45	3270			8934		5800
焦作市	618		605	61558		53205	42891		34538
濮阳市	4	4							
许昌市									
漯河市	169	1	168	18508	11086	7422	18679	11096	7583
三门峡市	729	1	692	252926	1686	239270	251402	162	239270
南阳市	435	24	375	69374	15753	48389	49910	12008	34058
商丘市	94	6	23	20473	1150	9465	20473	1150	9465
信阳市	43	2	19	5733	3432		16990	1383	2016
周口市	554	10	544	25766	3874	21892	26640	2610	24030
驻马店市	244	4	240	21906	3964	17942	21938	3964	17974
济源市									
巩义市	16		16	30000		30000	30000		30000
兰考县									
汝州市	45	3	6	6454	356	2960	6045	371	608
滑县									
长垣县									
邓州市	33	6	27	23500		23500	27100	3600	23500
永城市	24		24	2428		2428	2428		2428
固始县									
鹿邑县									
新蔡县	23		23	2453		2453	2562		2562

（机构）基本情况

教职工			其中：专任教师			聘请校外教师	占地面积（㎡）	教学行政用房建筑面积（㎡）	图书（册）	固定资产总值（万元）
计	其中		计	其中						
	职工技术培训学校	农民技术培训学校		职工技术培训学校	农民技术培训学校					
11883	1592	6671	7001	1261	4090	6690	3740865	1516119	4322017	92484
2112		372	657		335	886	301882	107874	339588	4086
812	353	459	370	296	74		224461	61806	206114	5446
817	83	628	737	63	592		362164	60190	1498563	6485
73	73		49	49		1167	118654	76122	170714	1243
336		158	206		56	17	842791	69794	190130	9742
1314		1109	586		406	803	106500	44944	139926	3428
445	146	299	380	140	240	170	101244	524725	106762	4569
815	41	509	393	30	199	1198	207153	74840	216647	12654
1808	528	1169	1084	415	584	673	440592	183844	524250	10502
613	58	99	460	25	89	67	63006	28769	54364	4250
275	48	60	172	32	60	31	349211	32000	116550	11440
137	7	130	76	7	69	752	233417	104906	71541	3828
1024	204	820	980	160	820	559	196720	99847	442800	10294
312		312	54		54	50	57460	4529	12468	967
466	49	25	296	42	13	170				
384	2	382	384	2	382	102	91330	27189	195000	2720
33		33	25		25	45	17280	3640	3100	55
107		107	92		92		27000	11100	33500	775

成 人 中 小 学

省辖市直管县	校 数 （所）					毕(结)业学生数				
	计	成人中学		成人小学		计	成人中学		成人小学	
		职工中学	农民中学	职工小学	农民小学		职工中学	农民中学	职工小学	农民小学
河 南 省	**965**	**8**	**93**	**24**	**840**	**198895**	**13658**	**48254**	**16439**	**120544**
郑 州 市	295	2	10	24	259	110092	10058	17805	16439	65790
开 封 市										
洛 阳 市										
平顶山市										
安 阳 市										
鹤 壁 市										
新 乡 市	4		4			1253		1253		
焦 作 市										
濮 阳 市										
许 昌 市										
漯 河 市										
三门峡市										
南 阳 市	541		18		523	53453		535		52918
商 丘 市										
信 阳 市	30		12		18	3741		1905		1836
周 口 市	62		22		40	3256		3256		
驻马店市										
济 源 市										
巩 义 市										
兰 考 县										
汝 州 市										
滑 县										
长 垣 县										
邓 州 市	33	6	27			27100	3600	23500		
永 城 市										
固 始 县										
鹿 邑 县										
新 蔡 县										

基 本 情 况

注册学生数						教职工						聘请校外教师
计	成人中学			成人小学		计	成人中学	成人小学	其中:专任教师			
	职工中学	农民中学	其中:成人高中	职工小学	农民小学				计	成人中学	成人小学	
179349	**12713**	**42299**	**2387**	**12845**	**111492**	**2396**	**765**	**1631**	**1916**	**712**	**1204**	**1268**
106498	10058	17805	2387	12845	65790	371	88	283	73	73		112
1312		1312				31	31		31	31		5
35854		467			35387	1247	116	1131	1123	104	1019	590
2739		903			1836	72	36	36	30	12	18	
11791		3312			8479	291	110	181	275	108	167	561
21155	2655	18500				384	384		384	384		

成人小学中扫

省辖市直管县	学校数（所）	教学班（点）（个）	毕(结)业生数 计	其中：女	注册 计
河 南 省	20	20			2846
郑 州 市					
开 封 市					
洛 阳 市					
平顶山市					
安 阳 市					
鹤 壁 市					
新 乡 市					
焦 作 市					
濮 阳 市					
许 昌 市					
漯 河 市					
三门峡市					
南 阳 市					
商 丘 市					
信 阳 市					
周 口 市	20	20			2846
驻马店市					
济 源 市					
巩 义 市					
兰 考 县					
汝 州 市					
滑 县					
长 垣 县					
邓 州 市					
永 城 市					
固 始 县					
鹿 邑 县					
新 蔡 县					

盲班基本情况

学生数		教职工				聘请校外教师
	其中:女	计	其中:女	其中:专任教师		
				计	其中:女	
1623	78	43	73	39		105
1623	78	43	73	39		105

技工学校基本情况

省辖市	校数（所）	毕业生	招生	在校生	教职工
河南省	95	84359	115958	287694	12526
郑州市	21	31702	35111	104780	3140
开封市	8	9261	15057	36254	1056
洛阳市	9	2964	7260	16713	643
平顶山市	8	3535	12951	18670	928
安阳市	4	968	1320	3079	292
鹤壁市	2	1279	1666	5132	496
新乡市	4	5274	4752	17155	977
焦作市	4	2686	3862	9920	653
濮阳市	4	1895	1889	4789	368
许昌市	2	1466	2855	5097	665
漯河市	3	4993	3539	13856	591
三门峡市	4	6075	4750	13628	580
南阳市	11	1803	3386	6846	545
商丘市	3	1419	2276	4410	201
信阳市	2	333	518	1303	138
周口市	1	1351	4181	7302	285
驻马店市	3	5001	4748	10997	656
济源市	2	2354	5837	7763	312

注：本表数据由省统计局提供。

六、各县（市）区教育基本情况

学 前 教 育

省、市、县(市)区名称	园数(所) 计	园数(所) 公办	园数(所) 民办	班数(个)	入园(班)人数 计	入园(班)人数 其中:女	在园 计	在园 其中:女	在园 托班
河南省	23181	5120	18061	165549	1253449	599382	4308701	2045317	151267
郑州市	1729	412	1317	14678	125289	60232	414477	195490	7928
中原区	142	13	129	1427	12511	6162	38965	18482	517
二七区	152	19	133	1285	11974	5685	32913	15464	1017
管城回族区	130	13	117	1222	9073	4410	29722	13939	555
金水区	216	41	175	2216	20150	9619	60852	28598	2206
上街区	35	3	32	329	3486	1737	8920	4295	496
惠济区	96	5	91	684	4803	2330	15871	7412	598
中牟县	187	90	97	1431	13168	6401	48499	22856	761
巩义市	124	37	87	1219	10244	4906	34599	16629	435
荥阳市	132	44	88	963	8636	4093	27575	13078	1006
新密市	165	44	121	1158	10530	5009	34901	16446	
新郑市	206	52	154	1670	13144	6190	52139	24153	331
登封市	144	51	93	1074	7570	3690	29521	14138	6
开封市	1285	296	989	8099	61707	29395	216757	102073	7866
龙亭区	122	18	104	884	7649	3694	22402	10216	1973
顺河回族区	44	15	29	329	2710	1295	9391	4446	759
鼓楼区	27	10	17	178	1260	572	4855	2272	399
禹王台区	28	7	21	180	1397	626	4824	2208	376
祥符区	173	61	112	1088	8519	3991	27282	12797	930
杞县	205	40	165	1425	11543	5575	38128	18061	1059
通许县	157	49	108	895	5488	2576	23667	11264	722
尉氏县	282	26	256	1604	9858	4740	44844	21372	1059
兰考县	247	70	177	1516	13283	6326	41364	19437	589
洛阳市	1305	156	1149	9908	64280	31413	264679	127968	20327
老城区	32	1	31	232	1344	674	5751	2752	607
西工区	54	10	44	441	3443	1609	12066	5700	946
瀍河回族区	43	6	37	243	1172	557	5832	2740	207
涧西区	76	21	55	649	4520	2257	17868	8562	1769
吉利区	18	4	14	122	748	356	3232	1546	455
洛龙区	156	6	150	1222	8337	4182	30676	14823	2361
孟津县	71	23	48	581	3901	1933	14950	7387	606
新安县	67	13	54	538	3097	1506	14306	6834	533
栾川县	41	25	16	468	4021	1864	13203	6121	274
嵩县	144	15	129	1009	6431	3084	26314	12772	1487
汝阳县	99	5	94	800	4557	2219	21431	10500	1426
宜阳县	126	2	124	885	5100	2446	24179	11707	2412
洛宁县	108	1	107	596	4061	2033	16900	8306	1975
伊川县	173	16	157	1372	9181	4531	37144	18161	2411
偃师市	97	8	89	750	4367	2162	20827	10057	2858
平顶山市	1676	334	1342	8908	59726	28560	233937	110981	3454
新华区	97	12	85	650	3949	1851	17227	8102	376
卫东区	80	9	71	541	3974	1912	13371	6075	231
石龙区	19	1	18	77	458	225	1850	905	

基　本　情　况（总计）（一）

（班）人数			离园(班)人数		教职工				代课教师	兼任教师
小班	中班	大班	计	其中:女	计	其中:女	园长	专任教师		
1053257	1320737	1783295	1613457	765815	390652	361198	26999	226163	13633	1582
111076	131484	163989	126013	59382	55566	50833	2297	29922	2188	137
10475	12425	15548	10667	5243	5791	5459	195	3168	2	5
8440	10261	13195	9173	4178	4978	4672	215	2767	30	19
7081	9382	12704	9077	4112	4939	4553	194	2733	1	27
17536	19398	21712	16563	7811	9662	8756	336	5183	128	21
2617	2693	3114	2682	1323	1252	1189	46	658	30	
4098	5275	5900	4365	2076	2655	2459	128	1474	11	8
12599	14928	20211	13625	6373	3923	3652	205	2391	699	11
10165	10267	13732	11030	5231	4396	3936	189	2148		2
8285	8567	9717	8439	4059	3644	3261	208	1916	196	44
9486	11636	13779	12142	5621	4563	4118	169	2355	211	
13126	16726	21956	17437	8127	5605	5016	247	3160	790	
7168	9926	12421	10813	5228	4158	3762	165	1969	90	
53411	**67230**	**88250**	**82204**	**38811**	**21158**	**19461**	**1453**	**11704**	**355**	**84**
6184	6624	7621	6923	3209	3255	3006	165	1666	60	16
2666	2759	3207	3059	1372	1387	1285	54	715	35	2
1352	1459	1645	1426	664	656	620	34	397	48	1
1290	1404	1754	1699	784	641	595	32	300	6	12
7030	8212	11110	10295	4840	2654	2451	193	1361	69	7
10517	12097	14455	13952	6783	2792	2614	232	1875	22	31
5153	7176	10616	10024	4772	2054	1830	175	1065	68	2
9910	14223	19652	17688	8337	4390	3957	296	2417	10	3
9309	13276	18190	17138	8050	3329	3103	272	1908	37	10
66536	**77411**	**100405**	**85492**	**41224**	**26907**	**24955**	**1726**	**14599**	**957**	**59**
1391	1675	2078	1517	748	865	806	44	454		2
3388	3565	4167	4262	2075	1676	1559	86	963	53	
1605	1893	2127	1517	720	921	848	59	472	4	
4896	5413	5790	5557	2720	2668	2501	113	1451	32	6
845	886	1046	908	428	412	387	27	190		
7057	8599	12659	9486	4629	4235	3906	209	2104		7
3847	4103	6394	5239	2454	1352	1291	86	768	66	1
3396	4163	6214	4464	2038	1300	1200	91	539	339	2
3911	4107	4911	4665	2238	1003	945	56	635	320	17
6501	7811	10515	9353	4558	1992	1880	178	1240	40	7
4472	6286	9247	8188	3979	1253	1180	118	829	20	4
6094	7180	8493	6914	3254	2312	2115	162	1132		1
4430	4849	5646	5263	2614	1453	1395	121	959		
9056	10826	14851	12621	6116	3287	2995	229	1815	74	
5647	6055	6267	5538	2653	2178	1947	147	1048	9	12
56895	**73406**	**100182**	**82850**	**39461**	**23256**	**21480**	**1881**	**13245**	**616**	**52**
4584	5609	6658	5186	2404	2603	2388	132	1405	1	25
3654	3963	5523	3319	1591	1807	1706	112	1062		1
458	548	844	880	419	206	196	22	122	5	

学 前 教 育

省、市、县(市)区名称	园数(所) 计	公办	民办	班数(个)	入园(班)人数 计	其中：女	在园 计	其中：女	托班
湛河区	60	5	55	461	2676	1266	11172	5299	653
宝丰县	188	17	171	906	6525	3134	23839	11259	367
叶县	321	117	204	1453	8522	4052	35994	17148	188
鲁山县	232	44	188	1241	11200	5354	37191	17685	705
郏县	132	13	119	680	6156	3070	22415	10895	266
舞钢市	99	42	57	585	3287	1595	15068	7117	450
汝州市	448	74	374	2314	12979	6101	55810	26496	218
安阳市	1867	275	1592	10256	65455	31637	230164	108757	11974
文峰区	100	4	96	786	6628	3170	18666	8598	1546
北关区	111	8	103	590	4461	2119	12996	5864	928
殷都区	235	24	211	1156	6314	3101	24232	11397	1650
龙安区	53	15	38	340	2592	1192	7815	3584	629
安阳县	237	21	216	1063	6151	2818	21543	10095	1986
汤阴县	283	81	202	1075	6356	3202	21499	10460	262
滑县	378	26	352	2500	15132	7344	58775	27811	1191
内黄县	242	57	185	1416	8599	4217	33762	16204	2333
林州市	228	39	189	1330	9222	4474	30876	14744	1449
鹤壁市	436	41	395	2616	16434	7927	60428	28581	4005
鹤山区	16	1	15	78	363	189	1661	804	113
山城区	45	8	37	272	1414	688	6005	2803	125
淇滨区	101	15	86	690	5390	2600	16499	7766	1051
浚县	152	10	142	1050	5851	2839	23868	11451	1807
淇县	122	7	115	526	3416	1611	12395	5757	909
新乡市	1946	345	1601	11206	71958	34203	267981	125666	14295
红旗区	108	11	97	862	7931	3757	21061	9730	1882
卫滨区	57	9	48	465	4447	2056	11940	5564	721
凤泉区	41	5	36	261	1177	548	6822	3140	709
牧野区	65	10	55	532	2890	1354	13260	6234	1149
新乡县	104	34	70	625	3110	1533	14819	6843	1570
获嘉县	127	35	92	830	6254	2923	18086	8442	1500
原阳县	256	53	203	1238	8684	4185	30830	14457	2068
延津县	209	48	161	850	4685	2182	18820	8790	766
封丘县	264	26	238	1361	9984	4854	34774	16595	42
长垣县	263	55	208	1703	10309	4875	42349	19768	1021
卫辉市	236	14	222	906	3928	1876	18957	8958	342
辉县市	216	45	171	1573	8559	4060	36263	17145	2525
焦作市	786	114	672	6130	43550	21084	147915	70949	13379
解放区	60	3	57	435	4628	2245	10327	4950	398
中站区	19	1	18	185	2351	1105	4750	2259	491
马村区	16	1	15	192	1327	644	5120	2419	682
山阳区	105	18	87	754	6149	2993	17674	8352	1476
修武县	77	15	62	516	2520	1188	12067	5752	1784
博爱县	93	15	78	654	3438	1694	14193	6793	1598
武陟县	172	19	153	1329	8647	4048	31777	14893	1551

基 本 情 况（总计）（二）

（班）人数			离园(班)人数		教职工				代课教师	兼任教师
小班	中班	大班	计	其中：女	计	其中：女	园长	专任教师		
2731	3472	4316	2983	1400	1579	1463	93	809		1
6257	7224	9991	9246	4492	2502	2269	220	1370	102	
7945	11765	16096	14205	6691	3586	3308	321	1684	19	
8879	11989	15618	13557	6534	2895	2669	257	1640	98	1
6209	7088	8852	8286	3976	1913	1743	141	1270	69	10
3524	4193	6901	4729	2156	1380	1263	97	843	267	13
12654	17555	25383	20459	9798	4785	4475	486	3040	55	1
56538	69162	92490	89533	41829	23167	21619	2048	12426	1123	129
4863	5454	6803	5847	2650	2939	2776	139	1569	70	5
3470	3838	4760	4505	2102	1934	1780	148	934	94	14
6040	7359	9183	9407	4301	2882	2714	268	1440	98	20
2116	2170	2900	2584	1211	989	919	56	499	91	
5318	6218	8021	8652	4009	2446	2276	270	1162	20	48
5364	6626	9247	7517	3528	2421	2231	259	1291	104	4
14734	18588	24262	25051	11675	3963	3676	403	2379	356	6
8386	10225	12818	13040	6255	3405	3167	263	1816	43	4
6247	8684	14496	12930	6098	2188	2080	242	1336	247	28
14616	18253	23554	20113	9401	6751	6211	568	3693	193	15
363	536	649	696	322	227	215	24	88		2
1243	1857	2780	2166	992	842	786	78	388		5
3910	5110	6428	4622	2076	2406	2221	149	1313	61	1
5840	7194	9027	8621	4132	2078	1879	184	1239	83	5
3260	3556	4670	4008	1879	1198	1110	133	665	49	2
66209	81178	106299	92365	43205	27294	25431	2282	15566	936	67
5500	6214	7465	6968	3274	3260	2977	172	1744	16	8
2778	3507	4934	4108	1939	1562	1459	90	821	135	4
1562	2040	2511	1985	909	770	721	44	391	38	
3403	4060	4648	3642	1663	1818	1663	107	1014		
3705	4452	5092	4753	2281	1797	1640	126	940		
4575	5498	6513	6976	3226	1222	1162	137	822	247	
7937	9642	11183	9899	4609	2410	2209	273	1404	202	4
5113	5831	7110	6579	3110	1842	1717	221	1114	27	1
8571	11234	14927	13164	6392	3082	2907	278	1764	2	34
9824	12843	18661	15215	6949	4040	3836	291	2509	72	13
4375	5626	8614	7401	3404	1933	1790	254	921	22	
8866	10231	14641	11675	5449	3558	3350	289	2122	175	3
41255	44030	49251	42859	20362	15775	14619	1019	8466	626	26
2612	3266	4051	2249	1040	1823	1683	99	933	5	6
1151	1270	1838	859	381	561	516	32	266		
1437	1501	1500	1371	635	657	597	21	334		
4761	5176	6261	5132	2547	2304	2186	149	1307	134	4
3175	3381	3727	3609	1690	1250	1129	101	697	128	16
3847	4212	4536	3967	1893	1671	1572	123	740	8	
9507	10055	10664	10451	4769	3073	2858	200	1751	15	

学 前 教 育

省、市、县(市)区名称	园数(所) 计	公办	民办	班数(个)	入园(班)人数 计	其中：女	在园 计	其中：女	托班
温　　县	67	17	50	761	5187	2516	17931	8750	1734
沁 阳 市	105	4	101	809	5653	2843	21014	10387	2569
孟 州 市	72	21	51	495	3650	1808	13062	6394	1096
濮 阳 市	**1032**	**283**	**749**	**6939**	**48438**	**22762**	**176751**	**82314**	**7680**
华 龙 区	234	39	195	1624	11854	5697	41359	18987	2572
清 丰 县	210	15	195	1272	7715	3381	29622	13755	1900
南 乐 县	135	25	110	1154	6800	3321	27394	13036	1505
范　　县	130	48	82	738	6207	2942	19776	9239	614
台 前 县	56	21	35	367	4557	2047	13515	6098	45
濮 阳 县	267	135	132	1784	11305	5374	45085	21199	1044
许 昌 市	**1266**	**210**	**1056**	**7707**	**53317**	**25542**	**201260**	**95745**	**5575**
魏 都 区	77	11	66	730	8572	4137	23748	11286	243
建 安 区	191	9	182	1205	8237	3982	32747	15613	467
鄢 陵 县	210	52	158	1127	6946	3222	30359	14234	734
襄 城 县	172	22	150	1044	7398	3547	29258	14162	408
禹 州 市	430	95	335	2263	15230	7249	51889	24763	1939
长 葛 市	186	21	165	1338	6934	3405	33259	15687	1784
漯 河 市	**567**	**223**	**344**	**3613**	**28220**	**13450**	**101211**	**48613**	**2057**
源 汇 区	59	24	35	526	3670	1702	16250	7668	176
郾 城 区	108	42	66	725	5405	2608	20640	9997	103
召 陵 区	128	29	99	834	5782	2704	22405	10768	596
舞 阳 县	98	19	79	699	6454	3124	19677	9397	756
临 颍 县	174	109	65	829	6909	3312	22239	10783	426
三 门 峡 市	**432**	**119**	**313**	**3067**	**23776**	**11381**	**78217**	**37826**	**3505**
湖 滨 区	69	12	57	524	5558	2702	14601	7131	1178
陕 州 区	45	30	15	316	2418	1161	7535	3692	631
渑 池 县	84	23	61	465	2976	1476	10877	5328	703
卢 氏 县	59	27	32	451	3603	1682	12816	6182	138
义 马 市	28	11	17	244	2093	1054	6643	3205	763
灵 宝 市	147	16	131	1067	7128	3306	25745	12288	92
南 阳 市	**2132**	**608**	**1524**	**16535**	**129812**	**61407**	**411495**	**193950**	**16854**
宛 城 区	128	28	100	1246	10204	4839	31739	14794	2755
卧 龙 区	393	154	239	1868	13075	6134	46236	21390	3787
南 召 县	126	14	112	845	6636	3174	23535	11165	536
方 城 县	106	24	82	1588	10928	5130	43390	20868	2184
西 峡 县	112	37	75	921	5276	2486	19164	8914	
镇 平 县	176	16	160	1398	11834	5722	34842	16463	760
内 乡 县	111	18	93	1078	7715	3490	24851	11473	1163
淅 川 县	129	23	106	996	10677	5077	25414	11952	489
社 旗 县	89	22	67	676	6738	3271	18310	8834	364
唐 河 县	213	24	189	1781	9839	4687	42847	20158	2045
新 野 县	81	23	58	845	7605	3565	19846	9288	304
桐 柏 县	80	26	54	538	4115	1917	13504	6368	492
邓 州 市	388	199	189	2755	25170	11915	67817	32283	1975

基 本 情 况（总计）（三）

（班）人数			离园(班)人数		教职工				代课教师	兼任教师
小班	中班	大班	计	其中：女	计	其中：女	园长	专任教师		
4995	5294	5908	5379	2631	1200	1112	84	759	113	
6025	5995	6425	6132	2914	2092	1941	125	1089	189	
3745	3880	4341	3710	1862	1144	1025	85	590	34	
46661	**55474**	**66936**	**59950**	**28060**	**16846**	**15719**	**1340**	**9587**	**523**	**42**
11294	12603	14890	12799	5974	5394	5090	357	2961	279	16
7664	9078	10980	10321	4704	3033	2841	265	1666	38	7
7048	8132	10709	9734	4785	2191	2001	168	1238	51	9
5240	6722	7200	6936	3200	1670	1540	166	1038	38	8
4200	4366	4904	2083	931	849	793	69	475	14	
11215	14573	18253	18077	8466	3709	3454	315	2209	103	2
49447	**63173**	**83065**	**74363**	**35344**	**21020**	**19284**	**1204**	**11760**	**65**	**12**
5858	7582	10065	8719	4105	2582	2466	83	1527	62	3
7340	10632	14308	12910	6348	3597	3163	209	1667		
7028	9142	13455	12449	5898	2537	2338	198	1629	2	
6789	9962	12099	11539	5533	2816	2561	156	1651	1	9
14742	16255	18953	18203	8633	5565	5179	379	3195		
7690	9600	14185	10543	4827	3923	3577	179	2091		
22826	**30040**	**46288**	**33554**	**15807**	**9843**	**8934**	**663**	**5473**	**438**	**38**
3271	4442	8361	5318	2496	1600	1448	87	889		
4880	6187	9470	6522	2928	2263	2056	144	1350	208	27
4621	6755	10433	7352	3658	2173	1991	148	1223	82	4
4467	5822	8632	6257	2980	1691	1548	123	819	26	
5587	6834	9392	8105	3745	2116	1891	161	1192	122	7
22058	**24272**	**28382**	**25248**	**12268**	**9125**	**8429**	**550**	**5388**	**484**	**10**
4179	4314	4930	4579	2248	2015	1894	119	1132	4	3
2181	2107	2616	2726	1308	868	777	48	511	100	3
3174	3299	3701	3347	1700	1168	1097	97	730	45	4
3038	4198	5442	4565	2139	927	865	65	509	335	
1675	1911	2294	1700	787	750	708	37	434		
7811	8443	9399	8331	4086	3397	3088	184	2072		
98181	**122973**	**173487**	**177890**	**84515**	**28192**	**26523**	**2180**	**18607**	**2327**	**403**
7786	8868	12330	12452	5797	3177	2950	168	1776	127	12
12473	13749	16227	16967	8017	4876	4604	410	2864	268	14
4566	6906	11527	10647	5088	1627	1502	126	1000	22	3
10637	13619	16950	20823	10030	1581	1485	119	1038	215	113
4339	5482	9343	9480	4438	1150	1114	98	957	181	1
8310	10805	14967	13645	6587	2672	2508	192	1993	42	
6029	7177	10482	9963	4620	1819	1715	112	1155	247	7
6465	7756	10704	12230	5722	1679	1602	145	1301	287	6
4316	5211	8419	7038	3375	1122	1055	92	754	73	8
10160	13076	17566	18472	8757	3109	2934	210	2003	38	58
3768	5699	10075	8962	4170	864	799	81	656	52	60
3132	4117	5763	5935	2726	1034	968	72	702	65	4
16200	20508	29134	31276	15188	3482	3287	355	2408	710	117

学 前 教 育

省、市、县(市)区名称	园数(所)			班数(个)	入园(班)人数		在园		
	计	公办	民办		计	其中:女	计	其中:女	托班
商丘市	1616	444	1172	15107	106876	50716	403109	191329	6339
梁园区	120	16	104	1073	7698	3606	29334	13847	206
睢阳区	187	45	142	1384	9773	4413	38447	17673	541
民权县	240	115	125	1753	9375	4461	42413	19963	896
睢县	92	16	76	932	7002	3233	29704	13914	115
宁陵县	172	33	139	1508	8574	3999	37730	17808	300
柘城县	231	121	110	1795	13390	6386	45024	21453	591
虞城县	166	10	156	2153	12774	6169	58196	28172	1620
夏邑县	176	80	96	1920	16592	8051	49819	24278	87
永城市	232	8	224	2589	21698	10398	72442	34221	1983
信阳市	1506	398	1108	10785	99141	46357	305622	143170	12523
浉河区	180	19	161	983	4844	2224	23107	10814	2014
平桥区	229	25	204	1453	10657	5075	37131	17439	1469
罗山县	141	93	48	807	5978	2758	28274	13725	518
光山县	117	26	91	860	10004	4613	22731	10494	375
新县	136	35	101	588	4345	2119	13045	6202	1276
商城县	75	30	45	1113	9140	4295	25139	11804	110
固始县	306	20	286	2086	20918	9408	61287	27588	6083
潢川县	62	38	24	945	9133	4201	30304	14025	135
淮滨县	165	87	78	920	8253	4028	25933	12495	408
息县	95	25	70	1030	15869	7636	38671	18584	135
周口市	2306	651	1655	16811	136568	66365	430392	208049	3715
川汇区	82	12	70	802	9602	4522	24447	11682	520
扶沟县	190	82	108	967	8249	4083	24884	12258	21
西华县	106	6	100	1254	12405	6085	29119	14137	612
商水县	264	78	186	1474	13830	6705	41833	20223	450
沈丘县	395	150	245	1966	14431	7042	48004	23200	201
郸城县	243	59	184	2068	18153	8834	55578	26836	197
淮阳县	163	15	148	2188	16352	7963	56247	27251	739
太康县	514	182	332	2464	17988	8840	61291	29675	420
鹿邑县	140	45	95	1652	11361	5492	40824	19830	446
项城市	209	22	187	1976	14197	6799	48165	22957	109
驻马店市	1093	124	969	12017	107954	51629	332183	158293	8457
驿城区	176	19	157	1164	11930	5455	33537	15678	866
西平县	108	3	105	947	5504	2647	26908	12884	657
上蔡县	211	12	199	1937	20018	9625	51427	24762	329
平舆县	63	13	50	1343	9306	4448	34986	16559	122
正阳县	88	14	74	1040	6881	3279	28348	13347	294
确山县	59	8	51	692	10058	4650	21048	9636	573
泌阳县	136	6	130	1583	11474	5487	43654	20757	3237
汝南县	121	25	96	1098	11800	5668	29608	14089	597
遂平县	72	16	56	800	6228	2935	19985	9377	997
新蔡县	59	8	51	1413	14755	7435	42682	21204	785
济源市	201	87	114	1167	10948	5322	32123	15563	1334

基 本 情 况（总计）（四）

（班）人数			离园（班）人数		教职工				代课教师	兼任教师
小班	中班	大班	计	其中：女	计	其中：女	园长	专任教师		
86393	**127210**	**183167**	**165779**	**78754**	**32008**	**29290**	**2015**	**19523**	**786**	**17**
5974	9639	13515	11711	5520	3461	3211	166	1886	31	1
7196	12459	18251	16237	7445	4012	3632	231	1949	106	
9075	12904	19538	17523	8332	3347	3088	293	2194	108	2
6770	9915	12904	12135	5759	1974	1801	135	1156	77	5
6498	10657	20275	12501	5894	2627	2286	224	1459	251	5
10776	14262	19395	18682	8675	3327	3092	251	2200	14	
13728	19083	23765	23195	11231	4232	3671	232	2488		
12065	15966	21701	20984	10031	3002	2824	193	2171	199	1
14311	22325	33823	32811	15867	6026	5685	290	4020		3
71638	**89062**	**132399**	**133372**	**62726**	**20533**	**18946**	**1612**	**12313**	**1195**	**108**
5972	7184	7937	7518	3500	2930	2702	223	1690	51	7
7913	10836	16913	13581	6443	4040	3673	302	2008	140	40
4007	6845	16904	13553	6403	1193	1079	112	730	135	15
4388	6010	11958	17173	7784	1596	1415	105	996		3
3590	3607	4572	4919	2275	1097	1062	108	857	39	
6879	7856	10294	11663	5458	1023	953	91	639	142	15
15060	17035	23109	22096	10315	3837	3619	324	2267	34	21
7984	9396	12789	12748	5880	1070	984	85	650	563	1
5511	7521	12493	12837	6308	2189	1981	152	1421	87	4
10334	12772	15430	17284	8360	1558	1478	110	1055	4	2
104392	**138146**	**183994**	**167566**	**81101**	**29748**	**27912**	**2588**	**20098**	**178**	**326**
6874	7803	9250	8365	3992	2073	1973	115	1383	49	71
6349	7949	10565	10511	5106	1942	1806	183	1194	24	1
5756	8625	14126	11045	5415	1777	1646	122	1209	3	38
10230	14284	16869	14749	7170	3411	3104	295	2100	34	3
12736	15497	19570	19221	9237	4042	3829	428	2591		
13172	17220	24989	23148	11240	3490	3280	280	2343		1
12994	17345	25024	22402	10883	2721	2542	203	1824	50	183
16892	21161	22818	22010	10675	5049	4686	545	3280	12	
9916	13020	17442	16118	7855	1757	1640	143	1307		24
9473	15242	23341	19997	9528	3486	3406	274	2867	6	5
75087	**98195**	**150444**	**144447**	**68846**	**19334**	**17806**	**1302**	**11912**	**481**	**56**
7490	9996	15185	11441	5412	3804	3569	234	2379	44	4
5407	8584	12260	9825	4644	2209	2008	123	1307	24	6
12275	15873	22950	23613	11199	2983	2645	239	1696	109	
8928	11204	14732	15731	7510	1395	1341	63	1089	33	
6804	8274	12976	14834	6931	1226	1094	92	800	78	
4637	4392	11446	7002	3297	871	794	65	547	24	3
10396	12844	17177	17181	8055	2457	2310	185	1335	52	43
5633	8825	14553	16204	7768	2046	1838	152	1158	114	
4136	6140	8712	8291	3981	1188	1122	79	823	3	
9381	12063	20453	20325	10049	1155	1085	70	778		
10038	**10038**	**10713**	**9859**	**4719**	**4129**	**3746**	**271**	**1881**	**162**	**1**

学 前 教 育

省、市、县(市)区名称	园数(所) 计	公办	民办	班数(个)	入园(班)人数 计	其中：女	在园 计	其中：女	托班
河南省	4755	682	4073	37904	312342	148680	1016950	478017	46945
郑州市	913	143	770	8573	77652	37228	239104	112807	5649
中原区	110	9	101	1107	9945	4884	30514	14470	417
二七区	125	14	111	1127	10714	5059	28963	13573	952
管城回族区	90	9	81	834	5522	2625	21012	9807	344
金水区	214	41	173	2195	19997	9555	60322	28340	2160
上街区	35	3	32	329	3486	1737	8920	4295	496
惠济区	59	3	56	443	3212	1560	10343	4866	308
中牟县									
巩义市	54	12	42	542	5256	2500	15272	7348	219
荥阳市	64	14	50	564	5186	2420	16346	7700	560
新密市	65	11	54	524	5643	2704	17156	8162	
新郑市	47	15	32	493	5008	2369	18162	8438	193
登封市	50	12	38	415	3683	1815	12094	5808	
开封市	228	54	174	1703	14851	7080	44969	20740	3450
龙亭区	91	11	80	742	6508	3143	18782	8521	1694
顺河回族区	41	15	26	312	2656	1264	8957	4214	689
鼓楼区	25	10	15	163	1212	549	4447	2075	387
禹王台区	20	7	13	136	1177	530	3751	1737	299
祥符区	51	11	40	350	3298	1594	9032	4193	381
杞县									
通许县									
尉氏县									
兰考县									
洛阳市	342	52	290	2678	18009	8824	70448	33632	6392
老城区	32	1	31	232	1344	674	5751	2752	607
西工区	52	10	42	429	3374	1578	11734	5535	921
瀍河回族区	41	6	35	234	1142	538	5620	2632	207
涧西区	43	21	22	418	3059	1541	11827	5622	1184
吉利区	16	4	12	110	675	320	2913	1395	410
洛龙区	94	3	91	735	5258	2612	17931	8616	1142
孟津县	1		1	5	10	5	112	43	10
新安县	7		7	56	292	132	1661	792	165
栾川县									
嵩县									
汝阳县									
宜阳县									
洛宁县									
伊川县									
偃师市	56	7	49	459	2855	1424	12899	6245	1746
平顶山市	372	44	328	2508	15588	7392	64280	29984	1584
新华区	63	8	55	487	2740	1320	13030	6131	291
卫东区	74	9	65	514	3874	1857	12872	5847	207
石龙区	16	1	15	64	383	188	1540	747	

基本情况(城区)(一)

(班)人数			离园(班)人数		教职工				代课教师	兼任教师
小班	中班	大班	计	其中:女	计	其中:女	园长	专任教师		
264109	309293	396518	323237	152302	132195	123329	6597	74903	3609	279
66799	75923	90733	70816	33310	34686	32001	1299	18964	828	61
8150	9682	12265	8366	4113	4452	4204	144	2470	2	
7492	8955	11564	7954	3580	4454	4184	188	2487	28	14
4876	6629	9163	6724	3010	3408	3161	134	1906	1	
17362	19255	21545	16464	7769	9581	8683	334	5130	128	21
2617	2693	3114	2682	1323	1252	1189	46	658	30	
2677	3479	3879	2892	1334	1785	1669	79	997	6	7
5184	4526	5343	5055	2354	1945	1760	76	1060		2
4921	5084	5781	4885	2333	2207	2032	111	1185	58	17
5213	5633	6310	5722	2686	2026	1879	69	1082	211	
5056	5899	7014	5694	2689	1766	1572	60	1078	342	
3251	4088	4755	4378	2119	1810	1668	58	911	22	
12451	13197	15871	14395	6626	6354	5910	293	3325	188	26
5242	5530	6316	5668	2630	2824	2613	129	1472	49	16
2574	2652	3042	2902	1305	1318	1228	50	681	35	2
1253	1313	1494	1348	626	609	575	30	371	48	1
993	1049	1410	1263	582	492	455	24	244	6	
2389	2653	3609	3214	1483	1111	1039	60	557	50	7
18329	20691	25036	21090	10229	9902	9216	482	5263	95	20
1391	1675	2078	1517	748	865	806	44	454		2
3329	3469	4015	4159	2037	1637	1523	83	941	53	
1560	1826	2027	1492	708	884	823	56	456	4	
3425	3601	3617	3300	1646	1770	1665	60	999	32	4
775	786	942	813	388	386	364	25	179		
4034	5004	7751	5639	2762	2765	2594	112	1443		4
30	31	41	18	12	13	11	1	5		
325	452	719	688	288	169	158	9	76		
3460	3847	3846	3464	1640	1413	1272	92	710	6	10
15956	19869	26871	19012	8995	8301	7801	500	4891	108	26
3335	4303	5101	3883	1778	1953	1796	92	1043		25
3554	3819	5292	3194	1544	1746	1649	106	1031		1
383	453	704	741	363	178	172	18	109	5	

学 前 教 育

省、市、县(市)区名称	园数(所) 计	公办	民办	班数(个)	入园(班)人数 计	其中:女	在园 计	其中:女	托班
湛河区	46	3	43	373	2208	1042	8866	4203	524
宝丰县									
叶 县	13	2	11	83	535	252	2034	942	44
鲁山县									
郏 县									
舞钢市	35	9	26	280	1900	940	8044	3781	337
汝州市	125	12	113	707	3948	1793	17894	8333	181
安阳市	**356**	**30**	**326**	**2376**	**16870**	**8043**	**56733**	**26418**	**4077**
文峰区	73	4	69	539	4617	2205	12590	5808	875
北关区	96	7	89	494	4000	1945	11031	5075	770
殷都区	40	4	36	303	1652	842	6922	3246	517
龙安区	32	6	26	223	1681	719	5344	2420	479
安阳县	17		17	92	388	168	2038	955	217
汤阴县	1		1	5	22	16	107	54	
滑 县									
内黄县									
林州市	97	9	88	720	4510	2148	18701	8860	1219
鹤壁市	**125**	**14**	**111**	**874**	**6048**	**2920**	**20277**	**9480**	**1010**
鹤山区	13	1	12	70	345	184	1546	749	106
山城区	38	6	32	248	1283	633	5440	2544	125
淇滨区	72	7	65	546	4397	2092	13077	6077	774
浚 县									
淇 县	2		2	10	23	11	214	110	5
新乡市	**341**	**49**	**292**	**2720**	**19700**	**9178**	**67622**	**31423**	**5035**
红旗区	66	8	58	578	5774	2672	14526	6647	1411
卫滨区	56	9	47	462	4424	2048	11895	5549	721
凤泉区	13	3	10	121	663	313	3765	1746	441
牧野区	61	10	51	501	2735	1290	12512	5892	1073
新乡县									
获嘉县									
原阳县									
延津县									
封丘县									
长垣县									
卫辉市	45	3	42	282	1495	711	7041	3295	99
辉县市	100	16	84	776	4609	2144	17883	8294	1290
焦作市	**198**	**27**	**171**	**1730**	**16535**	**7991**	**44672**	**21311**	**3477**
解放区	59	3	56	431	4497	2187	10196	4892	398
中站区	18	1	17	159	2107	971	4141	1955	399
马村区	11	1	10	159	1234	595	4267	2017	573
山阳区	44	11	33	348	3053	1455	8757	4026	466
修武县									
博爱县									
武陟县									

基 本 情 况（城区）（二）

（班）人数			离园（班）人数		教职工				代课教师	兼任教师
小班	中班	大班	计	其中：女	计	其中：女	园长	专任教师		
2262	2808	3272	2292	1057	1349	1261	73	715		
529	667	794	415	210	283	262	19	161		
2032	2307	3368	2427	1079	866	816	40	573	93	
3861	5512	8340	6060	2964	1926	1845	152	1259	10	
14425	16505	21726	18585	8634	7347	6893	477	3832	380	49
3263	3647	4805	4217	1927	2023	1915	102	1082	70	
3033	3260	3968	3672	1737	1664	1517	130	794	79	14
1852	2003	2550	2170	1021	1042	989	59	536	12	12
1567	1474	1824	1609	752	747	705	38	387	71	
564	581	676	634	280	301	281	20	141		
35	26	46	36	22	17	16	2	5		
4111	5514	7857	6247	2895	1553	1470	126	887	148	23
4523	6326	8418	6402	2883	2977	2772	208	1563	61	8
335	506	599	635	296	214	202	23	80		2
1097	1685	2533	1936	898	763	718	67	361		5
3019	4068	5216	3740	1660	1983	1835	116	1112	61	1
72	67	70	91	29	17	17	2	10		
16883	19677	26027	20932	9642	8812	8190	529	4961	348	13
3822	4257	5036	4842	2265	2183	2007	108	1208	16	6
2760	3491	4923	4091	1933	1555	1453	89	816	135	4
854	1167	1303	945	444	421	397	15	214	38	
3215	3822	4402	3469	1578	1728	1581	102	974		
1645	1963	3334	2107	954	826	762	65	445	22	
4587	4977	7029	5478	2468	2099	1990	150	1304	137	3
12296	13386	15513	11323	5406	5957	5536	311	3092	184	8
2594	3232	3972	2249	1040	1808	1670	98	929	5	6
1000	1103	1639	708	315	547	504	30	262		
1245	1252	1197	1025	486	565	513	15	300		
2403	2686	3202	2351	1122	1311	1250	79	726	13	2

学 前 教 育

省、市、县(市)区名称	园数(所)			班数(个)	入园(班)人数		在 园		托班
	计	公办	民办		计	其中：女	计	其中：女	
温 县									
沁 阳 市	35	2	33	377	3437	1688	10114	4904	1118
孟 州 市	31	9	22	256	2207	1095	7197	3517	523
濮 阳 市	**128**	**30**	**98**	**1036**	**8561**	**4145**	**27393**	**12536**	**1520**
华 龙 区	120	27	93	994	8286	4008	26470	12098	1473
清 丰 县									
南 乐 县									
范 县	3		3	20	155	80	519	240	7
台 前 县									
濮 阳 县	5	3	2	22	120	57	404	198	40
许 昌 市	**326**	**34**	**292**	**2565**	**21477**	**10321**	**69343**	**32795**	**2458**
魏 都 区	77	11	66	730	8572	4137	23748	11286	243
建 安 区	33	3	30	246	2005	934	6818	3145	78
鄢 陵 县	1		1	7	20	13	187	102	
襄 城 县	9	1	8	62	492	245	1742	866	41
禹 州 市	136	11	125	900	6604	3089	20935	9871	504
长 葛 市	70	8	62	620	3784	1903	15913	7525	1592
漯 河 市	**119**	**36**	**83**	**1055**	**8169**	**3781**	**32993**	**15604**	**346**
源 汇 区	35	15	20	361	2810	1299	11971	5638	97
郾 城 区	56	18	38	464	3830	1816	14008	6712	70
召 陵 区	28	3	25	230	1529	666	7014	3254	179
舞 阳 县									
临 颍 县									
三门峡市	**146**	**30**	**116**	**1314**	**12437**	**5916**	**36313**	**17496**	**2162**
湖 滨 区	56	6	50	469	5121	2477	13363	6515	1017
陕 州 区	23	13	10	193	1829	876	5523	2679	443
渑 池 县									
卢 氏 县									
义 马 市	21	5	16	194	1733	862	5476	2620	702
灵 宝 市	46	6	40	458	3754	1701	11951	5682	
南 阳 市	**278**	**46**	**232**	**2020**	**19823**	**9276**	**55748**	**25947**	**3845**
宛 城 区	58	4	54	500	4173	2054	12799	6011	1161
卧 龙 区	128	14	114	835	6756	3121	21904	10080	1846
南 召 县									
方 城 县									
西 峡 县									
镇 平 县									
内 乡 县									
淅 川 县									
社 旗 县									
唐 河 县									
新 野 县									
桐 柏 县									
邓 州 市	92	28	64	685	8894	4101	21045	9856	838

基 本 情 况（城区）（三）

（班）人数			离园(班)人数		教职工				代课教师	兼任教师
小班	中班	大班	计	其中：女	计	其中：女	园长	专任教师		
2961	2899	3136	3020	1456	1076	1007	48	535	156	
2093	2214	2367	1970	987	650	592	41	340	10	
7675	8393	9805	8501	4002	3598	3411	223	2107	278	13
7434	8097	9466	8103	3823	3518	3336	213	2042	278	13
148	170	194	265	119	51	49	5	42		
93	126	145	133	60	29	26	5	23		
18523	21652	26710	23216	10966	8413	7912	333	4905	62	3
5858	7582	10065	8719	4105	2582	2466	83	1527	62	3
1654	2155	2931	2277	1230	860	770	43	431		
20	90	77	59	31	18	16	1	7		
363	697	641	624	310	154	149	9	99		
6321	6447	7663	6835	3134	2801	2642	129	1687		
4307	4681	5333	4702	2156	1998	1869	68	1154		
7376	9440	15831	9939	4655	3575	3320	174	2167	219	19
2604	3224	6046	3869	1821	1240	1144	56	729		
3451	4240	6247	4005	1796	1557	1458	79	993	198	19
1321	1976	3538	2065	1038	778	718	39	445	21	
10739	10919	12493	11353	5466	4766	4419	214	2748	78	5
3771	4010	4565	4212	2067	1813	1709	100	1017	4	3
1613	1538	1929	1950	915	673	621	26	394	74	2
1367	1554	1853	1414	652	579	550	28	335		
3988	3817	4146	3777	1832	1701	1539	60	1002		
14979	16786	20138	20022	9382	5899	5583	335	3674	368	12
3347	3639	4652	4391	2072	1706	1558	79	978	29	10
6353	6509	7196	7238	3372	2598	2482	152	1554	114	
5279	6638	8290	8393	3938	1595	1543	104	1142	225	2

学 前 教 育

省、市、县(市)区名称	园数(所) 计	公办	民办	班数(个)	入园(班)人数 计	其中:女	在园 计	其中:女	托班
商丘市	**262**	**18**	**244**	**2351**	**17524**	**8095**	**65171**	**30251**	**1743**
梁园区	46	4	42	450	3751	1753	12634	5870	171
睢阳区	76	8	68	617	4274	1916	16317	7452	322
民权县									
睢县									
宁陵县									
柘城县									
虞城县									
夏邑县									
永城市	140	6	134	1284	9499	4426	36220	16929	1250
信阳市	**255**	**22**	**233**	**1523**	**10300**	**4900**	**38631**	**18086**	**2664**
浉河区	121	10	111	719	3597	1641	17189	8032	1617
平桥区	134	12	122	804	6703	3259	21442	10054	1047
罗山县									
光山县									
新县									
商城县									
固始县									
潢川县									
淮滨县									
息县									
周口市	**180**	**18**	**162**	**1504**	**13493**	**6411**	**41335**	**19602**	**376**
川汇区	56	6	50	446	5497	2567	13280	6412	327
扶沟县				2	13	11	26	20	
西华县									
商水县	3		3	30	133	56	897	423	
沈丘县	1		1	3	16	10	74	44	
郸城县	13	5	8	92	707	338	2098	1039	40
淮阳县	5	2	3	94	885	414	3259	1479	9
太康县									
鹿邑县									
项城市	102	5	97	837	6242	3015	21701	10185	
驻马店市	**90**	**7**	**83**	**723**	**7922**	**3570**	**22404**	**10391**	**433**
驿城区	90	7	83	718	7874	3547	22212	10301	433
西平县									
上蔡县									
平舆县									
正阳县									
确山县									
泌阳县									
汝南县									
遂平县									
新蔡县				5	48	23	192	90	
济源市	**96**	**28**	**68**	**651**	**7383**	**3609**	**19514**	**9514**	**724**

基 本 情 况（城区）（四）

（班）人数			离园（班）人数		教职工				代课教师	兼任教师
小班	中班	大班	计	其中：女	计	其中：女	园长	专任教师		
13808	**19378**	**30242**	**28114**	**13178**	**7643**	**7225**	**350**	**4842**	**137**	
3030	3855	5578	4542	2139	1735	1604	66	1004	31	
3383	4817	7795	7488	3285	1889	1757	103	1071	106	
7395	10706	16869	16084	7754	4019	3864	181	2767		
9303	**11279**	**15385**	**12149**	**5701**	**4905**	**4525**	**355**	**2670**	**151**	**6**
4449	5369	5754	5285	2479	2333	2155	163	1370	39	6
4854	5910	9631	6864	3222	2572	2370	192	1300	112	
9225	**13258**	**18391**	**13933**	**6714**	**4059**	**3927**	**252**	**3036**	**32**	**6**
4115	4344	4494	4113	2000	1471	1412	83	993	26	3
13		13	9	6						
113	269	515	288	156	56	53	4	34		
16	35	23	29	26	10	5	1	5		
539	699	820	792	356	206	191	15	130		
803	838	1524	685	326	162	149	6	134		3
3626	7073	11002	8017	3844	2154	2117	143	1740	6	
4706	**6507**	**10758**	**7624**	**3708**	**2491**	**2343**	**129**	**1590**	**3**	**4**
4666	6459	10654	7440	3614	2491	2343	129	1590	3	4
40	48	104	184	94						
6113	**6107**	**6570**	**5831**	**2805**	**2510**	**2345**	**133**	**1273**	**89**	

学 前 教 育

省、市、县(市)区名称	园数(所) 计	园数(所) 公办	园数(所) 民办	班数(个)	入园(班)人数 计	入园(班)人数 其中:女	在园 计	在园 其中:女	在园 托班
河南省	8361	1693	6668	61350	481433	229440	1704806	807038	64566
郑州市	433	124	309	3792	30528	14752	110393	51992	1416
中原区	25	1	24	251	2026	1029	6766	3211	52
二七区	13	1	12	89	681	340	2123	1013	15
管城回族区	33	3	30	336	3169	1594	7220	3426	164
金水区	1		1	10	78	29	251	107	
上街区									
惠济区	16		16	85	444	229	1738	799	148
中牟县	99	37	62	888	8509	4164	30627	14350	709
巩义市	45	18	27	497	3690	1789	14349	7004	147
荥阳市	10	7	3	72	659	302	2136	1012	66
新密市	59	20	39	440	3588	1691	12656	5928	
新郑市	89	16	73	762	5539	2556	22486	10397	109
登封市	43	21	22	362	2145	1029	10041	4745	6
开封市	445	82	363	2868	21273	10123	78082	36851	2651
龙亭区	2	1	1	7	70	28	166	72	14
顺河回族区									
鼓楼区									
禹王台区									
祥符区	24	9	15	175	1378	604	4507	2174	163
杞县	88	17	71	614	5215	2533	16665	7842	622
通许县	77	21	56	434	2691	1207	12016	5567	568
尉氏县	132	10	122	816	4611	2241	21911	10516	899
兰考县	122	24	98	822	7308	3510	22817	10680	385
洛阳市	565	74	491	4553	31004	15084	128421	62055	8971
老城区									
西工区									
瀍河回族区									
涧西区	26		26	186	1190	589	4899	2367	410
吉利区									
洛龙区	25		25	219	1449	751	6045	2930	643
孟津县	55	17	38	471	3450	1701	12936	6367	498
新安县	52	10	42	411	2492	1224	11140	5350	309
栾川县	34	20	14	397	3535	1638	11586	5368	274
嵩县	91	9	82	602	4329	2044	17283	8278	1150
汝阳县	50	3	47	419	2363	1117	12078	5849	704
宜阳县	78	2	76	586	3181	1544	15757	7663	1658
洛宁县	48	1	47	363	2966	1479	11873	5883	1550
伊川县	90	11	79	772	5345	2654	21186	10282	1273
偃师市	16	1	15	127	704	343	3638	1718	502
平顶山市	480	95	385	2767	20873	10017	76810	36723	1243
新华区	24	4	20	126	1024	445	3332	1571	85
卫东区	3		3	15	46	25	299	140	24
石龙区									

基 本 情 况（镇区）（一）

（班）人数			离园（班）人数		教职工				代课教师	兼任教师
小班	中班	大班	计	其中：女	计	其中：女	园长	专任教师		
416647	524660	698873	629493	296762	149348	139011	9964	89562	6666	930
27813	34771	46393	34428	16140	13432	12185	559	7135	593	42
1851	2197	2666	1851	907	1055	986	42	543		5
424	733	951	634	307	279	261	14	142	2	5
1816	2275	2965	1971	936	1362	1242	52	722		27
71	83	97	69	27	39	31	1	20		
374	527	689	450	250	284	257	20	144		1
8196	9432	12290	8614	4013	2789	2617	117	1698	249	4
3741	4217	6244	4586	2164	1750	1544	73	796		
642	653	775	695	315	216	185	13	116	19	
3094	4217	5345	4440	2015	1741	1525	60	883		
5282	7101	9994	7586	3472	2571	2325	113	1455	297	
2322	3336	4377	3532	1734	1346	1212	54	616	26	
18685	24328	32418	29775	13966	7527	6965	524	4358	67	34
59	49	44	31	16	19	19	2	8		
1113	1414	1817	1935	913	378	355	30	239	8	
4625	5235	6183	5301	2614	1459	1398	117	967	4	29
2692	3570	5186	4399	2112	1145	1045	87	597	37	
4882	6572	9558	8445	3865	2390	2147	143	1368	10	3
5314	7488	9630	9664	4446	2136	2001	145	1179	8	2
32596	37676	49178	40542	19537	11854	11101	790	6714	753	26
1223	1489	1777	1738	838	739	694	44	378		2
1510	1722	2170	1994	987	640	563	45	282		
3401	3582	5455	4436	2083	1192	1144	70	687	66	1
2754	3253	4824	3167	1454	1023	950	71	423	293	2
3447	3615	4250	4064	1943	893	842	48	566	285	17
4447	5261	6425	5699	2761	1483	1412	119	971	22	3
2496	3548	5330	4104	1925	804	765	66	527	10	1
3971	4682	5446	4258	2046	1656	1542	111	828		
2964	3349	4010	3610	1793	998	968	60	690		
5380	6143	8390	6463	3210	2108	1930	131	1207	74	
1003	1032	1101	1009	497	318	291	25	155	3	
19251	24204	32112	28043	13459	7179	6676	545	4146	278	1
1071	1022	1154	985	481	519	467	30	294	1	
65	90	120	84	36	34	33	3	18		

学 前 教 育

省、市、县(市)区名称	园数(所) 计	公办	民办	班数(个)	入园(班)人数 计	其中:女	在园 计	其中:女	托班
湛 河 区	1		1	7	72	37	139	71	30
宝 丰 县	87	13	74	531	4182	1997	14111	6698	341
叶 县	108	21	87	545	3152	1548	13778	6712	80
鲁 山 县	113	24	89	598	5638	2708	17212	8199	509
郏 县	48	9	39	384	3782	1906	13491	6565	156
舞 钢 市	19	7	12	95	515	247	2396	1176	18
汝 州 市	77	17	60	466	2462	1104	12052	5591	
安 阳 市	**587**	**82**	**505**	**3355**	**21193**	**10298**	**77364**	**36448**	**4044**
文 峰 区	24		24	229	1949	935	5714	2609	625
北 关 区	3		3	20	90	37	365	156	24
殷 都 区	115	12	103	521	3184	1535	10790	5086	641
龙 安 区	1	1		9	112	58	161	78	
安 阳 县	71	5	66	350	1888	875	7390	3471	675
汤 阴 县	121	28	93	607	4030	2048	13174	6352	196
滑 县	131	14	117	896	5119	2504	21979	10256	730
内 黄 县	70	8	62	458	2884	1408	11668	5520	1004
林 州 市	51	14	37	265	1937	898	6123	2920	149
鹤 壁 市	**144**	**14**	**130**	**854**	**5205**	**2474**	**20177**	**9520**	**1550**
鹤 山 区									
山 城 区	3	1	2	10	33	17	207	92	
淇 滨 区	12	2	10	57	404	202	1280	628	101
浚 县	54	7	47	440	2518	1183	10292	4914	865
淇 县	75	4	71	347	2250	1072	8398	3886	584
新 乡 市	**613**	**114**	**499**	**3910**	**26144**	**12463**	**98396**	**45609**	**5129**
红 旗 区	34	2	32	237	1852	919	5431	2567	350
卫 滨 区									
凤 泉 区	6		6	38	148	68	849	376	93
牧 野 区									
新 乡 县	56	18	38	375	2035	975	9259	4200	822
获 嘉 县	61	14	47	446	4039	1887	10899	5074	798
原 阳 县	77	14	63	478	3804	1840	12985	5959	1304
延 津 县	62	10	52	337	1950	928	8030	3692	544
封 丘 县	95	13	82	585	4171	2044	15290	7154	
长 垣 县	160	31	129	1109	6575	3061	28223	13032	775
卫 辉 市	33	1	32	129	590	275	2955	1403	88
辉 县 市	29	11	18	176	980	466	4475	2152	355
焦 作 市	**310**	**40**	**270**	**2378**	**16103**	**7734**	**58160**	**27937**	**4907**
解 放 区									
中 站 区									
马 村 区									
山 阳 区	21	2	19	170	1550	779	4090	2012	323
修 武 县	43	9	34	323	1742	803	7927	3737	1166
博 爱 县	51	9	42	365	1829	888	8083	3857	953
武 陟 县	103	11	92	734	5487	2515	18102	8496	526

基 本 情 况（镇区）（二）

（班）人数			离园（班）人数		教职工				代课教师	兼任教师
小班	中班	大班	计	其中：女	计	其中：女	园长	专任教师		
42	25	42			18	17	1	8		
3864	4210	5696	5202	2561	1472	1354	107	835	83	
3017	4661	6020	5766	2731	1459	1374	112	677	5	
4312	5450	6941	5749	2754	1520	1420	128	869	71	1
3786	4213	5336	4798	2313	1111	1043	62	793	69	
572	653	1153	850	420	191	167	19	107	42	
2522	3880	5650	4609	2163	855	801	83	545	7	
19000	**23354**	**30966**	**28503**	**13116**	**7998**	**7516**	**651**	**4297**	**504**	**41**
1528	1706	1855	1541	681	869	819	34	467		5
94	114	133	145	66	50	49	4	24		
2671	3438	4040	4390	1981	1202	1133	135	583	66	8
28	41	92	44	18	9	8	1	4		
1855	2146	2714	2495	1163	855	791	87	396		20
3193	4066	5719	4261	1992	1520	1422	116	800	63	3
5436	6577	9236	8773	4036	1756	1650	142	1027	282	
3048	3582	4034	4032	1896	1411	1331	83	774	12	
1147	1684	3143	2822	1283	326	313	49	222	81	5
5081	**6029**	**7517**	**6503**	**3011**	**2130**	**1943**	**185**	**1175**	**129**	**2**
33	66	108	108	44	36	29	5	12		
269	398	512	316	156	194	173	18	93		
2517	3148	3762	3513	1621	1035	932	75	607	80	1
2262	2417	3135	2566	1190	865	809	87	463	49	1
23480	**29687**	**40100**	**33865**	**15767**	**10110**	**9455**	**737**	**5807**	**353**	**45**
1377	1626	2078	1806	859	935	845	49	472		1
197	266	293	277	129	106	98	6	44		
2374	2806	3257	3043	1437	1167	1064	76	599		
2752	3427	3922	3993	1838	835	791	71	564	181	
3191	4028	4462	3634	1637	1193	1096	92	681	87	
2156	2334	2996	2518	1201	833	801	69	516	17	
3307	4868	7115	5617	2744	1553	1467	118	867		32
6436	8224	12788	10354	4694	2851	2698	185	1738	46	12
656	864	1347	1143	527	263	241	36	100		
1034	1244	1842	1480	701	374	354	35	226	22	
16697	**17424**	**19132**	**17399**	**8291**	**6068**	**5681**	**398**	**3412**	**299**	**18**
1148	1196	1423	1131	604	570	540	25	342	112	2
2092	2270	2399	2271	1040	847	765	65	459	115	16
2256	2365	2509	2072	970	1082	1023	78	492		
5550	5801	6225	6088	2801	1944	1851	118	1179	13	

学 前 教 育

省、市、县(市)区名称	园数(所) 计	园数(所) 公办	园数(所) 民办	班数(个)	入园(班)人数 计	入园(班)人数 其中:女	在园 计	在园 其中:女	在园 托班
温 县	38	6	32	469	3875	1896	11865	5805	961
沁 阳 市	38		38	212	940	500	5207	2601	699
孟 州 市	16	3	13	105	680	353	2886	1429	279
濮 阳 市	**367**	**87**	**280**	**2515**	**18749**	**8634**	**66793**	**30718**	**2961**
华 龙 区	56	5	51	353	2054	964	8335	3799	766
清 丰 县	76	7	69	509	4128	1748	12728	5709	893
南 乐 县	53	9	44	430	2624	1291	11030	5243	586
范 县	37	11	26	273	2517	1202	7796	3613	206
台 前 县	25	9	16	173	2273	1014	6659	3017	
濮 阳 县	120	46	74	777	5153	2415	20245	9337	510
许 昌 市	**307**	**64**	**243**	**1985**	**13596**	**6512**	**54036**	**25989**	**1652**
魏 都 区									
建 安 区	34	2	32	229	1719	852	6290	3145	107
鄢 陵 县	96	21	75	635	4256	2009	18188	8554	558
襄 城 县	52	2	50	416	3233	1518	12514	6030	160
禹 州 市	91	29	62	470	3069	1500	10821	5280	696
长 葛 市	34	10	24	235	1319	633	6223	2980	131
漯 河 市	**165**	**60**	**105**	**1171**	**10721**	**5235**	**34045**	**16473**	**933**
源 汇 区	6	3	3	41	138	66	1187	587	
郾 城 区	8	4	4	62	382	199	1893	934	
召 陵 区	30	4	26	231	1638	797	6149	3012	128
舞 阳 县	46	8	38	371	3940	1944	11076	5265	513
临 颍 县	75	41	34	466	4623	2229	13740	6675	292
三门峡市	**153**	**39**	**114**	**1099**	**8148**	**3897**	**29425**	**14312**	**1150**
湖 滨 区	8	1	7	44	395	201	1049	531	139
陕 州 区	6	1	5	45	358	178	957	498	147
渑 池 县	55	11	44	364	2597	1293	9122	4495	599
卢 氏 县	43	15	28	334	2844	1315	10767	5180	138
义 马 市	5	5		32	212	115	789	389	61
灵 宝 市	36	6	30	280	1742	795	6741	3219	66
南 阳 市	**1084**	**254**	**830**	**7971**	**66908**	**31632**	**223406**	**104870**	**9378**
宛 城 区	53	18	35	473	4240	1957	13199	6090	1227
卧 龙 区	87	19	68	585	4010	1923	14860	6957	1247
南 召 县	83	7	76	509	4099	1934	15385	7173	398
方 城 县	70	17	53	782	6035	2807	23521	11199	1231
西 峡 县	89	24	65	596	4198	1994	16192	7561	
镇 平 县	113	12	101	864	7330	3533	23895	11261	559
内 乡 县	86	17	69	682	5790	2625	18402	8471	1080
淅 川 县	110	19	91	757	8945	4280	21502	10140	489
社 旗 县	57	19	38	407	4024	1985	11319	5517	256
唐 河 县	130	19	111	925	5403	2603	26037	12182	1636
新 野 县	58	18	40	422	4277	2020	11731	5495	273
桐 柏 县	57	19	38	369	3110	1424	10717	5035	301
邓 州 市	91	46	45	600	5447	2547	16646	7789	681

基 本 情 况（镇区）（三）

（班）人数			离园(班)人数		教职工				代课教师	兼任教师
小班	中班	大班	计	其中：女	计	其中：女	园长	专任教师		
3376	3529	3999	3562	1747	861	800	51	542	51	
1467	1448	1593	1453	720	509	473	42	281		
808	815	984	822	409	255	229	19	117	8	
17303	**20916**	**25613**	**22047**	**10316**	**6471**	**6060**	**466**	**3718**	**111**	**3**
2158	2460	2951	2499	1143	1094	1022	72	540	1	1
3443	3956	4436	3966	1779	1191	1133	92	759	21	2
2741	3302	4401	3457	1804	1047	980	70	599	39	
2061	2687	2842	2772	1227	670	637	52	401	26	
1999	2178	2482	1167	520	494	453	33	264	7	
4901	6333	8501	8186	3843	1975	1835	147	1155	17	
13104	**16589**	**22691**	**20559**	**9715**	**5113**	**4727**	**296**	**3022**	**2**	
1439	1979	2765	2876	1374	684	612	38	317		
4257	5263	8110	7349	3479	1594	1490	90	1029	2	
3168	4265	4921	4472	2076	1238	1154	50	802		
2895	3294	3936	3970	1938	940	874	86	536		
1345	1788	2959	1892	848	657	597	32	338		
8011	**10065**	**15036**	**12051**	**5644**	**3234**	**2944**	**205**	**1792**	**114**	**9**
138	300	749	372	152	104	90	9	40		
327	535	1031	568	236	182	154	12	93		
1417	1887	2717	2175	1070	679	630	45	410	2	2
2612	3138	4813	3793	1811	947	874	65	492	21	
3517	4205	5726	5143	2375	1322	1196	74	757	91	7
8032	**9427**	**10816**	**9186**	**4490**	**3014**	**2798**	**196**	**1828**	**295**	**4**
369	249	292	303	144	167	154	15	91		
239	261	310	300	155	87	76	6	44	6	
2745	2710	3068	2589	1326	973	923	70	608	45	4
2626	3616	4387	3471	1624	877	822	54	488	244	
240	241	247	230	110	112	103	6	72		
1813	2350	2512	2293	1131	798	720	45	525		
53782	**67518**	**92728**	**92050**	**43652**	**16621**	**15739**	**1159**	**11243**	**1476**	**288**
3306	3775	4891	4952	2322	1267	1205	71	686	70	2
3790	4338	5485	5493	2688	1457	1392	114	838	70	8
2948	4549	7490	6465	3095	1155	1084	81	726	9	3
5824	7418	9048	11798	5735	1116	1069	86	723	134	74
3670	4708	7814	7996	3763	1096	1070	86	916	173	1
6196	7807	9333	8236	3965	2067	1944	126	1579	40	
4557	5344	7421	6876	3141	1567	1478	86	994	247	7
5616	6796	8601	9718	4596	1528	1459	126	1190	285	6
2761	3340	4962	3745	1777	785	744	59	506	73	
5944	7711	10746	10830	5096	2200	2070	128	1423	28	50
2518	3391	5549	4435	2045	669	626	58	526	48	39
2570	3323	4523	4458	2031	879	821	53	587	65	4
4082	5018	6865	7048	3398	835	777	85	549	234	94

学　前　教　育

省、市、县(市)区名称	园数(所) 计	公办	民办	班数(个)	入园(班)人数 计	其中：女	在园 计	其中：女	托班
商 丘 市	540	131	409	5473	41123	19495	152974	72622	2491
梁 园 区	30	4	26	254	1335	601	6586	3149	17
睢 阳 区	37	9	28	301	2469	1126	8830	4063	
民 权 县	98	32	66	859	4501	2072	21795	10146	481
睢 县	38	5	33	371	2939	1284	11752	5400	
宁 陵 县	69	11	58	653	4175	1899	17593	8094	40
柘 城 县	81	34	47	669	5268	2582	18270	8773	439
虞 城 县	70	8	62	882	5086	2479	24812	11949	1007
夏 邑 县	76	28	48	912	9194	4419	25868	12578	68
永 城 市	41		41	572	6156	3033	17468	8470	439
信 阳 市	712	134	578	5014	49869	23124	163369	76205	8435
浉 河 区	12	1	11	81	461	224	2185	1018	133
平 桥 区	49	7	42	292	1815	843	8384	3977	301
罗 山 县	56	24	32	431	3281	1543	17362	8417	457
光 山 县	72	12	60	486	6395	2938	15795	7239	302
新 县	94	7	87	427	3024	1511	10053	4832	1276
商 城 县	55	15	40	457	5321	2505	14603	6833	110
固 始 县	214	13	201	1350	13650	6002	42518	19032	5214
潢 川 县	47	25	22	645	6845	3163	23561	10936	127
淮 滨 县	73	21	52	514	4653	2262	15851	7600	380
息 县	40	9	31	331	4424	2133	13057	6321	135
周 口 市	908	200	708	6382	52245	25295	170385	81851	1543
川 汇 区	11	2	9	147	1676	749	4679	2107	40
扶 沟 县	74	26	48	451	4033	2011	13225	6619	
西 华 县	53	4	49	506	4850	2370	12684	6147	338
商 水 县	114	32	82	724	7281	3490	21093	10085	320
沈 丘 县	152	37	115	911	7240	3507	24513	11709	56
郸 城 县	100	20	80	720	5215	2498	19050	8922	113
淮 阳 县	73	5	68	751	6674	3231	20508	9853	326
太 康 县	212	44	168	1084	7506	3703	25528	12385	267
鹿 邑 县	70	19	51	685	4632	2215	17823	8545	33
项 城 市	49	11	38	403	3138	1521	11282	5479	50
驻马店市	499	77	422	4965	45263	21462	154060	72749	5734
驿 城 区	46	4	42	291	2955	1378	7754	3660	342
西 平 县	44	3	41	430	2900	1398	13800	6464	410
上 蔡 县	70	6	64	646	6854	3235	19481	9288	131
平 舆 县	47	9	38	659	4688	2150	19040	8791	122
正 阳 县	34	5	29	380	3177	1543	12548	5890	244
确 山 县	45	8	37	372	5535	2495	12534	5635	543
泌 阳 县	82	5	77	773	6221	2939	23027	10808	2297
汝 南 县	51	19	32	392	3946	1954	12706	6122	461
遂 平 县	46	13	33	397	3990	1847	12443	5815	736
新 蔡 县	34	5	29	625	4997	2523	20727	10276	448
济 源 市	49	22	27	298	2488	1209	8510	4114	378

基 本 情 况（镇区）（四）

（班）人数			离园(班)人数		教职工				代课教师	兼任教师
小班	中班	大班	计	其中：女	计	其中：女	园长	专任教师		
32648	**48056**	**69779**	**60598**	**28729**	**12122**	**11184**	**704**	**7629**	**312**	**10**
1346	2142	3081	3281	1556	812	766	44	454		
1463	2982	4385	3324	1588	833	742	45	330		
4456	6526	10332	9327	4464	1909	1796	134	1236	70	2
2937	3923	4892	4918	2264	970	886	58	594	41	5
2760	4881	9912	5849	2742	1353	1203	98	804	95	3
4136	5535	8160	7478	3424	1522	1460	91	1095	9	
5802	7966	10037	9324	4346	1917	1704	101	1210		
6412	8358	11030	9998	4797	1712	1619	84	1195	97	
3336	5743	7950	7099	3548	1094	1008	49	711		
40429	**48752**	**65753**	**66161**	**30595**	**11066**	**10320**	**800**	**6774**	**819**	**83**
606	661	785	622	291	209	194	15	107	5	
1803	2809	3471	3142	1504	841	747	61	392	20	38
2870	4578	9457	8385	3930	865	797	55	527	73	7
3140	4341	8012	11794	5254	1167	1042	65	751		
2861	2881	3035	3133	1414	885	860	88	691	37	
4187	4843	5463	5390	2476	879	823	71	522	128	15
10874	11881	14549	13495	6292	2961	2828	239	1725	29	17
6439	7507	9488	9065	4132	995	920	70	599	472	1
3739	4939	6793	6623	3210	1520	1401	87	964	51	4
3910	4312	4700	4512	2092	744	708	49	496	4	1
41236	**54973**	**72573**	**66032**	**31559**	**13798**	**12946**	**1056**	**9289**	**92**	**289**
1302	1492	1845	1786	835	322	295	14	217	8	68
3603	4274	5348	4821	2393	1077	1024	68	692	2	
2424	3849	6073	4265	2103	1051	968	66	704	3	21
5086	7108	8579	7237	3483	1802	1661	135	1176	21	
6760	8008	9689	9025	4269	2270	2177	179	1494		
4571	6113	8253	7570	3569	1791	1706	122	1228		
4479	6246	9397	9012	4304	1306	1195	98	830	50	180
6999	8840	9422	9139	4376	2313	2158	233	1488	8	
3662	5610	8518	7824	3713	1119	1046	76	840		20
2350	3433	5449	5353	2514	747	716	65	620		
36830	**48224**	**63272**	**59108**	**27514**	**10567**	**9855**	**620**	**6820**	**412**	**35**
2029	2296	3087	2771	1253	928	881	63	571	32	
2793	4448	6149	4769	2188	1219	1127	53	803	24	
4968	6334	8048	7483	3439	1353	1203	89	788	102	
4576	6182	8160	8374	3893	1199	1165	48	951	17	
3126	4119	5059	5478	2480	640	583	42	418	50	
3201	3238	5552	3838	1770	706	657	52	464	24	3
5656	6729	8345	8263	3806	1801	1704	116	994	52	32
2708	4178	5359	5774	2789	1009	932	62	636	108	
2722	3991	4994	4664	2150	886	837	52	637	3	
5051	6709	8519	7694	3746	826	766	43	558		
2669	**2667**	**2796**	**2643**	**1261**	**1044**	**916**	**73**	**403**	**57**	

学　前　教　育

省、市、县(市)区名称	园数(所)			班数(个)	入园(班)人数		在　园		
	计	公办	民办		计	其中：女	计	其中：女	托班
河南省	**10065**	**2745**	**7320**	**66295**	**459674**	**221262**	**1586945**	**760262**	**39756**
郑州市	**383**	**145**	**238**	**2313**	**17109**	**8252**	**64980**	**30691**	**863**
中原区	7	3	4	69	540	249	1685	801	48
二七区	14	4	10	69	579	286	1827	878	50
管城回族区	7	1	6	52	382	191	1490	706	47
金水区	1		1	11	75	35	279	151	46
上街区									
惠济区	21	2	19	156	1147	541	3790	1747	142
中牟县	88	53	35	543	4659	2237	17872	8506	52
巩义市	25	7	18	180	1298	617	4978	2277	69
荥阳市	58	23	35	327	2791	1371	9093	4366	380
新密市	41	13	28	194	1299	614	5089	2356	
新郑市	70	21	49	415	2597	1265	11491	5318	29
登封市	51	18	33	297	1742	846	7386	3585	
开封市	**612**	**160**	**452**	**3528**	**25583**	**12192**	**93706**	**44482**	**1765**
龙亭区	29	6	23	135	1071	523	3454	1623	265
顺河回族区	3		3	17	54	31	434	232	70
鼓楼区	2		2	15	48	23	408	197	12
禹王台区	8		8	44	220	96	1073	471	77
祥符区	98	41	57	563	3843	1793	13743	6430	386
杞县	117	23	94	811	6328	3042	21463	10219	437
通许县	80	28	52	461	2797	1369	11651	5697	154
尉氏县	150	16	134	788	5247	2499	22933	10856	160
兰考县	125	46	79	694	5975	2816	18547	8757	204
洛阳市	**398**	**30**	**368**	**2677**	**15267**	**7505**	**65810**	**32281**	**4964**
老城区									
西工区	2		2	12	69	31	332	165	25
瀍河回族区	2		2	9	30	19	212	108	
涧西区	7		7	45	271	127	1142	573	175
吉利区	2		2	12	73	36	319	151	45
洛龙区	37	3	34	268	1630	819	6700	3277	576
孟津县	15	6	9	105	441	227	1902	977	98
新安县	8	3	5	71	313	150	1505	692	59
栾川县	7	5	2	71	486	226	1617	753	
嵩县	53	6	47	407	2102	1040	9031	4494	337
汝阳县	49	2	47	381	2194	1102	9353	4651	722
宜阳县	48		48	299	1919	902	8422	4044	754
洛宁县	60		60	233	1095	554	5027	2423	425
伊川县	83	5	78	600	3836	1877	15958	7879	1138
偃师市	25		25	164	808	395	4290	2094	610
平顶山市	**824**	**195**	**629**	**3633**	**23265**	**11151**	**92847**	**44274**	**627**
新华区	10		10	37	185	86	865	400	
卫东区	3		3	12	54	30	200	88	
石龙区	3		3	13	75	37	310	158	

基 本 情 况（乡村）（一）

（班）人数			离园(班)人数		教 职 工				代课教师	兼任教师
小班	中班	大班	计	其中：女	计	其中：女	园长	专任教师		
372501	486784	687904	660727	316751	109109	98858	10438	61698	3358	373
16464	20790	26863	20769	9932	7448	6647	439	3823	767	34
474	546	617	450	223	284	269	9	155		
524	573	680	585	291	245	227	13	138		
389	478	576	382	166	169	150	8	105		
103	60	70	30	15	42	42	1	33		
1047	1269	1332	1023	492	586	533	29	333	5	
4403	5496	7921	5011	2360	1134	1035	88	693	450	7
1240	1524	2145	1389	713	701	632	40	292		
2722	2830	3161	2859	1411	1221	1044	84	615	119	27
1179	1786	2124	1980	920	796	714	40	390		
2788	3726	4948	4157	1966	1268	1119	74	627	151	
1595	2502	3289	2903	1375	1002	882	53	442	42	
22275	29705	39961	38034	18219	7277	6586	636	4021	100	24
883	1045	1261	1224	563	412	374	34	186	11	
92	107	165	157	67	69	57	4	34		
99	146	151	78	38	47	45	4	26		
297	355	344	436	202	149	140	8	56		12
3528	4145	5684	5146	2444	1165	1057	103	565	11	
5892	6862	8272	8651	4169	1333	1216	115	908	18	2
2461	3606	5430	5625	2660	909	785	88	468	31	2
5028	7651	10094	9243	4472	2000	1810	153	1049		
3995	5788	8560	7474	3604	1193	1102	127	729	29	8
15611	19044	26191	23860	11458	5151	4638	454	2622	109	13
59	96	152	103	38	39	36	3	22		
45	67	100	25	12	37	25	3	16		
248	323	396	519	236	159	142	9	74		
70	100	104	95	40	26	23	2	11		
1513	1873	2738	1853	880	830	749	52	379		3
416	490	898	785	359	147	136	15	76		
317	458	671	609	296	108	92	11	40	46	
464	492	661	601	295	110	103	8	69	35	
2054	2550	4090	3654	1797	509	468	59	269	18	4
1976	2738	3917	4084	2054	449	415	52	302	10	3
2123	2498	3047	2656	1208	656	573	51	304		1
1466	1500	1636	1653	821	455	427	61	269		
3676	4683	6461	6158	2906	1179	1065	98	608		
1184	1176	1320	1065	516	447	384	30	183		2
21688	29333	41199	35795	17007	7776	7003	836	4208	230	25
178	284	403	318	145	131	125	10	68		
35	54	111	41	11	27	24	3	13		
75	95	140	139	56	28	24	4	13		

学 前 教 育

省、市、县(市)区名称	园数(所) 计	公办	民办	班数(个)	入园(班)人数 计	其中:女	在园 计	其中:女	托班
湛 河 区	13	2	11	81	396	187	2167	1025	99
宝 丰 县	101	4	97	375	2343	1137	9728	4561	26
叶 县	200	94	106	825	4835	2252	20182	9494	64
鲁 山 县	119	20	99	643	5562	2646	19979	9486	196
郏 县	84	4	80	296	2374	1164	8924	4330	110
舞 钢 市	45	26	19	210	872	408	4628	2160	95
汝 州 市	246	45	201	1141	6569	3204	25864	12572	37
安 阳 市	**924**	**163**	**761**	**4525**	**27392**	**13296**	**96067**	**45891**	**3853**
文 峰 区	3		3	18	62	30	362	181	46
北 关 区	12	1	11	76	371	137	1600	633	134
殷 都 区	80	8	72	332	1478	724	6520	3065	492
龙 安 区	20	8	12	108	799	415	2310	1086	150
安 阳 县	149	16	133	621	3875	1775	12115	5669	1094
汤 阴 县	161	53	108	463	2304	1138	8218	4054	66
滑 县	247	12	235	1604	10013	4840	36796	17555	461
内 黄 县	172	49	123	958	5715	2809	22094	10684	1329
林 州 市	80	16	64	345	2775	1428	6052	2964	81
鹤 壁 市	**167**	**13**	**154**	**888**	**5181**	**2533**	**19974**	**9581**	**1445**
鹤 山 区	3		3	8	18	5	115	55	7
山 城 区	4	1	3	14	98	38	358	167	
淇 滨 区	17	6	11	87	589	306	2142	1061	176
浚 县	98	3	95	610	3333	1656	13576	6537	942
淇 县	45	3	42	169	1143	528	3783	1761	320
新 乡 市	**992**	**182**	**810**	**4576**	**26114**	**12562**	**101963**	**48634**	**4131**
红 旗 区	8	1	7	47	305	166	1104	516	121
卫 滨 区	1		1	3	23	8	45	15	
凤 泉 区	22	2	20	102	366	167	2208	1018	175
牧 野 区	4		4	31	155	64	748	342	76
新 乡 县	48	16	32	250	1075	558	5560	2643	748
获 嘉 县	66	21	45	384	2215	1036	7187	3368	702
原 阳 县	179	39	140	760	4880	2345	17845	8498	764
延 津 县	147	38	109	513	2735	1254	10790	5098	222
封 丘 县	169	13	156	776	5813	2810	19484	9441	42
长 垣 县	103	24	79	594	3734	1814	14126	6736	246
卫 辉 市	158	10	148	495	1843	890	8961	4260	155
辉 县 市	87	18	69	621	2970	1450	13905	6699	880
焦 作 市	**278**	**47**	**231**	**2022**	**10912**	**5359**	**45083**	**21701**	**4995**
解 放 区	1		1	4	131	58	131	58	
中 站 区	1		1	26	244	134	609	304	92
马 村 区	5		5	33	93	49	853	402	109
山 阳 区	40	5	35	236	1546	759	4827	2314	687
修 武 县	34	6	28	193	778	385	4140	2015	618
博 爱 县	42	6	36	289	1609	806	6110	2936	645
武 陟 县	69	8	61	595	3160	1533	13675	6397	1025

基 本 情 况（乡村）（二）

（班）人数			离园（班）人数		教职工				代课教师	兼任教师
小班	中班	大班	计	其中：女	计	其中：女	园长	专任教师		
427	639	1002	691	343	212	185	19	86		1
2393	3014	4295	4044	1931	1030	915	113	535	19	
4399	6437	9282	8024	3750	1844	1672	190	846	14	
4567	6539	8677	7808	3780	1375	1249	129	771	27	
2423	2875	3516	3488	1663	802	700	79	477		10
920	1233	2380	1452	657	323	280	38	163	132	13
6271	8163	11393	9790	4671	2004	1829	251	1236	38	1
23113	29303	39798	42445	20079	7822	7210	920	4297	239	39
72	101	143	89	42	47	42	3	20		
343	464	659	688	299	220	214	14	116	15	
1517	1918	2593	2847	1299	638	592	74	321	20	
521	655	984	931	441	233	206	17	108	20	
2899	3491	4631	5523	2566	1290	1204	163	625	20	28
2136	2534	3482	3220	1514	884	793	141	486	41	1
9298	12011	15026	16278	7639	2207	2026	261	1352	74	6
5338	6643	8784	9008	4359	1994	1836	180	1042	31	4
989	1486	3496	3861	1920	309	297	67	227	18	
5012	5898	7619	7208	3507	1644	1496	175	955	3	5
28	30	50	61	26	13	13	1	8		
113	106	139	122	50	43	39	6	15		
622	644	700	566	260	229	213	15	108		
3323	4046	5265	5108	2511	1043	947	109	632	3	4
926	1072	1465	1351	660	316	284	44	192		1
25846	31814	40172	37568	17796	8372	7786	1016	4798	235	9
301	331	351	320	150	142	125	15	64		1
18	16	11	17	6	7	6	1	5		
511	607	915	763	336	243	226	23	133		
188	238	246	173	85	90	82	5	40		
1331	1646	1835	1710	844	630	576	50	341		
1823	2071	2591	2983	1388	387	371	66	258	66	
4746	5614	6721	6265	2972	1217	1113	181	723	115	4
2957	3497	4114	4061	1909	1009	916	152	598	10	1
5264	6366	7812	7547	3648	1529	1440	160	897	2	2
3388	4619	5873	4861	2255	1189	1138	106	771	26	1
2074	2799	3933	4151	1923	844	787	153	376		
3245	4010	5770	4717	2280	1085	1006	104	592	16	
12262	13220	14606	14137	6665	3750	3402	310	1962	143	
18	34	79			15	13	1	4		
151	167	199	151	66	14	12	2	4		
192	249	303	346	149	92	84	6	34		
1210	1294	1636	1650	821	423	396	45	239	9	
1083	1111	1328	1338	650	403	364	36	238	13	
1591	1847	2027	1895	923	589	549	45	248	8	
3957	4254	4439	4363	1968	1129	1007	82	572	2	

学 前 教 育

省、市、县(市)区名称	园数(所) 计	公办	民办	班数(个)	入园(班)人数 计	其中:女	在园 计	其中:女	托班
温　县	29	11	18	292	1312	620	6066	2945	773
沁阳市	32	2	30	220	1276	655	5693	2882	752
孟州市	25	9	16	134	763	360	2979	1448	294
濮阳市	**537**	**166**	**371**	**3388**	**21128**	**9983**	**82565**	**39060**	**3199**
华龙区	58	7	51	277	1514	725	6554	3090	333
清丰县	134	8	126	763	3587	1633	16894	8046	1007
南乐县	82	16	66	724	4176	2030	16364	7793	919
范　县	90	37	53	445	3535	1660	11461	5386	401
台前县	31	12	19	194	2284	1033	6856	3081	45
濮阳县	142	86	56	985	6032	2902	24436	11664	494
许昌市	**633**	**112**	**521**	**3157**	**18244**	**8709**	**77881**	**36961**	**1465**
魏都区									
建安区	124	4	120	730	4513	2196	19639	9323	282
鄢陵县	113	31	82	485	2670	1200	11984	5578	176
襄城县	111	19	92	566	3673	1784	15002	7266	207
禹州市	203	55	148	893	5557	2660	20133	9612	739
长葛市	82	3	79	483	1831	869	11123	5182	61
漯河市	**283**	**127**	**156**	**1387**	**9330**	**4434**	**34173**	**16536**	**778**
源汇区	18	6	12	124	722	337	3092	1443	79
郾城区	44	20	24	199	1193	593	4739	2351	33
召陵区	70	22	48	373	2615	1241	9242	4502	289
舞阳县	52	11	41	328	2514	1180	8601	4132	243
临颍县	99	68	31	363	2286	1083	8499	4108	134
三门峡市	**133**	**50**	**83**	**654**	**3191**	**1568**	**12479**	**6018**	**193**
湖滨区	5	5		11	42	24	189	85	22
陕州区	16	16		78	231	107	1055	515	41
渑池县	29	12	17	101	379	183	1755	833	104
卢氏县	16	12	4	117	759	367	2049	1002	
义马市	2	1	1	18	148	77	378	196	
灵宝市	65	4	61	329	1632	810	7053	3387	26
南阳市	**770**	**308**	**462**	**6544**	**43081**	**20499**	**132341**	**63133**	**3631**
宛城区	17	6	11	273	1791	828	5741	2693	367
卧龙区	178	121	57	448	2309	1090	9472	4353	694
南召县	43	7	36	336	2537	1240	8150	3992	138
方城县	36	7	29	806	4893	2323	19869	9669	953
西峡县	23	13	10	325	1078	492	2972	1353	
镇平县	63	4	59	534	4504	2189	10947	5202	201
内乡县	25	1	24	396	1925	865	6449	3002	83
淅川县	19	4	15	239	1732	797	3912	1812	
社旗县	32	3	29	269	2714	1286	6991	3317	108
唐河县	83	5	78	856	4436	2084	16810	7976	409
新野县	23	5	18	423	3328	1545	8115	3793	31
桐柏县	23	7	16	169	1005	493	2787	1333	191
邓州市	205	125	80	1470	10829	5267	30126	14638	456

基　本　情　况（乡村）（三）

（班）人数			离园（班）人数		教职工				代课教师	兼任教师
小班	中班	大班	计	其中：女	计	其中：女	园长	专任教师		
1619	1765	1909	1817	884	339	312	33	217	62	
1597	1648	1696	1659	738	507	461	35	273	33	
844	851	990	918	466	239	204	25	133	16	
21683	**26165**	**31518**	**29402**	**13742**	**6777**	**6248**	**651**	**3762**	**134**	**26**
1702	2046	2473	2197	1008	782	732	72	379		2
4221	5122	6544	6355	2925	1842	1708	173	907	17	5
4307	4830	6308	6277	2981	1144	1021	98	639	12	9
3031	3865	4164	3899	1854	949	854	109	595	12	8
2201	2188	2422	916	411	355	340	36	211	7	
6221	8114	9607	9758	4563	1705	1593	163	1031	86	2
17820	**24932**	**33664**	**30588**	**14663**	**7494**	**6645**	**575**	**3833**	**1**	**9**
4247	6498	8612	7757	3744	2053	1781	128	919		
2751	3789	5268	5041	2388	925	832	107	593		
3258	5000	6537	6443	3147	1424	1258	97	750	1	9
5526	6514	7354	7398	3561	1824	1663	164	972		
2038	3131	5893	3949	1823	1268	1111	79	599		
7439	**10535**	**15421**	**11564**	**5508**	**3034**	**2670**	**284**	**1514**	**105**	**10**
529	918	1566	1077	523	256	214	22	120		
1102	1412	2192	1949	896	524	444	53	264	10	8
1883	2892	4178	3112	1550	716	643	64	368	59	2
1855	2684	3819	2464	1169	744	674	58	327	5	
2070	2629	3666	2962	1370	794	695	87	435	31	
3287	**3926**	**5073**	**4709**	**2312**	**1345**	**1212**	**140**	**812**	**111**	**1**
39	55	73	64	37	35	31	4	24		
329	308	377	476	238	108	80	16	73	20	1
429	589	633	758	374	195	174	27	122		
412	582	1055	1094	515	50	43	11	21	91	
68	116	194	56	25	59	55	3	27		
2010	2276	2741	2261	1123	898	829	79	545		
29420	**38669**	**60621**	**65818**	**31481**	**5672**	**5201**	**686**	**3690**	**483**	**103**
1133	1454	2787	3109	1403	204	187	18	112	28	
2330	2902	3546	4236	1957	821	730	144	472	84	6
1618	2357	4037	4182	1993	472	418	45	274	13	
4813	6201	7902	9025	4295	465	416	33	315	81	39
669	774	1529	1484	675	54	44	12	41	8	
2114	2998	5634	5409	2622	605	564	66	414	2	
1472	1833	3061	3087	1479	252	237	26	161		
849	960	2103	2512	1126	151	143	19	111	2	
1555	1871	3457	3293	1598	337	311	33	248		8
4216	5365	6820	7642	3661	909	864	82	580	10	8
1250	2308	4526	4527	2125	195	173	23	130	4	21
562	794	1240	1477	695	155	147	19	115		
6839	8852	13979	15835	7852	1052	967	166	717	251	21

学 前 教 育

省、市、县(市)区名称	园数(所) 计	公办	民办	班数(个)	入园(班)人数 计	其中：女	在园 计	其中：女	托班
商丘市	814	295	519	7283	48229	23126	184964	88456	2105
梁园区	44	8	36	369	2612	1252	10114	4828	18
睢阳区	74	28	46	466	3030	1371	13300	6158	219
民权县	142	83	59	894	4874	2389	20618	9817	415
睢县	54	11	43	561	4063	1949	17952	8514	115
宁陵县	103	22	81	855	4399	2100	20137	9714	260
柘城县	150	87	63	1126	8122	3804	26754	12680	152
虞城县	96	2	94	1271	7688	3690	33384	16223	613
夏邑县	100	52	48	1008	7398	3632	23951	11700	19
永城市	51	2	49	733	6043	2939	18754	8822	294
信阳市	539	242	297	4248	38972	18333	103622	48879	1424
浉河区	47	8	39	183	786	359	3733	1764	264
平桥区	46	6	40	357	2139	973	7305	3408	121
罗山县	85	69	16	376	2697	1215	10912	5308	61
光山县	45	14	31	374	3609	1675	6936	3255	73
新县	42	28	14	161	1321	608	2992	1370	
商城县	20	15	5	656	3819	1790	10536	4971	
固始县	92	7	85	736	7268	3406	18769	8556	869
潢川县	15	13	2	300	2288	1038	6743	3089	8
淮滨县	92	66	26	406	3600	1766	10082	4895	28
息县	55	16	39	699	11445	5503	25614	12263	
周口市	1218	433	785	8925	70830	34659	218672	106596	1796
川汇区	15	4	11	209	2429	1206	6488	3163	153
扶沟县	116	56	60	514	4203	2061	11633	5619	21
西华县	53	2	51	748	7555	3715	16435	7990	274
商水县	147	46	101	720	6416	3159	19843	9715	130
沈丘县	242	113	129	1052	7175	3525	23417	11447	145
郸城县	130	34	96	1256	12231	5998	34430	16875	44
淮阳县	85	8	77	1343	8793	4318	32480	15919	404
太康县	302	138	164	1380	10482	5137	35763	17290	153
鹿邑县	70	26	44	967	6729	3277	23001	11285	413
项城市	58	6	52	736	4817	2263	15182	7293	59
驻马店市	504	40	464	6329	54769	26597	155719	75153	2290
驿城区	40	8	32	155	1101	530	3571	1717	91
西平县	64		64	517	2604	1249	13108	6420	247
上蔡县	141	6	135	1291	13164	6390	31946	15474	198
平舆县	16	4	12	684	4618	2298	15946	7768	
正阳县	54	9	45	660	3704	1736	15800	7457	50
确山县	14		14	320	4523	2155	8514	4001	30
泌阳县	54	1	53	810	5253	2548	20627	9949	940
汝南县	70	6	64	706	7854	3714	16902	7967	136
遂平县	26	3	23	403	2238	1088	7542	3562	261
新蔡县	25	3	22	783	9710	4889	21763	10838	337
济源市	56	37	19	218	1077	504	4099	1935	232

基 本 情 况（乡村）（四）

（班）人数			离园（班）人数		教职工				代课教师	兼任教师
小班	中班	大班	计	其中：女	计	其中：女	园长	专任教师		
39937	**59776**	**83146**	**77067**	**36847**	**12243**	**10881**	**961**	**7052**	**337**	**7**
1598	3642	4856	3888	1825	914	841	56	428		1
2350	4660	6071	5425	2572	1290	1133	83	548		
4619	6378	9206	8196	3868	1438	1292	159	958	38	
3833	5992	8012	7217	3495	1004	915	77	562	36	
3738	5776	10363	6652	3152	1274	1083	126	655	156	2
6640	8727	11235	11204	5251	1805	1632	160	1105	5	
7926	11117	13728	13871	6885	2315	1967	131	1278		
5653	7608	10671	10986	5234	1290	1205	109	976	102	1
3580	5876	9004	9628	4565	913	813	60	542		3
21906	**29031**	**51261**	**55062**	**26430**	**4562**	**4101**	**457**	**2869**	**225**	**19**
917	1154	1398	1611	730	388	353	45	213	7	1
1256	2117	3811	3575	1717	627	556	49	316	8	2
1137	2267	7447	5168	2473	328	282	57	203	62	8
1248	1669	3946	5379	2530	429	373	40	245		3
729	726	1537	1786	861	212	202	20	166	2	
2692	3013	4831	6273	2982	144	130	20	117	14	
4186	5154	8560	8601	4023	876	791	85	542	5	4
1545	1889	3301	3683	1748	75	64	15	51	91	
1772	2582	5700	6214	3098	669	580	65	457	36	
6424	8460	10730	12772	6268	814	770	61	559		1
53931	**69915**	**93030**	**87601**	**42828**	**11891**	**11039**	**1280**	**7773**	**54**	**31**
1457	1967	2911	2466	1157	280	266	18	173	15	
2733	3675	5204	5681	2707	865	782	115	502	22	1
3332	4776	8053	6780	3312	726	678	56	505		17
5031	6907	7775	7224	3531	1553	1390	156	890	13	3
5960	7454	9858	10167	4942	1762	1647	248	1092		
8062	10408	15916	14786	7315	1493	1383	143	985		1
7712	10261	14103	12705	6253	1253	1198	99	860		
9893	12321	13396	12871	6299	2736	2528	312	1792	4	
6254	7410	8924	8294	4142	638	594	67	467		4
3497	4736	6890	6627	3170	585	573	66	507		5
33551	**43464**	**76414**	**77715**	**37624**	**6276**	**5608**	**553**	**3502**	**66**	**17**
795	1241	1444	1230	545	385	345	42	218	9	
2614	4136	6111	5056	2456	990	881	70	504		6
7307	9539	14902	16130	7760	1630	1442	150	908	7	
4352	5022	6572	7357	3617	196	176	15	138	16	
3678	4155	7917	9356	4451	586	511	50	382	28	
1436	1154	5894	3164	1527	165	137	13	83		
4740	6115	8832	8918	4249	656	606	69	341		11
2925	4647	9194	10430	4979	1037	906	90	522	6	
1414	2149	3718	3627	1831	302	285	27	186		
4290	5306	11830	12447	6209	329	319	27	220		
1256	**1264**	**1347**	**1385**	**653**	**575**	**485**	**65**	**205**	**16**	**1**

小 学 基 本

省、市、县(市)区名称	校数(所)			教学点数(个)	班数(个)	毕业生数	招生数	
	计	公办	民办				计	其中:受过学前教育
河南省	18117	16252	1865	13726	280034	1570913	1737602	1736831
郑州市	958	886	72	193	20167	142291	180422	180272
中原区	75	72	3		1941	13323	21602	21571
二七区	73	69	4		1420	10394	14045	14027
管城回族区	68	62	6	3	1697	11546	17816	17804
金水区	94	75	19		2941	21696	29691	29654
上街区	9	9			228	1631	2472	2472
惠济区	39	36	3	5	895	5629	7886	7886
中牟县	139	134	5	66	2617	17016	22198	22191
巩义市	70	69	1	45	1309	8192	9602	9602
荥阳市	57	53	4		1002	7741	9856	9856
新密市	114	102	12	20	1618	11158	11599	11599
新郑市	128	123	5	28	2427	15768	22211	22167
登封市	92	82	10	26	2072	18197	11444	11443
开封市	920	825	95	681	14799	74332	87280	87258
龙亭区	56	55	1		1122	6904	8974	8970
顺河回族区	28	26	2	3	526	3233	4473	4473
鼓楼区	18	18			269	1709	1949	1940
禹王台区	18	18			240	1445	1659	1659
祥符区	216	210	6	58	2235	11461	10660	10659
杞县	145	87	58	324	3380	17394	17634	17634
通许县	70	62	8	140	1746	8238	9954	9954
尉氏县	167	157	10	124	2665	14027	16134	16131
兰考县	202	192	10	32	2616	9921	15843	15838
洛阳市	843	795	48	1133	17269	96241	107678	107647
老城区	18	18		2	238	1812	1904	1904
西工区	30	27	3		665	5158	5398	5398
瀍河回族区	16	16			378	2393	3267	3266
涧西区	49	47	2	4	1129	8232	9978	9975
吉利区	9	9			135	771	894	894
洛龙区	51	51		46	1829	9368	14063	14060
孟津县	62	62		66	946	5148	5142	5142
新安县	117	117		106	1134	6270	6600	6595
栾川县	40	39	1	82	790	4599	5075	5073
嵩县	106	103	3	270	1952	9812	9135	9135
汝阳县	59	53	6	97	1421	8381	9115	9108
宜阳县	62	60	2	200	1829	8613	9004	8998
洛宁县	61	55	6	106	1221	6273	6285	6284
伊川县	118	95	23	113	2531	13131	15161	15158
偃师市	45	43	2	41	1071	6280	6657	6657
平顶山市	1170	1057	113	774	15060	89518	89836	89795
新华区	46	43	3	10	930	6534	7218	7210
卫东区	24	24			593	4471	4942	4942
石龙区	11	11		3	122	772	653	653

情　　况（总计）（一）

在校学生数		预计毕业学生	教职工(按办学类型)				教小学学生的专任教师	代课教师	兼任教师
计	其中:寄宿生		计	其中:女	其中:专任教师				
					计	其中:女			
10124818	1852188	1541778	539350	389427	510350	374655	510350	28963	1582
967943	132145	149631	46387	37546	44181	36197	44181	5458	136
103387	5179	14247	4839	4260	4661	4140	4661	541	5
71322	1331	10573	3385	2862	3227	2768	3227	112	7
87755	2554	12074	5137	4285	4967	4178	4967	24	
151225	3221	21805	7404	6316	6845	5963	6845	973	98
11972		1573	719	566	681	550	681	23	5
39522	3930	6383	2200	1916	2045	1810	2045	78	
118471	16060	17741	4993	3788	4845	3706	4845	980	11
55385	9881	9092	3184	2486	3091	2425	3091		
51085	17341	7832	2958	2310	2849	2249	2849	70	6
69329	26228	11141	4234	3112	3944	2937	3944	85	
118493	6541	17948	4012	3194	3852	3090	3852	2493	1
89997	39879	19222	3322	2451	3174	2381	3174	79	3
504499	105024	75997	27527	19760	24983	18655	24983	1026	44
49579	3996	7197	1963	1565	1892	1550	1892	243	18
22688	599	3273	1053	867	997	832	997	193	25
11437	711	1804	537	440	518	430	518	48	
10144		1515	532	411	511	405	511	92	
64630	8695	9470	4872	3427	4518	3309	4518	218	1
100617	34016	15574	5875	4007	5170	3673	5170	8	
59086	23854	8878	3480	2241	2794	1917	2794	64	
98993	22048	15628	4509	3154	4007	2945	4007	155	
87325	11105	12658	4706	3648	4576	3594	4576	5	
610623	117349	94267	29385	20947	28336	20435	28336	2551	7
10355		1752	528	427	527	427	527	11	
31639	383	4842	1431	1248	1338	1187	1338	197	
16816	3588	2401	748	632	722	616	722	20	
52310	163	7994	2450	2008	2422	1994	2422	218	3
4835	389	783	334	256	323	251	323		
72955	9411	10711	2610	1952	2509	1921	2509	893	
30418	6383	5186	1724	1250	1636	1223	1636	8	
38258	4788	6299	1767	1149	1694	1134	1694	1	
31023	14568	4879	1424	955	1343	910	1343	442	
54213	13386	8438	2365	1483	2336	1468	2336	476	1
52655	7545	7915	2314	1510	2300	1503	2300	231	
52057	12047	8350	2763	1849	2714	1817	2714	13	1
36563	8409	5521	1982	1403	1895	1344	1895	27	
87882	28489	13065	4446	2830	4225	2723	4225	9	
38644	7800	6131	2499	1995	2352	1917	2352	5	2
546823	113714	82086	28130	20741	26625	19911	26625	2154	70
39929	2631	5905	2285	1810	2250	1795	2250	34	
28556	950	4006	1503	1163	1485	1157	1485	100	
4313	646	544	289	186	268	181	268		

小 学 基 本

省、市、县(市)区名称	校数(所) 计	公办	民办	教学点数(个)	班数(个)	毕业生数	招生数 计	其中：受过学前教育
湛河区	42	42		8	622	4134	4899	4888
宝丰县	118	102	16	53	1492	9376	9094	9093
叶县	161	128	33	202	2199	10941	13074	13072
鲁山县	236	223	13	202	2825	21226	15420	15417
郏县	104	82	22	150	1716	10083	9031	9029
舞钢市	43	43		77	928	4095	4890	4890
汝州市	385	359	26	69	3633	17886	20615	20601
安阳市	**1245**	**1180**	**65**	**503**	**16861**	**96585**	**100217**	**100173**
文峰区	40	35	5		1165	8143	10430	10425
北关区	35	32	3		755	6387	6400	6400
殷都区	143	138	5	12	1645	10615	9431	9421
龙安区	56	53	3	23	637	3605	3522	3520
安阳县	157	152	5	13	1326	7853	6220	6220
汤阴县	132	131	1	36	1631	7728	7679	7679
滑县	292	269	23	175	4135	20403	25583	25579
内黄县	197	179	18	45	2363	14420	13438	13422
林州市	193	191	2	199	3204	17431	17514	17507
鹤壁市	**306**	**271**	**35**	**174**	**4338**	**18654**	**25246**	**25225**
鹤山区	15	15		4	165	828	586	586
山城区	19	18	1	16	365	2106	2150	2145
淇滨区	34	32	2	5	850	5382	7792	7789
浚县	171	148	23	90	2159	7166	10427	10418
淇县	67	58	9	59	799	3172	4291	4287
新乡市	**1269**	**1190**	**79**	**506**	**17174**	**102621**	**108168**	**108094**
红旗区	55	44	11	5	1182	7469	10502	10499
卫滨区	26	25	1		452	3163	3658	3656
凤泉区	23	23			355	2079	2272	2272
牧野区	37	37		1	520	3830	4108	4108
新乡县	73	64	9	19	948	4654	5519	5515
获嘉县	104	103	1	21	1108	5489	6415	6415
原阳县	178	153	25	121	2305	10586	13207	13162
延津县	118	114	4	86	1611	8048	7328	7326
封丘县	179	161	18	132	2341	13016	13143	13137
长垣县	227	220	7	20	2591	15709	18440	18436
卫辉市	105	102	3	58	1371	10642	7640	7637
辉县市	144	144		43	2390	17936	15936	15931
焦作市	**514**	**486**	**28**	**155**	**7595**	**40490**	**47955**	**47947**
解放区	18	17	1	3	517	3745	4983	4982
中站区	10	10			187	1291	1305	1303
马村区	8	8			229	1601	1650	1650
山阳区	42	38	4	17	786	4953	5443	5443
修武县	54	52	2	4	565	3114	3266	3266
博爱县	46	46		24	906	4781	5239	5235
武陟县	133	116	17	39	1867	8095	10473	10473

情　况(总计)(二)

在校学生数		预计毕业学生	教职工(按办学类型)				教小学学生的专任教师	代课教师	兼任教师
计	其中:寄宿生		计	其中:女	其中:专任教师				
					计	其中:女			
27020	890	3717	1538	1135	1495	1118	1495	2	
56391	10077	7929	2627	1981	2489	1913	2489	500	17
79721	32862	11221	4563	3426	4297	3250	4297	55	
97245	18864	15403	4823	3460	4701	3422	4701	416	
56912	16546	9499	3698	2679	3251	2421	3251	63	29
31135	7434	4835	1444	1033	1407	1028	1407	214	17
125601	22814	19027	5360	3868	4982	3626	4982	770	7
632553	**64968**	**101090**	**27838**	**20979**	**26490**	**20309**	**26490**	**3664**	**258**
59877	219	8796	3099	2666	3021	2619	3021	373	184
36756	1725	5629	1697	1369	1565	1316	1565	378	
64105	665	9988	2600	1908	2503	1894	2503	167	8
21942	187	3805	1270	926	1265	925	1265	44	32
44871	702	7132	2036	1476	1898	1451	1898	132	13
52425	7939	9234	2325	1612	2228	1597	2228	191	
160772	25379	24776	7199	5395	6704	5033	6704	2182	2
82303	12245	14069	3708	2882	3517	2771	3517	41	12
109502	15907	17661	3904	2745	3789	2703	3789	156	7
155801	**25380**	**24883**	**8203**	**6167**	**7367**	**5644**	**7367**	**939**	
4283	1465	824	455	288	417	278	417		
14370	543	2446	960	665	871	640	871	39	
44606	2287	7003	1769	1420	1697	1391	1697	89	
65355	17539	10167	3824	2926	3263	2511	3263	573	
27187	3546	4443	1195	868	1119	824	1119	238	
639534	**85646**	**91619**	**29833**	**23532**	**28394**	**22639**	**28394**	**2388**	**8**
53501	2862	7487	2327	1940	2054	1737	2054	389	
21249	151	3170	1040	868	990	843	990	157	
14068	651	2338	616	470	616	470	616	79	
23473	247	3644	1099	884	1097	884	1097	64	
34130	6159	5533	1780	1356	1605	1242	1605		
39977	1778	6371	1740	1383	1722	1375	1722	1	
76009	20367	10805	4275	3173	4002	3029	4002	51	1
47475	10740	7383	2318	1684	2272	1656	2272	13	
77238	14047	10820	4233	3387	4126	3342	4126	26	2
99986	17541	12569	5052	4380	4609	4072	4609	674	
54389	3653	10309	2860	2202	2824	2189	2824	60	2
98039	7450	11190	2493	1805	2477	1800	2477	874	3
276030	**54421**	**41586**	**15647**	**11847**	**14971**	**11483**	**14971**	**622**	**8**
25857	1115	3829	1224	1001	1163	954	1163	60	
8082	467	1356	493	366	474	357	474		
9914	1641	1574	438	306	423	298	423	5	
31207	1591	4928	1968	1518	1919	1492	1919	55	
19975	1227	3188	1490	1136	1421	1112	1421		1
32012	8629	4897	1366	943	1354	939	1354	12	
60105	29417	8901	3555	2847	3216	2630	3216	104	7

小 学 基 本

省、市、县(市)区名称	校数(所) 计	校数(所) 公办	校数(所) 民办	教学点数(个)	班数(个)	毕业生数	招生数 计	招生数 其中:受过学前教育
温 县	76	73	3	20	925	4704	5589	5588
沁 阳 市	85	85		33	1020	5196	6143	6143
孟 州 市	42	41	1	15	593	3010	3864	3864
濮 阳 市	**781**	**659**	**122**	**358**	**11724**	**58861**	**76170**	**76126**
华 龙 区	82	76	6	27	2096	17972	21118	21114
清 丰 县	149	140	9	97	1967	8738	10322	10322
南 乐 县	129	97	32	59	1743	6438	10450	10450
范 县	113	111	2	21	1311	7955	8561	8525
台 前 县	91	75	16	37	1225	4895	6544	6544
濮 阳 县	217	160	57	117	3382	12863	19175	19171
许 昌 市	**819**	**668**	**151**	**369**	**11792**	**69900**	**72897**	**72897**
魏 都 区	46	41	5		1238	8230	10746	10746
建 安 区	116	94	22	27	1655	10007	10386	10386
鄢 陵 县	140	117	23	60	1679	9948	10808	10808
襄 城 县	160	124	36	92	2076	12284	11981	11981
禹 州 市	227	173	54	156	3406	18221	17861	17861
长 葛 市	130	119	11	34	1738	11210	11115	11115
漯 河 市	**495**	**476**	**19**	**123**	**5600**	**31901**	**36094**	**36065**
源 汇 区	44	40	4	11	700	4763	5518	5504
郾 城 区	74	73	1	16	1084	6687	8214	8211
召 陵 区	72	61	11	38	1128	6238	7445	7439
舞 阳 县	136	134	2	9	1110	6246	6449	6445
临 颍 县	169	168	1	49	1578	7967	8468	8466
三 门 峡 市	**239**	**234**	**5**	**439**	**4302**	**23952**	**27163**	**27157**
湖 滨 区	33	32	1	3	602	4160	4995	4995
陕 州 区	27	27		44	485	1957	2466	2466
渑 池 县	44	44		105	844	5179	4666	4665
卢 氏 县	33	33		231	699	3713	4810	4807
义 马 市	10	10		4	231	1557	1540	1540
灵 宝 市	92	88	4	52	1441	7386	8686	8684
南 阳 市	**1772**	**1588**	**184**	**2795**	**34876**	**206734**	**189560**	**189483**
宛 城 区	171	159	12	80	2948	20510	20694	20690
卧 龙 区	76	70	6	147	2646	20076	20636	20592
南 召 县	59	54	5	237	2160	11008	10832	10832
方 城 县	234	196	38	247	3636	19946	17630	17625
西 峡 县	85	83	2	210	1604	7796	6847	6847
镇 平 县	155	134	21	288	3069	16616	15718	15714
内 乡 县	121	117	4	175	2042	13764	9378	9375
淅 川 县	112	106	6	305	2135	10708	10430	10430
社 旗 县	96	88	8	159	2066	11540	11203	11193
唐 河 县	222	182	40	283	3853	21257	21003	21003
新 野 县	96	76	20	204	2389	14384	12219	12218
桐 柏 县	47	39	8	152	1294	9792	6997	6996
邓 州 市	298	284	14	308	5034	29337	25973	25968

情 况（总计）（三）

在校学生数		预计毕业学生	教职工（按办学类型）				教小学学生的专任教师	代课教师	兼任教师
计	其中：寄宿生		计	其中：女	其中：专任教师				
					计	其中：女			
31450	3861	4378	1897	1434	1830	1415	1830	360	
35866	5638	5314	1972	1355	1960	1354	1960	25	
21562	835	3221	1244	941	1211	932	1211	1	
434083	**60170**	**70194**	**23496**	**17675**	**21886**	**16877**	**21886**	**359**	**150**
108421	9704	20127	3613	2862	3342	2722	3342	202	2
62664	5468	10358	3895	3021	3747	2976	3747	9	5
60503	13578	9119	4032	3140	3620	2910	3620	7	9
49852	1707	7358	2664	1945	2607	1931	2607	60	94
42569	4932	7073	2044	1603	2012	1592	2012	23	
110074	24781	16159	7248	5104	6558	4746	6558	58	40
428144	**116933**	**67134**	**24402**	**17783**	**22145**	**16358**	**22145**	**200**	
59799	7729	8940	2530	2100	2339	1986	2339	166	
60339	15345	9665	3483	2399	3099	2164	3099	14	
60013	16058	9274	3958	2824	3673	2641	3673		
73348	34325	11454	5355	3819	4606	3301	4606		
106878	30782	17765	5416	3873	4985	3624	4985	18	
67767	12694	10036	3660	2768	3443	2642	3443	2	
209449	**43264**	**33194**	**10703**	**7669**	**9899**	**7367**	**9899**	**444**	
31641	3986	5017	1561	1181	1453	1121	1453	112	
45418	5097	6820	2305	1782	2161	1726	2161	122	
41066	14522	5543	2184	1613	1951	1482	1951	210	
40251	12119	6618	2128	1405	1973	1383	1973		
51073	7540	9196	2525	1688	2361	1655	2361		
158587	**34007**	**25610**	**9888**	**7072**	**9548**	**6927**	**9548**	**247**	**6**
28416	1426	4226	1706	1396	1591	1326	1591	78	
14189	2812	2084	1051	700	995	687	995	15	
31063	6253	5114	1630	1104	1604	1101	1604	2	
23123	6066	4513	1444	915	1380	892	1380	46	
9219	752	1487	672	542	661	540	661	12	
52577	16698	8186	3385	2415	3317	2381	3317	94	6
1223454	**249436**	**204841**	**59212**	**41627**	**57426**	**40718**	**57426**	**4941**	**438**
127709	12573	21826	5216	3826	4826	3557	4826	662	
124526	7462	20519	3957	2908	3862	2864	3862	960	3
68241	14505	10845	3365	2197	3305	2173	3305	147	
119125	31363	20110	5732	3914	5348	3706	5348	251	47
44947	9438	7909	2685	1884	2661	1875	2661	397	1
101093	26312	15942	5675	4106	5557	4027	5557	198	8
68407	12778	12882	3288	2212	3250	2211	3250	129	34
61294	12650	9375	3535	2376	3505	2367	3505	147	
71025	9826	11390	3712	2829	3687	2821	3687	4	
136180	36416	21969	6782	4890	6651	4848	6651	194	100
82722	31284	14137	4546	3226	4401	3182	4401	148	2
45696	9261	8041	2727	1883	2688	1859	2688	27	
172489	35568	29896	7992	5376	7685	5228	7685	1677	243

小 学 基 本

省、市、县(市)区名称	校数(所) 计	公办	民办	教学点数(个)	班数(个)	毕业生数	招生数 计	其中：受过学前教育
商丘市	**1865**	**1684**	**181**	**822**	**24862**	**123447**	**158207**	**158197**
梁园区	152	151	1	56	2371	12304	17315	17314
睢阳区	179	163	16	100	2477	12530	17241	17239
民权县	146	121	25	136	2586	11347	15871	15871
睢县	244	238	6	28	2238	11008	14104	14104
宁陵县	139	118	21	57	1733	9351	11708	11708
柘城县	145	120	25	172	2758	10839	15565	15565
虞城县	273	249	24	139	3553	17264	20985	20983
夏邑县	279	255	24	107	3267	13619	18238	18233
永城市	308	269	39	27	3879	25185	27180	27180
信阳市	**1050**	**971**	**79**	**1457**	**19350**	**118559**	**113723**	**113666**
浉河区	62	57	5	88	1269	9224	9218	9218
平桥区	74	67	7	181	2412	13756	14714	14713
罗山县	132	131	1	98	1705	11340	8869	8848
光山县	153	149	4	137	2198	11703	11330	11329
新县	31	29	2	68	733	4658	4244	4242
商城县	95	95		235	1636	9080	8691	8691
固始县	179	151	28	196	3535	21959	19935	19915
潢川县	100	94	6	140	1643	10551	11332	11330
淮滨县	84	76	8	157	1791	10134	11339	11334
息县	140	122	18	157	2428	16154	14051	14046
周口市	**1858**	**1474**	**384**	**2131**	**28569**	**146708**	**170130**	**169983**
川汇区	76	60	16	47	1245	10027	12056	12054
扶沟县	111	107	4	146	1576	7973	9436	9427
西华县	153	144	9	208	1986	10403	11610	11610
商水县	193	160	33	301	3007	15993	18118	18109
沈丘县	200	164	36	223	3236	15691	17373	17358
郸城县	338	264	74	154	3861	19407	21679	21666
淮阳县	160	102	58	306	3354	18051	19205	19196
太康县	265	195	70	297	3836	17740	25246	25192
鹿邑县	200	133	67	232	3181	14661	17232	17200
项城市	162	145	17	217	3287	16762	18175	18171
驻马店市	**1922**	**1717**	**205**	**1088**	**24266**	**122426**	**137104**	**137097**
驿城区	191	185	6	12	2585	14131	17729	17727
西平县	191	188	3	65	1868	7732	9720	9720
上蔡县	387	338	49	148	4054	20261	20470	20468
平舆县	108	92	16	182	2409	13734	17442	17442
正阳县	208	190	18	88	2564	11330	12981	12980
确山县	132	124	8	66	1572	7428	6252	6252
泌阳县	146	126	20	184	2538	12812	15480	15480
汝南县	164	156	8	124	1943	10729	11137	11135
遂平县	148	147	1	41	1399	7595	7918	7918
新蔡县	247	171	76	178	3334	16674	17975	17975
济源市	**91**	**91**		25	1430	7693	9752	9749

情　　况(总计)(四)

在校学生数		预计毕业学生	教职工(按办学类型)				教小学学生的专任教师	代课教师	兼任教师
计	其中:寄宿生		计	其中:女	其中:专任教师				
					计	其中:女			
844263	**128122**	**114905**	**49358**	**32845**	**45493**	**31332**	**45493**	**200**	**45**
91481	8464	11527	4835	3357	4404	3226	4404	68	
87050	10032	11358	4801	3160	4461	2995	4461		
81602	10274	10511	4217	2703	3978	2583	3978	11	2
73442	6674	9902	3639	2560	3501	2485	3501	68	
62421	9957	8683	3972	2594	3596	2469	3596		
79514	17729	10663	6347	4202	6039	4075	6039	2	2
116165	33148	15931	7251	4688	6350	4369	6350	7	
97161	9561	12499	6480	4252	6224	4153	6224	8	41
155427	22283	23831	7816	5329	6940	4977	6940	36	
669164	**57511**	**95955**	**40647**	**28052**	**39214**	**27557**	**39214**	**1674**	**64**
54961	7543	7611	2641	2068	2576	2036	2576	84	
87585	8151	12391	4350	3370	4192	3274	4192	418	37
58165	7233	9533	3720	2683	3582	2656	3582	86	1
64683	4741	9051	4230	2807	4151	2787	4151	22	
24924	2073	3685	1478	995	1465	992	1465		1
47795	4421	6253	3667	2321	3569	2296	3569	14	1
121422	5675	20023	7748	5314	7472	5198	7472	111	
61490	709	6534	3570	2383	3259	2323	3259	588	8
62196	7740	7449	3930	2573	3890	2557	3890	126	16
85943	9225	13425	5313	3538	5058	3438	5058	225	
957795	**323957**	**142369**	**58655**	**40048**	**55934**	**38428**	**55934**	**643**	**210**
66628	13551	9961	3247	2345	3064	2289	3064	92	
51735	14706	7119	3281	2258	3264	2249	3264	2	12
66249	22656	9859	4066	2791	4036	2782	4036	40	
94803	31501	13758	5860	3780	5709	3684	5709	42	
103280	33471	16148	7265	4868	6895	4605	6895		
125935	51025	19812	8293	5405	7862	5173	7862		
110409	54763	16700	6851	4807	6058	4260	6058	404	184
130635	44963	17392	7588	5349	7159	5095	7159	61	13
99919	28399	14595	6229	4127	6038	4042	6038		1
108202	28922	17025	5975	4318	5849	4249	5849	2	
809233	**135543**	**117512**	**47509**	**33354**	**45009**	**32042**	**45009**	**1442**	**136**
102377	2026	15779	5528	4371	5450	4344	5450	186	1
53920	13393	6714	3991	2960	3442	2655	3442	290	
119028	19513	17892	7212	5032	6980	4915	6980	57	
96123	22919	12359	4774	3189	4592	3067	4592	83	22
85492	8894	13919	4630	2829	4330	2692	4330	265	
46604	6533	8879	3162	2405	3123	2376	3123	52	42
89499	28000	11562	5101	3600	4725	3431	4725	367	68
64704	7645	7894	4133	3102	4082	3066	4082	32	3
49816	8071	6677	2893	2120	2890	2119	2890	38	
101670	18549	15837	6085	3746	5395	3377	5395	72	
56840	**4598**	**8905**	**2530**	**1783**	**2449**	**1776**	**2449**	**11**	**2**

小 学 基 本

省、市、县(市)区名称	校数(所)			教学点数(个)	班数(个)	毕业生数	招生数	
	计	公办	民办				计	其中：受过学前教育
河南省	1830	1643	187	219	50454	366137	444724	444513
郑州市	357	311	46	9	10504	81440	103153	103102
中原区	52	51	1		1273	9732	13949	13944
二七区	46	44	2		1136	8890	11616	11608
管城回族区	35	32	3		1126	8178	12602	12602
金水区	83	63	20		2832	21305	27816	27779
上街区	9	9			228	1631	2472	2472
惠济区	16	13	3	1	462	2901	4718	4718
中牟县								
巩义市	19	18	1	6	522	3526	4850	4850
荥阳市	20	15	5		610	4635	6795	6795
新密市	34	28	6	1	708	5112	6320	6320
新郑市	25	23	2	1	644	5455	6348	6347
登封市	18	15	3		963	10075	5667	5667
开封市	112	105	7	9	2492	15308	20083	20073
龙亭区	28	27	1		883	5510	8128	8127
顺河回族区	26	24	2	3	514	3195	4454	4454
鼓楼区	15	15			251	1623	1876	1867
禹王台区	9	9			174	1080	1316	1316
祥符区	34	30	4	6	670	3900	4309	4309
杞县								
通许县								
尉氏县								
兰考县								
洛阳市	139	133	6	22	3829	25734	32475	32469
老城区	16	16		2	226	1754	1886	1886
西工区	26	23	3		651	5105	5357	5357
瀍河回族区	15	15			370	2349	3234	3233
涧西区	28	27	1		822	6351	7846	7843
吉利区	7	7			123	741	863	863
洛龙区	23	23			907	5271	8197	8195
孟津县								
新安县	5	5			72	325	571	571
栾川县								
嵩县								
汝阳县								
宜阳县								
洛宁县								
伊川县								
偃师市	19	17	2	20	658	3838	4521	4521
平顶山市	137	124	13	22	3052	20162	25663	25633
新华区	24	21	3	6	601	4615	4930	4922
卫东区	22	22			540	4168	4661	4661
石龙区	8	8		1	97	699	582	582

情　　况（城区）（一）

在校学生数		预计毕业学生	教职工（按办学类型）				教小学学生的专任教师	代课教师	兼任教师
计	其中：寄宿生		计	其中：女	其中:专任教师				
					计	其中：女			
2464486	219333	374121	109766	90486	104023	87244	104023	7064	379
552286	44955	84407	26866	22945	25431	22011	25431	1757	111
69699	1906	10041	3255	2857	3218	2838	3218	302	
60565	264	9030	2714	2325	2609	2261	2609	91	7
62542	1078	8516	3428	2895	3320	2823	3320	10	
146200	3221	21493	7169	6144	6620	5795	6620	886	98
11972		1573	719	566	681	550	681	23	5
22924	335	2985	1420	1280	1298	1190	1298	50	
25691	2982	3903	1302	1125	1241	1079	1241		
33581	6138	4904	1894	1610	1813	1556	1813	13	
35073	6849	5151	2040	1612	1872	1501	1872	12	
36179	1563	5981	1574	1379	1492	1313	1492	352	1
47860	20619	10830	1351	1152	1267	1105	1267	18	
108869	9493	15651	5003	4094	4739	3963	4739	591	25
42451	3026	5946	1470	1213	1413	1199	1413	212	
22511	599	3235	1028	852	974	818	974	193	25
10829	711	1709	503	415	484	405	484	43	
7930		1180	400	320	389	316	389	71	
25148	5157	3581	1602	1294	1479	1225	1479	72	
173460	13200	25918	7611	6401	7328	6228	7328	1051	
10156		1708	508	416	507	416	507	9	
31410	383	4801	1416	1237	1326	1178	1326	175	
16576	3588	2377	727	616	704	601	704	20	
41129	7	6264	1921	1582	1912	1580	1912	118	
4618	389	753	300	241	291	237	291		
41598	2909	5785	1203	1004	1174	985	1174	729	
2685	641	356	86	70	82	69	82		
25288	5283	3874	1450	1235	1332	1162	1332		
141734	12606	20039	7161	5715	6801	5507	6801	255	17
27937	1897	4239	1462	1174	1430	1162	1430	21	
26629	53	3667	1412	1096	1398	1092	1398	96	
3944	646	512	243	164	229	161	229		

小 学 基 本

省、市、县(市)区名称	校数(所) 计	公办	民办	教学点数(个)	班数(个)	毕业生数	招生数 计	其中:受过学前教育
湛 河 区	18	18		2	418	3047	3777	3766
宝 丰 县								
叶 县	5	4	1	2	133	386	1675	1675
鲁 山 县								
郏 县								
舞 钢 市	16	16		10	349	1755	2625	2625
汝 州 市	44	35	9	1	914	5492	7413	7402
安 阳 市	**126**	**110**	**16**	**7**	**3521**	**24641**	**28253**	**28236**
文 峰 区	24	20	4		762	5818	6748	6748
北 关 区	25	21	4		632	4743	5725	5725
殷 都 区	17	15	2		408	3194	3191	3181
龙 安 区	14	11	3	1	199	1153	1710	1710
安 阳 县	11	10	1		94	367	615	615
汤 阴 县								
滑 县								
内 黄 县								
林 州 市	35	33	2	6	1426	9366	10264	10257
鹤 壁 市	**46**	**46**		**5**	**1088**	**7568**	**8987**	**8985**
鹤 山 区	12	12		3	142	771	548	548
山 城 区	15	15		1	286	1909	1957	1957
淇 滨 区	17	17		1	648	4817	6394	6392
浚 县								
淇 县	2	2			12	71	88	88
新 乡 市	**146**	**140**	**6**	**5**	**3360**	**25852**	**28988**	**28980**
红 旗 区	30	26	4	2	778	5637	7319	7318
卫 滨 区	24	22	2		430	3034	3537	3535
凤 泉 区	4	4			142	866	1158	1158
牧 野 区	35	35			508	3736	4068	4068
新 乡 县								
获 嘉 县								
原 阳 县								
延 津 县								
封 丘 县								
长 垣 县								
卫 辉 市	17	17			401	3052	3415	3415
辉 县 市	36	36		3	1101	9527	9491	9486
焦 作 市	**73**	**70**	**3**	**13**	**1969**	**13935**	**17147**	**17144**
解 放 区	18	17	1	3	517	3745	4983	4982
中 站 区	6	6			152	1127	1151	1149
马 村 区	5	5			169	1183	1372	1372
山 阳 区	13	12	1	7	419	3311	3480	3480
修 武 县								
博 爱 县								
武 陟 县	3	3			18	49	43	43

情　　况（城区）（二）

在校学生数		预计毕业学生	教职工（按办学类型）				教小学学生的专任教师	代课教师	兼任教师
计	其中：寄宿生		计	其中：女	其中：专任教师				
					计	其中：女			
20153	532	2763	896	689	869	676	869		
6267	685	544	397	322	380	315	380		
14788	1681	2056	686	577	665	572	665	86	17
42016	7112	6258	2065	1693	1830	1529	1830	52	
167310	11187	26026	6808	5738	6532	5608	6532	530	213
40216	70	6115	2123	1816	2058	1775	2058	144	180
32043	234	4933	1564	1286	1437	1233	1437	309	
19981		3045	910	766	885	759	885	30	
8243		1349	448	373	448	373	448	17	32
3258	48	385	135	111	124	108	124	1	
63569	10835	10199	1628	1386	1580	1360	1580	29	1
55082	2659	9079	2615	2024	2477	1978	2477	85	
3996	1465	761	404	261	370	253	370		
13012		2186	807	578	734	555	734	39	
37681	1194	6086	1376	1161	1345	1146	1345	46	
393		46	28	24	28	24	28		
163905	4770	22902	6059	5016	5852	4884	5852	799	
37779	1578	5564	1435	1223	1295	1120	1295	346	
20405	151	3031	1015	845	967	821	967	157	
6352	651	916	174	145	174	145	174	8	
23116	247	3564	1071	863	1069	863	1069	64	
21299	587	3976	1036	868	1028	866	1028	1	
54954	1556	5851	1328	1072	1319	1069	1319	223	
94435	7324	14222	4400	3471	4262	3387	4262	90	
25857	1115	3829	1224	1001	1163	954	1163	60	
7212	467	1194	393	285	384	281	384		
7796	269	1192	349	255	340	251	340	5	
19863	169	3157	1130	908	1094	887	1094	24	
323		54	30	23	29	23	29		

小 学 基 本

省、市、县(市)区名称	校数(所) 计	公办	民办	教学点数(个)	班数(个)	毕业生数	招生数 计	其中:受过学前教育
温　　县								
沁 阳 市	17	17		2	440	3134	3876	3876
孟 州 市	11	10	1	1	254	1386	2242	2242
濮 阳 市	**33**	**31**	**2**	**7**	**1248**	**12352**	**14518**	**14514**
华 龙 区	26	24	2	4	1163	12198	13832	13828
清 丰 县								
南 乐 县								
范　　县	3	3			30	59	426	426
台 前 县								
濮 阳 县	4	4		3	55	95	260	260
许 昌 市	**155**	**127**	**28**	**25**	**3801**	**24662**	**30254**	**30254**
魏 都 区	46	39	7		1238	8230	10746	10746
建 安 区	21	18	3	1	441	2234	4346	4346
鄢 陵 县	3	3		1	22	93	85	85
襄 城 县	7	7		2	114	659	717	717
禹 州 市	43	32	11	19	1168	7796	8307	8307
长 葛 市	35	28	7	2	818	5650	6053	6053
漯 河 市	**54**	**50**	**4**	**4**	**1449**	**9946**	**13473**	**13458**
源 汇 区	23	19	4	1	512	3788	4502	4490
郾 城 区	24	24		1	683	4723	6519	6516
召 陵 区	7	7		2	254	1435	2452	2452
舞 阳 县								
临 颍 县								
三 门 峡 市	**62**	**60**	**2**	**7**	**1544**	**10130**	**12898**	**12898**
湖 滨 区	22	21	1	1	533	3897	4719	4719
陕 州 区	10	10		3	240	1175	1762	1762
渑 池 县								
卢 氏 县								
义 马 市	10	10		3	230	1557	1540	1540
灵 宝 市	20	19	1		541	3501	4877	4877
南 阳 市	**84**	**75**	**9**	**15**	**3135**	**26338**	**28213**	**28168**
宛 城 区	27	24	3		946	7979	8321	8320
卧 龙 区	17	16	1	9	1055	9164	11292	11248
南 召 县								
方 城 县								
西 峡 县								
镇 平 县								
内 乡 县								
淅 川 县								
社 旗 县								
唐 河 县				1	5		12	12
新 野 县								
桐 柏 县								
邓 州 市	40	35	5	5	1129	9195	8588	8588

情 况（城区）（三）

在校学生数		预计毕业学生	教职工（按办学类型）				教小学学生的专任教师	代课教师	兼任教师
计	其中：寄宿生		计	其中：女	其中：专任教师				
					计	其中：女			
21842	4540	3182	761	571	756	571	756	1	
11542	764	1614	513	428	496	420	496		
73321	**3104**	**13566**	**2355**	**1952**	**2165**	**1836**	**2165**	**104**	
71134	2402	13373	2214	1856	2024	1740	2024	103	
1054		63	49	38	49	38	49		
1133	702	130	92	58	92	58	92	1	
168202	**38196**	**25277**	**6972**	**5756**	**6427**	**5425**	**6427**	**180**	
59799	7729	8940	2530	2100	2339	1986	2339	166	
19782	2501	2588	838	708	792	673	792	14	
497	85	85	46	31	43	31	43		
4400	2064	562	218	186	213	182	213		
46965	15086	7820	1578	1304	1442	1220	1442		
36759	10731	5282	1762	1427	1598	1333	1598		
71425	**4679**	**10401**	**2899**	**2390**	**2770**	**2323**	**2770**	**230**	
25032	2327	4035	1087	854	1011	812	1011	112	
34646	1987	4952	1407	1208	1362	1186	1362	109	
11747	365	1414	405	328	397	325	397	9	
71615	**6233**	**10675**	**4258**	**3468**	**4088**	**3368**	**4088**	**140**	
26475	1303	3941	1487	1238	1384	1173	1384	78	
9325	1468	1314	539	428	530	423	530	14	
9215	752	1483	670	541	659	539	659	12	
26600	2710	3937	1562	1261	1515	1233	1515	36	
167204	**12989**	**27310**	**6001**	**4781**	**5677**	**4585**	**5677**	**918**	
50255	4627	8346	2006	1569	1809	1418	1809	120	
62203	418	9750	1643	1326	1595	1303	1595	513	
81			8	7	7	7	7		
54665	7944	9214	2344	1879	2266	1857	2266	285	

小 学 基 本

省、市、县(市)区名称	校数(所)			教学点数(个)	班数(个)	毕业生数	招生数	
	计	公办	民办				计	其中:受过学前教育
商丘市	**122**	**100**	**22**	**6**	**3385**	**23284**	**28838**	**28837**
梁园区	29	28	1		951	6226	8748	8747
睢阳区	47	39	8	5	925	5923	7373	7373
民权县								
睢 县								
宁陵县								
柘城县								
虞城县								
夏邑县								
永城市	46	33	13	1	1509	11135	12717	12717
信阳市	**47**	**43**	**4**	**17**	**1670**	**12331**	**15100**	**15100**
浉河区	24	21	3	4	718	6173	7001	7001
平桥区	23	22	1	13	952	6158	8099	8099
罗山县								
光山县								
新 县								
商城县								
固始县								
潢川县								
淮滨县								
息 县								
周口市	**73**	**56**	**17**	**42**	**2373**	**18982**	**18697**	**18681**
川汇区	22	18	4	6	678	7206	7496	7496
扶沟县	1	1			6	22	27	27
西华县								
商水县	2	1	1	5	31	24	180	180
沈丘县								
郸城县	7	4	3	7	123	618	539	527
淮阳县	2	1	1	11	114	241	1125	1125
太康县								
鹿邑县								
项城市	39	31	8	13	1421	10871	9330	9326
驻马店市	**37**	**35**	**2**	**2**	**1231**	**8219**	**10830**	**10830**
驿城区	36	35	1		1212	7917	10734	10734
西平县								
上蔡县								
平舆县								
正阳县								
确山县								
泌阳县								
汝南县								
遂平县								
新蔡县	1		1	2	19	302	96	96
济源市	**27**	**27**		**2**	**803**	**5253**	**7154**	**7151**

情　　况（城区）（四）

在校学生数		预计毕业学生	教职工（按办学类型）				教小学学生的专任教师	代课教师	兼任教师
计	其中：寄宿生		计	其中：女	其中：专任教师				
					计	其中：女			
157808	**15871**	**23377**	**8266**	**6561**	**7336**	**6115**	**7336**	**57**	
44647	470	6148	2476	1956	2267	1857	2267	57	
39409	4443	5597	2061	1607	1823	1500	1823		
73752	10958	11632	3729	2998	3246	2758	3246		
82464	**1977**	**10676**	**3830**	**3228**	**3712**	**3155**	**3712**	**63**	
38419	449	4958	1611	1357	1584	1341	1584	32	
44045	1528	5718	2219	1871	2128	1814	2128	31	
115745	**28572**	**19823**	**4391**	**3445**	**4229**	**3393**	**4229**	**49**	**13**
46113	10010	7566	1739	1318	1644	1308	1644	38	
165		26	14	10	14	10	14		
786	253	26	66	45	65	45	65		
3442	1992	672	216	138	194	123	194		
4418	505	400	137	94	134	93	134	11	13
60821	15812	11133	2219	1840	2178	1814	2178		
60338	**890**	**8818**	**2936**	**2404**	**2874**	**2384**	**2874**	**158**	
59697	447	8713	2924	2398	2862	2378	2862	158	
641	443	105	12	6	12	6	12		
39283	628	5954	1335	1097	1323	1094	1323	7	

小 学 基 本

省、市、县(市)区名称	校数(所)			教学点数(个)	班数(个)	毕业生数	招生数	
	计	公办	民办				计	其中：受过学前教育
河南省	4937	4201	736	1805	102419	690334	702036	701736
郑州市	251	234	17	32	5282	35791	47086	47007
中原区	16	15	1		549	2936	6120	6094
二七区	5	3	2		91	507	596	596
管城回族区	12	10	2	1	331	1806	3737	3725
金水区	1	1			15		434	434
上街区								
惠济区	4	4			70	392	592	592
中牟县	49	48	1	6	1364	10259	13146	13146
巩义市	36	36		12	572	3818	3740	3740
荥阳市	8	8			119	1344	873	873
新密市	45	40	5	7	567	3968	3698	3698
新郑市	42	39	3	1	1067	6808	10816	10776
登封市	33	30	3	5	537	3953	3334	3333
开封市	242	204	38	147	5352	31503	33811	33808
龙亭区	2	2			8	52	10	10
顺河回族区								
鼓楼区								
禹王台区								
祥符区	31	31		10	309	1645	1385	1385
杞县	54	30	24	66	1472	11529	8340	8340
通许县	24	22	2	33	875	5168	6475	6475
尉氏县	56	51	5	30	1315	7281	8770	8768
兰考县	75	68	7	8	1373	5828	8831	8830
洛阳市	305	285	20	114	7379	48072	52655	52642
老城区								
西工区								
瀍河回族区								
涧西区	10	10		2	177	1124	1521	1521
吉利区								
洛龙区	19	19		12	546	2548	4225	4225
孟津县	38	38		16	662	4297	4570	4570
新安县	46	46		11	706	4916	5022	5018
栾川县	29	28	1	5	665	4228	4628	4626
嵩县	28	26	2	8	826	6217	5874	5874
汝阳县	21	20	1	9	687	4981	5210	5210
宜阳县	30	29	1	25	941	5866	6083	6078
洛宁县	27	24	3	7	596	4522	4313	4312
伊川县	49	37	12	12	1398	8196	10085	10084
偃师市	8	8		7	175	1177	1124	1124
平顶山市	265	230	35	77	4560	33504	30298	30296
新华区	14	14			260	1546	2044	2044
卫东区	1	1			38	168	227	227
石龙区								

情　况（镇区）（一）

在校学生数		预计毕业学生	教职工（按办学类型）				教小学学生的专任教师	代课教师	兼任教师
计	其中：寄宿生		计	其中：女	其中：专任教师				
					计	其中：女			
4263678	971784	692666	200237	155549	188222	148907	188222	10152	656
255256	48602	38825	11255	8975	10750	8662	10750	2428	16
27688	3273	3537	1334	1212	1215	1112	1215	200	5
3585	795	594	244	212	203	184	203		
15988	1476	1842	968	832	911	798	911	4	
690			15	13	14	12	14		
3371		497	207	174	199	169	199		
71264	8003	10968	2617	2141	2560	2110	2560	645	9
23768	5588	4208	1432	1092	1409	1079	1409		
6003	2848	1113	377	249	356	244	356		
23471	13484	3967	1416	1008	1327	961	1327	60	
56207	3766	7853	1474	1219	1416	1183	1416	1493	
23221	9369	4246	1171	823	1140	810	1140	26	2
204440	53997	33039	9328	7296	8510	6851	8510	175	
160		41	25	19	23	18	23		
8468	493	1189	651	430	611	423	611	32	
55554	22107	9930	2631	2063	2259	1844	2259	4	
35057	10133	5262	1480	1117	1367	1031	1367	13	
55173	12143	9043	2123	1666	1912	1568	1912	126	
50028	9121	7574	2418	2001	2338	1967	2338		
303657	70287	48415	12845	9675	12438	9479	12438	1026	1
7386		1067	299	252	294	249	294	59	1
21200	5146	3177	912	657	878	647	878	160	
26545	6066	4467	1185	966	1132	944	1132	8	
29429	2998	5077	1154	869	1119	860	1119	1	
28269	12634	4515	1208	859	1145	819	1145	416	
34897	7861	5923	1272	995	1255	988	1255	280	
30485	4341	4972	1205	906	1197	902	1197	82	
36352	7816	5929	1473	1141	1432	1113	1432	4	
25650	5633	4008	1041	820	1022	813	1022	11	
56792	17282	8175	2654	1862	2531	1797	2531	4	
6652	510	1105	442	348	433	347	433	1	
194059	43394	31161	9019	7148	8381	6772	8381	770	41
10373	734	1433	624	506	621	503	621	6	
1420	767	201	60	44	56	42	56		

小　学　基　本

省、市、县(市)区名称	校数(所)			教学点数(个)	班数(个)	毕业生数	招生数	
	计	公办	民办				计	其中：受过学前教育
湛河区	2	2			33	143	268	268
宝丰县	46	40	6	7	828	6319	5884	5884
叶县	52	39	13	23	827	5877	4412	4412
鲁山县	45	45		26	882	7969	6512	6512
郏县	42	31	11	11	902	6231	5928	5928
舞钢市	6	6		5	143	1172	769	769
汝州市	57	52	5	5	647	4079	4254	4252
安阳市	**270**	**250**	**20**	**53**	**5285**	**34459**	**34976**	**34971**
文峰区	7	6	1		317	1864	3272	3271
北关区	2	2			31	167	164	164
殷都区	51	49	2	1	649	4367	3877	3877
龙安区	6	6		1	51	313	228	228
安阳县	35	33	2	4	392	2536	2166	2166
汤阴县	46	45	1	6	938	5197	5678	5678
滑县	63	51	12	13	1583	9636	11573	11573
内黄县	23	21	2	1	720	5791	5040	5036
林州市	37	37		27	604	4588	2978	2978
鹤壁市	**83**	**70**	**13**	**29**	**1578**	**6949**	**11101**	**11089**
鹤山区								
山城区	2	1	1	1	32	138	169	164
淇滨区	5	4	1	1	85	198	849	849
浚县	44	37	7	17	984	4200	6817	6813
淇县	32	28	4	10	477	2413	3266	3263
新乡市	**345**	**304**	**41**	**64**	**5930**	**37661**	**42365**	**42320**
红旗区	19	13	6	2	342	1505	2886	2885
卫滨区	1	1			16	117	108	108
凤泉区	2	2			45	309	312	312
牧野区								
新乡县	34	27	7	4	554	2906	3670	3668
获嘉县	30	28	2		533	3080	4273	4273
原阳县	52	41	11	10	844	4514	6004	5962
延津县	29	27	2	11	648	4347	3853	3853
封丘县	54	48	6	30	906	5879	5761	5761
长垣县	94	88	6	3	1572	10857	12741	12741
卫辉市	18	17	1	3	211	1864	1163	1163
辉县市	12	12		1	259	2283	1594	1594
焦作市	**176**	**162**	**14**	**20**	**3099**	**17087**	**20786**	**20782**
解放区								
中站区								
马村区					6	43	35	35
山阳区	9	8	1	2	160	785	1007	1007
修武县	23	22	1		328	2045	2443	2443
博爱县	21	21		3	541	3267	3639	3635
武陟县	57	46	11	5	1105	5495	7351	7351

情　　况（镇区）（二）

在校学生数		预计毕业学生	教职工（按办学类型）				教小学学生的专任教师	代课教师	兼任教师
计	其中：寄宿生		计	其中：女	其中：专任教师				
					计	其中：女			
1570		206	109	95	109	95	109		
36003	5213	5204	1545	1247	1452	1201	1452	273	15
34072	14581	5969	1873	1505	1713	1390	1713	16	
40768	7436	6364	1530	1258	1529	1258	1529	233	
37607	8192	6338	2116	1629	1807	1453	1807	42	26
6015	1824	1242	211	145	208	145	208	34	
26231	4647	4204	951	719	886	685	886	166	
225863	**33228**	**37373**	**8984**	**7162**	**8433**	**6881**	**8433**	**1579**	**14**
16510	149	2105	802	704	789	698	789	215	4
1207		177	40	27	40	27	40	36	
26940	575	4282	938	650	880	648	880	109	
1639		309	100	74	100	74	100		
15254	372	2392	617	489	574	476	574	58	
37157	6674	6350	1370	1064	1314	1050	1314	163	
74149	17386	11678	3091	2549	2769	2317	2769	926	
32481	4173	5824	1188	1014	1164	1007	1164	27	10
20526	3899	4256	838	591	803	584	803	45	
66358	**13466**	**10199**	**3106**	**2522**	**2614**	**2153**	**2614**	**224**	
1038	543	171	63	50	63	50	63		
3678	60	373	141	111	126	102	126	8	
41041	11374	6198	2194	1814	1744	1469	1744	111	
20601	1489	3457	708	547	681	532	681	105	
247285	**46021**	**35934**	**11361**	**9559**	**10503**	**8981**	**10503**	**731**	**2**
13860	1284	1628	822	673	690	573	690	25	
742		122	13	12	13	12	13		
2017		343	101	70	101	70	101	23	
21881	4642	3412	1016	833	881	740	881		
24726	1177	3734	901	793	889	787	889		
35390	10073	5199	1886	1542	1748	1458	1748	16	
24206	6031	3805	1017	802	1011	798	1011	6	
35014	3801	4909	1967	1696	1908	1672	1908	13	2
69678	16307	9508	2974	2636	2606	2370	2606	449	
8490	642	1613	465	368	459	367	459	3	
11281	2064	1661	199	134	197	134	197	196	
120609	**32496**	**17953**	**6423**	**5168**	**6043**	**4939**	**6043**	**282**	**8**
210		32							
5688	1049	920	358	288	353	285	353	23	
14060	885	2193	851	691	812	678	812		1
21728	6639	3255	870	679	859	675	859	7	
42249	20271	6333	2344	2004	2064	1807	2064	32	7

小 学 基 本

省、市、县(市)区名称	校数(所) 计	公办	民办	教学点数(个)	班数(个)	毕业生数	招生数 计	其中：受过学前教育
温 县	32	31	1	4	596	3571	4311	4311
沁 阳 市	23	23		5	241	1176	1290	1290
孟 州 市	11	11		1	122	705	710	710
濮 阳 市	**236**	**188**	**48**	**62**	**4949**	**25793**	**34320**	**34284**
华 龙 区	19	17	2	8	475	3330	4189	4189
清 丰 县	39	37	2	11	883	4573	5953	5953
南 乐 县	40	25	15	4	798	4104	5162	5162
范 县	24	22	2		511	3755	4101	4065
台 前 县	29	26	3	7	584	2679	3462	3462
濮 阳 县	85	61	24	32	1698	7352	11453	11453
许 昌 市	**197**	**156**	**41**	**62**	**3059**	**20465**	**19022**	**19022**
魏 都 区								
建 安 区	8	8		4	177	1057	957	957
鄢 陵 县	52	42	10	16	940	6537	6798	6798
襄 城 县	43	32	11	12	779	5923	5206	5206
禹 州 市	67	48	19	27	853	4589	4220	4220
长 葛 市	27	26	1	3	310	2359	1841	1841
漯 河 市	**120**	**112**	**8**	**14**	**1782**	**12743**	**11180**	**11177**
源 汇 区	2	2		1	48	488	264	264
郾 城 区	5	5		1	81	473	467	467
召 陵 区	19	13	6	5	345	2164	2360	2360
舞 阳 县	36	35	1		560	4980	3492	3490
临 颍 县	58	57	1	7	748	4638	4597	4596
三门峡市	**73**	**71**	**2**	**33**	**1337**	**9142**	**9509**	**9508**
湖 滨 区	4	4			35	133	183	183
陕 州 区	5	5		1	72	368	380	380
渑 池 县	23	23		14	485	3795	3253	3253
卢 氏 县	19	19		16	407	2903	3654	3653
义 马 市								
灵 宝 市	22	20	2	2	338	1943	2039	2039
南 阳 市	**657**	**559**	**98**	**362**	**15903**	**123917**	**99162**	**99159**
宛 城 区	52	43	9	10	1054	7739	8211	8209
卧 龙 区	26	23	3	13	831	7984	5837	5837
南 召 县	29	27	2	16	1016	7019	6543	6543
方 城 县	67	51	16	31	1594	11143	9785	9785
西 峡 县	39	37	2	22	899	6269	5555	5555
镇 平 县	60	47	13	35	1478	11782	9703	9702
内 乡 县	55	51	4	23	1143	10033	7123	7123
淅 川 县	59	56	3	58	1353	9041	8535	8535
社 旗 县	40	37	3	29	1117	9123	6682	6682
唐 河 县	100	82	18	49	2183	17023	12785	12785
新 野 县	41	31	10	41	1339	10022	7577	7577
桐 柏 县	33	26	7	13	853	8192	5365	5365
邓 州 市	56	48	8	22	1043	8547	5461	5461

情 况（镇区）（三）

在校学生数		预计毕业学生	教职工（按办学类型）				教小学学生的专任教师	代课教师	兼任教师
计	其中：寄宿生		计	其中：女	其中：专任教师				
					计	其中：女			
24114	2692	3330	1244	954	1202	942	1202	211	
8056	960	1182	503	349	500	349	500	9	
4504		708	253	203	253	203	253		
199553	**31341**	**33351**	**10452**	**8241**	**9703**	**7882**	**9703**	**123**	**11**
20775	2568	4090	597	451	560	442	560	57	
35638	3328	5907	1933	1583	1851	1552	1851	1	5
31961	8289	6067	1879	1567	1658	1438	1658		
24411	151	3519	1122	882	1078	868	1078	25	
23213	4476	4069	959	797	940	793	940		
63555	12529	9699	3962	2961	3616	2789	3616	40	6
116498	**36500**	**19383**	**7001**	**5486**	**6250**	**4981**	**6250**	**2**	
6140	2332	1046	327	217	319	216	319		
38458	9264	6289	2325	1882	2141	1753	2141		
33714	16882	5665	2253	1823	1870	1550	1870		
26554	7486	4426	1508	1088	1341	992	1341	2	
11632	536	1957	588	476	579	470	579		
72245	**21187**	**13766**	**3180**	**2437**	**2933**	**2325**	**2933**	**41**	
2251	1043	551	127	97	126	97	126		
3068	677	554	156	118	150	116	150	6	
13885	6304	1959	785	634	660	555	660	35	
23857	8943	4893	981	740	930	730	930		
29184	4220	5809	1131	848	1067	827	1067		
57072	**12930**	**10080**	**3097**	**2261**	**3024**	**2245**	**3024**	**58**	**6**
1258		160	90	80	90	80	90		
2529	505	368	178	112	166	109	166		
21853	1720	3686	1122	835	1107	833	1107	2	
17766	3960	3619	965	699	928	690	928	17	
13666	6745	2247	742	535	733	533	733	39	6
669982	**162309**	**123135**	**28794**	**22219**	**27864**	**21677**	**27864**	**1442**	**206**
49024	5431	8595	1850	1414	1680	1300	1680	334	
40112	6131	7494	1203	913	1173	899	1173	231	
42453	5823	7176	1759	1268	1730	1257	1730	44	
66456	20619	11635	2536	1942	2320	1787	2320	39	28
36182	5919	6530	1611	1301	1607	1300	1607	292	
65100	17764	11637	3100	2469	3020	2415	3020	44	8
51230	9885	9689	1960	1525	1923	1525	1923	93	22
50772	10231	8198	2510	1880	2484	1872	2484	95	
44970	7735	9354	1993	1598	1988	1597	1988		
91977	28633	17332	3983	3095	3894	3062	3894	68	69
53724	21694	9848	2337	1828	2274	1807	2274	27	2
37124	7657	6875	1907	1472	1876	1451	1876	15	
40858	14787	8772	2045	1514	1895	1405	1895	160	77

小　学　基　本

省、市、县(市)区名称	校数(所) 计	公办	民办	教学点数(个)	班数(个)	毕业生数	招生数 计	其中：受过学前教育
商丘市	**472**	**391**	**81**	**136**	**8908**	**52046**	**60704**	**60697**
梁园区	21	21		3	482	2704	3848	3848
睢阳区	25	22	3	18	366	1686	2504	2504
民权县	56	41	15	28	1296	6445	8604	8604
睢县	58	53	5	3	917	5115	6139	6139
宁陵县	39	26	13	7	836	5557	6260	6260
柘城县	42	32	10	17	1117	6111	6929	6929
虞城县	83	74	9	31	1690	11177	10961	10959
夏邑县	87	71	16	25	1425	7449	9714	9709
永城市	61	51	10	4	779	5802	5745	5745
信阳市	**295**	**255**	**40**	**104**	**7668**	**61008**	**59976**	**59948**
浉河区	5	5		2	102	1268	647	647
平桥区	21	18	3	4	479	3733	3358	3358
罗山县	25	24	1	7	725	7546	5226	5210
光山县	37	33	4	14	966	7369	7556	7556
新县	14	12	2	4	414	3528	3154	3154
商城县	28	28		12	605	4281	4860	4860
固始县	68	52	16	15	1794	13467	13428	13417
潢川县	41	36	5	13	928	6869	8377	8376
淮滨县	26	22	4	28	846	5966	6957	6957
息县	30	25	5	5	809	6981	6413	6413
周口市	**516**	**377**	**139**	**417**	**10947**	**75129**	**68670**	**68613**
川汇区	17	16	1	10	180	979	1739	1739
扶沟县	39	37	2	24	769	5197	5013	5009
西华县	34	31	3	37	830	6553	5507	5507
商水县	70	58	12	81	1273	7954	8184	8176
沈丘县	67	52	15	53	1646	11422	9751	9740
郸城县	65	37	28	20	1309	10322	8552	8552
淮阳县	41	21	20	52	1267	9998	8123	8122
太康县	88	61	27	77	1510	9521	9799	9788
鹿邑县	68	42	26	40	1540	10089	8213	8191
项城市	27	22	5	23	623	3094	3789	3789
驻马店市	**408**	**327**	**81**	**76**	**9066**	**63521**	**64544**	**64542**
驿城区	22	19	3		538	2513	4562	4562
西平县	44	42	2	5	794	5026	5412	5412
上蔡县	61	48	13	6	1075	8347	6846	6846
平舆县	47	39	8	25	1307	9473	10358	10358
正阳县	32	23	9	3	840	4715	5995	5995
确山县	32	29	3	1	624	4956	3591	3591
泌阳县	51	39	12	7	1282	8068	9609	9609
汝南县	35	31	4	6	728	6526	4807	4805
遂平县	30	29	1	5	692	6563	5316	5316
新蔡县	54	28	26	18	1186	7334	8048	8048
济源市	**26**	**26**		**3**	**335**	**1544**	**1871**	**1871**

情　　况（镇区）（四）

在校学生数		预计毕业学生	教职工（按办学类型）				教小学学生的专任教师	代课教师	兼任教师
计	其中：寄宿生		计	其中：女	其中：专任教师				
					计	其中：女			
345533	79461	50966	17334	12794	15808	12125	15808	71	42
21986	7813	2606	686	510	663	506	663	8	
12591	743	1490	725	452	703	444	703		
46493	7730	6399	2061	1479	1888	1401	1888	1	2
33918	5468	5033	1694	1390	1584	1319	1584	21	
36310	7031	5677	1869	1337	1677	1267	1677		
41091	11939	6574	2505	1873	2244	1758	2244		
69478	27212	10900	3423	2495	2926	2268	2926	7	
52047	6915	7116	3109	2417	2974	2352	2974	5	40
31619	4610	5171	1262	841	1149	810	1149	29	
344278	27053	49967	17105	12937	16444	12681	16444	617	44
4883	1883	775	261	193	257	191	257	7	
21135	1577	2988	812	634	781	616	781	116	37
34712	4413	6459	1683	1304	1601	1282	1601	12	
41996	4222	6055	1795	1348	1745	1332	1745	21	
18558	638	2821	865	642	859	639	859		1
26005	1328	3366	1419	1083	1402	1079	1402		
78349	2841	12689	4431	3317	4233	3238	4233	48	
42898	709	4455	2035	1568	1893	1517	1893	271	
37825	5438	4762	1912	1417	1886	1406	1886	65	6
37917	4004	5597	1892	1431	1787	1381	1787	77	
434987	161769	74255	21986	16889	20676	16092	20676	244	189
7813	688	946	428	323	417	321	417	30	
31100	9625	4816	1487	1181	1486	1181	1486		11
36921	14777	6497	1536	1221	1526	1217	1526	11	
45136	12873	7106	2599	1899	2556	1879	2556	30	
65195	24473	12080	3563	2717	3239	2482	3239		
57957	21920	10871	2934	2305	2697	2172	2697		
53034	27193	9221	2508	1931	2133	1697	2133	173	166
57488	21142	9147	2970	2265	2764	2140	2764		12
58621	20296	10341	2888	2231	2799	2190	2799		
21722	8782	3230	1073	816	1059	813	1059		
393955	95479	62932	18317	14378	17233	13781	17233	339	76
23677	838	3335	1285	1111	1276	1104	1276	15	
30984	10267	4561	1561	1282	1414	1193	1414	56	
44208	10857	7470	2144	1711	2070	1664	2070		
61518	19694	8642	2486	1915	2346	1825	2346	24	19
36251	6050	6134	1573	1148	1406	1055	1406	78	
27155	5369	6347	1437	1186	1431	1180	1431	32	10
56940	18409	7646	2906	2236	2717	2156	2717	101	44
31764	6541	5577	1455	1200	1423	1177	1423	18	3
34994	6886	5847	1558	1291	1555	1290	1555	13	
46464	10568	7373	1912	1298	1595	1137	1595	2	
12048	2264	1932	650	402	615	400	615		

小 学 基 本

省、市、县(市)区名称	校数(所) 计	公办	民办	教学点数(个)	班数(个)	毕业生数	招生数 计	其中：受过学前教育
河南省	11350	10379	971	11702	127161	514442	590842	590582
郑州市	350	340	10	152	4381	25060	30183	30163
中原区	7	7			119	655	1533	1533
二七区	22	21	1		193	997	1833	1823
管城回族区	21	21		2	240	1562	1477	1477
金水区	10	10			94	391	1441	1441
上街区								
惠济区	19	19		4	363	2336	2576	2576
中牟县	90	86	4	60	1253	6757	9052	9045
巩义市	15	15		27	215	848	1012	1012
荥阳市	29	29			273	1762	2188	2188
新密市	35	34	1	12	343	2078	1581	1581
新郑市	61	60	1	26	716	3505	5047	5044
登封市	41	38	3	21	572	4169	2443	2443
开封市	566	515	51	525	6955	27521	33386	33377
龙亭区	26	26			231	1342	836	833
顺河回族区	2	2			12	38	19	19
鼓楼区	3	3			18	86	73	73
禹王台区	9	9			66	365	343	343
祥符区	151	149	2	42	1256	5916	4966	4965
杞县	91	57	34	258	1908	5865	9294	9294
通许县	46	40	6	107	871	3070	3479	3479
尉氏县	111	106	5	94	1350	6746	7364	7363
兰考县	127	123	4	24	1243	4093	7012	7008
洛阳市	399	380	19	997	6061	22435	22548	22536
老城区	2	2			12	58	18	18
西工区	4	4			14	53	41	41
瀍河回族区	1	1			8	44	33	33
涧西区	11	10	1	2	130	757	611	611
吉利区	2	2			12	30	31	31
洛龙区	9	9		34	376	1549	1641	1640
孟津县	24	24		50	284	851	572	572
新安县	66	66		95	356	1029	1007	1006
栾川县	11	11		77	125	371	447	447
嵩县	78	77	1	262	1126	3595	3261	3261
汝阳县	38	32	6	88	734	3400	3905	3898
宜阳县	32	31	1	175	888	2747	2921	2920
洛宁县	34	32	2	99	625	1751	1972	1972
伊川县	69	61	8	101	1133	4935	5076	5074
偃师市	18	18		14	238	1265	1012	1012
平顶山市	768	699	69	675	7448	35852	33875	33866
新华区	8	8		4	69	373	244	244
卫东区	1	1			15	135	54	54
石龙区	3	3		2	25	73	71	71

情　　况（乡村）（一）

在校学生数		预计毕业学生	教职工（按办学类型）				教小学学生的专任教师	代课教师	兼任教师
计	其中：寄宿生		计	其中：女	其中：专任教师				
					计	其中：女			
3396654	661071	474991	229347	143392	218105	138504	218105	11747	547
160401	38588	26399	8266	5626	8000	5524	8000	1273	9
6000		669	250	191	228	190	228	39	
7172	272	949	427	325	415	323	415	21	
9225		1716	741	558	736	557	736	10	
4335		312	220	159	211	156	211	87	
13227	3595	2901	573	462	548	451	548	28	
47207	8057	6773	2376	1647	2285	1596	2285	335	2
5926	1311	981	450	269	441	267	441		
11501	8355	1815	687	451	680	449	680	57	6
10785	5895	2023	778	492	745	475	745	13	
26107	1212	4114	964	596	944	594	944	648	
18916	9891	4146	800	476	767	466	767	35	1
191190	41534	27307	13196	8370	11734	7841	11734	260	19
6968	970	1210	468	333	456	333	456	31	18
177		38	25	15	23	14	23		
608		95	34	25	34	25	34	5	
2214		335	132	91	122	89	122	21	
31014	3045	4700	2619	1703	2428	1661	2428	114	1
45063	11909	5644	3244	1944	2911	1829	2911	4	
24029	13721	3616	2000	1124	1427	886	1427	51	
43820	9905	6585	2386	1488	2095	1377	2095	29	
37297	1984	5084	2288	1647	2238	1627	2238	5	
133506	33862	19934	8929	4871	8570	4728	8570	474	6
199		44	20	11	20	11	20	2	
229		41	15	11	12	9	12	22	
240		24	21	16	18	15	18		
3795	156	663	230	174	216	165	216	41	2
217		30	34	15	32	14	32		
10157	1356	1749	495	291	457	289	457	4	
3873	317	719	539	284	504	279	504		
6144	1149	866	527	210	493	205	493		
2754	1934	364	216	96	198	91	198	26	
19316	5525	2515	1093	488	1081	480	1081	196	1
22170	3204	2943	1109	604	1103	601	1103	149	
15705	4231	2421	1290	708	1282	704	1282	9	1
10913	2776	1513	941	583	873	531	873	16	
31090	11207	4890	1792	968	1694	926	1694	5	
6704	2007	1152	607	412	587	408	587	4	2
211030	57714	30886	11950	7878	11443	7632	11443	1129	12
1619		233	199	130	199	130	199	7	
507	130	138	31	23	31	23	31	4	
369		32	46	22	39	20	39		

小 学 基 本

省、市、县(市)区名称	校数(所) 计	校数(所) 公办	校数(所) 民办	教学点数(个)	班数(个)	毕业生数	招生数 计	招生数 其中：受过学前教育
湛 河 区	22	22		6	171	944	854	854
宝 丰 县	72	62	10	46	664	3057	3210	3209
叶 县	104	84	20	177	1239	4678	6987	6985
鲁 山 县	191	178	13	176	1943	13257	8908	8905
郏 县	62	49	13	139	814	3852	3103	3101
舞 钢 市	21	21		62	436	1168	1496	1496
汝 州 市	284	271	13	63	2072	8315	8948	8947
安 阳 市	**849**	**815**	**34**	**443**	**8055**	**37485**	**36988**	**36966**
文 峰 区	9	9			86	461	410	406
北 关 区	8	8			92	1477	511	511
殷 都 区	75	73	2	11	588	3054	2363	2363
龙 安 区	36	35	1	21	387	2139	1584	1582
安 阳 县	111	109	2	9	840	4950	3439	3439
汤 阴 县	86	86		30	693	2531	2001	2001
滑 县	229	219	10	162	2552	10767	14010	14006
内 黄 县	174	155	19	44	1643	8629	8398	8386
林 州 市	121	121		166	1174	3477	4272	4272
鹤 壁 市	**177**	**155**	**22**	**140**	**1672**	**4137**	**5158**	**5151**
鹤 山 区	3	3		1	23	57	38	38
山 城 区	2	2		14	47	59	24	24
淇 滨 区	12	11	1	3	117	367	549	548
浚 县	127	110	17	73	1175	2966	3610	3605
淇 县	33	29	4	49	310	688	937	936
新 乡 市	**778**	**742**	**36**	**437**	**7884**	**39108**	**36815**	**36794**
红 旗 区	6	6		1	62	327	297	296
卫 滨 区	1	1			6	12	13	13
凤 泉 区	17	17			168	904	802	802
牧 野 区	2	2		1	12	94	40	40
新 乡 县	39	36	3	15	394	1748	1849	1847
获 嘉 县	74	74		21	575	2409	2142	2142
原 阳 县	126	111	15	111	1461	6072	7203	7200
延 津 县	89	86	3	75	963	3701	3475	3473
封 丘 县	125	114	11	102	1435	7137	7382	7376
长 垣 县	133	132	1	17	1019	4852	5699	5695
卫 辉 市	70	68	2	55	759	5726	3062	3059
辉 县 市	96	95	1	39	1030	6126	4851	4851
焦 作 市	**265**	**254**	**11**	**122**	**2527**	**9468**	**10022**	**10021**
解 放 区								
中 站 区	4	4			35	164	154	154
马 村 区	3	3			54	375	243	243
山 阳 区	20	18	2	8	207	857	956	956
修 武 县	31	30	1	4	237	1069	823	823
博 爱 县	25	25		21	365	1514	1600	1600
武 陟 县	73	67	6	34	744	2551	3079	3079

情 况（乡村）（二）

在校学生数		预计毕业学生	教职工（按办学类型）				教小学学生的专任教师	代课教师	兼任教师
计	其中：寄宿生		计	其中：女	其中：专任教师				
					计	其中：女			
5297	358	748	533	351	517	347	517	2	
20388	4864	2725	1082	734	1037	712	1037	227	2
39382	17596	4708	2293	1599	2204	1545	2204	39	
56477	11428	9039	3293	2202	3172	2164	3172	183	
19305	8354	3161	1582	1050	1444	968	1444	21	3
10332	3929	1537	547	311	534	311	534	94	
57354	11055	8565	2344	1456	2266	1412	2266	552	7
239380	**20553**	**37691**	**12046**	**8079**	**11525**	**7820**	**11525**	**1555**	**31**
3151		576	174	146	174	146	174	14	
3506	1491	519	93	56	88	56	88	33	
17184	90	2661	752	492	738	487	738	28	8
12060	187	2147	722	479	717	478	717	27	
26359	282	4355	1284	876	1200	867	1200	73	13
15268	1265	2884	955	548	914	547	914	28	
86623	7993	13098	4108	2846	3935	2716	3935	1256	2
49822	8072	8245	2520	1868	2353	1764	2353	14	2
25407	1173	3206	1438	768	1406	759	1406	82	6
34361	**9255**	**5605**	**2482**	**1621**	**2276**	**1513**	**2276**	**630**	
287		63	51	27	47	25	47		
320		89	90	37	74	35	74		
3247	1033	544	252	148	226	143	226	35	
24314	6165	3969	1630	1112	1519	1042	1519	462	
6193	2057	940	459	297	410	268	410	133	
228344	**34855**	**32783**	**12413**	**8957**	**12039**	**8774**	**12039**	**858**	**6**
1862		295	70	44	69	44	69	18	
102		17	12	11	10	10	10		
5699		1079	341	255	341	255	341	48	
357		80	28	21	28	21	28		
12249	1517	2121	764	523	724	502	724		
15251	601	2637	839	590	833	588	833	1	
40619	10294	5606	2389	1631	2254	1571	2254	35	1
23269	4709	3578	1301	882	1261	858	1261	7	
42224	10246	5911	2266	1691	2218	1670	2218	13	
30308	1234	3061	2078	1744	2003	1702	2003	225	
24600	2424	4720	1359	966	1337	956	1337	56	2
31804	3830	3678	966	599	961	597	961	455	3
60986	**14601**	**9411**	**4824**	**3208**	**4666**	**3157**	**4666**	**250**	
870		162	100	81	90	76	90		
1908	1372	350	89	51	83	47	83		
5656	373	851	480	322	472	320	472	8	
5915	342	995	639	445	609	434	609		
10284	1990	1642	496	264	495	264	495	5	
17533	9146	2514	1181	820	1123	800	1123	72	

小 学 基 本

省、市、县(市)区名称	校数(所) 计	校数(所) 公办	校数(所) 民办	教学点数(个)	班数(个)	毕业生数	招生数 计	招生数 其中:受过学前教育
温 县	44	42	2	16	329	1133	1278	1277
沁 阳 市	45	45		26	339	886	977	977
孟 州 市	20	20		13	217	919	912	912
濮 阳 市	**512**	**436**	**76**	**289**	**5527**	**20716**	**27332**	**27328**
华 龙 区	37	35	2	15	458	2444	3097	3097
清 丰 县	110	104	6	86	1084	4165	4369	4369
南 乐 县	89	71	18	55	945	2334	5288	5288
范 县	86	86		21	770	4141	4034	4034
台 前 县	62	49	13	30	641	2216	3082	3082
濮 阳 县	128	91	37	82	1629	5416	7462	7458
许 昌 市	**467**	**384**	**83**	**282**	**4932**	**24773**	**23621**	**23621**
魏 都 区								
建 安 区	87	67	20	22	1037	6716	5083	5083
鄢 陵 县	85	72	13	43	717	3318	3925	3925
襄 城 县	110	85	25	78	1183	5702	6058	6058
禹 州 市	117	96	21	110	1385	5836	5334	5334
长 葛 市	68	64	4	29	610	3201	3221	3221
漯 河 市	**321**	**313**	**8**	**105**	**2369**	**9212**	**11441**	**11430**
源 汇 区	19	18	1	9	140	487	752	750
郾 城 区	45	44	1	14	320	1491	1228	1228
召 陵 区	46	41	5	31	529	2639	2633	2627
舞 阳 县	100	100		9	550	1266	2957	2955
临 颍 县	111	110	1	42	830	3329	3871	3870
三 门 峡 市	**104**	**103**	**1**	**399**	**1421**	**4680**	**4756**	**4751**
湖 滨 区	7	7		2	34	130	93	93
陕 州 区	12	12		40	173	414	324	324
渑 池 县	21	21		91	359	1384	1413	1412
卢 氏 县	14	14		215	292	810	1156	1154
义 马 市				1	1			
灵 宝 市	50	49	1	50	562	1942	1770	1768
南 阳 市	**1031**	**948**	**83**	**2418**	**15838**	**56479**	**62185**	**62156**
宛 城 区	92	91	1	70	948	4792	4162	4161
卧 龙 区	33	32	1	125	760	2928	3507	3507
南 召 县	30	27	3	221	1144	3989	4289	4289
方 城 县	167	146	21	216	2042	8803	7845	7840
西 峡 县	46	46		188	705	1527	1292	1292
镇 平 县	95	85	10	253	1591	4834	6015	6012
内 乡 县	66	65	1	152	899	3731	2255	2252
淅 川 县	53	50	3	247	782	1667	1895	1895
社 旗 县	56	52	4	130	949	2417	4521	4511
唐 河 县	122	97	25	233	1665	4234	8206	8206
新 野 县	55	45	10	163	1050	4362	4642	4641
桐 柏 县	14	12	2	139	441	1600	1632	1631
邓 州 市	202	200	2	281	2862	11595	11924	11919

情 况(乡村)(三)

在校学生数		预计毕业学生	教职工(按办学类型)				教小学学生的专任教师	代课教师	兼任教师
计	其中：寄宿生		计	其中：女	其中:专任教师				
					计	其中：女			
7336	1169	1048	653	480	628	473	628	149	
5968	138	950	708	435	704	434	704	15	
5516	71	899	478	310	462	309	462	1	
161209	**25725**	**23277**	**10689**	**7482**	**10018**	**7159**	**10018**	**132**	**139**
16512	4734	2664	802	555	758	540	758	42	2
27026	2140	4451	1962	1438	1896	1424	1896	8	
28542	5289	3052	2153	1573	1962	1472	1962	7	9
24387	1556	3776	1493	1025	1480	1025	1480	35	94
19356	456	3004	1085	806	1072	799	1072	23	
45386	11550	6330	3194	2085	2850	1899	2850	17	34
143444	**42237**	**22474**	**10429**	**6541**	**9468**	**5952**	**9468**	**18**	
34417	10512	6031	2318	1474	1988	1275	1988		
21058	6709	2900	1587	911	1489	857	1489		
35234	15379	5227	2884	1810	2523	1569	2523		
33359	8210	5519	2330	1481	2202	1412	2202	16	
19376	1427	2797	1310	865	1266	839	1266	2	
65779	**17398**	**9027**	**4624**	**2842**	**4196**	**2719**	**4196**	**173**	
4358	616	431	347	230	316	212	316		
7704	2433	1314	742	456	649	424	649	7	
15434	7853	2170	994	651	894	602	894	166	
16394	3176	1725	1147	665	1043	653	1043		
21889	3320	3387	1394	840	1294	828	1294		
29900	**14844**	**4855**	**2533**	**1343**	**2436**	**1314**	**2436**	**49**	
683	123	125	129	78	117	73	117		
2335	839	402	334	160	299	155	299	1	
9210	4533	1428	508	269	497	268	497		
5357	2106	894	479	216	452	202	452	29	
4		4	2	1	2	1	2		
12311	7243	2002	1081	619	1069	615	1069	19	
386268	**74138**	**54396**	**24417**	**14627**	**23885**	**14456**	**23885**	**2581**	**232**
28430	2515	4885	1360	843	1337	839	1337	208	
22211	913	3275	1111	669	1094	662	1094	216	3
25788	8682	3669	1606	929	1575	916	1575	103	
52669	10744	8475	3196	1972	3028	1919	3028	212	19
8765	3519	1379	1074	583	1054	575	1054	105	1
35993	8548	4305	2575	1637	2537	1612	2537	154	
17177	2893	3193	1328	687	1327	686	1327	36	12
10522	2419	1177	1025	496	1021	495	1021	52	
26055	2091	2036	1719	1231	1699	1224	1699	4	
44122	7783	4637	2791	1788	2750	1779	2750	126	31
28998	9590	4289	2209	1398	2127	1375	2127	121	
8572	1604	1166	820	411	812	408	812	12	
76966	12837	11910	3603	1983	3524	1966	3524	1232	166

小 学 基 本

省、市、县(市)区名称	校数(所) 计	公办	民办	教学点数(个)	班数(个)	毕业生数	招生数 计	其中：受过学前教育
商 丘 市	**1271**	**1191**	**80**	**680**	**12569**	**48117**	**68665**	**68663**
梁 园 区	102	102		53	938	3374	4719	4719
睢 阳 区	107	99	8	77	1186	4921	7364	7362
民 权 县	90	80	10	108	1290	4902	7267	7267
睢 县	186	185	1	25	1321	5893	7965	7965
宁 陵 县	100	91	9	50	897	3794	5448	5448
柘 城 县	103	89	14	155	1641	4728	8636	8636
虞 城 县	190	176	14	108	1863	6087	10024	10024
夏 邑 县	192	182	10	82	1842	6170	8524	8524
永 城 市	201	187	14	22	1591	8248	8718	8718
信 阳 市	**708**	**673**	**35**	**1336**	**10012**	**45220**	**38647**	**38618**
浉 河 区	33	31	2	82	449	1783	1570	1570
平 桥 区	30	22	8	164	981	3865	3257	3256
罗 山 县	107	107		91	980	3794	3643	3638
光 山 县	116	116		123	1232	4334	3774	3773
新 县	17	17		64	319	1130	1090	1088
商 城 县	67	67		223	1031	4799	3831	3831
固 始 县	111	98	13	181	1741	8492	6507	6498
潢 川 县	59	58	1	127	715	3682	2955	2954
淮 滨 县	58	55	3	129	945	4168	4382	4377
息 县	110	102	8	152	1619	9173	7638	7633
周 口 市	**1269**	**1043**	**226**	**1672**	**15249**	**52597**	**82763**	**82689**
川 汇 区	37	28	9	31	387	1842	2821	2819
扶 沟 县	71	67	4	122	801	2754	4396	4391
西 华 县	119	113	6	171	1156	3850	6103	6103
商 水 县	121	104	17	215	1703	8015	9754	9753
沈 丘 县	133	112	21	170	1590	4269	7622	7618
郸 城 县	266	223	43	127	2429	8467	12588	12587
淮 阳 县	117	76	41	243	1973	7812	9957	9949
太 康 县	177	139	38	220	2326	8219	15447	15404
鹿 邑 县	132	91	41	192	1641	4572	9019	9009
项 城 市	96	90	6	181	1243	2797	5056	5056
驻马店市	**1477**	**1350**	**127**	**1010**	**13969**	**50686**	**61730**	**61725**
驿 城 区	133	131	2	12	835	3701	2433	2431
西 平 县	147	146	1	60	1074	2706	4308	4308
上 蔡 县	326	290	36	142	2979	11914	13624	13622
平 舆 县	61	53	8	157	1102	4261	7084	7084
正 阳 县	176	166	10	85	1724	6615	6986	6985
确 山 县	100	95	5	65	948	2472	2661	2661
泌 阳 县	95	87	8	177	1256	4744	5871	5871
汝 南 县	129	125	4	118	1215	4203	6330	6330
遂 平 县	118	118		36	707	1032	2602	2602
新 蔡 县	192	139	53	158	2129	9038	9831	9831
济 源 市	**38**	**38**		**20**	**292**	**896**	**727**	**727**

情　　况（乡村）(四)

在校学生数		预计毕业学生	教职工(按办学类型)				教小学学生的专任教师	代课教师	兼任教师
计	其中:寄宿生		计	其中:女	其中:专任教师				
					计	其中:女			
340922	**32790**	**40562**	**23758**	**13490**	**22349**	**13092**	**22349**	**72**	**3**
24848	181	2773	1673	891	1474	863	1474	3	
35050	4846	4271	2015	1101	1935	1051	1935		
35109	2544	4112	2156	1224	2090	1182	2090	10	
39524	1206	4869	1945	1170	1917	1166	1917	47	
26111	2926	3006	2103	1257	1919	1202	1919		
38423	5790	4089	3842	2329	3795	2317	3795	2	2
46687	5936	5031	3828	2193	3424	2101	3424		
45114	2646	5383	3371	1835	3250	1801	3250	3	1
50056	6715	7028	2825	1490	2545	1409	2545	7	
242422	**28481**	**35312**	**19712**	**11887**	**19058**	**11721**	**19058**	**994**	**20**
11659	5211	1878	769	518	735	504	735	45	
22405	5046	3685	1319	865	1283	844	1283	271	
23453	2820	3074	2037	1379	1981	1374	1981	74	1
22687	519	2996	2435	1459	2406	1455	2406	1	
6366	1435	864	613	353	606	353	606		
21790	3093	2887	2248	1238	2167	1217	2167	14	1
43073	2834	7334	3317	1997	3239	1960	3239	63	
18592		2079	1535	815	1366	806	1366	317	8
24371	2302	2687	2018	1156	2004	1151	2004	61	10
48026	5221	7828	3421	2107	3271	2057	3271	148	
407063	**133616**	**48291**	**32278**	**19714**	**31029**	**18943**	**31029**	**350**	**8**
12702	2853	1449	1080	704	1003	660	1003	24	
20470	5081	2277	1780	1067	1764	1058	1764	2	1
29328	7879	3362	2530	1570	2510	1565	2510	29	
48881	18375	6626	3195	1836	3088	1760	3088	12	
38085	8998	4068	3702	2151	3656	2123	3656		
64536	27113	8269	5143	2962	4971	2878	4971		
52957	27065	7079	4206	2782	3791	2470	3791	220	5
73147	23821	8245	4618	3084	4395	2955	4395	61	1
41298	8103	4254	3341	1896	3239	1852	3239		1
25659	4328	2662	2683	1662	2612	1622	2612	2	
354940	**39174**	**45762**	**26256**	**16572**	**24902**	**15877**	**24902**	**945**	**60**
19003	741	3731	1319	862	1312	862	1312	13	1
22936	3126	2153	2430	1678	2028	1462	2028	234	
74820	8656	10422	5068	3321	4910	3251	4910	57	
34605	3225	3717	2288	1274	2246	1242	2246	59	3
49241	2844	7785	3057	1681	2924	1637	2924	187	
19449	1164	2532	1725	1219	1692	1196	1692	20	32
32559	9591	3916	2195	1364	2008	1275	2008	266	24
32940	1104	2317	2678	1902	2659	1889	2659	14	
14822	1185	830	1335	829	1335	829	1335	25	
54565	7538	8359	4161	2442	3788	2234	3788	70	
5509	**1706**	**1019**	**545**	**284**	**511**	**282**	**511**	**4**	**2**

初 中 基 本

省、市、县(市)区名称	校数(所) 计	公办	民办	班数(个)	毕业生数	招生数	在校 计	其中:寄宿生	一年级
河南省	4603	3716	887	94699	1400901	1578686	4684765	3075462	1578696
郑州市	359	275	84	8517	125979	149241	430416	250890	149246
中原区	40	27	13	947	13270	16795	46579	20907	16795
二七区	27	15	12	705	10263	12756	35517	11228	12756
管城回族区	26	20	6	649	8464	10777	30567	13503	10777
金水区	40	34	6	1063	15045	17763	49156	9369	17763
上街区	3	3		96	1421	1710	4957	4621	1710
惠济区	11	6	5	283	4534	5308	14384	8411	5308
中牟县	39	36	3	885	12106	17362	46780	34485	17362
巩义市	28	26	2	473	7780	8158	24177	18131	8158
荥阳市	22	19	3	454	7320	7734	23922	15344	7734
新密市	34	30	4	589	10117	10806	31784	24089	10806
新郑市	38	34	4	880	11542	17622	48699	29201	17627
登封市	51	25	26	1493	24117	22450	73894	61601	22450
开封市	226	170	56	4587	72518	70285	219096	160588	70285
龙亭区	11	8	3	336	5561	5737	17623	6334	5737
顺河回族区	8	7	1	454	5686	6725	19243	11801	6725
鼓楼区	7	5	2	134	1691	2286	6570	2452	2286
禹王台区	3	3		105	1607	1844	5498	2329	1844
祥符区	30	28	2	558	8456	8831	26755	23361	8831
杞县	49	29	20	921	16932	14174	43269	33224	14174
通许县	28	20	8	467	8299	7395	24285	18047	7395
尉氏县	37	31	6	822	11969	13215	40384	34019	13215
兰考县	53	39	14	790	12317	10078	35469	29021	10078
洛阳市	322	256	66	6107	90453	97223	283579	164646	97224
老城区	3	3		64	1107	722	2643	137	722
西工区	9	8	1	311	4847	5008	14719	651	5008
瀍河回族区	7	6	1	181	2094	2185	6817	3193	2185
涧西区	18	18		507	7692	8310	24265	2287	8310
吉利区	3	2	1	49	696	700	2072	821	700
洛龙区	28	21	7	675	8768	10990	31130	22485	10990
孟津县	21	19	2	329	5287	5648	16417	9303	5648
新安县	25	24	1	416	6631	6635	19916	12926	6636
栾川县	17	16	1	301	4139	4766	13530	12183	4766
嵩县	20	19	1	566	8452	9736	27992	21572	9736
汝阳县	24	19	5	486	7556	8336	23635	16739	8336
宜阳县	36	25	11	599	9040	8952	26209	17785	8952
洛宁县	36	29	7	415	6297	6281	18979	11232	6281
伊川县	46	28	18	804	12013	12929	37713	23863	12929
偃师市	29	19	10	404	5834	6025	17542	9469	6025
平顶山市	230	198	32	5172	69993	87190	259881	183165	87190
新华区	22	17	5	475	6806	7727	22948	4256	7727
卫东区	12	8	4	233	3948	4069	11900	968	4069
石龙区	1	1		17	205	324	892	856	324

情　　况（总计）（一）

学生数 分年级			预计毕业生数	教职工（按办学类型）				教初中学生的专任教师	代课教师	兼任教师
二年级	三年级	四年级		计	其中：女	其中：专任教师				
						计	其中：女			
1606193	1484612	15264	1483010	394336	256535	357365	238609	308521	8427	1470
144489	136681		136681	35960	24447	31327	22572	26928	1595	69
15174	14610		14610	3299	2488	2979	2307	2660	172	32
11606	11155		11155	2589	1879	2154	1647	1825	47	23
9818	9972		9972	2464	1846	2359	1792	2295	21	
16226	15167		15167	3623	2752	3273	2560	2623	271	6
1757	1490		1490	396	267	372	258	372	5	
4650	4426		4426	1447	1048	1233	930	934	1	
15671	13747		13747	3490	2423	3248	2325	2749	332	
8009	8010		8010	3047	2190	2722	2019	2289		
8342	7846		7846	2131	1431	1993	1362	1868	17	8
10797	10181		10181	2816	1921	2599	1793	2479	15	
17128	13944		13944	3374	2399	3082	2259	2834	664	
25311	26133		26133	7284	3803	5313	3320	4000	50	
75226	73585		73585	18040	12229	16181	11276	13909	256	5
5936	5950		5950	1616	1171	1338	1003	970	111	
6243	6275		6275	1094	797	851	594	828	72	
2298	1986		1986	632	459	550	429	471	15	3
1777	1877		1877	341	225	303	210	303	5	
9153	8771		8771	2188	1293	2025	1225	2025	33	
14403	14692		14692	4145	2991	3644	2728	2602	3	
8373	8517		8517	2252	1438	1923	1290	1477	6	
14064	13105		13105	2869	1877	2761	1843	2580	11	2
12979	12412		12412	2903	1978	2786	1954	2653		
95415	90940		90940	25338	16494	23162	15403	19903	816	244
905	1016		1016	299	199	289	193	265	1	
4796	4915		4915	946	697	905	674	811	43	
2408	2224		2224	433	275	392	260	357	1	
8141	7814		7814	1846	1311	1790	1292	1654	20	
716	656		656	329	227	272	192	224		
10543	9597		9597	2318	1532	2098	1422	1720	252	
5466	5303		5303	1895	1386	1651	1229	1316	2	
6794	6486		6486	1707	1153	1578	1084	1458		
4482	4282		4282	1433	886	1172	750	982	208	
9320	8936		8936	1781	1050	1776	1049	1610	229	158
8014	7285		7285	1862	1152	1803	1132	1616	24	
8717	8540		8540	2515	1525	2272	1403	1927		86
6345	6353		6353	2086	1345	1818	1185	1526		
12893	11891		11891	3516	2080	3094	1906	2680	20	
5875	5642		5642	2372	1676	2252	1632	1757	16	
90339	82352		82352	19353	13014	17787	12239	15837	1145	28
7970	7251		7251	2147	1434	1897	1302	1541	21	
3950	3881		3881	1111	720	995	676	839	9	
299	269		269	84	42	73	38	73		

初 中 基 本

省、市、县(市)区名称	校数(所) 计	公办	民办	班数(个)	毕业生数	招生数	在校 计	其中：寄宿生	一年级
湛河区	10	8	2	198	2971	3543	10005	4890	3543
宝丰县	21	19	2	549	6769	9452	28566	19009	9452
叶县	25	21	4	653	9613	10787	33767	28044	10787
鲁山县	43	40	3	1151	13355	20974	58841	45882	20974
郏县	25	22	3	595	8333	8870	28825	23891	8870
舞钢市	13	12	1	239	3518	4064	11532	8863	4064
汝州市	58	50	8	1062	14475	17380	52605	46506	17380
安阳市	**267**	**229**	**38**	**5625**	**80234**	**94073**	**280400**	**164584**	**94074**
文峰区	16	13	3	568	8478	10393	29822	10250	10394
北关区	12	8	4	248	3981	4175	12590	1707	4175
殷都区	41	39	2	600	8529	9208	29658	6163	9208
龙安区	12	12		194	3046	3007	9523	2616	3007
安阳县	25	23	2	484	6795	7899	24094	13119	7899
汤阴县	25	16	9	532	7839	8300	25599	24238	8300
滑县	51	44	7	1181	15861	19655	59788	52462	19655
内黄县	38	33	5	813	10754	14062	40255	26118	14062
林州市	47	41	6	1005	14951	17374	49071	27911	17374
鹤壁市	**64**	**52**	**12**	**1440**	**25593**	**19561**	**71331**	**42531**	**19561**
鹤山区	4	4		54	895	738	2399	1501	738
山城区	7	7		137	2383	1800	6307	1154	1800
淇滨区	15	12	3	453	7846	7008	24050	8151	7008
浚县	24	16	8	564	10330	7035	27222	25438	7035
淇县	14	13	1	232	4139	2980	11353	6287	2980
新乡市	**335**	**274**	**61**	**6361**	**88796**	**103493**	**312046**	**201295**	**103496**
红旗区	21	18	3	433	7018	7552	22433	7035	7553
卫滨区	6	5	1	164	2651	2872	8217	654	2873
凤泉区	7	7		144	2321	2491	7331	2425	2491
牧野区	10	8	2	262	3983	4524	13309	1516	4524
新乡县	22	17	5	374	4692	5476	16446	11745	5476
获嘉县	28	26	2	390	6528	5359	18415	11801	5359
原阳县	48	42	6	748	10455	11100	35363	27354	11100
延津县	37	21	16	583	8584	7896	27168	20218	7896
封丘县	51	37	14	748	11006	12151	36004	27092	12151
长垣县	37	31	6	964	14065	16558	49117	48518	16558
卫辉市	29	26	3	608	6435	9729	29645	15834	9730
辉县市	39	36	3	943	11058	17785	48598	27103	17785
焦作市	**182**	**145**	**37**	**2635**	**40841**	**39841**	**116252**	**62395**	**39841**
解放区	10	9	1	258	4359	4158	12041	1357	4158
中站区	7	5	2	108	1503	1896	4899	2577	1896
马村区	8	6	2	113	1430	1611	4610	2476	1611
山阳区	17	16	1	280	4164	4080	11981	4922	4080
修武县	16	12	4	195	3124	2874	8753	2014	2874
博爱县	21	15	6	277	4537	4247	12655	11114	4247
武陟县	31	24	7	503	7994	7762	22025	16758	7762

情　　况（总计）（二）

学生数 分年级			预计毕业生数	教职工（按办学类型）				教初中学生的专任教师	代课教师	兼任教师
二年级	三年级	四年级		计	其中：女	其中：专任教师				
						计	其中：女			
3348	3114		3114	895	599	818	562	723	24	
9928	9186		9186	1723	1171	1610	1128	1538	319	
11450	11530		11530	2828	1882	2710	1833	2454		
20459	17408		17408	3235	2185	2937	2012	2516	646	4
10346	9609		9609	2409	1643	2289	1606	2003	2	11
3797	3671		3671	853	548	817	535	804	17	
18792	16433		16433	4068	2790	3641	2547	3346	107	13
97732	**88594**		**88594**	**20087**	**13624**	**18026**	**12540**	**16142**	**569**	**35**
10056	9372		9372	2113	1453	1854	1326	1771	65	23
4286	4129		4129	942	624	827	580	761	40	
10450	10000		10000	2175	1384	2027	1339	1836	100	
3265	3251		3251	724	419	702	416	666	2	
8718	7477		7477	1323	829	1276	817	1238	62	11
8972	8327		8327	2059	1421	1746	1271	1437	8	
21452	18681		18681	3826	2732	3588	2591	3435	244	
14028	12165		12165	3081	2211	2577	1914	2213	12	
16505	15192		15192	3844	2551	3429	2286	2785	36	1
26137	**25633**		**25633**	**5384**	**3455**	**4894**	**3214**	**4441**	**146**	
813	848		848	244	127	219	121	207		
2195	2312		2312	620	338	573	323	573	10	
8845	8197		8197	1484	1016	1375	972	1243	71	
10127	10060		10060	1966	1229	1686	1064	1536	19	
4157	4216		4216	1070	745	1041	734	882	46	
110014	**98536**		**98536**	**23785**	**16186**	**21440**	**14958**	**18228**	**837**	**44**
7592	7288		7288	1545	1035	1417	995	1162	57	
2754	2590		2590	387	273	354	254	354	16	
2561	2279		2279	322	219	322	219	246	26	
4651	4134		4134	607	413	501	349	419		
5613	5357		5357	1731	1198	1530	1107	1228		
6534	6522		6522	1666	1216	1624	1191	1360		
12506	11757		11757	2616	1766	2441	1670	2191	10	
10056	9216		9216	3061	2161	2447	1791	1882		
12235	11618		11618	3589	2541	3190	2299	2640	2	1
16699	15860		15860	3312	2530	2917	2348	2730	51	8
11124	8791		8791	1819	1022	1751	995	1634	44	
17689	13124		13124	3130	1812	2946	1740	2382	631	35
39157	**37254**		**37254**	**13340**	**9163**	**12043**	**8499**	**9787**	**133**	
4032	3851		3851	1440	1031	1330	984	1138	5	
1553	1450		1450	662	450	506	378	435		
1579	1420		1420	875	625	825	598	507		
4083	3818		3818	1062	707	1011	689	981	6	
3042	2837		2837	975	666	882	629	779		
4378	4030		4030	1944	1506	1652	1274	955	2	
7410	6853		6853	2385	1576	2159	1464	1723	54	

初 中 基 本

省、市、县(市)区名称	校数(所) 计	公办	民办	班数(个)	毕业生数	招生数	在校 计	其中：寄宿生	一年级
温　　县	23	19	4	313	4991	4636	13613	9077	4636
沁 阳 市	28	21	7	369	6278	5777	17383	9070	5777
孟 州 市	21	18	3	219	2461	2800	8292	3030	2800
濮 阳 市	**154**	**134**	**20**	**3872**	**55059**	**58892**	**195433**	**106204**	**58892**
华 龙 区	48	43	5	1368	17572	22682	77691	23410	22682
清 丰 县	22	20	2	492	6840	7585	23090	12866	7585
南 乐 县	21	15	6	482	7395	6036	22191	14827	6036
范　　县	20	20		456	6920	7766	22525	15653	7766
台 前 县	14	12	2	334	5153	4457	15559	10598	4457
濮 阳 县	29	24	5	740	11179	10366	34377	28850	10366
许 昌 市	**205**	**148**	**57**	**3974**	**61366**	**69916**	**205526**	**159420**	**69916**
魏 都 区	21	17	4	469	7821	8259	24890	8957	8259
建 安 区	26	21	5	573	8576	11112	31111	25326	11112
鄢 陵 县	24	17	7	559	7667	9611	27566	23161	9611
襄 城 县	25	17	8	710	12332	13017	38780	38533	13017
禹 州 市	75	48	27	1044	15378	17076	51256	40861	17076
长 葛 市	34	28	6	619	9592	10841	31923	22582	10841
漯 河 市	**104**	**96**	**8**	**1963**	**30047**	**33402**	**100642**	**68338**	**33402**
源 汇 区	13	11	2	302	4974	5251	15384	6691	5251
郾 城 区	17	15	2	446	7202	7541	23823	11411	7541
召 陵 区	16	16		360	5402	6068	18041	14290	6068
舞 阳 县	21	20	1	361	4505	6435	17715	15117	6435
临 颍 县	37	34	3	494	7964	8107	25679	20829	8107
三 门 峡 市	**115**	**103**	**12**	**1579**	**21906**	**23013**	**70949**	**48315**	**23013**
湖 滨 区	14	10	4	262	3627	3809	11437	2910	3809
陕 州 区	17	15	2	168	2008	2114	6052	4573	2114
渑 池 县	24	22	2	302	4323	5371	14795	8451	5371
卢 氏 县	27	26	1	320	3691	3715	14576	12480	3715
义 马 市	6	5	1	70	922	954	2656	1827	954
灵 宝 市	27	25	2	457	7335	7050	21433	18074	7050
南 阳 市	**459**	**396**	**63**	**11648**	**157539**	**205501**	**590226**	**408660**	**205501**
宛 城 区	42	35	7	1160	15446	22637	62081	40312	22637
卧 龙 区	32	31	1	1152	18349	21355	63877	32416	21355
南 召 县	35	31	4	639	8471	10882	30134	20343	10882
方 城 县	43	34	9	1208	15738	18947	60144	39746	18947
西 峡 县	31	30	1	498	7398	8113	23595	17974	8113
镇 平 县	37	34	3	859	12139	16007	43010	33636	16007
内 乡 县	24	21	3	704	10021	13807	37412	29774	13807
淅 川 县	24	20	4	646	10437	10981	32642	21466	10981
社 旗 县	30	23	7	669	8714	10903	32258	19755	10903
唐 河 县	46	36	10	1080	13968	20383	54834	40117	20383
新 野 县	25	20	5	817	10102	14144	40223	35376	14144
桐 柏 县	25	23	2	596	7183	9569	27616	15889	9569
邓 州 市	65	58	7	1620	19573	27773	82400	61856	27773

情　　况（总计）（三）

学生数			预计毕业生数	教职工（按办学类型）				教初中学生的专任教师	代课教师	兼任教师
分年级				计	其中：女	其中：专任教师				
二年级	三年级	四年级				计	其中：女			
4573	4404		4404	1237	781	1149	754	1081	62	
5677	5929		5929	1677	1141	1501	1063	1304	2	
2830	2662		2662	1083	680	1028	666	884	2	
65012	**59745**	**11784**	**58311**	**16158**	**11239**	**14553**	**10554**	**12464**	**500**	**26**
22245	20980	11784	19546	6004	4309	5344	4003	3994	377	18
8248	7257		7257	2047	1409	1865	1359	1724	15	
8641	7514		7514	2110	1428	1870	1318	1870	12	
7713	7046		7046	1436	980	1370	962	1343	75	
5592	5510		5510	1503	1037	1446	1023	1141		
12573	11438		11438	3058	2076	2658	1889	2392	21	8
70173	**65437**		**65437**	**18491**	**12437**	**16738**	**11495**	**13495**	**139**	
8432	8199		8199	1776	1225	1657	1172	1452	121	
10427	9572		9572	2694	1783	2579	1744	1975	15	
9482	8473		8473	2124	1350	1982	1285	1904		
13342	12421		12421	2692	1617	2455	1517	2359		
17342	16838		16838	5871	4079	5050	3605	3520	2	
11148	9934		9934	3334	2383	3015	2172	2285	1	
34809	**32431**		**32431**	**9153**	**6047**	**8356**	**5709**	**7122**	**170**	**42**
5344	4789		4789	1091	718	963	648	896	14	
8129	8153		8153	1731	1116	1651	1094	1530	11	
6244	5729		5729	1468	965	1411	954	1252	104	
6054	5226		5226	1783	1233	1564	1106	1374		
9038	8534		8534	3080	2015	2767	1907	2070	41	42
22572	**21884**	**3480**	**21716**	**8721**	**5601**	**7759**	**4990**	**6823**	**74**	**4**
3948	3680		3680	1079	706	888	611	850	30	2
1978	1960		1960	1142	744	995	655	750		
4938	4486		4486	2100	1471	1732	1189	1293	4	
3733	3648	3480	3480	1415	782	1288	715	1221	3	2
829	873		873	555	382	510	344	416		
7146	7237		7237	2430	1516	2346	1476	2293	37	
206347	**178378**		**178378**	**44919**	**29749**	**41985**	**28159**	**36715**	**1008**	**201**
21722	17722		17722	3791	2471	3465	2307	3057	81	23
22576	19946		19946	3172	2167	3100	2144	2782	214	
10226	9026		9026	2767	1664	2497	1517	2187	3	
20892	20305		20305	4282	2714	4056	2588	3668	3	62
8076	7406		7406	1807	1137	1748	1116	1666	77	
14975	12028		12028	3480	2299	3444	2288	2994		
12754	10851		10851	3049	2106	2556	1725	2211	2	16
11483	10178		10178	3325	2259	3150	2151	2711	63	
11709	9646		9646	2641	1790	2542	1759	2214		17
18693	15758		15758	4736	3180	4482	3117	3728	52	9
14279	11800		11800	2990	1964	2624	1765	2161	101	52
9875	8172		8172	2268	1549	2225	1530	1830		
29087	25540		25540	6611	4449	6096	4152	5506	412	22

初 中 基 本

省、市、县(市)区名称	校数(所) 计	公办	民办	班数(个)	毕业生数	招生数	在校 计	其中：寄宿生	一年级
商丘市	**417**	**342**	**75**	**7471**	**104105**	**127676**	**358799**	**229234**	**127676**
梁园区	32	30	2	895	13829	16280	45253	24538	16280
睢阳区	38	32	6	529	7387	8841	25602	17447	8841
民权县	52	48	4	748	10020	11509	32923	20346	11509
睢县	57	49	8	722	10078	11571	32634	14447	11571
宁陵县	30	20	10	473	6652	8656	22535	14669	8656
柘城县	62	47	15	811	10038	11788	35009	24982	11788
虞城县	47	36	11	1026	17451	17836	50695	43944	17836
夏邑县	40	34	6	779	10938	12968	36257	24949	12968
永城市	59	46	13	1488	17712	28227	77891	43912	28227
信阳市	**329**	**284**	**45**	**7015**	**111895**	**120073**	**354816**	**202741**	**120073**
浉河区	23	22	1	472	7667	9211	25742	9890	9211
平桥区	32	30	2	780	11068	14793	40887	24136	14793
罗山县	27	23	4	636	8415	11444	32846	22388	11444
光山县	44	35	9	781	13201	12162	38366	24612	12162
新县	22	21	1	318	5574	4833	15499	8623	4833
商城县	31	29	2	607	10112	9671	29690	22851	9671
固始县	55	45	10	1351	23650	22428	66850	40564	22428
潢川县	30	26	4	599	8994	10105	29518	8943	10105
淮滨县	27	22	5	596	10456	9930	30726	16056	9930
息县	38	31	7	875	12758	15496	44692	24678	15496
周口市	**486**	**324**	**162**	**8719**	**145748**	**147643**	**442493**	**358538**	**147643**
川汇区	25	20	5	438	8416	8512	24760	13058	8512
扶沟县	25	20	5	533	9113	8606	26922	21831	8606
西华县	32	27	5	571	9895	9878	29366	25577	9878
商水县	57	32	25	950	16608	15202	46995	38915	15202
沈丘县	64	44	20	981	15867	14881	47207	39720	14881
郸城县	58	31	27	1213	21584	22005	66423	59696	22005
淮阳县	50	34	16	1083	16372	18644	53083	51803	18644
太康县	64	49	15	1111	17418	19231	58000	46473	19231
鹿邑县	55	30	25	886	14529	13791	40941	28312	13791
项城市	56	37	19	953	15946	16893	48796	33153	16893
驻马店市	**317**	**261**	**56**	**7469**	**110776**	**123830**	**368554**	**254246**	**123830**
驿城区	34	34		953	14887	15369	48330	14239	15369
西平县	29	24	5	477	7599	7498	21822	15745	7498
上蔡县	52	41	11	1236	19541	20918	62706	46623	20918
平舆县	29	21	8	741	10636	13284	38094	34183	13284
正阳县	30	26	4	757	9605	11835	36618	24785	11835
确山县	21	19	2	490	8277	7109	23350	19137	7109
泌阳县	31	27	4	836	11947	13956	42036	27953	13956
汝南县	24	21	3	590	8837	10057	28520	21250	10057
遂平县	19	19		390	5717	7529	20723	11343	7529
新蔡县	48	29	19	999	13730	16275	46355	38988	16275
济源市	**32**	**29**	**3**	**545**	**8053**	**7833**	**24326**	**9672**	**7833**

情 况（总计）（四）

学生数分年级			预计毕业生数	教职工（按办学类型）				教初中学生的专任教师	代课教师	兼任教师
二年级	三年级	四年级		计	其中：女	其中：专任教师 计	其中：女			
122147	**108976**		**108976**	**32309**	**19146**	**28029**	**17243**	**24693**	**55**	
14990	13983		13983	3122	1883	2709	1723	2455	34	
8590	8171		8171	2353	1339	2182	1260	1861		
11189	10225		10225	3551	2113	3346	2053	2786		
11032	10031		10031	2884	1927	2758	1881	2585	16	
7294	6585		6585	2095	1316	1797	1134	1543		
12180	11041		11041	4240	2555	3669	2252	3087		
17109	15750		15750	5903	3332	4211	2501	3399		
12315	10974		10974	3473	1957	3184	1880	2914		
27448	22216		22216	4688	2724	4173	2559	4063	5	
120638	**114105**		**114105**	**29263**	**16283**	**27184**	**15396**	**24329**	**793**	**72**
8700	7831		7831	2315	1506	2290	1497	2054	28	
13945	12149		12149	3127	1817	2979	1727	2819	142	8
11609	9793		9793	2237	1222	2049	1125	1941	78	
13101	13103		13103	3762	2156	3334	1915	2749	6	
5526	5140		5140	1598	921	1586	921	1305	6	
10097	9922		9922	2506	1173	2339	1161	2271		
22103	22319		22319	5047	2545	4808	2465	4448	287	4
10022	9391		9391	2609	1421	2165	1248	1965	55	
10211	10585		10585	2340	1406	2225	1350	1874	89	2
15324	13872		13872	3722	2116	3409	1987	2903	102	58
150322	**144528**		**144528**	**41385**	**27367**	**37824**	**25456**	**30619**	**71**	**671**
8473	7775		7775	2876	1892	2600	1704	2141	21	
9186	9130		9130	2781	1950	2634	1840	2395		50
10063	9425		9425	3139	2117	2895	1981	2201	9	
15861	15932		15932	4655	3227	4304	2997	3425		
16408	15918		15918	5042	3377	4720	3187	4138		
22228	22190		22190	4364	2607	4024	2491	3616		
17594	16845		16845	4225	2684	3450	2238	2638	24	607
19869	18900		18900	4708	3053	4259	2861	3656	17	12
13856	13294		13294	4541	2887	4083	2680	2992		2
16784	15119		15119	5054	3573	4855	3477	3417		
127346	**117378**		**117378**	**30189**	**18458**	**27818**	**17406**	**25156**	**120**	**25**
17141	15820		15820	3775	2468	3713	2459	3570	2	
7239	7085		7085	2872	1886	2307	1563	1925	41	
21162	20626		20626	4556	2803	4371	2738	4095	3	
13028	11782		11782	2746	1583	2434	1405	2133		
13728	11055		11055	3263	1866	2999	1756	2551	1	
8474	7767		7767	1804	1122	1738	1099	1689	1	12
14675	13405		13405	3572	2362	3303	2270	3134	17	3
9548	8915		8915	2286	1385	2205	1357	1983	4	9
7134	6060		6060	1846	1246	1802	1244	1567	18	
15217	14863		14863	3469	1737	2946	1515	2509	33	1
8318	**8175**		**8175**	**2461**	**1596**	**2259**	**1500**	**1930**		**4**

初 中 基 本

省、市、县(市)区名称	校数(所)			班数(个)	毕业生数	招生数	在校		
	计	公办	民办				计	其中：寄宿生	一年级
河南省	841	650	191	23360	351590	407507	1197988	452252	407514
郑州市	171	119	52	4899	75422	81983	244764	99796	81988
中原区	29	19	10	541	7877	9150	26054	4809	9150
二七区	20	10	10	622	9303	11285	31805	9227	11285
管城回族区	14	11	3	371	4736	5490	16833	3029	5490
金水区	34	28	6	1033	14849	17165	48015	9369	17165
上街区	3	3		96	1421	1710	4957	4621	1710
惠济区	6	4	2	208	3745	3973	11184	6437	3973
中牟县									
巩义市	11	9	2	230	3506	4135	11870	5971	4135
荥阳市	6	5	1	194	3590	3588	10821	2857	3588
新密市	13	10	3	288	5178	5358	16143	8598	5358
新郑市	14	13	1	278	4329	5849	16313	4858	5854
登封市	21	7	14	1038	16888	14280	50769	40020	14280
开封市	34	27	7	1205	17326	19843	58437	29910	19843
龙亭区	8	6	2	296	4925	5187	15852	5247	5187
顺河回族区	8	7	1	454	5686	6725	19243	11801	6725
鼓楼区	7	5	2	134	1691	2286	6570	2452	2286
禹王台区	2	2		72	1156	1297	3909	740	1297
祥符区	9	7	2	249	3868	4348	12863	9670	4348
杞县									
通许县									
尉氏县									
兰考县									
洛阳市	59	47	12	1666	24441	25779	75915	23061	25779
老城区	3	3		64	1107	722	2643	137	722
西工区	8	7	1	305	4769	4948	14488	561	4948
瀍河回族区	7	6	1	181	2094	2185	6817	3193	2185
涧西区	11	11		410	6563	6786	19988	1118	6786
吉利区	3	2	1	49	696	700	2072	821	700
洛龙区	12	8	4	370	5122	5911	17016	10821	5911
孟津县									
新安县	1	1		31	388	569	1476	1368	569
栾川县									
嵩县									
汝阳县									
宜阳县									
洛宁县									
伊川县									
偃师市	14	9	5	256	3702	3958	11415	5042	3958
平顶山市	56	46	10	1189	17645	20540	59359	21953	20540
新华区	15	13	2	359	5472	5936	17681	2363	5936
卫东区	9	8	1	222	3826	3930	11513	581	3930
石龙区	1	1		17	205	324	892	856	324

情 况（城区）（一）

学生数分年级			预计毕业生数	教职工（按办学类型）				教初中学生的专任教师	代课教师	兼任教师
二年级	三年级	四年级		计	其中:女	其中:专任教师				
						计	其中:女			
403830	**376258**	10386	375185	**97321**	**66919**	**87139**	**62063**	**73122**	**2597**	**116**
81978	**80798**		80798	**21108**	**14405**	**17877**	**13157**	**15034**	**556**	**59**
8556	8348		8348	2250	1662	1985	1513	1753	32	32
10445	10075		10075	2205	1607	1821	1409	1518	44	13
5702	5641		5641	1399	1056	1341	1023	1277	13	
15859	14991		14991	3464	2640	3116	2448	2496	267	6
1757	1490		1490	396	267	372	258	372	5	
3622	3589		3589	824	588	718	531	664		
3897	3838		3838	1663	1310	1443	1176	1100		
3459	3774		3774	1098	761	1072	753	982	11	8
5471	5314		5314	1416	1035	1273	946	1178	7	
5543	4916		4916	1227	869	1153	854	1102	159	
17667	18822		18822	5166	2610	3583	2246	2592	18	
19393	**19201**		19201	**4374**	**3181**	**3643**	**2708**	**3213**	**229**	**3**
5361	5304		5304	1397	1049	1148	889	820	111	
6243	6275		6275	1094	797	851	594	828	72	
2298	1986		1986	632	459	550	429	471	15	3
1261	1351		1351	265	179	228	164	228		
4230	4285		4285	986	697	866	632	866	31	
25488	**24648**		24648	**6136**	**4385**	**5739**	**4193**	**4964**	**169**	
905	1016		1016	299	199	289	193	265	1	
4710	4830		4830	922	688	883	665	789	42	
2408	2224		2224	433	275	392	260	357	1	
6691	6511		6511	1520	1099	1470	1081	1386	11	
716	656		656	329	227	272	192	224		
5791	5314		5314	1193	845	1078	789	867	98	
475	432		432	65	45	63	45	63		
3792	3665		3665	1375	1007	1292	968	1013	16	
20253	**18566**		18566	**5313**	**3537**	**4816**	**3302**	**4261**	**82**	
6157	5588		5588	1614	1092	1436	1000	1178	21	
3770	3813		3813	999	656	916	628	807	9	
299	269		269	84	42	73	38	73		

初 中 基 本

省、市、县(市)区名称	校数(所) 计	公办	民办	班数(个)	毕业生数	招生数	在校 计	其中：寄宿生	一年级
湛河区	9	7	2	157	2366	2801	7826	2711	2801
宝丰县									
叶县	1	1		29	355	552	1462	1462	552
鲁山县									
郏县									
舞钢市	5	4	1	111	1813	1762	5396	3122	1762
汝州市	16	12	4	294	3608	5235	14589	10858	5235
安阳市	**58**	**46**	**12**	**1472**	**21314**	**25583**	**74144**	**15911**	**25583**
文峰区	11	10	1	342	5403	6053	18104	83	6053
北关区	9	6	3	202	3060	3482	10505	184	3482
殷都区	9	8	1	171	2799	2475	8354	298	2475
龙安区	3	3		61	975	952	3121	210	952
安阳县	5	4	1	82	677	1517	3827	1714	1517
汤阴县									
滑县									
内黄县									
林州市	21	15	6	614	8400	11104	30233	13422	11104
鹤壁市	**20**	**20**		**569**	**9624**	**8426**	**28950**	**9065**	**8426**
鹤山区	4	4		54	895	738	2399	1501	738
山城区	6	6		126	2165	1676	5802	828	1676
淇滨区	10	10		389	6564	6012	20749	6736	6012
浚县									
淇县									
新乡市	**47**	**40**	**7**	**1448**	**20998**	**27310**	**75768**	**18806**	**27312**
红旗区	13	10	3	281	4250	4850	14264	3283	4850
卫滨区	6	5	1	153	2496	2773	7841	593	2774
凤泉区	1	1		86	1409	1622	4691	2420	1622
牧野区	9	7	2	255	3907	4439	12999	1516	4439
新乡县									
获嘉县									
原阳县									
延津县									
封丘县									
长垣县									
卫辉市	5	5		164	2754	3215	8313	1491	3216
辉县市	13	12	1	509	6182	10411	27660	9503	10411
焦作市	**45**	**33**	**12**	**921**	**14120**	**15000**	**43314**	**13907**	**15000**
解放区	10	9	1	258	4359	4158	12041	1357	4158
中站区	6	4	2	98	1369	1702	4524	2213	1702
马村区	4	3	1	77	991	1156	3341	1566	1156
山阳区	7	7		148	2458	2192	6654	765	2192
修武县									
博爱县									
武陟县									

情　　况（城区）（二）

学生数分年级			预计毕业生数	教职工（按办学类型）				教初中学生的专任教师	代课教师	兼任教师
				计	其中：女	其中：专任教师				
二年级	三年级	四年级				计	其中：女			
2603	2422		2422	739	481	663	444	568	24	
553	357		357	109	66	108	66	108		
1766	1868		1868	427	298	408	287	408		
5105	4249		4249	1341	902	1212	839	1119	28	
25380	23181		23181	5644	3910	5010	3545	4173	83	1
6149	5902		5902	1160	786	1076	749	1076	30	
3479	3544		3544	796	528	719	500	670	21	
2957	2922		2922	757	498	655	462	532	7	
1045	1124		1124	203	118	190	117	190	2	
1574	736		736	257	183	243	176	205		
10176	8953		8953	2471	1797	2127	1541	1500	23	1
10473	10051		10051	2022	1283	1867	1229	1810	60	
813	848		848	244	127	219	121	207		
2029	2097		2097	557	313	511	298	511	10	
7631	7106		7106	1221	843	1137	810	1092	50	
26351	22105		22105	4270	2830	3988	2698	3399	511	30
4691	4723		4723	1087	742	981	706	847	33	
2646	2421		2421	387	273	354	254	354	16	
1640	1429		1429	99	73	99	73	39	7	
4549	4011		4011	577	391	472	327	390		
2888	2209		2209	546	382	540	381	493	32	
9937	7312		7312	1574	969	1542	957	1276	423	30
14430	13884		13884	4491	3178	4053	2990	3398	9	
4032	3851		3851	1440	1031	1330	984	1138	5	
1461	1361		1361	566	388	437	326	389		
1162	1023		1023	520	379	510	375	338		
2235	2227		2227	604	403	559	387	532	3	

初 中 基 本

省、市、县(市)区名称	校数(所)			班数(个)	毕业生数	招生数	在校		
	计	公办	民办				计	其中:寄宿生	一年级
温　　县									
沁 阳 市	11	6	5	239	4052	4289	12386	6644	4289
孟 州 市	7	4	3	101	891	1503	4368	1362	1503
濮 阳 市	**29**	**28**	**1**	**1047**	**14060**	**17109**	**62288**	**15944**	**17109**
华 龙 区	27	26	1	979	13441	15867	58837	12493	15867
清 丰 县									
南 乐 县									
范　　县	1	1		52	619	952	2735	2735	952
台 前 县									
濮 阳 县	1	1		16		290	716	716	290
许 昌 市	**80**	**54**	**26**	**1651**	**24166**	**29595**	**84646**	**50092**	**29595**
魏 都 区	21	17	4	469	7821	8259	24890	8957	8259
建 安 区	7	6	1	229	2786	4614	12166	9791	4614
鄢 陵 县									
襄 城 县	1		1	45	236	835	1987	1986	835
禹 州 市	34	19	15	553	8009	9432	27344	20006	9432
长 葛 市	17	12	5	355	5314	6455	18259	9352	6455
漯 河 市	**24**	**21**	**3**	**699**	**11137**	**12280**	**36683**	**12644**	**12280**
源 汇 区	9	7	2	220	3598	3872	11065	2372	3872
郾 城 区	10	9	1	365	5817	6306	19710	7566	6306
召 陵 区	5	5		114	1722	2102	5908	2706	2102
舞 阳 县									
临 颍 县									
三 门 峡 市	**31**	**23**	**8**	**630**	**9092**	**9539**	**28246**	**16544**	**9539**
湖 滨 区	11	7	4	214	2845	3004	9194	2534	3004
陕 州 区	6	4	2	112	1422	1723	4652	3454	1723
渑 池 县									
卢 氏 县									
义 马 市	6	5	1	70	922	954	2656	1827	954
灵 宝 市	8	7	1	234	3903	3858	11744	8729	3858
南 阳 市	**37**	**31**	**6**	**1537**	**23854**	**30719**	**88888**	**31551**	**30719**
宛 城 区	12	9	3	513	7414	10525	29532	11793	10525
卧 龙 区	8	8		539	9579	10850	32630	6183	10850
南 召 县									
方 城 县									
西 峡 县									
镇 平 县									
内 乡 县									
淅 川 县									
社 旗 县									
唐 河 县									
新 野 县									
桐 柏 县									
邓 州 市	17	14	3	485	6861	9344	26726	13575	9344

情　　况（城区）（三）

学生数 分年级			预计毕业生数	教职工（按办学类型）				教初中学生的专任教师	代课教师	兼任教师
				计	其中：女	其中：专任教师				
二年级	三年级	四年级				计	其中：女			
4006	4091		4091	880	628	767	583	644		
1534	1331		1331	481	349	450	335	357	1	
17864	16929	10386	15856	3928	2809	3608	2692	2875	137	17
16592	15992	10386	14919	3706	2638	3389	2522	2693	115	17
999	784		784	109	85	108	85	108	22	
273	153		153	113	86	111	85	74		
28757	26294		26294	8763	6258	7693	5650	5452	122	
8432	8199		8199	1776	1225	1657	1172	1452	121	
4083	3469		3469	895	598	878	596	705		
627	525		525	56	32	56	32	41		
9343	8569		8569	3778	2736	3136	2386	1907		
6272	5532		5532	2258	1667	1966	1464	1347	1	
12434	11969		11969	2713	1850	2521	1764	2187	77	
3738	3455		3455	747	496	627	427	560	11	
6670	6734		6734	1356	917	1313	906	1205	9	
2026	1780		1780	610	437	581	431	422	57	
9480	9227		9227	3377	2280	3033	2067	2726	48	2
3208	2982		2982	896	600	735	520	697	24	2
1495	1434		1434	756	539	646	456	489		
829	873		873	555	382	510	344	416		
3948	3938		3938	1170	759	1142	747	1124	24	
31422	26747		26747	5846	4198	5209	3831	4342	336	
10443	8564		8564	1818	1242	1615	1143	1439	35	
11592	10188		10188	1586	1176	1558	1168	1307	61	
9387	7995		7995	2442	1780	2036	1520	1596	240	

初 中 基 本

省、市、县(市)区名称	校数(所)			班数(个)	毕业生数	招生数	在校		
	计	公办	民办				计	其中：寄宿生	一年级
商 丘 市	**43**	**32**	**11**	1543	21513	29287	81352	29254	29287
梁 园 区	8	8		445	6945	8550	22852	3518	8550
睢 阳 区	14	10	4	238	3393	4262	12073	6002	4262
民 权 县									
睢　　县									
宁 陵 县									
柘 城 县									
虞 城 县									
夏 邑 县									
永 城 市	21	14	7	860	11175	16475	46427	19734	16475
信 阳 市	**24**	**22**	**2**	681	10633	13685	37912	10190	13685
浉 河 区	13	13		320	5417	6212	17803	1951	6212
平 桥 区	11	9	2	361	5216	7473	20109	8239	7473
罗 山 县									
光 山 县									
新　　县									
商 城 县									
固 始 县									
潢 川 县									
淮 滨 县									
息　　县									
周 口 市	**52**	**34**	**18**	1192	20651	23735	65648	39302	23735
川 汇 区	19	14	5	387	7243	7522	22125	10423	7522
扶 沟 县									
西 华 县									
商 水 县	1	1		12	206	206	617	617	206
沈 丘 县									
郸 城 县	5	2	3	73	778	2085	3864	3852	2085
淮 阳 县	1	1							
太 康 县									
鹿 邑 县									
项 城 市	26	16	10	720	12424	13922	39042	24410	13922
驻马店市	**21**	**19**	**2**	681	10265	11646	35191	10345	11646
驿 城 区	19	19		568	9016	9740	29687	4849	9740
西 平 县									
上 蔡 县									
平 舆 县									
正 阳 县									
确 山 县									
泌 阳 县									
汝 南 县									
遂 平 县									
新 蔡 县	2		2	113	1249	1906	5504	5496	1906
济 源 市	**10**	**8**	**2**	330	5329	5448	16483	3977	5448

情 况（城区）（四）

学生数 分年级			预计毕业生数	教职工（按办学类型）				教初中学生的专任教师	代课教师	兼任教师
二年级	三年级	四年级		计	其中:女	其中:专任教师				
						计	其中:女			
27664	**24401**		24401	5538	3462	5044	3319	4698	34	
7500	6802		6802	1515	949	1411	936	1343	34	
3995	3816		3816	1080	701	1029	691	831		
16169	13783		13783	2943	1812	2604	1692	2524		
12910	**11317**		11317	3091	2057	2966	1969	2664	121	
6104	5487		5487	1566	1067	1562	1066	1336	28	
6806	5830		5830	1525	990	1404	903	1328	93	
21923	**19990**		19990	6522	4534	6128	4298	4427	21	
7601	7002		7002	2515	1688	2246	1503	1832	21	
195	216		216	56	33	56	33	56		
847	932		932	295	169	272	160	199		
				181	144	172	144			
13280	11840		11840	3475	2500	3382	2458	2340		
12041	**11504**		11504	2619	1687	2534	1667	2366	2	
10442	9505		9505	2394	1554	2345	1546	2202	2	
1599	1999		1999	225	133	189	121	164		
5589	**5446**		5446	1566	1075	1410	984	1133		4

初 中 基 本

省、市、县(市)区名称	校数(所) 计	公办	民办	班数(个)	毕业生数	招生数	在校 计	其中:寄宿生	一年级
河南省	2250	1756	494	52826	791895	886730	2628249	1904510	886732
郑州市	118	104	14	2596	39033	49580	136042	107768	49580
中原区	9	6	3	394	5333	7364	20136	16008	7364
二七区	3	2	1	32	407	472	1344	644	472
管城回族区	10	7	3	240	3169	4767	12051	9438	4767
金水区	4	4		18		481	704		481
上街区									
惠济区	2	2		50	626	1097	2512	1312	1097
中牟县	22	20	2	613	9743	12245	33095	21853	12245
巩义市	14	14		203	3611	3371	10223	10076	3371
荥阳市	6	6		83	1255	1404	4132	3574	1404
新密市	19	18	1	270	4401	4861	13908	13758	4861
新郑市	14	12	2	448	6232	8680	25057	19263	8680
登封市	15	13	2	245	4256	4838	12880	11842	4838
开封市	106	67	39	2376	39459	36989	115911	89883	36989
龙亭区									
顺河回族区									
鼓楼区									
禹王台区									
祥符区	5	5		91	1300	1531	4249	4182	1531
杞县	29	13	16	753	13996	12253	36223	27314	12253
通许县	21	13	8	394	6929	6560	21180	14942	6560
尉氏县	24	19	5	574	8534	9058	28321	22506	9058
兰考县	27	17	10	564	8700	7587	25938	20939	7587
洛阳市	188	147	41	3713	55457	60564	175815	118579	60565
老城区									
西工区									
瀍河回族区									
涧西区	4	4		65	670	994	2808	681	994
吉利区									
洛龙区	9	7	2	242	2747	4095	11284	9746	4095
孟津县	18	16	2	317	5094	5491	15932	9093	5491
新安县	19	18	1	351	5615	5608	16874	10367	5609
栾川县	15	14	1	291	3999	4641	13205	11858	4641
嵩县	13	12	1	456	6981	7801	22757	17097	7801
汝阳县	17	12	5	377	5942	6477	18418	13108	6477
宜阳县	28	17	11	520	7750	7986	23070	15358	7986
洛宁县	23	17	6	286	4647	4401	13414	6765	4401
伊川县	33	23	10	697	10331	11445	33230	20968	11445
偃师市	9	7	2	111	1681	1625	4823	3538	1625
平顶山市	94	81	13	2516	35077	42537	128566	92051	42537
新华区	7	4	3	116	1334	1791	5267	1893	1791
卫东区	2		2	8	57	95	268	268	95
石龙区									

情　况（镇区）（一）

学生数 分年级			预计毕业生数	教职工（按办学类型）				教初中学生的专任教师	代课教师	兼任教师
				计	其中：女	其中：专任教师				
二年级	三年级	四年级				计	其中：女			
904600	832851	4066	832526	214138	140114	194021	129978	168445	4554	1268
45254	41208		41208	9914	6857	9180	6505	8585	758	8
6568	6204		6204	934	738	879	706	850	114	
460	412		412	138	80	120	78	117		8
3594	3690		3690	888	688	847	668	847	8	
223				103	78	103	78	73		
760	655		655	200	144	196	144	196	1	
11110	9740		9740	2368	1628	2178	1545	1931	185	
3428	3424		3424	1151	734	1062	705	997		
1461	1267		1267	324	215	307	213	307	6	
4722	4325		4325	1260	803	1186	764	1161	8	
8765	7612		7612	1554	1128	1354	1004	1209	431	
4163	3879		3879	994	621	948	600	897	5	
40510	38412		38412	9601	6690	8679	6254	7043	17	2
1542	1176		1176	299	168	282	167	282		
12210	11760		11760	3394	2526	2938	2270	2020		
7300	7320		7320	1900	1244	1605	1102	1159	6	
9994	9269		9269	1967	1306	1897	1284	1758	11	2
9464	8887		8887	2041	1446	1957	1431	1824		
59315	55935		55935	15988	10261	14382	9407	12340	493	244
993	821		821	195	142	191	141	159	9	
3815	3374		3374	778	485	693	434	666	23	
5321	5120		5120	1836	1350	1594	1193	1259	2	
5784	5481		5481	1504	1017	1385	949	1265		
4387	4177		4177	1383	859	1128	723	938	208	
7627	7329		7329	1402	840	1399	840	1248	210	158
6236	5705		5705	1472	928	1414	908	1227	21	
7664	7420		7420	2183	1362	1953	1240	1608		86
4433	4580		4580	1573	1040	1312	880	1055		
11426	10359		10359	2961	1762	2626	1623	2341	20	
1629	1569		1569	701	476	687	476	574		
44846	41183		41183	9110	6220	8464	5930	7405	728	28
1813	1663		1663	533	342	461	302	363		
136	37		37	81	49	57	37	22		

初 中 基 本

省、市、县(市)区名称	校数(所) 计	公办	民办	班数(个)	毕业生数	招生数	在校 计	其中:寄宿生	一年级
湛河区									
宝丰县	16	15	1	481	5945	8409	25112	15555	8409
叶县	15	13	2	425	6476	6825	21962	16539	6825
鲁山县	18	16	2	631	8002	12058	33161	21699	12058
郏县	19	16	3	454	6730	6653	22012	17247	6653
舞钢市	5	5		75	1235	1366	3800	3405	1366
汝州市	12	12		326	5298	5340	16984	15445	5340
安阳市	**104**	**85**	**19**	**2807**	**41111**	**47949**	**143234**	**105426**	**47949**
文峰区	4	2	2	218	2957	4240	11347	10028	4240
北关区	1	1		15	130	228	698	329	228
殷都区	17	16	1	286	4030	4652	14667	3335	4652
龙安区	2	2		25	402	317	1159	648	317
安阳县	6	6		192	3049	3184	10185	4837	3184
汤阴县	21	13	8	489	7208	7670	23700	22586	7670
滑县	25	19	6	819	11394	14441	42898	37909	14441
内黄县	12	10	2	468	6821	8401	24133	13803	8401
林州市	16	16		295	5120	4816	14447	11951	4816
鹤壁市	**28**	**24**	**4**	**752**	**14057**	**9758**	**37027**	**28386**	**9758**
鹤山区									
山城区	1	1		11	218	124	505	326	124
淇滨区	3	2	1	62	1247	996	3255	1369	996
浚县	14	11	3	486	8747	6214	23886	22190	6214
淇县	10	10		193	3845	2424	9381	4501	2424
新乡市	**138**	**113**	**25**	**3277**	**46125**	**52309**	**160344**	**123968**	**52310**
红旗区	6	6		141	2572	2568	7683	3752	2569
卫滨区				11	155	99	376	61	99
凤泉区	1	1		12	204	157	528		157
牧野区									
新乡县	17	13	4	336	4061	5018	14906	10700	5018
获嘉县	17	16	1	306	5219	4432	14873	8689	4432
原阳县	19	16	3	471	6639	7395	23049	18599	7395
延津县	15	8	7	358	5175	5166	16920	12672	5166
封丘县	23	18	5	419	6647	6538	20377	12806	6538
长垣县	24	20	4	789	11403	13786	40334	40158	13786
卫辉市	5	5		186	1211	2885	8948	6733	2885
辉县市	11	10	1	248	2839	4265	12350	9798	4265
焦作市	**85**	**66**	**19**	**1306**	**21025**	**19893**	**58181**	**37983**	**19893**
解放区									
中站区									
马村区	1	1		4	51	36	110	74	36
山阳区	6	5	1	100	1314	1531	4267	3898	1531
修武县	12	9	3	163	2669	2480	7599	1574	2480
博爱县	15	10	5	220	3670	3635	10414	8983	3635
武陟县	19	15	4	394	6441	6271	17954	13467	6271

情　　况（镇区）（二）

学　生　数 分年级			预计毕业生数	教职工（按办学类型）				教初中学生的专任教师	代课教师	兼任教师
二年级	三年级	四年级		计	其中：女	其中：专任教师				
						计	其中：女			
8727	7976		7976	1475	1006	1390	976	1318	300	
7339	7798		7798	1921	1278	1840	1243	1653		
11422	9681		9681	1981	1398	1760	1267	1392	366	4
8011	7348		7348	1899	1321	1785	1284	1499	2	11
1240	1194		1194	277	167	267	165	254	17	
6158	5486		5486	943	659	904	656	904	43	13
49276	46009		46009	9433	6555	8394	6006	7705	406	34
3734	3373		3373	928	657	753	567	670	32	23
293	177		177	54	35	44	35	44	6	
5073	4942		4942	908	563	873	556	854	83	
432	410		410	89	63	86	62	86		
3375	3626		3626	457	289	438	284	438	62	11
8277	7753		7753	1792	1261	1537	1116	1288	8	
14957	13500		13500	2591	1940	2386	1803	2233	198	
8289	7443		7443	1577	1190	1301	1035	1116	12	
4846	4785		4785	1037	557	976	548	976	5	
13779	13490		13490	2695	1733	2484	1613	2193	83	
166	215		215	63	25	62	25	62		
1196	1063		1063	212	143	204	136	145	21	
9017	8655		8655	1516	931	1336	829	1263	18	
3400	3557		3557	904	634	882	623	723	44	
56813	51221		51221	12288	8766	11001	8086	9547	220	6
2727	2387		2387	417	265	395	261	288	24	
108	169		169							
189	182		182	43	29	43	29	43	1	
5075	4813		4813	1508	1069	1327	986	1076		
5301	5140		5140	1273	948	1262	942	1070		
8224	7430		7430	1625	1180	1485	1105	1353		
6183	5571		5571	1923	1347	1480	1070	1138		
7065	6774		6774	1706	1266	1589	1194	1472	2	1
13685	12863		12863	2644	2054	2331	1905	2156	44	
3657	2406		2406	373	180	366	180	366	2	
4599	3486		3486	776	428	723	414	585	147	5
19749	18539		18539	6072	4164	5553	3898	4567	71	
34	40		40	60	40	58	40	26		
1461	1275		1275	284	195	279	193	276	3	
2632	2487		2487	792	564	722	538	631		
3603	3176		3176	1243	940	1128	859	756		
6066	5617		5617	1828	1227	1646	1130	1303	26	

初 中 基 本

省、市、县(市)区名称	校数(所)			班数(个)	毕业生数	招生数	在 校		
	计	公办	民办				计	其中：寄宿生	一年级
温　　县	15	11	4	258	4241	3970	11667	7237	3970
沁 阳 市	10	8	2	92	1600	1085	3529	1560	1085
孟 州 市	7	7		75	1039	885	2641	1190	885
濮 阳 市	77	60	17	2137	32534	31847	102787	68233	31847
华 龙 区	14	12	2	257	3220	4317	12844	6959	4317
清 丰 县	11	9	2	342	4832	5400	16569	8481	5400
南 乐 县	15	9	6	372	5657	4635	16986	10726	4635
范　　县	9	9		261	4422	4738	13373	8370	4738
台 前 县	10	8	2	294	4660	4042	13876	9390	4042
濮 阳 县	18	13	5	611	9743	8715	29139	24307	8715
许 昌 市	69	50	19	1482	22606	25949	76491	68799	25949
魏 都 区									
建 安 区	6	4	2	70	757	1552	3352	2746	1552
鄢 陵 县	18	13	5	489	6574	8547	24379	19975	8547
襄 城 县	15	9	6	443	7795	8113	24631	24393	8113
禹 州 市	22	16	6	314	4922	4883	15301	12982	4883
长 葛 市	8	8		166	2558	2854	8828	8703	2854
漯 河 市	52	48	4	947	14155	16116	48301	40611	16116
源 汇 区									
郾 城 区	5	4	1	75	1310	1147	3871	3603	1147
召 陵 区	8	8		224	3306	3639	11255	10706	3639
舞 阳 县	15	14	1	280	3542	5075	13760	11212	5075
临 颍 县	24	22	2	368	5997	6255	19415	15090	6255
三 门 峡 市	43	41	2	685	9544	10179	32816	23330	10179
湖 滨 区	1	1		40	701	739	2030	192	739
陕 州 区	2	2		21	277	163	620	489	163
渑 池 县	14	13	1	222	3324	3957	11245	5761	3957
卢 氏 县	15	14	1	249	2828	3116	11965	10260	3116
义 马 市									
灵 宝 市	11	11		153	2414	2204	6956	6628	2204
南 阳 市	321	271	50	8465	112467	146614	421185	306834	146614
宛 城 区	16	13	3	385	4755	7548	19149	15161	7548
卧 龙 区	18	17	1	539	7696	9281	27389	22525	9281
南 召 县	19	16	3	395	5273	6874	18775	10282	6874
方 城 县	32	24	8	974	12722	15232	49090	31742	15232
西 峡 县	25	24	1	458	6808	7559	21897	16299	7559
镇 平 县	30	28	2	779	11079	14667	39374	30295	14667
内 乡 县	22	19	3	681	9764	13296	36245	28608	13296
淅 川 县	20	16	4	598	9667	10254	30368	19363	10254
社 旗 县	25	19	6	592	7741	9566	28556	16632	9566
唐 河 县	40	30	10	900	11245	16661	45282	33669	16661
新 野 县	22	17	5	765	9554	13299	37796	33022	13299
桐 柏 县	19	17	2	513	6095	8211	23841	12744	8211
邓 州 市	33	31	2	886	10068	14166	43423	36492	14166

情 况（镇区）（三）

学生数			预计毕业生数	教职工（按办学类型）				教初中学生的专任教师	代课教师	兼任教师
分年级				计	其中：女	其中：专任教师				
二年级	三年级	四年级				计	其中：女			
3919	3778		3778	962	643	885	616	836	41	
1183	1261		1261	528	345	474	312	417	1	
851	905		905	375	210	361	210	322		
36602	**33082**	**1256**	**32885**	**9044**	**6382**	**8084**	**5947**	**6932**	**326**	**9**
3660	3611	1256	3414	1497	1117	1334	1031	838	259	1
5970	5199		5199	1494	1042	1368	1002	1227	15	
6623	5728		5728	1517	1064	1306	964	1306		
4578	4057		4057	801	559	770	548	743	33	
4986	4848		4848	1325	944	1271	930	990		
10785	9639		9639	2410	1656	2035	1472	1828	19	8
26263	**24279**		**24279**	**6012**	**3864**	**5472**	**3578**	**5013**		
927	873		873	470	309	425	292	311		
8477	7355		7355	1809	1180	1692	1126	1635		
8643	7875		7875	1793	1097	1584	1003	1503		
5062	5356		5356	1378	879	1214	761	1038		
3154	2820		2820	562	399	557	396	526		
16645	**15540**		**15540**	**4633**	**3070**	**4150**	**2846**	**3472**	**85**	**42**
1395	1329		1329	321	175	296	170	288	2	
3902	3714		3714	705	441	684	436	684	42	
4655	4030		4030	1429	1022	1220	895	1055		
6693	6467		6467	2178	1432	1950	1345	1445	41	42
10059	**9768**	**2810**	**9640**	**3394**	**2105**	**3100**	**1947**	**2792**	**13**	**2**
675	616		616	130	79	100	64	100	6	
216	241		241	84	53	78	51	51		
3722	3566		3566	1249	833	1108	753	894		
3101	2938	2810	2810	1112	651	1007	591	940	3	2
2345	2407		2407	819	489	807	488	807	4	
146613	**127958**		**127958**	**32645**	**21594**	**30680**	**20520**	**26742**	**601**	**191**
6316	5285		5285	1135	719	1055	679	868	17	23
9575	8533		8533	1374	867	1331	852	1264	152	
6359	5542		5542	1658	1009	1502	931	1306		
16959	16899		16899	3445	2160	3261	2049	2959	3	62
7494	6844		6844	1631	1039	1577	1021	1495	68	
13718	10989		10989	3105	2094	3097	2094	2687		
12392	10557		10557	2959	2057	2476	1679	2131	2	16
10674	9440		9440	3092	2125	2922	2017	2483	63	
10420	8570		8570	2366	1608	2272	1577	1953		17
15600	13021		13021	4067	2711	3833	2652	3079	52	9
13429	11068		11068	2761	1827	2417	1630	1954	101	52
8542	7088		7088	1858	1330	1815	1311	1537		
15135	14122		14122	3194	2048	3122	2028	3026	143	12

初 中 基 本

省、市、县(市)区名称	校数(所) 计	公办	民办	班数(个)	毕业生数	招生数	在校 计	其中:寄宿生	一年级
商丘市	186	137	49	4140	59351	71142	200129	142312	71142
梁园区	7	5	2	288	4378	5357	15274	14860	5357
睢阳区	8	8		117	1774	1919	5715	4512	1919
民权县	26	22	4	523	7229	8351	23758	14982	8351
睢县	27	19	8	436	6063	7116	19744	8746	7116
宁陵县	15	9	6	353	4956	6758	17603	11202	6758
柘城县	27	16	11	543	6923	8422	24838	15954	8422
虞城县	27	17	10	827	14682	14708	41791	35891	14708
夏邑县	27	21	6	641	9156	10875	30671	20766	10875
永城市	22	20	2	412	4190	7636	20735	15399	7636
信阳市	166	130	36	4517	73779	78174	231094	125029	78174
浉河区	5	5		105	1539	2135	5657	5657	2135
平桥区	11	11		250	3673	4194	12463	9498	4194
罗山县	20	16	4	489	6688	8816	25449	15625	8816
光山县	23	14	9	560	9810	9198	28567	16204	9198
新县	10	9	1	247	4421	3947	12611	6496	3947
商城县	15	13	2	389	6566	6604	19718	13569	6604
固始县	34	26	8	1063	18765	18301	53432	31083	18301
潢川县	17	13	4	477	7365	8278	24371	6190	8278
淮滨县	14	9	5	415	7150	7057	21517	8523	7057
息县	17	14	3	522	7802	9644	27309	12184	9644
周口市	260	159	101	5721	95764	96626	292846	241052	96626
川汇区	2	2		26	475	572	1435	1435	572
扶沟县	19	15	4	446	7482	7325	22778	17687	7325
西华县	20	15	5	406	6855	7159	21734	17946	7159
商水县	33	21	12	635	10558	10260	31831	23796	10260
沈丘县	46	26	20	826	13724	12887	41065	33947	12887
郸城县	31	11	20	892	16822	15916	50185	43895	15916
淮阳县	20	11	9	876	13208	15907	44393	43282	15907
太康县	36	24	12	707	11724	12671	37619	29051	12671
鹿邑县	33	19	14	753	12658	12021	35494	24336	12021
项城市	20	15	5	154	2258	1908	6312	5677	1908
驻马店市	198	157	41	5216	78089	88533	260946	179584	88533
驿城区	10	10		299	4437	4456	14376	5378	4456
西平县	19	14	5	372	6156	6265	17835	11804	6265
上蔡县	31	24	7	840	13295	14775	44120	29297	14775
平舆县	24	16	8	701	9959	12669	36376	32852	12669
正阳县	15	12	3	450	5793	7298	22195	13168	7298
确山县	19	17	2	460	7793	6741	21913	17717	6741
泌阳县	21	17	4	581	8843	9724	29720	16969	9724
汝南县	18	15	3	487	7380	8376	23841	17237	8376
遂平县	15	15		346	5049	6806	18606	9326	6806
新蔡县	26	17	9	680	9384	11423	31964	25836	11423
济源市	17	16	1	173	2262	1971	6534	4682	1971

情　　况（镇区）（四）

学生数			预计毕业生数	教职工（按办学类型）				教初中学生的专任教师	代课教师	兼任教师
分年级				计	其中：女	其中：专任教师				
二年级	三年级	四年级				计	其中：女			
68255	**60732**		**60732**	**18500**	**11454**	**15336**	**9912**	**12910**	**15**	
4996	4921		4921	900	628	668	487	482		
1899	1897		1897	450	193	442	193	442		
8083	7324		7324	2536	1562	2354	1505	1874		
6655	5973		5973	1775	1328	1672	1284	1499	10	
5807	5038		5038	1414	916	1233	811	1087		
8684	7732		7732	2838	1894	2320	1597	1828		
14122	12961		12961	4829	2823	3257	2014	2445		
10510	9286		9286	2681	1581	2411	1505	2274		
7499	5600		5600	1077	529	979	516	979	5	
78618	**74302**		**74302**	**17711**	**10013**	**16295**	**9347**	**14614**	**631**	**27**
1896	1626		1626	475	272	472	272	472		
4330	3939		3939	971	544	959	543	875	45	8
8994	7639		7639	1789	1010	1614	914	1506	76	
9734	9635		9635	2801	1735	2409	1496	1917		
4490	4174		4174	1028	618	1023	618	890	6	
6716	6398		6398	1651	835	1543	825	1475		
17544	17587		17587	3519	1731	3335	1663	3226	275	
8351	7742		7742	1852	1059	1547	918	1347	54	
7188	7272		7272	1502	961	1425	915	1154	87	2
9375	8290		8290	2123	1248	1968	1183	1752	88	17
99886	**96334**		**96334**	**25671**	**17040**	**23124**	**15669**	**19069**	**27**	**671**
500	363		363	177	105	171	102	126		
7793	7660		7660	2326	1643	2179	1533	1991		50
7526	7049		7049	2375	1605	2132	1469	1559		
10820	10751		10751	3054	2167	2848	2034	2324		
14409	13769		13769	4159	2843	3838	2653	3256		
17199	17070		17070	3023	1804	2779	1731	2517		
14622	13864		13864	2781	1748	2106	1341	1729	15	607
12787	12161		12161	3066	2040	2780	1908	2308	12	12
11951	11522		11522	3589	2306	3231	2147	2495		2
2279	2125		2125	1121	779	1060	751	764		
89833	**82580**		**82580**	**20697**	**12921**	**18954**	**12093**	**16866**	**80**	**4**
5079	4841		4841	1062	756	1054	755	1054		
5934	5636		5636	2272	1573	1835	1311	1453	18	
14884	14461		14461	2988	1872	2877	1832	2724	3	
12457	11250		11250	2568	1505	2264	1327	1963		
8302	6595		6595	1999	1210	1810	1112	1433		
7905	7267		7267	1679	1055	1617	1032	1568	1	
10243	9753		9753	2555	1678	2334	1599	2190	11	3
8054	7411		7411	1920	1143	1843	1115	1621	4	
6395	5405		5405	1668	1147	1626	1145	1391	18	
10580	9961		9961	1986	982	1694	865	1469	25	1
2284	**2279**		**2279**	**730**	**425**	**689**	**420**	**650**		

初 中 基 本

省、市、县(市)区名称	校数(所) 计	公办	民办	班数(个)	毕业生数	招生数	在校 计	其中:寄宿生	一年级
河南省	1512	1310	202	18513	257416	284449	858528	718700	284450
郑州市	70	52	18	1022	11524	17678	49610	43326	17678
中原区	2	2		12	60	281	389	90	281
二七区	4	3	1	51	553	999	2368	1357	999
管城回族区	2	2		38	559	520	1683	1036	520
金水区	2	2		12	196	117	437		117
上街区									
惠济区	3		3	25	163	238	688	662	238
中牟县	17	16	1	272	2363	5117	13685	12632	5117
巩义市	3	3		40	663	652	2084	2084	652
荥阳市	10	8	2	177	2475	2742	8969	8913	2742
新密市	2	2		31	538	587	1733	1733	587
新郑市	10	9	1	154	981	3093	7329	5080	3093
登封市	15	5	10	210	2973	3332	10245	9739	3332
开封市	86	76	10	1006	15733	13453	44748	40795	13453
龙亭区	3	2	1	40	636	550	1771	1087	550
顺河回族区									
鼓楼区									
禹王台区	1	1		33	451	547	1589	1589	547
祥符区	16	16		218	3288	2952	9643	9509	2952
杞县	20	16	4	168	2936	1921	7046	5910	1921
通许县	7	7		73	1370	835	3105	3105	835
尉氏县	13	12	1	248	3435	4157	12063	11513	4157
兰考县	26	22	4	226	3617	2491	9531	8082	2491
洛阳市	75	62	13	728	10555	10880	31849	23006	10880
老城区									
西工区	1	1		6	78	60	231	90	60
瀍河回族区									
涧西区	3	3		32	459	530	1469	488	530
吉利区									
洛龙区	7	6	1	63	899	984	2830	1918	984
孟津县	3	3		12	193	157	485	210	157
新安县	5	5		34	628	458	1566	1191	458
栾川县	2	2		10	140	125	325	325	125
嵩县	7	7		110	1471	1935	5235	4475	1935
汝阳县	7	7		109	1614	1859	5217	3631	1859
宜阳县	8	8		79	1290	966	3139	2427	966
洛宁县	13	12	1	129	1650	1880	5565	4467	1880
伊川县	13	5	8	107	1682	1484	4483	2895	1484
偃师市	6	3	3	37	451	442	1304	889	442
平顶山市	80	71	9	1467	17271	24113	71956	69161	24113
新华区									
卫东区	1		1	3	65	44	119	119	44
石龙区									

情　况（乡村）（一）

学　生　数			预计毕业生数	教职工（按办学类型）				教初中学生的专任教师	代课教师	兼任教师
分　年　级				计	其中：女	其中：专任教师				
二年级	三年级	四年级				计	其中：女			
297763	275503	812	275299	82877	49502	76205	46568	66954	1276	86
17257	14675		14675	4938	3185	4270	2910	3309	281	2
50	58		58	115	88	115	88	57	26	
701	668		668	246	192	213	160	190	3	2
522	641		641	177	102	171	101	171		
144	176		176	56	34	54	34	54	4	
268	182		182	423	316	319	255	74		
4561	4007		4007	1122	795	1070	780	818	147	
684	748		748	233	146	217	138	192		
3422	2805		2805	709	455	614	396	579		
604	542		542	140	83	140	83	140		
2820	1416		1416	593	402	575	401	523	74	
3481	3432		3432	1124	572	782	474	511	27	
15323	15972		15972	4065	2358	3859	2314	3653	10	
575	646		646	219	122	190	114	150		
516	526		526	76	46	75	46	75	5	
3381	3310		3310	903	428	877	426	877	2	
2193	2932		2932	751	465	706	458	582	3	
1073	1197		1197	352	194	318	188	318		
4070	3836		3836	902	571	864	559	822		
3515	3525		3525	862	532	829	523	829		
10612	10357		10357	3214	1848	3041	1803	2599	154	
86	85		85	24	9	22	9	22	1	
457	482		482	131	70	129	70	109		
937	909		909	347	202	327	199	187	131	
145	183		183	59	36	57	36	57		
535	573		573	138	91	130	90	130		
95	105		105	50	27	44	27	44		
1693	1607		1607	379	210	377	209	362	19	
1778	1580		1580	390	224	389	224	389	3	
1053	1120		1120	332	163	319	163	319		
1912	1773		1773	513	305	506	305	471		
1467	1532		1532	555	318	468	283	339		
454	408		408	296	193	273	188	170		
25240	22603		22603	4930	3257	4507	3007	4171	335	
44	31		31	31	15	22	11	10		

初 中 基 本

省、市、县(市)区名称	校数(所)			班数(个)	毕业生数	招生数	在校		
	计	公办	民办				计	其中:寄宿生	一年级
湛河区	1	1		41	605	742	2179	2179	742
宝丰县	5	4	1	68	824	1043	3454	3454	1043
叶　县	9	7	2	199	2782	3410	10343	10043	3410
鲁山县	25	24	1	520	5353	8916	25680	24183	8916
郏　县	6	6		141	1603	2217	6813	6644	2217
舞钢市	3	3		53	470	936	2336	2336	936
汝州市	30	26	4	442	5569	6805	21032	20203	6805
安阳市	**105**	**98**	**7**	**1346**	**17809**	**20541**	**63022**	**43247**	**20542**
文峰区	1	1		8	118	100	371	139	101
北关区	2	1	1	31	791	465	1387	1194	465
殷都区	15	15		143	1700	2081	6637	2530	2081
龙安区	7	7		108	1669	1738	5243	1758	1738
安阳县	14	13	1	210	3069	3198	10082	6568	3198
汤阴县	4	3	1	43	631	630	1899	1652	630
滑　县	26	25	1	362	4467	5214	16890	14553	5214
内黄县	26	23	3	345	3933	5661	16122	12315	5661
林州市	10	10		96	1431	1454	4391	2538	1454
鹤壁市	**16**	**8**	**8**	**119**	**1912**	**1377**	**5354**	**5080**	**1377**
鹤山区									
山城区									
淇滨区	2		2	2	35		46	46	
浚　县	10	5	5	78	1583	821	3336	3248	821
淇　县	4	3	1	39	294	556	1972	1786	556
新乡市	**150**	**121**	**29**	**1636**	**21673**	**23874**	**75934**	**58521**	**23874**
红旗区	2	2		11	196	134	486		134
卫滨区									
凤泉区	5	5		46	708	712	2112	5	712
牧野区	1	1		7	76	85	310		85
新乡县	5	4	1	38	631	458	1540	1045	458
获嘉县	11	10	1	84	1309	927	3542	3112	927
原阳县	29	26	3	277	3816	3705	12314	8755	3705
延津县	22	13	9	225	3409	2730	10248	7546	2730
封丘县	28	19	9	329	4359	5613	15627	14286	5613
长垣县	13	11	2	175	2662	2772	8783	8360	2772
卫辉市	19	16	3	258	2470	3629	12384	7610	3629
辉县市	15	14	1	186	2037	3109	8588	7802	3109
焦作市	**52**	**46**	**6**	**408**	**5696**	**4948**	**14757**	**10505**	**4948**
解放区									
中站区	1	1		10	134	194	375	364	194
马村区	3	2	1	32	388	419	1159	836	419
山阳区	4	4		32	392	357	1060	259	357
修武县	4	3	1	32	455	394	1154	440	394
博爱县	6	5	1	57	867	612	2241	2131	612
武陟县	12	9	3	109	1553	1491	4071	3291	1491

情　　况（乡村）（二）

学生数			预计毕业生数	教职工（按办学类型）				教初中学生的专任教师	代课教师	兼任教师
分年级				计	其中：女	其中：专任教师				
二年级	三年级	四年级				计	其中：女			
745	692		692	156	118	155	118	155		
1201	1210		1210	248	165	220	152	220	19	
3558	3375		3375	798	538	762	524	693		
9037	7727		7727	1254	787	1177	745	1124	280	
2335	2261		2261	510	322	504	322	504		
791	609		609	149	83	142	83	142		
7529	6698		6698	1784	1229	1525	1052	1323	36	
23076	19404		19404	5010	3159	4622	2989	4264	80	
173	97		97	25	10	25	10	25	3	
514	408		408	92	61	64	45	47	13	
2420	2136		2136	510	323	499	321	450	10	
1788	1717		1717	432	238	426	237	390		
3769	3115		3115	609	357	595	357	595		
695	574		574	267	160	209	155	149		
6495	5181		5181	1235	792	1202	788	1202	46	
5739	4722		4722	1504	1021	1276	879	1097		
1483	1454		1454	336	197	326	197	309	8	
1885	2092		2092	667	439	543	372	438	3	
18	28		28	51	30	34	26	6		
1110	1405		1405	450	298	350	235	273	1	
757	659		659	166	111	159	111	159	2	
26850	25210		25210	7227	4590	6451	4174	5282	106	8
174	178		178	41	28	41	28	27		
732	668		668	180	117	180	117	164	18	
102	123		123	30	22	29	22	29		
538	544		544	223	129	203	121	152		
1233	1382		1382	393	268	362	249	290		
4282	4327		4327	991	586	956	565	838	10	
3873	3645		3645	1138	814	967	721	744		
5170	4844		4844	1883	1275	1601	1105	1168		
3014	2997		2997	668	476	586	443	574	7	8
4579	4176		4176	900	460	845	434	775	10	
3153	2326		2326	780	415	681	369	521	61	
4978	4831		4831	2777	1821	2437	1611	1822	53	
92	89		89	96	62	69	52	46		
383	357		357	295	206	257	183	143		
387	316		316	174	109	173	109	173		
410	350		350	183	102	160	91	148		
775	854		854	701	566	524	415	199	2	
1344	1236		1236	557	349	513	334	420	28	

初 中 基 本

省、市、县(市)区名称	校数(所) 计	公办	民办	班数(个)	毕业生数	招生数	在校 计	其中:寄宿生	一年级
温 县	8	8		55	750	666	1946	1840	666
沁 阳 市	7	7		38	626	403	1468	866	403
孟 州 市	7	7		43	531	412	1283	478	412
濮 阳 市	48	46	2	688	8465	9936	30358	22027	9936
华 龙 区	7	5	2	132	911	2498	6010	3958	2498
清 丰 县	11	11		150	2008	2185	6521	4385	2185
南 乐 县	6	6		110	1738	1401	5205	4101	1401
范 县	10	10		143	1879	2076	6417	4548	2076
台 前 县	4	4		40	493	415	1683	1208	415
濮 阳 县	10	10		113	1436	1361	4522	3827	1361
许 昌 市	56	44	12	841	14594	14372	44389	40529	14372
魏 都 区									
建 安 区	13	11	2	274	5033	4946	15593	12789	4946
鄢 陵 县	6	4	2	70	1093	1064	3187	3186	1064
襄 城 县	9	8	1	222	4301	4069	12162	12154	4069
禹 州 市	19	13	6	177	2447	2761	8611	7873	2761
长 葛 市	9	8	1	98	1720	1532	4836	4527	1532
漯 河 市	28	27	1	317	4755	5006	15658	15083	5006
源 汇 区	4	4		82	1376	1379	4319	4319	1379
郾 城 区	2	2		6	75	88	242	242	88
召 陵 区	3	3		22	374	327	878	878	327
舞 阳 县	6	6		81	963	1360	3955	3905	1360
临 颍 县	13	12	1	126	1967	1852	6264	5739	1852
三 门 峡 市	41	39	2	264	3270	3295	9887	8441	3295
湖 滨 区	2	2		8	81	66	213	184	66
陕 州 区	9	9		35	309	228	780	630	228
渑 池 县	10	9	1	80	999	1414	3550	2690	1414
卢 氏 县	12	12		71	863	599	2611	2220	599
义 马 市									
灵 宝 市	8	7	1	70	1018	988	2733	2717	988
南 阳 市	101	94	7	1646	21218	28168	80153	70275	28168
宛 城 区	14	13	1	262	3277	4564	13400	13358	4564
卧 龙 区	6	6		74	1074	1224	3858	3708	1224
南 召 县	16	15	1	244	3198	4008	11359	10061	4008
方 城 县	11	10	1	234	3016	3715	11054	8004	3715
西 峡 县	6	6		40	590	554	1698	1675	554
镇 平 县	7	6	1	80	1060	1340	3636	3341	1340
内 乡 县	2	2		23	257	511	1167	1166	511
淅 川 县	4	4		48	770	727	2274	2103	727
社 旗 县	5	4	1	77	973	1337	3702	3123	1337
唐 河 县	6	6		180	2723	3722	9552	6448	3722
新 野 县	3	3		52	548	845	2427	2354	845
桐 柏 县	6	6		83	1088	1358	3775	3145	1358
邓 州 市	15	13	2	249	2644	4263	12251	11789	4263

情 况（乡村）(三)

学　生　数			预计毕业生数	教职工（按办学类型）				教初中学生的专任教师	代课教师	兼任教师
分　年　级				计	其中：女	其中：专任教师				
二年级	三年级	四年级				计	其中：女			
654	626		626	275	138	264	138	245	21	
488	577		577	269	168	260	168	243	1	
445	426		426	227	121	217	121	205	1	
10546	9734	142	9570	3186	2048	2861	1915	2657	37	
1993	1377	142	1213	801	554	621	450	463	3	
2278	2058		2058	553	367	497	357	497		
2018	1786		1786	593	364	564	354	564	12	
2136	2205		2205	526	336	492	329	492	20	
606	662		662	178	93	175	93	151		
1515	1646		1646	535	334	512	332	490	2	
15153	14864		14864	3716	2315	3573	2267	3030	17	
5417	5230		5230	1329	876	1276	856	959	15	
1005	1118		1118	315	170	290	159	269		
4072	4021		4021	843	488	815	482	815		
2937	2913		2913	715	464	700	458	575	2	
1722	1582		1582	514	317	492	312	412		
5730	4922		4922	1807	1127	1685	1099	1463	8	
1606	1334		1334	344	222	336	221	336	3	
64	90		90	54	24	42	18	37		
316	235		235	153	87	146	87	146	5	
1399	1196		1196	354	211	344	211	319		
2345	2067		2067	902	583	817	562	625		
3033	2889	670	2849	1950	1216	1626	976	1305	13	
65	82		82	53	27	53	27	53		
267	285		285	302	152	271	148	210		
1216	920		920	851	638	624	436	399	4	
632	710	670	670	303	131	281	124	281		
853	892		892	441	268	397	241	362	9	
28312	23673		23673	6428	3957	6096	3808	5631	71	10
4963	3873		3873	838	510	795	485	750	29	
1409	1225		1225	212	124	211	124	211	1	
3867	3484		3484	1109	655	995	586	881	3	
3933	3406		3406	837	554	795	539	709		
582	562		562	176	98	171	95	171	9	
1257	1039		1039	375	205	347	194	307		
362	294		294	90	49	80	46	80		
809	738		738	233	134	228	134	228		
1289	1076		1076	275	182	270	182	261		
3093	2737		2737	669	469	649	465	649		
850	732		732	229	137	207	135	207		
1333	1084		1084	410	219	410	219	293		
4565	3423		3423	975	621	938	604	884	29	10

初 中 基 本

省、市、县(市)区名称	校数(所)			班数(个)	毕业生数	招生数	在校		
	计	公办	民办				计	其中:寄宿生	一年级
商丘市	**188**	**173**	**15**	**1788**	**23241**	**27247**	**77318**	**57668**	**27247**
梁园区	17	17		162	2506	2373	7127	6160	2373
睢阳区	16	14	2	174	2220	2660	7814	6933	2660
民权县	26	26		225	2791	3158	9165	5364	3158
睢县	30	30		286	4015	4455	12890	5701	4455
宁陵县	15	11	4	120	1696	1898	4932	3467	1898
柘城县	35	31	4	268	3115	3366	10171	9028	3366
虞城县	20	19	1	199	2769	3128	8904	8053	3128
夏邑县	13	13		138	1782	2093	5586	4183	2093
永城市	16	12	4	216	2347	4116	10729	8779	4116
信阳市	**139**	**132**	**7**	**1817**	**27483**	**28214**	**85810**	**67522**	**28214**
浉河区	5	4	1	47	711	864	2282	2282	864
平桥区	10	10		169	2179	3126	8315	6399	3126
罗山县	7	7		147	1727	2628	7397	6763	2628
光山县	21	21		221	3391	2964	9799	8408	2964
新县	12	12		71	1153	886	2888	2127	886
商城县	16	16		218	3546	3067	9972	9282	3067
固始县	21	19	2	288	4885	4127	13418	9481	4127
潢川县	13	13		122	1629	1827	5147	2753	1827
淮滨县	13	13		181	3306	2873	9209	7533	2873
息县	21	17	4	353	4956	5852	17383	12494	5852
周口市	**174**	**131**	**43**	**1806**	**29333**	**27282**	**83999**	**78184**	**27282**
川汇区	4	4		25	698	418	1200	1200	418
扶沟县	6	5	1	87	1631	1281	4144	4144	1281
西华县	12	12		165	3040	2719	7632	7631	2719
商水县	23	10	13	303	5844	4736	14547	14502	4736
沈丘县	18	18		155	2143	1994	6142	5773	1994
郸城县	22	18	4	248	3984	4004	12374	11949	4004
淮阳县	29	22	7	207	3164	2737	8690	8521	2737
太康县	28	25	3	404	5694	6560	20381	17422	6560
鹿邑县	22	11	11	133	1871	1770	5447	3976	1770
项城市	10	6	4	79	1264	1063	3442	3066	1063
驻马店市	**98**	**85**	**13**	**1572**	**22422**	**23651**	**72417**	**64317**	**23651**
驿城区	5	5		86	1434	1173	4267	4012	1173
西平县	10	10		105	1443	1233	3987	3941	1233
上蔡县	21	17	4	396	6246	6143	18586	17326	6143
平舆县	5	5		40	677	615	1718	1331	615
正阳县	15	14	1	307	3812	4537	14423	11617	4537
确山县	2	2		30	484	368	1437	1420	368
泌阳县	10	10		255	3104	4232	12316	10984	4232
汝南县	6	6		103	1457	1681	4679	4013	1681
遂平县	4	4		44	668	723	2117	2017	723
新蔡县	20	12	8	206	3097	2946	8887	7656	2946
济源市	**5**	**5**		**42**	**462**	**414**	**1309**	**1013**	**414**

情　况（乡村）（四）

学生数 分年级			预计毕业生数	教职工（按办学类型）				教初中学生的专任教师	代课教师	兼任教师
				计	其中：女	其中：专任教师				
二年级	三年级	四年级				计	其中：女			
26228	**23843**		**23843**	**8271**	**4230**	**7649**	**4012**	**7085**	**6**	
2494	2260		2260	707	306	630	300	630		
2696	2458		2458	823	445	711	376	588		
3106	2901		2901	1015	551	992	548	912		
4377	4058		4058	1109	599	1086	597	1086	6	
1487	1547		1547	681	400	564	323	456		
3496	3309		3309	1402	661	1349	655	1259		
2987	2789		2789	1074	509	954	487	954		
1805	1688		1688	792	376	773	375	640		
3780	2833		2833	668	383	590	351	560		
29110	**28486**		**28486**	**8461**	**4213**	**7923**	**4080**	**7051**	**41**	**45**
700	718		718	274	167	256	159	246		
2809	2380		2380	631	283	616	281	616	4	
2615	2154		2154	448	212	435	211	435	2	
3367	3468		3468	961	421	925	419	832	6	
1036	966		966	570	303	563	303	415		
3381	3524		3524	855	338	796	336	796		
4559	4732		4732	1528	814	1473	802	1222	12	4
1671	1649		1649	757	362	618	330	618	1	
3023	3313		3313	838	445	800	435	720	2	
5949	5582		5582	1599	868	1441	804	1151	14	41
28513	**28204**		**28204**	**9192**	**5793**	**8572**	**5489**	**7123**	**23**	
372	410		410	184	99	183	99	183		
1393	1470		1470	455	307	455	307	404		
2537	2376		2376	764	512	763	512	642	9	
4846	4965		4965	1545	1027	1400	930	1045		
1999	2149		2149	883	534	882	534	882		
4182	4188		4188	1046	634	973	600	900		
2972	2981		2981	1263	792	1172	753	909	9	
7082	6739		6739	1642	1013	1479	953	1348	5	
1905	1772		1772	952	581	852	533	497		
1225	1154		1154	458	294	413	268	313		
25472	**23294**		**23294**	**6873**	**3850**	**6330**	**3646**	**5924**	**38**	**21**
1620	1474		1474	319	158	314	158	314		
1305	1449		1449	600	313	472	252	472	23	
6278	6165		6165	1568	931	1494	906	1371		
571	532		532	178	78	170	78	170		
5426	4460		4460	1264	656	1189	644	1118	1	
569	500		500	125	67	121	67	121		12
4432	3652		3652	1017	684	969	671	944	6	
1494	1504		1504	366	242	362	242	362		9
739	655		655	178	99	176	99	176		
3038	2903		2903	1258	622	1063	529	876	8	
445	**450**		**450**	**165**	**96**	**160**	**96**	**147**		

普 通 高 中

省、市、县(市)区名称	校数(所) 计	公办	民办	班数(个)	毕业生数	招生数	在校 计	其中：女	其中：寄宿生
河 南 省	889	551	336	38316	677814	749785	2158790	1091719	1876790
郑 州 市	127	70	55	3900	62174	71365	204189	101872	180482
中 原 区	21	7	14	557	8800	10280	28521	13507	22606
二 七 区	19	12	7	529	9119	9324	27292	14460	19865
管城回族区	8	5	3	227	3539	4081	11467	5706	9871
金 水 区	26	11	14	645	9836	10491	30729	14420	24779
上 街 区	2	2		41	625	697	1953	1033	1953
惠 济 区	6	4	2	168	2480	3120	8967	4634	8871
中 牟 县	7	5	2	252	3483	4957	12906	6298	12715
巩 义 市	8	6	2	257	5049	4763	14604	7796	14604
荥 阳 市	6	3	3	195	3363	3776	11385	6219	11323
新 密 市	6	4	2	286	5288	6067	17582	8885	15650
新 郑 市	13	7	5	465	7187	8312	23514	10807	22976
登 封 市	5	4	1	278	3405	5497	15269	8107	15269
开 封 市	50	28	22	1970	33860	39943	117122	59114	103501
龙 亭 区	6	3	3	187	3435	3592	10329	5192	6947
顺河回族区	6	4	2	132	2199	2382	6697	3382	2408
鼓 楼 区	2	1	1	80	1305	1563	4611	2138	3395
禹王台区	3	2	1	136	2219	2414	7407	3536	4689
祥 符 区	8	3	5	269	4990	5312	15890	8180	15394
杞 县	8	5	3	373	5729	7264	21015	10698	21006
通 许 县	6	3	3	179	3908	4521	12840	6233	12840
尉 氏 县	6	4	2	282	4497	5831	16920	8799	16883
兰 考 县	5	3	2	332	5578	7064	21413	10956	19939
洛 阳 市	81	56	25	2643	46184	49034	143427	77411	133503
老 城 区									
西 工 区	5	5		189	3072	3210	9443	5102	6773
瀍河回族区	7	4	3	155	2122	2159	6430	3263	5341
涧 西 区	10	6	4	310	4204	4769	14136	7339	10767
吉 利 区	2	1	1	28	393	474	1255	619	875
洛 龙 区	12	5	7	258	3902	4026	11780	6131	11361
孟 津 县	5	4	1	175	3765	3213	10580	5653	10354
新 安 县	6	4	2	207	4085	3968	12135	6555	11298
栾 川 县	4	3	1	146	2786	2336	7162	3759	6955
嵩 县	5	4	1	177	2797	3723	10143	5847	9934
汝 阳 县	3	3		163	3050	3754	10015	5547	10015
宜 阳 县	8	6	2	260	4238	4778	14153	7691	13686
洛 宁 县	3	2	1	134	2886	3011	8773	5029	8773
伊 川 县	6	5	1	264	5174	6393	17471	9657	17471
偃 师 市	5	4	1	177	3710	3220	9951	5219	9900
平顶山市	42	29	13	1871	29110	36537	99304	50603	95399
新 华 区	6	3	3	215	3547	3937	10706	5401	9819
卫 东 区	2	2		91	1322	1409	4224	2132	3089
石 龙 区	2	1	1	19	57	501	946	333	946

基 本 情 况（总计）（一）

学生数			毕业班学生数	教职工				教高中学生的专任教师	代课教师	兼任教师
分年级				计	其中：女	其中：专任教师				
一年级	二年级	三年级				计	其中：女			
749822	718465	690503	690503	185744	107483	163013	96841	138269	3442	985
71365	68063	64761	64761	22259	13928	19156	12381	15390	194	50
10280	9552	8689	8689	3431	2259	2826	1890	1983	60	
9324	8949	9019	9019	3170	2004	2687	1784	1955	105	
4081	3988	3398	3398	1232	762	990	647	689		
10491	10475	9763	9763	4154	2656	3524	2330	2262	24	39
697	611	645	645	274	153	225	130	225		
3120	3047	2800	2800	1074	676	848	562	662	1	11
4957	4356	3593	3593	1496	967	1342	895	1115	2	
4763	4938	4903	4903	1342	812	1296	790	1296		
3776	3701	3908	3908	1069	575	983	551	902		
6067	6014	5501	5501	1239	747	1136	697	1136	2	
8312	7468	7734	7734	2585	1599	2260	1446	2126		
5497	4964	4808	4808	1193	718	1039	659	1039		
39979	40235	36908	36908	8767	5088	7392	4447	6410	292	2
3592	3246	3491	3491	988	671	766	531	539	15	
2382	2224	2091	2091	863	473	660	367	404	21	
1563	1558	1490	1490	359	234	271	165	245	3	
2414	2554	2439	2439	593	351	516	313	481		
5348	5468	5074	5074	1258	655	987	579	930		2
7264	7399	6352	6352	1347	724	1290	714	1290		
4521	4299	4020	4020	948	541	814	487	649	37	
5831	5998	5091	5091	940	588	816	533	706	216	
7064	7489	6860	6860	1471	851	1272	758	1166		
49034	48370	46023	46023	14917	9285	13280	8442	10604	91	6
3210	3127	3106	3106	1033	709	997	695	729	23	
2159	2144	2127	2127	1125	769	970	681	482	13	
4769	4648	4719	4719	1380	864	1182	782	1052	5	
474	386	395	395	167	89	127	72	119		
4026	3925	3829	3829	2237	1595	1728	1236	888	9	6
3213	3594	3773	3773	888	513	850	505	850	11	
3968	4144	4023	4023	1095	543	1022	512	962		
2336	2475	2351	2351	661	298	649	298	649	11	
3723	3359	3061	3061	928	526	852	494	699		
3754	3416	2845	2845	686	395	649	373	649		
4778	4944	4431	4431	1439	918	1289	846	1068	4	
3011	2936	2826	2826	613	355	555	338	555	15	
6393	5903	5175	5175	1599	1030	1439	980	1070		
3220	3369	3362	3362	1066	681	971	630	832		
36537	32369	30398	30398	7623	4426	6787	4083	6315	40	1
3937	3551	3218	3218	845	523	764	493	625		
1409	1400	1415	1415	386	229	340	208	340		
501	321	124	124	78	41	68	37	68		

普通高中

省、市、县(市)区名称	校数(所) 计	公办	民办	班数(个)	毕业生数	招生数	在校 计	其中:女	其中:寄宿生
湛河区	2	2		123	2383	2203	6509	3330	6509
宝丰县	3	2	1	196	2947	3575	10781	5493	10781
叶 县	6	3	3	238	4076	4726	12793	6560	12793
鲁山县	5	4	1	323	4792	6926	17249	8674	16651
郏 县	3	3		168	2695	3201	9264	5044	9104
舞钢市	4	3	1	111	1896	2004	5616	2952	4493
汝州市	9	6	3	387	5395	8055	21216	10684	21214
安阳市	56	30	26	2073	32188	40938	112959	58764	95698
文峰区	4	2	2	139	2483	2528	7318	3582	3980
北关区	4	2	2	113	2089	2244	6455	3479	3314
殷都区	9	5	4	270	4636	5211	14651	7820	10322
龙安区	1	1		36	664	674	2019	1015	2019
安阳县	6	3	3	196	2735	3484	9957	5226	9957
汤阴县	6	1	5	219	2884	4186	11531	5583	11531
滑 县	11	6	5	420	6536	9328	24448	12839	24363
内黄县	6	5	1	271	3723	5150	14596	8211	10324
林州市	9	5	4	409	6438	8133	21984	11009	19888
鹤壁市	16	9	7	634	9827	12318	35064	17543	28649
鹤山区	1	1		25	427	464	1337	620	910
山城区	2	2		55	949	991	2993	1556	1593
淇滨区	6	2	4	260	4088	5513	14557	6973	10416
浚 县	5	3	2	206	3148	3744	11052	5559	10708
淇 县	2	1	1	88	1215	1606	5125	2835	5022
新乡市	67	40	27	2222	34835	45302	123981	63491	108131
红旗区	8	2	6	231	3277	4416	12274	6121	7296
卫滨区	5	4	1	82	893	1698	4039	2076	1616
凤泉区	2	1	1	50	712	853	2340	1170	1730
牧野区	5	4	1	172	2701	2828	8569	4511	3162
新乡县	6	3	3	142	2237	2600	6640	3498	6489
获嘉县	6	4	2	128	2115	2546	6714	3701	6714
原阳县	8	5	3	248	3920	5339	14006	6867	13397
延津县	3	2	1	178	3008	3557	10454	5190	10454
封丘县	6	6		200	3501	4936	13286	6701	13286
长垣县	9	2	7	363	6066	7451	20966	10210	20966
卫辉市	3	2	1	148	2159	2925	7810	4424	7810
辉县市	6	5	1	280	4246	6153	16883	9022	15211
焦作市	32	16	16	1351	26072	24424	74386	38250	63185
解放区	4	2	2	121	2387	2305	6497	3446	4187
中站区	1	1		52	998	698	2723	1452	2347
马村区	1		1	10		175	398	150	398
山阳区	7	3	4	187	3266	3169	10067	4858	6209
修武县	2	1	1	128	2604	2204	6751	3337	6751
博爱县	4	2	2	114	2210	2005	6431	3143	5179
武陟县	4	2	2	229	4814	4312	13145	6734	13145

基 本 情 况（总计）（二）

学生数			毕业班学生数	教职工		其中：专任教师		教高中学生的专任教师	代课教师	兼任教师
分年级										
一年级	二年级	三年级		计	其中：女	计	其中：女			
2203	2133	2173	2173	523	272	466	248	466		
3575	3927	3279	3279	720	433	657	404	657		
4726	4096	3971	3971	1104	636	937	562	832	7	
6926	5217	5106	5106	1143	636	940	546	918	9	1
3201	3025	3038	3038	663	347	547	313	547	1	
2004	1804	1808	1808	624	390	596	379	448		
8055	6895	6266	6266	1537	919	1472	893	1414	23	
40938	37244	34777	34777	9717	5901	8143	5070	6998	339	15
2528	2387	2403	2403	692	446	582	383	518		
2244	1995	2216	2216	668	385	560	327	449	1	
5211	4715	4725	4725	1192	635	986	564	986	9	
674	663	682	682	143	88	140	86	140		
3484	3389	3084	3084	936	534	805	477	745		
4186	3994	3351	3351	1186	739	997	639	776		
9328	7928	7192	7192	2352	1474	1938	1237	1584	61	15
5150	4997	4449	4449	838	523	717	458	717		
8133	7176	6675	6675	1710	1077	1418	899	1083	268	
12319	11423	11322	11322	3412	2109	2545	1556	1995	89	31
464	433	440	440	57	35	56	35	56		
991	995	1007	1007	209	95	197	91	197		
5514	4267	4776	4776	1536	985	1063	688	842	89	31
3744	3925	3383	3383	1243	780	891	544	562		
1606	1803	1716	1716	367	214	338	198	338		
45302	41191	37488	37488	12788	7836	10565	6565	7968	313	311
4416	4234	3624	3624	1403	896	1173	782	919		13
1698	1193	1148	1148	570	374	529	353	241	2	
853	843	644	644	474	333	432	312	146	18	
2828	2803	2938	2938	1113	620	957	554	520	16	169
2600	2174	1866	1866	744	450	622	396	519	14	
2546	2152	2016	2016	610	366	551	340	510		
5339	4665	4002	4002	1515	874	1375	800	995		
3557	3551	3346	3346	663	334	560	280	560		128
4936	4619	3731	3731	888	513	790	468	790	4	
7451	6782	6733	6733	2715	1878	1693	1180	1074	259	1
2925	2388	2497	2497	792	449	739	431	550		
6153	5787	4943	4943	1301	749	1144	669	1144		
24424	24729	25233	25233	6702	4192	5916	3843	5094	15	250
2305	2092	2100	2100	550	355	461	316	461	1	
698	1071	954	954	252	144	193	126	193	1	
175	108	115	115	35	16	33	16	33		
3169	3468	3430	3430	1079	723	964	654	741		
2204	2150	2397	2397	529	346	494	327	494		153
2005	2184	2242	2242	615	355	570	338	487	13	
4312	4482	4351	4351	1230	698	1145	665	1075		

普 通 高 中

省、市、县(市)区名称	校数(所) 计	公办	民办	班数(个)	毕业生数	招生数	在校 计	其中：女	其中：寄宿生
温　　县	3	1	2	203	3711	3570	10245	5484	10237
沁 阳 市	4	2	2	229	4367	4383	13154	6848	10723
孟 州 市	2	2		78	1715	1603	4975	2798	4009
濮 阳 市	**38**	**18**	**20**	**1564**	**26484**	**30058**	**83306**	**42855**	**60664**
华 龙 区	23	10	13	716	11998	12868	35518	17898	21139
清 丰 县	2	2		153	2370	3182	7943	4483	5777
南 乐 县	3	1	2	188	3506	3258	10290	5395	9607
范　　县	3	1	2	215	3504	4592	12429	6541	11809
台 前 县	2	1	1	126	2265	2697	7272	3531	3186
濮 阳 县	5	3	2	166	2841	3461	9854	5007	9146
许 昌 市	**35**	**18**	**17**	**1454**	**23968**	**29329**	**79584**	**40415**	**71815**
魏 都 区	7	5	2	319	4289	5230	14385	7509	8980
建 安 区	6	2	4	178	3309	3651	10313	5242	10258
鄢 陵 县	6	3	3	129	1925	2924	7439	3721	7358
襄 城 县	6	3	3	251	4500	5604	15105	7894	15105
禹 州 市	5	2	3	321	5932	6874	18234	9162	17875
长 葛 市	5	3	2	256	4013	5046	14108	6887	12239
漯 河 市	**20**	**15**	**5**	**811**	**16228**	**15616**	**46390**	**23521**	**36764**
源 汇 区	4	2	2	161	3276	3142	9245	4622	5150
郾 城 区	4	4		209	4422	3837	11792	5865	9764
召 陵 区	3	2	1	100	1645	2222	5886	2884	3603
舞 阳 县	4	3	1	127	2412	2188	6676	3615	6085
临 颍 县	5	4	1	214	4473	4227	12791	6535	12162
三门峡市	**20**	**17**	**3**	**849**	**14609**	**13049**	**39839**	**21511**	**36412**
湖 滨 区	6	4	2	186	2869	2801	8370	4614	5358
陕 州 区	3	3		102	1960	1391	4461	2427	4461
渑 池 县	2	2		132	2210	2579	7909	4433	7494
卢 氏 县	2	2		128	2378	2119	6417	3526	6417
义 马 市	1	1		44	634	553	1761	943	1761
灵 宝 市	6	5	1	257	4558	3606	10921	5568	10921
南 阳 市	**92**	**60**	**32**	**4295**	**65849**	**86089**	**235888**	**118360**	**219445**
宛 城 区	15	12	3	518	8738	10262	29013	14182	21377
卧 龙 区	16	7	9	428	6605	8245	22174	11572	18930
南 召 县	7	4	3	291	4516	4646	13989	7080	12252
方 城 县	6	4	2	310	4001	6533	16543	8574	16067
西 峡 县	4	3	1	350	5311	5375	17392	8732	17392
镇 平 县	5	3	2	329	4639	6485	18803	8324	18778
内 乡 县	5	4	1	263	4507	5812	15169	7598	15169
淅 川 县	6	4	2	364	6058	7676	22458	10620	22458
社 旗 县	5	3	2	224	2677	4792	12489	6867	12489
唐 河 县	4	3	1	284	4596	5947	15326	7783	14173
新 野 县	7	4	3	259	3640	5293	13930	7016	13930
桐 柏 县	3	2	1	183	2227	3601	8865	4681	7928
邓 州 市	9	7	2	492	8334	11422	29737	15331	28502

基 本 情 况 (总计)(三)

学生数			毕业班学生数	教职工		其中:专任教师		教高中学生的专任教师	代课教师	兼任教师
分年级										
一年级	二年级	三年级		计	其中:女	计	其中:女			
3570	3211	3464	3464	1026	679	783	580	623		
4383	4296	4475	4475	1013	655	909	602	623		97
1603	1667	1705	1705	373	221	364	219	364		
30058	**26353**	**26895**	**26895**	**8070**	**4630**	**6701**	**4019**	**5270**	**303**	**16**
12868	10694	11956	11956	4009	2277	3454	2056	2818	214	16
3182	2616	2145	2145	608	379	385	265	385	89	
3258	3533	3499	3499	625	373	528	323	528		
4592	3902	3935	3935	925	508	730	414	628		
2697	2269	2306	2306	472	278	424	262	355		
3461	3339	3054	3054	1431	815	1180	699	556		
29329	**26102**	**24153**	**24153**	**7874**	**4876**	**7122**	**4454**	**5850**	**80**	
5230	4703	4452	4452	1540	989	1345	872	1059	50	
3651	3594	3068	3068	1540	1034	1446	976	834		
2924	2405	2110	2110	800	415	726	386	726		
5604	4759	4742	4742	1589	981	1358	826	1073	30	
6874	5812	5548	5548	1342	832	1266	806	1248		
5046	4829	4233	4233	1063	625	981	588	910		
15616	**15532**	**15242**	**15242**	**3800**	**2009**	**3285**	**1785**	**3096**	**70**	**1**
3142	3085	3018	3018	833	489	722	427	629		
3837	3963	3992	3992	909	469	759	402	759	7	
2222	1841	1823	1823	318	185	219	134	219		
2188	2275	2213	2213	676	354	610	331	569		
4227	4368	4196	4196	1064	512	975	491	920	63	1
13049	**13230**	**13560**	**13560**	**4284**	**2368**	**3961**	**2240**	**3810**	**67**	
2801	2730	2839	2839	850	519	759	473	687	66	
1391	1506	1564	1564	654	386	594	361	515		
2579	2738	2592	2592	570	321	531	311	531		
2119	2096	2202	2202	602	318	525	293	525	1	
553	596	612	612	235	125	211	114	211		
3606	3564	3751	3751	1373	699	1341	688	1341		
86089	**76677**	**73122**	**73122**	**18154**	**10583**	**16351**	**9875**	**14252**	**234**	**25**
10262	9297	9454	9454	2333	1343	2156	1295	1897	127	
8245	7327	6602	6602	2370	1458	2124	1330	1525	2	4
4646	4693	4650	4650	1146	646	931	551	898	4	
6533	5083	4927	4927	949	503	888	492	803	2	18
5375	5256	6761	6761	1386	922	1250	873	1043		
6485	6159	6159	6159	1341	799	1330	798	1118		
5812	4774	4583	4583	1043	580	957	541	957		
7676	7538	7244	7244	1494	903	1336	833	1281		
4792	4433	3264	3264	963	625	940	620	812		
5947	4741	4638	4638	1271	621	1173	599	1047		3
5293	4664	3973	3973	1491	941	1156	765	856		
3601	2886	2378	2378	614	351	540	317	540		
11422	9826	8489	8489	1753	891	1570	861	1475	99	

普 通 高 中

省、市、县(市)区名称	校数(所) 计	公办	民办	班数(个)	毕业生数	招生数	在校 计	其中:女	其中:寄宿生
商丘市	39	27	12	2782	51366	53575	155611	78768	130903
梁园区	6	4	2	318	5174	5740	16232	8064	9409
睢阳区	6	3	3	410	6874	7211	21036	10608	19124
民权县	3	2	1	236	5481	5377	16011	7970	12901
睢县	3	3		315	5202	5966	16574	8128	16574
宁陵县	2	2		147	3246	2800	8345	4372	7994
柘城县	5	3	2	330	5690	5972	17676	8422	14582
虞城县	3	2	1	392	6742	7105	20670	10692	19373
夏邑县	5	4	1	276	5741	5237	15939	8119	15927
永城市	6	4	2	358	7216	8167	23128	12393	15019
信阳市	69	55	14	3245	63850	64005	187812	88687	140879
浉河区	6	5	1	257	5625	5164	16450	8062	8804
平桥区	7	7		297	5469	6488	16923	8415	15091
罗山县	6	6		281	5425	5111	14887	7272	12708
光山县	9	8	1	417	8248	7306	24566	11280	17685
新县	2	2		128	2755	2568	7406	3607	5770
商城县	8	7	1	336	8713	6616	19738	8737	18761
固始县	14	7	7	704	11482	13658	38841	17500	28568
潢川县	9	7	2	246	5600	4677	14308	6524	2724
淮滨县	5	3	2	261	5394	5280	15975	7621	14128
息县	3	3		318	5139	7137	18718	9669	16640
周口市	57	32	25	3570	78889	75016	231163	116245	211861
川汇区	11	5	6	359	5975	6306	19067	9350	18626
扶沟县	4	4		290	5892	5461	16538	8262	15668
西华县	3	3		219	5689	5237	16038	8223	16038
商水县	4	2	2	303	6334	6609	19364	10321	19364
沈丘县	5	3	2	378	7513	7317	22786	11564	22662
郸城县	8	3	5	487	10693	11629	36415	17296	35392
淮阳县	6	4	2	395	10696	7836	25777	13077	24684
太康县	6	4	2	332	8196	8062	24054	13071	21954
鹿邑县	6	2	4	370	7615	8039	23796	12098	16878
项城市	4	2	2	437	10286	8520	27328	12983	20595
驻马店市	41	26	15	2792	57053	57918	173058	86456	143873
驿城区	7	5	2	407	8630	8900	27144	13313	13585
西平县	3	2	1	224	5141	4717	14785	6885	14596
上蔡县	6	2	4	451	8312	9868	28971	14769	27202
平舆县	4	2	2	263	5866	5222	15593	7376	15339
正阳县	4	3	1	218	4596	4512	13864	6864	10579
确山县	3	2	1	207	3787	4523	12888	6706	12888
泌阳县	3	3		244	6092	5398	15865	8171	13846
汝南县	3	2	1	207	4451	4629	13210	6843	11817
遂平县	3	2	1	142	3214	3229	9664	4701	9053
新蔡县	5	3	2	429	6964	6920	21074	10828	14968
济源市	7	5	2	290	5268	5269	15707	7853	15626

注:郑州市除公办、民办外还有两所具有法人资格的中外合作办学校。

基 本 情 况（总计）（四）

学生数			毕业班学生数	教职工				教高中学生的专任教师	代课教师	兼任教师
分年级				计	其中:女	其中:专任教师				
一年级	二年级	三年级				计	其中:女			
53575	**51453**	**50583**	**50583**	**12023**	**6397**	**10410**	**5728**	**8849**	**331**	**15**
5740	5249	5243	5243	2673	1788	2342	1571	1158	7	5
7211	6797	7028	7028	1912	1059	1681	963	1508	158	10
5377	5304	5330	5330	692	340	591	295	565		
5966	5517	5091	5091	1158	539	1034	509	1034		
2800	2850	2695	2695	637	333	567	300	567	18	
5972	5875	5829	5829	1042	487	844	412	844		
7105	6829	6736	6736	1263	536	1028	451	906	148	
5237	5222	5480	5480	1250	590	1086	530	1043		
8167	7810	7151	7151	1396	725	1237	697	1224		
64005	**63527**	**60280**	**60280**	**14680**	**6956**	**13544**	**6561**	**11986**	**813**	**10**
5164	5540	5746	5746	1104	601	1025	569	1025		
6488	5385	5050	5050	1381	679	1231	618	1202		
5111	4880	4896	4896	1135	437	1022	407	1022	551	
7306	8019	9241	9241	1701	735	1425	609	1425	7	
2568	2449	2389	2389	447	224	419	215	419		
6616	6807	6315	6315	1294	429	1243	412	1243		
13658	13408	11775	11775	3133	1551	2948	1498	2318		
4677	4618	5013	5013	1516	702	1455	688	1031	3	
5280	5481	5214	5214	1581	847	1436	807	961	252	10
7137	6940	4641	4641	1388	751	1340	738	1340		
75016	**78413**	**77734**	**77734**	**17040**	**9386**	**15332**	**8671**	**13697**	**59**	**234**
6306	6423	6338	6338	1688	1014	1425	889	1322		69
5461	5465	5612	5612	1127	645	1033	617	1033		
5237	5412	5389	5389	944	528	824	487	824		
6609	6619	6136	6136	1358	745	1260	738	1188	40	
7317	7841	7628	7628	1955	1033	1706	907	1691		
11629	12890	11896	11896	1972	1082	1844	1036	1844		
7836	8775	9166	9166	2960	1605	2569	1406	1679	15	164
8062	8104	7888	7888	1358	728	1291	709	1188	4	1
8039	7667	8090	8090	2062	1201	1835	1108	1383		
8520	9217	9591	9591	1616	805	1545	774	1545		
57918	**58415**	**56725**	**56725**	**12346**	**6824**	**11336**	**6451**	**9498**	**110**	**15**
8900	9394	8850	8850	2031	1192	1856	1144	1726		
4717	4986	5082	5082	903	522	832	493	774		
9868	9963	9140	9140	2236	1379	2016	1280	1541	5	
5222	5193	5178	5178	1370	675	1240	606	953	78	15
4512	4967	4385	4385	1047	513	992	500	812	3	
4523	4330	4035	4035	674	374	636	366	558	6	
5398	5247	5220	5220	1182	543	1058	511	984	18	
4629	4225	4356	4356	774	406	727	399	662		
3229	3115	3320	3320	888	521	842	508	657		
6920	6995	7159	7159	1241	699	1137	644	831		
5269	**5139**	**5299**	**5299**	**1288**	**689**	**1187**	**670**	**1187**	**2**	**3**

普 通 高 中

省、市、县(市)区名称	校数(所) 计	公办	民办	班数(个)	毕业生数	招生数	在校 计	其中：女	其中：寄宿生
河南省	**363**	**218**	**144**	**13884**	**241318**	**261466**	**752969**	**382399**	**585215**
郑州市	**98**	**55**	**42**	**3068**	**50132**	**55992**	**162302**	**81587**	**138880**
中原区	15	5	10	341	5177	6390	17404	8313	11515
二七区	19	12	7	529	9119	9324	27292	14460	19865
管城回族区	5	3	2	128	1980	2199	6697	3249	5169
金水区	25	10	14	645	9836	10491	30729	14420	24779
上街区	2	2		41	625	697	1953	1033	1953
惠济区	4	3	1	116	1447	2034	6148	2973	6052
中牟县									
巩义市	7	5	2	242	4701	4540	13851	7454	13851
荥阳市	5	3	2	195	3363	3776	11385	6219	11323
新密市	6	4	2	286	5288	6067	17582	8885	15650
新郑市	6	5	1	333	5191	6091	17538	8373	17000
登封市	4	3	1	212	3405	4383	11723	6208	11723
开封市	**23**	**12**	**11**	**788**	**13733**	**15056**	**44108**	**21960**	**32043**
龙亭区	6	3	3	187	3435	3592	10329	5192	6947
顺河回族区	6	4	2	132	2199	2382	6697	3382	2408
鼓楼区	2	1	1	80	1305	1563	4611	2138	3395
禹王台区	3	2	1	136	2219	2414	7407	3536	4689
祥符区	6	2	4	253	4575	5105	15064	7712	14604
杞县									
通许县									
尉氏县									
兰考县									
洛阳市	**34**	**22**	**12**	**1033**	**16363**	**17001**	**50366**	**26167**	**42714**
老城区									
西工区	5	5		189	3072	3210	9443	5102	6773
瀍河回族区	7	4	3	155	2122	2159	6430	3263	5341
涧西区	7	5	2	277	3848	4381	13048	6876	10005
吉利区	2	1	1	28	393	474	1255	619	875
洛龙区	8	4	4	210	3329	3439	10109	5068	9690
孟津县									
新安县	1		1	16	172	315	873	365	873
栾川县									
嵩县									
汝阳县									
宜阳县									
洛宁县									
伊川县									
偃师市	4	3	1	158	3427	3023	9208	4874	9157
平顶山市	**16**	**14**	**2**	**645**	**11796**	**11810**	**33720**	**17277**	**30573**
新华区	4	3	1	148	2771	2886	7501	3824	6614
卫东区	2	2		91	1322	1409	4224	2132	3089
石龙区	2	1	1	19	57	501	946	333	946

基 本 情 况 (城区)(一)

学生数			毕业班学生数	教职工		其中:专任教师		教高中学生的专任教师	代课教师	兼任教师
分年级				计	其中:女	计	其中:女			
一年级	二年级	三年级								
261466	**248123**	**243380**	**243380**	**70191**	**41911**	**61171**	**37626**	**51711**	**1099**	**467**
55992	**54156**	**52154**	**52154**	**16870**	**10341**	**14488**	**9201**	**11858**	**131**	**50**
6390	5737	5277	5277	1672	1015	1355	845	1175		
9324	8949	9019	9019	3170	2004	2687	1784	1955	105	
2199	2424	2074	2074	781	500	573	402	324		
10491	10475	9763	9763	4106	2620	3482	2297	2220	24	39
697	611	645	645	274	153	225	130	225		
2034	2153	1961	1961	791	486	588	381	402		11
4540	4680	4631	4631	1278	777	1233	755	1233		
3776	3701	3908	3908	977	512	902	494	902		
6067	6014	5501	5501	1239	747	1136	697	1136	2	
6091	5528	5919	5919	1683	1031	1545	978	1524		
4383	3884	3456	3456	899	496	762	438	762		
15056	**14847**	**14205**	**14205**	**3942**	**2306**	**3105**	**1891**	**2537**	**39**	**2**
3592	3246	3491	3491	988	671	766	531	539	15	
2382	2224	2091	2091	863	473	660	367	404	21	
1563	1558	1490	1490	359	234	271	165	245	3	
2414	2554	2439	2439	593	351	516	313	481		
5105	5265	4694	4694	1139	577	892	515	868		2
17001	**16735**	**16630**	**16630**	**6040**	**4028**	**5258**	**3574**	**3815**	**50**	**6**
3210	3127	3106	3106	1033	709	997	695	729	23	
2159	2144	2127	2127	1125	769	970	681	482	13	
4381	4349	4318	4318	1164	742	1016	678	953	5	
474	386	395	395	167	89	127	72	119		
3439	3376	3294	3294	1426	978	1153	781	736	9	6
315	320	238	238	142	105	106	82	46		
3023	3033	3152	3152	983	636	889	585	750		
11810	**10662**	**11248**	**11248**	**2641**	**1499**	**2397**	**1407**	**2338**	**5**	
2886	2362	2253	2253	550	308	477	285	418		
1409	1400	1415	1415	386	229	340	208	340		
501	321	124	124	78	41	68	37	68		

普 通 高 中

省、市、县(市)区名称	校数(所) 计	公办	民办	班数(个)	毕业生数	招生数	在校 计	其中：女	其中：寄宿生
湛 河 区	2	2		123	2383	2203	6509	3330	6509
宝 丰 县									
叶 县									
鲁 山 县									
郏 县									
舞 钢 市	3	3		94	1896	1539	4852	2612	3729
汝 州 市	3	3		170	3367	3272	9688	5046	9686
安 阳 市	**22**	**11**	**11**	**775**	**12917**	**15231**	**41953**	**21200**	**29860**
文 峰 区	3	1	2	103	1799	1920	5510	2672	2521
北 关 区	3	2	1	112	2089	2211	6422	3468	3281
殷 都 区	5	3	2	149	2268	2898	7943	4106	3899
龙 安 区	1	1		36	664	674	2019	1015	2019
安 阳 县	2		2	19		416	870	356	870
汤 阴 县									
滑 县									
内 黄 县									
林 州 市	8	4	4	356	6097	7112	19189	9583	17270
鹤 壁 市	**6**	**4**	**2**	**228**	**4177**	**4757**	**13152**	**6201**	**8103**
鹤 山 区	1	1		25	427	464	1337	620	910
山 城 区	2	2		55	949	991	2993	1556	1593
淇 滨 区	3	1	2	148	2801	3302	8822	4025	5600
浚 县									
淇 县									
新 乡 市	**23**	**15**	**8**	**849**	**12330**	**16187**	**44756**	**23815**	**32231**
红 旗 区	6	2	4	172	2283	2671	7717	3841	4997
卫 滨 区	4	3	1	70	698	1501	3471	1777	1323
凤 泉 区	2	1	1	50	712	853	2340	1170	1730
牧 野 区	5	4	1	172	2701	2828	8569	4511	3162
新 乡 县									
获 嘉 县									
原 阳 县									
延 津 县									
封 丘 县									
长 垣 县									
卫 辉 市	2	2		128	1954	2576	6818	3976	6818
辉 县 市	4	3	1	257	3982	5758	15841	8540	14201
焦 作 市	**13**	**8**	**5**	**529**	**10217**	**9750**	**30093**	**15933**	**22076**
解 放 区	4	2	2	121	2387	2305	6497	3446	4187
中 站 区	1	1		52	998	698	2723	1452	2347
马 村 区									
山 阳 区	2	1	1	49	750	761	2744	1389	810
修 武 县									
博 爱 县									
武 陟 县									

基 本 情 况（城区）（二）

学生数			毕业班学生数	教职工				教高中学生的专任教师	代课教师	兼任教师
分年级				计	其中：女	其中：专任教师				
一年级	二年级	三年级				计	其中：女			
2203	2133	2173	2173	523	272	466	248	466		
1539	1505	1808	1808	407	235	380	224	380		
3272	2941	3475	3475	697	414	666	405	666	5	
15231	**13440**	**13282**	**13282**	**3624**	**2224**	**2975**	**1875**	**2516**	**278**	
1920	1793	1797	1797	529	341	425	282	361		
2211	1995	2216	2216	504	282	439	249	439	1	
2898	2813	2232	2232	615	327	484	280	484	9	
674	663	682	682	143	88	140	86	140		
416	454			171	121	114	91	54		
7112	5722	6355	6355	1662	1065	1373	887	1038	268	
4757	**4282**	**4113**	**4113**	**1271**	**788**	**893**	**556**	**766**	**89**	**31**
464	433	440	440	57	35	56	35	56		
991	995	1007	1007	209	95	197	91	197		
3302	2854	2666	2666	1005	658	640	430	513	89	31
16187	**14733**	**13836**	**13836**	**4718**	**2792**	**4182**	**2548**	**3099**	**34**	**182**
2671	2653	2393	2393	942	591	813	532	668		13
1501	1039	931	931	446	270	411	255	196		
853	843	644	644	474	333	432	312	146	18	
2828	2803	2938	2938	1113	620	957	554	520	16	169
2576	2045	2197	2197	515	256	494	253	494		
5758	5350	4733	4733	1228	722	1075	642	1075		
9750	**10160**	**10183**	**10183**	**2418**	**1518**	**2131**	**1394**	**1845**	**2**	**97**
2305	2092	2100	2100	550	355	461	316	461	1	
698	1071	954	954	252	144	193	126	193	1	
761	1034	949	949	230	143	204	131	204		

普 通 高 中

省、市、县(市)区名称	校数(所)			班数(个)	毕业生数	招生数	在校		
	计	公办	民办				计	其中：女	其中：寄宿生
温 县									
沁 阳 市	4	2	2	229	4367	4383	13154	6848	10723
孟 州 市	2	2		78	1715	1603	4975	2798	4009
濮 阳 市	19	8	11	486	8414	9026	25013	12507	12067
华 龙 区	19	8	11	486	8414	9026	25013	12507	12067
清 丰 县									
南 乐 县									
范 县									
台 前 县									
濮 阳 县									
许 昌 市	22	12	10	1060	17564	20913	57481	29207	49848
魏 都 区	7	5	2	319	4289	5230	14385	7509	8980
建 安 区	3	1	2	71	1336	1334	4062	2048	4062
鄢 陵 县									
襄 城 县	2	1	1	93	1994	2429	6692	3601	6692
禹 州 市	5	2	3	321	5932	6874	18234	9162	17875
长 葛 市	5	3	2	256	4013	5046	14108	6887	12239
漯 河 市	9	6	3	367	7062	7114	20703	10537	13371
源 汇 区	4	2	2	161	3276	3142	9245	4622	5150
郾 城 区	3	3		171	3264	3052	9292	4729	7264
召 陵 区	2	1	1	35	522	920	2166	1186	957
舞 阳 县									
临 颍 县									
三 门 峡 市	12	10	2	480	8558	6932	21373	11331	18361
湖 滨 区	5	3	2	123	1976	1893	5669	3080	2657
陕 州 区	2	2		90	1846	1267	3995	2187	3995
渑 池 县									
卢 氏 县									
义 马 市	1	1		44	634	553	1761	943	1761
灵 宝 市	4	4		223	4102	3219	9948	5121	9948
南 阳 市	20	11	9	840	13551	18302	47585	24251	38727
宛 城 区	5	3	2	225	3847	4107	12285	5872	7711
卧 龙 区	9	4	5	212	2814	4487	10794	5394	7555
南 召 县									
方 城 县									
西 峡 县									
镇 平 县									
内 乡 县									
淅 川 县									
社 旗 县									
唐 河 县									
新 野 县									
桐 柏 县									
邓 州 市	6	4	2	403	6890	9708	24506	12985	23461

基 本 情 况（城区）（三）

学生数			毕业班学生数	教职工				教高中学生的专任教师	代课教师	兼任教师
分 年 级				计	其中：女	其中：专任教师				
一年级	二年级	三年级				计	其中：女			
4383	4296	4475	4475	1013	655	909	602	623		97
1603	1667	1705	1705	373	221	364	219	364		
9026	**7385**	**8602**	**8602**	**2944**	**1713**	**2480**	**1507**	**1907**	**159**	**16**
9026	7385	8602	8602	2944	1713	2480	1507	1907	159	16
20913	**19056**	**17512**	**17512**	**5291**	**3365**	**4751**	**3049**	**3967**	**50**	
5230	4703	4452	4452	1540	989	1345	872	1059	50	
1334	1491	1237	1237	640	457	568	404	337		
2429	2221	2042	2042	706	462	591	379	413		
6874	5812	5548	5548	1342	832	1266	806	1248		
5046	4829	4233	4233	1063	625	981	588	910		
7114	**6770**	**6819**	**6819**	**1837**	**1017**	**1505**	**849**	**1412**		
3142	3085	3018	3018	833	489	722	427	629		
3052	3065	3175	3175	784	405	643	339	643		
920	620	626	626	220	123	140	83	140		
6932	**7016**	**7425**	**7425**	**2592**	**1435**	**2411**	**1351**	**2341**	**20**	
1893	1838	1938	1938	604	361	524	321	498	20	
1267	1354	1374	1374	552	334	502	312	458		
553	596	612	612	235	125	211	114	211		
3219	3228	3501	3501	1201	615	1174	604	1174		
18302	**15669**	**13614**	**13614**	**3695**	**2119**	**3375**	**2020**	**2855**	**84**	**4**
4107	4050	4128	4128	818	456	743	439	696	45	
4487	3560	2747	2747	1344	852	1253	800	875	2	4
9708	8059	6739	6739	1533	811	1379	781	1284	37	

普 通 高 中

省、市、县(市)区名称	校数(所)			班数(个)	毕业生数	招生数	在校		
	计	公办	民办				计	其中：女	其中：寄宿生
商丘市	**15**	**10**	**5**	**1020**	**18584**	**19319**	**56688**	**29344**	**39844**
梁园区	3	3		252	4494	3941	12524	6343	5701
睢阳区	6	3	3	410	6874	7211	21036	10608	19124
民权县									
睢县									
宁陵县									
柘城县									
虞城县									
夏邑县									
永城市	6	4	2	358	7216	8167	23128	12393	15019
信阳市	**10**	**9**	**1**	**449**	**8898**	**9655**	**27087**	**13352**	**17609**
浉河区	5	4	1	233	5119	4680	14923	7286	7277
平桥区	5	5		216	3779	4975	12164	6066	10332
罗山县									
光山县									
新县									
商城县									
固始县									
潢川县									
淮滨县									
息县									
周口市	**13**	**5**	**8**	**741**	**16390**	**13797**	**44315**	**21454**	**37251**
川汇区	8	3	5	257	4786	4177	13682	6795	13351
扶沟县									
西华县									
商水县									
沈丘县									
郸城县	1		1	47	1318	1100	3305	1676	3305
淮阳县									
太康县									
鹿邑县									
项城市	4	2	2	437	10286	8520	27328	12983	20595
驻马店市	**5**	**4**	**1**	**320**	**6849**	**6791**	**20909**	**10453**	**10292**
驿城区	5	4	1	320	6849	6791	20909	10453	10292
西平县									
上蔡县									
平舆县									
正阳县									
确山县									
泌阳县									
汝南县									
遂平县									
新蔡县									
济源市	**3**	**2**	**1**	**206**	**3783**	**3833**	**11365**	**5823**	**11365**

基 本 情 况 (城区)(四)

学生数			毕业班学生数	教职工		其中:专任教师		教高中学生的专任教师	代课教师	兼任教师
分年级				计	其中:女	计	其中:女			
一年级	二年级	三年级								
19319	**18819**	**18550**	**18550**	**4711**	**2619**	**4263**	**2487**	**3716**	**158**	**10**
3941	4212	4371	4371	1403	835	1345	827	984		
7211	6797	7028	7028	1912	1059	1681	963	1508	158	10
8167	7810	7151	7151	1396	725	1237	697	1224		
9655	**8601**	**8831**	**8831**	**2051**	**1113**	**1875**	**1035**	**1846**		
4680	4992	5251	5251	1017	554	940	522	940		
4975	3609	3580	3580	1034	559	935	513	906		
13797	**14915**	**15603**	**15603**	**3012**	**1627**	**2752**	**1525**	**2652**		**69**
4177	4633	4872	4872	1274	753	1108	688	1008		69
1100	1065	1140	1140	122	69	99	63	99		
8520	9217	9591	9591	1616	805	1545	774	1545		
6791	**7129**	**6989**	**6989**	**1615**	**910**	**1470**	**872**	**1381**		
6791	7129	6989	6989	1615	910	1470	872	1381		
3833	3748	3784	3784	919	497	860	485	860		

普 通 高 中

省、市、县(市)区名称	校数(所)			班数(个)	毕业生数	招生数	在校		
	计	公办	民办				计	其中：女	其中：寄宿生
河南省	480	304	175	23269	425475	462747	1345374	678547	1231649
郑州市	20	10	9	657	10906	11666	33241	15761	32956
中原区	6	2	4	216	3623	3890	11117	5194	11091
二七区									
管城回族区	2	1	1	69	1025	1339	3204	1618	3136
金水区									
上街区									
惠济区	1	1		31	667	666	1969	1087	1969
中牟县	5	4	1	238	3483	4247	12196	5940	12005
巩义市	1	1		15	348	223	753	342	753
荥阳市									
新密市									
新郑市	5	1	3	88	1760	1301	4002	1580	4002
登封市									
开封市	27	16	11	1182	20127	24887	73014	37154	71458
龙亭区									
顺河回族区									
鼓楼区									
禹王台区									
祥符区	2	1	1	16	415	207	826	468	790
杞县	8	5	3	373	5729	7264	21015	10698	21006
通许县	6	3	3	179	3908	4521	12840	6233	12840
尉氏县	6	4	2	282	4497	5831	16920	8799	16883
兰考县	5	3	2	332	5578	7064	21413	10956	19939
洛阳市	47	34	13	1610	29821	32033	93061	51244	90789
老城区									
西工区									
瀍河回族区									
涧西区	3	1	2	33	356	388	1088	463	762
吉利区									
洛龙区	4	1	3	48	573	587	1671	1063	1671
孟津县	5	4	1	175	3765	3213	10580	5653	10354
新安县	5	4	1	191	3913	3653	11262	6190	10425
栾川县	4	3	1	146	2786	2336	7162	3759	6955
嵩县	5	4	1	177	2797	3723	10143	5847	9934
汝阳县	3	3		163	3050	3754	10015	5547	10015
宜阳县	8	6	2	260	4238	4778	14153	7691	13686
洛宁县	3	2	1	134	2886	3011	8773	5029	8773
伊川县	6	5	1	264	5174	6393	17471	9657	17471
偃师市	1	1		19	283	197	743	345	743
平顶山市	18	11	7	884	13644	17431	47551	24039	46829
新华区	2		2	67	776	1051	3205	1577	3205
卫东区									
石龙区									

基 本 情 况（镇区）（一）

学生数			毕业班学生数	教职工		其中:专任教师		教高中学生的专任教师	代课教师	兼任教师
分 年 级				计	其中:女	计	其中:女			
一年级	二年级	三年级								
462784	449649	432941	432941	109694	62006	96439	55827	82287	2317	501
11666	11432	10143	10143	4350	2877	3719	2504	2819	63	
3890	3815	3412	3412	1759	1244	1471	1045	808	60	
1339	995	870	870	325	185	294	168	242		
666	678	625	625	155	105	154	104	154	1	
4247	4356	3593	3593	1253	797	1126	741	1054	2	
223	258	272	272	64	35	63	35	63		
1301	1330	1371	1371	794	511	611	411	498		
24923	25388	22703	22703	4825	2782	4287	2556	3873	253	
243	203	380	380	119	78	95	64	62		
7264	7399	6352	6352	1347	724	1290	714	1290		
4521	4299	4020	4020	948	541	814	487	649	37	
5831	5998	5091	5091	940	588	816	533	706	216	
7064	7489	6860	6860	1471	851	1272	758	1166		
32033	31635	29393	29393	8877	5257	8022	4868	6789	41	
388	299	401	401	216	122	166	104	99		
587	549	535	535	811	617	575	455	152		
3213	3594	3773	3773	888	513	850	505	850	11	
3653	3824	3785	3785	953	438	916	430	916		
2336	2475	2351	2351	661	298	649	298	649	11	
3723	3359	3061	3061	928	526	852	494	699		
3754	3416	2845	2845	686	395	649	373	649		
4778	4944	4431	4431	1439	918	1289	846	1068	4	
3011	2936	2826	2826	613	355	555	338	555	15	
6393	5903	5175	5175	1599	1030	1439	980	1070		
197	336	210	210	83	45	82	45	82		
17431	15521	14599	14599	3599	2097	3100	1875	2857	18	
1051	1189	965	965	295	215	287	208	207		

普 通 高 中

省、市、县(市)区名称	校数(所) 计	公办	民办	班数(个)	毕业生数	招生数	在校 计	其中：女	其中：寄宿生
湛河区									
宝丰县	3	2	1	196	2947	3575	10781	5493	10781
叶　县	6	3	3	238	4076	4726	12793	6560	12793
鲁山县	3	2	1	238	3498	5424	12941	6546	12379
郏　县	2	2		84	1324	1442	4498	2277	4338
舞钢市									
汝州市	2	2		61	1023	1213	3333	1586	3333
安阳市	**30**	**17**	**13**	**1273**	**19271**	**24893**	**69696**	**36930**	**64577**
文峰区	1	1		36	684	608	1808	910	1459
北关区									
殷都区	4	2	2	121	2368	2313	6708	3714	6423
龙安区									
安阳县	4	3	1	177	2735	3068	9087	4870	9087
汤阴县	6	1	5	219	2884	4186	11531	5583	11531
滑　县	10	6	4	411	6536	9008	23973	12622	23888
内黄县	4	3	1	256	3723	4689	13794	7805	9571
林州市	1	1		53	341	1021	2795	1426	2618
鹤壁市	**9**	**5**	**4**	**380**	**5650**	**7164**	**20569**	**10632**	**19227**
鹤山区									
山城区									
淇滨区	3	1	2	112	1287	2211	5735	2948	4816
浚　县	5	3	2	206	3148	3744	11052	5559	10708
淇　县	1	1		62	1215	1209	3782	2125	3703
新乡市	**38**	**19**	**19**	**1296**	**22004**	**27359**	**75304**	**37530**	**71979**
红旗区	2		2	59	994	1745	4557	2280	2299
卫滨区	1	1		12	195	197	568	299	293
凤泉区									
牧野区									
新乡县	6	3	3	142	2237	2600	6640	3498	6489
获嘉县	5	3	2	78	1728	1582	4050	2196	4050
原阳县	7	4	3	232	3920	4842	13209	6422	12600
延津县	3	2	1	178	3008	3557	10454	5190	10454
封丘县	3	3		195	3501	4736	13036	6596	13036
长垣县	9	2	7	363	6066	7451	20966	10210	20966
卫辉市	1		1	20	205	349	992	448	992
辉县市	1	1		17	150	300	832	391	800
焦作市	**19**	**8**	**11**	**822**	**15855**	**14674**	**44293**	**22317**	**41109**
解放区									
中站区									
马村区	1		1	10		175	398	150	398
山阳区	5	2	3	138	2516	2408	7323	3469	5399
修武县	2	1	1	128	2604	2204	6751	3337	6751
博爱县	4	2	2	114	2210	2005	6431	3143	5179
武陟县	4	2	2	229	4814	4312	13145	6734	13145

基 本 情 况（镇区）（二）

学生数			毕业班学生数	教职工		其中:专任教师		教高中学生的专任教师	代课教师	兼任教师
分年级				计	其中：女	计	其中：女			
一年级	二年级	三年级								
3575	3927	3279	3279	720	433	657	404	657		
4726	4096	3971	3971	1104	636	937	562	832	7	
5424	3771	3746	3746	921	514	729	425	729		
1442	1531	1525	1525	322	170	256	148	256		
1213	1007	1113	1113	237	129	234	128	176	11	
24893	23308	21495	21495	5830	3539	4969	3082	4394	61	3
608	594	606	606	163	105	157	101	157		
2313	1902	2493	2493	577	308	502	284	502		
3068	2935	3084	3084	765	413	691	386	691		
4186	3994	3351	3351	1186	739	997	639	776		
9008	7773	7192	7192	2307	1462	1908	1225	1554	61	3
4689	4656	4449	4449	784	500	669	435	669		
1021	1454	320	320	48	12	45	12	45		
7165	6551	6853	6853	2046	1256	1567	941	1144		
2212	1413	2110	2110	531	327	423	258	329		
3744	3925	3383	3383	1243	780	891	544	562		
1209	1213	1360	1360	272	149	253	139	253		
27359	25280	22665	22665	7641	4758	5974	3739	4636	279	129
1745	1581	1231	1231	461	305	360	250	251		
197	154	217	217	124	104	118	98	45	2	
2600	2174	1866	1866	744	450	622	396	519	14	
1582	1378	1090	1090	503	295	452	273	411		
4842	4365	4002	4002	1256	688	1124	618	920		
3557	3551	3346	3346	663	334	560	280	560		128
4736	4569	3731	3731	857	494	763	449	763	4	
7451	6782	6733	6733	2715	1878	1693	1180	1074	259	1
349	343	300	300	277	193	245	178	56		
300	383	149	149	41	17	37	17	37		
14674	14569	15050	15050	4284	2674	3785	2449	3249	13	153
175	108	115	115	35	16	33	16	33		
2408	2434	2481	2481	849	580	760	523	537		
2204	2150	2397	2397	529	346	494	327	494		153
2005	2184	2242	2242	615	355	570	338	487	13	
4312	4482	4351	4351	1230	698	1145	665	1075		

普 通 高 中

省、市、县(市)区名称	校数(所) 计	公办	民办	班数(个)	毕业生数	招生数	在校 计	其中:女	其中:寄宿生
温　　县	3	1	2	203	3711	3570	10245	5484	10237
沁 阳 市									
孟 州 市									
濮 阳 市	**19**	**10**	**9**	**1078**	**18070**	**21032**	**58293**	**30348**	**48597**
华 龙 区	4	2	2	230	3584	3842	10505	5391	9072
清 丰 县	2	2		153	2370	3182	7943	4483	5777
南 乐 县	3	1	2	188	3506	3258	10290	5395	9607
范　　县	3	1	2	215	3504	4592	12429	6541	11809
台 前 县	2	1	1	126	2265	2697	7272	3531	3186
濮 阳 县	5	3	2	166	2841	3461	9854	5007	9146
许 昌 市	**10**	**5**	**5**	**287**	**4431**	**6099**	**15852**	**8014**	**15771**
魏 都 区									
建 安 区									
鄢 陵 县	6	3	3	129	1925	2924	7439	3721	7358
襄 城 县	4	2	2	158	2506	3175	8413	4293	8413
禹 州 市									
长 葛 市									
漯 河 市	**10**	**9**	**1**	**444**	**9166**	**8502**	**25687**	**12984**	**23393**
源 汇 区									
郾 城 区	1	1		38	1158	785	2500	1136	2500
召 陵 区	1	1		65	1123	1302	3720	1698	2646
舞 阳 县	4	3	1	127	2412	2188	6676	3615	6085
临 颍 县	4	4		214	4473	4227	12791	6535	12162
三门峡市	**6**	**6**		**335**	**5595**	**5730**	**17493**	**9733**	**17078**
湖 滨 区	1	1		63	893	908	2701	1534	2701
陕 州 区	1	1		12	114	124	466	240	466
渑 池 县	2	2		132	2210	2579	7909	4433	7494
卢 氏 县	2	2		128	2378	2119	6417	3526	6417
义 马 市									
灵 宝 市									
南 阳 市	**69**	**47**	**22**	**3442**	**52244**	**67514**	**187780**	**93890**	**180224**
宛 城 区	10	9	1	293	4891	6155	16728	8310	13666
卧 龙 区	6	3	3	209	3791	3565	11045	6046	11040
南 召 县	6	3	3	285	4462	4566	13801	6993	12093
方 城 县	5	3	2	310	4001	6533	16543	8574	16067
西 峡 县	4	3	1	350	5311	5375	17392	8732	17392
镇 平 县	5	3	2	329	4639	6485	18803	8324	18778
内 乡 县	5	4	1	263	4507	5812	15169	7598	15169
淅 川 县	6	4	2	364	6058	7676	22458	10620	22458
社 旗 县	5	3	2	224	2677	4792	12489	6867	12489
唐 河 县	4	3	1	284	4596	5947	15326	7783	14173
新 野 县	7	4	3	259	3640	5293	13930	7016	13930
桐 柏 县	3	2	1	183	2227	3601	8865	4681	7928
邓 州 市	3	3		89	1444	1714	5231	2346	5041

基 本 情 况（镇区）（三）

学生数			毕业班学生数	教职工		其中:专任教师		教高中学生的专任教师	代课教师	兼任教师
分年级				计	其中：女	计	其中：女			
一年级	二年级	三年级								
3570	3211	3464	3464	1026	679	783	580	623		
21032	18968	18293	18293	5126	2917	4221	2512	3363	144	
3842	3309	3354	3354	1065	564	974	549	911	55	
3182	2616	2145	2145	608	379	385	265	385	89	
3258	3533	3499	3499	625	373	528	323	528		
4592	3902	3935	3935	925	508	730	414	628		
2697	2269	2306	2306	472	278	424	262	355		
3461	3339	3054	3054	1431	815	1180	699	556		
6099	4943	4810	4810	1683	934	1493	833	1386	30	
2924	2405	2110	2110	800	415	726	386	726		
3175	2538	2700	2700	883	519	767	447	660	30	
8502	8762	8423	8423	1898	941	1725	885	1684	70	
785	898	817	817	125	64	116	63	116	7	
1302	1221	1197	1197	98	62	79	51	79		
2188	2275	2213	2213	676	354	610	331	569		
4227	4368	4196	4196	999	461	920	440	920	63	
5730	5878	5885	5885	1520	849	1383	805	1302	47	
908	892	901	901	246	158	235	152	189	46	
124	152	190	190	102	52	92	49	57		
2579	2738	2592	2592	570	321	531	311	531		
2119	2096	2202	2202	602	318	525	293	525	1	
67514	60812	59454	59454	14382	8424	12912	7821	11333	146	21
6155	5247	5326	5326	1515	887	1413	856	1201	82	
3565	3625	3855	3855	975	577	832	507	611		
4566	4639	4596	4596	1120	635	906	540	873		
6533	5083	4927	4927	949	503	888	492	803	2	18
5375	5256	6761	6761	1386	922	1250	873	1043		
6485	6159	6159	6159	1341	799	1330	798	1118		
5812	4774	4583	4583	1043	580	957	541	957		
7676	7538	7244	7244	1494	903	1336	833	1281		
4792	4433	3264	3264	963	625	940	620	812		
5947	4741	4638	4638	1271	621	1173	599	1047		3
5293	4664	3973	3973	1491	941	1156	765	856		
3601	2886	2378	2378	614	351	540	317	540		
1714	1767	1750	1750	220	80	191	80	191	62	

省、市、县(市)区名称	校数(所)			班数(个)	毕业生数	招生数	在　校		
	计	公办	民办				计	其中：女	其中：寄宿生
商丘市	**24**	**17**	**7**	**1762**	**32782**	**34256**	**98923**	**49424**	**91059**
梁园区	3	1	2	66	680	1799	3708	1721	3708
睢阳区									
民权县	3	2	1	236	5481	5377	16011	7970	12901
睢　县	3	3		315	5202	5966	16574	8128	16574
宁陵县	2	2		147	3246	2800	8345	4372	7994
柘城县	5	3	2	330	5690	5972	17676	8422	14582
虞城县	3	2	1	392	6742	7105	20670	10692	19373
夏邑县	5	4	1	276	5741	5237	15939	8119	15927
永城市									
信阳市	**54**	**41**	**13**	**2568**	**53404**	**48639**	**148413**	**69160**	**111145**
浉河区									
平桥区	2	2		81	1690	1513	4759	2349	4759
罗山县	6	6		281	5425	5111	14887	7272	12708
光山县	8	7	1	384	7845	6756	22695	10450	16001
新　县	2	2		128	2755	2568	7406	3607	5770
商城县	7	6	1	315	8074	6145	18197	7976	17220
固始县	13	6	7	686	11482	12536	37719	16946	27446
潢川县	9	7	2	246	5600	4677	14308	6524	2724
淮滨县	5	3	2	261	5394	5280	15975	7621	14128
息　县	2	2		186	5139	4053	12467	6415	10389
周口市	**41**	**25**	**16**	**2729**	**61455**	**58905**	**181518**	**92211**	**169390**
川汇区	1	1		9	145	172	412	159	412
扶沟县	4	4		290	5892	5461	16538	8262	15668
西华县	3	3		219	5689	5237	16038	8223	16038
商水县	4	2	2	303	6334	6609	19364	10321	19364
沈丘县	5	3	2	378	7513	7317	22786	11564	22662
郸城县	7	3	4	440	9375	10529	33110	15620	32087
淮阳县	6	4	2	395	10696	7836	25777	13077	24684
太康县	5	3	2	325	8196	7705	23697	12887	21597
鹿邑县	6	2	4	370	7615	8039	23796	12098	16878
项城市									
驻马店市	**36**	**22**	**14**	**2472**	**50204**	**51127**	**152149**	**76003**	**133581**
驿城区	2	1	1	87	1781	2109	6235	2860	3293
西平县	3	2	1	224	5141	4717	14785	6885	14596
上蔡县	6	2	4	451	8312	9868	28971	14769	27202
平舆县	4	2	2	263	5866	5222	15593	7376	15339
正阳县	4	3	1	218	4596	4512	13864	6864	10579
确山县	3	2	1	207	3787	4523	12888	6706	12888
泌阳县	3	3		244	6092	5398	15865	8171	13846
汝南县	3	2	1	207	4451	4629	13210	6843	11817
遂平县	3	2	1	142	3214	3229	9664	4701	9053
新蔡县	5	3	2	429	6964	6920	21074	10828	14968
济源市	**3**	**2**	**1**	**48**	**846**	**836**	**2537**	**1173**	**2487**

基　本　情　况（镇区）（四）

学生数			毕业班学生数	教职工				教高中学生的专任教师	代课教师	兼任教师
分年级				计	其中：女	其中：专任教师				
一年级	二年级	三年级				计	其中：女			
34256	32634	32033	32033	7312	3778	6147	3241	5133	173	5
1799	1037	872	872	1270	953	997	744	174	7	5
5377	5304	5330	5330	692	340	591	295	565		
5966	5517	5091	5091	1158	539	1034	509	1034		
2800	2850	2695	2695	637	333	567	300	567	18	
5972	5875	5829	5829	1042	487	844	412	844		
7105	6829	6736	6736	1263	536	1028	451	906	148	
5237	5222	5480	5480	1250	590	1086	530	1043		
48639	50015	49759	49759	11742	5392	10806	5082	9277	813	10
1513	1776	1470	1470	347	120	296	105	296		
5111	4880	4896	4896	1135	437	1022	407	1022	551	
6756	7283	8656	8656	1621	704	1347	578	1347	7	
2568	2449	2389	2389	447	224	419	215	419		
6145	6347	5705	5705	1150	386	1100	369	1100		
12536	13408	11775	11775	3063	1521	2890	1475	2260		
4677	4618	5013	5013	1516	702	1455	688	1031	3	
5280	5481	5214	5214	1581	847	1436	807	961	252	10
4053	3773	4641	4641	882	451	841	438	841		
58905	61833	60780	60780	13621	7505	12270	6949	10738	56	165
172	125	115	115	45	26	37	23	37		
5461	5465	5612	5612	1127	645	1033	617	1033		
5237	5412	5389	5389	944	528	824	487	824		
6609	6619	6136	6136	1358	745	1260	738	1188	40	
7317	7841	7628	7628	1955	1033	1706	907	1691		
10529	11825	10756	10756	1850	1013	1745	973	1745		
7836	8775	9166	9166	2960	1605	2569	1406	1679	15	164
7705	8104	7888	7888	1320	709	1261	690	1158	1	1
8039	7667	8090	8090	2062	1201	1835	1108	1383		
51127	51286	49736	49736	10731	5914	9866	5579	8117	110	15
2109	2265	1861	1861	416	282	386	272	345		
4717	4986	5082	5082	903	522	832	493	774		
9868	9963	9140	9140	2236	1379	2016	1280	1541	5	
5222	5193	5178	5178	1370	675	1240	606	953	78	15
4512	4967	4385	4385	1047	513	992	500	812	3	
4523	4330	4035	4035	674	374	636	366	558	6	
5398	5247	5220	5220	1182	543	1058	511	984	18	
4629	4225	4356	4356	774	406	727	399	662		
3229	3115	3320	3320	888	521	842	508	657		
6920	6995	7159	7159	1241	699	1137	644	831		
836	834	867	867	227	112	193	106	193		

普 通 高 中

省、市、县(市)区名称	校数(所)			班数(个)	毕业生数	招生数	在校		
	计	公办	民办				计	其中：女	其中：寄宿生
河南省	46	29	17	1163	11021	25572	60447	30773	59926
郑州市	9	5	4	175	1136	3707	8646	4524	8646
中原区									
二七区									
管城回族区	1	1		30	534	543	1566	839	1566
金水区	1	1							
上街区									
惠济区	1		1	21	366	420	850	574	850
中牟县	2	1	1	14		710	710	358	710
巩义市									
荥阳市	1		1						
新密市									
新郑市	2	1	1	44	236	920	1974	854	1974
登封市	1	1		66		1114	3546	1899	3546
开封市									
龙亭区									
顺河回族区									
鼓楼区									
禹王台区									
祥符区									
杞县									
通许县									
尉氏县									
兰考县									
洛阳市									
老城区									
西工区									
瀍河回族区									
涧西区									
吉利区									
洛龙区									
孟津县									
新安县									
栾川县									
嵩县									
汝阳县									
宜阳县									
洛宁县									
伊川县									
偃师市									
平顶山市	8	4	4	342	3670	7296	18033	9287	17997
新华区									
卫东区									
石龙区									

基 本 情 况 (乡村)(一)

学　生　数			毕业班学生数	教　职　工				教高中学生的专任教师	代课教师	兼任教师
分　年　级				计	其中：女	其中：专任教师				
一年级	二年级	三年级				计	其中：女			
25572	20693	14182	14182	5859	3566	5403	3388	4271	26	17
3707	2475	2464	2464	1039	710	949	676	713		
543	569	454	454	126	77	123	77	123		
				48	36	42	33	42		
420	216	214	214	128	85	106	77	106		
710				243	170	216	154	61		
				92	63	81	57			
920	610	444	444	108	57	104	57	104		
1114	1080	1352	1352	294	222	277	221	277		
7296	6186	4551	4551	1383	830	1290	801	1120	17	1

普 通 高 中

省、市、县(市)区名称	校数(所) 计	公办	民办	班数(个)	毕业生数	招生数	在校 计	其中：女	其中：寄宿生
湛 河 区									
宝 丰 县									
叶 县									
鲁 山 县	2	2		85	1294	1502	4308	2128	4272
郏 县	1	1		84	1371	1759	4766	2767	4766
舞 钢 市	1		1	17		465	764	340	764
汝 州 市	4	1	3	156	1005	3570	8195	4052	8195
安 阳 市	**4**	**2**	**2**	**25**		**814**	**1310**	**634**	**1261**
文 峰 区									
北 关 区	1		1	1		33	33	11	33
殷 都 区									
龙 安 区									
安 阳 县									
汤 阴 县									
滑 县	1		1	9		320	475	217	475
内 黄 县	2	2		15		461	802	406	753
林 州 市									
鹤 壁 市	**1**		**1**	**26**		**397**	**1343**	**710**	**1319**
鹤 山 区									
山 城 区									
淇 滨 区									
浚 县									
淇 县	1		1	26		397	1343	710	1319
新 乡 市	**6**	**6**		**77**	**501**	**1756**	**3921**	**2146**	**3921**
红 旗 区									
卫 滨 区									
凤 泉 区									
牧 野 区									
新 乡 县									
获 嘉 县	1	1		50	387	964	2664	1505	2664
原 阳 县	1	1		16		497	797	445	797
延 津 县									
封 丘 县	3	3		5		200	250	105	250
长 垣 县									
卫 辉 市									
辉 县 市	1	1		6	114	95	210	91	210
焦 作 市									
解 放 区									
中 站 区									
马 村 区									
山 阳 区									
修 武 县									
博 爱 县									
武 陟 县									

基 本 情 况 (乡村)(二)

学生数			毕业班学生数	教职工				教高中学生的专任教师	代课教师	兼任教师
分年级				计	其中:女	其中:专任教师				
一年级	二年级	三年级				计	其中:女			
1502	1446	1360	1360	222	122	211	121	189	9	1
1759	1494	1513	1513	341	177	291	165	291	1	
465	299			217	155	216	155	68		
3570	2947	1678	1678	603	376	572	360	572	7	
814	**496**			**263**	**138**	**199**	**113**	**88**		**12**
33				164	103	121	78	10		
320	155			45	12	30	12	30		12
461	341			54	23	48	23	48		
397	**590**	**356**	**356**	**95**	**65**	**85**	**59**	**85**		
397	590	356	356	95	65	85	59	85		
1756	**1178**	**987**	**987**	**429**	**286**	**409**	**278**	**233**		
964	774	926	926	107	71	99	67	99		
497	300			259	186	251	182	75		
200	50			31	19	27	19	27		
95	54	61	61	32	10	32	10	32		

普 通 高 中

省、市、县(市)区名称	校数(所) 计	公办	民办	班数(个)	毕业生数	招生数	在 校 计	其中：女	其中：寄宿生
温　　县									
沁 阳 市									
孟 州 市									
濮 阳 市									
华 龙 区									
清 丰 县									
南 乐 县									
范　　县									
台 前 县									
濮 阳 县									
许 昌 市	**3**	**1**	**2**	**107**	**1973**	**2317**	**6251**	**3194**	**6196**
魏 都 区									
建 安 区	3	1	2	107	1973	2317	6251	3194	6196
鄢 陵 县									
襄 城 县									
禹 州 市									
长 葛 市									
漯 河 市	**1**		**1**						
源 汇 区									
郾 城 区									
召 陵 区									
舞 阳 县									
临 颍 县	1		1						
三门峡市	**2**	**1**	**1**	**34**	**456**	**387**	**973**	**447**	**973**
湖 滨 区									
陕 州 区									
渑 池 县									
卢 氏 县									
义 马 市									
灵 宝 市	2	1	1	34	456	387	973	447	973
南 阳 市	**3**	**2**	**1**	**13**	**54**	**273**	**523**	**219**	**494**
宛 城 区									
卧 龙 区	1		1	7		193	335	132	335
南 召 县	1	1		6	54	80	188	87	159
方 城 县	1	1							
西 峡 县									
镇 平 县									
内 乡 县									
淅 川 县									
社 旗 县									
唐 河 县									
新 野 县									
桐 柏 县									
邓 州 市									

基 本 情 况（乡村）（三）

学生数			毕业班学生数	教职工				教高中学生的专任教师	代课教师	兼任教师
分年级				计	其中：女	其中：专任教师				
一年级	二年级	三年级				计	其中：女			
2317	2103	1831	1831	900	577	878	572	497		
2317	2103	1831	1831	900	577	878	572	497		
				65	51	55	51			1
				65	51	55	51			1
387	336	250	250	172	84	167	84	167		
387	336	250	250	172	84	167	84	167		
273	196	54	54	77	40	64	34	64	4	
193	142			51	29	39	23	39		
80	54	54	54	26	11	25	11	25	4	

普 通 高 中

省、市、县(市)区名称	校数(所) 计	公办	民办	班数(个)	毕业生数	招生数	在校 计	其中：女	其中：寄宿生
商丘市									
梁园区									
睢阳区									
民权县									
睢　县									
宁陵县									
柘城县									
虞城县									
夏邑县									
永城市									
信阳市	**5**	**5**		**228**	**1548**	**5711**	**12312**	**6175**	**12125**
浉河区	1	1		24	506	484	1527	776	1527
平桥区									
罗山县									
光山县	1	1		33	403	550	1871	830	1684
新　县									
商城县	1	1		21	639	471	1541	761	1541
固始县	1	1		18		1122	1122	554	1122
潢川县									
淮滨县									
息　县	1	1		132		3084	6251	3254	6251
周口市	**3**	**2**	**1**	**100**	**1044**	**2314**	**5330**	**2580**	**5220**
川汇区	2	1	1	93	1044	1957	4973	2396	4863
扶沟县									
西华县									
商水县									
沈丘县									
郸城县									
淮阳县									
太康县	1	1		7		357	357	184	357
鹿邑县									
项城市									
驻马店市									
驿城区									
西平县									
上蔡县									
平舆县									
正阳县									
确山县									
泌阳县									
汝南县									
遂平县									
新蔡县									
济源市	**1**	**1**		**36**	**639**	**600**	**1805**	**857**	**1774**

基 本 情 况（乡村）（四）

学生数			毕业班学生数	教职工		其中:专任教师		教高中学生的专任教师	代课教师	兼任教师
分年级				计	其中:女	计	其中:女			
一年级	二年级	三年级								
5711	4911	1690	1690	887	451	863	444	863		
484	548	495	495	87	47	85	47	85		
550	736	585	585	80	31	78	31	78		
471	460	610	610	144	43	143	43	143		
1122				70	30	58	23	58		
3084	3167			506	300	499	300	499		
2314	1665	1351	1351	407	254	310	197	307	3	
1957	1665	1351	1351	369	235	280	178	277		
357				38	19	30	19	30	3	
600	557	648	648	142	80	134	79	134	2	3

中小学在校生中随迁子女

省、市、县(市)区名称	高中			初			
	随迁子女			随迁子女			进城务
	计	外省迁入	本省外县迁入	计	外省迁入	本省外县迁入	计
河南省	**31202**	**2779**	**28423**	**252036**	**21565**	**230471**	**196408**
郑州市	**20490**	**1575**	**18915**	**90394**	**8469**	**81925**	**73767**
中原区	1784	301	1483	14603	1122	13481	12303
二七区	5255	408	4847	12986	963	12023	11880
管城回族区	2736	227	2509	13241	1503	11738	11172
金水区	1247	137	1110	14906	1018	13888	13517
上街区	392	34	358	2683	116	2567	2683
惠济区	1095	69	1026	5898	836	5062	4279
中牟县	3335	126	3209	5731	383	5348	3873
巩义市	69	2	67	1475	220	1255	1253
荥阳市				1780	266	1514	329
新密市	189	54	135	1148	335	813	645
新郑市	4388	217	4171	14498	1005	13493	10799
登封市				1445	702	743	1034
开封市	**507**	**52**	**455**	**3846**	**299**	**3547**	**2340**
龙亭区	314		314	1808	141	1667	641
顺河回族区	158	52	106	424	72	352	337
鼓楼区				536	11	525	536
禹王台区				51	8	43	34
祥符区	20		20	180	5	175	159
杞县				54	12	42	54
通许县	15		15	465	13	452	453
尉氏县				133	21	112	88
兰考县				195	16	179	38
洛阳市	**1803**	**225**	**1578**	**20876**	**2253**	**18623**	**15453**
老城区				588	51	537	449
西工区	772	89	683	5828	527	5301	4488
瀍河回族区	120	29	91	1344	154	1190	1102
涧西区	203	18	185	5735	695	5040	4764
吉利区	245	22	223	781	110	671	572
洛龙区	186	25	161	3116	357	2759	2290
孟津县	4		4	1029	50	979	218
新安县	22	22		664	51	613	469
栾川县				352	41	311	108
嵩县	39	4	35	152	71	81	63
汝阳县	104		104	169	6	163	107
宜阳县	27		27	530	33	497	391
洛宁县	4	2	2	127	42	85	21
伊川县				157	13	144	123
偃师市	77	14	63	304	52	252	288
平顶山市	**822**	**15**	**807**	**10391**	**563**	**9828**	**7707**
新华区	552	7	545	4116	231	3885	3124
卫东区	207		207	2255	99	2156	2110
石龙区				181	3	178	30

和农村留守儿童情况(一)

中			小			学			
工人员随迁子女		农村留守儿童	随迁子女			进城务工人员随迁子女			农村留守儿童
外省迁入	本省外县迁入		计	外省迁入	本省外县迁入	计	外省迁入	本省外县迁入	
14566	**181842**	**591252**	**592671**	**55659**	**537012**	**477432**	**40626**	**436806**	**1286677**
6788	**66979**	**2421**	**231429**	**26115**	**205314**	**180207**	**19619**	**160588**	**4105**
842	11461	58	31389	2841	28548	25504	2105	23399	27
875	11005	372	28270	3446	24824	22814	2468	20346	111
1339	9833	59	36525	5295	31230	30488	4378	26110	7
913	12604	2	41932	4922	37010	33339	3659	29680	4
116	2567		6354	362	5992	6247	336	5911	
700	3579	34	17106	1049	16057	9036	666	8370	83
213	3660	75	16557	1422	15135	12279	990	11289	218
176	1077	177	2494	743	1751	1947	622	1325	570
48	281	198	4183	605	3578	2762	388	2374	555
206	439	360	1734	467	1267	1316	357	959	925
721	10078	202	43302	4412	38890	33595	3235	30360	128
639	395	884	1583	551	1032	880	415	465	1477
140	**2200**	**16969**	**13657**	**1327**	**12330**	**10706**	**961**	**9745**	**46077**
37	604	115	3318	329	2989	2424	229	2195	582
49	288	4	2593	251	2342	1929	170	1759	169
11	525		2242	192	2050	2185	169	2016	74
	34	30	1541	140	1401	1422	124	1298	38
5	154	1621	739	33	706	679	25	654	5821
12	42	5802	425	11	414	341	3	338	16432
2	451	1579	1247	86	1161	517	13	504	4426
14	74	3295	567	60	507	466	53	413	7148
10	28	4523	985	225	760	743	175	568	11387
1577	**13876**	**13622**	**53516**	**5657**	**47859**	**39482**	**3560**	**35922**	**35163**
41	408		3588	254	3334	2854	183	2671	9
338	4150	1	9263	1099	8164	6680	632	6048	5
116	986	1	4243	418	3825	3291	290	3001	14
595	4169	32	12121	1130	10991	9432	734	8698	156
67	505	23	1461	196	1265	1037	138	899	31
251	2039	334	16606	1443	15163	12590	960	11630	1055
35	183	684	853	143	710	471	99	372	1091
10	459	369	1104	207	897	942	137	805	747
26	82	720	1104	143	961	656	108	548	1884
17	46	2187	560	98	462	184	38	146	5191
1	106	1327	377	52	325	73	14	59	5466
24	367	2566	470	78	392	217	35	182	5987
5	16	2883	396	135	261	132	50	82	4681
5	118	2216	265	42	223	82	1	81	7876
46	242	279	1105	219	886	841	141	700	970
311	**7396**	**21750**	**21932**	**924**	**21008**	**19317**	**696**	**18621**	**58440**
146	2978	63	6576	147	6429	5587	127	5460	263
86	2024	14	6639	283	6356	5782	222	5560	116
2	28		416	28	388	412	27	385	201

中小学在校生中随迁子女

省、市、县(市)区名称	高中			初			
	随迁子女			随迁子女			进城务
	计	外省迁入	本省外县迁入	计	外省迁入	本省外县迁入	计
湛河区				1842	15	1827	1427
宝丰县				655	55	600	69
叶县				383	7	376	360
鲁山县				232	37	195	118
郏县	24	3	21	75	17	58	72
舞钢市	38	4	34	485	35	450	346
汝州市	1	1		167	64	103	51
安阳市	**362**	**89**	**273**	**9069**	**1524**	**7545**	**6929**
文峰区	13		13	4207	295	3912	3396
北关区	2	1	1	2170	889	1281	1346
殷都区	77	34	43	1476	93	1383	1471
龙安区				273	24	249	256
安阳县				30	30		
汤阴县	7		7	235	11	224	28
滑县	6	1	5	92	30	62	19
内黄县							
林州市	257	53	204	586	152	434	413
鹤壁市	**160**	**10**	**150**	**1864**	**89**	**1775**	**1422**
鹤山区				167	24	143	60
山城区				421	5	416	234
淇滨区	81	2	79	1220	34	1186	1096
浚县				3	2	1	1
淇县	79	8	71	53	24	29	31
新乡市	**238**	**30**	**208**	**8028**	**602**	**7426**	**6154**
红旗区				2197	135	2062	1992
卫滨区				1472	74	1398	1467
凤泉区				158	2	156	158
牧野区				1567	92	1475	933
新乡县	9	1	8	851	69	782	576
获嘉县				8	2	6	6
原阳县				103	38	65	55
延津县				188	1	187	126
封丘县				18	4	14	10
长垣县	127	28	99	877	110	767	376
卫辉市	23		23	150	23	127	85
辉县市	79	1	78	439	52	387	370
焦作市	**1128**	**44**	**1084**	**4701**	**501**	**4200**	**3900**
解放区				1618	248	1370	1338
中站区	133		133	232	18	214	199
马村区				147	51	96	63
山阳区				2046	47	1999	1964
修武县				98	4	94	15
博爱县	342	19	323	84	24	60	33
武陟县				96	47	49	96

和农村留守儿童情况（二）

中			小			学			
工人员随迁子女		农村留守儿童	随迁子女			进城务工人员随迁子女			农村留守儿童
外省迁入	本省外县迁入		计	外省迁入	本省外县迁入	计	外省迁入	本省外县迁入	
3	1424	153	4202	83	4119	4047	31	4016	1001
10	59	749	314	36	278	244	32	212	2570
	360	4270	202	60	142	202	60	142	12657
25	93	6656	683	84	599	440	56	384	14561
14	58	4863	223	12	211	156	1	155	11777
2	344	548	759	36	723	695	17	678	2017
23	28	4434	1918	155	1763	1752	123	1629	13277
837	6092	9782	21726	1844	19882	19632	1664	17968	20375
266	3130	7	8537	817	7720	8531	816	7715	28
367	979	10	3750	296	3454	3541	248	3293	37
93	1378	307	5640	160	5480	4439	159	4280	221
15	241	229	904	216	688	881	216	665	785
		2161	8	8		7	7		1758
	28	1445	261	10	251	121	3	118	2558
3	16	2584	1369	59	1310	1333	55	1278	5655
		2104	228	7	221	176	7	169	7173
93	320	935	1029	271	758	603	153	450	2160
30	1392	3734	4739	299	4440	3753	182	3571	5662
4	56	187	335	16	319	122	7	115	278
1	233		1013	37	976	873	20	853	95
23	1073	110	2954	179	2775	2461	125	2336	274
	1	3015	34	12	22	4		4	3113
2	29	422	403	55	348	293	30	263	1902
393	5761	6985	19357	1931	17426	14847	1363	13484	15745
112	1880	59	7297	543	6754	5877	429	5448	63
72	1395	13	2151	156	1995	2144	156	1988	69
2	156	9	226	18	208	200	18	182	4
53	880		3412	403	3009	2999	303	2696	2
23	553	256	1481	166	1315	1061	107	954	537
1	5	299	292	33	259	101	20	81	734
28	27	748	332	96	236	261	66	195	2280
	126	1749	1069	42	1027	416	11	405	3470
2	8	1924	144	35	109	36	10	26	4430
50	326	593	2202	329	1873	1325	203	1122	1804
18	67	644	355	38	317	285	27	258	1529
32	338	691	396	72	324	142	13	129	823
336	3564	1657	9842	1675	8167	7962	1155	6807	4218
196	1142	1	3073	417	2656	2652	332	2320	
12	187	46	155	27	128	121	23	98	9
14	49	30	430	132	298	323	93	230	19
46	1918	105	3992	540	3452	3389	389	3000	231
2	13	22	164	26	138	162	26	136	35
1	32	559	803	166	637	608	87	521	1448
47	49	419	169	85	84	115	67	48	1257

中小学在校生中随迁子女

省、市、县(市)区名称	高中			初			
	随迁子女			随迁子女			进城务
	计	外省迁入	本省外县迁入	计	外省迁入	本省外县迁入	计
温　县	653	25	628	290	28	262	168
沁阳市				11		11	2
孟州市				79	34	45	22
濮阳市	**268**	**87**	**181**	**21604**	**1090**	**20514**	**18974**
华龙区	174	52	122	20821	840	19981	18510
清丰县				113	49	64	98
南乐县				215	103	112	197
范　县	94	35	59	85	33	52	7
台前县				41	19	22	
濮阳县				329	46	283	162
许昌市	**276**	**61**	**215**	**4271**	**362**	**3909**	**2797**
魏都区	150		150	1698	70	1628	1394
建安区	126	61	65	385	28	357	212
鄢陵县				61		61	60
襄城县				272	17	255	149
禹州市				472	166	306	349
长葛市				1383	81	1302	633
漯河市	**214**	**14**	**200**	**6555**	**357**	**6198**	**4731**
源汇区				2818	164	2654	1749
郾城区				2517	67	2450	2097
召陵区	206	14	192	923	82	841	737
舞阳县	8		8	143	29	114	86
临颍县				154	15	139	62
三门峡市	**517**	**91**	**426**	**6323**	**803**	**5520**	**4953**
湖滨区	87	37	50	4423	333	4090	3746
陕州区	189	9	180	167	39	128	140
渑池县				306	43	263	122
卢氏县				98	38	60	97
义马市				269	2	267	164
灵宝市	241	45	196	1060	348	712	684
南阳市	**1558**	**172**	**1386**	**24956**	**805**	**24151**	**17892**
宛城区	97	2	95	7938	124	7814	6516
卧龙区	766	32	734	10935	281	10654	7189
南召县	6	4	2	303	31	272	137
方城县	56	17	39	161	33	128	145
西峡县				1116	55	1061	826
镇平县				354	18	336	323
内乡县	488	30	458	1902	40	1862	1122
淅川县	3	3		419	35	384	354
社旗县	119	77	42	334	12	322	317
唐河县				343	7	336	231
新野县	23	7	16	178	70	108	115
桐柏县				452	30	422	345
邓州市				521	69	452	272

和农村留守儿童情况（三）

中			小			学			
工人员随迁子女		农村留守儿童	随迁子女			进城务工人员随迁子女			农村留守儿童
外省迁入	本省外县迁入		计	外省迁入	本省外县迁入	计	外省迁入	本省外县迁入	
12	156	288	519	115	404	196	56	140	659
	2	103	344	74	270	340	70	270	363
6	16	84	193	93	100	56	12	44	197
773	**18201**	**15031**	**34489**	**1875**	**32614**	**30873**	**1443**	**29430**	**44582**
591	17919	1172	32123	1383	30740	29291	1205	28086	2414
41	57	824	221	55	166	151	24	127	4131
94	103	1796	592	156	436	288	60	228	6230
7		4427	507	83	424	349	36	313	8632
		1592	120	82	38	11	11		3732
40	122	5220	926	116	810	783	107	676	19443
223	**2574**	**16443**	**9890**	**785**	**9105**	**6998**	**484**	**6514**	**34633**
37	1357	165	5061	309	4752	4028	251	3777	184
6	206	1169	843	49	794	593	21	572	3820
	60	3724	132	4	128	125		125	8770
13	136	8645	597	63	534	363	39	324	14591
88	261	2392	752	251	501	555	97	458	6539
79	554	348	2505	109	2396	1334	76	1258	729
141	**4590**	**9806**	**11716**	**477**	**11239**	**10294**	**348**	**9946**	**24808**
25	1724	459	1903	82	1821	1832	69	1763	1625
25	2072	935	6199	105	6094	5647	80	5567	2086
74	663	3271	2556	93	2463	1886	73	1813	9335
17	69	2738	804	153	651	738	107	631	6434
	62	2403	254	44	210	191	19	172	5328
505	**4448**	**1680**	**15255**	**2343**	**12912**	**13212**	**1892**	**11320**	**5407**
248	3498	6	10964	876	10088	9880	721	9159	44
37	103	129	253	100	153	170	71	99	485
11	111	296	654	127	527	210	40	170	1145
37	60	668	195	63	132	110	35	75	1383
	164		1124	36	1088	1036	29	1007	3
172	512	581	2065	1141	924	1806	996	810	2347
557	**17335**	**95799**	**59431**	**2749**	**56682**	**50815**	**1933**	**48882**	**230779**
105	6411	3075	22099	719	21380	20497	621	19876	9790
187	7002	2761	26807	868	25939	22301	639	21662	6270
20	117	2046	507	85	422	412	80	332	6758
33	112	9658	120	1	119	118		118	22210
36	790	3623	1497	164	1333	834	93	741	3057
10	313	7434	1533	15	1518	1397	2	1395	19576
34	1088	9451	704	100	604	563	75	488	18290
32	322	6694	1156	67	1089	867	53	814	10770
6	311	7536	697	42	655	677	42	635	14914
7	224	10272	883	188	695	382	50	332	28851
52	63	7410	286	74	212	201	13	188	23225
20	325	3521	1247	184	1063	1017	137	880	7155
15	257	22318	1895	242	1653	1549	128	1421	59913

中小学在校生中随迁子女

省、市、县（市）区名称	高中			初			
	随迁子女			随迁子女			进城务
	计	外省迁入	本省外县迁入	计	外省迁入	本省外县迁入	计
商丘市	**274**	**32**	**242**	**3763**	**943**	**2820**	**2295**
梁园区				536	32	504	488
睢阳区	115	3	112	745	47	698	615
民权县				163		163	163
睢县							
宁陵县				132		132	48
柘城县				26	20	6	1
虞城县	68	8	60	458	12	446	146
夏邑县				151	2	149	127
永城市	91	21	70	1552	830	722	707
信阳市	**270**	**49**	**221**	**7681**	**963**	**6718**	**6097**
浉河区				2160	415	1745	1943
平桥区				2962	66	2896	2540
罗山县	30		30	118	11	107	110
光山县	2	2		205	2	203	18
新县	87	19	68	425	11	414	410
商城县				391	27	364	265
固始县	35	9	26	289	117	172	90
潢川县	7	2	5	322	7	315	212
淮滨县	24		24	638	214	424	419
息县	85	17	68	171	93	78	90
周口市	**1333**	**125**	**1208**	**12512**	**849**	**11663**	**9788**
川汇区	1078	30	1048	5698	114	5584	4446
扶沟县				1227	12	1215	1215
西华县				69	25	44	13
商水县	74	17	57	402		402	401
沈丘县	78	39	39	1564	138	1426	1524
郸城县				1407	315	1092	761
淮阳县	58	6	52	356	56	300	300
太康县				120	11	109	76
鹿邑县	45	33	12	346	17	329	290
项城市				1323	161	1162	762
驻马店市	**977**	**108**	**869**	**13725**	**634**	**13091**	**10493**
驿城区	505	63	442	10815	284	10531	8137
西平县				239	83	156	129
上蔡县	33		33	562	20	542	490
平舆县	384	40	344	636	55	581	503
正阳县	2		2	168	9	159	157
确山县	48		48	112	19	93	102
泌阳县				1059	157	902	851
汝南县	5	5		116	1	115	115
遂平县				16	4	12	7
新蔡县				2	2		2
济源市	**5**		**5**	**1477**	**459**	**1018**	**716**

和农村留守儿童情况(四)

中			小学						
工人员随迁子女		农村留守儿童	随迁子女			进城务工人员随迁子女			农村留守儿童
外省迁入	本省外县迁入		计	外省迁入	本省外县迁入	计	外省迁入	本省外县迁入	
340	**1955**	**49430**	**7251**	**394**	**6857**	**5673**	**161**	**5512**	**127980**
5	483	1472	2480	223	2257	2220	66	2154	3202
38	577	2379	1535	31	1504	1532	29	1503	8310
	163	4597	264	7	257	258	2	256	11493
		5649	47	4	43	41		41	7837
	48	4605	106		106	41		41	14867
1		5452	385	21	364	198	21	177	10981
9	137	6857	164		164	67		67	18903
2	125	10225	209	9	200	191	4	187	30171
285	422	8194	2061	99	1962	1125	39	1086	22216
625	**5472**	**106711**	**25181**	**3105**	**22076**	**21231**	**2246**	**18985**	**170196**
318	1625	1689	12072	1149	10923	10891	812	10079	2224
47	2493	5362	8589	1090	7499	7464	965	6499	9277
7	103	8511	155	5	150	102	2	100	16971
	18	10000	83	6	77	51		51	11927
8	402	6426	141	21	120	88	21	67	7436
4	261	12836	708	88	620	604	9	595	18114
8	82	21239	792	214	578	455	105	350	35508
4	208	6173	876	70	806	755	31	724	14491
197	222	14546	1344	436	908	689	296	393	22661
32	58	19929	421	26	395	132	5	127	31587
445	**9343**	**127418**	**20466**	**1380**	**19086**	**15319**	**1026**	**14293**	**266054**
76	4370	500	13747	470	13277	10243	328	9915	4334
	1215	2892	525	20	505	494	15	479	6589
	13	9042	227	20	207	35	4	31	17525
	401	15558	364	2	362	346	1	345	31846
129	1395	18348	710	177	533	535	160	375	35670
156	605	31324	1015	277	738	557	138	419	47818
32	268	13909	441	47	394	371	44	327	23361
10	66	22408	238	59	179	210	50	160	52214
17	273	8359	432	57	375	202	40	162	25928
25	737	5078	2767	251	2516	2326	246	2080	20769
401	**10092**	**91665**	**30819**	**2287**	**28532**	**25397**	**1465**	**23932**	**191883**
161	7976	2413	25146	1687	23459	20973	1116	19857	5773
41	88	5225	494	138	356	291	31	260	11385
7	483	23147	906	32	874	812	32	780	45605
34	469	10137	867	161	706	637	146	491	21830
9	148	4571	267	12	255	225		225	11831
19	83	3959	154	27	127	127	8	119	7649
128	723	13081	1598	101	1497	1527	92	1435	28867
	115	10311	667	18	649	612	18	594	24385
	7	3616	717	108	609	190	19	171	7441
2		15205	3	3		3	3		27117
144	**572**	**349**	**1975**	**492**	**1483**	**1714**	**428**	**1286**	**570**

中 等 职 业 教

省、市、县(市)区名称	校数(所)			毕业生数	招生数	学生		
	计	公办	民办			在校		
						计	其中：女	其中：寄宿生
河南省	574	417	157	343875	420862	1110637	494596	844962
郑州市	117	63	54	97933	123829	330373	135362	242613
中原区	22	9	13	14865	18717	50364	17709	32104
二七区	16	7	9	12923	14290	42726	18735	30347
管城回族区	7	4	3	6073	7231	20746	10544	19055
金水区	29	23	6	34534	36038	105054	57030	55207
上街区	1	1						
惠济区	4	3	1	2922	4326	12849	4796	10966
中牟县	7	3	4	3415	6966	15289	4082	14463
巩义市	3	2	1	1012	1336	3764	1481	3712
荥阳市	5	3	2	3465	8114	15624	5230	14910
新密市	5	3	2	1570	1622	4858	1864	4708
新郑市	9	3	6	11351	12996	33200	12126	31702
登封市	9	2	7	5803	12193	25899	1765	25439
开封市	27	22	5	12791	13848	36321	18504	19032
龙亭区	4	4		3803	3711	9534	4724	2999
顺河回族区	5	3	2	3272	3286	8585	4490	5819
鼓楼区	1	1		96	112	359	102	86
禹王台区								
祥符区	4	3	1	2002	1939	5180	2727	3483
杞县	2	2		611	657	2202	1056	653
通许县	5	3	2	1854	3354	8052	4345	3728
尉氏县	4	4		770	663	2025	857	1880
兰考县	2	2		383	126	384	203	384
洛阳市	55	37	18	28454	37364	95967	40903	84069
老城区	6	3	3	3672	6723	17236	9425	15731
西工区	4	3	1	2167	1290	4891	2648	4056
瀍河回族区	4	3	1	1500	365	1919	736	1263
涧西区	3	2	1	1060	686	3186	1426	2591
吉利区								
洛龙区	9	5	4	7575	7837	20570	6682	17365
孟津县	5	3	2	1927	2391	7107	2620	7076
新安县	3	3		4850	9042	17861	6175	16929
栾川县	1	1		916	1449	3939	1720	3939
嵩县	4	3	1	2319	3337	8624	4595	6525
汝阳县	3	3		422	762	2249	1196	2249
宜阳县	5	3	2	545	851	2108	1054	1802
洛宁县	2	1	1	597	549	1710	776	285
伊川县	3	2	1	762	1316	2959	1160	2959
偃师市	3	2	1	142	766	1608	690	1299
平顶山市	22	20	2	10621	16894	48814	28223	20865
新华区	2	2		168	172	468	83	464
卫东区	1	1		3073	3749	10377	7911	5038
石龙区								

育 基 本 情 况(一)

数					教 职 工 数					聘请校外教师
学 生 数				预计毕业生数	计	校本部教职工		校办企业职工	其 他附设机构人员	
一年级	二年级	三年级	四年级及以上			计	其 中 :专任教师			
420863	**359113**	**327322**	**3339**	**335370**	**58995**	**58463**	**47710**	**397**	**135**	**8542**
123829	**111147**	**95100**	**297**	**97827**	**15392**	**15392**	**11375**			**5222**
18717	16699	14948		16017	2109	2109	1304			573
14290	14697	13739		14045	1804	1804	1417			278
7231	7567	5948		6028	1051	1051	782			168
36038	35919	33097		33123	4652	4652	3445			3967
4326	4608	3618	297	3633	531	531	449			9
6966	5384	2939		3341	566	566	524			51
1336	1228	1200		1200	298	298	281			12
8114	3737	3773		4008	1085	1085	882			
1622	1438	1798		1798	478	478	425			47
12996	11186	9018		9612	1201	1201	739			111
12193	8684	5022		5022	1617	1617	1127			6
13848	**12040**	**10433**		**11685**	**2267**	**2241**	**1780**		**26**	**178**
3711	3124	2699		3375	346	346	263			97
3286	3000	2299		2415	591	591	415			51
112	112	135		135	81	81	73			
1939	1497	1744		1744	377	377	321			
657	851	694		694	137	137	125			12
3354	2441	2257		2717	350	350	269			18
663	876	486		486	235	209	186		26	
126	139	119		119	150	150	128			
37364	**30643**	**27845**	**115**	**28172**	**4033**	**4033**	**3450**			**468**
6723	7041	3472		3479	638	638	503			
1290	1830	1771		1771	213	213	179			
365	345	1094	115	1067	79	79	71			111
686	786	1714		1714	177	177	159			40
7837	6424	6309		6588	817	817	660			56
2391	2503	2213		2213	260	260	229			193
9042	4527	4292		4292	489	489	476			
1449	1253	1237		1305	204	204	167			37
3337	2709	2578		2578	292	292	258			
762	798	689		689	147	147	131			25
851	652	605		605	180	180	148			
549	497	664		664	63	63	59			6
1316	806	837		837	257	257	202			
766	472	370		370	217	217	208			
16894	**13394**	**18526**		**19526**	**2039**	**2039**	**1617**			**146**
172	141	155		155	236	236	160			10
3749	3158	3470		3470	170	170	119			66

中等职业教

省、市、县(市)区名称	校数(所)			毕业生数	招生数	学生		
						在 校		
	计	公办	民办			计	其中:女	其中:寄宿生
湛河区	3	3		1402	3225	6787	2258	6219
宝丰县	2	1	1	70	96	305	133	
叶　县	2	2		594	819	2166	968	
鲁山县	2	2		3195	1425	2196	1303	1165
郏　县	3	3		130	139	531	143	457
舞钢市	2	2		718	1067	2727	1982	2454
汝州市	5	4	1	1271	6202	23257	13442	5068
安阳市	16	13	3	12179	15345	40680	18363	34399
文峰区	1	1		4725	5025	13232	5949	10240
北关区				1220	172	1097	1004	1097
殷都区	3	2	1	786	1285	3400	1578	2276
龙安区								
安阳县	2	2		1296	1756	4676	2131	4676
汤阴县	2	2		739	1503	3428	1385	2890
滑　县	3	2	1	1590	2700	7713	3129	7713
内黄县	2	1	1	258	469	1100	498	1100
林州市	3	3		1565	2435	6034	2689	4407
鹤壁市	5	5		7335	8448	21810	9047	15480
鹤山区	1	1		618	1404	2788	1454	2788
山城区	1	1			685	946	349	434
淇滨区	1	1		5040	4411	13108	4987	8648
浚　县	1	1		777	843	2117	1114	2117
淇　县	1	1		900	1105	2851	1143	1493
新乡市	27	22	5	15891	20893	57428	24400	40034
红旗区	5	4	1	5167	5565	15772	7144	10191
卫滨区	2	2		1138	1027	2513	2072	1417
凤泉区								
牧野区	1	1		557	573	1403	839	289
新乡县	1	1		394	412	1152	408	787
获嘉县	2	1	1	1913	2614	6969	2329	3788
原阳县	2	2		249	1408	3221	1122	2891
延津县	4	3	1	1847	1778	4427	1696	4427
封丘县	2	2		190	1100	2820	1185	1280
长垣县	2	2		2555	4198	12689	4496	10563
卫辉市	4	2	2	641	606	1500	705	703
辉县市	2	2		1240	1612	4962	2404	3698
焦作市	24	19	5	11460	10583	31188	14345	23502
解放区	4	3	1	2163	1461	4769	2735	3908
中站区	1	1		16	7	29	14	5
马村区								
山阳区	2	2		3155	3058	9099	4157	5298
修武县	2	2		149	268	754	215	732
博爱县	3	2	1	796	891	2383	847	2213
武陟县	3	2	1	1636	1410	4058	2798	3180

育 基 本 情 况(二)

数					教职工数					聘请校外教师
学生数				预计毕业生数	计	校本部教职工		校办企业职工	其他附设机构人员	
一年级	二年级	三年级	四年级及以上			计	其中：专任教师			
3225	2096	1466		1500	581	581	482			
96	106	103		103	52	52	47			36
819	753	594		594	161	161	101			5
1425	231	540		1468	130	130	130			
139	242	150		150	127	127	84			
1067	870	790		828	175	175	137			16
6202	5797	11258		11258	407	407	357			13
15345	**13253**	**12082**		**12082**	**2393**	**2393**	**2067**			**205**
5025	4334	3873		3873	604	604	376			25
172	181	744		744						
1285	944	1171		1171	320	320	295			32
1756	1566	1354		1354	293	293	285			95
1503	982	943		943	244	244	233			50
2700	3086	1927		1927	481	481	456			
469	206	425		425	141	141	127			3
2435	1954	1645		1645	310	310	295			
8448	**6704**	**6315**	**343**	**6109**	**860**	**860**	**747**			**42**
1404	703	681		681	70	70	65			42
685	261				74	74	31			
4411	4048	4306	343	4100	302	302	270			
843	707	567		567	238	238	213			
1105	985	761		761	176	176	168			
20893	**18637**	**17898**		**18047**	**3167**	**3148**	**2542**		**19**	**169**
5565	4841	5366		5366	619	619	553			53
1027	575	911		911	410	391	174		19	
573	721	109		109	40	40	40			
412	376	364		364	220	220	186			
2614	2196	2159		2159	288	288	236			3
1408	1055	758		758	165	165	146			34
1778	1280	1369		1518	260	260	248			20
1100	1480	240		240	144	144	123			25
4198	3763	4728		4728	589	589	458			
606	475	419		419	133	133	106			11
1612	1875	1475		1475	299	299	272			23
10583	**9693**	**10810**	**102**	**10719**	**2131**	**2068**	**1760**		**63**	**46**
1461	1535	1773		1773	268	268	128			24
7	14	8		8						
3058	2629	3310	102	3219	503	503	430			22
268	256	230		230	75	75	67			
891	784	708		708	211	211	202			
1410	1273	1375		1375	389	326	299		63	

中等职业教

省、市、县(市)区名称	校数(所)			毕业生数	招生数	学生		
	计	公办	民办			在校		
						计	其中：女	其中：寄宿生
温　　县	2	2		586	672	1823	639	1561
沁 阳 市	5	3	2	1599	1831	5186	1712	4305
孟 州 市	2	2		1360	985	3087	1228	2300
濮 阳 市	**22**	**18**	**4**	**12076**	**14111**	**42710**	**20203**	**30122**
华 龙 区	9	7	2	5953	5289	19547	9592	14422
清 丰 县	3	2	1	682	2074	5074	2405	4674
南 乐 县	2	2		412	1198	2456	1118	2135
范　　县	2	2		293	167	562	253	510
台 前 县	2	2		856	866	2025	810	1543
濮 阳 县	4	3	1	3880	4517	13046	6025	6838
许 昌 市	**25**	**18**	**7**	**7914**	**12325**	**32246**	**14949**	**31250**
魏 都 区	8	4	4	3322	4806	13058	5520	12300
建 安 区	4	3	1	178	229	839	285	839
鄢 陵 县	2	2		333	1241	2539	992	2539
襄 城 县	4	3	1	1442	2333	6496	4104	6496
禹 州 市	3	3		1400	2661	6177	2794	6004
长 葛 市	4	3	1	1239	1055	3137	1254	3072
漯 河 市	**20**	**15**	**5**	**9524**	**12303**	**27151**	**11096**	**20439**
源 汇 区	4	4		2649	1800	3835	1367	833
郾 城 区	5	3	2	5474	7565	17231	6768	13780
召 陵 区	2	1	1	582	1295	2889	1622	2630
舞 阳 县	5	4	1	451	685	1698	669	1698
临 颍 县	4	3	1	368	958	1498	670	1498
三 门 峡 市	**18**	**15**	**3**	**4972**	**4119**	**12696**	**6068**	**11100**
湖 滨 区	7	6	1	2078	1875	6126	3171	5173
陕 州 区	2	2		1076	756	1570	596	1570
渑 池 县	2	2		463	209	1163	581	569
卢 氏 县	3	2	1	496	483	1486	574	1437
义 马 市	1	1						
灵 宝 市	3	2	1	859	796	2351	1146	2351
南 阳 市	**80**	**54**	**26**	**26802**	**35419**	**94624**	**43056**	**85258**
宛 城 区	16	9	7	3525	5297	15699	5074	12707
卧 龙 区	18	9	9	9940	9743	26757	12313	26040
南 召 县	5	4	1	383	888	1858	979	1812
方 城 县	4	4		849	2573	5834	2679	5266
西 峡 县	4	1	3	2873	2619	8219	2571	8103
镇 平 县	4	3	1	1193	1322	2760	1048	1742
内 乡 县	6	6		1226	1870	5044	2532	4385
淅 川 县	4	3	1	561	894	2848	1059	1905
社 旗 县	3	3		1019	1551	4269	1509	4060
唐 河 县	5	4	1	1128	1726	4576	2278	4576
新 野 县	4	2	2	100	526	1036	344	1036
桐 柏 县	5	4	1	544	1225	2687	961	2292
邓 州 市	2	2		3461	5185	13037	9709	11334

育 基 本 情 况（三）

数					教职工数					聘请校外教师
学生数				预计毕业生数	计	校本部教职工		校办企业职工	其他附设机构人员	
一年级	二年级	三年级	四年级及以上			计	其中：专任教师			
672	588	563		563	188	188	170			
1831	1679	1676		1676	253	253	234			
985	935	1167		1167	244	244	230			
14111	**13581**	**14368**	**650**	**14214**	**2183**	**2183**	**1775**			**271**
5289	6796	6812	650	6658	754	754	570			144
2074	1718	1282		1282	276	276	209			
1198	856	402		402	284	284	261			
167	182	213		213	108	108	97			
866	620	539		539	128	128	128			54
4517	3409	5120		5120	633	633	510			73
12325	**10249**	**9128**	**544**	**9135**	**2472**	**2140**	**1941**	**332**		**107**
4806	4207	3501	544	3508	400	400	370			12
229	150	460		460	245	245	230			
1241	665	633		633	240	240	194			
2333	2120	2043		2043	437	437	400			32
2661	2028	1488		1488	398	398	378			45
1055	1079	1003		1003	752	420	369	332		18
12303	**7809**	**7039**		**7039**	**1849**	**1849**	**1608**			**219**
1800	718	1317		1317	241	241	208			53
7565	5025	4641		4641	917	917	818			151
1295	1128	466		466	236	236	194			
685	603	410		410	253	253	217			2
958	335	205		205	202	202	171			13
4119	**4114**	**4463**		**4465**	**1324**	**1324**	**1071**			**99**
1875	2032	2219		2221	620	620	417			3
756	379	435		435	221	221	214			40
209	321	633		633	95	95	80			29
483	571	432		432	170	170	144			4
					9	9	9			
796	811	744		744	209	209	207			23
35419	**33114**	**24803**	**1288**	**25718**	**5417**	**5417**	**4555**			**360**
5297	5647	4677	78	4797	812	812	624			96
9743	8865	8149		8204	1014	1014	769			144
888	541	429		429	212	212	159			1
2573	2270	991		1085	483	483	446			13
2619	2940	1450	1210	2072	318	318	247			2
1322	840	598		598	322	322	304			23
1870	1563	1611		1611	361	361	301			16
894	1146	808		808	215	215	176			32
1551	1669	1049		1049	276	276	256			
1726	1650	1200		1200	499	499	432			5
526	319	191		191	94	94	82			
1225	883	579		579	276	276	260			5
5185	4781	3071		3095	535	535	499			23

中 等 职 业 教

省、市、县(市)区名称	校数(所)			毕业生数	招生数	学 生		
							在 校	
	计	公办	民办			计	其中：女	其中：寄宿生
商 丘 市	**30**	**27**	**3**	**12921**	**18656**	**50096**	**23710**	**42801**
梁 园 区	5	5		2530	4524	11115	5049	9831
睢 阳 区	6	4	2	4081	4058	11873	7368	11828
民 权 县	2	2		887	843	2847	1102	2847
睢 县	3	3		1127	1264	3866	1638	3132
宁 陵 县	2	2		351	313	1126	474	1126
柘 城 县	2	2		704	1363	3226	1364	2470
虞 城 县	3	3		1508	1699	4337	2158	1530
夏 邑 县	3	3		622	1976	5119	2117	5119
永 城 市	4	3	1	1111	2616	6587	2440	4918
信 阳 市	**28**	**20**	**8**	**23095**	**28043**	**75679**	**34477**	**52769**
浉 河 区	3	3		4870	2459	7761	3210	5772
平 桥 区	4	2	2	1551	3891	9763	4139	8199
罗 山 县	1	1		1682	1675	4358	2074	2300
光 山 县	2	2		1222	1613	3265	1391	2982
新 县	2	2		2203	2466	7273	2990	6076
商 城 县	1	1		342	2248	4071	1927	2493
固 始 县	7	3	4	4448	5104	13872	6103	10362
潢 川 县	4	4		2245	2314	8444	5591	4405
淮 滨 县	2	1	1	3545	3636	10169	4364	7368
息 县	2	1	1	987	2637	6703	2688	2812
周 口 市	**28**	**20**	**8**	**13578**	**19223**	**53274**	**23999**	**49773**
川 汇 区	8	3	5	6234	8624	25890	12506	24787
扶 沟 县	1	1		846	819	1987	676	1987
西 华 县	2	2		304	1439	3805	1229	3801
商 水 县	4	4		1982	2507	7248	3520	7042
沈 丘 县	1	1		1385	418	1403	902	1327
郸 城 县	4	2	2	1561	1705	4753	2158	4633
淮 阳 县	1	1		339	1045	2041	803	2041
太 康 县	2	2		140	1043	1746	647	1246
鹿 邑 县	4	3	1	191	446	1637	726	1236
项 城 市	1	1		596	1177	2764	832	1673
驻马店市	**27**	**26**	**1**	**34406**	**27726**	**54595**	**26337**	**36487**
驿 城 区	7	7		5087	6855	20357	12664	16783
西 平 县	2	2		613	815	2209	565	1895
上 蔡 县	2	2		226	456	1027	348	1027
平 舆 县	2	2		294	862	1615	739	1615
正 阳 县	2	2		1697	2283	4992	1726	4365
确 山 县	2	2		128	325	761	275	606
泌 阳 县	2	2		1459	1407	3334	1607	3334
汝 南 县	2	2		755	819	2998	727	2986
遂 平 县	2	2		530	752	1932	592	1658
新 蔡 县	4	3	1	23617	13152	15370	7094	2218
济 源 市	**3**	**3**		**1923**	**1733**	**4985**	**1554**	**4969**

注：本表不含技工学校。

育　基　本　情　况(四)

数					教职工数					聘请校外教师
学生数				预计毕业生数	计	校本部教职工		校办企业职工	其他附设机构人员	
一年级	二年级	三年级	四年级及以上			计	其中：专任教师			
18657	**17376**	**14063**		**14090**	**2980**	**2980**	**2519**			**344**
4525	3857	2733		2760	533	533	403			17
4058	4186	3629		3629	524	524	483			269
843	910	1094		1094	141	141	90			54
1264	1377	1225		1225	350	350	302			
313	420	393		393	171	171	130			
1363	1081	782		782	242	242	203			
1699	1517	1121		1121	451	451	397			4
1976	1600	1543		1543	240	240	197			
2616	2428	1543		1543	328	328	314			
28043	**23707**	**23929**		**26009**	**3559**	**3559**	**3104**			**230**
2459	1964	3338		3338	188	188	162			19
3891	3557	2315		2315	408	408	352			24
1675	1386	1297		1297	361	361	340			
1613	1191	461		461	186	186	177			
2466	2548	2259		2259	374	374	354			54
2248	359	1464		3042	145	145	128			45
5104	3551	5217		5217	845	845	748			
2314	2923	3207		3207	618	618	472			20
3636	3317	3216		3718	335	335	305			
2637	2911	1155		1155	99	99	66			68
19223	**18560**	**15491**		**15504**	**3850**	**3758**	**3268**	**65**	**27**	**211**
8624	9376	7890		7903	1181	1116	915	65		163
819	462	706		706	178	178	176			
1439	1137	1229		1229	249	249	215			
2507	2427	2314		2314	468	441	420		27	34
418	568	417		417	242	242	213			
1705	1530	1518		1518	447	447	343			14
1045	597	399		399	198	198	183			
1043	498	205		205	283	283	233			
446	829	362		362	293	293	259			
1177	1136	451		451	311	311	311			
27726	**13559**	**13310**		**13310**	**2584**	**2584**	**2149**			**214**
6855	6329	7173		7173	716	716	526			59
815	620	774		774	260	260	215			
456	343	228		228	218	218	206			
862	474	279		279	146	146	133			14
2283	1431	1278		1278	265	265	256			15
325	238	198		198	139	139	128			
1407	934	993		993	319	319	288			
819	1173	1006		1006	131	131	121			48
752	552	628		628	189	189	116			
13152	1465	753		753	201	201	160			78
1733	**1533**	**1719**		**1719**	**495**	**495**	**382**			**11**

特 殊 教 育

省、市、县(市)区名称	校数(所) 计	校数(所) 公办	校数(所) 民办	班数(个)	特殊教育总计 毕业生数	特殊教育总计 招生数	在校学生数 计	在校学生数 其中:女	在校学生数 其中:寄宿生	毕业生数
河南省	150	145	5	1767	3007	10472	54849	19998	14684	1316
郑州市	13	13		145	287	594	3278	1164	1087	172
中原区	2	2		24	23	136	382	122	260	20
二七区	2	2		32	72	71	433	178	120	69
管城回族区	1	1		7	26	31	222	72	9	14
金水区	1	1		7	15	41	206	56		9
上街区					2	1	5	1	5	
惠济区						3	13	4		
中牟县	1	1		7	20	43	311	100	125	2
巩义市	1	1		17	25	66	311	131	92	15
荥阳市	1	1		9		13	152	51	40	
新密市	1	1		15	32	51	345	115	174	21
新郑市	2	2		18	46	75	535	174	118	18
登封市	1	1		9	26	63	363	160	144	4
开封市	9	9		89	95	696	2490	908	594	62
龙亭区	2	2		24	45	61	289	122	150	41
顺河回族区	1	1		2	6	8	91	33	3	
鼓楼区	1	1		8	10	10	51	27	3	9
禹王台区					1	6	46	13	6	
祥符区	1	1		9	13	132	639	222	145	6
杞县	1	1		6		46	148	40	30	
通许县	1	1		6	3	29	248	87	107	
尉氏县	1	1		10	7	41	303	106	64	6
兰考县	1	1		24	10	363	675	258	86	
洛阳市	14	14		138	299	914	3843	1470	1253	195
老城区	1	1		9	13	9	59	27		13
西工区	2	2		26	62	75	302	125	184	61
瀍河回族区	1	1		2	5	16	45	20		2
涧西区	1	1		7	14	22	108	35		7
吉利区						2	16	5		
洛龙区					12	39	159	48	9	
孟津县	1	1		6	20	31	171	61	55	9
新安县	1	1		21	37	139	435	177	158	34
栾川县	1	1		9	16	36	344	113	215	6
嵩县	1	1		18	17	169	341	143	124	15
汝阳县	1	1		12	17	139	512	216	127	7
宜阳县	1	1		5	33	44	366	127	94	16
洛宁县	1	1		7	7	43	219	98	79	5
伊川县	1	1		7	21	125	582	211	112	5
偃师市	1	1		9	25	25	184	64	96	15
平顶山市	9	9		122	201	817	3756	1444	1107	53
新华区	1	1		23	5	58	182	74	45	
卫东区	1	1		7	6	9	60	17		
石龙区					2	6	38	17	10	

基　本　情　况（一）

特殊教育学校（机构）				初中、小学随班就读学生					教职工		代课教师	兼任教师
招生数	在校学生数			毕业生数	招生数	在校学生数			计	其中：专任教师		
	计	其中：女	其中：寄宿生			计	其中：女	其中：寄宿生				
4498	22615	8609	10237	1547	5267	28214	10093	4447	4505	4156	184	14
321	1833	688	797	103	230	1234	418	290	480	447	13	3
127	332	106	260	3	9	48	16		72	66	3	
64	399	169	120	3	7	31	9		132	119	2	
11	75	30		12	17	132	36	9	25	25	3	
12	73	31		6	28	121	20		22	22		
				2	1	5	1	5				
				3		13	4					
	96	24	73	18	38	188	69	52	26	25	3	3
47	180	80	53	10	17	117	48	39	25	22		
10	142	46	38		3	9	5	2	39	35		
29	199	71	116	11	22	141	43	58	56	56		
13	222	72	76	16	39	216	76	42	51	48	2	
8	115	59	61	22	46	213	91	83	32	29		
408	1077	417	382	31	261	1283	459	212	205	180	5	1
40	210	89	143	4	13	65	27	7	59	54	5	1
	56	18		6	8	32	13	3	9	8		
8	35	17		1	2	15	10	3	10	6		
				1	6	43	12	6				
10	58	31	53	7	112	519	185	92	33	26		
45	144	38	30		1	3	1		29	28		
	90	33	65	3	27	152	52	42	15	13		
21	180	71	44	1	20	123	35	20	25	24		
284	304	120	47	8	72	331	124	39	25	21		
482	1855	751	935	95	389	1829	666	318	350	330		
7	42	24		2		16	2		8	8		
69	278	121	184	1	6	24	4		86	81		
5	15	7		3	11	30	13		5	4		
2	34	12		6	20	70	20		10	10		
				2		16	5					
				11	39	159	48	9				
10	73	20	43	11	18	90	38	12	19	19		
107	292	123	135	3	32	142	54	23	30	29		
6	179	59	108	10	30	165	54	107	28	27		
162	320	134	119	2	6	18	8	5	41	37		
55	151	71	70	10	73	330	134	57	23	23		
	108	41	59	13	43	249	85	35	16	16		
19	118	49	76	2	20	88	43	3	27	21		
24	123	47	56	15	79	375	138	56	29	29		
16	122	43	85	8	8	57	20	11	28	26		
347	1331	532	579	142	421	2155	809	528	248	225	31	
1	23	10		5	41	103	44	45	3	3		
4	33	9		6	5	25	8		6	5		
				2	6	30	14	10				

特 殊 教 育

省、市、县(市)区名称	校数(所)			班数(个)	毕业生数	招生数	特殊教育总计			毕业生数
	计	公办	民办				在校学生数			
							计	其中：女	其中：寄宿生	
湛河区	1	1		19	12	28	226	107	142	10
宝丰县	1	1		23	14	86	406	151	126	
叶县	1	1		8	17	183	696	263	244	
鲁山县	1	1		16	45	121	585	234	127	19
郏县	1	1		5	26	90	431	171	88	1
舞钢市	1	1		9	14	53	204	77	112	11
汝州市	1	1		12	60	183	928	333	213	12
安阳市	8	7	1	123	255	561	3290	1214	753	88
文峰区	1	1		25	55	83	312	116	202	51
北关区	1	1		9	8	16	94	32		8
殷都区					2	18	111	35		
龙安区					2	12	72	22	1	
安阳县	1	1		6	23	29	191	69	70	17
汤阴县	2	1	1	18	23	107	457	169	85	7
滑县	1	1		32	124	204	1098	413	221	
内黄县	1	1		26	2	38	602	214	135	
林州市	1	1		7	16	54	353	144	39	5
鹤壁市	2	2		22	56	157	910	324	233	
鹤山区					18	21	81	36	6	
山城区					3	3	53	18	2	
淇滨区	1	1		17	7	35	257	77	137	
浚县	1	1		5	8	45	292	116	65	
淇县					20	53	227	77	23	
新乡市	8	8		86	250	763	4274	1593	1087	73
红旗区					12	22	108	49	5	
卫滨区					7	6	48	19		
凤泉区					3	18	82	30		
牧野区					3	14	86	29		
新乡县	1	1		3	9	73	222	97	48	3
获嘉县	1	1		9	54	84	433	158	80	25
原阳县	1	1		7	19	97	536	192	123	3
延津县	1	1		10	22	46	321	121	104	10
封丘县	1	1		11	12	85	576	201	144	
长垣县	1	1		17	61	141	823	279	279	17
卫辉市	1	1		8	28	92	491	209	60	10
辉县市	1	1		21	20	85	548	209	244	5
焦作市	8	8		89	147	301	2023	771	392	67
解放区	1	1		6	7	25	129	53	1	1
中站区	1	1		20	10	13	162	61	48	10
马村区					10	15	100	47	3	
山阳区					11	19	96	35	7	
修武县	1	1		15	4	39	221	95	39	4
博爱县	1	1		8	31	40	274	87	46	16
武陟县	1	1		14	24	60	314	126	61	19

基 本 情 况（二）

特殊教育学校（机构）				初中、小学随班就读学生					教职工		代课教师	兼任教师
招生数	在校学生数			毕业生数	招生数	在校学生数			计	其中：专任教师		
	计	其中：女	其中：寄宿生			计	其中：女	其中：寄宿生				
22	176	87	137	2	6	45	17	5	91	87	26	
42	152	62	37	14	42	243	85	89	15	15	4	
106	338	138	78	17	71	324	116	166	34	21		
57	170	71	99	21	53	326	120	28	35	35	1	
7	26	7	14	24	77	378	156	74	19	16		
39	147	56	101	3	12	53	21	11	28	27		
69	266	92	113	48	108	628	228	100	17	16		
219	1410	528	581	147	249	1511	569	172	211	187	66	
64	231	95	202	4	15	67	17		89	77		
8	60	21			8	32	11		16	14	2	
				2	13	79	26					
				2	8	54	20	1				
4	68	22	68		5	56	20	2	21	21		
15	97	35	49	10	39	188	77	36	27	20		
77	345	125	108	119	124	748	287	113	26	25	64	
33	534	195	127	2	4	62	19	8	21	20		
18	75	35	27	8	33	225	92	12	11	10		
17	172	57	132	47	111	648	234	101	55	45	2	
				12	18	63	26	6				
				3	3	52	18	2				
16	155	49	132	7	16	92	28	5	46	40	2	
1	17	8		8	32	243	95	65	9	5		
				17	42	198	67	23				
151	1187	429	773	161	488	2451	942	314	253	224	3	
				8	15	80	36	5				
				5	4	39	14					
				3	13	42	16					
				2	9	49	17					
55	117	52	43	5	18	90	43	5	21	21		
37	157	56	51	29	46	265	99	29	18	18		
12	83	28	83	14	70	376	132	40	17	14		
2	87	29	87	10	30	177	75	17	16	15		
6	125	44	97	12	66	341	118	47	20	18		
24	305	109	137	44	105	453	154	142	53	53		
10	93	30	55	16	50	273	128	5	17	15	3	
5	220	81	220	13	62	266	110	24	91	70		
104	926	362	304	70	174	893	351	88	201	177	12	
11	68	25		6	11	53	26	1	20	20	2	
10	136	53	47		1	21	6	1	71	60		
				7	10	59	31	3				
				9	17	76	30	7				
21	169	65	38		17	51	30	1	20	18		
	38	13	26	15	31	163	54	20	15	15		
25	170	78	35	3	35	137	48	26	36	32		

特 殊 教 育

省、市、县(市)区名称	校数(所)			班数(个)	特殊教育总计					毕业生数
	计	公办	民办		毕业生数	招生数	在校学生数			
							计	其中：女	其中：寄宿生	
温　　县	1	1		13	7	24	290	108	111	
沁　阳　市	1	1		7	25	31	269	100	33	7
孟　州　市	1	1		6	18	35	168	59	43	10
濮　阳　市	7	6	1	90	84	433	2239	851	302	26
华　龙　区	2	1	1	23	24	50	414	167	99	10
清　丰　县	1	1		6	19	108	383	150	6	1
南　乐　县	1	1		21	15	50	256	95	21	15
范　　县	1	1		14	13	90	420	155	43	
台　前　县	1	1		8	12	48	222	88	12	
濮　阳　县	1	1		18	1	87	544	196	121	
许　昌　市	5	5		47	68	215	1594	512	467	5
魏　都　区	1	1		14	8	37	212	65	87	
建　安　区					8	14	241	26	55	
鄢　陵　县	1	1		4	9	41	347	129	58	3
襄　城　县	1	1		12	27	71	310	130	117	
禹　州　市	1	1		13	8	25	275	106	95	2
长　葛　市	1	1		4	8	27	209	56	55	
漯　河　市	7	4	3	53	84	282	1470	556	543	37
源　汇　区	2	2		23	39	28	231	76	180	31
郾　城　区	2		2	10	3	76	275	101	139	
召　陵　区	1		1	3	10	64	231	96	66	
舞　阳　县	1	1		9	22	58	285	99	80	4
临　颍　县	1	1		8	10	56	448	184	78	2
三门峡市	5	5		55	94	202	1256	491	404	50
湖　滨　区	1	1		8	11	13	94	36	14	6
陕　州　区	1	1		10	5	38	233	81	70	3
渑　池　县	1	1		14	6	33	255	118	22	
卢　氏　县	1	1		9	23	30	249	91	140	14
义　马　市					3	12	55	19	4	
灵　宝　市	1	1		14	46	76	370	146	154	27
南　阳　市	14	14		188	293	1434	6659	2534	1836	99
宛　城　区	2	2		18	39	72	443	201	165	30
卧　龙　区	1	1		4	28	64	353	108	76	11
南　召　县	1	1		7	13	173	463	186	131	
方　城　县	1	1		14	15	17	167	63	111	
西　峡　县	1	1		7	30	45	352	133	179	9
镇　平　县	1	1		21	9	143	629	205	200	
内　乡　县	1	1		30	28	111	726	278	278	10
淅　川　县	1	1		9	41	123	731	253	157	
社　旗　县	1	1		9	6	77	402	148	80	
唐　河　县	1	1		11	22	314	620	309	96	21
新　野　县	1	1		26	7	18	279	104	132	
桐　柏　县	1	1		12	13	40	288	85	66	1
邓　州　市	1	1		20	42	237	1206	461	165	17

基 本 情 况（三）

特殊教育学校(机构)				初中、小学随班就读学生					教职工		代课教师	兼任教师
招生数	在校学生数			毕业生数	招生数	在校学生数			计	其中：专任教师		
	计	其中：女	其中：寄宿生			计	其中：女	其中：寄宿生				
12	194	69	88	7	12	96	39	23	15	13	10	
2	66	28	28	16	28	154	59	5	14	11		
23	85	31	42	7	12	83	28	1	10	8		
247	1148	443	222	53	175	991	381	80	197	176	7	3
22	286	123	86	14	27	121	40	13	113	95		3
64	118	38		15	44	257	112	6	7	7	3	
45	204	78	18		5	51	17	3	15	15		
34	126	52	15	13	50	247	89	28	3	2	4	
18	92	35		10	26	121	48	12	27	27		
64	322	117	103	1	23	194	75	18	32	30		
80	366	130	234	55	125	1077	336	233	112	101		
26	148	42	84	8	11	61	23	3	56	54		
				8	11	211		21	55			
1	13	8		5	37	315	114	58	6	6		
33	58	26	36	22	38	243	103	81	10	8		
10	103	49	84	4	12	129	37	11	28	22		
10	44	5	30	8	16	118	38	25	12	11		
83	512	165	356	44	170	768	303	187	132	120	8	7
21	187	61	162	8	7	41	14	18	72	71		
55	173	56	112	3	21	99	43	27	25	17		
5	29	6		10	52	174	78	66	11	8		
2	60	19	45	16	52	195	66	35	17	17		
	63	23	37	7	38	259	102	41	7	7	8	7
59	540	214	291	39	124	587	231	113	119	114	5	
8	61	24	14	3	4	27	11		15	15	1	
16	131	45	53	2	22	101	36	17	25	21		
9	84	39	18	4	24	141	66	4	20	20		
5	142	56	119	8	20	88	29	21	37	36		
				3	7	35	12	4				
21	122	50	87	19	47	195	77	67	22	22	4	
707	2857	1157	1304	181	676	3461	1282	532	380	369	21	
29	220	110	143	9	37	192	80	22	75	74		
6	48	11	48	12	43	231	72	28	3	3	7	
105	177	76	84	13	66	279	108	47	11	11	4	
15	150	57	110	15	2	17	6	1	38	38		
	106	44	104	18	45	246	89	75	22	19		
73	270	78	154	9	66	319	113	46	42	42		
53	431	166	198	15	58	275	111	80	29	29		
9	169	61	80	39	107	522	182	77	21	20		
45	247	90	78	6	32	144	55	2	27	27		
292	513	269	91	1	21	91	34	5	50	44		
6	199	80	117	7	7	59	23	15	25	25	7	
6	84	29	45	12	32	185	53	21	9	9		
68	243	86	52	25	160	901	356	113	28	28	3	

特 殊 教 育

省、市、县(市)区名称	校数(所)			班数(个)	毕业生数	招生数	特殊教育总计			毕业生数
	计	公办	民办				在校学生数			
							计	其中：女	其中：寄宿生	
商丘市	**10**	**10**		**143**	**191**	**611**	**4112**	**1519**	**1097**	**133**
梁园区	2	2		27	71	67	487	158	161	61
睢阳区	1	1		13	26	185	542	205	66	19
民权县	1	1		9	5	33	115	44	53	5
睢 县	1	1		12	7	42	548	217	74	
宁陵县	1	1		12	29	56	434	137	100	23
柘城县	1	1		13	23	89	794	298	186	2
虞城县	1	1		14	13	100	678	254	223	11
夏邑县	1	1		21	16	21	352	141	141	12
永城市	1	1		22	1	18	162	65	93	
信阳市	**10**	**10**		**88**	**151**	**585**	**3000**	**1098**	**615**	**58**
浉河区	1	1		7	15	18	144	48	51	9
平桥区	1	1		9	6	51	306	121	113	
罗山县	1	1		9	18	85	376	130	66	11
光山县	1	1		16	8	44	399	96	73	7
新 县	1	1		6	13	32	146	67	25	
商城县	1	1		11	12	23	148	58	46	10
固始县	1	1		8	25	64	273	102	133	18
潢川县	1	1		11	14	75	321	127	37	3
淮滨县	1	1		5	34	151	644	252	69	
息 县	1	1		6	6	42	243	97	2	
周口市	**10**	**10**		**138**	**126**	**1017**	**4941**	**1732**	**1328**	**37**
川汇区	1	1		8	1	50	158	51	12	
扶沟县	1	1		17	10	75	364	152	64	4
西华县	1	1		8	33	107	358	128	90	13
商水县	1	1		10	10	136	688	242	289	3
沈丘县	1	1		40	12	108	811	292	210	3
郸城县	1	1		12	16	188	863	291	213	
淮阳县	1	1		9	18	132	588	215	122	8
太康县	1	1		13	11	61	401	125	109	
鹿邑县	1	1		12	11	101	395	133	92	6
项城市	1	1		9	4	59	315	103	127	
驻马店市	**10**	**10**		**137**	**262**	**825**	**5310**	**1670**	**1426**	**116**
驿城区	1	1		12	85	124	593	205	72	48
西平县	1	1		15	43	72	516	200	370	21
上蔡县	1	1		10	33	148	779	279	202	
平舆县	1	1		12	24	174	599	217	132	9
正阳县	1	1		11	19	27	357	131	70	
确山县	1	1		14	9	34	446	173	151	2
泌阳县	1	1		20	15	75	478	192	210	8
汝南县	1	1		10	7	50	268	71	75	5
遂平县	1	1		10	27	62	211	77	86	23
新蔡县	1	1		23		59	1063	125	58	
济源市	**1**	**1**		**14**	**64**	**65**	**404**	**147**	**160**	**45**

基 本 情 况（四）

特殊教育学校（机构）				初中、小学随班就读学生					教职工		代课教师	兼任教师
招生数	在校学生数			毕业生数	招生数	在校学生数			计	其中：专任教师		
	计	其中：女	其中：寄宿生			计	其中：女	其中：寄宿生				
363	2203	863	929	54	233	1723	599	168	398	373		
52	315	106	156	10	14	160	48	5	87	85		
161	399	146	56	6	23	134	54	10	51	51		
30	94	37	53		3	19	7		39	39		
8	126	42	60	7	21	315	142	14	23	23		
49	223	83	79	6	7	205	52	21	34	33		
13	268	122	135	19	76	486	168	51	40	39		
15	299	133	164	2	85	377	121	59	30	29		
21	349	139	141	4		3	2		50	36		
14	130	55	85		4	24	5	8	44	38		
185	1072	349	504	90	327	1513	619	111	287	265	5	
11	87	26	46	6	5	41	18	5	57	52		
12	94	40	89	5	24	134	51	24	23	23		
16	78	30	50	6	53	198	77	16	23	18		
38	353	78	70	1	5	38	18	3	41	37		
6	29	19	25	13	11	58	26		45	45		
21	112	45	45	2	2	31	9	1	22	19		
38	122	42	122	7	24	124	51	11	24	21		
18	58	22	22	11	53	228	97	15	13	11	5	
12	60	19	35	34	125	522	214	34	9	9		
13	79	28		5	25	139	58	2	30	30		
415	1943	687	719	82	563	2742	970	609	455	431		
43	94	27		1	7	64	24	12	30	27		
51	260	125	25	6	23	99	27	39	43	43		
40	123	42	28	16	62	214	82	62	29	25		
	152	55	124	6	130	525	185	165	35	35		
38	419	141	149	9	69	385	147	61	106	104		
86	202	65	102	16	96	609	210	111	64	63		
39	113	47	36	9	85	422	155	86	30	30		
18	157	54	68	11	38	201	57	41	50	42		
70	285	89	81	5	31	107	44	11	47	41		
30	138	42	106	3	22	116	39	21	21	21		
300	2053	796	1065	136	515	3162	850	361	362	336	6	
26	110	48	21	34	90	446	146	51	43	36	1	
16	306	122	306	22	56	210	78	64	32	32		
48	184	73	88	33	100	586	206	114	37	32		
93	273	79	117	14	81	326	138	15	38	37		
4	188	72	45	16	23	146	52	25	22	22		
12	296	121	124	5	22	127	48	27	44	44		
16	197	77	161	7	58	280	114	49	52	39	5	
6	71	30	71	2	44	197	41	4	29	29		
56	180	67	79	3	5	29	9	7	43	43		
23	248	107	53		36	815	18	5	22	22		
10	130	41	130	17	36	186	74	30	60	56		

七、全国及各省区市教育基本情况

高等教育学校(机构)数

地　　区	普　通　高　校				成人高等学校		民办的其他高等教育机构
	计	其　中:中央部门	本科院校	专科院校	计	其　中:中央部门	
全　　国	**2688**	**118**	**1265**	**1423**	**268**	**13**	**784**
北　　京	93	39	68	25	23	8	64
天　　津	56	3	30	26	14		
河　　北	122	4	61	61	6	1	38
山　　西	82		33	49	10		45
内 蒙 古	53		17	36	2		
辽　　宁	115	5	64	51	18	2	55
吉　　林	62	2	37	25	14		15
黑 龙 江	81	3	39	42	16		35
上　　海	64	10	39	25	14		213
江　　苏	167	10	77	90	8	1	
浙　　江	108	1	59	49	8		20
安　　徽	120	2	46	74	6		7
福　　建	90	2	39	51	3		
江　　西	103		45	58	8		23
山　　东	146	3	70	76	11		65
河　　南	**141**	**1**	**57**	**84**	**10**		**50**
湖　　北	128	8	68	60	14		18
湖　　南	125	3	51	74	12		27
广　　东	154	4	67	87	14		29
广　　西	78		38	40	4		
海　　南	20		8	12	1		
重　　庆	65	2	26	39	4		6
四　　川	126	6	52	74	15	1	39
贵　　州	72		29	43	3		
云　　南	81	1	32	49	2		
西　　藏	7		4	3			
陕　　西	95	6	57	38	14		
甘　　肃	49	2	22	27	5		35
青　　海	12		4	8	2		
宁　　夏	19	1	8	11	1		
新　　疆	54		18	36	6		
河南为全国%	**5.25**	**0.85**	**4.51**	**5.90**	**3.73**		**6.38**
河南居全国位次	**4**	**19**	**9**	**3**	**13**		**5**

高 等 学 校（机

地　区	毕(结)业生数				授予学位数	招生数		
	合计	其中：女	博士	硕士		合计	其中：女	博士
全　国	**639666**	**344063**	**62578**	**577088**	**715537**	**916503**	**492362**	**105169**
北　京	97895	50590	18653	79242	108932	132582	68386	27439
天　津	18520	10891	1734	16786	19584	25494	14546	3126
河　北	13874	8041	461	13413	15442	20131	11506	985
山　西	9978	6219	461	9517	11858	14128	8370	743
内 蒙 古	6443	4170	218	6225	7559	9494	5931	443
辽　宁	33111	17887	2240	30871	36405	44359	24474	3491
吉　林	19250	11832	1938	17312	21656	25613	15932	2900
黑 龙 江	20749	10559	1923	18826	23425	28272	14245	3793
上　海	46040	24640	5752	40288	52365	67488	35786	10026
江　苏	50109	25578	4975	45134	56798	73536	36647	8221
浙　江	20875	10881	2022	18853	22603	31771	16051	4032
安　徽	18065	8070	1609	16456	17592	25699	11716	2962
福　建	13301	7325	1019	12282	15016	20050	11014	1818
江　西	10621	5668	239	10382	12439	16029	8716	720
山　东	27640	15771	1712	25928	31125	40675	23112	3022
河　南	**16107**	**9532**	**335**	**15772**	**17592**	**20962**	**12640**	**937**
湖　北	39073	19740	3965	35108	46483	54466	28216	6480
湖　南	21418	11607	1790	19628	24991	29841	16388	3127
广　东	30178	16089	3085	27093	33476	46576	24595	5697
广　西	9867	5543	199	9668	10461	14329	8111	619
海　南	1644	1002	47	1597	1948	3169	1837	217
重　庆	16677	9490	1110	15567	19552	25267	14771	1864
四　川	28504	14642	2531	25973	31041	41371	21552	3932
贵　州	5559	3289	112	5447	6054	8483	5180	365
云　南	10795	6242	405	10390	12114	16653	9785	899
西　藏	577	342	14	563	569	940	563	54
陕　西	32470	16603	3043	29427	36188	48195	24541	5140
甘　肃	10398	5605	690	9708	11177	15098	8247	1320
青　海	1288	724	15	1273	1411	2444	1501	107
宁　夏	1997	1286	61	1936	2323	3257	2034	168
新　疆	6643	4205	220	6423	7358	10131	5969	522
河南为全国%	2.52	2.77	0.54	2.73	2.46	2.29	2.57	0.89
河南居全国位次	17	15	22	16	16	17	16	20

构）研究生数

	在 校 生 数				预计毕业生数			
硕士	合计	其中：女	博士	硕士	合计	其中：女	博士	硕士
811334	**2863712**	**1447939**	**424182**	**2439530**	**946443**	**478400**	**177884**	**768559**
105143	410822	197676	113302	297520	141817	68944	44107	97710
22368	79414	42119	11646	67768	26970	15393	4780	22190
19146	58420	32105	3760	54660	18416	9906	1708	16708
13385	40811	23486	3112	37699	13823	8062	1586	12237
9051	28581	17059	1915	26666	9472	5754	1060	8412
40868	133493	71043	16831	116662	46246	24239	8136	38110
22713	77113	45868	11688	65425	26502	15425	6129	20373
24479	84849	41103	15708	69141	31052	14851	7103	23949
57462	213515	105950	38055	175460	71227	35420	14897	56330
65315	241599	112496	34151	207448	76751	36842	15256	61495
27739	100719	48099	14869	85850	31313	14578	5196	26117
22737	74295	32535	9969	64326	22365	10122	2832	19533
18232	62443	32300	7536	54907	20778	10127	3007	17771
15309	45860	24165	2282	43578	14960	7891	970	13990
37653	128601	68361	11895	116706	39995	21746	5131	34864
20025	**58403**	**33867**	**3271**	**55132**	**18244**	**9544**	**1099**	**17145**
47986	191618	89874	27491	164127	62878	30013	13537	49341
26714	106840	53474	14827	92013	37311	18159	7841	29470
40879	136154	68995	19430	116724	47132	23783	8369	38763
13710	40381	21750	1999	38382	13701	6362	896	12805
2952	9693	5413	562	9131	2803	1665	162	2641
23403	84008	47001	7368	76640	24480	13822	2581	21899
37439	134753	64284	17511	117242	43234	20590	8947	34287
8118	25398	14722	1146	24252	7938	4586	447	7491
15754	49982	28239	3537	46445	16705	8726	1597	15108
886	2445	1306	164	2281	772	398	63	709
43055	156544	75674	22818	133726	50521	25856	7213	43308
13778	44855	23453	4841	40014	14898	7677	2341	12557
2337	6033	3724	298	5735	1947	1032	46	1901
3089	7777	4960	400	7377	2499	1314	101	2398
9609	28293	16838	1800	26493	9693	5573	746	8947
2.47	2.04	2.34	0.77	2.26	1.93	1.99	0.62	2.23
17	19	16	21	17	19	19	22	18

高等教育普通

地 区	毕(结)业生数				授予学位数	招生数		
	合计	其中:女	本科	专科		合计	其中:女	本科
全 国	**7585298**	**4068860**	**3947157**	**3638141**	**3891750**	**9149026**	**4956560**	**4312880**
北 京	147074	76585	121066	26008	120190	152239	79794	130851
天 津	137063	70364	79655	57408	77974	148877	79056	90245
河 北	357831	195950	174547	183284	173460	460879	262870	212885
山 西	211772	121410	121113	90659	119349	229402	132292	122810
内 蒙 古	124677	68507	60353	64324	58676	132428	74466	63245
辽 宁	257106	131471	165262	91844	164001	331129	141220	169450
吉 林	171814	90745	116628	55186	115062	203888	104867	120651
黑 龙 江	194809	100387	122745	72064	121758	238738	113797	135686
上 海	131694	71377	85641	46053	84422	139847	76058	95721
江 苏	488498	247724	266596	221902	260542	522849	287297	274259
浙 江	283396	158511	151734	131662	150481	300579	183043	151634
安 徽	321623	168113	157643	163980	156221	400798	199152	166050
福 建	200169	108022	121645	78524	121306	281180	147267	128447
江 西	303308	151513	122933	180375	122166	359431	186234	145706
山 东	577980	313848	244719	333261	242749	663148	372830	264636
河 南	**593363**	**321671**	**276666**	**316697**	**273111**	**696654**	**401504**	**287338**
湖 北	383673	190685	207828	175845	203713	435431	223680	217367
湖 南	361908	194659	166655	195253	163476	423249	234879	188797
广 东	522094	280493	267550	254544	265074	616331	326690	288197
广 西	233144	131826	108080	125064	105508	359824	189566	130049
海 南	50393	28232	25748	24645	24924	68629	35134	31249
重 庆	200819	112217	108837	91982	106851	271415	136541	117696
四 川	402922	222860	206829	196093	202911	494840	274831	235226
贵 州	169655	97911	67065	102590	64881	250966	142993	94667
云 南	196463	116685	101738	94725	99998	243379	176434	108203
西 藏	9935	5167	5968	3967	5642	10576	5440	6824
陕 西	293496	154634	160501	132995	158835	350990	171715	172015
甘 肃	123314	62542	68928	54386	67993	157239	84956	73042
青 海	18958	10198	8570	10388	8440	21419	12220	11107
宁 夏	31988	17943	17975	14013	17272	43039	23274	22004
新 疆	84359	46610	35939	48420	34764	139633	76460	56823
河南为全国%	7.82	7.91	7.01	8.70	7.02	7.61	8.10	6.66
河南居全国位次	**1**	**1**	**1**	**2**	**1**	**1**	**1**	**2**

本、专科学生数

	在校生数				预计毕业生数			
专科	合计	其中：女	本科	专科	合计	其中：女	本科	专科
4836146	**30315262**	**15679080**	**17508204**	**12807058**	**8199075**	**4190440**	**4343591**	**3855484**
21388	601545	302412	527417	74128	157743	77971	130719	27024
58632	539366	269817	359897	179469	147852	71266	88215	59637
247994	1473971	785384	822919	651052	390663	202269	195352	195311
106592	802005	438388	515842	286163	221293	115323	130328	90965
69183	472033	248482	264901	207132	135372	71810	67110	68262
161679	1041144	490023	696797	344347	263953	127611	175373	88580
83237	700145	355180	493437	206708	181967	93447	123615	58352
103052	778160	384002	542083	236077	195125	98035	129204	65921
44126	526585	273704	391302	135283	146443	74166	100282	46161
248590	1874084	922357	1139878	734206	532288	252275	292128	240160
148945	1074688	574254	636152	438536	296714	149201	160277	136437
234748	1241151	603184	679883	561268	333023	166149	169938	163085
152733	861231	449040	518096	343135	214104	113136	128545	85559
213725	1134950	554305	568044	566906	312027	155426	136353	175674
398512	2183944	1150293	1101805	1082139	617503	325001	282908	334595
409316	**2319653**	**1227146**	**1197185**	**1122468**	**650451**	**342939**	**308388**	**342063**
218064	1500819	737625	893499	607320	409895	192719	223087	186808
234452	1407108	744121	748384	658724	381609	196298	179174	202435
328134	2053977	1060617	1159808	894169	569880	284303	285306	284574
229775	1076408	571263	522722	553686	279870	143240	129526	150344
37380	207424	108340	118741	88683	52843	28121	28429	24414
153719	834864	432571	470302	364562	217972	114794	116503	101469
259614	1661737	882046	944177	717560	450888	241663	232333	218555
156299	765745	424200	371133	394612	201355	107954	86850	114505
135176	864035	503606	470776	393259	240299	139448	119806	120493
3752	36226	18833	25533	10693	9832	5244	5993	3839
178975	1121990	550765	693238	428752	299450	151148	172024	127426
84197	524948	268281	296982	227966	136319	67340	73433	62886
10312	73182	39557	42130	31052	20013	10551	9662	10351
21035	135178	73693	84360	50818	35147	18869	19446	15701
82810	426966	235591	210781	216185	97182	52723	43284	53898
8.46	**7.65**	**7.83**	**6.84**	**8.76**	**7.93**	**8.18**	**7.10**	**8.87**
1	**1**	**1**	**1**	**1**	**1**	**1**	**1**	**1**

高等教育成人

地区	毕(结)业生数				授予学位数	招生数		
	合计	其中：女	本科	专科		合计	其中：女	本科
全 国	**2131369**	**1255515**	**1016733**	**1114636**	**144387**	**3022088**	**1739845**	**1505520**
北 京	59855	31607	36020	23835	9331	49920	24952	34339
天 津	21531	11565	11159	10372	258	15195	8378	6284
河 北	171132	93541	94773	76359	6646	147946	84674	80909
山 西	24952	14770	15234	9718	1649	40098	23067	29442
内 蒙 古	8073	4885	6590	1483	241	8582	5187	7297
辽 宁	62886	35608	30377	32509	4546	95294	50526	46182
吉 林	52961	30949	30451	22510	1700	69994	42838	38305
黑 龙 江	39671	21699	24992	14679	1918	38750	22600	27691
上 海	40061	22455	26170	13891	6829	45717	24605	32970
江 苏	183877	95759	97475	86402	18093	259927	126586	136728
浙 江	93972	54823	37920	56052	10030	140507	76749	57449
安 徽	74337	47490	38521	35816	5435	115127	67718	62308
福 建	30019	18478	15204	14815	1783	34715	21481	17993
江 西	49329	31606	24144	25185	15990	84799	52007	53329
山 东	158662	96482	92594	66068	10440	292911	171738	173739
河 南	**124199**	**76888**	**64308**	**59891**	**4886**	**212846**	**136280**	**111510**
湖 北	75385	43483	37297	38088	1953	113024	64250	57641
湖 南	134003	78393	57700	76303	1722	242598	138960	118735
广 东	225670	136113	64615	161055	6315	425138	246246	119783
广 西	99262	64343	43868	55394	19275	125058	78549	59947
海 南	5346	4487	2784	2562	180	5297	4250	3057
重 庆	44915	25138	9228	35687	713	32448	16138	8223
四 川	119602	74165	41793	77809	2493	143817	88466	67757
贵 州	38101	24201	18219	19882	897	33325	21071	19406
云 南	61161	39699	26324	34837	1578	81807	51484	49905
西 藏	4436	2560	3143	1293	877	4829	2941	3718
陕 西	62355	34938	33565	28790	6215	97646	49347	45374
甘 肃	24690	11811	11541	13149	174	22628	12131	11694
青 海	4178	2911	2437	1741	1848	5121	3382	3754
宁 夏	9996	6228	5048	4948		16457	9565	8712
新 疆	26752	18440	13239	13513	372	20567	13679	11339
河南为全国%	5.83	6.12	6.32	5.37	3.38	7.04	7.83	7.41
河南居全国位次	6	6	5	7	12	5	4	5

本、专科学生数

	在 校 生 数				预计毕业生数			
专科	合计	其中：女	本科	专科	合计	其中：女	本科	专科
1516568	6685603	3923290	3413174	3272429	2646267	1499198	1295346	1350921
15581	133464	68693	95517	37947	60703	31812	40700	20003
8911	38566	20771	19028	19538	22436	12132	12040	10396
67037	429093	245449	243652	185441	210705	114695	113280	97425
10656	92344	54130	66173	26171	24180	14095	14519	9661
1285	19518	12313	16459	3059	9054	5761	7359	1695
49112	192438	107462	99953	92485	72331	37732	34760	37571
31689	134849	82087	76424	58425	60432	37171	33696	26736
11059	92071	52812	65444	26627	48286	27480	33370	14916
12747	128118	72208	93464	34654	45205	25542	30011	15194
123199	549615	272007	299183	250432	228276	110655	124038	104238
83058	264110	147757	111759	152351	110204	62364	47784	62420
52819	232117	142529	137124	94993	87094	53648	50488	36606
16722	91770	56036	48231	43539	23704	13690	13070	10634
31470	218269	142000	130209	88060	52969	34399	26601	26368
119172	556026	329835	339302	216724	238044	129642	143190	94854
101336	420347	269407	227679	192668	178498	109550	89817	88681
55383	229557	126587	124982	104575	103271	51915	54656	48615
123863	467853	274031	230665	237188	203841	115428	92907	110934
305355	931474	555436	275580	655894	254693	151893	70739	183954
65111	305128	197333	142415	162713	151422	97176	64394	87028
2240	16081	13191	8533	7548	6394	4557	2640	3754
24225	91790	47833	23524	68266	47681	22195	10811	36870
76060	327418	207779	157344	170074	131742	81956	55208	76534
13919	92078	58625	50804	41274	51239	33020	26735	24504
31902	245729	155737	138464	107265	66808	40574	27851	38957
1111	15949	9104	11772	4177	5384	1992	4025	1359
52272	194354	95677	87488	106866	78956	38543	34333	44623
10934	61979	32761	31023	30956	24875	11436	11329	13546
1367	10375	6786	7642	2733	4951	3271	3833	1118
7745	34592	20445	18924	15668	14337	6674	7324	7013
9228	68531	46469	34413	34118	28552	18200	13838	14714
6.68	6.29	6.87	6.67	5.89	6.75	7.31	6.93	6.56
5	6	5	6	5	6	6	5	6

高等教育网络本科、

地　区	毕(结)业生数				授　予 学位数	
	合计	其中: 女	本科	专科		合计
全　国	**2323128**	**1121601**	**801508**	**1521620**	**57788**	**2885458**
北　京	1137984	557754	347314	790670	22901	1783112
天　津	50007	22102	18729	31278	1149	56009
河　北						
山　西						
内蒙古						
辽　宁	101202	46915	52577	48625	4951	149081
吉　林	90820	55871	41356	49464	753	79297
黑龙江	35492	13060	11152	24340	604	21438
上　海	46175	26430	16597	29578	4510	53572
江　苏	40698	21425	17681	23017	2184	36048
浙　江	11393	7541	8691	2702	3085	950
安　徽	29	9	29			16
福　建	37755	22393	16870	20885	581	40154
江　西						
山　东	80260	35659	27928	52332	2397	69285
河　南	**41176**	**21521**	**16668**	**24508**	**1698**	**30332**
湖　北	72918	33384	23221	49697	1605	74881
湖　南	29151	16069	14241	14910	237	8890
广　东	37349	24695	15496	21853	1430	48761
广　西						
海　南						
重　庆	103653	45172	39564	64089	1399	62103
四　川	226056	87719	74354	151702	3165	191929
贵　州						
云　南	21025	11382	277	20748	21	29131
西　藏						
陕　西	129736	56458	48405	81331	4941	123851
甘　肃	30249	16042	10358	19891	177	26618
青　海						
宁　夏						
新　疆						
河南为全国%	**1.77**	**1.92**	**2.08**	**1.61**	**2.94**	**1.05**
河南居全国位次	**11**	**13**	**12**	**11**	**9**	**14**

专 科 生 学 生 数

招　生　数			在　校　生　数			
其中：女	本科	专科	合计	其中：女	本科	专科
1275879	**1006897**	**1878561**	**8578345**	**3879772**	**2941610**	**5636735**
767360	459901	1323211	5225973	2324820	1466426	3759547
25775	30566	25443	204120	93761	94392	109728
71434	78809	70272	426181	187118	224046	202135
44773	41747	37550	203168	120663	105787	97381
8143	11100	10338	55650	20554	23491	32159
29408	24288	29284	141834	76294	59719	82115
16951	23661	12387	107629	53109	62099	45530
581	950		20438	12439	16826	3612
1	16		128	21	128	
24924	24564	15590	107322	62789	54171	53151
27811	34545	34740	206086	89575	93478	112608
8119	**30332**		**126932**	**63825**	**65831**	**61101**
30597	28134	46747	268542	111345	98057	170485
5233	4635	4255	56827	29180	27748	29079
30770	20840	27921	129206	80477	56729	72477
28341	33455	28648	200033	85756	101622	98411
78511	88294	103635	539880	213641	214547	325333
11203	3058	26073	132851	59198	5241	127610
53025	54436	69415	336109	149146	133657	202452
12919	13566	13052	89436	46061	37615	51821
0.64	3.01		1.48	1.65	2.24	1.08
17	9	18	13	12	10	13

在职人员攻读硕士学位学生数(一)

地　区	授予学位数	招生数	在校生数
全　国	**108635**		**463886**
北　京	19996		60986
天　津	1485		11740
河　北	1819		6583
山　西	2062		5697
内 蒙 古	1241		6008
辽　宁	4649		15100
吉　林	4426		8865
黑 龙 江	3581		13080
上　海	8767		35907
江　苏	8316		43496
浙　江	3262		14683
安　徽	1605		8112
福　建	2224		9340
江　西	2422		5900
山　东	5091		23784
河　南	**2424**		**8857**

在职人员攻读硕士学位学生数(二)

地　区	授　予学位数	招生数	在校生数
湖　北	8515		51394
湖　南	3472		20729
广　东	3741		17075
广　西	446		4100
海　南	238		1950
重　庆	2943		15136
四　川	4249		22911
贵　州	530		3550
云　南	1850		8374
西　藏			
陕　西	6754		30831
甘　肃	1024		4672
青　海	262		701
宁　夏	448		983
新　疆	793		3342
河南为全国%	2.23		1.91
河南居全国位次	15		17

高等教育学校（机

地区	教职					
	合计	校本部				
		计	专任教师			
			计	正高级	副高级	中级
全　国	**2602793**	**2498612**	**1760786**	**230301**	**531888**	**682603**
北　京	148567	132185	73373	21228	26253	21696
天　津	49147	48499	33137	5068	10776	13257
河　北	112944	111146	79697	10809	24078	31486
山　西	61453	59941	43446	3027	11854	18146
内蒙古	41685	41217	27602	3237	9155	10789
辽　宁	100264	98478	64346	9731	21593	27079
吉　林	64513	62932	41477	6877	13685	15126
黑龙江	76271	74258	48205	8193	16897	18156
上　海	78539	74317	46970	9017	15113	17927
江　苏	176321	168994	121239	17625	42371	47874
浙　江	100481	95428	67262	10129	20298	28042
安　徽	84460	82207	62926	6176	17525	25168
福　建	74387	70880	49350	6356	15718	19725
江　西	85803	83151	60839	5671	15578	24414
山　东	166189	159107	118394	12908	35430	49229
河　南	**162945**	**157741**	**124547**	**9746**	**31538**	**50392**
湖　北	132206	127065	85953	11874	29093	30988
湖　南	109637	106133	77293	8577	22526	30588
广　东	172260	164280	117219	15595	31741	46074
广　西	76752	69290	49160	5383	13048	18781
海　南	16911	16812	11179	1640	3064	3978
重　庆	63139	61445	46288	5556	13079	18721
四　川	129638	124142	90671	10112	24597	34339
贵　州	52465	51809	38095	3774	11950	11081
云　南	56754	56010	41547	4242	11739	15630
西　藏	3813	3749	2610	291	784	1069
陕　西	110382	105206	71602	9806	22589	28710
甘　肃	41726	39968	30139	3937	9971	11616
青　海	7253	7014	4937	761	1558	1461
宁　夏	11879	11520	8497	1455	2462	2447
新　疆	34009	33688	22786	1500	5825	8614
河南为全国%	**6.26**	**6.31**	**7.07**	**4.23**	**5.93**	**7.38**
河南居全国位次	**4**	**4**	**1**	**10**	**4**	**1**

构）教职工情况

教职工		行政人员	教辅人员	工勤人员	科研机构人员	校办企业职工	其他附设机构人员
初级	未定职级						
183334	**132660**	**374330**	**232184**	**131312**	**42172**	**22317**	**39692**
2042	2154	27080	18326	13406	12022	1358	3002
2354	1682	8964	4765	1633	274	154	220
6699	6625	15473	9663	6313	295	651	852
7023	3396	7797	5346	3352	596	182	734
2611	1810	6927	4477	2211	149	45	274
4070	1873	17971	10255	5906	683	569	534
4756	1033	9810	6988	4657	534	278	769
3210	1749	12472	7755	5826	1101	439	473
2924	1989	14644	9798	2905	2165	1143	914
8654	4715	25743	14344	7668	2111	1274	3942
4243	4550	17048	8805	2313	2232	1462	1359
10007	4050	9616	5984	3681	1056	258	939
5313	2238	12566	6824	2140	683	2424	400
8529	6647	8356	10779	3177	939	1527	186
13255	7572	20830	13815	6068	4227	1887	968
22083	**10788**	**15665**	**9402**	**8127**	**514**	**596**	**4094**
8152	5846	20263	12854	7995	1838	1655	1648
7675	7927	14293	9615	4932	1143	1140	1221
8143	15666	25312	14995	6754	5132	761	2087
3125	8823	10125	4965	5040	277	531	6654
1103	1394	2765	1650	1218	51	1	47
5025	3907	8628	4101	2428	299	421	974
15351	6272	17123	9766	6582	994	2212	2290
5724	5566	7380	4270	2064	300	247	109
6023	3913	7405	4248	2810	402	125	217
325	141	626	329	184	13		51
7009	3488	17055	10705	5844	1534	773	2869
2964	1651	4931	2776	2122	163	44	1551
763	394	908	790	379	231		8
1329	804	1578	879	566	156		203
2850	3997	4976	2915	3011	58	160	103
12.05	8.13	4.18	4.05	6.19	1.22	2.67	10.31
1	2	10	13	2	18	14	2

专 任 教 师 学

地 区	计	按 学 历 分			
		博士	硕士	本科	专 科及以下
全　国	1760786	476652	645889	623647	14598
北　京	73373	48257	16505	8399	212
天　津	33137	12345	11390	9251	151
河　北	79697	13975	31796	33399	527
山　西	43446	7739	17711	17555	441
内蒙古	27602	4628	10398	12185	391
辽　宁	64346	18316	23591	21812	627
吉　林	41477	11671	16673	12926	207
黑龙江	48205	13019	17699	17270	217
上　海	46970	26324	13776	6622	248
江　苏	121239	44593	39116	37161	369
浙　江	67262	24289	22912	19782	279
安　徽	62926	12431	27713	22450	332
福　建	49350	13442	17540	17961	407
江　西	60839	10227	21026	28565	1021
山　东	118394	29756	42858	44962	818
河　南	124547	19949	50122	53011	1465
湖　北	85953	26628	30611	27948	766
湖　南	77293	16807	26996	32703	787
广　东	117219	33644	42257	40204	1114
广　西	49160	7687	22841	18190	442
海　南	11179	2261	4355	4459	104
重　庆	46288	11955	18566	15381	386
四　川	90671	19608	35407	34589	1067
贵　州	38095	6063	14100	17543	389
云　南	41547	6648	15419	18926	554
西　藏	2610	342	1391	869	8
陕　西	71602	23215	27605	20146	636
甘　肃	30139	5646	11016	13228	249
青　海	4937	769	1348	2759	61
宁　夏	8497	1428	3278	3737	54
新　疆	22786	2990	9873	9654	269
河南为全国%	7.07	4.19	7.76	8.50	10.04
河南居全国位次	1	9	1	1	1

历、职称情况

按 职 称 分				
正高级	副高级	中级	初级	未定职级
230301	**531888**	**682603**	**183334**	**132660**
21228	26253	21696	2042	2154
5068	10776	13257	2354	1682
10809	24078	31486	6699	6625
3027	11854	18146	7023	3396
3237	9155	10789	2611	1810
9731	21593	27079	4070	1873
6877	13685	15126	4756	1033
8193	16897	18156	3210	1749
9017	15113	17927	2924	1989
17625	42371	47874	8654	4715
10129	20298	28042	4243	4550
6176	17525	25168	10007	4050
6356	15718	19725	5313	2238
5671	15578	24414	8529	6647
12908	35430	49229	13255	7572
9746	**31538**	**50392**	**22083**	**10788**
11874	29093	30988	8152	5846
8577	22526	30588	7675	7927
15595	31741	46074	8143	15666
5383	13048	18781	3125	8823
1640	3064	3978	1103	1394
5556	13079	18721	5025	3907
10112	24597	34339	15351	6272
3774	11950	11081	5724	5566
4242	11739	15630	6023	3913
291	784	1069	325	141
9806	22589	28710	7009	3488
3937	9971	11616	2964	1651
761	1558	1461	763	394
1455	2462	2447	1329	804
1500	5825	8614	2850	3997
4.23	5.93	7.38	12.05	8.13
10	4	1	1	2

资　　产

地　区	占地面积（平方米）			图书（万册）		计算机数	
	计	其中：绿化用地面积	其中：运动场地面积	计	当年新增	计	其中：教计
全　国	**1839333225**	**601120134**	**138215625**	**277439.19**	**12140.41**	**13311486**	**9825423**
北　京	50075124	17812648	4052879	12212.27	313.72	810682	475334
天　津	40135336	11147552	2829181	5277.51	170.76	291912	205529
河　北	75277558	21142242	6675622	11627.73	493.52	478583	356376
山　西	34554540	8601228	3038709	6029.42	214.58	246272	189585
内 蒙 古	35519223	9689296	2701642	3802.75	121.56	203688	165954
辽　宁	68994971	21563804	5437106	10069.45	338.16	540182	392257
吉　林	42383369	12379905	2928669	6800.77	183.43	351753	250546
黑 龙 江	59938133	14552416	4142259	8116.90	257.69	348763	254276
上　海	35725473	13144440	2815151	7839.82	236.27	519767	327647
江　苏	134558085	47426806	9903214	19288.81	700.89	1171852	873637
浙　江	67802711	21799037	5999796	12096.42	510.95	637087	476879
安　徽	71793888	24435110	5674136	10112.48	453.72	444520	356715
福　建	53601509	17396511	3888422	8175.03	445.68	376382	287649
江　西	70947250	26225669	5535895	10400.58	443.75	397879	313819
山　东	138715075	48699029	9961105	18998.81	699.82	766608	591836
河　南	**119796645**	**35373955**	**9081156**	**18455.71**	**1248.98**	**748564**	**616929**
湖　北	92073120	33992943	6867115	14295.40	522.02	687390	479793
湖　南	78002562	26565358	5832075	11905.48	549.73	513909	378450
广　东	106362164	38183874	8030201	18372.89	1053.97	907500	703126
广　西	56437574	16485766	3535602	7458.90	647.96	357319	297538
海　南	12226461	4272514	839889	1815.72	88.31	79163	62173
重　庆	50079784	16911880	3736246	7134.71	329.13	348977	261439
四　川	94030328	31580260	7091143	13647.67	614.69	584758	423498
贵　州	43326703	15329998	3067423	5233.68	273.50	223539	182391
云　南	45376573	16404279	3286785	6781.88	313.07	249957	193945
西　藏	3831722	894861	299005	419.82	17.20	22355	17206
陕　西	64911541	19334041	5106605	11778.30	472.31	562614	370632
甘　肃	33046943	8562984	2316294	4233.16	195.36	189866	140414
青　海	5377817	2006668	441617	713.27	33.42	34390	26130
宁　夏	12233522	4586410	875626	1264.47	90.65	71101	51474
新　疆	42197523	14618649	2225057	3079.41	105.62	144154	102246
河南为全国%	6.51	5.88	6.57	6.65	10.29	5.62	6.28
河南居全国位次	3	4	3	3	1	5	3

情　　况（学校产权）

（台）	教室（间）		固定资产值（万元）				
学用计算机	计	其中：网络多媒体教室	全国	其中：教学、科研仪器设备资产		其中：信息化设备资产值	
其中：平板电脑				计	当年新增	计	其中：软件
160130	**739967**	**422748**	**250636102.51**	**60746398.74**	**7324466.62**	**17505555.78**	**4070392.61**
16636	21416	14954	20065637.36	6828226.13	711971.30	1580747.51	451092.24
2134	12125	6516	6477199.68	1696392.05	199484.44	422449.49	113661.34
4193	32759	17237	8728449.25	1837536.63	196498.08	552094.72	118666.03
1974	20986	9450	4580536.90	1013727.24	87592.43	303482.96	62363.59
2753	14175	8988	4217692.06	956355.21	115181.47	269650.07	79587.29
4469	28544	13893	9525637.37	2207639.18	291004.08	661911.22	131807.92
2212	14270	7868	5915548.19	1607839.70	176571.37	449071.15	98071.32
3174	23127	10917	6969717.08	1825998.72	181724.55	479434.75	119564.37
6279	17092	11642	10690338.92	3549544.71	444105.94	945431.53	232543.56
18695	54853	31646	20256945.32	4923607.47	528172.36	1379356.84	282455.25
8589	27444	19027	12073329.93	2919376.73	343026.29	832135.80	206086.68
3650	30125	16021	7879723.61	1962967.37	263010.08	486630.45	106218.33
5862	18706	11156	7579181.65	1810098.84	292666.28	479343.95	109401.64
4487	29234	17084	7180541.76	1338061.55	138924.67	438268.03	85700.06
6093	50999	28052	15371715.92	3099159.01	415969.95	978872.84	230608.80
8797	**51815**	**29067**	**11027993.12**	**2770877.67**	**363854.96**	**842967.60**	**183196.62**
7163	38027	21645	11770117.54	2987479.43	357585.49	779133.87	152835.44
8551	35992	21095	8627219.29	1782503.54	209296.84	585064.27	106008.55
11620	31036	21627	16604675.46	4182128.15	609806.16	1222326.05	267383.41
4392	20748	10871	5173974.70	1401854.82	211292.60	485655.91	119016.48
765	4474	2450	1561786.98	287544.95	24119.16	76009.49	18661.17
2644	20049	13565	7327106.16	1191409.68	158441.96	442401.84	95267.10
6025	36759	21327	10982817.03	2596310.38	289916.10	853309.72	272971.94
2862	22242	11785	4306834.88	773475.39	97533.23	298262.34	64896.27
1655	20590	9462	6034247.92	866481.76	100683.17	342603.79	62204.16
354	947	679	392554.11	92514.46	13766.19	39789.31	9426.25
6003	28350	15781	11610981.68	2453224.91	277677.35	723427.76	163346.27
3746	12787	7868	3595224.23	773461.95	117700.35	220902.54	44869.81
1854	2189	1610	424154.24	169572.98	23483.69	44019.21	18957.84
488	4995	2355	1146221.80	296959.19	28503.55	119188.96	26304.56
2011	13112	7110	2537998.35	544068.92	54902.53	171611.83	37218.30
5.49	**7.00**	**6.88**	**4.40**	**4.56**	**4.97**	**4.82**	**4.50**
4	**2**	**2**	**8**	**8**	**6**	**7**	**8**

资　　产

地　区	占地面积(平方米) 计	其中：绿化用地面积	其中：运动场地面积	图书(万册) 计	当年新增	计
全　国	269490847	59110171	14804676	6284.06	664.27	347342
北　京	7001673	1168361	563124	4.96	2.76	400
天　津	3038521	233929	190171	681.82	3.70	9657
河　北	9897458	1069234	412501	122.22	6.67	3199
山　西	6194871	816262	565191	101.46		12544
内蒙古	2348406	417596	273930	18.78	0.21	1554
辽　宁	6951788	1452578	631853	221.43	4.67	18003
吉　林	8495075	1366788	382005	13.51	8.09	1913
黑龙江	6580005	2168835	1045150	171.87		9734
上　海	4412785	1537811	266858	167.51	2.49	19608
江　苏	21943836	4583947	1457710	446.27	24.99	45305
浙　江	12707581	3029466	710066	425.91	236.92	33196
安　徽	6924750	1270503	361398	153.18	8.73	10323
福　建	11311748	2761794	610977	323.08	2.60	4410
江　西	11929809	3087937	591412	18.50	12.50	3547
山　东	13943860	2946708	435030	103.09		669
河　南	**14256501**	**2243136**	**681639**	**753.72**	**178.18**	**29281**
湖　北	13093794	2213069	633427	288.00		14002
湖　南	9858435	1602717	310427	506.88	3.86	7290
广　东	28645190	9042384	1724369	698.83	38.27	55014
广　西	5487894	746377	283482	40.49	6.55	5002
海　南	2225387	463007	47119	12.20	0.90	583
重　庆	5624174	2288767	84248	110.55	34.74	12090
四　川	22789629	5604530	1099449	112.35	51.68	8963
贵　州	6852815	2045653	184322	474.07	19.51	15965
云　南	6488180	1059440	208890	32.35	1.84	2791
西　藏				1.32		
陕　西	14331653	2732674	841046	220.23	13.83	17246
甘　肃	3800169	470296	135542	3.21	0.30	167
青　海	33333					369
宁　夏	234267			32.00		
新　疆	2087262	686370	73339	24.24	0.29	4517
河南为全国%	5	4	5	11.99	26.82	8.43
河南居全国位次	5	10	7	1	2	4

情　　况(非学校产权独立使用)

计算机数(台)		教室(间)		固定资产值(万元)		
其中:教学用计算机					其中:教学、科研仪器设备资产	
计	其中:平板电脑	计	其中:网络多媒体教室	全　国	计	当年新增
275885	**8506**	**122793**	**60278**	**17213312.13**	**1055084.82**	**119911.33**
216		1677	968	339586.44	23363.06	962.75
8409		2195	1450	271117.65	15398.58	923.07
2613		2768	510	242385.14	19614.15	2371.57
9104	1	3763	1503	406682.40	22357.03	251.95
1372		1081	427	193300.45	1628.46	251.90
13770	204	4848	1743	789119.53	54688.15	3753.18
1274	46	2881	1131	230726.15	12193.15	7326.62
7096	54	2183	1229	172420.77	25425.89	3977.51
16818	3701	3466	2377	315629.22	59499.58	3083.57
32944	536	10586	6252	1198256.78	120478.31	8511.76
27751	846	5180	3463	1479782.27	69092.87	10936.06
8775		3605	1680	210808.64	21770.55	3145.35
3948		3984	2411	795882.85	20290.49	3182.52
3204	120	3576	1497	312968.80	15589.09	6045.39
596		5027	2101	806686.76	29076.33	3941.66
24768	**984**	**8065**	**2882**	**1025325.82**	**69977.61**	**10801.62**
10881	20	6313	1443	820776.09	42540.05	342.92
6349	21	5448	2091	820274.69	45057.30	2616.53
44135	601	15886	10455	2629098.77	90999.37	7643.55
3769	301	2776	1565	361601.68	17257.46	420.24
470	27	337	236	200099.93	4418.74	507.30
7570	269	1676	964	220737.72	26287.77	8853.15
7075	523	8410	4936	2128521.06	156076.01	23281.11
13017	3	3569	1203	624387.66	45278.16	2184.64
2557	10	3712	1885	365249.14	9355.48	2617.13
				608.50		
13212	100	8033	3172	149941.40	24664.64	1250.69
167		242	133	35498.64	3972.39	269.75
304		13	13	3652.00	1005.80	10.80
		436	44	18993.06	215.06	215.06
3721	139	1057	514	43192.12	7513.27	232.00
8.98		**6.57**	**4.78**	**5.96**	**6.63**	**9.01**
4		**4**	**6**	**5**	**4**	**3**

校　舍　情　况

单位:平方米

地　区	学校产权建筑面积				正在施工面积	独立使用非学校产权建筑面积
	计	其中：危房	其中：当年新增校舍	其中：被外单位借用		
全　国	902198125	1159315	29226519	1780275	67827222	132468131
北　京	43482824	149955	1188859	154560	2958737	2182739
天　津	17460881	1420	921228	35946	1611958	1679115
河　北	38230477	14951	1471579		1263299	3020458
山　西	19842874	19235	119427	152909	1316406	3106371
内　蒙　古	14570997	4400	241253	6888	1176814	879056
辽　宁	32952560	33520	735557	54260	2143710	4380613
吉　林	18494423	1497	27216	19858	1586178	2469921
黑　龙　江	27073345		546944		943115	2227582
上　海	23639173		1061213	307407	1574989	3114099
江　苏	62254549	45297	1246320	290550	2329301	10759582
浙　江	36337796	4428	2305793	214976	3005522	8082424
安　徽	35904300	50979	1627355	21823	2690688	2607558
福　建	23376492	28680	1044221	1966	2168048	6104013
江　西	32927173	5845	2009169	82400	1703410	4118609
山　东	59873621	320503	1155712	18272	5490669	6651613
河　南	63297053	40287	1532109	70796	3584916	8479362
湖　北	49449536	34158	537163	46131	2839189	6405302
湖　南	37790957	90566	1118233		1817134	4750758
广　东	45096680	28971	1519908	112735	4570473	18977177
广　西	25542919	25139	826217	16000	2495547	3362989
海　南	5535948	14065	158904		792649	1168012
重　庆	25342832	5493	1244646		898374	1922815
四　川	41084919	23955	1528211	129835	4312623	10646039
贵　州	22902756	5234	585080	13288	2181803	3098885
云　南	17851835	92742	513567	23067	3310527	3924623
西　藏	1325410	8576		6265	383880	
陕　西	42645579	18498	2037173	340	5146178	6901003
甘　肃	16545020	24862	1019986		1832011	417766
青　海	2819322	17717	53836		46998	19124
宁　夏	4054819		139981		64141	175817
新　疆	14491056	48342	709659		1587935	834707
河南为全国%	7.02	3.48	5.24	3.98	5.29	6.40
河南居全国位次	1	8	5	9	5	4

普通高中校数、班数

地 区	学 校 数 （所）				班 数 （个）			
	全国	完全中学	高级中学	十二年一贯制学校	计	一年级	二年级	三年级
全 国	**13964**	**5392**	**7003**	**1569**	**479637**	**165774**	**156709**	**157154**
北 京	318	170	36	112	5054	1646	1632	1776
天 津	187	105	69	13	3859	1246	1266	1347
河 北	679	228	383	68	26646	9598	8599	8449
山 西	522	217	252	53	14062	4741	4528	4793
内 蒙 古	303	114	158	31	9405	3119	3084	3202
辽 宁	420	53	337	30	13423	4475	4316	4632
吉 林	251	65	169	17	8373	2938	2640	2795
黑 龙 江	368	81	262	25	11106	3778	3544	3784
上 海	258	86	144	28	4670	1579	1528	1563
江 苏	580	86	438	56	22261	7949	7374	6938
浙 江	601	85	469	47	18842	6466	6173	6203
安 徽	667	276	305	86	21783	7517	7184	7082
福 建	544	426	79	39	13614	4658	4514	4442
江 西	496	248	156	92	19910	7203	6452	6255
山 东	640	93	472	75	35126	12184	11466	11476
河 南	**889**	**169**	**601**	**119**	**38316**	**13762**	**12505**	**12049**
湖 北	532	73	403	56	16021	5503	5267	5251
湖 南	642	213	344	85	22411	7919	7446	7046
广 东	1008	536	319	153	37648	12870	12356	12422
广 西	490	195	270	25	17874	6355	5880	5639
海 南	124	79	13	32	3553	1237	1170	1146
重 庆	260	216	38	6	11284	3839	3693	3752
四 川	779	521	163	95	26851	9318	8715	8818
贵 州	468	151	261	56	18750	6206	6173	6371
云 南	547	354	160	33	16606	5923	5425	5258
西 藏	35	6	26	3	1327	453	450	424
陕 西	471	202	224	45	13929	4470	4638	4821
甘 肃	376	154	204	18	10735	3507	3519	3709
青 海	108	38	54	16	2510	845	834	831
宁 夏	65	19	45	1	2879	1007	952	920
新 疆	336	133	149	54	10809	3463	3386	3960
河南为全国%	6.37	3.13	8.58	7.58	7.99	8.30	7.98	7.67
河南居全国位次	2	14	1	2	1	1	1	2

普通高中学生数

地区	毕业生数	招生数	在校生数					预计毕业生数
			合计	其中：女	一年级	二年级	三年级	
全国	**7892494**	**8394949**	**24143050**	**12242772**	**8398599**	**7846454**	**7897997**	**7897972**
北京	50390	51403	152857	77905	51879	47264	53714	53714
天津	54368	52243	158561	81400	52268	51297	54996	54996
河北	427550	506728	1411999	738507	506739	449082	456178	456178
山西	244365	224654	660092	343727	224686	207968	227438	227438
内蒙古	144760	130362	406205	211418	130364	132955	142886	142886
辽宁	206749	203043	601543	313787	203093	188960	209490	209490
吉林	137352	149522	418443	216923	149525	128503	140415	140415
黑龙江	185865	190255	551656	287021	190255	172378	189023	189023
上海	51624	54236	159445	81930	54791	52302	52352	52352
江苏	313885	387603	1050290	508792	387881	350374	312035	312035
浙江	254026	273060	784233	396658	273109	254747	256377	256377
安徽	363296	378830	1088028	513099	378867	357500	351661	351661
福建	210157	221862	639259	322597	221952	210107	207200	207200
江西	326947	377216	1055368	474097	377460	342943	334965	334965
山东	551604	587874	1672070	858974	587881	541885	542304	542304
河南	**679853**	**749785**	**2158790**	**1091719**	**749822**	**718465**	**690503**	**690503**
湖北	274071	301376	852203	409667	301461	276468	274274	274274
湖南	379575	437339	1221359	595507	437345	398401	385613	385613
广东	628523	639413	1837399	904044	639955	597021	600423	600398
广西	326975	394233	1091029	583456	394307	357515	339207	339207
海南	57354	60586	172528	85386	60614	56403	55511	55511
重庆	206590	209829	616561	313016	209996	197917	208648	208648
四川	470039	484081	1398064	719517	484331	455851	457882	457882
贵州	333356	325020	992072	516355	325044	325976	341052	341052
云南	272366	330490	909138	508880	330706	294676	283756	283756
西藏	19159	23238	65500	36121	23278	22114	20108	20108
陕西	252235	212712	683891	341546	212763	229518	241610	241610
甘肃	193621	172017	526270	263914	172022	171777	182471	182471
青海	41582	42236	126349	66733	42424	41843	42082	42082
宁夏	47318	53619	153403	82964	53655	50601	49147	49147
新疆	186939	170084	528445	297112	170126	163643	194676	194676
河南为全国%	8.61	8.93	8.94	8.92	8.93	9.16	8.74	8.74
河南居全国位次	1	1	1	1	1	1	1	1

普通中学教职工数

地 区	教职工数						代课教师	兼任教师
	合计	专任教师	行政人员	教辅人员	工勤人员	校办企业职工		
全 国	**7184080**	**6389497**	**190484**	**277656**	**324861**	**1582**	**60978**	**18406**
北 京	91277	71271	7209	9457	3317	23		1292
天 津	56241	48173	3490	3599	974	5	111	447
河 北	394332	347695	12619	16854	17022	142	3084	624
山 西	226739	191581	6485	13260	15336	77	5816	971
内 蒙 古	135351	107164	6469	14278	7437	3	938	161
辽 宁	204608	177439	17618	6292	3247	12	48	238
吉 林	137695	113475	7465	13395	3306	54	208	197
黑 龙 江	177408	150410	8359	11606	7005	28	2573	240
上 海	89952	74450	5035	6568	3898	1	335	209
江 苏	384087	344304	6585	15476	17566	156	3530	405
浙 江	261384	234451	5736	9244	11923	30		346
安 徽	312381	278849	7008	8047	18438	39	3372	731
福 建	187058	167494	4858	7666	6934	106	3084	117
江 西	237636	226371	1805	3668	5769	23	252	1086
山 东	536931	493448	8752	20714	13996	21	2458	675
河 南	**580080**	**520378**	**14539**	**13341**	**31784**	**38**	**11869**	**2455**
湖 北	256597	223227	7156	10960	15059	195	3862	722
湖 南	340714	312303	6993	9500	11894	24	4252	477
广 东	633195	550707	15529	23277	43322	360	237	446
广 西	242390	216558	3691	8280	13852	9	228	2292
海 南	57610	49190	1517	1393	5358	152	985	187
重 庆	138577	128021	2876	3594	4054	32	1440	274
四 川	418103	382718	7511	9390	18472	12	4500	1290
贵 州	231843	210334	4671	3386	13452		39	547
云 南	224201	206645	2400	4000	11140	16	2	805
西 藏	18522	17965	148	177	232			
陕 西	200738	175223	8605	9621	7278	11	1146	73
甘 肃	151602	142809	2172	3900	2721		1016	865
青 海	34734	32015	250	276	2190	3	671	51
宁 夏	36040	34116	362	910	652		1143	80
新 疆	186054	160713	2571	15527	7233	10	3779	103
河南为全国%	8.07	8.14	7.63	4.80	9.78	2.40	19.46	13.34
河南居全国位次	2	2	3	8	2	10	1	1

普通高中专任教师

地区	合计	其中：女	按学历		
			研究生毕业	本科毕业	专科毕业
全国	**1859242**	**1017816**	**197002**	**1636615**	**25257**
北京	20633	14816	6689	13914	29
天津	16596	11898	3090	13439	65
河北	107059	71714	10312	95336	1397
山西	64157	40757	6706	56545	896
内蒙古	36966	23378	5689	30726	551
辽宁	52378	36276	6140	45688	525
吉林	31691	21206	3534	27937	219
黑龙江	42909	28141	3770	38741	391
上海	18609	12402	4659	13943	7
江苏	99291	50138	18817	80259	215
浙江	71952	38955	8958	62767	225
安徽	80367	33891	6150	73044	1157
福建	51952	25987	4333	46922	693
江西	60479	27609	5872	51709	2866
山东	142963	78620	17643	123884	1401
河南	**138269**	**78920**	**14634**	**121117**	**2509**
湖北	66902	28322	6065	59900	918
湖南	84365	39375	5975	76791	1554
广东	148775	82826	19454	128350	963
广西	63091	36966	4242	57613	1202
海南	13589	7741	888	12410	290
重庆	39882	20105	3804	35539	524
四川	101167	48947	7440	92596	1126
贵州	68099	32548	3700	63214	1160
云南	62489	33631	3283	58285	899
西藏	5748	3109	379	5293	76
陕西	57473	31425	7129	49817	516
甘肃	45813	19390	3949	40382	1471
青海	9994	5310	667	9005	316
宁夏	11322	6224	999	10127	193
新疆	44262	27189	2032	41322	903
河南为全国%	**7.44**	**7.75**	**7.43**	**7.40**	**9.93**
河南居全国位次	**3**	**2**	**4**	**3**	**2**

学历、职称情况

分		按 职 称 分					
高中阶段毕　业	高中阶段毕业以下	正高级	副高级	中级	助理级	员级	未定职级
349	**19**	**4623**	**513213**	**681882**	**454822**	**17787**	**186915**
1		98	8228	6317	4372	73	1545
2		36	6435	6807	2517	73	728
14		192	24507	42592	22141	2764	14863
9	1	120	13274	22232	19995	561	7975
		80	11234	13652	8137	209	3654
23	2	48	22594	18564	6751	140	4281
1		107	10181	12154	6421	122	2706
7		90	13635	18043	8910	245	1986
		49	5605	8016	3953	51	935
		453	38403	37451	16054	154	6776
2		187	24667	25499	15423	229	5947
16		154	24586	27828	15210	1337	11252
4		116	15987	19790	12427	283	3349
32		94	20583	17993	12597	576	8636
35		254	29860	54062	43071	450	15266
9		**80**	29276	46049	44819	1583	16462
17	2	274	21966	28299	11754	642	3967
40	5	248	24295	30558	18347	1558	9359
8		280	35816	63389	35868	1481	11941
32	2	213	12778	23289	16923	1245	8643
1		67	3541	4767	3808	97	1309
15		204	10569	14615	12151	68	2275
5		241	31334	38381	23833	694	6684
24	1	272	14681	21785	21611	1039	8711
18	4	216	19733	20131	15162	148	7099
		7	832	2048	2245	317	299
11		147	14206	21645	16748	255	4472
11		164	10364	18631	14327	139	2188
5	1	20	2600	3184	2637	255	1298
3		24	3295	3866	3277	109	751
4	1	88	8148	10245	13333	890	11558
2.58		1.73	5.70	6.75	9.85	8.90	8.81
14		23	5	3	1	2	1

普　通　高　中

地　区	校舍建筑面　积	教学及		
		计	其	
			教　室	实验室
全　国	**567885586**	**208523197**	**122576752**	**35431535**
北　京	10929957	3905408	2123836	625250
天　津	5108744	1859164	986018	326005
河　北	28563174	10290175	6126978	1969139
山　西	18625033	6509413	3926326	1134189
内蒙古	10583334	4285808	2463911	658710
辽　宁	11502331	3999656	2113064	559801
吉　林	6305869	2174397	1294403	294414
黑龙江	8874970	3427516	1951543	508737
上　海	7475983	3328609	1521109	689369
江　苏	30942588	12924246	6162452	2588764
浙　江	26948189	10268389	5008869	1873168
安　徽	27909731	10271571	6435132	1712195
福　建	21176341	8701779	4506530	1998638
江　西	20401199	7942005	5054334	1095305
山　东	38203687	12574689	6890494	2410221
河　南	**35427105**	**12030374**	**8136095**	**1781994**
湖　北	19876695	6274265	3692935	1117058
湖　南	27243657	9287522	5146447	1512494
广　东	53416967	20527552	12473372	3176080
广　西	19597560	6824414	4437895	1004957
海　南	5601766	2059692	1244214	351699
重　庆	14771497	5649512	3674919	841039
四　川	32978116	12934990	8783855	1813090
贵　州	19896627	6137832	3642415	1054887
云　南	20340005	7124223	4326104	1192372
西　藏	1513105	467941	249878	85263
陕　西	15431376	5539007	3292127	1086406
甘　肃	9915520	3605399	2243301	656192
青　海	2849423	1143432	706362	202607
宁　夏	3016960	1216178	646175	267901
新　疆	12458076	5238040	3315660	843590
河南为全国%	**6.24**	**5.77**	**6.64**	**5.03**
河南居全国位次	**3**	**5**	**3**	**8**

办　学　条　件（一）

单位：平方米

辅助用房				行政办公用房	
中				计	其中：教师办公室
图书室	微机室	语音室	体育馆		
18570737	**8426928**	**3138972**	**20378273**	**44391674**	**25228872**
306843	143542	30546	675391	1076244	525942
170818	72374	25895	278053	613048	366676
1006391	439780	155670	592216	2181520	1378082
640003	260636	98686	449573	1580001	971478
337896	153022	66587	605683	924943	592099
404869	157342	62772	701807	1083128	593110
151463	89043	36245	308830	645096	375910
259009	142746	62394	503087	876026	539761
305522	136276	45447	630887	814931	348394
1527609	746087	237885	1661449	2870341	1580683
1154873	340357	123918	1767205	1984234	1115213
889066	400471	149743	684965	1983663	1062338
972683	271114	78025	874789	1533811	718161
721610	354746	133158	582851	1689731	797574
1171382	600002	236498	1266093	3330700	1978634
968418	**448942**	**161340**	**533586**	**2876393**	**1851436**
526813	237298	125040	575120	1558383	887615
897575	332139	145784	1253084	1702236	957285
1607721	773128	340420	2156832	3638778	1980997
592028	221844	85523	482167	1061609	674775
175662	80204	20266	187646	307629	153403
390806	206436	89270	447042	982803	499189
829858	497233	181628	829325	2026576	1167006
582516	235243	92073	530699	1452969	761244
618280	369015	102548	515904	1328759	722453
39901	11290	9864	71744	96763	63437
482882	242992	113397	321202	1470334	932248
291758	172630	54642	186876	966149	644705
94163	39189	11760	89350	275812	146479
105677	59436	22799	114190	323972	212507
346642	192371	39150	500627	1135092	630041
5.21	**5.33**	**5.14**	**2.62**	**6.48**	**7.34**
7	**5**	**5**	**16**	**3**	**3**

普通高中

地区	计	教工宿舍		学生宿舍
		计	其中:教师周转宿舍	
全　　国	**268028487**	**45245427**	**12926067**	**144349376**
北　　京	3227238	449560	79200	1228631
天　　津	1770073	154422	35460	721526
河　　北	14099892	1622450	411059	8232472
山　　西	8646587	1297864	173366	4721413
内　蒙　古	4356432	238861	78668	2547999
辽　　宁	4914409	299210	52498	2664888
吉　　林	2559729	54062	10606	1335891
黑　龙　江	3472741	146279	38840	1899077
上　　海	2447785	136503	19848	1081964
江　　苏	12642665	1706304	382857	6746141
浙　　江	12195378	1560323	379792	6901860
安　　徽	13881534	2603856	639674	7577120
福　　建	8686007	2063324	587776	4373097
江　　西	9517862	1639730	387054	5298953
山　　东	18376963	1888239	663101	10009825
河　　南	**18825123**	**2914668**	**549132**	**10870397**
湖　　北	10682398	3022446	666201	5093692
湖　　南	14441981	4178986	1207284	6716545
广　　东	24299779	5436276	919099	12535749
广　　西	11188188	2658430	810372	6357297
海　　南	2933977	851523	364793	1390697
重　　庆	7177437	1403418	425736	3951108
四　　川	16348641	2791644	1092501	9450253
贵　　州	10747721	1818952	1113184	6280787
云　　南	10650605	1383681	523007	5876213
西　　藏	900604	298500	271519	413884
陕　　西	7138401	1320380	359187	3733785
甘　　肃	4029269	555060	215808	1972527
青　　海	1268031	191765	125801	636475
宁　　夏	1211658	75484	15565	720004
新　　疆	5389380	483228	327078	3009107
河南为全国%	7.02	6.44	4.25	7.53
河南居全国位次	2	4	10	2

办　学　条　件（一）（续）

单位：平方米

用　房			其他用房	校舍面积中	
食　堂	厕　所	其　他		危房面积	当年新增校　舍
47136270	**15228464**	**16068951**	**46942228**	**1807937**	**26600491**
711609	370295	467143	2721067		304259
360151	193177	340798	866459		177934
2770635	643868	830467	1991587	834	2679737
1698952	498833	429525	1889032	67175	549591
887391	326413	355767	1016152	5910	512456
1110174	385358	454778	1505138	12110	525160
597865	232652	339259	926647	23224	270362
692978	239321	495086	1098687	14099	172360
482954	296998	449365	884658		124236
2654514	777358	758348	2505336		650107
2464002	713140	556053	2500188		1060076
2384563	654571	661423	1772963	42486	934364
1369057	450665	429865	2254744	30396	788884
1602874	572441	403866	1251601	96295	2136642
3987892	1190077	1300930	3921335	23438	2195257
3423221	**879055**	**737782**	**1695215**	**12477**	**1860234**
1620213	386111	559936	1361650	92007	590797
2275144	599959	671346	1811918	55187	1011221
3494551	1500494	1332710	4950858	20694	1396497
1470169	406986	295306	523349	210859	1512517
392139	144724	154894	300469	17049	372872
1125761	330185	366966	961746	18825	381162
2739425	815139	552180	1667908	94447	1862645
1645398	556455	446128	1558104		1353535
1709876	614577	1066257	1236419	364948	747031
138633	17700	31886	47797	960	158815
1183585	455077	445574	1283634	3537	1071923
670330	345769	485583	1314703	600330	498888
233929	113836	92026	162149	652	165168
238255	99832	78083	265154		166370
1000031	417395	479619	695564		369390
7.26	5.77	4.59	3.61	0.69	6.99
3	3	6	11	17	5

普 通 高 中

地 区	占地面积(平方米)			图 书（册）	计算机数	
	计	其 中			计	其中：教计
		绿化用地面积	运动场地面积			
全　　国	1080461698	285264980	260465556	990795038	5793640	4792734
北　　京	15698850	3448272	4797825	20608748	242995	205268
天　　津	9321872	1545052	2621117	12869672	75109	64645
河　　北	53571755	10849818	12624459	51645810	260357	242450
山　　西	36391063	6962055	7785757	26453386	159236	128437
内　蒙　古	24129511	4610938	6213066	14969630	100660	80439
辽　　宁	23993763	4435569	6596815	17452715	130711	94634
吉　　林	12737118	2690868	3997834	11291419	70790	50222
黑　龙　江	21118829	3032070	5207541	10998117	93247	66179
上　　海	10800466	3683698	2564647	15099509	137610	106868
江　　苏	56368072	20186820	12860721	55421216	336055	289497
浙　　江	48885973	15930867	11431034	47780991	291943	248544
安　　徽	54189470	13340985	11464680	36741719	263621	218268
福　　建	39378717	10610362	10529948	50603387	236436	181969
江　　西	42967268	12392999	10627648	41133187	193787	157015
山　　东	74758700	21386211	17251815	63809195	365954	312282
河　　南	69441629	14811808	13439289	38291455	233391	191832
湖　　北	39721038	11909257	7938745	22172803	133369	110231
湖　　南	51300502	14877567	10269488	40494020	196137	161720
广　　东	90317662	28870208	22964862	113080186	731070	609181
广　　西	35688483	9057033	8288345	36290487	152590	112948
海　　南	11334808	3154205	2404411	9215398	53588	44957
重　　庆	23039301	6753603	6568889	22720801	133254	110752
四　　川	57355878	13429612	18806963	67908807	345408	289095
贵　　州	38882062	10780439	9286364	38434537	164074	134279
云　　南	44019731	13044142	10068805	36732541	196745	161405
西　　藏	3871735	795053	588416	1751982	9512	6282
陕　　西	27416090	5753502	7269952	38597444	186958	168262
甘　　肃	19552617	3935945	5523338	20229811	105535	91293
青　　海	6752966	1573068	1678684	5920044	32755	25549
宁　　夏	8046839	2553026	1627940	5807240	38881	34102
新　　疆	29408928	8859930	7166160	16268781	121862	94129
河南为全国%	6.43	5.19	5.16	3.86	4.03	4.00
河南居全国位次	3	6	4	12	10	9

办 学 条 件（二）

（台）	教室（间）		教室中：普通教室（间）		固定资产总值（万元）		
学用计算机 其中：平板电脑	计	其中：网络多媒体教室	计	其中：网络多媒体教室	计	其中：教学仪器设备资产值	
						计	其中：实验设备
422130	**1160570**	**821250**	**865313**	**715801**	**99312352**	**10736418**	**3186987**
30197	28451	24725	18085	17263	3068322	840332	166191
4506	11558	9601	7805	7386	856575	139549	28413
14859	58970	43934	49389	41747	4170013	359051	121718
8358	36734	24731	27944	22543	3299674	271423	106458
3680	19582	14727	14040	12976	2411726	230934	66608
10757	25403	16700	20297	14992	1852843	215660	70155
5236	18208	9958	13563	8948	1130827	118433	39314
3431	23830	14327	16137	12683	1469486	167663	49197
11722	17264	13860	10487	9650	2377382	368480	90005
20264	58338	41497	37098	32851	6584086	624241	180278
25728	43192	34570	27940	26574	5129586	617394	154166
45325	53289	34909	43227	32354	4263223	366105	123505
11881	46187	33930	29489	27628	3351879	467761	142521
12026	48283	34007	39149	31633	2575988	326916	99982
17615	76705	54118	54645	46476	7235487	572390	169123
16906	**69803**	**43388**	**59664**	**40961**	**4764405**	**353778**	**127016**
11727	35992	21683	27421	19887	3386230	284669	109269
10720	52604	33598	41713	31574	4562074	414352	147180
77826	103069	84825	75789	72114	8985147	1117654	295152
10565	33483	23745	28137	22364	2248825	263087	97359
3353	11471	7906	8530	7232	1028000	138919	39993
10197	27419	23949	21401	20389	2202219	211404	51890
19221	72968	48841	59295	44342	5971346	721161	220370
11170	38308	27479	29251	24872	3857364	387468	118624
3685	47219	28343	36395	26332	3702572	280354	70511
290	2104	1544	1699	1358	409598	14590	4842
9280	33481	26659	26168	22886	2846176	351796	152067
3918	24921	16187	13702	12956	1857232	169941	49596
1665	6645	3281	4594	2910	674648	52443	20095
2172	5964	4424	4109	3778	669583	69305	21382
3850	29125	19804	18150	16142	2369835	219163	54009
4.00	6.01	5.28	6.90	5.72	4.80	3.30	3.99
8	4	5	2	5	6	13	10

中 等 职 业 学

地 区	中等职业学校					普通中等专业学校			
	计	中央部门	地方部门	民办	中外合作办	计	中央部门	地方部门	民办
全 国	**7686**	**21**	**5679**	**1985**	**1**	**3339**	**18**	**2464**	**857**
北 京	84	8	57	19		29	7	21	1
天 津	69		63	6		38		36	2
河 北	601	2	432	167		252	2	106	144
山 西	343		249	94		88		76	12
内 蒙 古	237		172	65		74		34	40
辽 宁	269		184	85		103		93	10
吉 林	255		188	67		41		36	5
黑 龙 江	219		168	51		76		35	41
上 海	90	2	84	3	1	57	2	54	1
江 苏	206		182	24		148		134	14
浙 江	245		202	43		46		39	7
安 徽	328		225	103		214		144	70
福 建	180		151	29		180		151	29
江 西	327	1	237	89		95	1	80	14
山 东	391	1	289	101		240		178	62
河 南	**574**	**1**	**416**	**157**		**145**	**1**	**121**	**23**
湖 北	272	2	215	55		212	2	170	40
湖 南	487		272	215		36		32	4
广 东	426		314	112		319		229	90
广 西	248		187	61		248		187	61
海 南	73		41	32		30		22	8
重 庆	129		107	22		25		21	4
四 川	408		237	171		201		71	130
贵 州	185		144	41		65		60	5
云 南	370		325	45		87		70	17
西 藏	11		11			11		11	
陕 西	230		150	80		31		29	2
甘 肃	205		175	30		115		108	7
青 海	36	1	28	7		33	1	26	6
宁 夏	30		23	7		13		7	6
新 疆	158	3	151	4		87	2	83	2
河南为全国%	7.47	4.76	7.33	7.91		4.34	5.56	4.91	2.68
河南居全国位次	**2**	**6**	**2**	**4**		**10**	**6**	**8**	**11**

注:本表不含技工学校校数。

校 （机 构） 数

单位：所

中外合作办	成人中等专业学校					职业高中学校				
	计	中央部门	地方部门	民办	中外合作办	计	中央部门	地方部门	民办	中外合作办
	1032	**1**	**928**	**103**		**3315**	**2**	**2287**	**1025**	**1**
	11	1	9	1		44		27	17	
	17		17			14		10	4	
	162		156	6		187		170	17	
	25		25			230		148	82	
	55		55			108		83	25	
						166		91	75	
	72		72			142		80	62	
	32		29	3		111		104	7	
	10		8	2		23		22		1
	10		9	1		48		39	9	
	14		13	1		185		150	35	
	29		26	3		85		55	30	
	87		87			145		70	75	
	28		22	6		123	1	89	33	
	159		108	51		270		187	83	
	7		4	3		53		41	12	
	83		68	15		368		172	196	
	5		5			102		80	22	
	1		1			42		18	24	
	42		39	3		62		47	15	
	14		9	5		193		157	36	
	5		5			115		79	36	
	123		122	1		160		133	27	
	3		3			196		118	78	
	18		16	2		72		51	21	
	2		2			1			1	
	2		2			15		14	1	
	16		16			55	1	52	2	
	15.41		11.64	49.51		8.14		8.18		
	2		3	1		2	3	1		2

中 等 职 业 学 校

地 区	毕业生数		招 生 数			其中：五年制高职中职段
	计	其中：获得职业资格证书	计	其中：应届毕业		
				计	其中：初中毕业生	
全 国	**3950427**	**2839511**	**4574121**	**4165127**	**4054872**	**542276**
北 京	22939	9377	12578	11095	10672	6773
天 津	30005	22937	24971	23968	22798	4072
河 北	244988	184967	315647	278547	267789	7596
山 西	107153	91546	106945	97876	91342	20351
内 蒙 古	59815	31533	57572	54449	53232	6865
辽 宁	99924	50529	86152	79967	76289	11641
吉 林	43181	17636	43755	39748	38052	16658
黑 龙 江	61511	18249	55174	47511	42662	2758
上 海	33778	26911	34291	31219	31046	7994
江 苏	201787	175617	212812	206781	199327	60111
浙 江	172310	161622	199421	194457	194308	37949
安 徽	267892	207708	302038	266187	255992	29816
福 建	110432	97549	130126	119868	118115	19423
江 西	112129	105329	149327	141223	140484	12683
山 东	259891	164970	267223	255871	253641	88321
河 南	**343875**	**219728**	**420862**	**379187**	**370098**	**40550**
湖 北	116755	83438	144955	140994	139716	11850
湖 南	209896	161591	253467	237365	234069	10518
广 东	279317	185207	314820	290868	284058	11859
广 西	196423	113794	259391	202052	190850	20949
海 南	34764	10802	42818	35050	34388	5497
重 庆	92141	71461	123645	120180	119253	23011
四 川	307889	269076	323855	291058	281976	6482
贵 州	142170	94041	154707	138810	135266	2708
云 南	148998	101414	194839	165654	163326	45234
西 藏	6601	873	10537	9539	9487	
陕 西	73018	51756	109191	103124	100376	17841
甘 肃	59734	47652	76052	71607	70417	3755
青 海	20184	11143	31917	21855	21453	349
宁 夏	22966	13766	27933	26702	26615	2144
新 疆	67961	37289	87100	82315	77775	6518
河南为全国%	8.70	7.74	9.20	9.10	9.13	7.48
河南居全国位次	1	2	1	1	1	4

（机构）学生数

在校学生数					预计毕业生数	
计	一年级	二年级	三年级	四年级及以上	计	其中：五年制高职中职段
12161663	**4577580**	**3841851**	**3687756**	**54476**	**3919994**	**460034**
49356	12634	14284	18841	3597	18586	7620
80942	25211	26998	28358	375	31300	4516
774629	315647	236776	220945	1261	270900	12411
296674	106989	91261	96394	2030	101186	14997
168536	57603	53026	57361	546	57851	8646
265089	86159	76369	96273	6288	99319	8992
117863	43755	34177	39735	196	41096	11456
167688	55176	48755	59861	3896	62918	3192
99979	34466	32136	30960	2417	33192	6528
621530	212838	197355	207816	3521	210132	54189
542066	199535	171972	165750	4809	171549	31990
750713	302041	235401	211752	1519	260051	29264
334826	130157	108132	96484	53	101379	6525
385493	151193	121728	111281	1291	107638	13125
730464	267223	229588	232067	1586	235070	60819
1110637	**420863**	**359113**	**327322**	**3339**	**335370**	**37596**
391910	145004	125614	118843	2449	118975	11788
669992	253735	213939	198350	3968	209296	23917
859668	314750	278830	265271	817	270226	5955
680286	259391	218249	201498	1148	210574	16221
117313	42824	37437	35811	1241	35840	4218
317203	123648	99910	92961	684	92972	11790
796091	323971	237531	233303	1286	285895	7022
438121	154920	142578	140623		146221	5990
513232	194853	163960	154134	285	155543	41654
25402	10537	8624	6137	104	6225	
257529	109211	75407	72534	377	75071	11259
186733	76059	60614	49730	330	54661	1492
81621	31927	25103	22679	1912	21354	784
74640	27933	24202	22019	486	22759	501
255437	87327	92782	72663	2665	76845	5577
9.13	9.19	9.35	8.88	6.13	8.56	8.17
1	1	1	1	7	1	4

中 等 职 业 学 校

地区	教职			
	计	校本部		
		计	专任教师	行政人员
全国	**801482**	**798471**	**642197**	**62745**
北京	9322	9312	6019	1639
天津	7972	7935	5782	1248
河北	60704	60678	48484	4825
山西	29157	29147	23248	2264
内蒙古	18195	18162	13632	1675
辽宁	25604	25576	19153	3300
吉林	18289	18289	13921	1949
黑龙江	17054	17053	12604	1941
上海	11722	11689	8160	1784
江苏	50609	50570	43161	2333
浙江	39836	39819	35613	1257
安徽	32768	32661	27884	2011
福建	19928	19912	16778	1303
江西	19701	19626	14225	1691
山东	58249	58042	48099	3573
河南	**58995**	**58463**	**47710**	**4356**
湖北	25951	25913	20452	2325
湖南	39075	39040	31027	3597
广东	56252	56122	44034	4428
广西	27023	26557	20430	2611
海南	6034	6034	4286	746
重庆	18190	17983	15114	1233
四川	47098	46368	37463	3163
贵州	20976	20959	17470	1546
云南	23948	23892	20128	1217
西藏	1905	1905	1784	81
陕西	18900	18833	14347	1999
甘肃	16153	16145	13680	853
青海	2920	2846	2362	166
宁夏	3702	3702	3063	368
新疆	15250	15238	12084	1263
河南为全国%	**7.36**	**7.32**	**7.43**	**6.94**
河南居全国位次	**2**	**2**	**3**	**3**

（机 构）教 职 工 数

工　　　　数		校办企业职　　工	其他附设机构人员	聘请校外教　　师
教　　职　　工				
教辅人员	工勤人员			
48146	**45383**	**945**	**2066**	**81000**
1008	646	10		966
559	346		37	723
4199	3170	9	17	2138
1805	1830		10	4220
1747	1108	33		1104
1577	1546	25	3	1756
1743	676			1648
1313	1195		1	2254
1104	641	9	24	1418
2531	2545	39		5171
1878	1071	10	7	4526
1227	1539	93	14	6159
1163	668	3	13	2474
2545	1165	21	54	2574
3803	2567	95	112	3709
3359	**3038**	**397**	**135**	**8542**
1659	1477	38		1849
2213	2203	6	29	2983
3508	4152	27	103	2881
1591	1925		466	2539
384	618			675
648	988		207	2880
2031	3711	25	705	3522
623	1320	5	12	4202
761	1786	4	52	4789
4	36			85
1442	1045	26	41	785
689	923		8	623
60	258	70	4	1609
113	158			576
859	1032		12	1620
6.98	6.69	42.01	6.53	10.55
4	4	1	4	1

中等职业学校(机构)

地区	合计	按职称		
		正高级	副高级	中级
全 国	642197	2533	158939	247629
北 京	6019	37	1902	2343
天 津	5782	19	2125	2413
河 北	48484	143	12879	20066
山 西	23248	24	4437	8710
内 蒙 古	13632	27	4021	5011
辽 宁	19153	554	6370	8095
吉 林	13921	89	4825	5762
黑 龙 江	12604	63	4366	4831
上 海	8160	22	1780	4147
江 苏	43161	242	14350	17008
浙 江	35613	73	10127	13299
安 徽	27884	32	7322	10328
福 建	16778	38	4029	6979
江 西	14225	42	3628	4348
山 东	48099	240	11818	19762
河 南	**47710**	**117**	**9760**	**19290**
湖 北	20452	70	4691	8996
湖 南	31027	125	5936	11241
广 东	44034	37	8203	19550
广 西	20430	96	3553	7541
海 南	4286	14	805	1438
重 庆	15114	155	3854	5361
四 川	37463	99	9309	12309
贵 州	17470	56	2780	5531
云 南	20128	32	7174	6537
西 藏	1784		207	528
陕 西	14347	24	2868	5896
甘 肃	13680	47	2634	5481
青 海	2362	4	667	815
宁 夏	3063	4	659	878
新 疆	12084	8	1860	3135
河南为全国%	7.43	4.62	6.14	7.79
河南居全国位次	3	7	5	4

专任教师职称、学历情况

分		按 学 历 分				
初 级	未定职级	博 士 研究生	硕 士 研究生	本 科	专 科	高中阶段 及 以 下
153489	**79607**	**430**	**52255**	**542051**	**45791**	**1670**
1287	450	54	958	4816	179	12
1019	206	4	874	4746	144	14
9800	5596	6	2567	41752	4097	62
7272	2805	11	1352	20115	1713	57
2728	1845	3	1068	11419	1097	45
2542	1592	7	1615	16533	957	41
2264	981	8	968	12109	817	19
2326	1018	4	578	11286	725	11
1909	302	48	1786	6164	142	20
8558	3003	41	7847	34398	846	29
9392	2722	7	3261	31534	806	5
6326	3876	3	1697	24785	1382	17
4241	1491	4	1124	14823	775	52
2705	3502	1	565	10893	2614	152
11746	4533	32	4176	41372	2352	167
13024	**5519**	**26**	**3823**	**39487**	**4316**	**58**
4705	1990	12	1354	17273	1733	80
7154	6571	26	1643	25511	3781	66
9645	6599	43	4945	36442	2368	236
5697	3543	11	2073	16515	1714	117
1064	965	19	199	3536	449	83
4154	1590	4	1235	12853	980	42
10155	5591	27	1660	31776	3974	26
6318	2785	9	959	14561	1883	58
3910	2475	2	1125	17240	1656	105
551	498		117	1603	63	1
3824	1735	7	1020	12231	1078	11
4444	1074	5	627	11867	1156	25
606	270	2	74	1832	449	5
878	644		320	2585	151	7
3245	3836	4	645	9994	1394	47
8.49	6.93	6.05	7.32	7.28	9.43	3.47
1	5	7	4	3	1	10

中 等 职 业 学 校

地 区	学校占地面积(平方米)			图书(册)	
	计	其中： 绿化用地 面　积	其中： 运动场地 面　积	计	当年新增
全　　国	**437868385**	**106640708**	**69277239**	**316255833**	**16719643**
北　京	3855002	909161	805234	4637372	15730
天　津	3055590	535309	475648	3527141	81381
河　北	23017471	3820351	4284518	19493192	977754
山　西	14367831	2431534	2020137	9664826	126955
内蒙古	10206401	1902671	1792018	5169329	112037
辽　宁	10259947	1602432	2069399	7337665	63462
吉　林	6019859	1242424	1128991	5045737	369089
黑龙江	7631295	1064594	1358591	3142282	194147
上　海	3603057	1134197	692815	6224296	119790
江　苏	30619721	10186171	4585482	22063526	623575
浙　江	19996641	6221582	3860275	18792597	1582762
安　徽	30890587	7109022	3949287	23098026	1033078
福　建	10877115	2821806	2118189	9833980	495767
江　西	14681336	3899581	2307334	9249909	1176297
山　东	32510198	8290281	5226525	22615136	1292236
河　南	**29267617**	**5920079**	**4116173**	**20751707**	**479270**
湖　北	14392066	3983905	2377067	9742392	350643
湖　南	21066546	5880007	3081740	13143273	806642
广　东	24607059	7275820	4434255	24601784	906319
广　西	17588971	4554519	2283065	14998199	1826348
海　南	2881017	576052	438058	2014051	73276
重　庆	10196135	2804238	1567695	7557340	262828
四　川	20129097	4738328	4180843	16557174	1069579
贵　州	16292844	4201828	2422056	9218055	470125
云　南	16756438	3807311	1994449	8149203	312725
西　藏	2321585	331466	176833	998417	495051
陕　西	10767847	2014351	1647656	8173172	710126
甘　肃	8469418	1659714	1398029	4542648	168652
青　海	2622115	618447	356452	1173945	53578
宁　夏	4875454	1482649	498287	1552121	306139
新　疆	14042125	3620878	1630138	3187338	164282
河南为全国%	6.68	5.55	5.94	6.56	2.87
河南居全国位次	4	6	6	5	14

（机构）资产情况(学校产权)

计算机数(台)			教室(间)		固定资产值(万元)		
计	其中:教学用计算机		计	其中:网络多媒体教室	计	其中:教学、实习仪器设备资产	
	计	其中:平板电脑				计	当年新增
3405831	**2809253**	**131392**	**382797**	**206353**	**38443818**	**9021419**	**987229**
57658	49849	2128	5059	3189	849653	329547	23619
39504	32043	1715	3281	1802	416378	131089	16227
192659	158593	8125	24443	12727	1518759	338404	29470
91716	77100	5496	12650	5287	1015824	220293	19517
52566	41296	887	7137	3355	759091	177672	27012
103695	78961	3175	9532	4728	1058828	261016	25503
50502	36559	1564	5503	2044	463219	148900	21829
50714	40598	1655	6142	2686	527313	137228	19468
95972	75577	3233	5537	3742	1484958	481842	63604
265597	217370	8191	26862	17925	3587772	720832	55513
199063	170343	6176	17638	13625	2125271	581249	62395
153144	128127	3563	24433	10187	1973904	366168	31306
111205	91071	3549	9413	6777	1007405	301603	31233
87877	73929	3443	10463	5585	831787	185057	34041
228921	182545	8145	29310	15377	2764395	612357	54320
204544	**171194**	**9434**	**28550**	**13175**	**1797736**	**374785**	**45517**
111632	92433	4798	12829	6741	1219681	255036	38861
160998	132763	12549	17631	10269	1612983	332788	46718
343771	292677	11204	22176	16037	2758492	826466	69144
128304	107888	7857	11070	6049	1260140	431676	41994
25425	21992	206	2287	1585	376019	110045	8177
90122	75973	4899	9582	6569	1135068	213014	20923
167826	141135	5574	24518	11036	2087894	408650	44757
89316	72345	2248	11383	6576	1185907	225557	18136
98226	83305	3580	13885	5899	1547451	230823	34630
6035	4562	807	751	203	206204	23849	1867
65582	52577	2650	9296	3962	824309	142642	13218
47856	38806	1741	7511	3082	567700	124926	23238
17484	13571	395	1943	1075	343760	82007	20403
18813	15354	230	2987	1474	310905	69534	8451
49104	38717	2175	8995	3585	825014	176364	36138
6.01	6.09	7.18	7.46	6.38	4.68	4.15	4.61
4	4	3	2	5	7	8	7

中 等 职 业 学 校

地　　区	学校占地面积(平方米)			图书(册)	
	计	其中： 绿化用地 面　　积	其中： 运动场地 面　　积	计	当年新增
全　　国	**49599706**	**10523888**	**7780745**	**6530287**	**298346**
北　　京	684128	231067	90015	10500	
天　　津	449656	68176	76469	85900	
河　　北	3378104	422144	616836	83538	2646
山　　西	1220496	165187	285290	658925	1300
内 蒙 古	1040221	136599	227058	12200	550
辽　　宁	1645634	225871	293157	341080	2935
吉　　林	1362901	138700	170213	93600	500
黑 龙 江	1226713	181651	187866	197550	18430
上　　海	290555	40778	30334		
江　　苏	957936	278311	112262	22800	550
浙　　江	1890255	450687	305409	230539	2182
安　　徽	1290546	248134	160634	281110	9000
福　　建	939851	301306	131752	18300	
江　　西	2467631	661907	455520	209307	43339
山　　东	3856501	1027743	527840	356543	41438
河　　南	**2937721**	**507969**	**424220**	**812145**	**42120**
湖　　北	1005744	207808	124560	101545	10600
湖　　南	3154577	787398	474391	325552	49720
广　　东	4440411	1060128	796223	56848	2025
广　　西	2369276	407815	173777	292801	
海　　南	348052	118210	33696	61956	4841
重　　庆	965992	220745	79585	18600	400
四　　川	4468545	905314	764133	507397	41600
贵　　州	1888012	492119	290392	337785	3000
云　　南	1631980	435297	206776	149776	100
西　　藏					
陕　　西	1595298	368037	339346	653673	20340
甘　　肃	1392295	232235	307584	523281	694
青　　海	3387	457	230	2000	
宁　　夏	295809	75000	20069		
新　　疆	401479	127094	75110	85036	36
河南为全国%	5.92	4.83	5.45	12.44	14.12
河南居全国位次	6	6	7	1	3

（机构）资产情况（非学校产权中独立使用）

计算机数（台）			教室（间）		固定资产值（万元）		
计	其中:教学用计算机		计	其中：网络多媒体教室	计	其中:教学、实习仪器设备资产	
	计	其中：平板电脑				计	当年新增
69482	57089	2591	53221	22351	2254440	217280	30335
183	68		436	163	3265	491	5
728	584		585	174	28136	3346	132
3297	2788	424	4216	1466	176346	11770	1929
2650	1797	109	1159	289	34276	5043	262
526	402		659	200	17529	1187	37
1774	1358	57	2884	1116	190588	7825	680
764	669		2213	811	14654	1250	903
3516	3106	10	1347	521	31047	8601	474
135	110		509	256	14378	1986	1180
1177	988		645	213	91510	5065	2703
1315	1246	7	2361	1060	85868	7892	464
1426	1119		1617	622	57373	6234	289
321	153		922	520	44363	2429	120
3918	3497	220	1980	979	156926	15452	10459
3302	2771	98	3542	1425	206862	13473	349
8727	7523	111	3530	1143	99829	15159	1894
904	786	25	825	441	24277	4021	181
3516	3005	427	2796	1542	98623	12765	2733
4068	3570	120	5461	3385	130759	17770	136
3751	3407	86	2767	1379	169121	14422	690
958	862	12	353	83	9177	500	47
204			565	293	49595	3285	36
7047	6109	17	4980	1633	201889	21026	2163
4629	2613	135	1756	586	39939	7435	1384
1302	1149	65	2121	749	84319	4629	344
3795	2862	329	1532	549	27883	5966	402
5080	4217	335	931	657	147614	16846	2
			89	18	368	43	
			191	41	18	9	
469	330	4	249	37	17908	1361	338
12.56	13.18	4.28	6.63	5.11	4.43	6.98	6.24
1	1	8	5	7	9	5	6

中等职业学校(机构)校舍情况

单位:平方米

地 区	学校产权建筑面积				正在施工校舍建筑面积	独立使用非学校产权校舍建筑面积
	计	其中:危房	其中:当年新增校舍	其中:被外单位借用		
全 国	**210523864**	**544895**	**6272972**	**1079108**	**8072328**	**28212645**
北 京	2364299	9403	81602	53632		187224
天 津	1519622		2804	741	7100	225311
河 北	10875940	5566	308547	88810	316493	1712482
山 西	6833956	43497	64716	9782	236039	547982
内 蒙 古	3607336	19806	81180	11191	102212	301479
辽 宁	4857599	22145	26424	7959	155295	1304832
吉 林	2312627		45631	6545	123567	1219683
黑 龙 江	2589991	2537	113088	13612	97701	504949
上 海	2873749		71132	23892	29878	262623
江 苏	15892725		243065	44316	333576	628978
浙 江	11193650		568451	44892	393205	1232028
安 徽	14644516	3019	409415	32615	229510	739558
福 建	5423769	9261	192872	5225	249912	514446
江 西	5782324	4756	253592	36572	219108	1013699
山 东	14858232		355698	78014	693245	1892225
河 南	**14757119**	**31532**	**243348**	**116555**	**700784**	**1475684**
湖 北	7833016		209152	83190	192972	564494
湖 南	10194565		615658	1850	420352	2097431
广 东	13230560	45073	340172	96260	358194	3368866
广 西	8020113	1904	134197	18781	693188	1540378
海 南	1705724	7513	10115	45324	27955	188149
重 庆	5999779		47628	4688	186336	290753
四 川	11344098	10473	418728	65280	345765	2399629
贵 州	7748364	8066	81613	42148	685388	1196131
云 南	6615303	120235	564402	8889	587365	1074378
西 藏	690486	602	12365		37979	
陕 西	5132065	11822	76049	39858	90012	827331
甘 肃	3617115	129041	203878	3879	95516	556592
青 海	1144137		23384	6480	78902	21578
宁 夏	1643370	41300	15121	4560	223492	129063
新 疆	5217713	17341	458945	83566	161286	194689
河南为全国%	7.01	5.79	3.88	10.80	8.68	5.23
河南居全国位次	3	6	11	1	1	7

初中校数、班数

	学校数(所)				班 数 （个）				
	小计	初级中学	九年一贯制学校	职业初中	小计	一年级	二年级	三年级	四年级
全　　国	52415	35038	17366	11	1044122	356301	345578	330723	11520
北　　京	336	192	144		10073	3561	3241	3239	32
天　　津	340	292	48		7575	2543	2401	2396	235
河　　北	2405	1840	565		59810	20276	20353	19181	
山　　西	1762	1204	558		26258	8812	8968	8478	
内 蒙 古	701	463	238		15338	5161	5040	5097	40
辽　　宁	1518	976	542		24247	8240	7935	8072	
吉　　林	1177	798	374	5	15828	5169	5353	5306	
黑 龙 江	1420	861	559		22037	6183	6555	6655	2644
上　　海	584	370	214		13485	3644	3518	3201	3122
江　　苏	2224	1687	537		53454	18882	17751	16810	11
浙　　江	1744	1235	509		39564	13285	13115	13108	56
安　　徽	2846	1804	1042		48931	17141	15900	15890	
福　　建	1249	1034	215		29589	10419	9804	9366	
江　　西	2177	1389	788		45663	16528	15122	14013	
山　　东	3151	2161	990		77911	25539	23944	23337	5091
河　　南	4603	3486	1117		94699	32411	32266	29752	270
湖　　北	2080	1522	558		34215	11717	11532	10947	19
湖　　南	3368	2049	1319		51535	17918	17587	16030	
广　　东	3712	2030	1682		84473	29793	28190	26490	
广　　西	1753	1479	274		42360	14960	14019	13381	
海　　南	404	208	196		7730	2661	2619	2450	
重　　庆	867	669	198		23608	8381	7866	7361	
四　　川	3734	1713	2018	3	58762	20204	19811	18747	
贵　　州	2008	1472	535	1	37498	12017	12885	12596	
云　　南	1689	1419	268	2	38878	12906	12918	13054	
西　　藏	101	99	2		2930	1006	994	930	
陕　　西	1612	1084	528		24573	8604	8216	7753	
甘　　肃	1465	855	610		20345	6924	6802	6619	
青　　海	263	99	164		4790	1583	1618	1589	
宁　　夏	252	176	76		6029	2036	2030	1963	
新　　疆	870	372	498		21934	7797	7225	6912	
河南为全国%	8.78	9.95	6.43		9.07	9.10	9.34	9.00	2.34
河南居全国位次	1	1	4		1	1	1	1	4

初中

地区	毕业生数	招生数	在合计	其中:女
全国	14540936	16388487	48271362	22408314
北京	73344	117398	308722	146654
天津	76464	99558	303432	141773
河北	860418	992368	2973099	1395681
山西	375268	377842	1141923	548153
内蒙古	194077	222652	663303	317508
辽宁	315612	345116	1014597	481188
吉林	214960	210064	654524	312129
黑龙江	269903	250104	913966	437807
上海	86567	132913	450954	215122
江苏	693410	862163	2424561	1106240
浙江	512211	550411	1636986	762510
安徽	676496	768682	2188323	991158
福建	399462	483234	1364564	627959
江西	635775	768708	2200671	985973
山东	1023992	1173111	3609195	1662504
河南	1411868	1578686	4684765	2120991
湖北	499686	565300	1653660	753749
湖南	769462	851250	2482512	1149677
广东	1149457	1380301	3890283	1774306
广西	681181	760083	2204864	1031891
海南	105415	126322	369015	166344
重庆	329956	396289	1115764	529310
四川	828692	943769	2737192	1308919
贵州	601458	561848	1792803	830780
云南	618649	607343	1845363	873396
西藏	41191	48681	139808	68613
陕西	351360	392319	1123519	527025
甘肃	285931	299865	881781	415827
青海	72013	73925	225270	108755
宁夏	91727	100254	298799	143138
新疆	294931	347928	977144	473234
河南为全国%	9.71	9.63	9.71	9.47
河南居全国位次	1	1	1	1

学 生 数

校　　生　　数				预　计
一年级	二年级	三年级	四年级	毕业生数
16394240	**16037276**	**15365613**	**474233**	**15388151**
117528	97997	92177	1020	92128
103355	96426	95239	8412	94817
992370	1013518	967211		967148
377881	393370	370672		370672
222665	216691	222329	1618	222267
345128	329650	339819		339819
210067	223062	221395		221395
250158	273691	278001	112116	278775
133063	121237	99635	97019	97086
862163	804797	757188	413	757320
550411	541160	543464	1951	543557
768721	708289	711313		711313
483296	451788	429480		429480
769665	742033	688973		688973
1173114	1102090	1098324	235667	1124621
1578696	**1606193**	**1484612**	**15264**	**1483010**
565340	560560	527007	753	526996
851250	844757	786505		786505
1380263	1299934	1210086		1210086
760125	736481	708258		708258
126326	125955	116734		116734
396439	370608	348717		348717
943769	925667	867756		867756
561856	620783	610164		610164
607386	612605	625372		625372
48681	47347	43780		43780
392362	376605	354552		354552
299865	295777	286139		286139
74004	75814	75452		75452
100340	100855	97604		97604
347953	321536	307655		307655
9.63	10.02	9.66	3.22	9.64
1	1	1	4	1

初中专任教师

地区	全国	其中：女	按学历		
			研究生毕业	本科毕业	专科毕业
全国	**3747429**	**2165951**	**131646**	**3141892**	**469255**
北京	37057	28504	8138	28638	276
天津	28333	20208	3016	24520	763
河北	210644	151082	5529	180870	24175
山西	109271	75499	3211	89015	16862
内蒙古	59558	41345	3403	50804	5351
辽宁	99648	69919	4271	85967	9290
吉林	66275	45669	2897	57393	5939
黑龙江	88058	57896	1706	75122	11076
上海	43073	31907	6780	35948	345
江苏	200995	110200	13288	182119	5529
浙江	130566	79233	6343	120200	3996
安徽	162358	70860	3147	136325	22858
福建	104637	51591	3095	90739	10732
江西	136570	65676	2270	103686	30485
山东	292845	167777	13237	251132	28090
河南	**327211**	**211044**	**7938**	**257573**	**60463**
湖北	133135	64187	3778	101696	27161
湖南	181836	101493	5029	143925	32497
广东	291619	167962	12358	251722	27489
广西	142404	79011	1988	116290	23786
海南	26987	13745	469	22248	4198
重庆	81196	42477	2947	72224	5925
四川	211700	109718	4359	168416	38912
贵州	128224	58375	1079	107461	19558
云南	133786	69725	1835	116318	15289
西藏	11934	6290	198	10687	1038
陕西	99923	60150	5086	87421	7383
甘肃	81037	36099	1691	68018	11267
青海	16703	9440	532	13744	2402
宁夏	20659	11848	629	18638	1387
新疆	89187	57021	1399	73033	14733
河南为全国%	**8.73**	**9.74**	**6.03**	**8.20**	**12.88**
河南居全国位次	**1**	**1**	**5**	**1**	**1**

学 历 、职 称 情 况

分		按 职 称 分					
高中阶段毕业	高中阶段毕业以下	正高级	副高级	中级	助理级	员级	未定职级
4496	**140**	**1912**	**742917**	**1521323**	**979660**	**56799**	**444818**
5		17	10426	12977	10541	196	2900
34		3	9769	12943	4094	133	1391
66	4	93	37132	86347	46384	5519	35169
174	9	59	12854	35518	41981	1647	17212
		18	17527	24278	10734	514	6487
99	21	44	50407	33246	10115	414	5422
45	1	51	16938	25761	17050	513	5962
154		31	23213	41439	18887	614	3874
		8	5297	21426	13229	170	2943
58	1	163	51385	89644	39219	808	19776
27		81	32012	57076	31069	638	9690
28		48	31078	64912	37733	3544	25043
71		33	22213	43832	29721	788	8050
124	5	47	36292	46540	30727	1670	21294
373	13	192	41666	121549	90997	2556	35885
1236	**1**	54	54346	118059	97395	6781	50576
491	9	131	27021	66094	26941	2826	10122
380	5	112	26595	80357	42892	5592	26288
46	4	137	39984	136424	63999	6001	45074
330	10	108	19067	67208	33992	3635	18394
72		53	5056	9938	8891	278	2771
93	7	60	12760	35016	26947	424	5989
13		95	41572	81745	65615	3611	19062
123	3	80	21743	51382	38721	2068	14230
299	45	57	47935	45385	29957	1078	9374
11		1	1048	4591	3838	761	1695
33		16	14141	39314	36298	1252	8902
61		52	11348	31546	33053	505	4533
24	1	8	4037	6324	4401	450	1483
5		2	4496	7354	7234	241	1332
21	1	58	13559	23098	27005	1572	23895
27.49		2.82	7.32		9.94	11.94	11.37
1		15	1		1	1	1

— 823 —

初　　中　　办

地　区	校舍建筑面积	教学及		
		计	教　室	实验室
全　国	**679628015**	**277579507**	**186631963**	**42705969**
北　京	4427869	1808600	1138060	303006
天　津	3008075	1445456	959003	202574
河　北	31405583	12825720	8784106	2229033
山　西	16227138	5860316	4182172	793524
内蒙古	10158519	4585786	2904798	625810
辽　宁	15309260	6732051	4448472	1006580
吉　林	8855787	3941692	2645702	610352
黑龙江	11321579	5250292	3571215	849007
上　海	8651699	4589522	2489753	896361
江　苏	41912749	20087796	11815199	3577553
浙　江	34054290	14890176	9215619	1946946
安　徽	31683763	13892303	9841827	1868808
福　建	13677537	5411653	3325275	1098746
江　西	24281919	9982613	7081642	1327447
山　东	56898045	23125890	14379829	4356806
河　南	**58341806**	**20802652**	**15556835**	**2754307**
湖　北	26848524	9388147	6486317	1397624
湖　南	37227988	14081419	9542154	2032828
广　东	62075883	27292499	18563915	3651901
广　西	26658522	10202063	7292251	1585297
海　南	4481414	1780165	1287869	255415
重　庆	13088316	4540238	3226724	688436
四　川	38265445	16687157	12049906	2439611
贵　州	24334297	7959538	5636918	1154243
云　南	22386130	7743713	5241912	1274816
西　藏	2430435	780557	550277	90376
陕　西	16128526	6093606	3962317	1011567
甘　肃	12537167	5047457	3397824	845703
青　海	3717227	1598874	1016596	254289
宁　夏	3776371	1697941	1048442	367655
新　疆	15456153	7453616	4989037	1209350
河南为全国%	**8.58**	**7.49**	**8.34**	**6.45**
河南居全国位次	**2**	**3**	**2**	**4**

学 条 件 (一)

单位：平方米

辅 助 用 房				行政办公用房	
其 中				计	其中：教师办公室
图书室	微机室	语音室	体育馆		
17367666	**12196943**	**4236381**	**14440584**	**55830282**	**33361603**
111043	83376	13984	159131	576785	268128
90066	53769	22546	117497	427319	260622
797373	568462	169250	277497	2252912	1546284
385326	286023	89472	123800	1581302	1048133
255242	191144	55644	553149	1010590	660178
372939	345474	117069	441518	1806932	1043477
244583	202179	81908	156968	1006773	631498
223282	204908	110410	291471	1315318	845497
311846	187998	50678	652887	1027112	516190
1737482	1015561	353107	1588893	4148480	2092803
1013367	578509	185356	1950379	2807620	1551490
814233	677624	195937	493875	2703312	1573407
430733	210811	51257	294830	1159305	538939
621806	434685	166074	350960	2024813	1113333
1625739	1022090	388758	1352669	5187749	3093877
1091818	**813740**	**272358**	**313594**	**5325245**	**3425198**
575573	460022	200102	268508	2002382	1204024
888394	578724	294842	744477	2570590	1675657
1550278	965811	453638	2106956	4090764	2470791
556253	383666	83583	301013	1171621	775652
104235	75127	24487	33032	241409	145910
231111	173601	49672	170695	921541	516055
951160	706076	215995	324409	2338685	1496693
470177	378264	85839	234096	1581429	882339
508776	457271	112687	148250	1281215	731107
34859	26813	12771	65461	126957	101730
414495	328631	204016	172580	1687104	1114639
350910	279799	71817	101403	1206758	815638
107600	70848	25098	124444	353973	191678
102407	95735	15032	68671	353921	209554
394561	340204	62994	457470	1540366	821083
6.29	6.67	6.43	2.17	9.54	10.27
4	4	5	13	1	1

初　中　办

地区	生活用			
	计	教工宿舍		学生宿舍
		计	其中：教师周转宿舍	
全　国	**280737036**	**60315080**	**21600764**	**120821978**
北　京	1028939	132574	9431	186893
天　津	568050	52125	20533	54412
河　北	13529379	1525241	571048	7303161
山　西	6786663	1134982	237338	3217718
内蒙古	3562624	293147	185410	1751228
辽　宁	4073635	203873	81154	1222714
吉　林	2571754	127126	90279	871561
黑龙江	2928165	135878	87417	998069
上　海	1721731	60582	7174	158795
江　苏	13563778	1781221	519738	4563372
浙　江	12082390	1902131	417192	4447343
安　徽	12095554	3039784	1256674	5021202
福　建	5243987	1828248	582573	1734101
江　西	10177412	2548699	740993	4455263
山　东	21351933	2680077	1038098	9092772
河　南	**28201261**	**4592795**	**1236067**	**14385495**
湖　北	13352325	5041162	1291880	4672111
湖　南	17748743	5817796	2305341	6440196
广　东	23360044	7207094	1141883	8788100
广　西	14440420	3872844	1534111	7688849
海　南	2256517	832271	363700	918459
重　庆	6129307	1296245	474387	3066867
四　川	16813864	4525793	2328347	7240271
贵　州	13032832	2595284	1728216	7160333
云　南	12308386	2656098	1148969	6152792
西　藏	1450320	520568	511968	636859
陕　西	6727231	1811857	508644	2505757
甘　肃	4926094	1051971	469079	1849610
青　海	1488989	253205	143683	614949
宁　夏	1370458	177338	106211	634432
新　疆	5844253	617072	463226	2988295
河南为全国%	**10.05**	**7.61**	**5.72**	**11.91**
河南居全国位次	**1**	**4**	**7**	**1**

学 条 件（一）（续）

单位：平方米

房				校舍面积中	
食 堂	厕 所	其 他	其他用房	危房面积	当年新增校舍
54639962	**21727976**	**23232040**	**65481189**	**1915282**	**33216236**
271693	196687	241092	1013545		204856
141755	135451	184306	567250		151852
2669117	877737	1154122	2797572		2536004
1306045	541729	586188	1998857	9288	481980
738562	388858	390829	999519		287832
1257483	567433	822132	2696642	18186	560964
681284	322493	569290	1335567	559	456555
587483	425921	780813	1827804	17916	167505
625600	388476	488277	1313334		236520
4003010	1264236	1951940	4112695		1478804
3241484	1096180	1395252	4274104		2228877
2371087	906038	757444	2992595	69827	1131073
870465	398778	412395	1862593	62858	453581
1905700	765202	502547	2097081	57701	2317714
5073188	2243414	2262482	7232472	2430	2662569
5776940	**1951870**	**1494162**	**4012647**	**30680**	**2832499**
2104442	668891	865719	2105671	26310	1212624
3202712	1036901	1251139	2827236	147102	1350285
3337811	1884644	2142395	7332576	9436	1967110
2051720	558218	268789	844418	251519	1449899
303665	131181	70941	203323		61191
1128537	327691	309967	1497230	28106	330938
3030764	1174312	842724	2425739	61808	2761212
1911148	825972	540094	1760498		1293533
2099907	667924	731665	1052816	548258	724533
191977	32675	68242	72601		74609
1191633	566896	651087	1620586		977218
876620	474235	673657	1356859	569689	783413
275916	163040	181878	275390		73065
267555	150085	141049	354051	3608	260818
1144658	594805	499423	617918		1706602
10.57	**8.98**	**6.43**	**6.13**	**1.60**	**8.53**
1	2	4	5	9	1

初　　中　　办

地区	占地面积(平方米)			图书(册)	计算机数	
	计	其中			计	其中:教
		绿化用地面积	运动场地面积			计
全国	**1667178586**	**344587413**	**485759543**	**1737274343**	**8966184**	**7483915**
北京	9995205	1976847	3537043	10548308	120498	101029
天津	9048265	1208820	3480124	10875207	57320	51160
河北	81374892	10114416	25820866	112721089	402855	389489
山西	38440210	5096486	9809716	33356710	221485	174773
内蒙古	33794589	5886930	8958346	20505806	139192	104924
辽宁	45612189	6562932	18213988	53411926	318738	241506
吉林	31929080	6860104	9421140	28227506	129415	97216
黑龙江	41778854	5338165	11779527	28518482	183315	141117
上海	15006335	4651035	4822047	26520857	203377	162358
江苏	98635554	28010435	29283224	101861833	609377	528917
浙江	65872483	17917469	20920398	86501320	549125	482873
安徽	89505035	14983772	21863198	67057913	414667	332689
福建	33418517	8586465	8819937	33804976	177181	136001
江西	64454527	12828078	20747496	58690452	237211	187393
山东	149094627	33608164	45552911	157066950	808185	706589
河南	**133807744**	**19663261**	**33190368**	**137748519**	**579753**	**485996**
湖北	67377950	21876556	15951569	66202982	265028	222058
湖南	94713289	17189732	20512968	83951929	317398	273236
广东	128616295	33423232	40138049	148845791	1023483	851293
广西	55427558	9782804	17695746	86085786	255183	188757
海南	16451976	3681286	3283172	10117329	53707	43774
重庆	22687018	4868919	6879165	20773716	127014	102956
四川	78652348	14243232	29866268	85221332	454052	373755
贵州	58356379	12873772	19135990	69565989	291789	249578
云南	57437183	12683846	16006709	58490835	270745	223948
西藏	6758460	1047179	1222239	3562585	21779	13961
陕西	37280918	5918592	9820052	51113724	237726	217953
甘肃	32210769	5960263	9189903	31342948	176083	149553
青海	8727721	1629627	2360595	10563381	53476	40521
宁夏	11618978	2525775	3676571	9482006	65175	55243
新疆	49093638	13589222	13800216	34536156	201852	153299
河南为全国%	**8.03**	**5.71**	**6.83**	**7.93**	**6.47**	**6.49**
河南居全国位次	**2**	**5**	**3**	**3**	**4**	**4**

学　　条　　件(二)

(台)	教室(间)		教室中:普通教室(间)		固定资产总值(万元)		
学用计算机						其中:教学仪器设备资产值	
其中:平板电脑	计	其中:网络多媒体教室	计	其中:网络多媒体教室	计	计	其中:实验设备
538418	**1991443**	**1379423**	**1457974**	**1190193**	**102749976**	**12672536**	**3464616**
16870	15625	13052	9132	8475	1215136	357403	51190
4297	11051	8427	7670	6999	512429	85035	16993
12818	97786	68449	79025	65075	4018177	432633	160566
4556	46598	30154	35297	27622	2301080	217192	69225
7235	27616	21267	17509	16679	1905234	233697	55969
13657	56545	38726	42296	33276	2112911	402798	114312
3013	40611	18580	29497	16571	1366578	206424	59631
6489	49910	29810	30587	24738	1780420	291610	78414
24362	29126	25289	18636	17513	2530627	434061	77429
39848	118281	90174	78572	71049	8443943	877797	238752
58128	82554	69900	55422	54034	5775634	830188	149627
21259	96020	64515	75034	59292	4344197	468173	139640
7528	37748	27312	23887	22222	1848237	275560	75657
10610	76965	50523	57858	46938	2648684	388515	103058
32365	176191	133237	115499	106513	9416290	988503	223557
35737	**169122**	**105243**	**142977**	**99122**	**6930584**	**622863**	**210174**
24873	69249	44209	52597	40980	3427791	382825	134520
7639	108560	53980	85386	50701	5124702	623037	191538
124578	170261	140195	126397	119245	8779406	1348040	386904
7682	58291	43856	47065	41254	2865093	404779	128949
2555	12208	7258	8800	6569	666857	95038	28659
9827	31660	26841	21425	20188	2056780	183628	43706
15264	118192	69325	93360	62650	5934775	809653	241743
15988	67177	48515	49803	42805	3320314	349716	87487
3400	63107	38960	47175	35337	3804749	308865	89598
433	4471	2542	3253	2319	509698	25843	8541
9797	45695	32689	35127	28973	2440244	309941	111093
6719	40531	27922	24366	23191	2162295	228235	67605
2202	10690	5972	7451	5411	839555	57295	16697
2895	10977	8575	7192	6761	748157	115283	35329
5794	48625	33926	29679	27691	2919400	317908	68053
6.64	**8.49**	**7.63**	**9.81**	**8.33**	**6.75**	**4.92**	**6.07**
4	**3**	**3**	**1**	**3**	**4**	**7**	**5**

小 学 校 数 、教

地 区	学校数（所）	教学点数（个）	计	一年级
全 国	**160148**	**96456**	**2807828**	**522379**
北 京	941		27970	5198
天 津	877		18997	3464
河 北	11604	6928	176556	33317
山 西	5312	2607	72935	12795
内 蒙 古	1662	685	36367	6702
辽 宁	2976	816	54245	9497
吉 林	3740	615	39127	6477
黑 龙 江	1431	860	37395	6416
上 海	698		22470	4870
江 苏	4151	745	133866	23689
浙 江	3310	93	95544	16996
安 徽	7792	4220	130617	23508
福 建	5160	1790	82259	15574
江 西	7330	8214	120429	23565
山 东	9646	1731	185621	33956
河 南	**18117**	**13726**	**280034**	**52432**
湖 北	5405	3576	92327	17143
湖 南	7245	7634	135530	26025
广 东	10565	5827	260524	50130
广 西	8036	10909	132934	26442
海 南	1376	1045	22715	4243
重 庆	2860	1348	52629	9064
四 川	5725	7356	140477	25095
贵 州	6943	3084	99769	18540
云 南	10789	3229	110642	20097
西 藏	821	73	9123	1688
陕 西	4640	2024	71359	13327
甘 肃	5444	5333	70803	13134
青 海	724	828	13090	2646
宁 夏	1188	543	15414	2905
新 疆	3640	617	66060	13444
河南为全国%	11.31	14.23	9.97	10.04
河南居全国位次	1	1	1	1

学点数及班数

班	数	（个）			
二年级	三年级	四年级	五年级	六年级	复式班
509287	**472888**	**455210**	**439211**	**401927**	**6926**
5168	4593	4340	4305	4366	
3423	3203	3139	3052	2716	
33049	29365	28089	27238	25097	401
12695	12116	11962	11677	11073	617
6367	5835	5996	5769	5679	19
9399	8669	8763	8931	8986	
6644	6381	6687	6649	6289	
6634	6557	6939	6912	3937	
4784	4414	4292	4110		
23854	22364	21833	21412	20714	
16956	15934	15425	15292	14937	4
23363	22009	20998	20599	19797	343
14904	13244	12958	12882	12600	97
22055	20082	18968	18037	16501	1221
33714	32165	30726	30471	24589	
51069	**48273**	**46038**	**43543**	**38545**	**134**
16678	15407	14842	14512	13512	233
25446	22359	21693	20671	18746	590
48221	44662	42069	39740	35690	12
24095	22363	21028	19356	18427	1223
4214	3856	3594	3465	3343	
9032	8570	8597	8501	8857	8
24821	23337	22718	22325	22055	126
18066	16804	16232	15498	14502	127
19750	18626	18209	17351	16479	130
1629	1588	1474	1388	1356	
13125	12128	11546	10595	10100	538
12770	12031	11389	10805	9644	1030
2524	2173	2020	1893	1794	40
2771	2568	2511	2367	2259	33
12067	11212	10135	9865	9337	
10.03	10.21	10.11	9.91	9.59	1.93
1	1	1	1	1	10

小 学 学

地 区	毕业生数	招生数 计	其中：受过学前教育	合计	其中：女
全　　国	**16479006**	**18690411**	**18555130**	**105612358**	**49165005**
北　　京	138968	182873	182818	941614	449548
天　　津	100815	127827	127532	702004	328842
河　　北	1003465	1189801	1189566	6791054	3164076
山　　西	386557	398696	397583	2293318	1102670
内　蒙　古	222827	245706	244633	1363093	651780
辽　　宁	345630	339683	339383	1950513	927455
吉　　林	212027	196696	196388	1185695	566138
黑　龙　江	252008	214565	211222	1278727	616015
上　　海	145432	184354	184284	826347	390524
江　　苏	876384	1001249	1001013	5726376	2643256
浙　　江	573232	655675	655488	3671067	1693825
安　　徽	753912	795818	795403	4621048	2121638
福　　建	487873	621772	621081	3343976	1528602
江　　西	765289	658488	642782	4114416	1864689
山　　东	1177488	1278551	1278275	7385622	3346576
河　　南	**1581313**	**1737602**	**1736831**	**10124818**	**4684355**
湖　　北	561501	657842	657181	3764794	1715177
湖　　南	839304	895433	895421	5287730	2454496
广　　东	1430339	1944213	1922161	10334303	4741781
广　　西	752393	932910	919674	4950349	2307528
海　　南	127744	152354	151514	853075	383215
重　　庆	384347	340359	337980	2062948	980407
四　　川	935545	933467	928217	5557731	2671156
贵　　州	545516	687609	675651	3882991	1811674
云　　南	610568	669748	636576	3851042	1836684
西　　藏	50998	61760	50950	340952	167355
陕　　西	390191	510915	510808	2775874	1309435
甘　　肃	303579	352383	350286	1941406	921878
青　　海	74531	90313	84375	498501	242024
宁　　夏	100626	101798	101566	584149	278930
新　　疆	348604	529951	528488	2606825	1263276
河南为全国%	9.60	9.30	9.36	9.59	9.53
河南居全国位次	1	2	2	2	2

生　　数

在　校　生　数						预　计
一年级	二年级	三年级	四年级	五年级	六年级	毕业生数
18693375	**18666360**	**17686673**	**17478582**	**17183866**	**15903502**	**16409846**
182979	184450	155881	141363	139841	137100	138581
127862	128120	118337	115697	111572	100416	110362
1189808	1218189	1149756	1121252	1106465	1005584	1005584
398727	402603	382025	385658	376379	347926	347926
245765	235701	215655	226400	221033	218539	220337
339702	343123	301859	312893	323586	329350	329350
196696	201819	189451	204056	204102	189571	189571
214565	222543	220585	244017	244724	132293	235551
184487	182721	161870	153893	143376		143376
1001249	1023252	956114	936978	921784	886999	886999
655675	661871	610807	589763	584021	568930	571355
795873	814527	773724	744448	752283	740193	740193
622209	609161	533498	527650	530446	521012	521012
659994	704197	680556	685890	701788	681991	681991
1278553	1301624	1276041	1245974	1254570	1028860	1251719
1737614	**1742698**	**1725172**	**1715409**	**1681715**	**1522210**	**1541778**
657991	667493	626317	616808	618576	577609	578446
895437	925421	881548	892974	879795	812555	812555
1943524	1880445	1732964	1692611	1614477	1470282	1471078
932950	857306	833981	810633	768363	747116	747116
152354	151374	141760	138095	136952	132540	132540
340508	341899	328542	338980	341805	371214	371214
933467	946206	909411	921602	924924	922121	922121
687630	676610	657004	652671	628070	581006	581006
669891	665121	633846	642597	631997	607590	607590
61762	60639	59023	56249	52275	51004	51004
511087	513375	480248	458147	414447	398570	398570
352397	344275	334477	322715	307656	279886	279886
90630	90653	85734	80782	76048	74654	74654
101925	100414	97198	96761	94084	93767	93767
530064	468530	433289	405616	396712	372614	372614
9.30	9.34	9.75	9.81	9.79	9.57	9.40
2	2	2	1	1	1	1

小 学 教

地 区	教 职		
	合 计	专任教师	行政人员
全 国	**5852646**	**5486258**	**123692**
北 京	61934	55758	3047
天 津	47885	43253	3090
河 北	391480	365313	12939
山 西	167819	149648	3468
内 蒙 古	115544	92236	4814
辽 宁	127301	111936	11863
吉 林	106377	89468	7204
黑 龙 江	101932	87646	4581
上 海	53441	46683	2737
江 苏	303154	288034	3805
浙 江	192363	184174	2896
安 徽	227117	219291	2370
福 建	173808	167025	2753
江 西	211617	209153	400
山 东	396465	385089	3700
河 南	**539350**	**510350**	**8807**
湖 北	197743	185132	3714
湖 南	247537	240995	2587
广 东	476110	442928	13752
广 西	269782	256065	2704
海 南	47002	43852	619
重 庆	126285	121834	1958
四 川	280188	267989	4430
贵 州	212738	198474	3094
云 南	230326	220392	2144
西 藏	23138	22881	107
陕 西	167072	152882	5912
甘 肃	135714	132449	977
青 海	25409	23000	101
宁 夏	32579	32144	122
新 疆	163436	140184	2997
河南为全国%	9.22	9.30	7.12
河南居全国位次	1	1	4

职 工 数

工　　数			代课教师	兼任教师
教辅人员	工勤人员	校办企业职工		
105948	**136443**	305	**166922**	**28676**
2288	841			1329
984	558		561	185
4993	8235		10350	588
8817	5875	11	10205	758
11050	7443	1	1370	73
2679	818	5	391	47
8375	1330		576	74
6816	2877	12	1899	119
2242	1777	2	467	78
5310	5934	71	12323	642
2273	3019	1		326
1991	3465		6931	951
1822	2178	30	17561	344
709	1348	7	1927	530
3771	3903	2	9511	252
4836	**15357**		**28963**	**1582**
4083	4792	22	12249	595
1262	2635	58	12591	750
4397	14983	50	450	1482
2539	8474		983	7918
442	2088	1	2383	465
874	1616	3	3956	541
1881	5888		12234	2658
1177	9992	1	297	1464
1312	6462	16	8	3440
70	80		154	21
3191	5087		2925	243
1130	1151	7	4471	915
105	2199	4	1927	5
102	211		1920	52
14427	5827	1	7339	249
4.56	11.26		17.35	5.52
8	1		1	4

小学专任教师

地　区	合　计	其中：女	按　学　历		
			研究生毕业	本科毕业	专科毕业
全　　国	**6269084**	**4389430**	**85135**	**3833676**	**2178498**
北　　京	69339	56749	6562	58591	4056
天　　津	46497	36285	3078	35610	6906
河　　北	395305	317841	3268	227065	158606
山　　西	167801	135280	1467	102464	59310
内 蒙 古	102876	77373	1596	72087	28109
辽　　宁	137349	105430	3638	84025	47273
吉　　林	104977	78522	1993	70464	29896
黑 龙 江	107089	76489	790	59959	43241
上　　海	59451	49583	4558	46332	8308
江　　苏	332052	238133	8724	277415	43729
浙　　江	216107	163355	4867	175745	34171
安　　徽	255415	159374	1803	148177	100504
福　　建	177930	126473	1341	103355	64372
江　　西	238475	164864	650	125527	101465
山　　东	442729	295386	9754	304851	113570
河　　南	**565248**	**420233**	**3804**	**314312**	**228449**
湖　　北	208322	133204	3022	112673	83745
湖　　南	287097	204002	2466	158636	118290
广　　东	553241	407584	8945	371930	164350
广　　西	267128	184682	1119	126300	125766
海　　南	52466	31067	202	19811	28910
重　　庆	128777	81982	2148	76537	48086
四　　川	337840	220222	2976	169551	156777
贵　　州	212485	117347	360	116320	86884
云　　南	230762	132054	1041	122169	95962
西　　藏	23164	13190	50	12312	10499
陕　　西	170709	124269	3139	121778	44291
甘　　肃	148408	81249	884	96302	43517
青　　海	28318	16965	275	17543	9736
宁　　夏	34279	23377	212	21675	11573
新　　疆	167448	116866	403	84160	78147
河南为全国%	9.02	9.57	4.47	8.20	10.49
河南居全国位次	1	1	7	2	1

学 历 、 职 称 情 况

分		按 职 称 分					
高中阶段毕业	高中阶段毕业以下	正高级	副高级	中级	助理级	员级	未定职级
170109	**1666**	**931**	**449831**	**2773945**	**1860741**	**189220**	**994416**
125	5	10	5674	30788	24170	873	7824
863	40	4	4143	26859	10316	358	4817
6343	23	45	22391	165605	122098	11896	73270
4508	52	5	3012	63919	71890	3217	25758
1082	2	22	22152	45423	20950	1755	12574
2357	56	16	26157	80550	15732	3637	11257
2607	17	14	15543	53280	25347	923	9870
3082	17	21	16218	54369	30359	883	5239
253		1	1953	27287	23789	807	5614
2184		72	21890	164023	88255	5209	52603
1324		69	12026	107152	71009	3641	22210
4929	2	28	16801	114498	70777	11174	42137
8828	34	47	4791	91082	51945	5683	24382
10810	23	16	9459	98134	66882	16882	47102
14506	48	78	23193	160784	176051	10900	71723
18682	**1**	**18**	**23268**	**225290**	**187554**	**14883**	**114235**
8782	100	56	10514	112373	53612	8014	23753
7657	48	82	20928	124042	75907	14131	52007
7919	97	93	16520	285592	96687	17737	136612
13696	247	37	9232	139011	65716	12295	40837
3542	1	6	2024	22000	18941	1246	8249
1978	28	36	9169	55938	51382	1700	10552
8536		66	35518	127941	122777	12251	39287
8636	285	16	9593	112948	58002	5425	26501
11140	450	3	72286	86043	51521	5734	15175
288	15	5	1821	9205	6953	2477	2703
1501			14	6072	65392	66220	4373	28638
7672	33	33	8838	55586	67413	1647	14891
751	13	9	4544	12874	6472	867	3552
816	3	5	4740	14139	11895	571	2929
4712	26	4	9361	41818	50119	8031	58115
10.98		1.93	5.17	8.12	10.08	7.87	11.49
1		16	4	2	1	3	2

小　　学　　办

地区	校舍建筑面积	教学及 计	教室	实验室
全国	**815863214**	**434576157**	**344623237**	**28128346**
北京	7590879	3521760	2711389	219769
天津	5041449	2787066	2233068	115007
河北	46219375	26872879	21737290	1796067
山西	19656044	9284437	7527327	551597
内蒙古	13467006	6871703	5393003	322175
辽宁	12822260	6807567	5336229	383038
吉林	9629604	5220411	4100314	367470
黑龙江	8736318	4729358	3776465	308941
上海	6359063	3840541	2464547	514422
江苏	44941419	26351683	19154974	2000536
浙江	36325376	19014959	13894387	1260261
安徽	33033145	20620078	16443228	1384784
福建	26098729	13348828	10516483	826945
江西	30924869	17228474	14367588	814610
山东	53471593	28188264	21200801	2526158
河南	**72547537**	**39253672**	**32769017**	**2155719**
湖北	31123807	15398576	12071096	1172333
湖南	40202045	20073084	15861871	1463493
广东	72340342	39072529	31150764	1856697
广西	41124586	24769341	21320354	1144315
海南	6480455	3347990	2818951	167021
重庆	20076439	9887055	8172386	565954
四川	40089626	22007146	18041814	1386599
贵州	29714623	13051074	10658454	806785
云南	36423025	16796924	13073820	1249604
西藏	5130963	1710679	1314734	86913
陕西	21423813	10362098	7771825	719106
甘肃	15624187	8321255	6641354	548554
青海	4670854	2052333	1513117	118872
宁夏	4844407	2750172	2147484	223908
新疆	19729378	11034223	8439100	1070693
河南为全国%	**8.89**	**9.03**	**9.51**	**7.66**
河南居全国位次	**1**	**1**	**1**	**2**

学条件(一)

单位:平方米

辅助用房				行政办公用房	
其中				计	其中:教师办公室
图书室	微机室	语音室	体育馆		
24101293	**18740486**	**5349998**	**13632798**	**69412525**	**45291549**
189044	147261	18573	235723	900123	473892
138025	106466	44424	150076	649727	411782
1562390	1238350	289857	248924	3647582	2545279
535956	436466	118486	114604	2124702	1546922
310683	263041	77800	505001	1320820	894762
364758	329553	101577	292412	1240844	802028
319226	257975	78769	96658	981640	663983
178100	183498	86022	196331	942307	615030
251000	147045	34946	428580	818855	418926
1698659	1222443	339962	1935109	4448641	2347815
1010536	677372	202228	1970175	3067948	1730181
1178305	1013468	231363	368929	2832396	1891228
782630	533905	112555	576309	1874770	1100762
896162	629428	211700	308985	2751080	1732685
1866883	1400602	413005	780813	4946396	3144559
2067118	**1600807**	**431363**	**229649**	**7912762**	**5771174**
845662	714365	251849	343270	2286142	1478172
1051459	680690	343751	671820	3153712	2232654
1970928	1516780	538280	2039080	5083173	3446754
1088433	749123	134144	332972	2058883	1564204
173319	120210	44654	23834	420731	276998
411973	331516	75643	329584	1704935	1002789
1145218	863554	246370	323591	2693888	1833962
726935	590744	115011	153145	2203348	1318565
1088997	1008060	198987	177456	2021131	1340071
74852	81123	20576	132481	322029	258761
719326	614168	370965	166709	2388470	1595732
548639	435764	75247	71698	1709581	1230568
130946	109354	31449	148594	365311	229940
148393	146260	25901	58225	466450	299960
626737	591095	84539	222060	2074147	1091411
8.58	8.54	8.06	1.68	11.40	12.74
1	1	2	18	1	1

小 学 办

地 区	计	生　　　活　　　用		
		教工宿舍		学生宿舍
		计	其中:教师周转宿舍	
全　　国	213386962	58855834	23194534	43455569
北　　京	1334462	112373	13949	76091
天　　津	762385	39706	9960	4925
河　　北	9854703	1319247	445813	2888724
山　　西	4928849	970679	199463	1319651
内 蒙 古	3972371	425109	285420	1531083
辽　　宁	2188181	96578	44102	186957
吉　　林	1653420	74601	49275	152650
黑 龙 江	1598545	67872	42546	271623
上　　海	1110966	11420	2139	4576
江　　苏	8424233	961625	388973	436845
浙　　江	8478810	1744888	400298	696160
安　　徽	6226458	1669282	809167	663979
福　　建	5731315	2439498	795253	596440
江　　西	7780160	2939242	966762	961955
山　　东	10058214	1227840	505585	1083751
河　　南	18563061	3552659	988805	4849360
湖　　北	10438027	4163974	1266173	1964037
湖　　南	12559917	4357286	1604991	1937493
广　　东	16819058	7348097	987565	2114889
广　　西	11892147	4558737	2142727	2813154
海　　南	2204082	1255192	565123	422265
重　　庆	5691194	2068527	929857	756036
四　　川	12705333	4279293	2512754	2985885
贵　　州	11395666	3423349	2515470	3661007
云　　南	15360223	3969483	1602076	5499535
西　　藏	2930451	1151159	1085361	1004378
陕　　西	5978215	1699908	440901	1083532
甘　　肃	3948094	1235274	383130	442016
青　　海	1802511	427001	275442	665257
宁　　夏	1011459	256498	151650	75358
新　　疆	5984452	1009437	783805	2305957
河南为全国%	8.70	6.04	4.26	11.16
河南居全国位次	1	7	8	2

学 条 件（一）（续）

单位：平方米

房			其他用房	校舍面积中	
食　堂	厕　所	其　他		危房面积	当年新增校　舍
46756256	**34743056**	**29576248**	**98487569**	**2674294**	**40140295**
355585	348866	441547	1834533	3168	266538
142523	271470	303762	842271		277419
1707395	1977168	1962169	5844211	4434	3374572
860852	843007	934662	3318056	12693	639239
765681	635842	614656	1302113	392	541925
730784	558721	615141	2585668	8790	599708
411103	444632	570433	1774133	6605	296023
256234	379980	622836	1466109	18273	181631
435669	306974	352327	588701		136167
3409482	1754793	1861489	5716861		1431701
3211783	1378686	1447292	5763659		2614243
1770611	1369556	753030	3354213	89407	1248178
664890	1140732	889755	5143816	89608	1247041
1772657	1358775	747531	3165155	93227	2607847
2659458	2836843	2250322	10278719		2754168
4196181	**3748045**	**2216816**	**6818042**	**24527**	**3206914**
2154710	1074753	1080554	3001063	64096	1158654
3063750	1524153	1677237	4415331	201759	1212700
1828456	2736597	2791019	11365581	27555	1773110
2066006	1522774	931476	2404214	366161	2137938
187320	227584	111720	507651	7180	183023
1394868	730278	741485	2793255	36125	353920
2919440	1597377	923338	2683259	74312	2982918
2099531	1307798	903981	3064533		2038341
3330143	1376761	1184300	2244747	850208	1337309
492771	100532	181611	167803	4466	316788
1294188	1013240	887348	2695030		1478199
737806	892165	640833	1645257	691307	971493
304742	192011	213501	450700		171578
235156	282515	161931	616327		205460
1296483	810428	562147	636556		2395553
8.97	10.79	7.50	6.92	0.92	7.99
1	1	3	3	12	2

小 学 办

地 区	占地面积(平方米)			图 书	计算机数	
	计	其　中		（册）	计	其中：教
		绿化用地面积	运动场地面积			计
全　　国	2371070667	422428034	755362538	2492475161	14174421	11991863
北　　京	14432738	2388637	5578425	27695662	262809	217592
天　　津	13109006	1605270	5106086	22775667	123431	108873
河　　北	163251653	16392270	55345188	186954036	905259	881974
山　　西	55400189	6998507	14854071	47810287	374289	291408
内　蒙　古	53775531	8278348	13387319	28000150	216107	168468
辽　　宁	44213251	5228884	19147107	58007841	355345	289012
吉　　林	53166580	10821823	12346711	34296808	154719	120495
黑　龙　江	32969807	4064826	11129179	22704344	178378	141087
上　　海	10832088	3018808	4008873	26977652	198179	157822
江　　苏	114456234	30721680	37755313	149300024	843473	738538
浙　　江	73119454	17376725	25738589	119135791	776355	685751
安　　徽	107088425	16044279	30336405	88341080	676601	563255
福　　建	56398056	11193947	19366206	87033931	456893	365552
江　　西	86793670	13297645	31491426	71712160	316769	236595
山　　东	179522931	36655905	65283986	204188519	1128379	997059
河　　南	220852896	28556781	59759853	201862932	934719	793440
湖　　北	95300658	29451667	24303320	98188994	437468	372092
湖　　南	107093215	15605255	25427352	115532993	418148	367022
广　　东	181948082	40039334	64356252	217592460	1649202	1375451
广　　西	110823324	15584452	46642129	152073006	551652	427225
海　　南	30470153	6155459	5893771	15234437	96053	81528
重　　庆	41815816	7213400	13157241	34880379	295432	241261
四　　川	88176442	12381608	36807930	90549029	604169	497648
贵　　州	75536464	15314085	27900047	90398799	415755	350427
云　　南	100283240	17993398	28934099	96354577	517987	420390
西　　藏	17004893	1965048	3143560	5962371	57735	40678
陕　　西	56821535	8479611	16689326	88311254	464422	430674
甘　　肃	60421609	10115806	16666711	40654759	274876	235881
青　　海	16077161	2732410	3576268	12321525	75474	59596
宁　　夏	20347014	3798666	6453308	13042684	107310	89783
新　　疆	89568552	22953500	24776485	44581010	307033	245286
河南为全国%	9.31	6.76	7.91	8.10	6.59	6.62
河南居全国位次	1	5	3	3	3	4

学　　条　　件(二)

(台)	教室(间)		教室中:普通教室(间)		固定资产总值(万元)		
学用计算机 其中:平板电脑	计	其中:网络多媒体教室	计	其中:网络多媒体教室	计	其中:教学仪器设备资产值 计	其中:实验设备
786465	**4070966**	**2608031**	**3128516**	**2306787**	**123405224**	**17662300**	**3272390**
35066	35426	31394	24648	23397	2275648	807626	85838
8754	26245	21406	19693	18355	895718	167092	16462
23681	283678	176218	230498	167678	5387780	724692	208422
7944	103805	62170	83353	57834	2561721	327545	64962
8253	53414	40212	36936	33040	2553015	343642	41988
19408	75331	50533	57186	43650	1630898	401881	59428
5863	64059	26604	50225	24312	1439680	245877	45675
7544	53785	33290	35377	28031	1301491	247899	40188
24333	28436	26131	19282	18886	2036628	421421	54632
52174	194077	151294	136559	120919	9352817	1155934	212220
82814	129314	114808	88430	87230	6490403	1109394	141576
37009	180218	121267	147376	113722	4693486	679798	137209
15568	130551	90851	90708	79226	4025351	684177	104782
12883	181621	103741	135911	96874	3414207	553351	95736
30061	279860	217758	191979	176537	9490664	1132356	188157
47261	**417782**	**191563**	**357960**	**181012**	**7693759**	**853860**	**211490**
35390	138077	82878	110296	77019	3834143	517166	139707
10139	193339	79161	157407	73945	4874355	611414	146869
192737	315393	251214	241070	221564	9913105	1692971	371230
13970	207122	116395	163952	109735	5295159	817255	158872
2930	29352	14704	22152	13633	1077358	132637	26421
14511	82250	68720	58367	53654	2877244	331706	39141
26237	192163	99129	161670	90069	6425453	987429	204118
26805	142549	101997	111265	94705	4047292	481502	79691
4108	179656	104183	143599	97754	6758350	632192	104368
547	14681	6497	10205	5890	1528445	59606	10561
17461	100663	72026	80789	65077	3443735	515102	126475
8299	97605	62341	70581	56877	2589108	341771	62993
4565	18653	9181	13987	8203	1004984	64119	8467
5893	25361	18201	17506	15026	1093205	173308	34545
4257	96500	62164	59549	52933	3400023	447577	50168
6.01	**10.26**	**7.35**	**11.44**	**7.85**	**6.23**	**4.83**	**6.46**
4	**1**	**3**	**1**	**2**	**4**	**6**	**3**

工 读 学 校

地 区	学校数（所）	班 数（个）	离校人数
全 国	94	298	3449
北 京	6	25	204
天 津	2		
河 北			
山 西	1	13	99
内 蒙 古			
辽 宁	10	15	72
吉 林	3	5	29
黑 龙 江	1		
上 海	12	53	424
江 苏			
浙 江	1	16	129
安 徽	3		
福 建			
江 西	1	12	196
山 东			
河 南	3	13	56
湖 北	2	7	14
湖 南	2	7	17
广 东	3	18	145
广 西	3	2	18
海 南			
重 庆	1	3	26
四 川	10	28	302
贵 州	22	55	1462
云 南	2	12	135
西 藏			
陕 西	1	3	15
甘 肃			
青 海			
宁 夏			
新 疆	5	11	106
河南为全国%	3.19	4.36	1.62
河南居全国位次	7	8	12

基 本 情 况

入校人数	在校生数	教职工数	
		计	其中：专任教师
3792	**6488**	**2822**	**2157**
186	451	253	194
		64	53
200	455	74	65
84	233	266	215
34	46	41	31
261	564	423	354
209	401	77	65
		48	31
171	302	47	42
84	**216**	**67**	**60**
117	131	46	38
35	173	64	49
170	344	176	136
23	23	36	28
28	38	24	22
282	553	237	184
1566	1929	428	320
145	306	67	60
7	10	42	32
190	313	342	178
2.22	3.33	2.37	2.78
12	12	10	10

特　殊　教　育

地　区	学校数（所）	班数（个）	毕业生数	招生数	在				
					合计	其中：女	学前教育阶段	一年级	二年级
全　国	**2192**	**29437**	**97587**	**144211**	**794612**	**291367**	**4993**	**78972**	**96652**
北　京	20	321	1386	1026	6962	2382	7	446	659
天　津	21	326	510	878	4923	1738	82	604	533
河　北	163	1837	3010	5733	29459	11024	288	3955	4310
山　西	80	975	2278	4046	18336	7296	236	1980	1821
内 蒙 古	51	661	1712	2209	13215	5166	198	1250	1446
辽　宁	83	894	1771	1979	13264	4542	133	1322	1430
吉　林	49	633	1410	2095	11313	3991	34	1048	1393
黑 龙 江	72	1143	1436	2568	15812	5738	33	1593	2163
上　海	31	552	1440	1322	8122	2852	301	387	423
江　苏	104	1537	4235	5182	33083	11558	649	2878	3236
浙　江	86	1108	2909	3521	20913	7462	284	1639	1998
安　徽	73	1212	2759	5395	36941	13241	260	2874	4479
福　建	73	1112	4077	4962	26798	8994	173	2600	2797
江　西	95	1377	7058	6930	37644	13563	117	3221	4313
山　东	150	2302	4618	6333	38986	13811	751	3426	5728
河　南	**150**	**1767**	**3007**	**10472**	**54849**	**19998**	**214**	**7759**	**9204**
湖　北	85	867	1724	5549	28774	9816	24	3625	3578
湖　南	86	1190	5550	8262	47085	17016	486	5034	6773
广　东	141	2148	5179	10149	52869	16953	109	5682	7162
广　西	82	1093	4701	7077	37730	13098	110	3727	5097
海　南	13	161	387	860	4291	1415		426	659
重　庆	39	438	3203	4492	25362	9674	70	1903	2498
四　川	129	1523	11408	10914	61072	23553	80	4988	6316
贵　州	77	1308	4297	7876	38942	14878	41	4014	4605
云　南	65	941	7642	7798	42207	17023	92	3571	4407
西　藏	6	82	738	1350	6766	3112		761	779
陕　西	66	724	2412	3198	18359	6983	73	1953	2165
甘　肃	44	503	1997	3771	19294	7368	19	1715	2199
青　海	16	143	803	1356	7700	3216	3	749	878
宁　夏	14	162	793	1212	6976	2787	28	577	562
新　疆	28	397	3137	5696	26565	11119	98	3265	3041
河南为全国%	**6.84**	**6.00**	**3.08**	**7.26**	**6.90**		**4.29**	**9.83**	**9.52**
河南居全国位次	**2**	**4**	**14**	**2**	**2**		**9**	**1**	**1**

基　本　情　况

校生数										
小学阶段				初中阶段				高中阶段		
三年级	四年级	五年级	六年级	一年级	二年级	三年级	四年级	一年级	二年级	三年级及以上
104420	**95076**	**93785**	**87176**	**76093**	**75212**	**69107**	**2249**	**4095**	**3461**	**3321**
717	722	749	917	720	939	942	1	45	39	59
646	485	441	489	461	460	360	14	155	65	128
3587	2981	3025	3036	3016	2587	2405	45	84	87	53
2304	2113	2062	2142	1864	1756	1595		179	120	164
1956	1647	1673	1638	1101	1150	955	15	79	74	33
1521	1510	1480	1378	1279	1326	1180		271	251	183
1273	1368	1359	1212	1166	1176	1064		76	90	54
2619	1746	1609	964	1664	1459	1409	412	51	57	33
636	742	778		903	1019	1149	959	279	233	313
4447	4051	4423	3921	2900	2769	2879	4	393	261	272
2146	2214	2272	2388	2128	2665	2327	1	391	258	202
5586	4758	5423	4201	3070	3231	2621		152	101	185
3181	3297	3535	3623	2378	2308	2365	8	188	197	148
5255	4781	4352	4555	4094	3404	3194		150	121	87
5525	4425	4310	3421	3027	3626	3262	670	275	262	278
7830	**6816**	**6136**	**4970**	**4161**	**4168**	**3367**	**33**	**82**	**77**	**32**
3375	3318	3240	3169	2793	2685	2677	47	84	87	72
6498	5668	5285	4583	4503	4268	3866		65	33	23
7248	6412	6465	5549	4314	4573	4135		378	463	379
4821	4699	4242	4451	3780	3713	2924		72	54	40
565	460	440	518	350	410	339		52	36	36
3117	3021	3185	3418	3023	2600	2293		94	73	67
7694	8325	7405	7734	6186	6227	5763		123	80	151
4994	4897	5010	4410	3602	3733	3346		92	91	107
5553	4765	4743	4719	4963	4783	4563		15	14	19
789	727	746	883	705	608	717		20	23	8
2628	2286	2034	2060	1773	1689	1601	22	30	21	24
2455	2327	2297	2168	2083	1971	1874		95	45	46
1225	975	868	762	687	712	782		17	26	16
873	632	1122	893	733	709	676	18	44	73	36
3356	2908	3076	3004	2666	2488	2477		64	49	73
7.50	**7.17**	**6.54**	**5.70**	**5.47**	**5.54**	**4.87**	**1.47**	**2.00**	**2.22**	**0.96**
1	**2**	**3**	**3**	**5**	**5**	**5**	**6**	**18**	**16**	**26**

特殊教育学

地区	教职		
	合计	专任教师	行政人员
全　　国	72108	62358	3392
北　　京	1234	993	107
天　　津	810	662	89
河　　北	4054	3530	213
山　　西	2304	1924	96
内　蒙　古	1942	1662	97
辽　　宁	2903	2201	522
吉　　林	1935	1649	160
黑　龙　江	2330	1997	141
上　　海	1752	1385	160
江　　苏	4188	3654	140
浙　　江	3121	2852	68
安　　徽	2044	1873	44
福　　建	2470	2216	83
江　　西	1982	1767	41
山　　东	6248	5517	182
河　　南	4505	4156	121
湖　　北	2162	1889	94
湖　　南	2711	2423	145
广　　东	6570	5326	269
广　　西	2138	1823	49
海　　南	582	404	15
重　　庆	1156	1050	44
四　　川	3391	3094	105
贵　　州	2183	1922	87
云　　南	1961	1740	52
西　　藏	307	286	12
陕　　西	1842	1519	136
甘　　肃	1249	1083	48
青　　海	278	216	13
宁　　夏	478	427	11
新　　疆	1278	1118	48
河南为全国%	6.25	6.66	3.57
河南居全国位次	3	3	11

校教职工数

工　　数		代课教师	兼任教师
教辅人员	工勤人员		
2686	**3672**	**1595**	**291**
86	48		3
31	28	10	
117	194	26	7
143	141	215	16
117	66	16	
94	86	1	
82	44	11	2
104	88	18	
107	100	2	2
186	208	71	6
65	136		
40	87	154	20
39	132	216	4
98	76	62	9
216	333	67	
70	**158**	**184**	**14**
54	125	80	6
60	83	106	
522	453	21	84
91	175	14	52
22	141	9	
14	48	56	
75	117	147	24
26	148	11	20
39	130	3	13
1	8		
58	129	13	7
45	73		
2	47	13	
29	11	59	
53	59	10	2
2.61	4.30	11.54	4.81
15	6	3	7

特殊教育学校专任

地 区	合计	其中：女	按 学 历 分			
			研究生毕业	本科毕业	专科毕业	高中阶段毕业
全　　国	62358	46303	1632	43618	16186	906
北　　京	993	790	70	879	44	
天　　津	662	504	38	527	93	4
河　　北	3530	2822	41	2361	1074	54
山　　西	1924	1498	18	1340	535	31
内　蒙　古	1662	1189	37	1200	390	35
辽　　宁	2201	1755	53	1582	547	18
吉　　林	1649	1272	27	1263	329	30
黑　龙　江	1997	1413	10	1137	805	45
上　　海	1385	1158	162	1094	125	4
江　　苏	3654	2702	125	2990	523	15
浙　　江	2852	2161	132	2249	449	21
安　　徽	1873	1319	26	1270	547	30
福　　建	2216	1746	28	1526	630	32
江　　西	1767	1356	14	976	752	24
山　　东	5517	3658	198	4130	1045	144
河　　南	4156	3102	38	2489	1551	78
湖　　北	1889	1276	29	1145	680	34
湖　　南	2423	1797	47	1420	861	95
广　　东	5326	3980	293	3998	957	78
广　　西	1823	1469	35	1064	691	31
海　　南	404	302	3	235	163	3
重　　庆	1050	788	21	760	258	7
四　　川	3094	2278	58	2008	1004	24
贵　　州	1922	1373	11	1353	533	24
云　　南	1740	1223	23	1314	385	18
西　　藏	286	185	2	214	70	
陕　　西	1519	1106	42	1034	429	10
甘　　肃	1083	764	27	793	259	4
青　　海	216	137	7	135	71	3
宁　　夏	427	334	7	297	121	2
新　　疆	1118	846	10	835	265	8
河南为全国%	6.66	6.70	2.33	5.71	9.58	8.61
河南居全国位次	3	3	12	4	1	3

教师学历、职称情况

	按 职 称 分					
高中阶段毕业以下	中学高级	小学高级	小学一级	小学二级	小学三级	未定职级
16	**44**	**9392**	**27358**	**16294**	**2020**	**7250**
		136	457	338	14	48
		103	373	154	1	31
	1	671	1840	728	29	261
		98	723	715	56	332
		423	660	304	26	249
1		469	1334	221	41	136
	1	417	753	387	21	70
	2	572	995	336	15	77
	1	68	786	486	13	31
1		584	1850	808	77	335
1	1	384	1139	891	103	334
	3	262	774	425	121	288
	2	173	1059	702	120	160
1		245	550	427	199	346
	11	935	2413	1411	87	660
		709	**1961**	**1118**	**84**	**284**
1	1	315	1017	368	48	140
	2	385	896	541	117	482
	5	498	2039	1383	319	1082
2	1	97	899	456	93	277
		37	96	114	57	100
4	1	135	457	377	5	75
	3	558	1002	1082	130	319
1	1	139	895	653	73	161
	4	488	744	344	45	115
		29	85	84	24	64
4		112	625	476	38	268
	2	124	434	430	15	78
		59	79	40	6	32
	1	60	176	132	3	55
	1	107	247	363	40	360
		7.55	7.17	6.86		3.92
	20	**2**	**3**	**3**		**11**

特殊教育学

地 区	校舍建筑面积	教学及辅助用房				
		计	普通教室	专用教室	实验室	微机室
					其中	
全 国	**10875085**	**4898732**	**2608437**	**1773920**	**166983**	**156384**
北 京	162354	66947	29300	31242	916	3134
天 津	99905	47972	26128	16956	571	1466
河 北	547888	255031	112429	110753	8590	10032
山 西	248612	98963	49204	37206	3001	4106
内 蒙 古	236374	107054	57513	39143	3447	3801
辽 宁	284235	129267	44069	72326	2961	4445
吉 林	218154	104049	50858	42887	2647	3306
黑 龙 江	252936	120398	45221	65231	2778	3680
上 海	206916	99356	40336	40563	7231	3608
江 苏	688420	313623	152061	121560	17476	9850
浙 江	621425	230245	118048	94809	4903	5555
安 徽	426439	198538	120193	59827	5253	5590
福 建	412719	185257	93199	75853	4713	4386
江 西	411164	181632	103711	63273	3480	4659
山 东	887896	401616	200850	155963	17460	12430
河 南	**623244**	**284694**	**149931**	**96973**	**13410**	**11030**
湖 北	366106	166118	103299	46933	4242	5425
湖 南	475324	209201	135611	52544	5563	7687
广 东	1016711	448435	256427	142302	20146	12982
广 西	359647	176776	96911	64574	4226	4518
海 南	89344	32701	16724	13075	720	715
重 庆	203114	88023	60079	19785	2364	3303
四 川	526224	246395	150374	72720	6914	7581
贵 州	299722	142552	80741	49659	3308	4408
云 南	350219	179614	112698	46052	9836	5293
西 藏	68681	22826	17338	4864	104	269
陕 西	239022	106116	54277	39592	3710	3935
甘 肃	202595	89948	47969	31727	2571	3754
青 海	73138	31442	13157	13871	1243	1638
宁 夏	95783	49371	33135	13239	778	1190
新 疆	180774	84572	36646	38419	2422	2610
河南为全国%	5.73	5.81	5.75	5.47	8.03	7.05
河南居全国位次	4	4	5	5	4	3

校 办 学 条 件 (一)

单位:平方米

图书室	行政办公用房		生活用房	其他用房	校舍面积中	
	计	其中：教师办公室			危房面积	当年新增校舍
193008	1052665	576180	3143290	1780397	65735	688396
2355	17679	6901	29161	48567		3459
2851	10206	5825	20557	21170		
13228	51993	30462	146598	94266		48476
5446	27809	16516	74464	47376	10118	6806
3149	21925	13039	72147	35248		4174
5466	27746	16259	59885	67338		8383
4351	22051	15036	52509	39545		8888
3488	21763	14260	65568	45207	3913	17023
7618	26659	10591	53371	27531		
12677	63752	30456	163067	147977	12813	6864
6931	45416	24729	176847	168917		121439
7675	53403	34419	134142	40356		5440
7106	37799	21870	123557	66106	1850	2844
6509	38093	16210	128277	63162		41348
14913	107914	50105	253352	125014	9077	41194
13351	71336	45906	173776	93438	6836	2679
6219	33931	17889	116985	49073	1955	26559
7795	44892	26651	153354	67878	5444	69000
16579	91326	56278	268927	208024	1455	119552
6547	26958	14101	117644	38269		44651
1466	5148	4165	38220	13274	3216	129
2492	19479	10683	67834	27777		
8805	42135	22177	176886	60809	1177	21995
4436	27855	15239	101481	27834		16250
5735	29825	13383	106123	34657	7882	9319
252	7961	2371	34880	3015		22791
4602	30720	14034	68864	33322		15411
3927	17407	11454	60993	34247		6035
1532	10500	5077	20824	10374		5705
1029	6344	2568	29782	10285		4632
4476	12642	7527	53216	30343		7351
6.92	6.78	7.97	5.53	5.25	10.40	0.39
3	3	3	5	6	5	27

特殊教育学校办学条件(二)

地 区	占地面积(平方米) 计	其中 绿化用地面积	其中 运动场地面积	图 书(册)
全 国	22417421	4814913	5561667	10613707
北 京	253517	30305	68502	297906
天 津	192682	21370	58414	105871
河 北	1282185	220034	333480	564972
山 西	487974	62197	108003	256643
内 蒙 古	632224	105186	179238	171814
辽 宁	674351	88169	223369	567816
吉 林	554897	102707	164119	195077
黑 龙 江	602380	83960	208783	299436
上 海	332476	125672	69090	383467
江 苏	1392591	409182	320023	826699
浙 江	1080153	327286	237258	424761
安 徽	936716	222725	217019	373391
福 建	817742	211130	219633	409205
江 西	846180	196692	270509	272423
山 东	2239097	474405	531279	974800
河 南	1271503	209988	272335	545642
湖 北	739980	188205	176626	261242
湖 南	1133763	359643	193403	370956
广 东	1512439	341653	375027	736970
广 西	638278	106854	151885	429432
海 南	230769	51335	39263	85871
重 庆	308316	64145	67845	119421
四 川	857240	163055	247777	492570
贵 州	751817	130737	230968	279712
云 南	753460	151217	172821	436938
西 藏	142213	32746	13858	28563
陕 西	544592	81075	109402	311703
甘 肃	393654	80467	117033	129505
青 海	153573	37243	31263	69167
宁 夏	214526	39763	52518	91931
新 疆	446133	95768	100923	99803
河南为全国%	5.67	4.36	4.90	5.14
河南居全国位次	5	9	5	6

幼儿园基本情况

地 区	园数(所) 计	园数(所) 其中：少数民族幼儿园	班 数 (个)	入 园(班)人 数	在 园(班)人 数	离 园(班)人 数
全 国	281174	7174	1728603	16882293	47138810	17651692
北 京	1733	9	16934	168166	467595	118178
天 津	2374	5	11896	106437	275871	89382
河 北	16559	45	101066	875756	2390385	940002
山 西	7089		43615	323860	996978	355236
内 蒙 古	4374	451	26184	176338	606965	218352
辽 宁	9903	58	44458	297891	915065	304949
吉 林	3605	67	21007	155185	411552	168679
黑 龙 江	5881	47	26013	205587	509864	203794
上 海	1670	2	20215	187963	571302	191736
江 苏	7608	1	78833	790611	2538978	894833
浙 江	8261	2	67859	625273	1937389	657443
安 徽	9631	10	72122	807035	2114345	785073
福 建	8664	13	59068	634249	1695859	591861
江 西	15958	14	68442	608004	1657888	601978
山 东	23588	44	128946	1297309	3381184	1086991
河 南	23181	42	165549	1253449	4308701	1646408
湖 北	8925	10	62510	568080	1777926	662895
湖 南	15717	204	82517	794812	2276122	997220
广 东	19885	4	157474	1808192	4645041	1783537
广 西	13112	15	78483	894778	2167734	925940
海 南	2538	32	14161	123391	375208	141680
重 庆	5660		33488	365421	982526	355637
四 川	13568	566	90404	901786	2644188	984069
贵 州	10685	35	51080	654564	1545246	659658
云 南	12085	29	51587	714245	1498668	632954
西 藏	2014	174	5936	76750	141660	56082
陕 西	8048	5	51111	460931	1389532	518758
甘 肃	7988	154	35712	335332	932788	367711
青 海	1816	857	8080	92700	214919	89717
宁 夏	1329	21	8109	115992	247838	106134
新 疆	7725	4258	45744	462206	1519493	514805
河南为全国%	8.24	0.59	9.58	7.42	9.14	9.33
河南居全国位次	2	13	1	3	2	2

幼 儿 园 教

地 区	教职		
	合 计	园 长	专任教师
全　　国	**4915735**	**303646**	**2763104**
北　　京	79777	2681	41187
天　　津	38495	2575	21549
河　　北	222594	17140	135145
山　　西	99034	7077	60555
内　蒙　古	78461	4147	46545
辽　　宁	127938	10785	75648
吉　　林	57360	4342	28848
黑　龙　江	72013	6541	35914
上　　海	78681	2056	43171
江　　苏	280754	10825	159442
浙　　江	250051	8509	135413
安　　徽	168961	11009	99872
福　　建	176435	9896	97910
江　　西	165264	13151	102539
山　　东	336935	25515	219385
河　　南	**390652**	**26999**	**226163**
湖　　北	200730	12599	98612
湖　　南	244405	15550	115877
广　　东	582390	29570	307952
广　　西	187602	15112	95805
海　　南	48813	3397	23502
重　　庆	100444	6510	50522
四　　川	234912	15966	128724
贵　　州	157008	8911	90713
云　　南	124050	8862	72829
西　　藏	7619	406	6377
陕　　西	169716	9673	95048
甘　　肃	71519	5585	49438
青　　海	21208	1333	11999
宁　　夏	24163	1626	12971
新　　疆	117751	5298	73449
河南为全国%	7.95	8.89	8.19
河南居全国位次	2	2	2

职 工 数

工 数			代课教师	兼任教师
保健医	保育员	其 他		
143881	**1012527**	**692577**	**150408**	**44614**
3808	13157	18944		1168
1428	6490	6453	1640	99
7045	36272	26992	14097	278
2923	15598	12881	11656	1080
2320	12104	13345	3059	184
2641	21740	17124	195	961
2522	13329	8319	413	275
3523	14446	11589	3365	713
2998	18073	12383	1601	130
8748	67018	34721	9785	296
8533	54140	43456		231
5476	34848	17756	6947	1138
4393	38069	26167	10556	375
2402	34468	12704	3534	3655
6990	49046	35999	24404	1400
12214	**80803**	**44473**	**13633**	**1582**
8076	48176	33267	8204	926
8049	66819	38110	3897	464
17332	130360	97176	545	818
4737	44307	27641	991	3715
1899	10949	9066	162	166
2980	24138	16294	4217	353
7278	47661	35283	9566	8717
3307	36947	17130	1650	2685
2906	20168	19285	607	6609
29	401	406	572	14
5949	32476	26570	3269	224
1417	7633	7446	1064	4960
226	4385	3265	486	47
678	3756	5132	2982	280
1054	24750	13200	7311	1071
8.49	7.98	6.42	9.06	3.55
2	2	2	3	7

幼儿园园长、专任

地区	合计	按学历分			
		研究生毕业	本科毕业	专科毕业	高中阶段毕业
全　国	3066750	8519	781148	1773350	456643
北　京	43868	686	21116	19795	2223
天　津	24124	388	11746	8697	2841
河　北	152285	329	30108	87077	33255
山　西	67632	181	17215	37914	11400
内蒙古	50692	263	20760	25447	4130
辽　宁	86433	453	17612	51272	14410
吉　林	33190	224	10359	18722	3644
黑龙江	42455	126	12299	25295	4150
上　海	45227	608	34468	9196	955
江　苏	170267	552	89120	75883	4449
浙　江	143922	552	65459	74033	3854
安　徽	110881	127	24414	74756	10867
福　建	107806	105	26682	57308	21367
江　西	115690	73	13125	68224	27630
山　东	244900	651	56150	143570	37720
河　南	253162	446	36442	157087	53198
湖　北	111211	233	19471	61927	27177
湖　南	131427	198	16638	85449	27269
广　东	337522	710	58294	218528	57036
广　西	110917	127	18811	65066	20963
海　南	26899	49	4978	16494	4888
重　庆	57032	178	11834	38108	6602
四　川	144690	284	28430	98477	17478
贵　州	99624	62	27439	54011	17507
云　南	81691	183	22260	45784	11572
西　藏	6783	17	2899	3625	209
陕　西	104721	431	31345	60438	12034
甘　肃	55023	150	23223	27084	4312
青　海	13332	21	3332	7533	2215
宁　夏	14597	61	2930	10027	1465
新　疆	78747	51	22189	46523	9823
河南为全国%	8.26	5.24	4.67	8.86	11.65
河南居全国位次	2	8	5	2	2

教师学历、职称情况

高中阶段以下毕业	按职称分					
	中学高级	小学高级	小学一级	小学二级	小学三级	未定职级
47090	**465**	**43312**	**254935**	**354838**	**119939**	**2293261**
48	12	1335	6190	9204	3481	23646
452	10	1078	4630	3020	317	15069
1516	23	3089	20312	14884	2970	111007
922	13	460	6952	9297	1745	49165
92	11	2384	5954	8946	1931	31466
2686	9	1710	5889	3232	2129	73464
241	3	1250	4069	2119	482	25267
585	4	1802	4923	4764	850	30112
	14	1088	12693	16352	2114	12966
263	24	2774	20619	37760	6863	102227
24	17	1582	19360	48728	13374	60861
717	26	1001	8578	10003	6251	85022
2344	26	672	9193	13412	4758	79745
6638		826	4972	5960	4762	99170
6809	20	2877	14491	20669	5843	201000
5989	**11**	**2133**	**13008**	**17190**	**4791**	**216029**
2403	41	1215	8540	8681	3730	89004
1873	15	999	5733	6924	2318	115438
2954	29	1479	18035	17686	15957	284336
5950	47	494	6196	6375	2762	95043
490	2	56	1077	2407	818	22539
310	31	683	2913	4064	1117	48224
21	28	2392	8809	14342	5074	114045
605	4	889	8449	15016	6187	69079
1892	6	5204	10008	8340	2968	55165
33	1	157	954	1890	1772	2009
473	11	896	8423	14453	4457	76481
254	8	1300	7887	15108	939	29781
231	5	155	666	613	517	11376
114	2	414	1249	851	102	11979
161	12	918	4163	12548	8560	52546
12.72	2.37	4.92	5.10	4.84	3.99	9.42
3	17	7	6	5	9	2

幼 儿 园 校 舍

地 区	校舍建筑面积	教 学 及 辅 助		
		计	其 中		
			活动室	洗手间	睡眠室
全　　国	**388655084**	**270354428**	**159084121**	**26784353**	**66004279**
北　　京	5096136	3039826	1619240	360744	898551
天　　津	2617400	1710784	1033855	201766	374845
河　　北	16310179	11769676	7106341	1112253	2563956
山　　西	7598858	5151595	3204752	541424	1040845
内　蒙　古	6709775	4395206	2578336	440397	1099204
辽　　宁	8400679	5787448	3347013	581683	1414043
吉　　林	3461556	2375686	1414022	219622	569585
黑　龙　江	5117034	3410988	1915062	329414	877386
上　　海	6948928	4527929	3073791	427711	835943
江　　苏	27101214	18456780	11198298	1865452	4291408
浙　　江	19709952	12760192	7609597	1299902	3235293
安　　徽	13368376	9731980	5905956	987385	2092370
福　　建	14020450	9358474	5656514	1029385	2204044
江　　西	15905746	11581295	6642752	1076423	3015358
山　　东	29287608	20002572	12482398	2051425	3972795
河　　南	**28189897**	**20788480**	**12451412**	**2090291**	**4621450**
湖　　北	14591647	10516402	5923806	1075356	2722247
湖　　南	19293898	14030421	7486285	1425136	3952700
广　　东	41564337	27728280	17138491	2482280	6430743
广　　西	14303294	10628990	5798281	1064439	3103338
海　　南	3433079	2412955	1360753	252927	636185
重　　庆	7457209	5452330	3180563	502812	1419585
四　　川	17936503	13147460	7876985	1214440	3159271
贵　　州	12216241	8533799	4515716	878678	2515150
云　　南	12183887	8583791	4698924	822161	2452797
西　　藏	1609836	929889	540792	83154	248379
陕　　西	12359762	8387949	4868192	866743	2022700
甘　　肃	6120591	3925439	2279709	410390	852286
青　　海	1883018	1264013	784856	120353	283256
宁　　夏	2276901	1547257	896418	176054	382665
新　　疆	11581094	8416543	4495012	794153	2715900
河南为全国%	7.25	7.69	7.83	7.80	7.00
河南居全国位次	3	2	3	2	2

及 其 他 情 况

单位:平方米

用 房		行政办公用房		生活用房		其他用房	校舍面积中	
保健室	图书室	计	其中:教师办公室	计	其中:厨房		危房面积	当年新增校舍
7517495	**10964181**	**25856844**	**14622868**	**39391001**	**19227710**	**53052811**	**574210**	**21141329**
66278	95013	406754	173684	614268	289708	1035288	500	126151
44592	55726	203221	92894	276201	151840	427195		373492
371408	615718	1093488	621178	1479369	715440	1967647	638	2186553
143220	221354	652838	412739	693143	338802	1101283	16966	310104
109867	167401	467057	249870	814226	375359	1033285	3966	516946
184389	260320	568081	288251	845617	510697	1199532	6237	167943
77567	94890	219677	128961	327578	181112	538614	620	186060
137851	151275	343109	193110	591800	302298	771137	28407	93845
87689	102796	518917	192098	829232	336760	1072850		169676
395579	706044	1690444	807364	2552291	1185130	4401700		534272
232391	383010	1267854	612147	1894659	954532	3787247		1210960
313946	432323	929551	565989	1187470	630654	1519375	27476	706388
185892	282638	833903	474751	1272594	639201	2555480	32184	817670
327629	519132	1250600	706558	1771778	668477	1302073	3759	1526799
590008	905946	1985912	1182492	2635065	1408587	4664059	1892	1363101
683385	**941941**	**2113670**	**1310106**	**2451291**	**1363133**	**2836457**	**24646**	**517099**
322066	472927	926841	527960	1511447	784988	1636957	33068	1103926
524557	641743	1229962	771675	1928898	945201	2104616	47936	414085
584034	1092732	2146422	1144734	4980135	1978584	6709501	7205	1225930
281257	381675	715253	456286	1469757	862138	1489295	109947	732184
70751	92339	194603	105128	414904	191225	410616	10485	108208
144577	204793	416990	241601	693503	362991	894387	65243	151895
319175	577589	1086267	651089	1680509	882983	2022268	5412	1738548
273784	350473	827622	505212	1289245	669685	1565575		1261365
262191	347717	798272	471075	1388668	696995	1413156	111186	804283
33762	23801	136019	95769	350361	111626	193566	5697	257243
250425	379888	1165992	656756	1229229	568826	1576592		1141429
163091	219964	599674	394005	577491	258808	1017986	30626	587911
34376	41171	139829	73542	232593	104634	246584	115	142944
39455	52666	167369	88708	217798	122681	344476		205860
262302	149177	760653	427136	1189883	634619	1214015		458455
9.09	8.59	8.17	8.96	6.22	7.09	5.35	4.29	2.45
1	2	2	1	4	3	5	10	16

幼儿园办学条件

地区	占地面积(平方米)			图书（册）
	计	其中		
		绿化用地面积	运动场地面积	
全国	672313844	117292789	226099113	431520351
北京	7731572	1317018	2638127	7233283
天津	4585435	654952	1608543	3209650
河北	36339999	4357333	12542183	22580044
山西	14214627	1753702	4993142	8342645
内蒙古	16047394	2555263	4961662	6424123
辽宁	14964773	2118799	5608274	8508634
吉林	6444433	974510	2213314	3793349
黑龙江	9570087	1045268	3343240	3672619
上海	9874061	2831707	2454956	6096794
江苏	46118636	10335053	17559252	41922217
浙江	27614509	5907769	9790038	22120094
安徽	24713606	3987614	7632963	13938227
福建	17360763	2822681	6525733	10277496
江西	26370340	4195389	8939663	11403720
山东	60814802	11238230	21684554	31737683
河南	54113143	8205114	17647095	28544759
湖北	24081732	5017061	7114479	15604448
湖南	29191474	4569276	8263015	23382099
广东	51803470	10132454	19733286	50300503
广西	18632004	2868987	6679676	13922580
海南	5197214	967954	1651676	3550712
重庆	10027560	1525964	3593054	8581250
四川	26326452	3951941	8722484	21448323
贵州	22040670	3543972	7933223	15268237
云南	21514560	3816235	6496500	12942519
西藏	4482177	644571	778670	761518
陕西	22583545	3325954	7158038	19907137
甘肃	13596704	1922354	4653994	7986907
青海	5098150	762536	1367677	1547621
宁夏	4669307	724472	1605815	1956029
新疆	36190647	9218657	10204789	4555131
河南为全国%	8.05	7.00	7.81	6.61
河南居全国位次	2	5	3	4